AF291929

G

GUIDE DE L'IMMIGRANT

A

MADAGASCAR

PUBLIÉ PAR LA COLONIE AVEC LE CONCOURS DU COMITÉ DE MADAGASCAR

TOME III

Voies de communication. — Hygiène.

Documents officiels. — Législation.

Armand Colin & Cie, Éditeurs

Paris, 5, rue de Mézières

L'ouvrage comprend trois volumes de texte et un atlas.

GUIDE DE L'IMMIGRANT

MADAGASCAR

38 849. — PARIS, IMPRIMERIE LAHURE
9, rue de Fleurus, 9

GUIDE DE L'IMMIGRANT

A

MADAGASCAR

OUVRAGE

PUBLIÉ AU GOUVERNEMENT GÉNÉRAL, AVEC LE CONCOURS DU COMITÉ DE MADAGASCAR,

A L'AIDE DES RAPPORTS

DES CHEFS DE SERVICES, ADMINISTRATEURS, OFFICIERS,

RASSEMBLÉS ET MIS EN ORDRE

PAR LE CAPITAINE NÈPLE, DE L'ÉTAT-MAJOR DU CORPS D'OCCUPATION

COMPRENANT

3 VOLUMES DE TEXTE ET UN ATLAS

TOME TROISIÈME

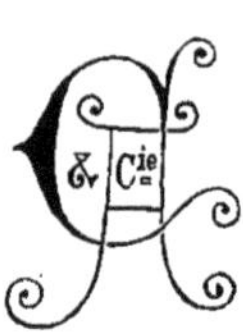

PARIS

ARMAND COLIN ET Cie, ÉDITEURS

5, RUE DE MÉZIÈRES, 5

1899

TABLE DES MATIÈRES

CINQUIÈME PARTIE

COMMUNICATIONS

CHAPITRE I
Voies de communications intérieures.

CHAPITRE II

Communications extérieures

SIXIÈME PARTIE

HYGIÈNE, RENSEIGNENENTS, DOCUMENTS DIVERS

CHAPITRE I

L'hygiène à Madagascar

CHAPITRE II

Renseignements divers

CHAPITRE III

Vents et cyclones — Aperçus sismiques

CHAPITRE IV

Documents officiels

TABLE DES GRAVURES

GUIDE DE L'IMMIGRANT

A MADAGASCAR

CINQUIÈME PARTIE

COMMUNICATIONS

CHAPITRE I

Voies de communication intérieures.

CHEMIN DE FER DE TANANARIVE A LA COTE EST

Dès son arrivée dans la colonie, vers la fin de 1896, le gouverneur général, pénétré de la nécessité de relier les plateaux de l'Imerina à la côte, non seulement par une route carrossable, mais encore par une voie ferrée, a demandé au ministre des colonies l'envoi à Madagascar d'une mission spéciale chargée d'étudier sur place cette importante question.

Une suite presque immédiate a été donnée à cette demande : la mission a été constituée et le ministre a désigné, pour diriger ses travaux, le commandant Roques, de l'arme du génie ; les capitaines Jullien, Fabia, Mouneyres, le lieutenant Périnet, et 20 hommes de troupe du génie fournis par le 5° régiment (régiment de chemin de fer).

Après neuf mois de laborieux travaux, la mission a présenté au gouverneur général un avant-projet complet qui comprenait, en particulier :

1° Un mémoire descriptif justifiant, par des considérations économiques, topographiques et géologiques, le tracé qui avait été adopté ;

2° Des plans d'ensemble des diverses parties de la ligne ;

3° Des plans de détail et des profils en long à l'échelle de 1/5000.

Le gouverneur général a transmis ce travail au ministre, qui l'a soumis à l'appréciation du Comité technique des travaux publics des colonies.

Après un examen approfondi, le Comité a approuvé unanimement le projet et a proposé au ministre de décerner des éloges au personnel qui avait été chargé de son établissement et avait mené à bonne fin les longues et difficiles études qu'il comportait.

La mise en lumière, par le projet, des règles générales qui devaient pré-

sider à l'exécution, a permis au ministre des colonies d'entrer immédiatement en pourparlers avec diverses Sociétés qui s'offraient à entreprendre la
construction du chemin de fer.

Ces négociations ont abouti à une convention intervenue entre le Département et la Compagnie coloniale de Madagascar. Cette convention n'est pas
définitive, il est vrai, mais le ministre des colonies en a demandé l'approbation à la Chambre par un projet de loi déposé le 22 mars 1898, et il est
permis d'espérer que cette importante question, vitale pour la colonie,
pourra venir en discussion dès le début de la prochaine législature.

Le traité passé avec la Compagnie coloniale de Madagascar intéresse
également plusieurs grands établissements financiers de la métropole, au
nombre desquels il faut citer : le Comptoir d'escompte, la Société générale
pour le développement du commerce et de l'industrie, la Société marseil-
laise, le Crédit industriel et commercial et une très importante Société de
construction ; ajoutons, enfin, que ce traité comporterait l'abandon des
pourparlers entamés antérieurement avec la Société bordelaise.

La convention est établie sur les bases générales suivantes :

Au point de vue technique, la Compagnie coloniale a été autorisée à
augmenter légèrement les pentes prévues par la mission militaire et à
réduire à 50 mètres le rayon des courbes, qui, d'après l'avant-projet, ne
devait pas descendre au-dessous de 80 mètres. Ces modifications produiront
un certain ralentissement de la vitesse ; mais elles donneront de très
grandes facilités pour l'exécution et diminueront considérablement la
dépense totale.

Au point de vue financier, les principes posés par la convention sont les
suivants :

La Compagnie s'engage à faire la totalité des dépenses de construction de
la ligne. Du jour où celle-ci reliera Tananarive à la côte et sera ouverte à
l'exploitation régulière, l'État et, conjointement, la colonie assureront à la
Compagnie 2 800 000 francs de transports annuels pendant une durée de
quinze années.

Il y a lieu de remarquer, à ce propos, que, si, au pis aller, les transports
réels effectués pour les besoins de l'État et de la colonie n'atteignaient
qu'un chiffre notablement inférieur à la garantie, 800 000 francs par
exemple, la différence, soit 2 millions de francs, prendrait le caractère
d'une véritable subvention.

La valeur actuelle, — dès le début de la première de ces quinze années de
garantie, — de quinze années d'annuités de 2 millions de francs chacune, est
exactement de 23 348 220 francs, en supposant l'intérêt calculé à 5 1/2
pour 100.

Or, le Comité technique des travaux publics des colonies a évalué que,
même avec des courbes de 50 mètres, le chemin de fer ne coûtera pas
moins de 45 millions de francs. La convention projetée revient donc à faire
supporter à l'État la moitié des frais de construction, en laissant à la Compagnie tous les risques et aléas de l'opération.

Il convient, d'ailleurs, de remarquer que la dépense ainsi faite par l'État peut être considérée comme une avance remboursable, puisque l'une des clauses du traité stipule que, du jour où le trafic annuel dépassera 24 000 francs par kilomètre, l'État partagera avec la Compagnie la moitié de l'excédent.

L'État donnera, en outre, à la Société concessionnaire, 100 000 hectares de terrain à choisir dans des périmètres réservés; mais le Gouverneur général a, dès à présent, le droit de concéder à des tiers des lots de colonisation compris dans ces périmètres, jusqu'à concurrence du 1/10ᵉ de la surface totale.

Ce qui vient d'être dit sur les clauses financières de la convention ne s'applique qu'au tronçon compris entre Tananarive et le terminus provisoire projeté à Anivorano, aux environs de Mahatsara.

La construction du tronçon Anivorano-Tamatave sera obligatoire pour la Compagnie le jour où les recettes brutes du trafic de la ligne atteindront annuellement 44 000 francs par kilomètre. La Société concessionnaire conserve, d'ailleurs, toute latitude pour commencer immédiatement la construction de ce tronçon. Mais, quoi qu'il advienne, l'État ne lui devra, de ce chef, aucun concours financier et se bornera à lui attribuer une concession de 200 000 hectares qui sera déterminée sur les bases précédemment indiquées.

Le projet de convention fixe aux taux ci-après les tarifs maxima pour les voyageurs et les marchandises :

Voyageurs :
    1ʳᵉ classe, par kilomètre. . . . . Fr. » 50
    2ᵉ   —   — . . . . » 50
    3ᵉ   —   — . . . . » 20

Marchandises (importation) :
    1ʳᵉ catégorie, par tonne kilométrique . . . . 1 »
    2ᵉ   —   —. . . . . » 75
    3ᵉ   —   — . . . . » 50

Marchandises (exportation) :
    1ʳᵉ catégorie, par tonne kilométrique . . . . » 75
    2ᵉ   —   — . . . . » 50
    3ᵉ   —   — . . . . » 25

Enfin, un tarif de faveur est prévu pour le transport du riz, à raison de 0 fr. 10 par tonne kilométrique.

Le cahier des charges prévoit, au fur et à mesure du développement du trafic, des abaissements de tarif qui pourront réduire de 60 pour 100 les maxima indiqués ci-dessus.

Aux termes de la convention, la Compagnie jouira d'un délai d'option qui expirera le 15 janvier 1899, si la loi soumise au Parlement est votée avant cette dernière date. Dans le cas où la loi ne serait pas intervenue à cette époque, le délai d'option ne serait, en aucun cas, prorogé au delà du 25 avril 1899 et le projet de convention avec toutes ses conséquences serait de plein droit non avenu à cette dernière date.

Il convient, en outre, de signaler que la convention, devenue définitive, donnera à la Société concessionnaire un droit de préférence pour l'exécution de certains travaux. Il en sera ainsi :

1° De la construction des divers embranchements s'amorçant à la voie ferrée et la reliant aux divers points du littoral, compris entre Fénérive et Mahanoro ;

2° De la construction des embranchements partant d'un point quelconque de la voie ferrée et desservant la province de l'Imerina ;

5° De la construction des lignes indépendantes reliant Tananarive à un point quelconque de l'Imerina ou à la mer.

La convention comprend aussi la concession éventuelle à la Compagnie d'un port à établir, soit sur la rivière Iharoka elle-même, soit auprès de son embouchure, sur une des lagunes canalisées ou sur un des lacs qui bordent la mer, ou sur la mer.

D'autre part, la Compagnie possédera un privilège sur les aménagements et travaux divers à exécuter dans le port de Tamatave, tels que : quais, bassins, jetées, phares, lorsque la colonie ne croira pas devoir faire exécuter ces travaux à ses frais. Cette préférence lui sera réservée de plein droit toutes les fois que ses offres ne dépasseront pas de plus de 15 pour 100 celles qui pourraient être produites par les tiers.

En dehors de ces avantages, la convention attribuait primitivement à la Compagnie la concession éventuelle du canal des Pangalanes ; mais cette clause est devenue caduque, par le fait de l'option de la Compagnie française de Madagascar, qui a, comme on le sait, passé un traité définitif pour la construction de ce canal.

La Société possédera aussi, pendant quinze années, certains privilèges pour l'exploitation minière des terrains qui lui seront concédés.

Son capital-actions est fixé à 15 millions de francs, avec faculté d'augmentation, mais avec interdiction de compter comme apport dans ce capital les droits conférés par la convention. Le délai qui lui est imparti pour la construction du chemin de fer est de six ans, qui commenceront à courir du jour de l'option.

A la suite des négociations exposées ci-dessus, la Compagnie coloniale de Madagascar a pris les premières dispositions pour se mettre en mesure d'étudier sur place le détail du projet et d'en poursuivre l'exécution dans des conditions satisfaisantes. A cet effet, elle a décidé l'envoi à Madagascar d'une mission d'ingénieurs dont la composition présente toutes les garanties désirables au point de vue de la compétence technique.

Cette mission, qui sera placée sous la haute direction de M. Renault, ingénieur en chef des ponts et chaussées, comprendra, en outre, MM. Dufour, ingénieur en chef ; Hamson, secrétaire ; de Violini, ingénieur chef de brigade ; Dumas, ingénieur chef de brigade ; Rivet, opérateur ; Joffroy, opérateur, et Montel, ingénieur. Une partie du personnel s'est embarquée à Marseille le 10 mai et est arrivée à Tamatave dans les premiers jours de juin.

Le but de la mission a été ainsi défini : s'appuyer absolument sur le tracé antérieurement déterminé par la mission du génie ; étudier le détail des conditions d'exécution ; reconnaître les difficultés techniques que peuvent présenter l'exécution des terrassements (déblais et remblais), les fondations des ouvrages d'art, le recrutement du personnel ouvrier, les transports divers et le ravitaillement des chantiers; conclure, de ce qui précède, le prix de revient et le délai d'exécution nécessaire; enfin, accessoirement, faire sur certains points des études locales pour diminuer, si possible, les difficultés d'exécution locales ; en un mot, la mission a pour but d'éclairer la Compagnie coloniale sur l'option qu'elle doit faire dans le délai qui lui est imparti, et de lui permettre, dans le cas où elle se chargerait de la construction du chemin de fer, de réaliser en temps utile tous les préparatifs et tous les approvisionnements nécessaires.

Il était du devoir de l'administration de la colonie de donner son concours le plus étendu à une mission envoyée à Madagascar par une Compagnie qui a passé, dans les termes indiqués plus haut, une convention de cette importance avec le Département. Aussi le gouverneur général a-t-il mis à la disposition de M. Renault[1] le lieutenant du génie Périnet, qui a participé aux études de l'avant-projet établi par le lieutenant-colonel Roques. Le lieutenant Périnet accompagnera les ingénieurs sur le terrain et leur donnera tous les renseignements nécessaires sur les premières études.

En outre, les commandants territoriaux ont été prévenus du passage de la mission et invités à prendre les dispositions voulues pour que les chefs militaires, civils et indigènes, l'aident dans la plus large mesure et lui fournissent, contre remboursement, le personnel, les outils, les denrées et approvisionnements divers dont elle pourra avoir besoin.

Malgré les études déjà faites par le personnel du génie, études qui ont mis, en quelque sorte, la question au point, les travaux qui incombent aux ingénieurs de la Compagnie coloniale sont encore considérables, puisqu'ils constituent, en quelque sorte, un commencement d'exécution.

Il n'est pas douteux, d'ailleurs, que, grâce à l'excellente composition de la mission et à la haute compétence technique de son chef, ces travaux peuvent être rapidement terminés, clore du même coup ce qu'on pourrait appeler la période préparatoire et aboutir enfin à la construction effective de la ligne.

DE TAMATAVE A TANANARIVE

en filanjana.

Tout voyageur montant à Tananarive doit, par mesure de précaution, se munir, au point de départ, des vivres suivants pour la durée du trajet, qui est de huit jours : œufs, volailles, vin, pain biscuité.

Il trouvera en route de nombreux marchands européens, créoles ou chinois, assez bien approvisionnés en conserves, en particulier à *Ivondrona, Ambodisiny, Tampina, Vavaony, Andévorante, Mahatsara, Ranomafana,*

---

1. M. Renault a été remplacé, au dernier moment, par M. Guibert, ingénieur des ponts et chaussées, qui a fait un rapport favorable.

Pl. I. — 1. BOURJANES OU PORTEURS. — 2. FEMME DE L'IMERINA (ANDRIANA) EN FILANJANE.

Beforona, Moramanga, Ankeramadinika. — La plupart des villages possèdent un boucher.

De Tamatave à Andévorante. — De Tamatave à Andévorante, la route est absolument plate et carrossable. Un decauville, dont la construction est à l'étude, permettra d'aller en peu de temps de Tamatave à Ivondrona.

Ivondrona. — Ce village, situé à 12 kilomètres 100 de Tamatave, sur l'Ivondrona, possède une cinquantaine de paillotes et quelques jolies cases en bois.

Un canot Voruz a été transporté de Tamatave à Ivondrona; il est affecté au remorquage des pirogues entre Ivondrona et Ambodisiny. Prix du passage par pirogue pleine remorquée : 50 centimes pour les troupes; prix du passage par pirogue pleine non remorquée : 75 centimes. Pour les bourjanes des services administratifs et les bourjanes du commerce, le prix du passage d'un bourjane sans colis est de 20 centimes et, avec charge, de 30 centimes. Le personnel du canot à vapeur n'a droit, pour le remorquage, à aucune rétribution des passagers.

La durée de la traversée est de 25 minutes pour les pirogues remorquées et de 45 minutes pour les pirogues non remorquées.

Il y a un poste militaire, commandé par un sous-officier chargé d'assurer la bonne marche du service.

Il y a deux restaurateurs et plusieurs commerçants chinois.

Il existe des cases pour les officiers, les troupes et les bourjanes de passage; elles peuvent, ainsi que celles de tous les postes de la route, être mises à la disposition des voyageurs européens qui en font la demande.

Ambodisiny (16 kilomètres 400). — Quatre-vingts cases spacieuses.

Les habitants vivent du produit de leur pêche dans les grands lacs, comme, d'ailleurs, les autres habitants du littoral.

Restaurant passable. Quelques débits.

Poste de conducteurs sénégalais commandé par un officier.

Ankarefo (32 kilomètres). — Village de peu d'importance; on peut y trouver de la viande fraîche.

Cases pour les officiers, les troupes et les bourjanes de passage.

A 3 kilomètres de Tampina, se trouve un pont de 145 mètres, ouvert depuis le 15 novembre 1897 à la circulation des voitures.

Tampina (44 kilomètres 400). — Une trentaine de cases spacieuses.

A 2 kilomètres 500, se trouve Tanifotsy, le futur point de débarquement des remorqueurs venant d'Ivondrona, en attendant le percement d'un canal allant jusqu'à Andévorante.

Il y a un poste de gendarmerie, qui doit être renforcé par des miliciens.

Cases pour les officiers, les troupes et les bourjanes de passage. Petit restaurant.

Antranokoditra (55 kilomètres 500). — Village pauvre.

Cases pour les officiers, les troupes et les bourjanes de passage.

Ampanotoamaizina (68 kilomètres). — On traverse l'embouchure de l'Irangy sur deux ponts : le premier long de 100 mètres, le deuxième de 125 mètres.

Cases pour les officiers, les troupes et les bourjanes de passage.

Vavaony (74 kilomètres 400). — Bonnes cases. On y trouve de la viande fraîche et des fruits. On peut aller de ce point à Andavakamenarana par pirogue.

Andavakamenarana (89 kilomètres). — Sur la rive droite de l'Imoasa, que l'on traverse sur un pont superbe de 285 mètres de longueur, inauguré par M. le général Gallieni, le 8 septembre 1896.

Village assez pauvre, quoique bien situé.

Cases pour les officiers, les troupes et les bourjanes de passage.

Andévorante (99 kilomètres). — Grand village. Bon hôtel et nombreux débitants européens, créoles et chinois. |

Un chef de bataillon fait les fonctions d'administrateur. Il y a un poste de conducteurs sénégalais, une infirmerie, une ambulance, et le télégraphe.

Il y a aussi un magasin des services administratifs, où les officiers de passage peuvent toucher des vivres à titre remboursable.

D'Andévorante à Beforona. — La traversée d'Andévorante à Mahatsara se fait en pirogue. La durée du trajet est de trois heures et demie ou quatre heures. Le prix est de 2 fr. 50 par pirogue.

La traversée étant souvent dangereuse, à cause de la brise qui s'élève vers le milieu de la journée, il est nécessaire de s'embarquer de bonne heure et de ne pas hésiter à séjourner à Andévorante, si les piroguiers font des difficultés pour se mettre en route.

Le passage gratuit à bord du remorqueur est autorisé, à condition que les bagages soient chargés sur des pirogues. La durée de la traversée est d'une heure avec le remorqueur.

Mahatsara. — Joli village betsimisaraka, situé sur l'Iharoka, qui augmente chaque jour d'importance, grâce à sa situation. C'est le point de concentration des approvisionnements destinés à la capitale et aux troupes échelonnées sur la ligne d'étapes. C'est un gîte d'étape, avec magasins des services administratifs, où les officiers de passage peuvent toucher des vivres à titre remboursable.

Il y a un détachement de conducteurs sénégalais, commandé par un officier, qui est chargé d'assurer les transports par voitures sur la partie carrossable de la route.

Commerce de détail tenu par des Européens et des créoles. On y trouve du riz, du manioc, de la volaille, du bétail. Le bois de chauffage est rare.

Maromby (3 kilomètres 200 de Mahatsara). — Pont de 50 mètres sur la Maromby. Ce village a perdu de son importance au profit de Mahatsara.

Mahela (4 kilomètres). — Village qui semble en voie de développement. Pont de 40 mètres sur la Maromby, qu'on traverse pour la deuxième fois.

Ambodimanga (14 kilomètres). — Petit village sans importance.

Manambonitra (14 kilomètres). — Assez grand village à la hauteur d'Ambodimanga, à 600 mètres au Sud de la route. Quelques débitants.

Pont de 40 mètres sur la Manambonitra.

Santaravy (27 kilomètres). — Village naissant. Poste de tirailleurs et gîte d'étapes. Magasins des services administratifs, où les officiers peuvent toucher des vivres à titre remboursable.

Ranomafana (27 kilomètres). — Assez grand village, à la hauteur de Santaravy, à 800 mètres au Rud de la route.

Il y a une source thermale sulfureuse à un quart d'heure de marche. C'est dans la région comprise entre Ranomafana et la Mahela que l'on trouve en abondance l'arbre du voyageur (ravinala).

Pont de 37 mètres sur la Ranomafana, à 3 kilomètres de Santaravy; pont de 51 mètres sur la Harara, à 6 kilomètres de Santaravy; pont de 22 mètres sur la Marovolo, à 7 kilomètres de Santaravy.

Antsahamamy (40 kilomètres). — Quelques cases.

Antongombato (42 kilomètres 500). — Campement important de travailleurs de la route. Pont de 18 mètres sur le Fanako.

Ambatoharanana. — A la hauteur d'Antongombato, à 600 mètres au Sud de la route.

Andakakély (49 kilomètres 500). — Il y a deux petits villages, séparés par la Mahela qui est une belle rivière profonde et dangereuse aux crues, qu'on traverse à gué. La route carrossable en construction la coupera à une assez grande distance en aval, dans un site magnifique.

Un petit village situé à quelque distance prend le nom de la rivière, qu'on applique souvent à l'ensemble des deux autres et au gué.

Ampasimbé (59 kilomètres). — Assez grand village qui tend à perdre de son importance au profit de Beforona. Gîte d'étape. La flore y est variée; il y a des caféiers en exploitation.

En quittant Ampasimbé, on traverse trois fois une jolie rivière, la Benandrambo, et l'on ne tarde pas à entrer dans la belle forêt de Madilo, remarquable par sa faune et ses eaux vives. Au moment de franchir l'arête montagneuse de la forêt, on peut voir au loin, vers l'Est, la ligne bleuâtre de l'océan Indien et, vers l'Ouest, le profil élevé et sombre de la Grande Forêt.

Marozevo (69 kilomètres). — Village sans importance. Pont de 20 mètres sur le Marozevo.

Sahatelo, Ambatomalama (73 kilomètres). — Petits villages de quelques cases dans une large vallée. Les bourjanes y trouvent du riz et des bananes. Pont de 20 mètres sur la Sahatelo, et pont de 30 mètres sur la Beforona.

Beforona (78 kilomètres). — Ce village a été en partie détruit en décembre 1895, puis reconstruit par les troupes du corps d'occupation. Gîte d'étape. Il y a un officier faisant fonctions d'administrateur adjoint et dépendant de l'administrateur d'Andévorante. La garnison est composée d'un capitaine de génie, de deux officiers et d'un détachement du génie, chargés de la construction de la route carrossable; d'un lieutenant et un détachement de 35 tirailleurs du 1er régiment malgache.

Il n'y a pas de ressources locales et la vie y est chère. Quelques créoles et des Chinois s'y sont établis pour faire le commerce de détail. Le village prendra de l'importance quand la nouvelle route y arrivera. Il y a des magasins des services administratifs, où les officiers de passage peuvent toucher des vivres à titre remboursable, une ambulance, la poste et le télégraphe, un temple anglican, une école.

Beforona est dans un site assez remarquable, entre la forêt de Madilo et la Grande Forêt qui est toute proche dans l'Ouest; malheureusement, les environs sont très marécageux. Les habitants ne cultivent pas le riz; ils vivent de l'exploitation des bourjanes et des passagers.

De Beforona à Moramanga. — Les travaux considérables faits par nos troupes ont transformé complètement le vaste bourbier qui constituait l'ancien sentier des bourjanes. Néanmoins, l'étape de Beforona à Ampasimpotsy est encore très pénible.

En quittant Beforona, on franchit un pont de 20 mètres sur la Beforona, qu'on traverse pour la deuxième fois; grâce au nouveau tracé, le voyageur n'a plus à franchir le Marolavo, que l'on traversait à gué 17 fois sur un parcours de 5 kilomètres.

Irihitra (4 kilomètres de Beforona). — Village sans ressources. A 1 kilomètre d'Irihitra, on entre dans la Grande Forêt.

Ambavanihasy (14 kilomètres). — Village dans une clairière, sur un mamelon que le chemin laisse à 200 mètres au Sud. La plupart des bourjanes qui viennent de Moramanga s'arrêtent à Ambavanihasy pour y coucher, de préférence à Beforona où la place manque et où la vie est chère.

Anevoka (20 kilomètres). — Village sans importance, détruit, puis reconstruit en partie par les Chinois qui réparaient le chemin. De grands hangars servent d'abris aux bourjanes.

A partir d'Anevoka, la Grande Forêt s'étage sur des croupes abruptes et le chemin devient difficile. On monte jusqu'au col d'Amboasary, limite du territoire civil et du cercle militaire de Moramanga; an redescend ensuite dans une assez grande clairière, où se trouve le village d'Analamazaotra.

Analamazaotra (30 kilomètres). — Village détruit par les fahavalos à la fin de l'année 1896 et qu'on reconstruit; il est peu important pour le moment, 30 cases environ. Il y a un poste de tirailleurs malgaches, commandé par un sergent européen; on y construit un gîte d'étape. Pas de cultures. Un débitant créole.

Amparafara (36 kilomètres). — Village auprès de la rivière Sahantandra, en partie détruit. Blockhaus occupé par des tirailleurs malgaches, au Sud-Ouest et à 8 ou 900 mètres de la route.

Ampasimpotsy (45 kilomètres). — Village autrefois très important, qui a été détruit par les rebelles. Il n'y a plus aujourd'hui que 30 cases environ. Peu de ressources; on y trouve cependant de la viande de boucherie.

Il y a un poste de tirailleurs malgaches, construit sur une colline à 800 mètres au Nord de la route.

Moramanga (60 kilomètres). — Chef-lieu du cercle de Moramanga, commandé par un chef de bataillon. Ancien rova, situé à la sortie de la forêt et à l'entrée de la plaine du Mangoro. Grand et beau village, avec de nombreuses maisons en briques.

Il y a six débitants, dont trois Chinois. Un marché, où l'on trouve de la viande fraîche les lundi et jeudi.

Il y a une station postale et télégraphique, une ambulance, un gîte d'étape et un magasin-annexe des services administratifs, où les officiers de passage peuvent toucher des vivres à titre remboursable.

Malgré l'importance de Moramanga, les passagers ne doivent pas espérer y trouver de bourjanes supplémentaires, dont le recrutement est très long et très difficile dans tous les postes de la ligne d'étapes de Beforona à Ankeramadinika.

De Moramanga à Tananarive. — En quittant Moramanga, la route traverse la belle plaine du Mangoro jusqu'à Andakana, en passant par le village d'Andranokobaka, qui a été brûlé pendant l'insurrection.

Andakana (15 kilomètres de Moramanga, sur le Mangoro). — Pirogues et bacs. Le passage du Mangoro est gratuit pour tous les officiers et fonctionnaires : un tarif spécial des prix de passage est affiché à l'embarcadère. La traversée du fleuve est dangereuse pendant la saison des pluies.

La partie du village, située sur la rive droite du fleuve, sert au logement des passagers. Un débitant y est installé. Le village de la rive gauche est actuellement en reconstruction.

Il y a un poste de tirailleurs algériens commandé par un sergent européen.

Au sortir d'Andakana, la route contourne le Fody, après avoir traversé Anjomakely et Ambodinifody, où l'on traverse le Manambato sur un pont en bois.

Sabotsy (34 kilomètres). — Village important, situé au centre d'une riche vallée, réputée pour ses plantations de thé et de café. Gîte d'étape.

Il y a deux commerçants (un Européen et un Chinois).

A partir de Sabotsy, la route cesse de suivre l'ancien sentier et escalade les contreforts de l'Imerina par de nombreux lacets. Le sentier des bourjanes, qui est un peu au Sud, raccourcit d'une heure un quart environ, mais la saison des pluies le rend presque impraticable. Arrivée au sommet de la ligne des crêtes qui dominent Sabotsy, la route descend au Sud jusqu'à la hauteur de l'Angavo, puis tourne à l'Est pour arriver à Ankeramadinika.

Ankeramadinika (48 kilomètres). — Village devenu très important, en raison de sa situation géographique à l'entrée de l'Imerina. Il y a un poste militaire commandé par un officier et un gîte d'étape. Bureau de poste et de télégraphe.

Il y a un magasin des services administratifs, où les officiers de passage peuvent toucher des vivres à titre remboursable. Anciennes écuries pour mulets. Des marchés journaliers donnent lieu à un trafic assez considérable. Il y a un débitant européen.

Un blockhaus situé à 1 500 mètres d'altitude commande la région voisine.

Le village se trouve dans une boucle de la Mandraka, rivière que la route d'étapes coupe deux fois et dans laquelle on pêche d'excellentes écrevisses. A 500 mètres au Sud, se trouve un sanatorium anglais.

A partir de ce village, la route est carrossable jusqu'à Tananarive. D'Ankeramadinika à Manjakandriana, la région est peuplée. On trouve les deux blockhaus Belot et Hundegala. A 2 kilomètres de Manjakandriana, la route borne au Sud la concession agricole Surgand.

Manjakandriana (sur le Mahady, 61 kilomètres). — Village devenu très important depuis notre occupation. Poste militaire, commandé par un capitaine, et gîte d'étapes. Infirmerie de garnison. Malgré son importance officielle, ce village offre encore peu de ressources. Toutefois, le marché journalier est assez bien approvisionné en viande de boucherie, fruits, pommes de terre, œufs, lait, etc.

Tout porte à croire qu'avec l'activité qui règne actuellement dans la région ce village deviendra l'un des principaux centres de commerce et sera bientôt l'entrepôt principal des produits de la riche vallée de la Miadana.

Entre Manjakandriana et Antalatakely, se trouve le blockhaus Zeuzou, qui commande les vallées de la Miadana et du Mahady.

Antalatakely (65 kilomètres). — Petit village sans importance.

Amboanemba (65 kilomètres 500). — Village sans importance. Entre Amboanemba et Maharidaza, se trouvent les blockhaus Cubières et Rivat.

Maharidaza (75 kilomètres). — Gîte d'étape. Poste militaire. École officielle fréquentée par 400 élèves venant de trois districts de la région du Sud.

Entre Maharidaza et Alarobia, se trouve le blockhaus Rodier.

Alarobia (78 kilomètres). — Poste militaire commandé par un sous-officier. Caravansérails pour les passagers.

Le village d'Alarobia est redevenu aujourd'hui très important et très commerçant; son marché du mercredi est très achalandé et l'on y trouve la plupart des produits de la contrée. Son marché journalier peut offrir au voyageur européen tout ce qu'il désire, comme lait, beurre, œufs, volailles, viande de boucherie, etc. Alarobia s'étend aujourd'hui sur une longueur de près d'un kilomètre, le long de la route, et de nouvelles constructions s'élèvent chaque jour. Les bourjanes considèrent ce village comme le plus agréable de leurs gîtes et y prolongent généralement leur séjour jusqu'à ce que leurs avances de route soient épuisées.

Soavina. — Au bord de la ligne d'étapes, séparé d'Alarobia par une étroite ravine, ce village a perdu, depuis quelque temps, beaucoup de son importance. Toutefois, il a conservé, dans la région, le monopole de l'industrie des dentelles. On y remarque un temple protestant et une école industrielle anglaise.

Ambohimalaza (84 kilomètres). — Poste militaire, caravansérail pour les passagers. Très grand village avec de belles constructions. Les habitants sont riches et beaucoup font le commerce des toiles en gros. On y fabrique d'excellent beurre. Il y a un petit marché journalier. Sanatorium anglais et hôpital malgache.

Ambohimangakely (91 kilomètres). — C'est une des haltes des bourjanes porteurs de bagages venant de Tamatave. Village bien approvisionné en vivres de toute sorte.

Andraisoro (96 kilomètres). — Ancien cantonnement de tirailleurs malgaches.

PL. II. — TANANARIVE : 1. ARRIVÉE PAR L'OUEST. — 2. ARRIVÉE PAR ISOTRY (PAR LE NORD).

Andrainarivo (97 kilomètres 500). — Fort Duchesne. — Anciens cantonnements de la 6e batterie de montagne.
Tananarive (99 kilomètres).

ROUTES DE MADAGASCAR

Il n'existait pas de routes à Madagascar avant la conquête de 1895; il y avait pour tout passage des sentiers, souvent très capricieux, qui suivaient généralement les crêtes et escaladaient à pic les montagnes et les mamelons; c'étaient les sentiers des bourjanes.

Une des premières préoccupations du gouvernement français a été de faire communiquer entre eux les différents postes de surveillance, et de mettre en communication le plateau de l'Imerina avec la côte Est par une route carrossable, prélude du futur chemin de fer de Tamatave à Tananarive, et avec la côte Ouest par une autre route, celle de Majunga. Une troisième route doit relier Tananarive à Fianarantsoa, qui sont les deux centres principaux de la force vitale à Madagascar.

On va commencer l'étude de la route Tananarive-Majunga, et on passera en revue les différentes routes ou sentiers qui aboutissent à la capitale et qui se prolongent dans tout Madagascar. Dans le même ordre d'idées, on étudiera ensuite les routes qui n'aboutissent pas à Tananarive.

Les routes aboutissant à la capitale traversent dans tous les sens le 3e territoire militaire qui entoure Tananarive. Le tableau donné ci-dessous marque, pour chaque route, la relation du passage à travers le territoire.

Routes. — 1° Route carrossable de Tamatave (provisoire).

2° Route carrossable de Tamatave (définitive) en voie de construction.

3° Route carrossable d'Anjozorobé avec embranchement sur Ambohimanga.

4° Route carrossable de Majunga.

5e Route carrossable de Miarinarivo (par Fenoarivo).

Chemins muletiers. — 1° Chemin muletier deTananarive vers Ambatomena (par Ambohitrinandriana).

2° Chemin muletier de Tananarive vers Tokodaraina (par Imerimandroso).

3° Chemin muletier de la rive droite de l'Ikopa (par Andriantany et Soavinimerina).

4° Chemin muletier de Fianarantsoa (par Tanjombato).

Sentiers. — 1° Sentier d'Ambohibeloma (par Ambaniala, Anosikely et Miadampahonana).

2° Sentiers d'Anosibé par Alasora et la vallée de la Varahina.

ROUTES
de Tamatave et de Tananarive.

VILLAGES RENCONTRÉS	DISTANCES KILOMÉTRIQUES OU HEURES DE MARCHE	RENSEIGNEMENTS SUR LES GITES D'ÉTAPE ET SUR LA ROUTE
I. — Route de Tamatave (kilométrée) Pour voitures légères.		
Point de départ : intersection de la route circulaire et de la route d'Ambohimanga. *Tracé suivi* : route d'Ambohimanga jusqu'à Anjanahary ; route de Nahanisana et route nouvelle par Ankadondravola, Ankadifajoro et Ambohimangakely. . . . . (Le pont fait la limite entre les 2ᵉ et 5ᵉ territoires.)	9 kil. 800	Route nouvelle, non empierrée. Pentes maxima, 7 pour 100. Terrain argileux, mélangé de sable. Bonne route qu'il sera nécessaire d'empierrer sur tout son parcours. Pas de gites d'étape dans le 5ᵉ territoire. La borne n° 10 a été plantée à 200 mètres du pont d'Ambohimangakely.
II. — Route de Tamatave (par Ambohipo) Tracé définitif.		
Par Faliarivo, Ambatoroka, la vallée d'Ambohimangakely. Sa direction est celle de la route d'Ambatomanga jusqu'à la limite du territoire. . . .	1 h. 45 de marche.	En voie de construction, non ouverte aux voitures.
III. — Route d'Anjozorobé.		
Point de départ : route circulaire, route d'Ambohimanga jusqu'à Analamahitsy-Sabotsy. . . . . Ambohitrarahaba. . . . . Pont de la Mamba et marché de Sabotsy (Embranchement sur Ambohidrabiby.). . Ambatofotsy. . . . . . . Manandriana (Limite du territoire)	3 kil. 700 4 kil. 900 7 kil. 700 10 kil. 200 15 kil. 200	L'étape normale est de Tananarive à Ambohidrabiby, mais le village d'Ambatofotsy, bien construit, bien approvisionné, peut être utilisé comme gite. Logements pour trois ou quatre compagnies. Eau à proximité pour hommes et animaux ; peu de bois. La route laisse à désirer ; plusieurs pentes raides à rectifier. Les convois militaires se font par voitures. Quelques colons européens emploient également des voitures.

VILLAGES RENCONTRÉS	DISTANCES KILOMÉTRIQUES OU HEURES DE MARCHE	RENSEIGNEMENTS SUR LES GITES D'ÉTAPE ET SUR LA ROUTE

Route d'Ambohimanga, vers Vohilena.

VILLAGES RENCONTRÉS	DISTANCES	RENSEIGNEMENTS
Marché de Sabotsy.. . . .	7 kil. 700	Carrossable jusqu'à Ambohimanga. Accessible aux piétons seulement d'Ambohimanga à la limite du territoire, vers Ambohibao, par le Langana ; les ravitaillements des postes d'Ambohimanga se font par mulets de bât. Les indigènes n'emploient que des porteurs.
Ambohimanga..	17 kil. 900	
Limite du territoire près et au Nord de la colline de Langana.	23 kil. »	

IV. — Route de Majunga (kilométrée).

VILLAGES RENCONTRÉS	DISTANCES	RENSEIGNEMENTS
Point de départ : route circulaire	12 kil. »	Le gîte d'étape habituel est Ambohidratrimo. Le village de Tsimahandry peut être habité comme gîte éventuel. Dans ces deux localités, surtout à Ambohidratrimo, on peut trouver des vivres en abondance et de l'eau, mais peu de bois. Logements pour deux à trois compagnies dans chacune de ces localités. La route est très bonne jusqu'à Ambohidratrimo, mais le terrain est argileux et glissant pendant la saison des pluies. Des travaux sont en voie d'exécution en vue de modifier le tracé actuel d'Ambohidratrimo à la limite du territoire et le rendre réellement accessible aux voitures. Ces travaux ne pourront être terminés qu'après la saison des pluies.
Ambohidratrimo	10 kil. »	
Tsimahandry. Limite du territoire.	25 kil. »	
Ampanotokana	35 kil. » Cette dernière distance est à contrôler.	

V. — Route de Miarinarivo (kilométrée).

VILLAGES RENCONTRÉS	DISTANCES	RENSEIGNEMENTS
Point de départ : route circulaire au Sud de Soanierana. Nosizato. — Passage de l'Ikopa.	5 kil. 200	A Anosizato, bac pour voitures. Pas de bac pour la traversée du Sisaony ; un pont sera fait après la saison des pluies. Fenoarivo est le gîte d'étape habituel; logement pour trois compagnies; vivres; eau en abondance pour les animaux, plus rare pour les hommes ; pas de bois. La route est facilement carrossable dans le 3ᵉ territoire, plate (sur digue) jusqu'à Fenoarivo, pentes douces au delà. Terrains argileux, glissants après la pluie. Route à empierrer.
Passage du Sisaony. . . .	4 kil. 500	
Fenoarivo.	10 kil. 500	
Ambohimarina (2ᵉ territoire), près de la limite du 3ᵉ.	13 kil. »	

Chemins muletiers :
1º *Tananarive vers Ambatomena, par Mandrosoa, Ambohitrinandriana (mesuré au pas).*

VILLAGES RENCONTRÉS	DISTANCES	RENSEIGNEMENTS
Point de départ : route circulaire, croisement avec la route d'Ambohimanga. Route		Ficferana est le gîte d'étape habituel, mais Ambohitrinandriana peut être occupé éventuellement. C'est un beau village, assez bien

VILLAGES RENCONTRÉS	DISTANCES KILOMÉTRIQUES OU HEURES DE MARCHE	RENSEIGNEMENTS SUR LES GITES D'ÉTAPE ET SUR LA ROUTE
carrossable jusqu'à Mahasina. Muletière ensuite.		approvisionné, peu de bois, eau en abondance dans un rayon de 500 mètres. Logements pour une à deux compagnies. Le terrain est un mélange d'argile et de sable peu glissant. Le pays traversé est peu peuplé jusqu'à Ambohitrinandriana. Recrutement de bourjanes facile à Ambohitrinandriana, Andrainarivo et Fieferana.
Mandrosoa	5 kil. 700	
Ambohitrinandriana. . . .	13 kil. 600	
Limite du territoire.. . . .	16 kil. 700	
Fieferana	17 kil. 500	

2° Tananarive vers Tokodaraina, par Imerimandroso
(ouest d'Ambohimanga)
Carrossable jusqu'à hauteur de Lazaina.

Tananarive à Lazaina.. . .	11 kil. »	Imerimandroso est le gîte d'étape habituel. Ressources abondantes en vivres; eau potable pour hommes et animaux; pas ou peu de bois. Le lundi, grand marché à proximité. Logement dans le village facile pour trois compagnies. Le terrain se prête facilement à la construction d'une route carrossable; pentes douces.
Imerimandroso.	19 kil. »	
Limite du territoire près d'Antanivony.	23 kil. 500	

3° Tananarive vers Soavinimerina
(chemin muletier de la rive droite de l'Ikopa)
Distances approximatives au delà d'Andriantany.

Chemin suivi : route carrossable de Majunga jusqu'à Andriantany.	12 kil. »	Pas de gîte d'étape. Au delà d'Andriantany, le chemin est d'un entretien difficile; les digues sont souvent coupées par les pluies.
Limite du territoire près d'Antanantanana..	18 kil. »	

4° Chemin muletier de Fianarantsoa, par Tamjombato et Tsiafahy
(mesuré au cordeau)

Point de départ : route circulaire. Bac sur l'Ikopa. .	0 kil. 980	Pas de gîte d'étape. Pas de village important au delà de Tanjombato. Route argileuse en médiocre état. Deux passages difficiles : l'Ikopa et la rivière au Sud de Tanjombato (bac sur l'Ikopa, pirogues sur l'Ikopa et la rivière au Sud de Tanjombato). Pont à faire sur cette dernière rivière. Un tracé de route carrossable a été étudié.
Passage habituel	1 kil. 560	
Sabotsy-Andobaranofotsy. .	4 kil. 020	

Sentiers pour piétons :
1° Sentier vers Ambohibeloma, par Ambaniala.
Distances évaluées approximativement d'après la carte

Ambaniala (traversée de l'Ikopa, pirogues).	5 kil. 700	Bon sentier jusqu'au Sisaony, montueux au delà. Le pays traversé est très peuplé. Piro-

PL. III. — 1. UN CONVOI DANS LA BROUSSE. — 2. ARRIVÉE A TANANARIVE D'UNE VOITURE LEFEBVRE.

VILLAGES RENCONTRÉS	DISTANCES KILOMÉTRIQUES OU HEURES DE MARCHE	RENSEIGNEMENTS SUR LES GITES D'ÉTAPE ET SUR LA ROUTE
Passage du Siaony, près d'Anosikely. . . . . Limite du territoire entre Miadampahonana et Ambohitromby	9 kil. » 17 kil. »	gues en grand nombre sur les villages. Gîte possible à Miadampahonana. Ressources en vivres et eau assez grandes; pas de bois. Logements pour une compagnie.

2° *Sentier conduisant de Tananarive à Alasora*
et vers le sud-est du territoire.

Point de départ : route circulaire, Ambanidia. Route carrossable jusqu'au bac d'Alasora . . . . Limite du territoire. . . .	6 kil. 500 14 kil. 800	Assez bon sentier jusqu'à Alasora, montueux au delà, à réparer après la saison des pluies. Conduit directement vers Anosibé, suivi par les indigènes, non fréquenté par les troupes. Pas de gîte d'étape.

Observations générales : Les transports se font presque partout à dos de bourjanes, à l'exception du ravitaillement d'Anjozorobé et d'Ankazobé.

Le recrutement des bourjanes n'offre pas de difficultés sérieuses. Partout la population est très dense et peut fournir de nombreux porteurs.

ROUTE DE TANANARIVE A MAJUNGA

Cette route passe par *Ambohidratrimo, Ampanotokana, Ambatomainty, Fihaonana, Soadianana, Ankazobé, Manankazo, Manerinerina, Ankarabé, Mahatsinjo, Andriba*. Cette route, seule route reliant Tananarive à la côte Ouest, est la seule carrossable du cercle. Toutefois, au delà du Manankazo, l'absence de ponts sur les grands cours d'eau qu'elle traverse la rend difficile pour les voitures pendant la saison des pluies. Elle a, en moyenne, 5 mètres de large entre fossés, la chaussée n'est pas empierrée, les fossés ne sont pas revêtus.

Sur tout son parcours jusqu'à Andriba, la route est kilométrée. Des bornes kilométriques et, en certains points, des bornes hectométriques indiquent les distances parcourues en partant de Tananarive. Enfin, en certains carrefours importants, des poteaux indicateurs renseignent les voyageurs sur la direction à prendre et la distance qui les sépare des divers points de leur route.

Elle entre dans le secteur d'Ankazobé, un peu au nord du village de Tsinaindahiny, exactement au point où elle franchit la chaîne du Fandrosana à 27 kilomètres de Tananarive; puis elle descend en pente douce dans la vallée de la Moriandro, qu'elle traverse sur un barrage de plus de 500 mètres, où des coupures munies de ponts définitifs sont ménagées pour le passage des eaux. Elle gravit ensuite les pentes de l'Antongombato, qu'elle franchit en un col élevé qui la conduit presque de plain-pied sur la crête où se trouve Ampanotokana, à 57 kilomètres de Tananarive. Ce point, premier gîte d'étape que l'on rencontre, possède des cases pour les passagers et les détachements ; il est commandé par le lieutenant chef du district du Marovatanana, du secteur de Manankasina, c'est un centre de recrutement de bourjanes et de ressources en produits indigènes (viande de bœuf, volailles, œufs, etc.).

D'Ampanotokana, la route descend dans la vallée de l'Anjomoka qu'elle suit pendant quelque temps à flanc de coteau pour la traverser ensuite au kilomètre 45, immédiatement après la réunion de ses deux bras les plus mportants ; elle chevauche ensuite à travers les vallées, les petits affluents de ce ruisseau qui descendent de la montagne de Lohavohitra, et elle arrive ainsi à Ambatomainty (à 54 kilomètres de Tananarive), poste militaire, gîte d'étape, avec des ressources relatives. De là, elle grimpe sur la montagne d'Ambohitravola pour arriver à 60 kilomètres de Tananarive, au poste de Fihaonana, résidence du commandant du secteur de ce nom, village bien approvisionné, où le recrutement de porteurs est possible.

De Fihaonana, la route monte en pente douce jusqu'au pied de l'Ankarahara, piton élevé sur lequel est établi un poste optique qui relie le sud du cercle à son centre Ankazobé. La chaîne de l'Ankarahara est considérée par beaucoup comme la limite de l'Imerina ; en tout cas, elle forme une ligne de démarcation très apparente entre la zone peuplée du Sud et la zone peuplée du Nord ; et, à mesure que l'on s'avance, les villages deviennent plus rares, moins importants. Au bas de l'Ankarahara, se trouve le gîte d'étape de Soadianana (à 72 kilomètres de Tananarive), où, depuis quelque temps, on trouve quelques ressources.

De ce point partent trois routes pour Ankazobé, celle de l'Ouest descendant la vallée de l'Andranobé, qu'elle franchit trois fois avant d'arriver à Ankazobé, et passant par Ambohitromby ; ce tracé est celui de l'ancienne route muletière qu'a suivie la colonne légère. Celui du Centre, qui, momentanément, sert de route carrossable et qui court sur une crête formant ligne de partage des eaux entre l'Andranobé et son affluent, la Kelilanosina, ne franchit qu'une fois l'Andranobé, un peu avant d'arriver à Ankazobé, mais escalade par des lacets qu'on n'a pas cru devoir conserver les pentes de l'Ambohidambinana. C'est pour les éviter qu'on est en train de construire sur le tracé Ouest, passant par Sambaina, un nouveau tronçon carrossable rejoignant le tracé du Centre au sommet de la montagne au kilomètre 78.

De là, la route carrossable gagne Ankazobé, en empruntant la crête de l'un des contreforts de l'Ambohidambinana, qui le conduit jusqu'au pont de l'Andranobé sans traverser aucun ruisseau.

Ankazobé (Ambohipihaonana, à 100 kilomètres de Tananarive), chef-lieu du cercle, village important, qui, en dehors du marché hebdomadaire du lundi, a un marché quotidien où l'on trouve presque tous les produits indigènes. Deux commerçants européens et deux Indiens y sont établis.

D'Ankazobé, où elle rejoint le tracé muletier, la route carrossable fait un coude prononcé à l'Est pour aller à la source d'un petit affluent de droite de l'Andranobé et prendre pied sur un vaste plateau ferrugineux qui a conduit de plain-pied jusqu'au pont situé sur le Manankazo, à 27 kilomètres d'Ankazobé. Pont avec tabliers en rondins recouverts de terre, supporté par des piles en pierres sèches réunies dans un coffrage formé de pieux encastrés dans le roc. Sur la rive droite de la rivière, poste et village militaire de Manankazo, à flanc de coteau et à 200 mètres de la rivière.

A partir de ce point, le tracé emprunte presque constamment la crête de la ligne de partage des eaux entre l'Ikopa et la Betsiboka. Jusqu'au gué du Mamokimita, dans cet espace désert il y a quelques mois, ont été construits, à environ 25 kilomètres les uns des autres, les villages militaires de Manankazo, Manerinerina, Ankarabé, Mahatsinjo, dans chacun desquels on trouve des cases pour les passagers, des abris et des piquets d'attache pour les animaux, du laitage et quelques ressources indigènes. On peut affirmer qu'après la récolte du mois d'avril tous les produits d'alimentation indigène s'y trouveront en abondance.

Le gué du Mamokimita est dangereux pendant l'hivernage; il y aura sous peu une pirogue. Un village est, d'autre part, en train de s'y établir pour faciliter le passage. De ce point à Andriba, la route suit la rive droite du Mamokimita sans avoir à traverser de nouveaux obstacles. Andriba, poste militaire, gîte d'étape, avec des cases pour les passagers, est à 200 mètres du village de Mangasoavina, où l'on trouve à peu près tous les produits d'alimentation indigène; il y a un débit tenu par un Américain et de nombreuses boutiques d'Indiens.

Andriba est à la fois : 1° le point terminus de la nouvelle route carrossable ; 2° la tête du tracé muletier suivi par la colonne légère dans sa marche sur Tananarive (15 à 30 septembre 1885); 3° le point terminus de la route construite par le corps d'expédition pour le passage des voitures Lefebvre.

La route des bourjanes se continue ensuite jusqu'à Majunga en passant par le camp de la Cascade.

Camp de la Cascade. — Se trouve à sept heures de marche en filanjana d'Andriba. Pas de cases, beaucoup d'eau et de bois.

Antsiafabositra. — A deux heures et demie du camp de la Cascade, en filanjana. Poste de miliciens; maisons pour les officiers, les particuliers et les troupes de passage; pas d'autres cases. Eau de source abondante et beaucoup de bois.

Anjeje. — A une heure un quart d'Antsiafabositra en filanjana. Eau un peu éloignée de l'ancien poste. Un village d'une vingtaine de cases se trouve à une demi-heure de là. Bois en quantité.

Le Ponceau. — A six heures d'Anjeje, en filanjana. Un grand village est situé à trois quarts d'heure de là, sur l'Ikopa. L'eau et le bois sont en grande quantité.

Mevatanana. — A sept heures du Ponceau, en filanjana. Très grand village, grandes ressources à tous les points de vue. Gérance d'annexe. Cases pour les officiers et les troupes de passage.

Marololo. — A quatre heures de Mevatanana, en filanjana. Village d'une vingtaine de cases ; eau et bois en quantité.

Ambato. — A huit heures de Marololo, en filanjana. Grand village, gérance d'annexe, grandes ressources, eau et bois en quantité.

Ancienne route militaire. — C'est le tracé muletier qu'a suivi la colonne légère en 1895. En partant de Tananarive, il entre dans le cercle d'Ankazobé au Fandrosana, s'écarte peu de la route carrossable jusqu'à Ambatomainty, d'où elle s'en détache complètement en conservant sa direction Sud-Nord, tandis que le second tourne complètement à l'Ouest pour aller passer à Fihaonana. Il escalade ensuite les pentes de l'Ankarahara en laissant à l'Est, à 200 mètres environ, le blockhaus, où l'on trouve des logements pour les passagers, mais aucune espèce de ressources, même indigènes. Il vaut donc mieux pousser jusqu'au pied du versant Nord de l'Ankarahara, au gîte de Soadianana, où, comme nous l'avons déjà dit, un village récemment reconstruit peut offrir aux passagers, en même temps qu'un gîte et quelques provisions pour eux, toutes les denrées nécessaires à l'alimentation de leurs porteurs.

De Soavinandriana, le tracé muletier bifurque à l'Est, descend dans la vallée de l'Andranobé, qu'il suit jusqu'à Ankazobé en traversant trois fois la rivière, deux fois à gué et la troisième fois sur le pont de la route carrossable, en arrivant à Ankazobé. D'Ankazobé à Andriba, il diffère complètement du tracé de la route carrossable et conserve une direction sensiblement Sud-Nord. Jusqu'aux Ambohimenas (à 6 kilomètres d'Ankazobé), il escalade par des pentes assez fortes les vallées des différents affluents de l'Andranobé, passe au pied du rocher de l'Angavo, franchit l'Antoby et arrive enfin à la chaîne des Ambohimenas. Il ne faut pas moins d'une heure pour en atteindre le sommet par un sentier à pic. Le sommet du piton est occupé par un poste optique où le passager ne peut trouver que l'abri : il n'y existe aucune espèce de ressources. La descente du flanc Nord des Ambohimenas est aussi pénible et raide que la montée du versant Sud; on peut dire qu'elle dure jusqu'au gué du Manankazo, que l'on franchit en pirogue à une heure environ avant d'arriver au col de Kiangara.

Le poste de Kiangara, qui a été récemment déplacé, est maintenant distinct du village et commande le col à 150 mètres au Sud. C'est un gîte d'étape et un centre de recrutement de bourjanes. Il y a quelques ressources.

A partir de Kiangara, le sentier suit exactement la rive droite du Firingalava, affluent de gauche du Manankazo: bien que les mauvais pas aient été améliorés, les pentes sont encore raides. On rencontre à mi-distance d'Andriba le poste-village d'Ampotaka, où des cases sont installées pour les passagers, mais qui a peu de ressources.

En descendant du poste d'Ampotaka, on franchit un marais qui n'a pas moins de 500 mètres à la saison des pluies, et dont l'eau, trouble et profonde, ralentit considérablement la marche des bourjanes. Le sentier gravit ensuite le plateau d'Antafofo, dont il suit la ligne de crête jusqu'au Mamokomita dont il rejoint la vallée par une longue descente à pic sur la rivière, qu'il franchit à gué, rejoignant sur la rive droite le tracé de la route carrossable.

ROUTE DE TANANARIVE A TSARATANANA

Cette route passe par *Ambatofisoarana, Vohilena, Antsatrana*; elle est muletière jusqu'à Vohilena, filanjana au delà.

Pirogue pour le passage de la Mananta à Andranomiantra.

Au delà d'Andranomiantra, la route traverse de nombreux cours d'eau jusqu'à Morafeno; elle est très difficile pendant la mauvaise saison, presque toujours impraticable pendant la saison des pluies entre Morafeno et Antsatrana, tant qu'on n'aura pas fait de travaux.

Jusqu'à Vohilena, mamelons coupés de marais; de Vohilena à Andranomiantra, mamelons; d'Andranomiantra à Morafeno, flanc de coteau, escarpements coupés de cours d'eau; de Morafeno à Antsatrana, première partie, mamelons coupés de cours d'eau, puis défilés marécageux; seconde partie : rizières entre Ansatrana et Tsaratanana.

Route reliant les routes Tananarive-Andriba et Tananarive-Tsaratanana. — *De Manankazo à Antsatrana*, praticable en toutes saisons jusqu'au gué de Moratsiazo, gué qui n'existe plus en mauvaise saison. Passage très difficile.

Routes transversales. — 1° *Ampanotokana à Ambohibao* par Manankasina; route de crête sans un cours d'eau, très muletière.

2° *Ankazobé à Vohilena*. D'Ankazobé à la Betsiboka, mamelons, puis crêtes sans obstacles, praticables en toutes saisons; le passage de la Betsiboka est très difficile pendant l'hivernage, même avec une pirogue. De la Betsiboka à Vohilena, crête de mamelons praticable en toutes saisons. De Vohilena à Ambohimanjaka, mamelons toujours praticables, mais coupés par la Mananta, qui est difficilement praticable en hivernage même en pirogues, et par la Lakaizana, rivière du même caractère.

3° *De Tsinjorano à Kiangara*; crêtes toujours praticables.

CERCLE D'AMBATONDRAZAKA

ROUTES	GITES D'ÉTAPE	DISTANCE EN KILOMÈTRES	RENSEIGNEMENTS SUR LES GITES D'ÉTAPE	RENSEIGNEMENTS SUR LES ROUTES
Route de Mangatany, Ambatondrazaka, Miarinarivo, Majunga.	*Antanimenakely* (Poste). *Mangatany* (Poste).	28	Mangatany est le premier gîte d'étape du cercle d'Ambatondrazaka. Village en construction, de 195 habitants. On peut trouver 60 bourjanes. Une cinquantaine de petites cases. Eau potable. Peu de bois. Poste optique. Peu de vivres.	Bonne route muletière en toutes saisons. Traverse un marais sur une digue. Pas de côtes. Pas de traversée de rivière dans le cercle.
	Manakambahiny (Poste).	10	Village en construction. A déjà 444 habitants. On peut trouver 100 bourjanes. Bons logements. Eau à boire médiocre. Peu de bois. Peu de vivres.	Très bonne route muletière en toutes saisons. Pas de côtes. Pas de traversée de rivière.
	Ambatondrazaka. (Poste).	15	Chef-lieu du cercle. 970 habitants environ. 250 bourjanes. Bons logements. Eau potable très bonne, mais éloignée. Peu de bois. Peu de vivres actuellement. Marché fréquenté tous les samedis.	Bonne route muletière en toutes saisons. Pentes faibles. Rivières guéables en toutes saisons, sauf la Miaranima qui se passe sur un pont. La route traverse quelques hameaux. *Observation.* — Une route de 20 kilomètres, praticable en saison sèche seulement, joint directement Ambatondrazaka à Mangatany.
	Andriba.	22	Village de 177 habitants. Environ 50 bourjanes. Bons logements. Très bonne eau potable. Peu de vivres. Peu de bois. Beaucoup de poisson.	Très bonne route muletière. Pas de côtes. La route traverse de nombreux villages sur les bords du lac Alaotra. Cours d'eau toujours guéables.
	Imerimandroso.	23	Chef-lieu de secteur. 770 habitants environ. 200 bourjanes. Nombreux villages aux environs. Bons logements. Eau potable bonne mais éloignée. Peu de vivres actuellement. Beaucoup de poisson. Peu de bois. Marché fréquenté tous les jeudis.	Très bonne route muletière. Pas de côtes. Cours d'eau toujours guéables. Quelques villages sur la route.
	Ivohitraivo.	15	Village de 138 habitants. Environ 40 bourjanes. Bons logements. Bonne eau potable. Peu de bois.	Très bonne route muletière. Pas de côtes. A signaler la traversée de l'Andromba ou Maningory, fleuve d'environ 100 mètres de large sur 5 ou 6 de profondeur. Le passage se fait en pirogue.

	Anosimboahangy (Poste).	57	Gros village de 635 habitants. Environ 150 bourjanes. Bons logements. Eau à boire médiocre. Bois de construction et à brûler. Riz, bœufs et volailles en assez grande quantité. Le village est construit sur pilotis au milieu d'un marais. Le poste est au Nord du marais.	Bonne route muletière. Une rivière non guéable pendant la saison des pluies, l'Anossy se passe sur un pont. Quelques côtes. Traversée en pirogues du marais d'Anosimboahangy; quelques villages aux abords d'Anosimboahangy.
	Maroantovo.	32	Groupe de trois petits villages. 295 habitants environ. 60 bourjanes. Bons logements. Bonne eau potable. Un peu de bois. Riz, bœufs et volailles en assez grande quantité.	Bonne route muletière. Quelques côtes. Pas de cours d'eau important. La route traverse plusieurs villages.
	Miarinarivo (Poste).	32	Village de 265 habitants environ. 100 bourjanes. Bons logements. Bonne eau potable. Peu de bois. Peu de riz. Bœufs et volailles en assez grande quantité.	Bonne route muletière. Une seule côte. Un seul cours d'eau, l'Amboroka, non guéable à la saison des pluies; un poste de pirogues y sera établi. Quelques villages aux abords de la route.
	Maitsokely (Poste).	27	Village brûlé par Rainitavy. Bonne eau potable. Bois à brûler. Pas de ressources en vivres, ni en logements.	Bonne route muletière. Pas de côtes. Deux cours d'eau, l'Ankobakobaka et le Bemarivo, non guéables pendant la saison des pluies: des postes de pirogues y seront établis à cette saison.
	Masokoamena (Poste).	50	Poste de la province de Majunga. Pas de village. Bonne eau. Beaucoup de bois.	Route non muletière. Nombreuses côtes à fortes pentes. Pas de cours d'eau non guéables. Pas de village.
Miarinarivo à Tsaratanana.	*Miarinarivo.* *Antserahely* (Poste).	20	Voir plus haut. Village de 297 habitants. Environ 100 bourjanes. Logements peu confortables. Peu de vivres. Eau potable. Pays minier.	Route muletière. Pas de côtes. Deux cours d'eau, l'Ankobakobaka et la Manampy, non guéables à la saison des pluies.
	Blockhaus du Tampoketsa (Poste).	26	Pas de village. Bonne eau potable et bois. Pas de vivres.	Bonne route muletière. Une côte assez dure pour arriver sur le plateau du Tampoketsa.
	Tsaratanana (Poste).	50	Village de 501 habitants. Environ 100 bourjanes. Bons logements. Eau potable. Vivres en grande quantité.	Route muletière. Entre le Tampoketsa et Tsaratanana, quelques cours d'eau, parfois non guéables.
Anosimboahangy à Mandritsara.	*Anosimboahangy.* *Analaroamaro* (Poste).	40	Voir plus haut. Village brûlé. Pas de ressources. Eau potable et bois.	Sentier non muletier. Pays désert jusqu'à Mandritsara. La route traverse de nombreux cours d'eau marécageux.

ROUTES	GITES D'ÉTAPE	DISTANCE EN KILOMÈTRES	RENSEIGNEMENTS SUR LES GITES D'ÉTAPE	RENSEIGNEMENTS SUR LES ROUTES
Imerimandroso à Fénérife.	Ampatakamaroreny. (Poste).	50	Petits villages de dix mauvaises cases. Eau potable et bois. Pas de ressources.	
	Imerimandroso (Poste). Amboditafona.	25	Voir plus haut. Hameau de trois cases. Eau et bois. Pas de vivres.	Route muletière jusqu'à Amboditafona, où elle pénètre en forêt. Route mauvaise en forêt. En forêt, la route traverse plusieurs villages.
	Manambato.	20	Village en reconstruction. Possède actuellement une vingtaine de cases, quelques ressources en logements et vivres. Bonne eau potable et bois.	
Ambatondrazaka à Tamatave par Manakambahiny.	Ambatondrazaka. Manakambahiny.	26	Voir plus haut. Village de 241 habitants. Environ 60 bourjanes. Bons logements. Quelques ressources en riz, bœufs et volailles. Bonne eau potable ; bois.	Bon sentier jusqu'à la forêt. Route médiocre en forêt. C'est la route que les bourjanes préfèrent, bien qu'il n'y ait pas de village en forêt.
Ambatondrazaka à Tamatave par Imerinanjato.	Ambatondrazaka. Imerinanjato.	26	Voir plus haut. Village de 148 habitants. Environ 30 bourjanes. Quelques logements passables. Un peu de volailles. Bonne eau potable. Bois.	Bon sentier jusqu'à la forêt. Sentier très mauvais en forêt.
Ambatondrazaka à Morarano, Ambakireny et Tsaratanana.	Ambatondrazaka (Poste). Manakambahiny (Poste). Ambohitromby (Poste).	15 16	Voir plus haut. Voir plus haut. Village de 126 habitants. Environ 25 bourjanes, Logements médiocres. Pas de ressources. Peu de bois. Eau bonne, mais éloignée.	Route bonne en saison sèche. Mauvaise à la saison des pluies. Traverse de nombreux marais. Passage du Sahabé en pirogues.
	Morarano (Poste).	7	Deux villages comprenant 298 habitants. Environ 70 bourjanes. Bons logements. Pas de ressources en vivres. Eau potable. Peu de bois.	Bonne route à la saison sèche. Médiocre à la saison des pluies.
	Andranopanga. (Blockhaus).	19	Simple blockhaus en forêt. Pas de ressources. Eau potable et bois.	Sentier médiocre Nombreuses côtes.

Morarano à Amparafaravola et Vohitraivo.	*Ambakireny* (Poste).	18	Village de 192 habitants. Environ 60 bourjanes. Bons logements. Eau potable et bois. Peu de ressources en vivres.	Sentier médiocre. Nombreuses côtes.
	Analanjiolahy (Poste).	9	Plusieurs petits villages comprenant en tout près de 200 habitants. Environ 60 bourjanes. Logements. Eau potable et bois. Pas de ressources en vivres.	Bon sentier, pouvant facilement être rendu muletier.
	Ampandrana (Poste).	22	533 habitants. Environ 100 bourjanes. Bons logements. Eau et bois. Quelques ressources en vivres.	Bon sentier, pouvant facilement être rendu muletier.
	Tsaratanana (Poste).	70	Voir renseignements plus haut.	Sentier qui pourrait être rendu muletier. Quelques cours d'eau de passage difficile à la saison des pluies. Route muletière.
	Maropapango (Poste).	25	76 habitants. Une trentaine de bourjanes. Quelques logements. Eau et bois. Pas de ressources en vivres.	
	Morarano (Poste).		Voir plus haut.	
	Amparafaravola	18	456 habitants. Environ 180 bourjanes. Bons logements. Eau potable. Peu de bois. Pas de ressources en vivres.	Bon sentier à la saison sèche. Nombreux marais à la saison des pluies. La route traverse quelques villages. Traversée de l'Ankitsaka en pirogues.
	Ambohijanahary (Poste).	22	224 habitants. Environ 80 bourjanes. Bons logements. Eau. Peu de bois. Pas de ressources.	
	Ambohivory (Poste).	30	429 habitants. Une centaine de bourjanes. Bons logements. Eau potable et bois. Très peu de ressources en vivres.	
	Ivohitraivo.	8	Voir plus haut.	
Ambohijanahary à Tsaratanana.	*Ambohijanahary* (Poste).		Voir plus haut.	
	Ankazovalo (Poste).	21	64 habitants. Environ 50 bourjanes. Peu de logements. Eau et bois. Pas de ressources en vivres.	Sentier assez bon jusqu'à Antsakoamadinika.
	Antsakoamadinika (Poste).	20	292 habitants. Environ 100 bourjanes. Bons logements. Eau et bois. Pas de ressources en vivres.	Route muletière d'Antsakoamadinika à Tsaratanana.
	Tsaratanana	68	Voir plus haut.	

ROUTES	GITES D'ÉTAPE	DISTANCE EN KILOMÈTRES	RENSEIGNEMENTS SUR LES GITES D'ÉTAPE	RENSEIGNEMENTS SUR LES ROUTES
Amparafaravola à Antsakoamadinika.	*Amparafaravola* (Poste).		Voir plus haut.	
	Ambito (Poste).	25	Poste. Pas de village. Pas de ressources. Eau et bois.	Bon sentier. Pas de cours d'eau important. Pas de village.
	Antsakoamadinika (Poste).	24	Voir plus haut.	
Amparafaravola à Ampandrana.	*Amparafaravola* (Poste).		Voir plus haut.	
	Amboasaritsimitombo (Blockhaus).	18	Blockhaus. Pas de logement. Pas de ressources.	Sentier médiocre. Pays accidenté.
	Antsahamiandrano (Blockhaus).	14	Blockhaus. Pas de logement. Pas de ressources.	Bonne route d'Ambilona à Ampandrana.
	Ambilona (Poste).	9	147 habitants. Environ 40 bourjanes. Logement. Eau et bois. Pas de ressources en vivres.	
	Ampandrana (Poste).	10	Voir plus haut.	
Soalazaina à Anjiro.	*Soalazaina* (Poste).		47 habitants. Environ 15 bourjanes. Eau et bois. Pas de ressources en vivres et logements.	Sentier médiocre. Marécageux.
	Anjiro (Poste).	25	Poste du cercle de Moramanga.	
Soalazaina à Antanimenakely.	*Soalazaina* (Poste).		Voir plus haut.	
	Antanimenakely (Poste).	32	Poste du cercle de Moramanga.	Sentier médiocre. Nombreux marais.
Soalazaina à Mangatany.	*Soalazaina* (Poste).		Voir plus haut.	
	Santingana.	20	27 habitants. Pas de ressources. Eau et bois.	Sentier médiocre. Nombreux marais.
	Mangatany (Poste).	15	Voir plus haut.	

Soalazaina à **Mangatany**.	*Soalazaina* (Poste).		Voir plus haut.	
	Soadingana.	20	27 habitants. Pas de ressources. Eau et bois.	Sentier médiocre. Nombreux marais.
	Mangatany (Poste).	15	Voir plus haut.	
Soalazaina à **Ambohitromby**.	*Soalazaina* (Poste).		Voir plus haut.	
	Andranomainty (Poste).	19	106 habitants. Environ 30 bourjanes. Pas de logement. Pas de ressources en vivres. Eau et bois.	Sentier médiocre. Marais. Cours d'eau peu importants.
	Ambohitromby (Poste).	15	Voir plus haut.	
Soalazaina à **Ambakireny**.	*Soalazaina* (Poste).		Voir plus haut.	
	Fizaramozo (Blockhaus).	12	Blockhaus. Eau et bois. Pas de ressources.	Sentier médiocre. Pays accidenté.
	Ankarefo (Poste).	23	Poste. Eau et bois. Pas de ressources.	Quelques marais entre Ankarefo et Ambakireny.
	Ambavasambo (Blockhaus).	15	Blockhaus. Eau et bois. Pas de ressources.	
	Ambakireny (Poste).	15	Voir plus haut.	

Nota. — Les bourjanes sont le seul mode de transport employé dans tout le cercle d'Ambatondrazaka.

CERCLE D'ANJOZOROBÉ

1. — Distances entre les gîtes d'étape.

(Estimation pour le trajet en filanjana pendant toute la durée de la route).

a). **Routes du Nord.** — 1° *D'Ambohidrabiby à Ambatomainty*, cinq heures de marche.

2° *D'Ambatomainty à Anjozorobé* par le chemin muletier, sept heures de marche (huit heures par la route carrossable).

3° *D'Anjozorobé à Betatao* par Morafeno, six heures de marche.

4° *De Betatao à Anakoma*, trois heures de marche.

b) **Routes du Nord-Est.** — 1° Mêmes étapes que ci-dessus, jusqu'à *Anjozorobé*.

2° *D'Anjozorobé à Tanifotsy*, quatre heures de marche.

c) **Routes du Nord-Ouest.** — 1° Mêmes étapes que ci-dessus jusqu'à *Anjozorobé*.

2° *D'Anjozorobé à Analaroa* (cercle d'Ankazobé), quatre heures de marche.

3° *D'Ambohidrabiby à Ambatofisoarana*, cinq heures et demie de marche.

4° *D'Ambatofisoarana à Analaroa* (cercle d'Ankazobé), sept heures de marche.

d) **Routes de l'Est.** — 1° *D'Ambohidrabiby à Ankazondandy*, par *Ambohitrolomahitsy*, cinq heures de marche.

2° *D'Ambohidrabiby à Ankazondandy* (sentier muletier), par *Talata* et *Miarinarivo*, quatre heures de marche.

3° *D'Ankazondandy à Analabé* (sentier), cinq heures.

4° *D'Ankazondandy à Ambohidratrimo* (sentier), trois heures.

5° *D'Ankazondandy à Falivahoaka* (sentier), quatre heures et demie.

e) **Routes du Sud.** — 1° *D'Ambohidrabiby à Ambatomena* (sentier), quatre heures de marche,

2° *D'Ambohidrabiby à Fieferana* (sentier), deux heures.

3° *De Fieferana à Ambatomena* (sentier), trois heures.

4° *D'Ambatomena à Falivahoaka* (sentier), trois heures.

II. — Renseignements divers sur les routes.

Le filanjana est le mode de transport le plus employé sur les différentes routes du cercle. Toutes les voies de communication indiquées sur le croquis peuvent être parcourues, sans aucune difficulté, par les voyageurs en filanjana.

Les voyageurs à cheval et les convois de mulets peuvent aisément circuler sur la route carrossable de Tananarive à Anjozorobé et, en outre, sur tous les chemins muletiers indiqués sur la carte des étapes (voir l'Atlas).

Les voitures chargées peuvent faire le trajet de Tananarive à Anjozorobé facilement en trois jours.

Les différents cours d'eau coupés par la route carrossable et les chemins muletiers sont franchis sur des ponts. Quelques sentiers traversent également les rivières sur des ponceaux.

Les points principaux de recrutement des bourjanes sont : Ambohitrolo-mahitsy, Ankazondandy et Anjozorobé ; mais quelques bourjanes peuvent toujours être recrutés dans les différents gîtes d'étape.

Le terrain traversé par les voies de communication du cercle est en général assez mouvementé, accidenté et dénudé.

III. — Renseignements sur les gîtes d'étape.

Des logements existent dans tous les gîtes d'étape.

L'eau potable se trouve partout et dans le voisinage immédiat des gîtes, mais le bois est rare (sauf dans le secteur B).

D'une façon générale, on trouve à y acheter très peu de vivres : les produits du pays, riz, manioc, patates, font partout défaut en ce moment; quelquefois, on peut se procurer de la viande de bœuf ou de cochon (abattue sur pied).

2ᶜ TERRITOIRE MILITAIRE

SECTEUR NORD DE LA VARAHINA

Route de Tamatave à Tananarive. — Tronçon Ankeramadinika-Ambohimangakely.

Ankeramadinika, Manjakandriana (13 kilomètres). — La route carrossable part d'Ankeramadinika et se dirige sur Tananarive. Le village d'Ankeramadinika possède beaucoup de ressources ; on y trouve sur le marché : viande de boucherie, pommes de terre, œufs, volailles, lait, etc. L'eau y est excellente et le bois à proximité. Il y a des caravansérails. Les voitures à bœufs peuvent circuler d'Ankeramadinika à Manjakandriana, mais le transport par bourjanes prévaut encore. On y recrute des porteurs.

Manjakandriana-Maharidaza (14 kilomètres). — Manjakandriana offre peu de ressources. Le bois y est rare. Il y a, sur les marchés, de la viande, des fruits, des œufs et du lait, en petite quantité. L'eau y est très bonne. Caravansérails pour passagers. Les voitures à bœufs peuvent circuler de Manjakandriana à Maharidaza. On y recrute des bourjanes.

Maharidaza-Alarobia (3 kilom. 500). — Maharidaza a peu de ressources. Le bois y est très rare. L'eau est excellente. On y trouve des œufs, du lait, de la viande. Caravansérails. On y recrute des bourjanes. De Maharidaza à Alarobia, le transport peut se faire par voitures à bœufs.

Alarobia-Ambohimalaza (6 kilomètres). — Le marché d'Alarobia est très commerçant. On y trouve du beurre, du lait, des œufs, des légumes, du riz et de la viande de boucherie. L'eau y est assez bonne, mais le bois de chauffage est excessivement rare. Caravansérails. On y recrute beaucoup de bourjanes. D'Alarobia à Ambohimalaza, la route est carrossable.

Ambohimalaza-Ambohimangakely (6 kilomètres). — On y trouve de la viande, des œufs, du riz, du lait. L'eau y est assez bonne, le bois est excessivement rare. Caravansérails. On y recrute des bourjanes.

Ambohimangakely. — Pas de caravansérails. On trouve sur le marché des œufs, du riz, du lait et de la viande. L'eau y est bonne, le bois excessivement rare.

Le transport s'effectue encore par bourjanes tout le long de la route carrossable. Des ponts sont jetés sur tous les cours d'eau depuis Ankeramadinika jusqu'à Ambohimangakely. Le terrain sur tout le parcours de la route est coupé, tourmenté. La route carrossable n'est pas encore complètement terminée entre Ambohimalaza et Ambohimangakely.

Routes secondaires.

Ancien chemin Laborde : de Tananarive à Vatomandry ou Mahanoro par Beparasy.

Le chemin Laborde, partant de Tananarive, traverse le secteur Nord de la Varahina en passant par Faliary, Ambatomanga, Lohaomby, Mantasoa et Andrangoloaka. Il est muletier sur tout ce parcours ; à partir de Mantasoa, il devient assez mauvais. Il est très fréquenté par les bourjanes qui vont de Tananarive à Vatomandry, et inversement.

Ambatomanga offre aux voyageurs qui suivent la route Laborde de très bons gîtes et possède toutes sortes de ressources ; l'eau y est très bonne, le bois y est rare. On y recrute des bourjanes.

Lohaomby, bien que possédant peu de ressources, peut offrir un asile. *Mantasoa* est un village brûlé, sans ressources. *Andrangoloaka*, qui a été également brûlé, a peu de ressources ; il est à proximité de la forêt. Le voyageur peut y trouver un gîte.

Manjakandriana à Tsiafahy. — Cette route, qui est muletière et très bonne, part de Manjakandriana et aboutit à l'Ikopa, que l'on traverse en bac : elle passe par Ambatomanga et Antanamalaza.

Antanamalaza est un grand village, qui a beaucoup de ressources. On trouve sur le marché des œufs, du lait, des légumes, du riz, de la volaille et de la viande de boucherie. Très bons gîtes. On y recrute des bourjanes.

Sentiers. — (Muletier). — *Antanamalaza à Ambohimalaza* en passant par Arijeva, deux heures et demie en filanjana.

(Muletier). — *Arijeva à Maharidaza* en passant par Ambohipangitra, une heure et demie de filanjana.

(Muletier). — *Antanamalaza à Maharidaza*, deux heures et demie en filanjana.

(Muletier). — *Antanamalaza à Tananarive* par la route Laborde, trois heures en filanjana.

(Bourjanes). — *Antanamalaza à Alasora*, une heure à pied.

(Bourjanes). — *Antanamalaza à Ambalaniry*, deux heures trois quarts à pied.

(Muletier). — *Ankeramadinika à Anjozoro*, deux heures et demie à pied, une heure et demie en filanjana.

(Bourjanes). — *Anjozoro à Lohaomby*, une heure et demie en filanjana.

(Bourjanes). — *Anjozoro à Ankadimanga*, en passant par Ankadivalala, deux heures et demie en filanjana.

(Muletier). — *Ankadimanga à Nosy Vato*, une heure un quart en filanjana.

(Muletier). — *Maharidaza à Nosy Vato*, deux heures en filanjana.

(Muletier). — *Nosy Vato à Manjakandriana*, une heure un quart en filanjana.

(Muletier). — *Ampamiloana à Manjakandriana* par Nosy Vato, quatre heures en filanjana.

(Bourjanes). — *Ampamiloana à Manjakandriana*, par Ambohimanoro, trois heures et demie en filanjana.

(Bourjanes). — *Ambohimanoro à Ankeramadinika*, une heure trois quarts en filanjana.

(Bourjanes). — *Ampamiloana à Antsahambary*, deux heures en filanjana.

(Bourjanes). — *Nosy Vato à Antsahambary*, trois heures et demie en filanjana.

(Bourjanes et muletier). — *Ambohimiadana à Maharidaza*, deux heures un quart en filanjana.

(Bourjanes et muletier). — *Alarobia vers Ambatomena*, trois heures dans le secteur.

(Muletier). — *Maharidaza à Ambatomanga*, une heure trois quarts en filanjana.

Imerinarivo, chef-lieu du secteur, est le gîte d'étape des routes venant de Tananarive, Manjakandriana, Tsiafahy, Andramasina. Les distances respectives en heures de marche à pied sont : sept heures, six heures, six heures et demie et sept heures et demie. Si le trajet est accompli en deux fois, les haltes ont lieu à Antanamalaza (secteur Nord), Ambatomanga (secteur Nord), Ankadinandriana et Nosibé. Ressources abondantes et variées à Imerinarivo. Bois rare. Les logements font défaut.

Ankadinandriana. Ressources abondantes en viande, riz, pommes de terre, volailles. Pas de bois. Logements abondants.

Nosibé. Ressources variées. Bons logements.

Ambohibazaha. Aucune ressource.

Ambiaky. Aucune ressource.

Blockhaus Bernhard. Aucune ressource.

Route de Tananarive à Imerinarivo (34 kilomètres). — La route franchit l'Ikopa à Antelomita ou Kelimahery, à gué et en pirogue; il y a les débris d'un ancien pont en pierre. Pentes un peu fortes pour gagner les crêtes qui sont suivies constamment, soit par Mokajy, soit par Morarano. Mamelons à pentes raides, dénudés. Entre Morarano et l'Ikopa, la route franchit au Nord l'Andrarankasina, montagne rocheuse, dénudée, à flancs très escarpés, puis elle traverse l'Ikopa (en pirogues) à Amorona et suit une ligne de crêtes jusqu'à Imerinarivo.

Les points où les bourjanes peuvent être recrutés sont Antanamalaza, Mokajy et Imerinarivo.

Route de Manjakandriana à Imerinarivo (28 kilomètres). — La route franchit la Varahina un peu au Sud du village d'Ambohipaniry, sur un pont en pierres de 1 mètre de largeur; elle traverse des rizières sur des digues en mauvais état, puis pénètre sur le secteur Sud de la Varahina et suit des crêtes dénudées. Les points de recrutement des bourjanes sont Ambatomanga et Imerinarivo.

Route de Tsiafahy à Imerinarivo (30 kilomètres). — La route pénètre dans le secteur Sud au pied de l'Inaposa, montagne dénudée, qu'elle franchit en suivant des versants très raides; elle descend ensuite par de très fortes pentes par Ankadinandriana, jusqu'à la rivière, où se trouve un passage à gué qui est très dangereux pendant la saison des pluies. Puis, elle suit une vallée très encaissée, franchit à gué de petits torrents et arrive à rencontrer le sentier de Fiasinana à un col très élevé, d'accès difficile. Elle regagne ensuite la route de Tananarive, près de Morarano.

Route d'Andramasina à Imerinarivo (36 kilomètres). — La route pénètre dans le secteur Sud près du poste de Nosibé. Elle franchit l'Ikopa sur un bac formé de trois pirogues et suit tantôt des crêtes à flancs très raides, tantôt des vallées profondes sur des digues de rizières. On trouve des bourjanes à Nosibé.

Route du blockhaus Bernhard. — D'Imerinarivo à Ambohibazaha, la route suit une ligne de crêtes; il n'y a pas de fortes pentes. Mamelons dénudés à flancs très escarpés, vallées profondes formant précipices.

D'Ambohibazaha à Ambiaty, la route traverse la forêt, elle est difficile; il y a des pentes fortes jusqu'à Ambiaty. D'Ambiaty au blockhaus Bernhard, la descente est moins raide. La route suit des crêtes dénudées à grandes pentes. Un peu avant Ambiaty, elle franchit l'Ambavaranaobo sur un très bon ponceau. On ne trouve point à recruter de bourjanes dans cette région.

Les autres routes ou sentiers suivent généralement les lignes de crêtes, pour descendre brusquement au fond des vallées. Les mamelons sont tous dénudés et, en général, à pentes très fortes. Il n'y a pas d'autre moyen de transport que les bourjanes.

SECTEUR D'ANDRAMASINA

Route de Tananarive à Fianarantsoa et Antsirabé. — *Tsiafahy* (18 kilomètres). La route, depuis la limite Nord du cercle jusqu'à Tsiafahy, est accidentée, mais n'offre pas d'obstacles à la marche; on trouve à Tsiafahy de l'eau potable, du riz, de la viande et de la volaille; le bois y est très cher. Logement propre.

Behenjy (19 kilomètres). Entre ces deux postes, la route est passablement accidentée avec quelques pentes un peu raides; elle suit assez longtemps la rive droite de l'Andromba, affluent de la rive gauche de l'Ikopa, qu'elle franchit à environ 6 kilomètres avant d'arriver à ce poste. Un pont a été établi en ce point. Les ressources sont nombreuses à Behenjy : viande, riz, volaille, quelques légumes, bois, eau potable. Logement suffisant.

Les bourjanes se recrutent soit à Tananarive, soit à Fianarantsoa, et, exceptionnellement en cours de route, à Behenjy. Mode de transport : le filanjana.

Route de Tananarive à Tsinjoarivo. — De Tsiafahy, qui est à 18 kilomètres de Tananarive, à Andramasina, la route est bonne; peu après avoir quitté Tsiafahy, on franchit le Sisaony à gué et la route longe ensuite cette rivière.

Andramasina (14 kilomètres), village sans grande importance, compris dans une boucle de la Sisaony; on y trouve de l'eau potable, du bois, de la viande, du riz, de la volaille et un logement propre.

Antanamalaza (du Sud) (30 kilomètres). Village sans importance et blockhaus. Peu de ressources, eau potable, un peu de bois. Logement suffisant. Les bourjanes se recrutent à Tananarive et à Tsinjoarivo, très difficilement en cours de route. Mode de transport : le filanjana. La route est bonne et passe non loin de trois postes qui peuvent offrir un abri (Ambohitromby, Andrakalava, Ambohimangakely).

Route de Tananarive à Vatomandry. — D'Andramasina à Tsiazompaniry, bonne route; on traverse le Sisaony à 1 kilom. 500 à l'Est d'Andramasina sur une passerelle.

Tsiazompaniry (33 kilomètres). Petit village non loin de la forêt, n'offrant aucune ressource. Après ce village, la route traverse la forêt. Chemin très fréquenté par les indigènes qui se rendent à la côte, mais assez difficile. Eau très bonne; bois en quantité. Logement suffisant. Peu de ressources.

Mode de transport : le filanjana. Les porteurs se recrutent à Tananarive ou à Vatomandry, très difficilement en cours de route.

Route de Tananarive à Mahanoro. — D'Andramasina à Faliarivo bonne route sur tout le parcours; beaucoup de villages assez peuplés.

Faliarivo (23 kilomètres). Village peu important; poste. Peu de ressources; eau potable, bois, logement suffisant. De Faliarivo à Kelimafana, très bonne route.

III. — 3

Kelimafana (16 kilomètres), village de peu d'importance (blockhaus). Peu de ressources; eau potable, bois, riz, viande, logement suffisant. Mode de transport : le filanjana. Les bourjanes se recrutent à Tananarive, à Tsinjoarivo et à Mahanoro, mais très difficilement en cours de voyage.

La route va jusqu'à la limite du secteur où elle prend deux directions différentes : Tsinjoarivo et Mahanoro.

Route de Tananarive à Nosibé. — De Tsiafahy à Nosibé, il y a beaucoup de villages, bien peuplés, mais offrant peu de ressources. Route d'importance secondaire.

Manjambohitra, gros village à environ 12 kilomètres de Nosibé, présente des ressources en vivres et en bois. Route assez bonne.

Nosibé (26 kilomètres), village important, où il y a un grand marché le samedi et qui offre beaucoup de ressources. Mode de transport : le filanjana. La route se dirige ensuite sur Imerinarivo et Manjakandriana. Les bourjanes se recrutent soit à Tananarive, soit à Manjakandriana et, exceptionnellement, en cours de route.

Tsinjoarivo (27 kilomètres d'Antanamalaza du Sud). Peu de population. Très peu de vivres, surtout du riz, à acheter aux indigènes. Pas de bétail. Eau et bois en abondance.

Ankafotsa (18 kilomètres de Tsinjoarivo). Quelques vivres. un peu de bétail. Eau, peu de bois.

Antsiribé (24 kilomètres de Tsinjoarivo). Vivres dans la région. Eau, peu de bois.

Anjamanga (28 kilomètres de Tsinjoarivo). Très peu de vivres. Eau, peu de bois.

Belanitra (16 kilomètres de Tsinjoarivo). Quelques vivres. Eau, un peu de bois.

Chantrieux (Infandra) (26 kilomètres de Tsinjoarivo). — Pas de population, pas de vivres. Eau et bois en abondance.

Ambodifiakarana (50 kilomètres de Tsinjoarivo). Pas de population. Pas de vivres, sauf quelques pommes de terre. Eau et bois. Température très froide (altitude 1 860 mètres).

Les moyens de transport employés dans le secteur sont les bourjanes et les mulets de bât : les uns et les autres peuvent passer partout.

Il n'existe aucun bourjane de profession ; on peut recruter des prestataires avec quelques difficultés. Les régions les plus peuplées sont celles d'Ankafotsa et d'Antsirabé.

Les nombreux cours d'eau de la région sont franchis au moyen de ponceaux, de pirogues ou à gué.

De Tsinjoarivo à Antanamalaza, ponceau.

Ankafotsa et Ambatolampy, ponceaux et gués.

Antsiribé, pirogues sur l'Onivé, ponceaux sur les autres cours d'eau.

Anjamanga, pirogues sur l'Onivé, ponceaux sur les autres cours d'eau.

Belanitra, Chantrieux, Ambodifiakarana, pirogues sur l'Onivé, ponceaux sur les autres cours d'eau.

Le terrain est argileux, coupé par quelques roches, herbes et bouquets de bois.

En résumé, parmi les nombreuses routes qui existent dans le cercle de Tsiafahy, une seule est carrossable, la partie de la route de Tamatave à Tananarive comprise entre Ankeramadinika et Ambohimangakely. Toutes les autres routes de quelque importance peuvent être suivies par des mulets.

Il n'existe de caravansérails pour les voyageurs que sur la ligne d'étapes; les gîtes d'étapes, situés sur les différentes routes du cercle, possèdent tous une case pour les voyageurs.

On trouve généralement des ressources en eau et en vivres dans les gîtes d'étapes les plus fréquentés. Le bois est rare et ne se rencontre en abondance que dans le voisinage de la forêt.

Le recrutement des bourjanes présente souvent des difficultés, dans certaines parties du cercle, et il est prudent, en cours de route, de ne pas trop y compter.

CERCLE ANNEXE D'ARIVONIMAMO

Routes partant de Tananarive.

Abréviations : Après la réc., après la récolte; assez éloig., assez éloignée; haric., haricots; p. d. t., pommes de terre; pir., pirogues; ponc., ponceau.

POINTS PRINCIPAUX ET GITES D'ÉTAPE Les noms en *italiques* sont les gîtes d'étape	DISTANCES EN KILOMÈTRES	NOMBRE DE CASES	RESSOURCES PAR QUARTIER								POINTS PRINCIPAUX DE RECRUTEMENT DES BOURJANES	MOYENS DE TRANSPORT EMPLOYÉS	PASSAGE ET LARGEUR (EN MÈTRES) DES COURS D'EAU	OBSERVATIONS
			BŒUFS	MOUTONS	PORCS	EAU	BOIS	RIZ	MANIOC	PAILLE DE RIZ				
Tananarive-Ambohibeloma (*route muletière*).														
Tananarive	»	»	»	»	»	»	»	»	»	»	»	Mulets, bourjanes.	»	
Fenoarivo	12	Pour mémoire.				»	»	»	»	»	—	»	
Sabotsy (n arché)	16	»	»	»	»	»	»	»	»	»	»	—	»	Assez important.
Andromba (rivière)	28	»	»	»	»	»	»	»	»	»	»	—	40 gué	
Antanifisaka	30.500	78	87	25	35	Oui	Oui	Oui	Oui	Après la réc.	Antanifisaka.	—	»	Chef-lieu de district.
Ombifotsy (rivière)	44.500	»	»	»	»	»	»	»	»	»	»	—	20 gué	
Ambohibeloma	48.500	100	186	204	27	Oui assez éloig.	Oui	Oui	Oui	Après la réc.	Ambohibeloma.	—	»	Chef-lieu de sous-gouvernement.
Tananarive-Arivonimamo-Miarinarivo (*route carrossable en construction*).														
Tananarive.	»	5ᵉ Territoire militaire.				»	»	»	»	Tananarive.	Voitures, mulets, bourjanes.	»	
Andromba (rivière)	14	»	»	»	»	»	»	»	»	»	»	—	34 pont	
Katsaoka (rivière)	20	»	»	»	»	»	»	»	»	»	»	—	45 pont	
Fenomanana.	25	40	417	179	188	Oui	Oui	Oui	Peu	Après la réc.	Fenomanana.	—	»	Chef-lieu de district, situé à 500 m. au N. de la route.

Localité	Dist.													Observations
Sabotsy d'Antongona (marché). . .	29.500	»	»	»	»	»	»	»	»	»	»	Voitures, mulets, bourjanes.	»	Marché important.
Ambifotsy (rivière)	59.200	»	»	»	»	»	»	»	»	»	—	16 pont	
Arivonimamo	48.200	82	567	110	225	Oui	Peu	Oui	Oui	Après la réc.	Arivonimamo.	—	»	Chef-lieu du cercle.
Onibé (rivière)	55.700	»	»	»	»	»	»	»	»	»	—	»	
Irihitra (rivière)	60.700	»	»	»	»	»	»	»	»	»	—	»	
Kalariana (rivière).	70.700	»	»	»	»	»	»	»	»	»	—	»	
Soamahamanina	71.200	Cercle de Miarinarivo.					»	»	»	»	Soamahamanina.	—	»	Chef-lieu de sous-gouvernement.

Tananarive-Imerintsiatosika-Arivonimamo (*route muletière*).

Localité	Dist.													Observations
Tananarive	»	»	»	»	»	»	»	»	»	»	»	Mulets, bourjanes.	»	
Andromba (rivière)	14	»	»	»	»	»	»	»	»	»	»	—	34 pont	
Ampiadiambato (ruisseau)	17	»	»	»	»	»	»	»	»	»	»	—	5 ponc.	
Katsaoka (rivière).	21.500	»	»	»	»	»	»	»	»	»	»	—	»	
Imerintsiatosika	25	99	38	24	60	Oui	Peu	Oui	Assez	Après la réc.	Imerintsiatosika.	—	»	Chef-lieu de sous-gouvernement, situé à 400 m. au N. de la route.
Ambifotsy (rivière)	54.500	»	»	»	»	»	»	»	»	»	—	12 pir. gué	
Zoma d'Arivonimamo (marché) . .	41.500	»	»	»	»	»	»	»	»	»	—	»	Marché assez important.
Arivonimamo	43.500	82	567	110	125	Oui	Peu	Oui	Oui	Après la réc.	Arivonimamo.	—	»	Chef-lieu du cercle.

Tananarive-Arivonimamo-Soavinandriana (*route carrossable et muletière*).

Localité	Dist.													Observations
Tananarive	»	»	»	»	»	»	»	»	»	»	Tananarive.	Voitures, mulets, bourjanes [1].	»	1. De Tananarive à Arivonimamo.
Andromba (rivière)	14	»	»	»	»	»	»	»	»	»	»	—	54 pont	
Katsaoka (rivière).	20	»	»	»	»	»	»	»	»	»	»	—	45 pont	

POINTS PRINCIPAUX ET GITES D'ÉTAPE	DISTANCES EN KILOMÈTRES	NOMBRE DE CASES	RESSOURCES PAR QUARTIER								POINTS PRINCIPAUX DE RECRUTEMENT DES BOURJANES	MOYENS DE TRANSPORT EMPLOYÉS	PASSAGE ET LARGEUR (EN MÈTRES) DES COURS D'EAU	OBSERVATIONS
			BŒUFS	MOUTONS	PORCS	EAU	BOIS	RIZ	MANIOC	PAILLE DE RIZ				
Fenomanana	25	40	417	179	188	Oui	Oui	Oui	Peu	Après la réc.	Fenomanana.	Voitures, mulets, bourjanes[1].	»	Chef-lieu du district situé à 500 m. au N. de la route.
Sabotsy (d'Antongona) (marché)	29.500	»	»	»	»	»	»	»	»	»		—	»	1. De Tananarive à Arivonimamo. Marché important.
Ombifotsy (rivière)	59.200	»	»	»	»	»	»	»	»	»		—	20 pont	
Arivonimamo	48.200	82	367	110	125	Oui	Peu	Oui	Oui	Après la réc.	Arivonimamo.	Mulets, bourjanes[2].	»	Chef-lieu du cercle.
Onibé (rivière)	52.700	»	»	»	»	»	»	»	»	»		—	50 pont	2. D'Arivonimamo à Soavinan- driana.
Iribitra (rivière)	55	»	»	»	»	»	»	»	»	»		—	20 pont	
Kalariana (rivière)	61.900	»	»	»	»	»	»	»	»	»		—	10 pont	
Amboniriana	71.200	72	56	35	60	Oui	Beau- coup	Oui	Peu	Après la réc.	Amboniriana.	—	»	Chef-lieu de sous-gouvernement.
Varana (rivière)	73.500	»	»	»	»	»	»	»	»	»		—	20 pont	
Alarobia de Mahabo (marché)	77.700	»	»	»	»	»	»	»	»	»		—	»	Marché assez important.
Manokarato (rivière)	79.400	»	»	»	»	»	»	»	»	»		—	10 pont	
Mandrosoa	93.200	6	8	»	40	Oui assez éloig.	Oui	Oui	Oui	Après la réc.	»	—	»	Petit village à 400 m. à l'E. de la route.
Talata Manandona (marché)	95.200	»	»	»	»	»	»	»	»	»		—	»	Marché assez important.

Tananarive-Ramainandro-Inanatonana (*route carrossable jusqu'à Fenoarivo; route muletière de Fenoarivo à Inanatonana*).

POINTS PRINCIPAUX ET GITES D'ÉTAPE	DISTANCES EN KILOMÈTRES	NOMBRE DE CASES	RESSOURCES PAR QUARTIER								POINTS PRINCIPAUX DE RECRUTEMENT DES BOURJANES	MOYENS DE TRANSPORT EMPLOYÉS	PASSAGE ET LARGEUR (EN MÈTRES) DES COURS D'EAU	OBSERVATIONS
Tananarive	»	3° Territoire militaire.				»	»	»	»	Tananarive.	Voitures, mulets, bourjanes[1].	»	1. De Tananarive à Fenoarivo.
Fenoarivo	12	—				»	»	»	»	Fenoarivo.	Mulets, bourjanes[2].	»	2. De Fenoarivo à Inanatonana.
Andromba (rivière)	14	»	»	»	»	»	»	»	»	»		—	52 pont	

Ampiadiambato (rivière)	17	»	»	»	»	»	»	»	»	»	»	Mulets, bourjanes.	5 pont	
Katsaoka (rivière)	21.500	»	»	»	»	»	»	»	»	»	»	—	25 pir. gué	
Masiakamalona (rivière)	52	»	»	»	»	»	»	»	»	»	»	—	4 ponc.	
Mahazo	35	19	115	92	124	Oui	Oui	Oui	Peu	Après la réc.	Mahazo.	—	»	Chef-lieu de district.
Ambaralamba (rivière)	59.500	»	»	»	»	»	»	»	»	»	»	—	6 gué	
Ombifotsy (rivière)	44.800	»	»	»	»	»	»	»	»	»	»	—	15 gué	
Ouibé (rivière)	49.300	»	»	»	»	»	»	»	»	»	»	—	20 gué	
Irihitra (rivière)	56.500	»	»	»	»	»	»	»	»	»	»	—	15 gué	
Antenimbé	65.000	122	767	516	472	Oui	Oui	Oui	Oui	Après la réc.	Antenimbé.	—	»	Quartier.
Kitsamby du Nord (rivière)	65.500	»	»	»	»	»	»	»	»	»	»	—	20 pont	
Ampitambé (rivière)	76.500	»	»	»	»	»	»	»	»	»	»	—	20 pont	
Ramainandro	85	20	1721	327	1486	Oui	Oui	Oui	Manioc p. d. t.	Après la réc.	Ramainandro.	—	»	Chef-lieu de secteur et de sous-gouvernement.
Kitsamby du Sud (rivière)	90	»	»	»	»	»	»	»	»	»	»	—	15 pont	
Sahomby (rivière)	94	»	»	»	»	»	»	»	»	»	»	—	10 pont	
Faratsio	96	20	1528	587	1243	Oui	Oui	Oui	P. d. t.	Après la réc.	Faratsio.	—	»	Chef-lieu de district.

Tananarive-Ramainandro-Betafo (route carrossable jusqu'à Fenoarivo; route muletière de Fenoarivo à Betafo).

Tananarive	»	5e Territoire militaire.				»	»	»	»		Tananarive.	Voitures, mulets, bourjanes[1].	»	1. De Tananarive à Fenoarivo.
Fenoarivo	12	—				»	»	»	»		Fenoarivo.	Mulets, bourjanes[2].	»	2. De Fenoarivo à Betafo.
Andromba (rivière)	14	»	»	»	»	»	»	»	»	»	»	—	34 pont	
Ampiadiambato (rivière)	17	»	»	»	»	»	»	»	»	»	»	—	5 pont	
Katsaoka (rivière)	21.500	»	»	»	»	»	»	»	»	»	»	—	25 pir. gué	

POINTS PRINCIPAUX ET GITES D'ÉTAPE	DISTANCES EN KILOMÈTRES	NOMBRE DE CASES	RESSOURCES PAR QUARTIER								POINTS PRINCIPAUX DE RECRUTEMENT DES BOURJANES	MOYENS DE TRANSPORT EMPLOYÉS	PASSAGE ET LARGEUR (EN MÈTRES) DES COURS D'EAU	OBSERVATIONS
			BŒUFS	MOUTONS	PORCS	EAU	BOIS	RIZ	MANIOC	PAILLE DE RIZ				
Masiakamalona (rivière)	52	»	»	»	»	»	»	»	»	»	»	Mulets. bourjanes.	4 ponc.	
Mahazo.	55	19	115	92	124	Oui	Oui	Oui	Peu	Après la réc.	Mahazo.	—	»	Chef-lieu de district.
Ambaralamba (rivière).	59.500	»	»	»	»	»	»	»	»	»	»	—	6 gué	
Ombifotsy (rivière)	44.800	»	»	»	»	»	»	»	»	»	»	—	15 gué	
Onibé (rivière).	49.300	»	»	»	»	»	»	»	»	»	»	—	20 gué	
Irihitra (rivière)	56.500	»	»	»	»	»	»	»	»	»	»	—	15 gué	
Antenimbé	65	»	»	»	»	»	»	»	»	»	»	—	»	
Kitsamby du Nord (rivière). . . .	65.500	»	»	»	»	»	»	»	»	»	»	—	20 pont	
Ampitambé (rivière).	76.500	»	»	»	»	»	»	»	»	»	»	—	20 pont	
Ramainandro	83	20	1724	527	1186	Oui	Oui	Oui	Manioc p. d. t.	Après la réc.	Ramainandro.	—	»	Chef-lieu de secteur et de sous-gouvernement,
Kitsamby du Sud (rivière). . . .	90	»	»	»	»	»	»	»	»	»	»	—	15 pont	
Sahomby (rivière).	94	»	»	»	»	»	»	»	»	»	»	—	10 pont	
Faratsio	96	20	1528	587	1243	Oui	Oui	Oui	P. d. t.	Après la réc.	Faratsio.	—	»	Chef-lieu de district.
Sabasarotra (rivière).	110	»	»	»	»	»	»	»	»	»	»	—	15 pont	
Morafeno-Belamosina	120	25	778	452	708	Oui	Oui	Oui	P. d. t.	Après la réc.	»	—	»	

Tananarive–Ambatolampy–Antsirabé (*route muletière*).

Tananarive.	»	3ᵉ Territoire militaire.				»	»	»	»	»	»	Mulets. bourjanes.	»	
Tsiafahy.	18	2°	—			»	»	»	»	»	»	—	»	
Behenjy.	57	2°	—			»	»	»	»	»	»	—	»	
Ambatolampy.	56.500	40	207	56	99	Oui	Oui	Oui	P. d. t. haric.	Après la réc.	Ambatolampy.	—	»	Chef-lieu de secteur et de sous-gouvernement.
Iazolava (rivière).	66.500	»	»	»	»	»	»	»	»	»	»	—	18 gué	
Kelilalina.	74.500	16	96	57	25	Oui	Très peu	Oui	P. d. t. haric.	Après la réc.	Kelilalina.	—	»	Chef-lieu de district.
Ambatotsipihana (rivière).	74.700	»	»	»	»	»	»	»	»	»	»	—	25 gué	
Mpitafo (rivière).	85.700	»	»	»	»	»	»	»	»	»	»	—	30 gué	
Rangaina (rivière).	91	»	»	»	»	»	»	»	»	»	»	—	60 pont	
Antanifotsy.	94.500	»	105	25	70	Oui	Un peu	Oui	P. d. t. haric.	Après la réc.	Antanifotsy.	—	»	
Ambatomainty (torrent).	104	»	»	»	»	»	»	»	»	»	»	—	5 gué	
Limite du cercle.	109.500	»	»	»	»	»	»	»	»	»	»	—	»	

Tananarive–Ambatolampy–Fianarantsoa (*route muletière*).

Tananarive.	»	3ᵉ Territoire militaire.				»	»	»	»	Tananarive.	Mulets, bourjanes.	»		
Tsiafahy.	18	2°	—			»	»	»	»	Tsiafahy.	—	»		
Behenjy.	57	2°	—			»	»	»	»	Behenjy.	—	»		
Ambatolampy.	56.500	40	207	56	99	Oui	Oui	Oui	P. d. t. haric.	Après la réc.	Ambatolampy.	—	»	Chef-lieu de secteur et de sous-gouvernement.
Iazolava (rivière).	66.500	»	»	»	»	»	»	»	»	»	—	18 gué		
Kelilalina,	74.500	16	96	57	25	Oui	Pas	Oui	P. d. t. haric.	Après la réc.	Kelilalina.	—	»	Chef-lieu de district.
Ambatotsipihana (rivière).	74.700	»	»	»	»	»	»	»	».	».	—	25 gué		

| POINTS PRINCIPAUX ET GITES D'ÉTAPE | DISTANCES EN KILOMÈTRES | NOMBRE DE CASES | RESSOURCES PAR QUARTIER | | | | | | | | POINTS PRINCIPAUX DE RECRUTEMENT DES BOURJANES | MOYENS DE TRANSPORT EMPLOYÉS | PASSAGE ET LARGEUR (EN MÈTRES) DES COURS D'EAU | OBSERVATIONS |
			BŒUFS	MOUTONS	PORCS	EAU	BOIS	RIZ	MANIOC	PAILLE DE RIZ				
Mpitatafo (rivière).	85.700	»	»	»	»	»	»	»	»	»	»	Mulets, bourjanes.	50 gué	
Rangaina (rivière)	91	»	»	»	»	»	. »	»	»	»	»	—	60 pont	
Antanifotsy.	94.500	48	103	25	70	Oui	Un peu	Oui	P. d. t. haric.	Après la réc.	Antanifotsy.	—	»	Chef-lieu de district.
Ambohimanatrika (village) . . .	104.500	Pour mémoire.				»	»	»	»	»	—	»	A 5 kil. 500 de la limite du cercle.
Limite du cercle	107	»	»	»	»	»	»	»	»	»	»	—	»	

Routes partant d'Arivonimamo.

Arivonimamo-Ankazobé (route muletière) par Andranovelona.

POINTS PRINCIPAUX ET GITES D'ÉTAPE	DISTANCES EN KILOMÈTRES	NOMBRE DE CASES	BŒUFS	MOUTONS	PORCS	EAU	BOIS	RIZ	MANIOC	PAILLE DE RIZ	POINTS PRINCIPAUX DE RECRUTEMENT DES BOURJANES	MOYENS DE TRANSPORT EMPLOYÉS	PASSAGE ET LARGEUR	OBSERVATIONS
Arivonimamo.	»	82	567	110	223	Oui	Peu	Oui	Oui	Après la réc.	Arivonimamo.	Mulets, bourjanes.	»	Chef-lieu du cercle.
Alarobia (marché d'Ambohitrambo).	12	»	»	»	»	»	»	»	»	»	»	—	»	Marché important.
Kelinanosina (ruisseau).	15.500	»	»	»	»	»	»	»	»	»	»	—	8 pont	
Ambohibeloma.	21	100	186	204	27	Oui assez éloig.	Oui	Oui	Oui	Après la réc.	Ambohibeloma.	—	»	Chef-lieu de sous-gouvernement.
Ombifotsy (rivière)	23.500	»	»	»	»	»	»	»	»	»	»	—	15 pont	
Ikopa (fleuve).	33	»	»	»	»	»	»	»	»	»	»	—	60 pir. gué	

Arivonimamo-Soavinimerina (route muletière).

POINTS PRINCIPAUX ET GITES D'ÉTAPE	DISTANCES EN KILOMÈTRES	NOMBRE DE CASES	BŒUFS	MOUTONS	PORCS	EAU	BOIS	RIZ	MANIOC	PAILLE DE RIZ	POINTS PRINCIPAUX DE RECRUTEMENT DES BOURJANES	MOYENS DE TRANSPORT EMPLOYÉS	PASSAGE ET LARGEUR	OBSERVATIONS
Arivonimamo.	»	82	567	110	223	Oui	Peu	Oui	Oui	Après la réc.	Arivonimamo.	Mulets, bourjanes.	»	Chef-lieu du cercle.
Alarobia (marché d'Ambohitrambo).	12	»	»	»	»	»	»	»	»	»	»	—	»	Marché important.

Kelinanosina (ruisseau)	13.500	»	»	»	»	»	»	»	»	»	»	—	8 pont	
Ambohibeloma	21	100	186	204	27	Oui as-ez éloig.	Oui	Oui	Oui	Après la réc.	Ambohibeloma.	—	»	Chef-lieu de sous-gouvernement.
Ombifotsy (rivière)	23.500	»	»	»	»	»	»	»	»	»	»	—	15 pont	
Torendrika (rivière)	32	»	»	»	»	»	»	»	»	»	»	—	10 pont	
Ambohimasina (village)	57	Pour mémoire.				»	»	»	»	»	»	—	»	
Ikopa (fleuve)	41	»	»	»	»	»	»	»	»	»	»	—	60 pir. gué	
Soavinimerina	43.800	Cercle d'Ankazobé.				»	»	»	»	»	Soavinimerina.	—	»	

Arivonimamo–Antsahadinta–Tsiafahy (route muletière).

Arivonimamo	»	82	567	110	223	Oui	Peu	Oui	Oui	Après la réc.	Arivonimamo.	Mulets, bourjanes.	»	Chef-lieu du cercle.
Zoma d'Arivonimamo (marché)	2	»	»	»	»	»	»	»	»	»	»	—	»	Assez important.
Ombifotsy (rivière)	9	»	»	»	»	»	»	»	»	»	»	—	10 pont	
Katsaoka (rivière)	19.500	»	»	»	»	»	»	»	»	»	»	—	20 pir. gué	
Andromba (rivière)	50.500	»	»	»	»	»	»	»	»	»	»	—	20 pir. gué	
Antsahadinta	52	40	12	»	11	Oui	Oui	Oui	Oui	Après la réc.	Antsahadinta.	—	»	Chef-lieu de sous-gouvernement.
Sisaony	39	»	»	»	»	»	»	»	»	»	»	—	25 pir. gué	
Tsiafahy	49.500	2e Territoire militaire.				»	»	»	»	»	Tsiafaby.	—	»	

Arivonimamo–Ambohimandry–Tsiafahy (route muletière).

Arivonimamo	»	82	567	110	223	Oui	Peu	Oui	Oui	Après la réc.	Arivonimamo.	Mulets, bourjanes.	»	Chef-lieu du cercle.
Zoma d'Arivonimamo (marché)	2	»	»	»	»	»	»	»	»	»	»	—	»	Assez important.
Ombifotsy	6.700	»	»	»	»	»	»	»	»	»	»	—	10 pont	

POINTS PRINCIPAUX ET GITES D'ÉTAPE	DISTANCES EN KILOMÈTRES	NOMBRE DE CASES	RESSOURCES PAR QUARTIER								POINTS PRINCIPAUX DE RECRUTEMENT DES BOURJANES	MOYENS DE TRANSPORT EMPLOYÉS	PASSAGE ET LARGEUR (EN MÈTRES) DES COURS D'EAU	OBSERVATIONS
			BŒUFS	MOUTONS	PORCS	EAU	BOIS	RIZ	MANIOC	PAILLE DE RIZ				
Mariarano (rivière)	17.500	»	»	»	»	»	»	»	»	»	»	Mulets, bourjanes.	8 pont.	
Ambohimandry	22	50	158	41	88	Oui	Oui	Oui	Oui	Après la réc.	Ambohimandry.	—	»	Chef-lieu de sous-gouvernement.
Sabotsy (marché d'Ambohimandry).	24	»	»	»	»	»	»	»	»	»	»	—	»	Important.
Katsaoka (rivière).	25.500	»	»	»	»	»	»	»	»	»	»	—	20 pir. gué	
Andromba (rivière)	55	»	»	»	»	»	»	»	»	»	»	—	20 pir. gué	
Sisaony (rivière)	40.500	»	»	»	»	»	»	»	»	»	»	—	25 pir. gué	
Tsiafahy	45	2ᵉ Territoire militaire.				»	»	»	»	»	»	—	»	
Arivonimamo	»	82	567	110	225	Oui	Peu	Oui	Oui	Après la réc.	Arivonimamo.	Mulets, bourjanes.	»	Chef-lieu du cercle.
Zoma d'Arivonimamo (marché) . .	2	»	»	»	»	»	»	»	»	»	»	—	»	Assez important.
Ombifotsy (rivière)	6.500	»	»	»	»	»	»	»	»	»	»	—	10 pont	
Ambaralamba (rivière)	7.500	»	»	»	»	»	»	»	»	»	»	—	8 pont	
Mariarano (rivière)	18.500	»	»	»	»	»	»	»	»	»	»	—	3 pont	
Fehibé	21.500	63	160	60	17	Oui	Oui	Oui	Peu	Après la réc.	Fehibé.	—	»	Chef-lieu de district.
Anoromena (rivière).	27	»	»	»	»	»	»	»	»	»	»	—	5 ponc.	
Katsaoka (rivière).	29.500	»	»	»	»	»	»	»	»	»	»	—	20 pir. gué	
Miantsoarivo-Ankaratra	57.500	18	131	40	21	Oui	Oui	Oui	Peu	Après la réc.	Miantsoarivo.	—	»	Chef-lieu de district.

Arivonimamo-Ambatolampy (route muletière).

Andriambilany (rivière)	48.500	»	»	»	»	»	»	»	»	»	»	—	15 gué	
Ambatolampy	57.500	40	207	56	99	Bonne	Oui	Oui	P. d. t. haric.	Après la réc.	Ambatolampy.	—	»	Chef-lieu de secteur et de sous-gouvernement.

Arivonimamo-Ramainandro (*route muletière*).

Arivonimamo	»	82	567	110	223	Oui	Peu	Oui	Oui	Après la réc.	Arivonimamo.	Mulets, bourjanes.	»	Chef-lieu du cercle.
Onibé (rivière)	8.800	»	»	»	»	»	»	»	»	»	»	—	15 gué	
Irihitra (rivière)	14.500	»	»	»	»	»	»	»	»	»	»	—	10 gué	
Varana (rivière)	19.500	»	»	»	»	»	»	»	»	»	»	—	10 gué	
Ankazotsipihana (rivière)	22.500	»	»	»	»	»	»	»	»	»	»	—	8 gué	
Antenimbé	25	122	767	516	472	Oui	Oui	Oui	Oui	Après la réc.	Antenimbé.	—	»	Quartier.
Kitsamby du Nord (rivière) . . .	25.500	»	»	»	»	»	»	»	»	»	»	—	20 pont	
Ampitambé (rivière)	56.500	»	»	»	»	»	»	»	»	»	»	—	20 pont	
Ramainandro	43	20	1721	527	1186	Oui	Peu	Oui	Manioc p. d t.	Après la réc.	Ramainandro.	—	»	Chef-lieu de secteur et de sous-gouvernement.

Routes partant de Ramainandro.

Ramainandro-Soavinandriana (*route muletière*).

Ramainandro	»	20	1721	527	1186	Oui	Peu	Oui	Manioc P. d. t.	Après la réc.	Ramainandro.	Mulets, bourjanes.	»	Chef-lieu de secteur et de sous-gouvernement.
Kitsamby du Nord (rivière)	8.700	»	»	»	»	»	»	»	»	»	—	20 pont	
Mandrosoa	21	6	8	»	40	Oui assez éloig.	Oui	Oui	Oui	Après la réc.	»	—	»	Petit village situé à 400 m. à l'E. de la route.
Talata-Manandona (marché)	25	»	»	»	»	»	»	»	»	»	»	—	»	

POINTS PRINCIPAUX ET GITES D'ÉTAPE	DISTANCES EN KILOMÈTRES	NOMBRE DE CASES	RESSOURCES PAR QUARTIER								POINTS PRINCIPAUX DE RECRUTEMENT DES BOURJANES	MOYENS DE TRANSPORT EMPLOYÉS	PASSAGE ET LARGEUR (EN MÈTRES) DES COURS D'EAU	OBSERVATIONS
			BŒUFS	MOUTONS	PORCS	EAU	BOIS	RIZ	MANIOC	PAILLE DE RIZ				
Ramainandro–Ambatolampy (route muletière).														
Ramainandro	»	20	1721	327	1186	Oui	Oui	Oui	Manioc p. d. t.	Après la réc.	Ramainandro.	Mulets, bourjanes.	»	Chef-lieu de secteur et de sous-gouvernement.
Ambatomborona	20	15	998	457	675	Oui	Oui	Très peu	P. d. t.	Non	»	—	»	Poste.
Andraraty	48	26	42	6	Non	Oui	Oui	Oui	—	Après la réc.	»	—	»	Poste.
Ambatolampy	60	40	207	56	99	Oui	Oui	Oui	—	—	Ambatolampy.	—	»	Chef-lieu de secteur et de sous-gouvernement.
Ramainandro–Sambaina (route muletière).														
Ramainandro	»	20	1721	327	1186	Oui	Oui	Oui	Manioc p. d .t.	Après la réc.	Ramainandro.	Mulets, bourjanes.	»	Chef-lieu de secteur et de sous-gouvernement.
Kelilalina	18	50	1022	1002	1217	Oui	Oui	Oui	P. d. t.	—	»	»	»	
Kelimahery (rivière)	27	»	»	»	»	»	»	»	»	»	»	—	10 gué	
Sambaina	37	67	483	284	242	Oui	Oui	Oui	P. d haric.	Après la réc.	»	—	»	Chef-lieu de district.

Routes partant d'Ambatolampy.

Ambatolampy-Betafo (route muletière).

POINTS PRINCIPAUX ET GITES D'ÉTAPE	DISTANCES EN KILOMÈTRES	NOMBRE DE CASES	BŒUFS	MOUTONS	PORCS	EAU	BOIS	RIZ	MANIOC	PAILLE DE RIZ	POINTS PRINCIPAUX DE RECRUTEMENT DES BOURJANES	MOYENS DE TRANSPORT EMPLOYÉS	PASSAGE ET LARGEUR (EN MÈTRES) DES COURS D'EAU	OBSERVATIONS
Ambatolampy	»	40	207	56	99	Bonne	Oui	Oui	P. d. t. haric.	Après la réc.	Ambatolampy.	Mulets, bourjanes.	»	Chef-lieu de secteur et de sous-gouvernement.
Ihazolava (rivière)	9	»	»	»	»	»	»	»	»	»	»	—	15 gué	

Kelilalina (rivière)	16	»	»	»	»	Bonne	Oui	Oui	P. d. t. haric.	Après la réc.	»	—	15 gué
Ambatotsipihana.	19	28	152	82	27	»	»	»	»	»	»	—	»
Mpitatafo (rivière).	24	»	»	»	»	»	»	»	»	»	»	—	20 gué
Ianamborona (rivière)	42	»	»	»	»	»	»	»	»	»	»	—	20 gué
Sambaina.	45	67	483	284	242	Oui	Oui	Oui	P. d. t. haric.	Après la réc.	»	—	»	Chef-lieu de district.
Limite du cercle	62	»	»	»	»	»	»	»	»	»	»		»

CERCLE DE MIARINARIVO

Route de Tananarive à la côte Ouest par Ankavandra. — La route de Tananarive à Ankavandra passe par Arivonimamo et entre dans le cercle de Miarinarivo vis-à-vis de Soamahamanina, au gué de la Kalariana. Le pont construit sur la Kalariana est détruit ; le passage au gué est toujours possible (fonds sablonneux).

1re ÉTAPE. — La 1re étape, en partant d'Arivonimamo, conduit à Miarinarivo.

De Soamahamanina à Miarinarivo (trois heures en filanjana). — Deux routes peuvent être suivies :

1re *route* (route du Nord). La route directe par Ambohimahiratra (marché le lundi) traverse de nombreuses vallées très profondes. Les ponts construits sur les rivières, affluents du Mazy, ont été enlevés par les pluies. Le terrain argileux est très glissant dans les fortes pentes et, au moment des pluies, les mulets y passeraient difficilement. Il faut donc éviter cette route à la saison d'hivernage.

2e *route* (route du Sud). Une deuxième route, passant au Sud de la précédente, part du gué de la Kalariana et suit une ligne de crétes jusqu'à Miarinarivo, en passant par Soamahamanina (petit marché le vendredi), Ambatomainty et le poste optique. Cette route est muletière.

Gîte d'étape à Miarinarivo. — Miarinarivo, chef-lieu du cercle, gérance d'annexe. Cases pouvant loger 300 bourjanes. Marché le jeudi et le samedi. Eau à proximité. Peu de riz, peu de bois. Le nombre de porteurs de bagages que l'on peut recruter n'est pas limité, si on les demande trois jours à l'avance. On peut trouver également 15 à 20 bourjanes pour filanjana.

2e ÉTAPE : *De Miarinarivo à Tsiarifarana par Antambiazina.* — Route muletière.

De Miarinarivo à Antambiazina (quatre heures et quart). Après le départ de Miarinarivo, traversée du Mazy, 6 mètres de largeur, fonds de sable, rampes d'accès, deux pirogues. En temps normal, le Mazy est guéable. La traversée du Mazy est suivie d'une pente assez forte qui conduit sur le plateau sur lequel la route se déroule jusqu'à Antambiazina sans pentes méritant d'être signalées. Elle suit la ligne de partage des eaux qui sépare le bassin du Kitambolo des bassins de l'Ankerondrano (affluent de l'Onibé) et de la Manitoavitra (affluent du Sakay).

Antambiazina. Peut être un gîte d'étape. Marché très important le mercredi, à une heure au Sud du village (viande, paddy, nattes). Bois en assez grande quantité dans les vallées tributaires d'Ifanja. Eau potable à proximité. Une école peut permettre de loger 100 bourjanes pendant la nuit. Les tremblements de terre ont rendu les grandes cases en pisé inhabitables.

D'Antambiazina à Tsiarifarana (cinq heures et demie en filanjana). — Route muletière.

La route est très bonne jusqu'au premier passage de la Kibozena (à quatre heures d'Antambiazina); en ce point, elle traverse pendant 300 mètres une vallée marécageuse, et la digue qui forme la route n'est pas suffisamment élevée pour que l'on puisse assurer qu'elle sera toujours franchissable sans difficultés (petit marché le mardi à Ankadinanahary). A cinq heures d'Antambiazina, deuxième passage de la Kibozena, pentes escarpées. Deux pirogues.

Tsiarifarana (Andolofohy). Poste militaire et gîte d'étape. Bonnes cases. Une école officielle pourrait abriter pendant la nuit plus de 100 bourjanes. Le bois est rare. Eau potable à 800 mètres du poste. Grand marché le lundi à trente minutes Sud du poste. Grand commerce de bœufs et de riz. On recruterait facilement 40 à 50 bourjanes en une journée.

3ᵉ Étape : *De Tsiarifarana à Ambalanirana* (14 kilomètres). — A 2 kilomètres à l'Ouest de Tsiarifarana, traversée du Sakay en pirogue. Cette rivière est guéable pendant la saison sèche : la profondeur du gué est de 70 centimètres et le fond est sablonneux. Le chemin muletier suit d'abord un chemin ondulé à l'Ouest du Sakay, puis longe le pied de l'arête rocheuse de l'Ambohimanoa, franchissant plusieurs ruisseaux insignifiants. A 6 kilomètres environ d'Ambalanirana, le chemin reprend sur un large plateau et aboutit à ce village, après avoir franchi le Saroboy, affluent du Sakay.

Le Saroboy, d'une largeur moyenne de 15 mètres, constitue un obstacle parfois infranchissable à la saison des pluies. Le gué habituel, à fond rocheux, est dangereux pour les animaux de bât. A 2 kilomètres environ en amont, un gué à fond sablonneux, indiqué par un sentier, doit être adopté pour les convois de mulets.

Le parcours de Tsiarifarana à Ambalanirana est facile.

4ᵉ Étape : *D'Ambalanirana à Betalao* (55 kilomètres). — A la sortie d'Ambalanirana, le chemin muletier parcourt un vaste plateau jusqu'à Analabé, ne rencontrant que les passages de l'Ihazonay et des marais de l'Ambaribé (1 kilomètre d'Analabé) que l'on traverse sans difficulté aucune.

Profondeur du gué de l'Ihazonay : 20 centimètres, fond de larges dalles.

La vue est bornée au Nord par la chaîne montagneuse du Kankaola et de l'Ambatomainty qui limitent au Sud la région du Valalafotsy.

A deux heures à l'Ouest d'Analabé, l'Androtra, gué à fond sablonneux, n'est un obstacle à la marche, ni pendant la saison sèche, ni pendant l'hivernage.

A 2 kilomètres environ à l'Ouest de l'Androtra, le ravin connu sous le nom d'Andriankely présente des versants excessivement abrupts, et les convois de mulets ne peuvent le franchir qu'avec les plus grandes précautions, malgré les aménagements qui ont été apportés à l'ancienne piste. Au delà de ce point, le chemin serpente sur une arête étroite, dominant le cours de l'Ampasindava, affluent du Manambolo, que l'on traverse à 1 kilom. 500, avant d'arriver à Bevato, et qui est guéable en toute saison. .

A l'Ouest de l'Androtra, on quitte le bassin du Sakay pour pénétrer dans le bassin supérieur du Manambolo.

Le parcours d'Ambalanirana à Bevato est facile.

5ᵉ Étape : *De Bevato à Tsiroanomandidy* (26 kilomètres). — *Bevato*, gros village d'une quarantaine de cases, gîte d'étape avec logement pour 50 bourjanes; eau excellente; bois; ravitaillement facile en bœufs.

A 1 kilomètre à l'Ouest de Bevato, on rencontre une deuxième fois l'Ampasindava qui, longeant le pied Sud du mont Bevato, va se jeter dans le Manambolo, à l'Ouest de cette montagne.

Le chemin, au débouché de l'Ampasindava, suit une large crête et l'on arrive à la rivière, le Kionfay, qui est encaissée entre des berges de 2 mètres de hauteur et qui doit être infranchissable au moment des grandes crues de l'hivernage; mais, comme elle est très rapprochée de sa source, elle doit, en quelques heures, rentrer dans son lit habituel.

Au delà du Kionfay, le chemin monte en pente douce jusqu'au village d'Avaradrano, point culminant entre Bevato et Tsiroanomandidy et marquant la partie la plus étroite du défilé formé par le mont Bevato au Nord et le massif de l'Ambohiby au Sud.

A partir de cette localité jusqu'au gîte d'étape, de larges plateaux, coupés de quelques rivières sans importance, présentent un parcours facile. Parmi ces cours d'eau, il convient de citer le Marotia, le plus large et aussi le plus rapproché d'Avaradrano.

Le parcours de Bevato à Tsiroanomandidy est facile.

Tsiroanomandidy, gîte d'étape. Logement pour Européens et pour 100 bourjanes. Eau à proximité, bois, grand commerce de bœufs; le riz doit être devenu rare; on trouverait 40 ou 50 bourjanes à recruter dans la région.

6ᵉ Étape : *De Tsiroanomandidy au blokhaus Bruneau* (25 kilomètres). — La piste muletière se prolonge au delà de Tsiroanomandidy, en longeant au Nord la ligne de partage des eaux entre le Manambolo et le Mandalo. Elle franchit, non loin de leur origine, de nombreux affluents du Manambolo qui n'offrent aucun obstacle à la marche. Les rives de ces cours d'eau sont bordées d'une rangée d'arbres, parfois d'une belle venue.

A 4 kilomètres environ avant le blockhaus Bruneau, on laisse au Sud de la piste les ruines de Marovatana, ancienne colonie hova.

Le parcours de Tsiroanomandidy au blockhaus Bruneau est facile.

7ᵉ Étape : *Du blockhaus Bruneau au blockhaus Sisoko* (28 kilomètres).

A la sortie du blockhaus Bruneau, la piste gravit péniblement le mont Tsimahabeomby et, à partir de ce point, suit très sensiblement la ligne de partage des eaux entre le Mandalo et le Manambolo; elle s'infléchit parfois vers le Sud, coupant les têtes de quelques affluents du Mandalo.

A 20 kilomètres environ du point de départ, elle se heurte aux monts Ampamanta et s'infléchit brusquement vers le Sud, courant à flanc de montagne sur un sol rocailleux, où piétons et animaux ont de la peine à avancer. Elle reprend bientôt la direction de l'Ouest jusqu'au blockhaus Sisoko et, au milieu d'un paysage semé de nombreux bouquets de bois, on distingue, se profilant sur les crêtes, quelques troupeaux de bœufs sauvages.

Le parcours du blockhaus Bruneau au blockhaus Sisoko est assez facile, sauf à la montée de Tsimahabeomby et aux monts Ampamanta.

8ᵉ Étape : *Du blockhaus Sisoko au blockhaus Marolaka* (25 kilomètres). — La piste présente les mêmes caractères que les jours précédents.

9ᵉ Étape : *Du blockhaus Marolaka à Ankavandra* (24 kilomètres). — A la fin de cette étape, on arrive sur la crête la plus occidentale du Bongo-Lava. La descente vers la vallée du Manambolo est absolument impraticable aux animaux chargés et elle est des plus pénibles même pour les piétons. Le convoi de mulets qui a fait le ravitaillement de la gérance d'annexe d'Ankavandra a dû être déchargé sur la crête, et ce n'est qu'avec les plus grandes peines que les animaux à vide ont pu descendre le versant occidental du massif.

Une seconde route de pénétration dans l'Ouest par Tananarive et Ambohibeloma vient rejoindre la précédente à Tsiarifarana.

Route d'Ambohibeloma à Tsiarifarana. — 1re Étape : *D'Ambohibeloma à Andranomasina* (huit heures de filanjana).

Ambohibeloma. Village situé sur une hauteur boisée; nombreuses cases: écoles catholique et protestante, permettant de loger plus de 100 hommes; eau excellente, mais au pied de la hauteur.

A 3 kilomètres d'Ambohibeloma, traversée de l'Onibé (pirogues), difficile pour les mulets pendant la saison des pluies. A 2 kilomètres plus loin, traversée de l'Ankerondrano, assez difficile.

La route est ensuite excellente jusqu'à Andranomasina; elle traverse de nombreux villages et un marché très important, le zoma de Bealoka.

Andranomasina, gîte d'étape et poste militaire, chef-lieu du sous-gouvernement d'Ambohitrondrana; grand marché le samedi (marché couvert), à 500 mètres du poste; grand commerce de bœufs; cases pouvant loger 50 bourjanes; logement pour les Européens de passage; eau excellente, mais dans la rizière; très peu de bois aux environs.

2e Étape : *D'Andranomasina à Tsiarifanana par Antambiazina* (sept heures et demie). — D'Andranomasina à Antambiazina, la route la plus courte traverse de nombreuses vallées très encaissées; elle peut devenir impraticable pendant la saison des pluies.

Une route meilleure, mais un peu plus longue, au Sud de la première, conduit à Antambiazina, ne traversant qu'une vallée, et va rejoindre la route de Miarinarivo à Antambiazina au nord d'Ambohimandroso.

Route de Miarinarivo à Fenoarivo (Valalafotsy), puis à Makarainga. — On peut suivre deux itinéraires.

1er Itinéraire par *Ambohijanamasoandro.* — Cette route n'est pas praticable pour les mulets ou les piétons européens pendant la saison des pluies.

1re Étape : *De Miarinarivo à Ambohijanamasoandro* (dix heures de filanjana). — De Miarinarivo à Andranomasina, quatre heures; cette route est excellente et la même que la route de Miarinarivo à Antambiazina.

D'Andranomasina à Ambohijanamasoandro, six heures. La route traverse de nombreuses rivières et est quelquefois tracée dans leur cours (source de la Manahasana); un quart d'heure avant d'arriver à Ambohijanamasoandro, on traverse la Manandriana sur un pont.

Ambohijanamasoandro, chef-lieu du sous-gouvernement du Valalafotsy, poste militaire et gîte d'étape; centre peuplé, auprès d'une montagne boisée

(Ambohitraina) ; de nombreux villages voisins permettraient de loger une centaine de bourjanes. A une demi-heure d'Ambohijanamasoandro, marché de Talata de Bemanandaza, sur la rive droite de la Manandriana (Mamolakazo). A une heure à l'est d'Ambohijanamasoandro, marché d'Alakamisy d'Ambohibalala. La région est maintenant très riche en bœufs et contient des rizières très étendues qui fourniront, après la récolte, de grandes quantités de riz; eau excellente.

2ᵉ Étape : *D'Ambohijanamasoandro à Fenoarivo* (onze ou douze heures de filanjana). — Cette route est complètement impraticable pour les mulets pendant la saison des pluies; elle traverse les rizières de la haute vallée de la Manandriana et le marais de Mangarano sur les bords de la Masiaka. En route, auprès de Fenoarivo, il faut traverser à nouveau la Masiaka qui est quelquefois infranchissable.

2ᵉ Itinéraire *par Ankadiména et Soaloka.*

1ʳᵉ Étape : *De Miarinarivo au blockhaus Scotti par Antambiazina* (six heures). — Route très bonne jusqu'à Antambiazina; à partir de ce point, elle coupe les diverses vallées des sources de la Manitoavitra, lesquelles sont très encaissées. Les pentes sont très fortes, mais les mulets peuvent néanmoins les gravir.

Blockhaus Scotti, poste militaire et gîte d'étape. Logement pour 50 bourjanes et pour les Européens de passage. L'eau se prend dans des vallées très profondes. Peu de bois. Pas de ressources en viande. Petit marché le jeudi, à 30 minutes du poste.

2ᵉ Étape : *Du blockhaus Scotti à Fenoarivo* (neuf heures de filanjana). — Route muletière; une demi-heure après le départ, traversée du Pokendra; montée sur la ligne de crête du Bongotsara, descente dans la vallée du Voabazaha et arrivée à Soaloka, quatre heures après le départ.

Soaloka, poste militaire; logement pour 40 bourjanes et les Européens de passage; marché du zoma, commerce de bœufs.

De Soaloka à Fenoarivo, la route est bonne.

Fenoarivo, poste militaire et gîte d'étape; marché d'Alatsinainy.

Route de Fenoarivo à Makarainga. — Six jours de marche, 2 postes intermédiaires, il est indispensable d'emporter une tente, et d'être escorté.

1ʳᵉ Étape : Sept heures trente-cinq minutes. — Départ de Fenoarivo; traversée de la Jangoana, deux heures vingt-cinq. Obemay, une heure quarante-cinq; l'Antsorandrano a 45 mètres, courant rapide. Arrivée au campement situé entre l'Antsorandrano et la Vakiondraka, une heure quarante.

2ᵉ Étape : Six heures. — Passage du Saonjo, trois heures trois quarts. Arrivée au pied de l'Ampandrana, une heure vingt-cinq. Arrivée à la bifurcation des chemins conduisant, l'un à Makarainga (route du Sud), l'autre à Ambararatamalandy, quarante minutes. Gîte d'étape au blockhaus d'Ambakireny. Case pour les passagers.

3ᵉ Étape : Sept heures quarante minutes. — Départ du blockhaus d'Ambakireny. Passage de la Manamido, deux heures. Rivière Iavakely, coulant dans un vallon très boisé, trois heures dix. Halte indiquée. Arrivée à un campement sur les bords de l'Ampandrana, deux heures et demie.

4e ÉTAPE : Sept heures quarante minutes. — Départ du campement. 1er passage de la rivière Tanimbaritrara, trois heures dix. 2e passage, deux heures et demie, halte indiquée. Arrivée à la Mahavavy, deux heures; le blockhaus est sur la rive gauche; bois de rafias en abondance; logement pour les passagers.

5e ÉTAPE : huit heures vingt-cinq minutes. — Départ du blockhaus de la Mahavavy. Halte indiquée au pied de l'Ambatomitsinimbiry, cinq heures vingt-cinq; campement à Bezavona, trois heures.

6e ÉTAPE : Quatre à cinq heures. — Départ de Bezavona, arrivée à Makarainga, poste militaire; logement pour les passagers; bœufs en grande quantité; bois.

De Makarainga à Ampiakarandrafito. — 1re ÉTAPE : Neuf heures dix minutes. — Départ de Makarainga. Passage de la rivière Antondra, trois heures trois quarts, difficile, avec berges argileuses très glissantes: sentiers à peine frayés; passage de la rivière Belohaolona, cinq heures trente-cinq, où l'on campe; une forêt d'environ 100 mètres de large longe la rivière.

2e ÉTAPE : Deux heures cinq minutes. — Départ du campement. Arrivée au village de Belohaolona (village du chef Baboa), deux heures cinq (région d'Ampiakarandrafito) rizières; 5 à 6 villages situés sur les deux rives; bois en abondance; bœufs nombreux. La région d'Ampiakarandrafito a été souvent parcourue par les chasseurs de bœufs sauvages.

Communications avec Ankazobé. — *De Miarinarivo à Ankazobé*, deux jours de marche.

1re ÉTAPE : *De Miarinarivo à Antamboho par Andranomasina*, dix heures. — De Miarinarivo à Andranomasina, quatre heures; d'Andranomasina à Antamboho, six heures. Route assez bonne.

Antamboho, poste militaire et gîte d'étape; logement pour 40 bourjanes. A une heure et demie au Sud, marché le vendredi.

2e ÉTAPE : *D'Antamboho à Ankazobé.* — Un quart d'heure après le départ, on passe l'Ikopa à gué ou en pirogue (nombreux crocodiles). Au delà de l'Ikopa, on se trouve dans le cercle d'Ankazobé.

Communications avec le Mandridrano. — *De Miarinarivo à Soavinandriana*, deux routes, l'une passant à l'Est du lac Itasy, par Ierana, l'autre à l'Ouest du même lac par Ambonitavy.

De Miarinarivo à Soavinandriana par l'Est du lac Itasy, six heures. — Route muletière de Miarinarivo à Ierana, deux heures; d'Ierana au passage de la Matindrano, une demi-heure (grand marché du zoma : poissons, porcs, bœufs, savon, riz); traversée des marais de Fitandambo (passage de la Jangoana et de l'Ampitandambo), une heure. Cette partie du trajet est faite dans un terrain marécageux, et les digues, qui sont peu élevées, doivent probablement être impraticables pendant la saison des pluies. Cette partie du trajet est faite dans le cercle d'Arivonimamo.

Après la sortie de cette région marécageuse, la route monte par une pente assez raide pour atteindre le plateau du Mandridrano, en longeant, à flanc de coteau, le massif d'Ambohitrandriamanitra; et elle atteint Soavinandriana par une route muletière après un parcours de deux heures et demie.

Soavinandriana. Chef-lieu du sous-gouvernement du Mandridrano, poste militaire, logement pour les passagers européens; grand marché le lundi : vente de bétail et riz; peu de bois; eau à vingt minutes du poste; on peut facilement loger 50 bourjanes chez les habitants.

De Miarinarivo à Soavinandriana par l'Ouest du lac Itasy, sept heures et demie. — Cette route emprunte le parcours de la précédente pendant une heure jusqu'au petit marché (lundi) d'Ambatobodo, elle se dirige ensuite vers l'Ouest pour atteindre, deux heures et demie après le départ, le pied de la montée Taniaomby, montée très pénible qui permet d'atteindre le plateau qui sert de base à l'Ambohimiangara. La route est ensuite très bonne jusqu'au passage de la Lily que l'on atteint en cinq heures de filanjana. après le départ de Miarinarivo.

Halte au petit village d'Ambohitrakanga entre la Lily et le poste d'Ambonitavy, situé sur une hauteur. La Lily a 20 mètres de large, et est guéable pendant la saison sèche; il y a de nombreux crocodiles; des pirogues permettent le passage pendant la saison des pluies, sur l'autre rive se tient le marché important d'Ampefy (Sabotsy : bœufs, riz, poissons); de la Lily à Soavinandriana, la route est très bonne, deux heures et demie de marche.

Routes dans le Mandridrano. — De Soavinandriana partent trois routes allant, l'une vers le Sud dans le cercle de Betafo, par Masindray; la seconde conduit vers le Betsiriry par Bezœzika; la troisième à Tsiroanomandidy et Ankavandra par Ambalavato.

De Soavinandriana à Fenoarivo (Vakin'Ankaratra). — Sept heures et quart par Masindray.

De Soavinandriana à Masindray, deux heures et demie, gros village, route excellente. De Masindray au Kitsamby, quarante-cinq minutes, la route descend en pente excessivement raide, souvent tracée en escaliers que les mulets pourront difficilement parcourir dans la saison des pluies.

Le Kitsamby, large de 15 mètres et guéable pendant la saison sèche, déborde à la saison des pluies; il y a une pirogue.

Du Kitsamby, la route grimpe par des chemins tracés en escaliers pour atteindre, en trois heures de marche, Voabazaha, groupe de villages assez importants, où il y a des ressources en riz; marché le mardi. De Voabazaha à Fenoarivo (cercle de Betafo), une heure de marche; route bonne; on traverse le Sahaomby.

De Soavinandriana à Bezezika par Mahatsinjo, dix heures et demie. — La route est très bonne jusqu'à Mahatsinjo, malgré des pentes très raides, une heure et demie; elle suit ensuite des sentiers qui conduisent à Andranomafana (sources chaudes où les Malgaches vont se soigner pour les maladies de peau) et atteint, toujours muletière, les sources de la Sahamita. D'Andranomafana à Ankisabé, la route ne rencontre aucun village, c'est plutôt une piste; pendant la saison des pluies, cette route ne sera probablement pas praticable aux mulets. Ankisabé est un village peu important.

Tamponala est à deux heures un quart à l'Ouest d'Ankisabé; Bezezika est, par une route très bonne, à une heure vingt au Sud-Ouest d'Ankisabé.

De Soavinandriana à Tsiroanomandidy par Ambalavato et Antanimandry. — 108 kilomètres, trois jours de marche. Il faut emporter une tente et trois jours de vivres.

1ʳᵉ ÉTAPE (Neuf heures et demie) : Départ de Soavinandriana, passage à Ambalavato, deux heures et demie (eau, bois, ressources de toutes sortes), route bonne; d'Ambalavato au gué du Sakay, sept heures de marche, route pénible dans la région volcanique, qui suit les mouvements de terrain à flanc de coteau. Le campement se trouve sur la rive gauche à environ 400 mètres du Sakay, sur un éperon assez élevé; eau bonne, bois en petite quantité (moustiques).

2ᵉ ÉTAPE (six heures) : Passage du Sakay en pirogue (60 mètres de largeur); six heures de marche, en bonne route, jusqu'à Antanimandry, ancien village abandonné; campement au Nord du village, sur la rive gauche de l'Imanga, qui a 30 mètres de largeur et est guéable.

3ᵉ ÉTAPE (40 kilomètres) : De l'Imanga à Tsiroanomandidy, il faut huit heures et demie; la grande halte peut être faite n'importe où, les différents ruisseaux traversés ayant du bois à proximité.

Observations. — Les bourjanes du cercle ne sont pas aussi robustes que les bourjanes de métier employés à Tananarive, et la charge qu'ils portent normalement est de 25 kilogrammes.

Pendant la saison des pluies, avant de se mettre en route, lorsqu'une forte pluie est tombée la nuit, il est bon de s'informer auprès des habitants du régime spécial des rivières à traverser et de régler son départ de façon à arriver aux passages des cours d'eau, lorsque l'écoulement des eaux les a rendus guéables.

PROVINCE DE MAJUNGA

De Majunga au Mahajamba, au Bemarivo, à l'Anjobony, à la Sofia. — Plusieurs routes conduisent de Majunga au Mahajamba.

Ce sont : 1° *De Majunga à Tsinjomitondraka*; 2° *De Majunga par Marovoay à Maroadabo*; 3° *De Majunga par Ambato à Maroadabo*.

1° De Majunga à Tsinjomitondraka. — Cette route n'a été suivie par aucune colonne jusqu'à ce jour. Elle part de Majunga, qui est un centre d'approvisionnements, mais ne peut être nullement considéré comme centre de recrutement de porteurs; la population de Majunga est composée de Silamos, de Nossi-Béens, de Betsimisarakas et de Makoas, employés par les Européens, et qui ne sont pas aptes à faire le métier de porteurs.

La route de Majunga à Tsinjomitondraka ne peut du reste pas être considérée comme muletière; les marais qui se trouvent dans la région de

Besakoa resteront toujours un obstacle insurmontable au passage de mulets.

Du reste, il est inutile de songer à faire suivre cette route fatigante à des troupes en colonne. Les transports par eau sont faciles jusqu'à Tsinjomitondraka; les plus gros bateaux peuvent mouiller en face d'Ambonja, et les boutres remontent le Mahajamba jusqu'au village. Toutefois il est bon de signaler que, par voie de terre, un voyageur en filanjana met trois jours entre Majunga et Tsinjomitondraka : il faudrait compter quatre jours pour une troupe en colonne.

Une route existe également entre Marovoay et Tsinjomitondraka : elle rejoint la précédente à l'Ouest de Besakoa et présente, par conséquent, les mêmes inconvénients au point de vue muletier.

2° **De Marovoay à Maroadabo.** — 1re Étape : *De Marovoay à Saropitsa* (35 kilomètres). — Il n'y a pas de village à Saropitsa; c'est cependant un point de halte obligatoire, car le ruisseau qui y passe est le dernier que l'on trouve avant d'entrer dans la forêt.

2e Étape : Après Saropitsa, on traverse une forêt, coupée de clairières, pendant 27 kilomètres, sans trouver d'eau; la sortie de la forêt est marquée par un ruisseau d'eau courante qui est tout désigné pour l'étape de la deuxième journée.

3e Étape : Du ruisseau à Maroadabo, en passant par Ambaliha (16 kilomètres). Cette partie de l'étape coupe une série de marécages, dont la traversée doit être très difficile pendant la saison des pluies.

Renseignements. — Il faut que les troupes qui suivent cette route se munissent de trois jours de vivres au minimum, en partant de Marovoay, ce dernier point étant un des postes principaux sur lesquels on peut compter comme ressources en riz et en viande. Il faut remarquer, du reste, que la route décrite ne comporte la traversée d'aucun village, sauf aux environs immédiats de Marovoay. Il ne faut pas compter pouvoir trouver d'approvisionnement à Ambaliha.

Maroadabo, autrefois bien approvisionné, est aujourd'hui épuisé; il faut cependant espérer que la sûreté et la protection que nos troupes assurent à la région de l'Est du Mahajamba aideront au repeuplement de Maroadabo qui, sous peu, redeviendra un centre assez important.

Le sentier est muletier jusqu'à la sortie de la Grande Forêt; mais, à partir de ce point, il est inutile de songer à faire passer un convoi de mulets.

3° **De Majunga à Maroadabo par Ambato.** — Le trajet de Majunga à Ambato se fait par eau en remontant la Betsiboka, soit au moyen d'embarcations à vapeur, soit au moyen de pirogues.

D'Ambato à Maroadabo, 65 kilomètres; il faut deux jours et demi.

1re Étape : *D'Ambato à Ampondramahalana* (25 kilomètres).

2e Étape : *D'Ampondramahalana* à l'un des nombreux affluents du Kamory (25 kilomètres environ).

3e Étape : Une demi-journée de marche pour arriver à Maroadabo.

Renseignement : — *Ambato*, autrefois très important, a été épuisé par le passage du corps expéditionnaire et, dans la suite, par les troupes allant occuper le Boéni et le Vonizongo ; il existe non loin d'Ambato, sur le Kamory, de très belles rizières, qui peuvent laisser espérer que ce point pourra reprendre son ancienne importance.

Il ne faut pas compter, pour le ravitaillement, sur les villages d'Anjiajia, d'Antanimalandy et d'Ampondramahalana.

Voici ce que dit le capitaine de Bouvié de cette route :

« Ambato se relie à Maroadabo par un sentier suivant d'abord le Kamory et traversant ensuite les hauteurs qui limitent au Nord et à l'Est son bassin ; la première partie est basse et noyée en hivernage, la seconde est montueuse ; cette route paraît avoir été fréquentée autrefois et utilisée pour les transactions entre Ambato et Andranolava.

« Le Kamory doit être écarté comme voie de pénétration ; cette rivière a peu d'eau et son cours, qui traverse des régions accidentées, est embarrassé de rapides et de chutes nombreuses. »

4° Est du Mahajamba. — 1° Quoique les routes qui conduisent de Tsinjomitondraka vers l'Est ne soient pas suivies par les colonnes (Tsinjomitondraka est relié à Port-Bergé par voie d'eau), il est bon de signaler qu'il existe des chemins conduisant :

1° *De Tsinjomitondraka à Port-Bergé*, par Marolopotra (deux étapes).

2° *De Tsinjomitondraka à Bezezika*, par Andohamboay (trois étapes et demie).

Je cite ces routes à dessein parce que Tsinjomitondraka a une certaine importance : 1° C'est la résidence du sous-gouverneur du district du Mahajamba ; 2° Il est en relations par boutres et embarcations à vapeur avec Majunga ; 3° La région de Tsinjomitondraka est très peuplée ; les gens y cultivent beaucoup de riz et nos postes de l'Est du Mahajamba tirent de là la plus grande partie de leurs approvisionnements.

Les deux routes citées, partant de Tsinjomitondraka, ne sont pas muletières.

5° Route directe de Marovoay à Mampikomy. — La distance entre ces deux points peut être parcourue en trois jours et demi.

La première étape est de 25 kilomètres ; campement au bord d'un ruisseau. La deuxième (25 kilomètres) conduit jusqu'à Antanivaky, point où l'on traverse le Mahajamba au moyen des pirogues que l'on trouve en nombre suffisant à Antanivaky.

D'Antanivaky à Mampikomy, il y a environ 45 kilomètres.

Renseignements. — Il faut se munir de quatre jours de vivres à Marovoay.

La route directe de Marovoay à Mampikomy n'est pas muletière.

6° Route de Maroadabo à Mampikomy. — De Maroadabo, la route passe à Andranolava, qui est à quelques kilomètres à peine de la rive droite du Mahajamba. La traversée du Mahajamba est facile à la saison sèche ; le gué a à peine 70 centimètres d'eau ; mais, à la saison des pluies, il faut opérer le passage en pirogue; on ne peut compter provisoirement pour ce passage que sur une pirogue qui peut passer six hommes à la fois; il faut signaler que le courant du fleuve, lorsqu'il est rendu rapide par les crues, rend très pénible la manœuvre de la pirogue.

Andranolava n'est qu'à dix minutes du Mahajamba; les marais qui l'entourent le rendent inabordable pendant la saison des pluies.

La route d'Andranolava à Mampikomy (environ 45 kilomètres) est assez bonne; l'eau y est en quantité suffisante; elle comporte un jour et demi de marche, soit une journée jusqu'à Bevary et une demi-journée de Bevary à Mampikomy. Bevary, autrefois important, est dépourvu de toutes ressources, depuis le passage des bandes de Rainitavy.

7° Routes de l'intérieur. — De Mampikomy à Port-Bergé, il y a deux sentiers : l'un, qui suit la rive droite du Bemarivo, passe par Ampasimantera; les nombreux marais qu'il faut traverser rendent ce sentier à peine praticable à la fin de la saison sèche; il ne faut pas songer à le suivre pendant les deux tiers de l'année; il est donc inutile de s'en occuper comme ligne d'étapes.

L'autre sentier suit la rive gauche du Bemarivo par Bezezika; c'est le seul praticable. Bezezika peut être pris comme gîte d'étape; l'eau y est en abondance; les habitants cultivent assez le riz pour nourrir les troupes de passage, et le village n'est qu'à 32 kilomètres de Mampikomy. En quittant Bezezika, on est obligé d'aller traverser le Bemarivo en face de Port-Bergé, qui est un poste militaire et qui est à 25 kilomètres.

De Port-Bergé à Lehanja, 28 kilomètres. Le chemin traverse quelques marais. Le passage de l'Anjobony se fait sans difficulté à la saison sèche : pendant la saison des pluies, on se sert des voies fluviales qu'offrent le Bemarivo et la Sofia. Si l'on voulait aller directement de Port-Bergé à Lehanja, il deviendrait indispensable de fonder sur l'Anjobony un poste de piroguiers.

Voies marines ou fluviales. — 1° De Majunga à Tsinjomitondraka, on peut aller en boutre.

2° De Tsinjomitondraka à Andohamboay, le Mahajamba est navigable pour les pirogues.

3° De Tsinjomitondraka à Port-Bergé, on fait le trajet d'abord en boutre jusqu'à Ampasindava, puis en pirogue, en empruntant les cours de la Sofia et du Bemarivo. Une pirogue à balancier, prise à Tsinjomitondraka, dispense du transbordement.

A la saison des pluies, on peut faire remonter des pirogues jusqu'à Mampikomy.

L'Anjobony est également navigable pendant une partie de son cours (pirogues).

La Sofia est navigable jusqu'à Lehanja pour les pirogues.

Route du Centre. — La route du Centre est celle qui part de Marovoay, et passant par Mevatanana, Andriba et Ankazobé, conduit à Tananarive. C'est la ligne d'étapes du corps expéditionnaire.

De Majunga à Marovoay, 55 kilomètres. De Marovoay à Ambato, 42 kilomètres; la rivière est navigable en toute saison pour les canonnières jusqu'à Ambato, et les boutres, même les plus gros, arrivent à Marovoay.

Cette route est tellement connue qu'il est inutile d'insister. La route carrossable tracée par le corps expéditionnaire a complètement disparu en plusieurs endroits; le sentier reste cependant muletier pendant la saison sèche, mais accessible seulement aux piétons pendant la saison des pluies, jusqu'à la fin du mois d'avril, surtout dans la région qui s'étend entre 10 kilomètres au Nord et 10 kilomètres au Sud de Marovoay.

Routes de l'Ouest. — *Remarque générale.* Dans l'état actuel, aucun des sentiers qui se dirigent vers l'Ouest n'est muletier; il ne s'agira donc ici que de sentiers de piétons.

Pour faciliter l'étude des routes de l'Ouest de la province de Majunga, nous les diviserons en deux : premièrement, celles qui permettent de se rendre de la vallée de la Betsiboka à la vallée de la Mahavavy, et deuxièmement, celles de l'Ouest de la Mahavavy, autrement dit, celles qui traversent le district de l'Ambongo.

Trois sentiers principaux permettent de se rendre de la Betsiboka au Mahavavy : 1° *De Katsepé à Boina et à Mitsinjo;* 2° *D'Ankaboka ou de Kandrany à Amborengy;* 3° *De Madirovalo à Tsitampika.*

1° De Katsepé à Mitsinjo (65 kilomètres). — Entre Katsepé et Boina (40 kilomètres), la route ne traverse aucun village; on est obligé de camper au bord du lac le plus au Sud; les indigènes font cette étape d'une seule traite. Boina, résidence du roi Voho, est un point important; il y a des troupeaux de bœufs considérables et de très belles rizières; les indigènes prennent l'eau dans deux puits.

De Boina à Mitsinjo (25 kilomètres), la route est bonne pendant la saison sèche; mais elle traverse quelques marais et des rizières, qui la rendent très difficile à la saison des pluies. La Mahavavy se traverse en pirogue en face de Mitsinjo.

2° De Kandrany à Amborengy (45 kilomètres). — On fait étape à Behanitsy. Les trois villages de Kandrany, Behanitsy et Amborengy possèdent beaucoup de bœufs, mais le riz y est en petite quantité. Le village d'Ampapamena sert de port à Kandrany; il n'en est séparé que de 7 kilomètres.

3° De Madirovalo à Tsitampika (70 kilomètres). — Trois étapes.

1ʳᵉ Étape. *De Madirovalo à Beseva* (22 kilomètres). Beseva est un village nouvellement repeuplé; il possédait autrefois de belles rizières, mais, depuis la guerre de 1895, les Hovas, qui étaient les cultivateurs, ont quitté le pays et les cultures sont restées abandonnées.

2ᵉ Étape. *De Beseva à Ambolodia* (37 kilomètres). Le sentier traverse un pays absolument désert; il est coupé à Tetezalaivola par une montée à pic que les piétons eux-mêmes ont de la peine à gravir.

3ᵉ Étape. *D'Ambolodia à Tsitampika* (21 kilomètres). Pays désert, sauf sur les bords de la Mahavavy. Tsitampika est gardé par un poste militaire; mais le village ne peut fournir aucun approvisionnement en riz.

Madirovalo est un point important; on y trouve du riz et des bœufs en abondance, on peut également y recruter des porteurs. Ampanifora est le port de Madirovalo.

Route de la rive gauche de la Betsiboka. — La Betsiboka est suivie sur la rive gauche par une route qui met en communication les points de Katsepé, Kandrany, Ankaboka, Sakaizava, Ampanifora et Madirovalo. Cette route, qui est très mauvaise et quelquefois même à peine tracée, n'a aucune importance, la voie fluviale devant toujours être préférée pour se rendre de l'un des points cités à un autre.

Routes de l'Ambongo. — On peut traverser l'Ambongo par trois routes :

1° Route du Nord, allant de Mitsinjo à Sakoamanera, Andranosora, Soalala, Anjanamo, Bemena et Manombo. — Comme toutes celles qui suivent le bord de la mer, cette route traverse des marais de palétuviers qui la rendent peu praticable; elle peut, toutefois, être suivie en toutes saisons par les piétons.

Quelques approvisionnements de paddy existent à Mitsinjo; Sakoamanera et Soalala achètent leur riz à Majunga; Anjanamo et Bemena sont pauvres. Manombo ne fait plus partie de l'Ambongo : il appartient au Milanja. Les villages ci-dessus cités, sont les seuls qui puissent servir de gîtes d'étape.

2° Route du Centre. — Cette route part d'Amborengy, passe à Ambanjabé, à Besakoa, Antsea, Andranomazava, Namoraka et Tsitoara; elle traverse l'Ambongo tout entier et réunit les résidences des rois ou reines qui se sont partagé l'Ambongo (8 étapes).

1° *D'Amborengy à Besakoa* (22 kilomètres). — On traverse la Mahavavy à gué, à la saison sèche, et en pirogue, à la saison des pluies.

Le Hopy se traverse en pirogue en toutes saisons; le passage est rendu très difficile par l'exiguïté des deux pirogues qui ne peuvent passer que deux hommes à la fois, chacune.

Besakoa est un village pauvre; sur lequel il ne faut pas compter pour les approvisionnements.

2° *De Besakoa à Manombatromba* (20 kilomètres). — Antseza et Manombatromba peuvent fournir du riz, des bœufs et des volailles.

3° *De Manombatromba à Komohevitra* (30 kilomètres). — Mauvais chemin. Il y a un peu de riz à Komohevitra et quelques bœufs.

4° *De Komohevitra à Andranomavo* (25 kilomètres). — Andranomavo est occupé par un poste militaire. Le pays ne paraît pas très riche.

5° *D'Andranomavo à Vilanandro* (21 kilomètres). — Vilanandro ne possède aucune ressource.

6° *De Vilanandro à Namoroka* (22 kilomètres). — Namoroka est au pied du point culminant du massif de Namoroka. Le village possède quelques belles rizières, et peut fournir du riz aux bourjanes de passage.

. 7° *De Namoroka à Mbarasoavina* (20 kilomètres). — Le chemin est très bon, mais presque entièrement dépourvu d'eau. Mbarasoavina est pauvre.

8° *De Mbarasoavina à Tsitoara* (30 kilomètres). — Bon chemin. Tsitoara a peu de riz; mais, en revanche, les villages qui bordent le Manombo sont plus riches et ont du riz et beaucoup de manioc.

Route du Sud. — Cette route part de Tsitampika et va rejoindre la précédente à Andranomavo (3 étapes).

1° *De Tsitampika à Oranitsy* (25 kilomètres). — Le chemin est mauvais. Oranitsy est pauvre, mais possède toutefois quelque peu de riz.

2° *D'Oranitsy à Behena* (33 kilomètres). — Mauvais chemin. Behena est riche en riz et en bœufs.

3° *De Behena à Andranomavo* (30 kilomètres). — Le chemin est assez bon.

Routes de l'Intérieur. — Beaucoup de sentiers existent dans l'intérieur de l'Ambongo, reliant les villages les uns aux autres: les trois routes dont on vient de parler sont reliées, à tous les points où se trouvent des villages, par des sentiers transversaux, dont l'énumération serait oiseuse. Mais on ne peut omettre de signaler ce fait que le lac Kinkony est bordé tout entier par un sentier mettant en communication les nombreux villages qui le bordent, et qui, de plus, sont reliés entre eux par l'eau, puisque le lac est navigable.

Le lac Kinkony est le point le plus fertile de tout l'Ambongo; ses bords sont garnis de rizières magnifiques, surtout dans la partie Sud : c'est également le point le plus peuplé.

Routes de pénétration par eau. — 1° Le lac Kinkony est accessible aux petits boutres pendant la saison des pluies jusqu'à Marofenena.

Les boutres entrent dans la baie d'Ampitsipitsika, passent à Namakia, Amboanino et Bemasaka, où ils entrent dans le bras de Maintimaso et se servent ensuite des eaux du lac jusqu'à Marofenena. A la saison sèche, le bras de Maintimaso ne laisse pas passer les boutres, mais les pirogues passent toujours; les boutres arrivent, en toute saison, à Amboaniho.

2° Par la baie de Maroambitsy, les boutres atteignent Sakoamanera, ils s'enfoncent ensuite dans la rivière d'Andranosora, mal désignée sur les cartes sous le nom de rivière Botcler et arrivent jusqu'au tafia ou port d'Andranosora, qui n'est qu'à 6 kilomètres d'Analalava.

Le village d'Analalava est le plus important de tout l'intérieur de l'Ambongo; il possède 60 cases bien bâties: c'est la résidence du roi Tsimetra, qui est sous-gouverneur de l'Ambongo.

3° De Soalala, on peut aller en pirogue dans la rivière d'Andranomavo jusqu'à environ 20 kilomètres dans l'intérieur.

4° Sur le lac Kinkony, on peut toujours voyager en pirogue et même aller jusque dans les rizières.

PROVINCE DES SAKALAVES DE LA COTE NORD-OUEST

Les routes ont une direction générale Nord-Sud ou Est-Ouest; ce sont de simples sentiers praticables aux mulets et fitakons ou filanjanas.

On a prévu, pour 1898, la construction ou l'amélioration des routes suivantes :

1° Analalava, Andranosamonta, Befianana, Marangaka, Maingindrano.

2° Befotaka, Ankarefo, Ankijanibé, Anjohibé.

3° Analalava, Antsohihy, Ankobakobaka, Befandriana, Mandritsara.

4° Antonibé, Ampasindava.

DESCRIPTION DES GRANDES ARTÈRES

Route Nord-Sud n° 1. Ampasindava, Analalava, Ankaramy (220 kilomètres). — *Ampasindava* est sur la rive Nord de la baie de Mahajamba; en venant du Sud, on y arrive en pirogues qui descendent le Bemarivo. Poste de milice. Pirogue pour remonter le Tsiribé avec la marée jusqu'à Andranopanga, puis 25 kilomètres par terre jusqu'à Antonibé. Population inculte et dispersée, peu de ressources. Il faut demander des porteurs à Ampasindava ou à Antonibé. On peut aussi faire la route par terre d'Ampasindava à Antonibé, 40 kilomètres, en un jour et demi ou deux jours en fitakon. Bon terrain.

Antonibé (40 kilomètres). Poste militaire. Marchands indiens. On peut venir en moins de 24 heures à Analalava par boutre, quand il y en a. Par terre, il y a de 70 à 75 kilomètres. A 28 kilomètres au Nord d'Antonibé, on trouve le village d'Antsahanala, après avoir traversé des cours d'eau guéables et contourné des marais.

Analalava (110 kilomètres). Chef-lieu de province, vivres européens et indigènes; porteurs; boutres. Jusqu'à Analalava, on trouve des villages, quelques porteurs et quelques vivres.

Andranosamonta (150 kilomètres). On se rend par eau à Ambendra, sur la rive Nord de la Loza : petit village, peu de ressources, sauf une ou deux pirogues. Il reste ensuite à faire 30 kilomètres par une bonne route; on trouve quelques porteurs dans de petits villages, ainsi que vivres indigènes. Andranosamonta est un grand village et un poste militaire : marchands indiens, boutres, vivres européens communs, vivres indigènes.

Mahitsihazo (168 kilomètres); Petit village.

Maromandia (188 kilomètres). Gros village; boutre; marchands indiens; porteurs.

Ankaramy (220 kilomètres). De Maromandia 32 kilomètres, sans villages intermédiaires; route assez bonne. Poste militaire; village de grandeur moyenne; quelques porteurs.

De là il faut dix heures de marche aux indigènes pour aller à Ambodimadiro, au fond de la baie d'Ampasindava.

Route n° 2. Mahalina sur la Sofia, Antsohihy, Irony, bifurcations sur Andranosamonta (173 kilomètres); sur Ankaramy (234 kilomètres).

Mahalina. — Petit village, à quelques heures au Sud de Belalitra, où on passe la Sofia; pas de porteurs. En cinq heures et demie en fitakon, on va à *Ambodivohitra*, assez gros village, où il y a des porteurs et des vivres.

27 *kilomètres.* On grimpe le Manasamody, haut de 450 mètres, montée rude; et on arrive à *Anjiamangery*, petit village; pas de porteurs. On traverse maintes fois la Doroa à gué; la bonne eau est assez rare en saison sèche.

72 *kilomètres.* On rencontre plusieurs villages de quelques cases, et, à 45 kilomètres d'Anjiamangery, on trouve *Ambiro*, 25 cases.

92 *kilomètres.* Après avoir vu plusieurs hameaux, on arrive à *Antsohihy*, village de 50 cases, et poste de milice; vivres européens et indigènes, porteurs; boutres.

127 *kilomètres. Irony*, à 35 kilomètres d'Antsohihy. Pendant les 22 derniers kilomètres on ne trouve pas de villages sur la route même. On est, aux hautes eaux, contraint de passer par Antongodria pour traverser l'Anjingo, et la route est allongée de 6 kilomètres; vivres indigènes; quelques porteurs.

D'Irony, il y a 30 kilomètres jusqu'à *Ambodimadiro* et *Befotaka,* gros villages; vivres indigènes; porteurs nombreux.

De Befotaka (poste de milice) on est en quatre heures en filanjana à *Andranosamonta.*

150 *kilomètres.* D'Irony à *Andriba*, 23 kilomètres, petit village.

159 *kilomètres. Amboay*; on traverse en pirogue le Maivarano; vivres indigènes nombreux. On trouve les petits villages assez bien approvisionnés d'*Antoriny*, d'*Antsahabory*, de *Manakanala*, où il y a des rizières et des bois; coteaux; pays assez facile.

179 *kilomètres.* — *Manakanala.*

194 *kilomètres.* — *Befianana*, petit village ayant peu de ressources.

On va à *Ankaramy*, 234 *kilomètres*, sans rencontrer de villages, par une route assez bonne. On trouve facilement des campements.

A Ankaramy; poste militaire; vivres indigènes, quelques porteurs.

Route n° 3. *Antranohira à Befandriana.*
50 *kilomètres. Anjohibé.*

Antranohira, qui est non loin de la Sofia, et *Anampondroho* sont deux petits villages makoas; montées et descentes; beaucoup de petits cours d'eau qui se gonflent outre mesure aux pluies.

Ankazambao, bon village; quelques porteurs; plaine marécageuse à la saison des pluies.

Befandriana, poste de milice; 150 maisons en pisé, à étage, et 300 cases indigènes; vivres indigènes; porteurs. Une maison française va y vendre des vivres européens.

De Befandriana, en trois jours, par fitakon, on va à *Bealanana* par Anjohibé, qui est un petit village à peine reconstruit et où l'on passe le Maivarano.

Routes Ouest-Est. — Route A. Analalava, Andranosamonta, Befianana, Bejofo.

Plateau du Marangaka : Maingindrano, 189 kilomètres.
                        —   Bealanana, 160 kilomètres.

D'Analalava à Andranosamonta, voir route n° 1.

D'Andranosamonta, on passe à *Ambodisakoa*, à 15 kilomètres; à *Antsalaina*, 11 kilomètres; plus loin quelques petits villages. On arrive, après 78 kilomètres, à *Befianana*, petit village sans grandes ressources.

Bejofo (91 kilomètres). Grenier d'abondance pour les indigènes; porteurs. De là, il faut faire 60 ou 80 kilomètres sans villages. De Bejofo, on peut camper au *Sahand'Rakoto*, à 24 kilomètres, altitude 515. Le lendemain, en 12 kilomètres, on atteint le plateau de *Marangaka*, à 1 840 mètres d'altitude, où l'on trouve une mare de bonne eau, auprès d'un bois qui garantit du froid vif de la nuit.

Une route, peu commode et déserte, va par plateaux et bois à *Ambahiva*, à 15 kilomètres de Maingindrano, qui est riche en riz et viande; 10 hommes. On traverse ce désert en deux jours. Puis, à travers des marais et des plateaux, on arrive à *Maingindrano*, à 189 kilomètres d'*Analalava*; riche en riz et viande; 17 hommes.

De là, un sentier va au *Sahambavany* et un à *Vohémar*.

Auprès, il y a les eaux sulfureuses de *Ranomafana*.

(156 kilomètres). On traverse le plateau désert jusqu'à *Behandrarezina*; 36 hommes; riz et viande en abondance.

(176 kilomètres). — On trouve des marais et des plateaux déserts et on arrive à *Bealanana*, poste de milice; riche en riz et viande; 33 hommes. On trouve des porteurs dans les villages voisins.

Route B. Analalava, Befotaka, Amboay, Bealanana, Antsahalahy.

On peut d'Analalava aller en boutre à *Befotaka* en vingt-quatre heures, mais la Loza est parfois dangereuse.

On la passe à *Ambendrana*; 8 kilomètres plus loin, on est au hameau d'*Ankamaroanana*, où il faut passer un bras de la Loza à gué; le village d'*Antsaharoatsana* est sur l'autre rive. 10 kilomètres plus loin, on est à Befotaka. Les hameaux ci-dessus ont peu de renommée.

(30 kilomètres). — Befotaka, poste de milice, gros village, ayant en face l'autre gros village d'*Ambodimadiro*; marchands indiens; vivres et porteurs.

(65 kilomètres). — Une route facile mène à *Amboay*; vivres indigènes; quelques porteurs.

D'Amboay à *Bealanana* on ne trouve que les emplacements d'anciens villages, et il n'y a aucunes ressources. Au bout de 13 kilomètres, on trouve le *Sahand' Rakoto*, après avoir descendu le *Menamionga*, 270 mètres, pente excessive. 8 kilomètres plus loin, ayant grimpé de 750 mètres, on peut camper au bout d'un ruisseau. 5 kilomètres plus loin, on est à l'altitude de 1300 mètres, c'est le point culminant de la route. Source. Après 5 kilomètres, on est à l'ancien village d'*Ambodirofia*. On fait 10 kilomètres pour atteindre l'ancien village d'*Ambodisatrana* (945 mètres), et encore 6 kilomètres pour le village d'*Ambodisory*.

(121 kilomètres). — 9 kilomètres plus loin est *Bealanana*; poste de milice; vivres indigènes et porteurs.

On traverse le Bealanana, on sort du versant, on traverse les marais du *Maevarano*, qui sont sans doute impraticables à la saison des pluies. On a rencontré les villages de *Marolambo* (18 hommes), *Analabé* (4 hommes), *Antanantanana* (57 hommes), respectivement à 9, 15, 27 kilomètres de Bealanana.

(157 kilomètres). *Antsahalahy* (3 hommes). Un sentier va de là à *Ankahibé* et bifurque sur *Sahambavany* et sur *Antalaha*.

Route C. Analalava, Befotaka, Ankarefo, Ankijanibé, Anjohibé, Antsahalahy.

D'Analalava, on va par *Befotaka* à *Amboay*, 65 kilomètres; on passe le *Maevarano* en pirogue et, 5 kilomètres plus loin, on trouve *Ankarefo*, petit village.

(70 kilomètres). D'Ankarefo, on longe, le *Maevarano*, on traverse la rivière de Bemahondro, le petit village d'*Ambohitravolona*, la vallée de Mariarano, et on arrive à *Betsindry*, village neuf, dans la jolie vallée de l'Antsahalonjoa. On monte et, après deux heures, sur une crête rocailleuse et sans eau, on traverse l'Ankaronga, qui coule dans un lit de 40 mètres de profondeur; puis, après une montée et une descente pénibles, l'on est à *Ankijanibé*.

De là on va à *Anjohibé*, qui n'est pas encore réoccupé, mais la route n'a pas été reconnue entre ces deux points. On la fait en un jour.

Tratsara, à 20 kilomètres d'Anjohibé, n'est pas non plus réoccupé.

Route D. Analalava, Antsohihy, Ankobakobaka, Befandriana, Mandritsara.

D'Analalava, on peut en 24 heures aller à *Antsohihy* par boutre.

La route de terre passe par *Bekorovaka*, petit village à 14 kilomètres : 12 kilomètres plus loin, après avoir passé *Ambiky*, autre petit village, on peut, en pirogue, être, en trois heures, à *Antsohihy*; sinon, il faut d'Ambiky aller à *Ankerika*, petit village à 12 kilomètres, puis passer l'Antsinjomorona, 70 mètres de largeur, en pirogue, au petit village d'*Antafiandakana*; 10 kilomètres plus loin, on est à *Antsohihy* (à 50 kilomètres d'Analalava); 50 cases, poste de milice, vivres européens et indigènes.

(62 kilomètres). — *Ampomoto*, 35 cases.

(70 kilomètres). — *Anjalazala*, 12 cases.

(75 kilomètres). — *Ampombilava*, n° 1.

(80 kilomètres). — *Ampombilava*, n° 2. On y passe un ruisseau à gué.

(90 kilomètres). — *Ankobakobaka*, village de 50 cases; rivière profonde, un arbre sert de pont. Au Nord, est un gué.

(100 kilomètres). — *Ambodimoto*, 40 cases; rivière de 30 mètres, guéable.

(120 kilomètres). — *Befandriana*, poste de milice, 150 maisons en pisé à étage et 300 cases malgaches.

(128 kilomètres). — *Ambodibonara*, 20 cases. On traverse la Kazamboa, de 80 mètres de large, puis une vaste plaine, puis la Vinara.

(146 kilomètres). — *Mahazava*, 30 cases; marécages; montée et descente.

(151 kilomètres). — *La Sofia*, qu'on traverse avec de petites pirogues; le courant est rapide.

(166 kilomètres). — *Ambodivoara*, petit village.

(172 kilomètres). — *Marofototra*, petit village.

(178 kilomètres). — *Ambodimahana*, petit village.

(192 kilomètres). — *Ankiabé*, 40 cases. Beau panorama; on y traverse l'Ambatonahizondrano, large de 50 mètres avec rapides, gué peu facile, montée avec descente. Puis on passe la ligne de partage des eaux de la Sofia et de ses affluents de la rive gauche, et on atteint :

(203 kilomètres). — *Ampanangana*.

(216 kilomètres). — *Kalandy*, petit village, sur le ruisseau du même nom. On traverse la Sandrainojitra, 80 mètres, mauvais gué. On suit le Mandrirano, 40 mètres de large, qu'on traverse.

(223 kilomètres). — *Ambohibary*, 25 cases. On traverse le Maroamboko sur un pont; marécages.

(236 kilomètres). — *Mandritsara;* poste de milice, 80 cases, et 40 en pisé à étage. Chancelier. Nombreux villages dans le voisinage.

Route E. Antonibé, Ambodivohitra, Antsahanihira (100 kilomètres).
Bon chemin. On traverse le plateau Manaramady, et on arrive par une descente rapide à *Ambodivohitra*.

Ambodimanga, petit village.

Andohabé, ancien village.

Antsakoamaventy, près de la Sofia; quelques vivres indigènes.

Ampasimaty, petit village.

Ankarefo, petit village.

Ambatomandrevo, petit village. On voit une pierre levée qui est vénérée.

Ambatomay, petit poste de milice.

Antsahanihira, pauvre village makoa.

Route F. Ankobakobaka à Ankarefo. 65 kilomètres.
Ankobakobaka, beau village, auprès d'un ruisseau plein aux hautes eaux. On remonte la vallée de l'Ankazobé toujours verte, on trouve le hameau d'Antsahatrano, puis on trouve le ruisseau Ankofio.

(22 kilomètres). — *Ambalahady*, joli village sur l'Anjingo; plateau marécageux; plaine mamelonnée.

(35 kilomètres). — *Antsahamaimbo;* route facile, mais non reconnue.

(65 kilomètres). — *Ankarefo*, petit village.

PROVINCE DE TAMATAVE

La province de Tamatave est sillonnée par trois voies principales de communication : 1° La route de *Tamatave à Andévorante*; 2° La route de *Tamatave à Foulpointe et Fénérive*; 5° La route de *Tamatave à Didy*.

1° Renseignements sur les gîtes d'étape :

1° Route de Tamatave à Andévorante. — Gîtes d'étape : *Ivondrona; Ankarefo; Tampina; Antranokoditra; Mahasoa* (18 cases). — Dans chacun de ces villages, les vivres y sont en assez grande quantité: on y trouve toujours des volailles, des œufs, du riz, du manioc, etc., et fréquemment du bœuf. Un nombre plus ou moins considérable de boutiques créoles ou chinoises se sont installées dans ces agglomérations; elles se ravitaillent, d'ailleurs, facilement en raison de leur proximité de Tamatave et de la bonne viabilité de la route qui les relie. Situés au milieu de la forêt qui longe la côte, ces villages sont amplement pourvus de bois et d'eau potable.

À côté de ces cinq gîtes d'étape, il y a lieu de mentionner, en raison de son importance, le village d'*Ambodisiny*, où de vastes baraquements ont été installés.

2° Route de Tamatave à Fito. — *Lombo* (6 cases); *Sahatsara* (8 cases); *Marovatana* (19 cases); *Ambodinara* (8 cases); *Fito* (8 cases). — Dans ces villages, les ressources en logements sont indiquées par le nombre approximatif de leurs cases, et celles en vivres sont très restreintes, car le pays est naturellement peu riche et a eu beaucoup à souffrir du fahavalisme.

Les bœufs y sont rares; on n'y voit point de riz du mois de décembre au mois de février, et les habitants s'approvisionnent à Tamatave. La volaille, le manioc, les patates, le bois, l'eau potable y sont cependant en quantité suffisante.

3° Route de Tamatave à Ifontsy. — *Vohidrotra* (28 cases); *Rangazava* (7 cases); *Ifontsy* (24 cases). — Les mêmes observations s'appliquent à ces villages qui n'offrent guère plus de ressources que les précédents.

2° Renseignements sur les voies de communication.

1° Route de Tamatave à Andévorante. — Cette voie est aujourd'hui carrossable; les voitures Lefèvre y circulent journellement, ainsi que les charrettes de l'entreprise de transports Clarembach, concurremment avec les bourjanes et les mulets. Il n'y a qu'un seul passage de rivière : celui de l'Ivondrona, qui s'effectue en pirogue ou en vedette.

Constamment située entre la mer et les lacs qui longent la côte, elle est tracée entièrement dans le sable, ce qui rend les opérations de charroi particulièrement pénibles.

2° Route de Tamatave à Foulpointe et à Fénérive. — Cette route est peu fréquentée, elle est parcourue uniquement par des bourjanes, sauf dans les environs immédiats de Tamatave, où l'on rencontre quelquefois jusqu'à Vohidrotra des charrettes à bœufs ou à mulets.

Au delà de Vohidrotra, la route se réduit à une simple piste, où l'on ne voit circuler en général que des indigènes voyageant d'un village à un autre.

De Tamatave à Ifontsy, la route traverse trois rivières : l'Ivolina, le Rangazava et l'Ifontsy, que l'on franchit au moyen de pirogues. Le terrain parcouru est sablonneux.

Les bourjanes employés sur ces différentes voies de communication sont généralement recrutés à Tamatave.

3° Route de Tamatave à Didy. — Cette route se détache de la ligne d'étapes à Betanaomby, à moitié chemin de Tamatave à Ivondrona; elle est très peu fréquentée. Elle rejoint à Mahasoa la rivière Ivondrona qu'elle traverse à Seranambato.

Ce n'est plus alors qu'une simple piste, bonne seulement pour les bourjanes. Le terrain que traverse la route, d'abord sablonneux, puis marécageux, devient argileux, dès qu'elle atteint les premiers contreforts de la montagne.

CERCLE ANNEXE D'ANOSIBÉ

Route de Mahanoro. — Cette route entre dans le cercle à *Andranotsara*, à un jour de marche au sud de *Beparasy*, village de 10 cases, sans ressources.

Manakana, 15 cases.

Vohitromby, 10 cases; poste de milice. On y traverse le Mangoro.

Andakana, 20 cases. On y trouve du riz, du manioc et de la canne à sucre.

Anosibé, chef-lieu du cercle, 30 cases. Il y a plusieurs marchands. On y trouve du riz et des cochons.

Antenibé, petit village de 15 cases; il y a quelques marchands de riz.

Menakaranga, village forestier de 12 cases sur les bords de la rivière du même nom.

Marodia, 15 cases. Riz, manioc.

Tanimandry, 20 cases.

Ambohitroiroka, 15 cases.

Sahanomby, 20 cases. C'est le dernier village du cercle.

Partout on trouve des volailles en abondance.

Route de Vatomandry. — Cette route se détache de la précédente à *Menakaronga*, et passe à : *Androrankarobo*, 12 cases; *Sahanivoana*, 15 cases; *Ampitambé*, 12 cases; *Andranovary*, 10 cases; *Antanambao*, 15 cases; *Ampasinambo*, 15 cases.

Tous ces villages fournissent du riz aux bourjanes de passage. Il n'y a pas de viande de boucherie.

Route de Mahanoro à Tsinjoarivo. — Cette route entre dans le cercle à *Sahondrongy*, 15 cases, riz, manioc, volailles, et passe par *Ampasimadinika*, 12 cases; *Andranobé*, poste, grand village où on trouve à acheter du riz; *Ambalaherana*, petit village de 15 cases; *Ambohimilanja*, poste, 20 cases; *Sahanavo*, grand village, riz, poulets, canards; *Ambodivoangy*, poste; la traversée de la Sandranomby se fait en bac; il y a peu de ressources.

Les principaux sentiers sont les suivants :

D'Anosibé à Moramanga par : *Antenibé*, *Ampondontraha*, 12 cases; *Ankadibé*, 15 cases; *Manakana*, 15 cases; *Ambodinonoka*, 20 cases, cochons; *Moramanga*, se trouve à deux jours de marche.

D'Anosibé à Ambalaherana par : *Andranomaré*, 8 cases, aucune ressource; *Ankoroko*, 20 cases; *Beninandrano-Sahasaty*, où l'on traverse le Mangoro; *Ambalaherana*.

De Vohitromby à Ambohimilanja par : *Marovato*, 12 cases; *Andrangabé*, 15 cases; *Manambambana*, 20 cases; *Andrangaranga*, 15 cases; *Beninandrano*, 12 cases; traversée de la Sandranoro; *Andonabé*, village important; *Ambohimilanja*.

De *Beninandrano*, ce sentier gagne *Anosibé* en passant par *Ampasimazava*, *Antsiraka* et *Antanambao*, petits villages d'une dizaine de cases.

Renseignements sur les moyens de transport.

Les transports se font tous à dos d'homme; les bourjanes, autres que ceux de Tananarive, sont recrutés dans le cercle, à tour de rôle dans chaque district.

La seule traversée importante est celle du Mangoro, à Andakana. Le passage est assuré par deux pirogues; le prix est de 10 centimes, pour un bourjane non chargé, et de 20 centimes, pour un bourjane chargé.

PROVINCE DE FARAFANGANA

Route N° 1. Loharano à Sandravinany (route de Tamatave à Fort-Dauphin). — *Loharano*, petite localité sans grandes ressources; peu de monde; passage en pirogue. Eau potable.

Manankara. (Mêmes indications.) C'est le siège de la direction de la concession Brochon. On y trouve des homards, huîtres, moules. La route court toujours le long du littoral. A 27 kilomètres du précédent.

Ambohipeno. A 25 kilomètres. Chef-lieu du secteur. 1 200 habitants. Centre assez important. Bien pourvu. Bourjanes.

Andranambo. A 35 kilomètres du précédent. Au sortir de Vohipeno, on descend en pirogue la Matitanana. Ce voyage est long, quatre heures. Les pirogues sont nombreuses et le passage assuré par les services locaux. Andranambo ne présente que peu de ressources.

Farafangana. Chef-lieu de la province ; très joli groupement de nombreux et populeux villages au confluent de trois rivières. Large vinany (ou embouchure). Passage en pirogue assuré. Ressources considérables. 5 500 habitants. A 20 kilomètres du précédent.

Benanoremana. A 57 kilomètres du précédent. Étape très dure, sans eau potable ; la route longe la mer dont elle emprunte souvent la plage. Quatre passages en pirogues assurés : à Farafangana (à Manantsimba et à Mananivo, suivant la saison) et enfin à Benanoremana, au départ pour Masianaka.

Masianaka (*Nosy omby*). Gros village, important, propre et hospitalier ; ressources, poisson ; porteurs. A 25 kilomètres du précédent.

Manambondro (*Toakainosy*). Poste de milice. Peu de ressources dans le village. Route s'éloignant de la mer depuis Benanoremana.

Sandravinany. Important village qui était, il y a quelques mois encore, le repaire de tous les pillards du Sud ; il est aujourd'hui soumis. Il y a peu de ressources chez ces gens qui n'ont jamais vécu que de rapines et qui ne savent encore ni économiser, ni produire. La route se poursuit sur le territoire de Fort-Dauphin, après un double passage en pirogue pour atteindre Manantena.

Route n° 2. Farafangana à Fianarantsoa. — 1° *Mahamanina*. A 45 kilomètres de Farafangana. Ressources diverses. Bourjanes. Poste de milice. (La moitié et même la totalité du voyage peut s'effectuer en pirogue.)

2° *Ampasinafindra*. Poste de milice ; c'est un point de protection. Ressources nulles. Case pour voyageur.

3° *Vohitromby*. Village important de la montagne ; hospitalier. Riz et œufs. Porteurs.

4° *Ankisiky*. A Analanagy, on traverse la forêt ; neuf heures de marche. de l'Est à l'Ouest. Le col est à 1 700 mètres d'altitude. Au départ, 500 mètres sur les bords de la rivière.

5° *Fianarantsoa*.

Route n° 3. Mahamanina à Ivohibé. — Trois grands jours par *Mazoarivo*, poste de milice ; on traverse la Grande Forêt de l'Est (résidence de Farafangana). La route prévue est moins pénible que celle de *Fianarantsoa* par *Ankisiky*.

Route n° 4. Farafangana à Ivohibé par Ambohimarefo. — Un peu plus courte. Bons sentiers muletiers, de création nouvelle.

Route n° 5. Farafangana à Ambongo et Midongy. — 1° *Ankarana*. A 45 kilomètres de Farafangana. Beau village sur un plateau de 200 mètres de hauteur. Vue magnifique sur toute la région jusqu'aux montagnes de l'Ouest. Ressources de toute nature : porteurs ; vivres. Poste de milice.

2° *Andraifarado*. Sur la rivière Masianaka ; passage en pirogues. Ressources en vivres ; porteurs. Petit poste de milice.

3° *Ambongo*. Appuyé sur la rivière Manambondro. Bonne situation. Poste de milice. Ressources diverses. Porteurs. Groupement important de village. Un des centres et foyers de rébellion des Zafimanga ; c'est de là que partait le mot d'ordre.

4° *Sambalava*.

5° *Midongy*. Ces deux points ne sont pas encore réunis par la route muletière, qui est cependant commencée.

CHAPITRE II

Communications extérieures.

Fret des Compagnies de navigation françaises ayant un service régulier sur les ports de Madagascar.

Messageries maritimes. Compagnie havraise. Fret et transit; passagers; passages pour Marseille.
Ligne anglaise *Castle-Line.*
Deutsche Ost Afrika Gesellschaft. — Marche du service du 1ᵉʳ janvier au 31 décembre 1898.
Vapeur *Mpanjaka*, service maritime de la côte Ouest.
Service maritime de la côte Est.

Messageries maritimes. — Départ de Marseille, du Havre, de Cette, de Bordeaux, de la Rochelle, de la Palice, de Rochefort, de Lorient, de Saint-Nazaire et de Dunkerque pour Majunga, Nossi-Bé, Diego-Suarez, Sainte-Marie, Tamatave, la Réunion et Maurice : 50 francs par mètre cube et 60 francs par tonne commerciale.

Ces prix sont susceptibles de réduction quand il s'agit de marchandises communes expédiées par lots importants.

Les départs de Marseille ont régulièrement lieu, les 10 et 25 de chaque mois, et l'arrivée à Tamatave, les 5 et 15 du mois environ.

Compagnie havraise. — Au Havre, à Saint-Nazaire, Nantes, Bordeaux et Marseille pour Diego-Suarez, Majunga et Tamatave, pour les colis ordinaires et marchandises de l'industrie parisienne ou autre : 45 francs par mètre cube ou par 700 kilogrammes au choix de l'armement.

Pour les liquides et autres : à Bordeaux, 60 francs et 10 pour 100 par tonneau maritime, et, à Marseille, 60 francs sec par tonneau maritime.

Pour les expéditions importantes de grosses marchandises, il peut être fait des conditions spéciales à débattre.

Départ de Marseille le 20 de chaque mois. Arrivée à Majunga vers le 15 du mois suivant :

Cette compagnie avait organisé un service de la côte Est :

De Tamatave à Andévorante	Fr.	25
— à Vatomandry		25
— à Mahanoro		30
— à Mananjary		30
— à Farafangana		30
— à Fort-Dauphin		35

C'était le *Tafna* qui faisait ce service: il partait de *Tamatave*, le 10 de chaque mois, et, au retour, il revenait à Tamatave et allait à Diego, de Diego à Vohémar et Tamatave. Cet annexe a été supprimé, et le *Tafna* est rentré en France en octobre 1898. Il a été remplacé par un navire de la *Société Française de Commerce et de Navigation à Madagascar*, la *Ville-de-Riposto* (voir p. 75).

Fret et transit. — Pour Marseille, Bordeaux, le Havre, de tous les ports ci-dessus indistinctement :

Café, les 800 kilogr. . . . . . . Fr.	100	Caoutchouc, les 800 kilogr. . . Fr.	100
Rafia, —	110	Vanille, —	250
Cire, —	100	Pour Londres, en sus des prix ci-des.	12
Peaux, —	100	Pour Hambourg, —	15

Pour Liverpool, en sus des prix ci-dessus. . . . . Fr. 18

Passagers :

De Tamatave pour Andévorante.	1re classe,	75 francs;	pont sans nourriture,	30 francs
— — Vatomandry.	—	100 —	—	50 —
— — Mahanoro.	—	125 —	—	60 —
— — Mananjary.	—	150 —	—	75 —
— — Fort-Dauphin.	—	250 —	—	75 —

Passages pour Marseille. — Frais de séjour à Tamatave à la charge du voyageur: 1re classe, 750 francs; 2e classe, 450 francs. Ces prix ne comprennent pas le passage du Sud, sur Tamatave.

Ligne anglaise Castle-Line. — Ces paquebots partent d'Angleterre, tous les 28 jours; les arrivées à Tamatave sont les suivantes (arrivées probables et non certaines comme pour les paquebots-poste) :

Malle d'octobre,	arrivée le 20 novembre.	Malle de décembre,	—	le 15 janvier.
— de novembre,	— le 18 décembre.	— de janvier,	—	le 12 février.

et ainsi de suite de 28 en 28 jours.

Ces paquebots ne touchent plus à Fort-Dauphin; ils viennent directement de Natal à *Mananjary*, où ils touchent deux jours avant l'arrivée à Tamatave, soit pour les arrivées indiquées ci-dessus : 18 novembre, 16 décembre, 15 janvier, 10 février.

Ils touchent également à *Vatomandry*, un jour avant l'arrivée à Tamatave, soit les 19 novembre, 17 décembre, 14 janvier, 11 février.

De Tamatave, les malles anglaises vont à Maurice, et, au retour, se rendent directement à Delagoa-Bay, ne desservant aucun port de Madagascar.

La Compagnie allemande Deutsche Ost Afrika Gesellschaft a organisé, du 1er janvier au 31 décembre 1898, un service de navigation dont les escales sont indiquées au tableau ci-contre (voir p. 74).

Il y a lieu de remarquer que les paquebots de la Compagnie ne touchent plus à Marseille.

Les prix du fret de la D. O. A. G. sont très sensiblement les mêmes que ceux de la Compagnie des Messageries maritimes. Elle fait, d'ailleurs, une réduction selon l'importance des chargements.

DEUTSCHE OST AFRIKA GESELLSCHAFT

Marche du service du 1er janvier au 31 décembre 1898.

PORT-NATAL	DELAGOA-BAY	BEIRA	MOZAMBIQUE	MAJUNGA	NOSSI-BÉ	DAR-ES-SALAAM	ZANZIBAR	FANGA	ADEN	SUEZ	PORT-SAÏD	NAPLES	LISBONNE	ROTTERDAM	HAMBOURG
1898	1898	1898	1898	1898	1898	1898	1898	1898	1898	1898	1898	1898	1898	1898	1898
12 mars	14 mars	17 mars	21 mars	25 mars	24 mars	27 mars	29 mars	29 mars	4 avril	8 avril	9 avril	14 avril	20 avril	26 avril	27 avril
7 mai	9 mai	12 mai	16 mai	18 mai	19 mai	22 mai	24 mai	24 mai	30 mai	3 juin	4 juin	9 juin	15 juin	21 juin	22 juin
2 juillet	4 juillet	7 juillet	11 juillet	13 juillet	14 juillet	17 juillet	19 juillet	19 juillet	25 juillet	29 juillet	30 juillet	4 août	10 août	16 août	27 août
27 août	29 août	1er sept.	5 sept.	7 sept.	8 sept.	11 sept.	15 sept.	15 sept.	19 sept.	23 sept.	24 sept.	29 sept.	5 oct.	11 oct.	12 oct.
22 oct.	24 oct.	27 oct.	31 oct.	2 nov.	5 nov.	6 nov.	8 nov.	8 nov.	14 nov.	18 nov.	19 nov.	24 nov.	30 nov.	6 déc.	7 déc.
17 déc.	19 déc.	22 déc.	26 déc.	28 déc.	29 déc.	1899	1899	1899	1899	1899	1899	1899	1899	1899	1899
1899	1899	1899	1899	1899	1899	1er janv.	5 janv.	5 janv.	9 janv.	13 janv.	14 janv.	19 janv.	25 janv.	31 janv.	1er fév.
11 fév.	13 fév.	16 fév.	20 fév.	22 fév.	23 fév.	26 fév.	28 fév.	28 fév.	6 mars	10 mars	11 mars	16 mars	22 mars	28 mars	29 mars

Le service maritime de la côte Ouest est fait par le paquebot annexe des Messageries maritimes, le *Mpanjaka*, qui dessert les ports ci-après :

Nossi-Bé, Majunga, Maintirano, Morondava et *Tulléar (Nosy Vé)*.

Aller :	Retour :
Nossi-Bé. . . . . Départ le 5 ou le 6.	*Tulléar (Nosy Vé).* . . . Départ le 14.
Majunga. . . . . Arrivée le 6 ou le 7. Départ le 6 ou le 7.	*Morondava.* . . . . Arrivée le 15. Départ le 15.
Maintirano. . . . Arrivée le 7 ou le 8. Départ le 7 ou le 8.	*Maintirano.* . . . . Arrivée le 17. Départ le 18.
Morondava. . . . Arrivée le 10 ou le 11. Départ le 10 ou le 11.	*Majunga.* . . . . Arrivée le 19. Départ le 20.
Tulléar (Nosy Vé). Arrivée le 12 ou le 13. Départ le 14.	*Nossi-Bé.* . . . . Arrivée le 21.

	MAJUNGA		MAINTIRANO		MORONDAVA		TULLÉAR	
	CHAMBRE	PONT	CHAMBRE	PONT	CHAMBRE	PONT	CHAMBRE	PONT
De Nossi-Bé	100	25	200	50	250	65	350	85
De Majunga. . .			100	25	160	40	250	65
De Maintirano. . .					60	15	150	40
De Morondava. . .							100	25

Le service maritime de la côte Est, qui était fait jusqu'en octobre 1898 par le *Tafna* (de la Compagnie havraise péninsulaire), a été fait, depuis cette époque, par la *Ville-de-Riposto*, capitaine Levasseur, qui quittait Diego-Suarez, le 15 de chaque mois, et faisait escale :

A l'aller :	Au retour (départ le 28) :
Le 16, à Vohémar.	Le 30, à Mananjary.
Du 18 au 20, à Tamatave.	Le 1er, à Vatomandry.
Le 20, à Andévorante.	Le 2, à Tamatave.
Le 21, à Vatomandry.	Le 3, à Sainte-Marie.
Le 22, à Mahanoro.	Le 4, à Vohémar.
Du 23 au 25, à Mananjary.	Le 5, à Diego-Suarez.
Le 26, à Farafangana.	
Le 27, à Fort-Dauphin.	

Les dates ci-dessus n'étaient, bien entendu, qu'approximatives, et restaient subordonnées à l'état de la mer et des barres.

Malheureusement, la *Ville-de-Riposto* s'est mise à la côte, le 29 janvier 1899, dans les parages de Farafangana et est perdue. En attendant que la *Ville-d'Alger*, qui part de France le 5 avril, soit arrivée à Madagascar et puisse la suppléer, c'est le navire le *Pérou* qui fait le service entre les divers ports de la côte Est.

Pour les prix de passage et de fret, s'adresser aux agents et aux correspondants de la Société.

Le prix de la tonne de marchandises est : de Diego pour Vohémar 20 francs, pour Tamatave de 25 francs, pour Andévorante de 35 francs, pour Vatomandry et Mahanoro de 40 francs, pour Mananjary de 45 francs, pour Farafangana et Fort-Dauphin de 50 francs; de Tamatave pour Vohémar, Andévorante, Vatomandry et Mahanoro de 25 francs, pour Mananjary de 30 francs, pour Farafangana de 35 francs et pour Fort-Dauphin de 40 francs.

Les prix de passage sont, respectivement, pour les cabines et le pont :

1° De Diego-Suarez, 60 et 20 francs jusqu'à Vohémar, 80 et 30 francs pour Sainte-Marie, 100 et 50 francs pour Tamatave, 120 et 40 francs pour Andévorante, 140 et 50 francs pour Vatomandry, 160 et 50 francs pour Mahanoro, 200 et 60 francs pour Mananjary, 250 et 80 francs pour Farafangana, 300 et 100 francs pour Fort-Dauphin;

2° De Tamatave, 40 et 20 francs jusqu'à Sainte-Marie, 100 et 50 francs pour Vohémar et Diego-Suarez, 40 et 15 francs pour Andévorante, 80 et 40 francs pour Vatomandry, 100 et 40 francs pour Mahanoro, 150 et 50 francs pour Mananjary, 200 et 60 francs pour Farafangana, 250 et 80 francs pour Fort-Dauphin.

SIXIÈME PARTIE

HYGIÈNE, RENSEIGNEMENTS
DOCUMENTS DIVERS

CHAPITRE I

L'Hygiène à Madagascar.

Les maladies. — Considérations sur l'hygiène à Madagascar. Le paludisme. Différentes maladies régnant à Madagascar. — Considérations sur la salubrité du haut plateau central. — Hygiène et prophylaxie. Age, tempérament, professions. Époque de l'arrivée. Hygiène pendant la traversée, à bord; escales. Habitation. Sanatoria. Habillement. Alimentation. Repas. Boissons. Eau potable. Hygiène des téguments. Ablutions. Bains. Douches. Exercice. — Plaisirs sexuels. — De la quinine dite préventive. — Caisse de médicaments. — Instruments et appareils. — Objets de pansement. — Dose et mode d'emploi de quelques médicaments usuels.

L'île de Madagascar a eu, pendant longtemps, une grande réputation d'insalubrité, qui, méritée pour certains points des côtes et quelques vallées dans l'intérieur, n'est pas fondée pour la plus grande partie du pays, surtout du plateau central. Il y a, en effet, de vastes régions parfaitement saines et, dans les localités moins favorisées, un Européen adulte peut parfaitement résider, sans avoir à craindre pour sa vie, s'il mène une existence sage et a une hygiène convenable.

MALADIES

On peut observer, à Madagascar, la plupart des maladies qui frappent l'Européen dans son pays d'origine; mais, chez ceux dont l'organisme n'est pas débilité par le paludisme, ces affections sont relativement peu fréquentes et, quand elles éclatent, elles ne présentent pas plus de gravité qu'en Europe.

Comme dans toutes les régions où règne le *paludisme*, celui-ci domine toute la pathologie, soit qu'il évolue pour son propre compte, soit qu'il s'associe aux autres maladies, en leur imprimant un cachet particulier. Sur les 7 280 malades traités en 1897 dans les diverses formations sanitaires de Madagascar, 3 648 (la moitié) ont été admis pour diverses formes de paludisme.

Les aspects du paludisme sont multiples. Il ne faut pas s'attendre à voir toujours la fièvre se manifester par l'accès classique, avec ses trois stades de frissons, de chaleur et de sueurs. Souvent, des personnes s'impaludent, s'anémient, se cachectisent, même sans avoir éprouvé d'autres symptômes que des malaises auxquels elles n'attachaient d'ailleurs pas suffisamment d'importance. Toutefois, la grande majorité des Européens présentent des accès intermittents de fièvre paludéenne, qui reviennent à des époques plus ou moins éloignées.

Chez les nouveaux arrivés habitant le littoral, il n'est pas rare d'observer la forme continue, qui peut dans certaines circonstances prendre un caractère de gravité. La prétendue fièvre d'acclimatement n'est, pour nous, que l'une des premières atteintes du paludisme. Les diverses manifestations de la fièvre paludéenne, plus ou moins désordonnées au début, se caractérisent ensuite plus nettement.

Cependant, chez les anciens paludéens, l'un ou l'autre des trois stades qui constituent l'accès franc peut faire défaut. Parfois, le paludisme ne se montre que sous forme de névralgies diverses, d'oppression, de courbature générale, de douleurs articulaires, de bâillements répétés, de diarrhée, etc. Il est nécessaire d'avoir présentes à l'esprit ces formes larvées du paludisme, bien capables à un moment donné de dérouter les personnes qui ne sont pas familiarisées avec les maladies du pays. Les médicaments utilisés contre le paludisme donnent dans ces circonstances d'excellents résultats, tandis que les moyens mis habituellement en usage contre les névralgies, les douleurs articulaires, la diarrhée, etc., restent sans effet.

Toutes les formes graves et pernicieuses peuvent s'observer sur le littoral et dans la région qu'on est convenu d'appeler la zone dangereuse, qui s'étend depuis le bord de la mer jusqu'aux chaînes de montagnes qui limitent le plateau central.

La *fièvre* exerce aussi ses ravages, dans les provinces centrales de l'Imerina et du Betsileo ; mais ses agressions y sont beaucoup moins fréquentes et surtout moins graves.

Il paraît même qu'elle était inconnue à Tananarive, il y a vingt ans. Les mois les plus chargés sont ceux de janvier, de février et de mars.

La zone des forêts est très paludéenne, notamment dans les vallées humides, constituées en cuvettes marécageuses au milieu des montagnes ; telle est la vallée de Beforona ; celle de l'Angavo, bien qu'à une altitude de 1 000 mètres, est éminemment insalubre ; les indigènes de race hova y sont pour la plupart en proie à de violents accès.

Le pays de Vonizongo, à l'ouest de l'Imerina, et celui des Sihanakas, près du lac Alaotra, sont également paludéens.

Le Boéni, si humide et si marécageux, est peut-être la région la plus malsaine de Madagascar. « Je n'ai pas vu, dit le docteur Lacaze, d'Européens séjourner ici un an, sans être atteints de fièvre intermittente franche ; c'est très exceptionnellement qu'ils ne le sont qu'après six mois, la grande majorité ou plutôt la presque totalité sont impaludés, je veux dire, font leur premier accès dans les trois premiers mois de séjour. »

Toutefois, il ne faudrait pas juger trop sévèrement l'insalubrité de cette région, en se basant sur la morbidité et la mortalité exceptionnelles de la colonne expéditionnaire, du 200° en particulier. Les troupes en campagne vivent toujours dans des conditions hygiéniques défectueuses, et les fatigues qu'elles éprouvent les rendent beaucoup plus vulnérables.

A Diego-Suarez, dans les dépendances de Sainte-Marie de Madagascar, de Nossi-Bé, etc., le paludisme constitue, comme dans tout le reste de l'île, la maladie dominante ; mais les récents rapports de médecins des colonies attestent que la sévérité du paludisme y a beaucoup diminué. Dans ces régions, la forme intermittente est surtout observée en mars, avril et mai ; la forme continue en janvier, février, mars et avril ; ces deux derniers mois sont de beaucoup les plus insalubres.

En résumé, sur le littoral, comme dans les régions intermédiaires, l'Européen est exposé à contracter la fièvre paludéenne ; il est exceptionnel qu'il échappe à l'une ou à l'autre de ses manifestations ; mais, en usant de précautions, il les évite quelquefois et les atténue toujours. Tout est subordonné à sa manière de vivre et de se soigner dès le début.

Même sur le littoral, les insolations et les coups de chaleur sont peu communs. Néanmoins, il convient de ne s'exposer qu'avec la plus extrême prudence aux rayons du soleil ; on ne devra jamais sortir, de sept heures du matin à cinq heures du soir, sans son casque.

Le plus petit excès de calorique suffit pour réveiller le paludisme et déterminer des symptômes morbides, d'autant plus graves que la réaction a été plus rapide et plus violente.

Les *affections de l'intestin, diarrhée*, etc., sont beaucoup moins fréquentes à Madagascar que dans les autres colonies. La plupart des atteintes de dysenterie sont bénignes et cèdent rapidement à la médication, si le malade ne commet pas d'imprudences et se soumet strictement au traitement que le médecin lui prescrit.

Les *maladies du foie* sont rares, et l'on ne note guère que des congestions de cet organe, consécutives au paludisme. Sur 7 680 malades traités en 1897, on n'a relevé que 57 cas de congestion de foie ; 51 ont guéri et ont pu continuer leur séjour, et 6 seulement ont été rapatriés. 7 ont présenté des abcès du foie ; mais 4 d'entre eux provenaient d'autres colonies, où ils avaient déjà été atteints de dysenterie et d'hépatites (inflammation du foie).

Les *affections des voies respiratoires* sont aussi fréquentes dans l'intérieur qu'à la côte. Pendant la saison sèche, la bronchite, la pneumonie (fluxion de poitrine) s'observent souvent parmi les gens de couleur.

La *fièvre typhoïde* existe à Madagascar ; mais, jusqu'à ce jour, elle n'a pris les allures épidémiques qu'à Diego-Suarez ; sur les autres points de l'île, nous n'en avons observé que des cas isolés.

Parmi les fièvres éruptives, la variole et la rougeole sont les plus communes. La *variole*, qui existe à l'état endémique, sévit parfois à l'état épidémique, surtout en Imerina ; elle n'atteint que rarement l'Européen. presque toujours immunisé par des vaccinations antérieures, et qui devra même par prudence se faire revacciner avant de quitter son pays d'origine. L'épidémie de variole se manifeste de préférence vers les mois de juin, juillet et août ; les premiers cas apparaissent généralement peu de temps après les fêtes du Mamadika, pendant lesquelles les Hovas ouvrent les tombeaux de leurs ancêtres et changent les lambas qui enveloppent les cadavres. Ces manœuvres ont fréquemment engendré des épidémies ; la variole qui a sévi en 1897, dans la région d'Antsirabé, a éclaté huit jours environ après l'exhumation du cadavre d'un varioleux ; l'autorité vient d'interdire ces exhumations, et il est probable que les épidémies deviendront moins fréquentes.

La *rougeole* revêt d'habitude des allures bénignes chez l'Européen, mais frappe avec sévérité, dans quelques circonstances, la population indigène.

Les *oreillons* et la *scarlatine* sont rares ; quelques cas isolés seulement ont été observés sur la ligne d'étapes.

La *diphtérie*, qui a fait quelques victimes pendant la campagne de 1895, n'a été observée que fort rarement en 1896 et 1897 (4 ou 5 cas) et n'a occasionné aucun décès.

L'*influenza* a fait son apparition sous forme épidémique en 1890 et en 1893 ; depuis, on n'a observé que des cas sporadiques de cette affection.

La *tuberculose* évolue avec une rapidité effrayante chez les Européens qui portent en eux le germe de cette affection. Nous conseillerons de rester en Europe à ceux qui sont faibles de constitution, à ceux qui contractent fréquemment des bronchites et qui comptent des poitrinaires parmi leurs parents. Il faut combattre ce préjugé dangereux, qui consiste à faire considérer les pays chauds comme des sanatoria pour les tuberculeux.

Le *rhumatisme articulaire* aigu, rare sur la côte, est fréquent en Imerina, où il s'associe parfois au paludisme et revêt alors une grande ténacité.

Nous n'insisterons pas davantage sur les autres affections banales qui peuvent se développer à Madagascar. Nous nous contenterons de dire que les maladies de la peau ne sont pas sensiblement plus fréquentes qu'en Europe.

La *gale* est commune chez la population indigène, qui est en général peu soucieuse des soins de propreté les plus élémentaires.

Quant au *béribéri*, à l'*éléphantiasis* et à la *lèpre*, ce sont des affections qui s'observent assez souvent dans la population indigène, mais l'Européen n'a guère à les redouter.

En ce qui concerne les *maladies vénériennes*, elles sont nombreuses, elles pullulent littéralement en Imerina et sur la ligne d'étapes, on pourrait même dire dans l'île entière ; ce sont elles qui, après le paludisme, ont déterminé le plus grand nombre d'indisponibilités en 1897. Près des deux tiers de la population seraient atteints d'affections vénériennes. La *syphilis* devient de jour en jour plus fréquente.

Les complications les plus communes qui affectent les chancres et les ulcères vénériens sont le *phagédénisme* et le *bubon suppuré*. Les *blennorragies* sont particulièrement sévères et s'accompagnent presque toujours d'accidents qui viennent compliquer la maladie et retarder la guérison ; ces accidents sont l'*orchite*, la *prostatite*, la *cystite*, le *bubon* et même des abcès de la verge (*abcès péniathaux*).

CONSIDÉRATIONS SUR LA SALUBRITÉ DU HAUT PLATEAU CENTRAL

La pathologie du plateau central ne diffère pas sensiblement de celle des régions basses de l'île; mais les diverses maladies endémiques qu'on y observe sont beaucoup atténuées par le fait de l'altitude. Le poison paludéen y est peu intense, et l'Européen, y perdant moins de ses forces, parce qu'il n'a pas à lutter contre une chaleur excessive, ni contre une tension de vapeur d'eau élevée, résiste davantage.

La morbidité diminuera beaucoup, lorsque les moyens de communication seront plus rapides et qu'on séjournera moins longtemps dans les régions basses de l'île.

L'acclimatation, c'est-à-dire l'effort développé par l'organisme humain pour se mettre en harmonie avec le nouveau mode de fonctionnement résultant de l'arrivée et du séjour dans un climat nouveau, deviendra possible dans une contrée où le paludisme sévit moins violemment, en somme, qu'autrefois en Algérie.

Les femmes et les enfants semblent retirer plus de bénéfices que les hommes du séjour dans les montagnes; cependant, on doit remarquer quelques inconvénients qui résultent de l'altitude; pour quelques personnes, l'air est trop vif et elles ne peuvent adapter leur organisme à ce genre de climat.

Il se produit à Tananarive, chez les nouveaux arrivés et même chez ceux qui comptent déjà un certain temps de séjour, une diarrhée qui semble en relation avec une certaine difficulté d'adaptation de leurs organes au climat d'altitude, et qui se traduit surtout par de l'atonie gastro-intestinale. Peu sévère, quoique tenace, cette diarrhée cède, le plus ordinairement, au régime lacté absolu; mais on est parfois obligé d'avoir recours aux antiseptiques intestinaux et plus tard, quand le malade reprend des aliments solides, à la pepsine ou à l'acide lactique, afin de suppléer à l'insuffisance des ferments digestifs.

En résumé, la pathologie de Madagascar est peu chargée. Le danger, pour l'Européen qui n'est atteint d'aucune tare organique à son départ, se réduit presque uniquement au paludisme, dont les atteintes peuvent être graves dans les régions basses, mais qui, sur les hauts plateaux, ne sévit guère plus qu'en certaines contrées marécageuses d'Europe.

HYGIÈNE ET PROPHYLAXIE

Age. — Une des questions les plus importantes est de savoir à quel âge il convient d'aller s'établir dans la colonie.

Les colons et commerçants, qui ont décidé de ne résider qu'en Imerina et en pays betsileo, n'auront pas à s'inquiéter à ce sujet; ils n'hésiteront point à se faire accompagner de leur femmes et de leurs enfants.

Il n'en sera pas de même pour ceux qui doivent séjourner dans les parties basses de l'île, ou dans les localités intermédiaires à la côte et aux régions élevées. Il est depuis longtemps démontré que, sous les tropiques, les jeunes gens qui sont obligés de travailler offrent peu de résistance et qu'au-dessous de cinq ans la mortalité est considérable pour les enfants. Les fonctionnaires, dont la durée de séjour colonial est limitée, pourront emmener leur famille avec eux.

C'est à partir de vingt-cinq ans qu'il faut s'expatrier. Durant la période du corps expéditionnaire, les jeunes soldats du 200e régiment d'infanterie et du 40e bataillon de chasseurs sont loin d'avoir aussi bien résisté que les hommes plus âgés du bataillon de la légion étrangère et que ceux du régiment d'infanterie de marine, dans lequel se trouvait un assez grand nombre de rengagés..

Tempérament. — Les lymphatiques, les gens à sueurs faciles, les obèses, présentent en général peu de résistance aux colonies. Les hommes d'un tempérament nerveux ou sanguin offrent plus de garanties.

Les individus présentant des tares organiques, des affections chroniques, devront rester dans leur pays d'origine; il en sera de même pour les dyspeptiques, les gros mangeurs et ceux qui ont des troubles digestifs en pays tempérés. (Navarre.)

Professions. — S'il est une vérité connue de tout le monde, c'est que le travail de la terre est interdit aux Européens dans les pays chauds. Nulle part entre les tropiques, dans les contrées où l'altitude ne vient pas corriger les influences météoriques morbigènes, dit le docteur Navarre, le blanc ne peut se livrer à la culture du sol. Les tristes expériences qu'en ont faites les soldats français, partout où on les a employés à des travaux de terrassement, en sont une preuve évidente.

Laissant de côté les travaux de labour, l'Européen peut se livrer à des travaux de culture exigeant peu d'efforts musculaires et surtout de l'intelligence et des soins; telles sont les cultures du tabac, du café, de la vanille, de la vigne, etc.; il en est de même pour l'élevage du bétail.

Presque toutes les professions manuelles peuvent être exercées sur les hauts plateaux, mais, sur la côte, quelques-unes seulement pourront être abordées par l'Européen; ce sont celles qui ne demandent pas de violents efforts musculaires et s'exercent à l'ombre, telles que les professions de tailleur, de typographe, d'horloger, de menuisier, de cordonnier, etc.

Les métiers de boulanger, de forgeron, de chauffeur, de cuisinier, et, en somme, tous ceux qui exigent la présence devant le feu, devront être interdits aux Européens dans les régions basses de l'île.

Le commerce et les professions libérales peuvent être exercés par les Européens dans les diverses contrées de Madagascar.

Au point de vue économique, les industriels ne pourront employer les Européens que comme contremaîtres, surveillants ou bien ouvriers d'art.

Époque de l'arrivée. — Le moment le plus favorable est le mois de mai (à Majunga ou à Tamatave) ou le commencement de juin (à Diego-Suarez), lorsque les pluies ont cessé et que la température est devenue plus supportable. A vrai dire, les mois d'août et de septembre sont les moins insalubres; mais ils ont l'inconvénient d'être proches de la saison pluvieuse.

En arrivant au commencement de la saison sèche, l'Européen a quatre ou cinq mois devant lui, pendant lesquels il pourra se reconnaître, s'installer, s'initier à son nouveau genre de vie, acquérir des renseignements plus complets sur les règles hygiéniques qu'il lui conviendra d'adopter, se rendre compte des ennuis contre lesquels il lui faudra lutter : soleil, paludisme, variations brusques de température, etc.

Hygiène pendant la traversée — *A bord*. — Les passagers trouveront beaucoup de confort à bord des paquebots qui font le service entre la France et Madagascar; il nous suffira de leur donner quelques conseils, qui leur permettront de faire la traversée dans de bonnes conditions d'hygiène.

Au départ d'Europe, nous recommandons de choisir une cabine à bâbord, c'est-à-dire à gauche lorsque le passager debout sur le pont regarde l'avant du bateau; on évite ainsi l'après-midi les ardeurs du soleil, et la température des cabines est de deux ou trois degrés inférieure à celles de tribord. Avantage fort appréciable dans la mer Rouge et l'océan Indien.

Naturellement, pour le retour, on choisira de préférence une cabine à tribord (à droite du bateau).

Les personnes ayant facilement le mal de mer s'installeront le plus près possible du centre du navire, point où les mouvements du tangage sont les moins accusés.

Il sera prudent de placer dans deux petites malles plates le linge et les vêtements nécessaires pour la traversée. La première, contenant des vêtements d'Europe et du linge en quantité suffisante pour aller jusqu'à la mer Rouge, c'est-à-dire pour sept ou huit jours; la deuxième, placée dans la cale de prévoyance, renfermera du linge, des vêtements en toile blanche ou en flanelle légère, pour une période de trois semaines environ. Le casque colonial, acheté avant le départ, ne sera pas enfermé dans une malle, où il pourrait se déformer, mais placé directement dans la cabine.

Dès que le navire aura dépassé Port-Saïd, on prendra des vêtements plus légers; et, de 7 heures du matin à 5 heures du soir, il conviendra de ne pas s'aventurer sur le pont, même garni de tentes, sans être muni de son casque.

Une chaise longue, achetée au port d'embarquement et installée sur le pont, rendra les plus grands services à son propriétaire pendant la traversée et pourra même être utilisée dans la colonie.

De nombreux médicaments ont été conseillés contre le mal de mer, mais aucun d'eux n'est réellement efficace. Si la mer est mauvaise, si vous vous sentez indisposé, montez sur le pont et cherchez à vous distraire en causant avec d'autres personnes moins sensibles que vous. Le malaise persiste-t-il, étendez-vous sur votre chaise longue. Si, malgré ces précautions, vous ne sentez aucune amélioration, si les nausées et les vomissements se déclarent, retirez-vous dans votre cabine et prenez quelques aliments liquides afin de vous soutenir et de ne pas laisser l'estomac se contracter à vide. A part les enfants en bas âge, tout le monde est sujet au mal de mer. Généralement, cette indisposition ne se manifeste que les premiers jours du voyage.

Un autre malaise, fréquemment observé pendant la traversée, c'est la constipation, qu'il sera facile de combattre par l'absorption d'un gramme de rhubarbe, d'une ou deux pilules de podophyllin ou, plus simplement, par un lavement froid.

Les douches seront avantageuses; mais, si l'on emploie l'eau de mer, des lotions d'eau douce seront faites immédiatement après la douche. L'eau de mer seule est irritante et pourrait favoriser l'apparition de la bourbouille.

Dans les régions tropicales, la température pendant la nuit étant sensiblement plus basse que pendant le jour, il conviendra de ne pas dormir les sabords ouverts. Si l'on ne tient pas compte de ce conseil, il faudra au moins se couvrir le ventre pendant le sommeil, afin d'éviter les refroidissements nocturnes.

Escales. — Partout où le navire fera escale, les passagers pourront descendre à terre, à Port-Saïd, Djibouti, Aden, Zanzibar, Mayotte, Majunga, Nossi-Bé; en somme, dans la zone équatoriale ou tropicale, il convient de ne pas descendre à jeun le matin avant le lever du soleil et de rentrer à bord avant la nuit. Des vêtements légers, le casque et même l'ombrelle sont de rigueur. Il faut éviter de sortir de 10 heures du matin à 3 heures de l'après-midi. Si l'on éprouve un léger malaise, une indisposition quelconque, il est préférable de rester à bord, car dans ces conditions le degré de réceptivité augmente et l'on est plus exposé à contracter la fièvre.

Habitation. — L'habitation devra autant que possible être établie sur une hauteur, loin des alluvions, sur un terrain perméable ou, à défaut, en pente, de manière à ce que le libre écoulement des eaux soit assuré. Autant le sol argileux ne convient pas, autant le sable offre des conditions de salubrité, parce qu'il laisse filtrer assez profondément l'eau de la superficie. Il faudra éviter le voisinage des rizières, dont le mode de culture de la part des indigènes est très défectueux.

Le sol sera débroussaillé sur une grande étendue et planté d'eucalyptus de diverses variétés, arbres qui croissent très vite, assèchent le sol et éloignent par suite, les moustiques et peut-être la malaria. Les propriétés asséchantes du bambou sont encore plus remarquables et sa croissance est prodigieuse.

Les meilleurs matériaux de construction sont : la pierre et la brique. Dans le cas où il serait difficile de s'en procurer, comme à Tamatave par exemple, il n'y aurait pas un trop grand inconvénient à employer le bois, à condition, toutefois, qu'on abandonne complètement la toiture en tôle ondulée et qu'on la remplace par les bardeaux ou par les tuiles. La toiture en tôle ondulée ne devrait être utilisée qu'en ayant soin de munir les appartements d'un plafond en planches bien jointes, et de ménager sur le toit des ouvertures recouvertes de lanterneaux et destinées à permettre à l'air chaud de s'échapper. Mais ce n'est qu'un pis aller, et il faut donner la préférence aux constructions en pierre ou en briques, avec un mur très épais et une toiture en tuiles et avec plafond en planches au-dessus des appartements.

Quel que soit le mode employé, de vastes vérandas devront toujours entourer la maison d'habitation de tous côtés afin de la bien garantir contre la chaleur du soleil.

Il ne faut pas loger au rez-de-chaussée, qui ne devra jamais reposer sur le sol; on sait, en effet, que le miasme palustre ne s'élève pas à une grande hauteur. Les habitations devront donc être construites sur pilotis, être élevées de 1 mètre à 1 m. 50 du sol, de façon à permettre à l'air de circuler librement au-dessous, et se composer de deux étages; le rez-de-chaussée sera consacré aux magasins ou aux bureaux et, l'autre étage, au logement.

L'orientation varie selon les localités et la direction des vents. La meilleure, en général, est l'Est-Ouest avec de légères inclinaisons au Nord ou au Sud, suivant les brises régnantes.

On doit appliquer avec la plus grande rigueur les préceptes d'hygiène de nos pays concernant les servitudes privées, les buanderies, etc.

Sanatoria. — L'Européen, qui, par ses affaires ou son service, est obligé de séjourner dans les régions basses de la Grande île africaine, devra, si c'est possible, aller chaque année se refaire sur les hauteurs. Le plateau central est tout indiqué dans ce but; toutes les localités qui s'y trouvent constituent de véritables sanatoria, par le seul fait de leur altitude et de leur salubrité relative.

Les habitants de Diego-Suarez ont à proximité la montagne d'Ambre; ceux de Nossi-Bé trouveront à Nosy Komba non pas des conditions aussi favorables, mais du moins une altitude qui, bien qu'assez faible, influera peut-être heureusement sur leur santé.

Habillement. — Pendant les heures chaudes, il convient d'adopter le vêtement blanc, en laine fine ou en coton; il sera ample, à col large, et ouvert afin de laisser circuler l'air.

Sur la côte, durant la saison fraîche, il est prudent de se vêtir, le matin et le soir, de drap léger ou de flanelle. C'est de toute rigueur sur le plateau central, où il faut porter à peu près tout le jour, pendant les mois les plus frais, des vêtements aussi chauds que ceux de France en automne.

Le gilet de flanelle donne beaucoup de sécurité. La meilleure chemise est celle en soie écrue, à col ouvert et lâche. Le caleçon n'est pas moins utile. La ceinture de flanelle, qu'on porte souvent systématiquement, nous paraît plutôt nuisible; elle prédispose autant à la diarrhée que le foulard aux angines, lorsqu'elle est mise directement en contact avec la peau.

Le chapeau de paille est insuffisant; il faut un casque léger, élevé, à bords larges, de couleur blanche, confectionné de telle sorte qu'il permette la circulation de l'air, tout en recouvrant bien la nuque et les tempes.

Les personnes qui craignent beaucoup le soleil, celles qui sont anémiées, les voyageurs qui parcourent de longues distances, se trouveront bien de l'introduction, dans la forme du casque, d'une éponge humide reposant sur le cuir chevelu, et de l'adjonction d'un large voile de cotonnade faisant office d'éventail.

Il n'y a pas à compter sur le casque pour assurer une protection suffisante des yeux, dont les nerfs et les vaisseaux sont le prolongement du cerveau. Des verres fumés, neutres ou corrigeant les vices de réfraction, affaibliront utilement l'action des rayons solaires et diminueront la sensation de chaleur, en même temps qu'ils préserveront ces organes délicats des poussières.

En ce qui concerne la chaussure, M. Treille recommande les souliers ou les demi-brodequins en sparterie, alfa ou fil d'aloès, qui sont frais et souples. Mais en cas d'exploration, d'expédition, de voyage, il conviendra de porter des bottines lacées à hautes tiges, qui préserveront les jambes des parasites et de l'humidité.

Alimentation. — Les lois de l'alimentation se réduisent pour l'auteur que nous venons de citer, à deux préceptes :

a) Fournir moins de chaleur.

b) Nécessiter un moindre travail digestif.

Pour s'y conformer, il faut être sobre et se nourrir surtout d'aliments légers.

Parmi les aliments d'origine animale, il faut choisir les volailles, les œufs, le lait, le poisson; parmi les aliments végétaux, le froment, le riz, la pomme de terre, les légumes verts. Le régime alimentaire rationnel doit être le suivant :

a) Viande de boucherie (mouton, bœuf, porc), trois fois par semaine.

b) Œufs ou volailles, quatre fois par semaine.

c) Poissons, crustacés, coquillages, quatre fois par semaine, associés aux précédents ou alternant avec eux.

d) Légumes verts, riz, légumes secs, fécules indigènes, associés aux deux séries précédentes ou alternant avec elles.

A Madagascar, le mouton est médiocre; le bœuf est bon. Malheureusement toutes ces viandes, surtout celle du porc, sont infestées de parasites (*tænia*), aussi est-il indispensable de pousser assez loin leur cuisson.

On ne saurait trop apprécier l'usage des œufs, qu'il faudra toujours choisir frais; ils constituent avec la volaille une grande ressource alimentaire. Les viscères des volailles seront scrupuleusement examinés, car leur foie est fréquemment abcédé.

Les poissons, dont la chair nourrit quelquefois autant que les viandes blanches, constituent un aliment d'autant plus séduisant que l'Européen a vite le dégoût de la viande. Il doit s'en tenir à ce sujet aux conseils de Fonssagrives.

1° Se renseigner auprès des indigènes et se faire montrer les espèces dangereuses.

2° Expérimenter les poissons suspects sur des animaux.

3° Ne manger aucun poisson qui ne soit soigneusement vidé, débarrassé des œufs, de la laitance et du foie.

Les crustacés peuvent causer de la diarrhée et prédisposer à la dysenterie.

En ce qui concerne les légumes, leur usage est presque nécessaire; mais il doit être modéré. La digestion des viandes est facilitée par leur mélange avec les légumes verts.

On peut manger des fruits à Madagascar, comme dans toutes les autres colonies; mais très modérément. On appréciera vite sur soi-même l'action de chacun d'eux; que ceux, pour qui l'abus est près de l'usage, sachent bien qu'ils détermineront facilement des irritations gastro-intestinales, des accidents diarrhéiques ou dysentériformes, surtout s'ils ne sont pas bien mûrs.

Les épices, les condiments du pays ne peuvent être autorisés qu'à dose minime.

En résumé, l'alimentation doit être légère, variée, prudente plutôt fréquente qu'abondante.

Repas. — C'est une faute très grave contre l'hygiène, et, trop souvent commise, de ne faire sous la zone torride que deux repas par jour. Autant pour ménager l'estomac, pour lequel le travail de la digestion est si considérable et parfois si difficile, que pour éviter les fermentations gastro-intestinales, il est nécessaire d'en faire au moins trois ; le matin, peu après le réveil, à 10 ou 11 heures, et à 6 heures du soir.

Il est imprudent de commencer à vaquer à ses occupations le matin à jeun. Le meilleur moyen de se soustraire à l'influence des miasmes qui se dégagent du sol dès les premières heures du jour et de fournir au liquide sanguin une richesse au moins momentanée, de donner aux cellules du sang l'apport nécessaire pour lutter contre les cellules microbiennes, est de prendre quelque nourriture.

Le premier déjeuner consistera en œufs, bœuf rôti ou poulet froid ; il sera avantageux de prendre comme boisson un verre à bordeaux de bon vin rouge. Dans le cas où l'appétit ferait défaut, il est indiqué de se nourrir au moyen d'une alimentation liquide, consistant en bouillon, jus de viande, lait.

Le dernier repas ne doit pas avoir lieu trop tard dans la saison d'hivernage, afin que le travail digestif ne vienne pas s'ajouter à toutes les difficultés qu'éprouve l'Européen à avoir un bon sommeil. Les repas seront toujours pris régulièrement aux mêmes heures. On évitera autant que possible les dîners en ville.

Boissons. — La quantité de boisson prise aux repas sera réduite au minimum. Boire frais est agréable et même utile, mais boire trop froid est nuisible ; quelques petits morceaux de glace dans une carafe contenant le liquide lui donnent une fraîcheur suffisante.

Dans l'Imerina et le Betsileo, il vaudra mieux s'abstenir de cette pratique, dont on n'éprouve d'ailleurs nullement le besoin.

Il est préférable de ne pas boire dans les intervalles des repas, mais, si on ne peut résister à la sensation de la soif, on prendra, par petites gorgées, du thé ou du café très léger ; cette sensation est souvent calmée par un lavage de la bouche suivi d'un gargarisme. Le thé et le café sont des boissons très hygiéniques, qui ont peut-être une certaine action contre la malaria et qui donnent du ton à l'organisme par l'intermédiaire du système nerveux.

La plupart des boissons alcooliques doivent être proscrites. L'alcoolisme, qui est un des fléaux du xixe siècle, abrutit et tue les individus et les races ; il prédispose aux coups de chaleur, aux hépatites, aux affections du cœur, à la dysenterie. Ceux qui s'y adonnent sont les victimes marquées de toutes les épidémies, ils n'offrent aucune résistance à l'invasion des maladies ; quand ils sont atteints d'une affection fébrile quelconque, ils succombent en proportion considérable, leur système nerveux, le grand régulateur, étant profondément déprimé.

Quand on est sûr de sa provenance et, partant, de sa qualité, on peut faire usage aux repas d'une quantité modérée de vin rouge coupé d'eau ; les meilleurs vins rouges sont ceux de la Gironde, du Lot-et-Garonne, du Lot, du Gers, du Roussillon et de l'Hérault ; les autres se conservent mal aux colonies. Nous ne saurions conseiller le vin blanc ; outre qu'on est tenté d'en boire plus que de vin rouge, il contient des éthers plus ou moins nocifs.

D'une manière générale, la bière est une boisson peu recommandable, surtout sous les tropiques. Elle a été alcoolisée pour l'exportation, et le « lupulin » qu'elle renferme a une action dépressive sur le système nerveux. Elle prédispose aux catarrhes de toutes les muqueuses, et, ce qui est plus grave, elle constitue un milieu de culture où pullulent les micro-organismes.

Pour ceux qui n'aiment ou ne peuvent pas se procurer de bon vin rouge, la boisson habituelle des repas doit être le thé léger, qui est une infusion tonique, produisant une sensation agréable de fraîcheur après refroidissement, et qui a l'avantage de donner, grâce à l'ébullition, une garantie certaine contre l'ingestion des microbes.

Eau potable. — Dans la pratique de la vie courante, il faut se méfier des filtres, dont le meilleur n'est jusqu'ici qu'un instrument de laboratoire ; un filtre exige, pour remplir son rôle d'épurateur, des soins qu'il est à peu près impossible de lui donner, et son usage constituera un véritable danger si l'on a apporté la moindre négligence dans son entretien, son nettoyage et sa désinfection.

D'ailleurs, un filtre parfait qui empêche les microbes de passer dans l'eau de filtration n'en laisse pas moins passer les poisons sécrétés par les microbes, poisons qui ne peuvent être détruits ou atténués que par l'ébullition. Suivons donc jusqu'à plus ample informé le vieux précepte : « Si tu veux être sûr de ton eau, fais-la bouillir. » Ce conseil ne vise naturellement que les eaux dont la provenance inspire des soupçons légitimes.

Hygiène des téguments. Ablutions. Bains. Douches. — On ne saurait pousser trop loin, sous la zone torride, le luxe des précautions à prendre en ce qui concerne les soins de la peau.

Des ablutions, des bains froids, ne procurent pas seulement une sensation agréable ; ils donnent du ton à l'organisme en activant les fonctions cutanées débarrassées des déchets épidermiques.

Il faudra s'y livrer au moins deux fois par jour, le matin dès le réveil et vers 2 ou 5 heures de l'après-midi. Ces ablutions seront toujours froides, faites rapidement à l'éponge ; commencées par des lotions savonneuses et terminées par des lotions légèrement aromatisées, puis suivies d'une friction sèche assez énergique avec le gant de crin ou simplement un linge de flanelle, elles ont une efficacité considérable. Toute l'eau destinée à la toilette devra être préalablement débarrassée de ses germes par une ébullition prolongée et conservée dans des récipients bien entretenus.

Le bain tiède de 25 à 35° est à recommander aux femmes, aux enfants et aux convalescents. Le bain frais de 22 à 24° procure plus d'agrément immédiat. On ne restera jamais plus de cinq minutes dans l'eau ; certaines personnes nerveuses ne devront pas y rester au delà de deux minutes. La douche peut faire beaucoup de bien ou beaucoup de mal ; il ne faut pas s'en servir sans l'avis d'un médecin.

Les bains de mer n'offrent guère que des inconvénients sous les latitudes chaudes.

Exercice. Emploi de la journée. — Sous les climats tropicaux, où il existe une grande tendance à l'inactivité, il est cependant indispensable de prendre modérément et régulièrement de l'exercice qui aide la digestion, favorise le fonctionnement de tous les organes et constitue un bon moyen d'éviter la constipation.

La quantité nécessaire de sommeil est difficile à évaluer : elle dépend surtout du genre d'occupation ; sept heures nous paraissent un minimum. Dans les vingt-quatre heures, huit ou dix heures de repos ne sont pas de trop.

Dormir après le déjeuner n'est pas indispensable, mais le repos est obligatoire. Si l'on cède à la sieste, il ne faut pas dormir plus d'une heure ; elle n'est pas nécessaire sur le plateau central, où elle ne peut avoir que des inconvénients.

On ne manquerait pas d'arguments pour discuter son opportunité sur la côte, pendant la saison fraîche, et il ne serait peut-être pas difficile de démontrer qu'elle n'a d'autres résultats que d'amollir ; mais on comprend que pendant l'hivernage, quand le sommeil de la nuit a été pénible et insuffisant, la fatigue soit telle qu'on ne puisse résister au besoin de dormir dans la journée ; néanmoins, faire de la sieste une habitude impérieuse, c'est adopter un genre de vie capable de porter préjudice aux affaires, sans utilité démontrée pour la santé. Après le repas, il suffit de se reposer physiquement et intellectuellement.

L'insomnie de la nuit est un supplice dans les pays chauds. Signe d'un affaiblissement général, il est souvent le symptôme de l'impaludation. En ce cas, les narcotiques seraient inutiles et la médication doit consister en toniques ; on doit changer de climat et aller sur les hauteurs.

En pays intertropical, il est nécessaire de ne pas se servir d'un lit trop moelleux ; le matériel de couchage consiste en un sommier métallique, recouvert d'un seul matelas de crin, de varech ou de coton.

Voici, en résumé, l'emploi de la journée au point de vue hygiénique :

Se lever au jour. Faire des ablutions d'eau froide sur tout le corps. Ne pas oublier dans la toilette les soins à donner à la bouche et aux dents. Boire une tasse de café ou de thé.

Se livrer à une promenade ou à une occupation, et faire de l'exercice pendant un quart d'heure ou une demi-heure. Faire un repas léger (œufs, bœuf rôti ou poulet froid), arrosé d'un verre à bordeaux de bon vin rouge.

Jusqu'à 10 heures, occupations ordinaires. Si celles-ci se passent en plein soleil et que l'ombrage ne soit pas suffisant, les quitter vers 9 heures et demie. Déjeuner léger, sans rapidité. Se reposer jusqu'à 2 heures. Faire des ablutions froides dans les mêmes conditions que le matin. De 2 à

6 heures, occupations habituelles qui ne doivent jamais prolonger l'exposition au soleil; s'il est impossible de l'éviter, aller de temps en temps se reposer à l'ombre pendant quelques minutes et pratiquer des ablutions froides sur la tête, le cou, la poitrine, les membres supérieurs.

Dîner à 6 heures, c'est-à-dire le plus tôt possible, afin d'éviter le travail de la digestion dans la nuit. Se coucher à 10 heures.

Ces recommandations ne s'adressent dans toute leur rigueur qu'aux personnes habitant le littoral ou dans des régions insalubres. Dans l'Imerina et le Betsileo, l'Européen pourra aisément s'en départir, mais il devra toujours prendre toutes les précautions contre le soleil, aussi longtemps qu'il est au-dessus de l'horizon.

Plaisirs sexuels. — Les excès de toute nature, quels qu'ils soient, offrent des dangers partout; dans les pays chauds, ils sont surtout à redouter, car, répétés, ils ne tardent pas à engendrer les plus graves désordres, quand ils ne conduisent pas au tombeau.

La nonchalance, une excitation factice tendent, sous le climat tropical, à porter aux excès vénériens, qui sont aussi dangereux que les excès alcooliques. La continence, même poussée très loin, ne saurait avoir d'inconvénients.

De la quinine dite préventive. — La quinine est un excellent médicament, trop vanté par les uns, trop décrié par les autres; les premiers en font un usage abusif, les seconds ne l'utilisent pas assez. Elle est loin d'avoir une efficacité certaine pour prévenir le paludisme, et la question de la quinine préventive divise encore aujourd'hui les praticiens des pays palustres. « D'ailleurs, dit Bardet, nombre de confrères ont démontré que le cadre des maladies fébriles justiciables des sels de quinine se rétrécissait de plus en plus. Les accès infectieux, relevant des fièvres tropicales, sont beaucoup plus à craindre que les fièvres palustres elles-mêmes; ces accès surviennent d'une hygiène défectueuse, d'une alimentation carnée trop exclusive, d'excès alcooliques. Il y aurait plus d'avantage à contraindre les troupes, dans les pays intertropicaux, à une hygiène sévère, à interdire le transport des boissons alcooliques, qu'à les quininer préventivement. »

Pour le docteur Navarre et bien d'autres hygiénistes, la quinine ne prévient pas plus la fièvre que le mercure la syphilis.

Avant tout, il s'agirait de savoir ce qu'on entend par quinine préventive; la chose n'est point aisée. S'appuyant sur des conceptions théoriques, les premiers qui l'ont conseillée à ce titre ne permirent d'abord que des doses très faibles, 5 ou 6 centigrammes, le résultat obtenu fut nul; alors et progressivement on fit usage de doses plus élevées. Il y a des médecins qui n'hésitent pas à prescrire, quotidiennement et même pendant des mois entiers, 40 à 50 centigrammes de cet alcaloïde. Il n'y a aucune raison de s'arrêter dans cette voie, car une question se pose : Quand devra-t-on suspendre cette administration chez un sujet soumis en permanence aux causes déterminantes de la malaria? ce qui est le cas le plus ordinaire à Madagascar.

Pour être logique, il ne faudrait jamais dans ces conditions, et toujours dans un but préventif, cesser l'emploi des sels de quinine; or, ce médicament est ou inerte ou actif. Dans le premier cas, il est inutile de le prescrire; dans le second, on ne saurait en user d'une manière aussi immodérée, sans s'exposer à des accidents redoutables, portant surtout sur le système nerveux et pouvant aboutir en dernier ressort à la cachexie quinique.

Un autre inconvénient très grave résulte de l'usage quotidien de la quinine; c'est (bien qu'on ait prétendu le contraire) d'habituer le sujet à l'action du médicament, qui, lorsqu'il est pris en cas de maladie, ne donne plus les résultats sur lesquels on avait le droit de compter; il est d'observation courante que les personnes systématiquement quininées sont obligées, pour combattre avec succès l'accès de fièvre qui n'a pu malgré tout être prévenu, de doubler la quantité normale du précieux antipériodique.

En réalité, la quinine écarte les manifestations violentes du paludisme, elle diminue la gravité de ses formes. Dans certaines circonstances, voyages en pays montagneux ou marécageux, surmenage, exposition prolongée au soleil, il sera prudent, à la moindre alerte, au moindre malaise, d'en absorber une dose assez forte et qui pourra être renouvelée deux ou trois jours de suite; elle n'agira pas alors préventivement, mais bien à titre curatif, ou, si l'on veut, elle sera préventive d'une détermination grave de l'infection tellurique, mais non de la maladie elle-même.

À la dose de 50 centigrammes, la quinine doit être considérée comme curative; et l'administration temporaire de ce médicament paraît, dans ces conditions, très rationnelle.

Caisse de médicaments. — A part les grands centres et les localités où existent des formations sanitaires, les colons ne trouveront ni médicaments, ni soins médicaux. Nous leur conseillons de se munir avant leur départ d'Europe des médicaments les plus usuels. En général, on emporte beaucoup trop de substances ; les quelques médicaments dont nous donnons la liste ci-dessous permettront de traiter presque toutes les maladies qui peuvent être soignées par des personnes étrangères à la médecine :

Sulfate de soude, ipéca en poudre, calomel, chlorhydrate de quinine, solution de quinine pour injections hypodermiques, laudanum de Sydenham, salicylate de soude, iodure de potassium, pilules de podophyllin, permanganate de potasse, teinture d'iode, iodoforme, bichlorure de mercure.

Instruments et appareils. — Thermomètres médicaux, 2; compte-gouttes, 2; balance avec poids, 1; 1 ou 2 irrigateurs avec plusieurs canules et tuyaux de rechange; 1 seringue pour injections hypodermiques; 2 seringues pour injections pour l'urèthre; 1 paire de ciseaux.

Objets de pansement. — Bandes stérilisées, compresses iodoformées, compresses bichlorurées, coton hydrophile.

Les quantités de ces diverses substances seront variables suivant le nombre des personnes auxquelles elles sont destinées.

Tous ces objets seront renfermés dans une caisse spéciale, dont la partie supérieure sera divisée en un certain nombre de compartiments destinés à

recevoir les flacons contenant les médicaments. La partie inférieure dis-
posée en tiroir contiendra les instruments et objets de pansement.

Dose et mode d'emploi de quelques médicaments usuels. — Le *sulfate de soude* s'emploie comme purgatif à la dose de 35 à 40 grammes pour
l'adulte. On fait dissoudre le sel dans un verre d'eau et on avale d'une seule
fois.

Lorsqu'un malade a de l'embarras gastrique, la langue couverte d'un
enduit brunâtre ou jaunâtre, quand l'appétit fait défaut ou qu'il existe un
peu de diarrhée, il convient d'administrer un purgatif au sulfate de soude.
Il doit être pris à jeun, et le malade n'absorbera d'aliments solides que
lorsque le médicament aura produit son effet.

10 grammes ou la valeur de 2 cuillères à café de sulfate de soude, dans un
demi-verre d'eau et pris par petites gorgées d'heure en heure, modifient avan-
tageusement les selles diarrhéiques ou dysentériques; le malade doit être
en même temps soumis au régime lacté; il devra prendre son lait par petites
gorgées, souvent par petites quantités.

L'*ipéca* est utilisé à la dose de 1 gramme à 1 gr. 50 comme vomitif. La
poudre délayée dans un verre rempli d'eau est absorbée à jeun; le malade
doit avoir à sa portée 2 ou 3 litres d'eau tiède, de façon à en boire un
verre chaque fois que les envies de vomir se manifestent. On évite ainsi
les douleurs qui accompagnent les efforts de vomissement lorsque l'estomac
est vide.

Le vomitif est indiqué lorsque le malade présente une langue chargée,
couverte d'un enduit brunâtre, ou qu'il a des nausées.

L'ipéca rend également de très grands services dans la dysenterie ou la
diarrhée chronique; dans ce cas, il faut faire bouillir dans un verre d'eau
4 ou 5 grammes d'ipéca pendant un quart d'heure ; l'eau est ensuite filtrée
à travers un linge qui doit retenir la poudre en suspension. On sucre ensuite
le liquide ainsi préparé, on y ajoute 15 à 20 gouttes de laudanum, et le
malade le boit par cuillerées à café d'heure en heure. On renouvelle cette
médication trois ou quatre jours de suite, si c'est nécessaire. Pris sous cette
forme, l'ipéca détermine un état nauséeux, mais peu ou pas de vomissements.
Le malade soumis à ce régime ne prend que du lait comme aliment.

Le *calomel* est un purgatif pour adulte : dose, 1 gramme. Ce médicament
commence généralement à produire son action cinq ou six heures après
avoir été absorbé; il faut donc le prendre vers le milieu de la nuit ou de
grand matin. On s'abstiendra de boire du bouillon ou toute autre substance
salée, tant que le purgatif n'aura pas produit son effet.

Le calomel est un purgatif qui agit sur le foie, en favorisant l'écoulement
de la bile.

Le *chlorhydrate de quinine* se prend à la dose préventive de 15 à 30 centigrammes. Dose curative : 50 centigrammes à 1 gr. 50 pour l'adulte.

On administre la *quinine* peu de temps après l'accès qui vient de se
produire ou six ou sept heures avant l'accès présumé. Le malade continuera
l'absorption du médicament, pendant plusieurs jours, en diminuant pro-

gressivement la dose, si la fièvre cède, en continuant la même dose ou en l'augmentant, si l'accès revient avec la même intensité.

Dans certaines circonstances, telles que marches en terrains marécageux, exposition prolongée au soleil, il conviendra d'absorber au moindre malaise une quantité de quinine variant de 40 à 60 centigrammes, et même jusqu'à 1 gramme, si l'état persiste. De cette façon, on pourra prévenir un accès ou certaines manifestations graves de la fièvre paludéenne.

La *solution de quinine pour injections*, préparée d'avance en Europe par un pharmacien, sera contenue dans un flacon bouché à l'émeri ; elle peut être titrée de telle façon que chaque centimètre cube de liquide contienne 30 centigrammes de substance médicamenteuse. On injectera sous la peau le contenu de 1 à 3 seringues de Pravaz, c'est-à-dire de 30 à 90 centigrammes de quinine. La seringue choisie sera stérilisable et les aiguilles seront en platine iridié.

Afin d'éviter les abcès ou autres accidents, les soins les plus minutieux de propreté seront pris avant et pendant l'opération :

1° L'opérateur doit s'assurer que la solution de quinine est parfaitement liquide et limpide ; si elle est légèrement trouble, il la filtrera à travers un linge propre et la fera bouillir ensuite.

2° Il doit se rendre compte que le piston de la seringue joue bien à frottement doux contre les parois du corps de pompe, que l'aiguille n'est pas obstruée ; il dépose ensuite ces instruments dans un récipient bien propre contenant une certaine quantité d'eau qu'il porte à l'ébullition. Les mains de l'opérateur doivent être bien savonnées et les ongles soigneusement nettoyés, puis trempées dans la solution de sublimé à 1 pour 1 000.

3° La piqûre sera pratiquée au centre, au-dessus ou au-dessous de la ceinture ; mais, auparavant, il faudra savonner la peau qu'on lavera ensuite avec un tampon de coton hydrophile, trempé dans une solution de sublimé à 1 pour 1 000. La région ainsi préparée, on ouvre le flacon renfermant la solution de quinine et on charge la seringue.

4° L'opérateur saisit, entre le pouce et l'index de la main gauche, la peau de la région où la piqûre doit être faite. Il forme ainsi un pli. A la base de ce pli et dans le sens de sa direction, il enfonce obliquement l'aiguille ; puis, quand il ne sent plus de résistance, il fait pénétrer peu à peu la solution.

5° Il retire l'aiguille et la seringue, quand l'injection est terminée. Dans le but d'éviter les indurations qui se produisent au niveau de l'injection, il est bon de faire un peu de massage après avoir retiré l'instrument.

Les injections de quinine sont indiquées dans les accès, lorsque le malade a perdu connaissance ; dans les fièvres continues, quand la quinine prise par la bouche ne produit pas d'effet, ou bien dans les accès de fièvre accompagnés de vomissements qui rendent impossible l'absorption des médcaments. Le *laudanum de Sydenham* s'emploie contre les coliques et la diarrhée à la dose de dix à vingt gouttes, chez l'adulte, qu'on verse dans un verre d'eau sucrée et qu'on boit par gorgées. Le laudanum est un médicament très dangereux chez les enfants en bas âge ; les personnes étrangères à la médecine ne devront pas en administrer.

Le *salycilate de soude* se prend à la dose de 2 à 4 grammes en vingt-quatre heures; on fait dissoudre les cristaux dans un verre d'eau sucrée et on absorbe cette potion, par gorgées, d'heure en heure. Il rend de très grands services dans le rhumatisme articulaire accompagné de fièvre.

L'*iodure de potassium* est employé dans la syphilis à la dose de 1 à 3 grammes. On l'utilise aussi, à la dose de 50 centigrammes à 1 gramme, comme fondant pour résoudre certains engorgements ganglionnaires ou glandulaires.

50 grammes d'iodure de potassium dissous dans un litre d'eau donnent une solution facile à employer; chaque cuillerée à bouche de ce liquide contient un gramme de substance médicamenteuse. Ce médicament occasionne, surtout au début, un peu d'irritation de la gorge, un coryza plus ou moins intense; on ne doit pas se laisser arrêter par ces légers accidents, qui disparaissent très vite en continuant la médication; si, toutefois, ils devenaient trop intenses, on pourrait suspendre provisoirement le traitement.

Le *podophyllin* (*pilules*) est un médicament pour combattre la constipation; la dose est de 1 à 2 pilules.

Le *permanganate de potasse*, en solution à 1/1000ᵉ, est utilisé pour les injections dans la blennorragie. Avant d'employer la solution à 1/1000ᵉ, il est bon de tâter la susceptibilité du canal; à cet effet, on ajoute à la solution de permanganate une partie égale d'eau tiède, on diminue ensuite peu à peu la quantité d'eau et on arrive à 1/1000ᵉ.

La *teinture d'iode* est un médicament pour l'usage externe utilisé comme révulsif. Il s'emploie sous forme de badigeonnage sur la peau; dès que l'épiderme commence à se soulever sous l'influence de plusieurs badigeonnages, il faut cesser l'application de ce médicament, car on s'exposerait à produire des lésions du derme.

On peut également toucher avec la teinture d'iode certaines plaies grisâtres qui n'ont aucune tendance à la cicatrisation; on réveille ainsi la vitalité des tissus. Dans ce cas, une application légère faite tous les deux ou trois jours suffit.

La teinture d'iode, mêlée à une quantité égale de solution d'iodure de potassium, constitue un médicament contre la gingivite (inflammation et gonflement des gencives), qui est assez fréquente à Madagascar; on touche une fois par jour les gencives enflammées avec un pinceau imbibé de ce médicament. L'*iodoforme* est une poudre antiseptique (pour l'usage externe), servant pour le pansement des plaies et des ulcérations de toute nature, dont on saupoudre légèrement la surface. Une trop grande quantité d'iodoforme ne servirait qu'à former une croûte épaisse qui pourrait nuire à la cicatrisation.

Le *bichlorure de mercure* est un médicament pour l'usage externe. Un gramme de poudre dans un litre d'eau constitue un bon antiseptique; pour aider la dissolution, il est bon d'ajouter un peu d'alcool. La solution de sublimé à 1/1000ᵉ est un bon antiseptique pour panser et laver les plaies. Une cuillerée à bouche par jour de cette solution peut être absorbée dans la syphilis, mais le malade doit se surveiller et suspendre le médicament dans le cas où il éprouverait de la salivation, des douleurs, du gonflement des gencives.

CHAPITRE II

Renseignements divers.

LES BOURJANES

L'origine des bourjanes se perd dans la nuit des temps. Nous voyons dans les récits plus ou moins légendaires de la vie des anciens rois d'Imerina qu'ils étaient tous portés en palanquin. Il faut dire que la chaise à porteurs d'alors était des plus simples : deux montants en tiges de rafia et un panier en lanières de cuir tressées. Le filanjane actuel, avec son siège en toile ou en cuir et son étrier pour les pieds, a été imaginé par les premiers Européens qui ont résidé à Madagascar.

Les porteurs du souverain au début étaient des Hovas (libres) réunis en une sorte de corporation. On les appelait « alinjenery », corruption du mot ingénieur, parce qu'ils avaient été quelquefois employés à la construction des routes, mais ils ne portaient que le souverain. Les bourjanes de métier, tous esclaves, n'étaient pas dignes de porter le maître du pays.

Princes et princesses de la famille royale, et quelques autres riches familles d'Imerina, avaient aussi leurs esclaves porteurs de filanjanes, tous originaires de Tananarive ou des environs; on les désignait souvent sous le nom de : voromahery (les aigles). Ceux du premier ministre étaient surnommés « lava satroka » (les longs chapeaux).

Plus tard, le moindre seigneur féodal imposa à ses sujets la corvée de le porter en voyage. Puis, le nombre des Européens s'accroissant de jour en jour, beaucoup d'autres esclaves d'Imerina adoptèrent le métier lucratif de « mpilanja » (porteurs de filanjanes), et, actuellement, ils sillonnent toutes les routes de l'île et font surtout la navette entre Tananarive et les principaux points de la côte ou de l'intérieur.

Les mpilanja constituent, pour ainsi dire, une caste à part, supérieure aux autres porteurs. Ce sont d'intrépides marcheurs ; avec une équipe passable, le voyageur fait 40 kilomètres en moyenne par jour, souvent par des chemins impossibles. Ils sont merveilleux d'adresse et d'agilité aux mauvais passages, sur les étroits troncs d'arbres qui servent de ponts ou sur les pentes glissantes des sentiers de la forêt.

Moins lestes, mais souvent plus robustes, sont les porteurs de marchandises, les « mpaka entana » ou « mpiadana » (c'est-à-dire ceux qui vont lentement) ; ils viennent surtout du Betsileo, du Vakinankaratra, de l'Imamo ou du pays bezanozano.

Mais, qu'ils soient porteurs de filanjanes ou porteurs de bagages, les bourjanes, de tout temps, se sont distingués par leur honnêteté. Le voyageur peut partir avant ses bagages, il est sûr de les voir arriver le soir à l'étape au grand complet. Les conventions faites au départ sont scrupuleusement observées par tous. Entre les mains des bourjanes, l'Européen n'a qu'à se laisser transporter comme un colis ; ils lui feront parcourir les distances prescrites et en temps voulu, sans lui réclamer de cadeaux en plus du « vatsy ». Le vatsy est une partie du « karamy », salaire, que l'on donne aux porteurs pour leur nourriture, soit avant le départ, soit journellement et par fraction.

Les bourjanes ne forment pas une corporation ; comme on l'a vu plus haut, ils ont des origines diverses. On voit néanmoins qu'en bloc ce sont les plus sympathiques des Malgaches et qu'ils forment une exception au milieu de la race indolente et fourbe qui habite le centre de notre Grande île africaine.

MONNAIE. — POIDS ET MESURES

Monnaie[1]. — Les Malgaches n'ont jamais eu de monnaie nationale. Les premières pièces qui semblent avoir servi à Madagascar aux transactions commerciales paraissent être des pièces espagnoles et mexicaines, piastres du poids de 27 grammes et d'une valeur un peu supérieure à notre pièce de 5 francs en argent. La pièce de cent sous ou piastre française n'a eu cours à Madagascar que vers 1855 ; elle a pris rapidement la première place dans les transactions de l'île ; aujourd'hui, elle a seule cours.

Les Malgaches ont donné à ces diverses pièces des noms tirés en grande partie d'une particularité de l'empreinte. C'est ainsi qu'ils ont nommé « tanamasoandro » les pièces portant l'effigie du « soleil de l'Uruguay » et « mandrihavia » les écus de Louis-Philippe avec effigie tournée à gauche ; les pièces de 5 francs, à trois figures debout, de la première et de la deuxième République ont reçu le nom de « tsanganolona » ; celles de l'Union latine dont l'exergue est en creux celui de « tombotsisina ».

---

1. Cette étude est donnée à titre de renseignement, car la monnaie coupée a presque complètement disparu aujourd'hui de Madagascar et est remplacée par la monnaie française qui est acceptée avec empressement par les indigènes.

Pour la facilité du commerce, il a fallu avoir recours à des subdivisions de la piastre, subdivisions qui, n'existant qu'en très petite quantité, ont amené les Malgaches à sectionner la piastre française comme les autres, au moyen d'un marteau et d'un ciseau et à donner aux différents morceaux non seulement une valeur très approchée et proportionnelle à leurs poids, mais encore un nom désignant la valeur en question et exprimant très souvent la valeur relative par rapport à une subdivision voisine. La valeur de ces différentes subdivisions s'étend depuis le « variraiventy » ou 1/720 de piastre, somme difficile à imaginer, jusqu'à la piastre elle-même; il en résulte une difficulté des plus sérieuses pour un commerçant dans son commerce avec les Malgaches et dans la tenue de ses livres, difficulté qui arrête le Malgache lui-même dans l'évaluation exacte de sa marchandise. Il faut avouer, en effet, que concevoir en esprit la sept cent vingtième partie d'une piastre (prix d'une banane) est un calcul mental très fatigant, surtout si l'on a à y ajouter les cinq douzièmes de quatre sous (prix d'une orange) et que le vendeur est là derrière son étalage, attendant qu'on le paye.

Avant l'introduction de nos pièces de 5 francs, les subdivisions de la piastre se sont appliquées à la piastre mexicaine d'un poids de 27 grammes et d'une valeur un peu supérieure à notre piastre française; ces subdivisions étaient les suivantes :

NOMS INDIGÈNES	FRACTION CORRESPONDANTE DE LA PIASTRE.	POIDS	VALEUR
		Grammes.	Francs.
Ariary	1	27	5 »
Loso	1/2	13,50	2 50
Venty sy kirobo	5/12	10,25	2 08
Sasanangy	1/3	9	1 66
Kirobo	1/4	6,25	1 25
Venty	1/6	4,50	0 83
Sikajy	1/8	3,37	0 625
Voamena	1/24	1,125	0 208
Ilavoamena	1/48	0,562	0 104
Eranambatry	1/72	0,375	0 069
Varifitoventy	7/720	0,262	0 048
Variraiventy	1/720	0,037	0 007

Les valeurs supérieures ou intermédiaires s'obtenaient en additionnant, retranchant ou multipliant entre elles les subdivisions indiquées ci-dessus.

Pour exprimer ces valeurs successives, on avait recours à un découpage de la pièce en morceaux d'une forme à peu près invariable pour les grosses subdivisions et d'un poids très voisin du poids de ces subdivisions. Le système des balances seul pouvait régulariser cette division par la comparaison non des valeurs, mais des poids d'argent.

III. — 7

La figure ci-jointe montre comment on découpait la piastre (*a*, loso; *b*, kirobo; *c*, sikajy; *d*, voamena).

Si l'on se reporte aux noms malgaches désignant ces subdivisions, on re-

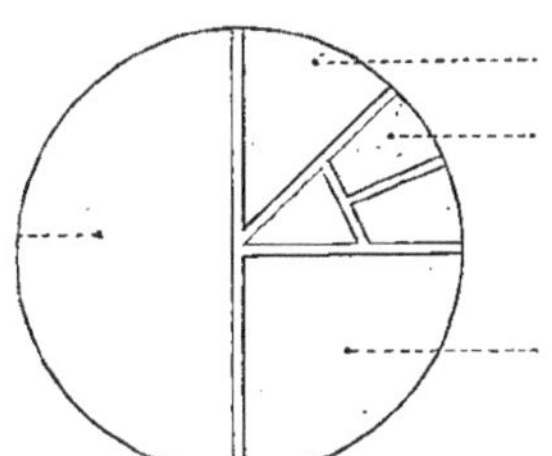

marque que « loso » et « kirobo » semblent provenir de deux mots arabes désignant les fractions 1/2 et 1/4. La piastre est désignée sous les noms « ariary » et « farantsa »; le premier de ces deux mots est plus usité et plus large dans sa signification. Il indique, en effet, non seulement la pièce, mais encore sa valeur représentative en monnaie coupée, tandis que « farantsa » n'est employé que pour la piastre elle-même. Farantsa vient du mot « France » qui est estampé sur la pièce; quant au mot « ariary » il semble provenir du « réal » espagnol que les Arabes adoptèrent et dont ils firent successivement « arrigal » et « arrial » en y ajoutant leur article, mot qu'on peut écrire « arialy » et par le changement de l en r « ariary » comme aujourd'hui.

« Venty » signifie, en malgache, volume, poids, et la plus petite monnaie fictive le « variray venty » veut dire de la grosseur, du poids d'un grain de riz.

« Sasanangy » est le tiers de la piastre. En découpant la piastre en trois parties égales, la partie opposée au trait du couteau sera coupée en deux (sasaka) et cette figure occupera elle-même le maxillaire inférieur (mangy) de la pièce, d'où le mot « sasa-mangy ».

On ne connaît pas du tout l'origine du mot « sikajy ».

Quant aux autres subdivisions, on remarque que chacune des trois parcelles formant un sikajy s'appelle « voamena » ou fève. Un voamena est équivalent à trois « eranambatry » dont le synonyme « ambrevade » signifie pois, et un eranambatry vaut dix varivaiventy (vary iray venty), l'unité de riz. Le poids des fèves, pois, grains de riz correspond à peu près aux poids de l'argent monnayé désigné sous les noms voamena, eranambatry et variraiventy.

Les compilateurs de la numération indigène, afin de simplifier les matières, ont réduit les grains de riz et les fèves tous à des petits pois eranambatry, dont par conséquent neuf valaient un sikajy ou 60 centimes; et il fut convenu que les dix grains de riz seraient réduits à des points décimaux.

Voilà pourquoi on met A. s. e. dans les livres de comptabilité pour désigner 1 piastre, 60 centimes et 1 pois. Ex. A 1. 2 s. 3e. désigne 1 piastre et 2 sikajy ou 1,20, plus 3 petits pois (eranambatry) ou 1/3 de sikajy ou 0,20, ce qui additionné donne le total de 6 fr. 40.

Ces dénominations servent à la plupart des Malgaches pour leurs transactions commerciales. Toutefois, il en existe quelques autres; avec la Réunion et Maurice les transactions se font au moyen de piastres et de cents qui appliquent dans toutes leurs parties notre système décimal.

Chez les Sakalaves de l'Ouest et les Antankaras du Nord, la piastre est désignée sous le nom de « parata », qui vient de « plata », argent en espagnol.

Il est à remarquer que de nos jours les dialectes kisouaheli des Grandes Comores et d'Anjouan emploient les mots :

Rialy . . . . 1 piastre
Noso . . . . loso
Kroub. . . . . kirobo

Ces mots d'origine espagnole ou arabe sont probablement passés sur la côte orientale d'Afrique dans les dialectes indigènes avant d'être introduits à Madagascar.

Dans la région d'Anorotsangana, le voisinage de Nossi-Bé a amené l'usage de monnaies divisionnaires désignées sous le nom de « farantsa kely », petites piastres.

Kirobo bory. . . . . 1 franc
Simony bory. . . . . 50 centimes

La monnaie de cuivre était connue sous le nom générique de « marika », marquets.

A Sainte-Marie de Madagascar, la numération indigène était basée sur l'ancien « marquet », monnaie de cuivre dont il fallait 13 pièces pour faire 1 franc. Les principales subdivisions étaient :

Indray ilany (un demi). . . . . 45 millimes
Kosibé (marquet). . . . . 9 centimes
Tarezy (treize). . . . . 1 franc
Ventisisy. . . . . 2 francs

Les monnaies étrangères ont été démonétisées en 1893, à l'occasion d'un procès intéressant (procès Kingdon), par un kabary du premier ministre.

La substitution de la piastre française de 25 grammes à l'ancienne piastre espagnole de 27 grammes occasionnait au détenteur, qui les fractionnait pour les transactions indigènes, une perte de 40 centimes environ par pièce ; la perte absolue était, en réalité, bien plus considérable, la pièce de 5 francs n'ayant sous forme de monnaie coupée que la valeur de l'argent fin, soit au plus 2 fr. 70. Aussi l'introduction de la monnaie divisionnaire française constitue-t-elle de ce fait, et par la plus grande facilité qu'elle donne aux transactions, un véritable bienfait économique pour la population malgache.

Parmi les subdivisions monétaires citées plus haut, quatre seulement étaient employées comme unités de calcul.

Ariary. . . . . 1 piastre
Sikajy . . . . 1/8 de piastre
Eranambatry 1/72 de piastre. . 1/9 de sikajy
Variraiventy 1/720 de piastre. . 1/10 de eranambatry

Le calcul monétaire se faisait donc suivant trois systèmes de numération différents. Cette complication, que supprime heureusement l'emploi de la monnaie divisionnaire française, constituait pour les Malgaches eux-mêmes une sérieuse difficulté. Elle obligeait les commerçants européens en relation avec eux à l'emploi de barèmes dont les plus usités donnaient de sou en sou, par centième de piastre, la valeur des subdivisions monétaires malgaches.

Voici celles de ces subdivisions qui correspondent absolument ou très sensiblement à nos monnaies divisionnaires françaises.

Venty sy kirobo.	2 francs
Iraimbilanja.	1 franc
Lasiroa	50 centimes
Voamena	20 centimes
Ilavoamena	10 centimes
Varifitoventy.	5 centimes

Avant l'occupation, elles étaient déjà connues sous ces noms-là par les indigènes, qui maintenant les désignent assez couramment par des noms français, surtout en ce qui concerne les petits sous, les gros sous et la petite pièce de quatre sous.

Pour peser cette monnaie, de petites balances en fer ou en cuivre sont depuis longtemps fabriquées par les Hovas et se vendent depuis 40 centimes jusqu'à 1 fr. 25 pièce. Elles sont soignées et possèdent même une certaine élégance. Les poids, depuis les premiers jusqu'aux plus récents, sont au nombre de cinq seulement : deux « loso », dont chacun est égal au poids d'une moitié de piastre espagnole; un « kirobo » qui correspond à un quart de piastre espagnole; un quatrième, « sikajy » qui équivaut à un huitième de piastre ou 60 centimes; enfin, le dernier, ou « roavoamena », qui vaut 40 centimes. On obtenait les valeurs intermédiaires en ajoutant ou en soustrayant deux petites fèves blanches, encore employées aujourd'hui par tous les indigènes, mais qui ont été prohibées sur les marchés publics. En 1897, le gouvernement a émis des poids représentant le tiers d'un décime (varidimiventy), un demi-décime (varifitoventy), deux tiers de décime (eranambatry), enfin un décime (ilavoamena).

Il est donc nécessaire de se munir d'une balance et de neuf poids avant d'engager une opération avec un commerçant malgache.

Poids malgaches[1]. — Les Malgaches n'avaient pas autrefois de poids proprement dits ; ils ne disposaient pour faire les pesées de faible valeur que des poids monétaires, dont l'énumération et la signification ont été données dans l'étude précédente sur les monnaies.

Ces poids, au nombre de neuf, se répartissaient comme suit :

1° Deux poids de loso ou 2 fr. 50 représentant chacun une demi-piastre et pesant ensemble 27 grammes; ce poids de 27 grammes, supérieur de 2 grammes au poids de nos pièces de 5 francs, provient de ce qu'à l'origine les piastres mexicaines, dont le poids est de 27 grammes, étaient seules

---

1. Partout remplacés aujourd'hui par les unités du système métrique.

admises en circulation dans l'île. Les poids monétaires établis sur cette base ne furent pas changés, lorsque furent introduites dans le pays nos pièces de l'Union latine, de telle sorte que, lorsqu'on apportait au changeur une pièce de 5 francs pesant 25 grammes, on recevait en échange 27 grammes d'argent coupé.

2° Le poids de « kirobo » ou 1 fr. 25, représentant le 1/4 de la piastre et pesant 6 gr. 075.

3° Le poids de « sikajy », représentant le 1/8ᵉ de piastre et pesant 3 gr. 0375.

4° Le poids de « roavoamena » ou deux voamena, soit 0 fr. 416, représentant le 1/12ᵉ de la piastre et pesant 2 gr. 025.

5° Le poids de « voamena » ou 0 fr. 208, représentant le 1/24ᵉ de la piastre et pesant 1 gr. 0125.

6° Le poids d'« ilavoamena » ou 1/2 voamena, 0 fr. 104, représentant le 1/47ᵉ de la piastre et pesant 0 gr. 5625.

7° Le poids d'« eranambatry » ou 0 fr. 069, représentant le 1/72ᵉ de la piastre et pesant 0 gr. 375.

8° Le poids de « varifitoventy » (sept grains de riz) ou 0 fr. 0520, représentant le 1/96ᵉ de la piastre ou 0 gr. 2812.

9° Le poids de « varidimiventy » (cinq grains de riz) ou 0 fr. 034, représentant le 1/114ᵉ de la piastre et pesant 0 gr. 108.

En les combinant entre eux, ces neuf poids suffisaient à faire des pesées assez exactes lorsqu'il s'agissait d'apprécier des dosages pharmaceutiques ou des produits d'une grosse valeur sous un faible poids, tels que l'or ou l'argent. Pour les pesées infinitésimales (poisons médicamenteux, etc.), les Malgaches avaient recours à des pesées faites avec des grains de riz et le poids de « varidimiventy », qui avait approximativement le poids de 5 grains de riz; ils descendaient l'échelle en mettant dans le plateau de la balance 4, 3, 2, 1 grains de riz qui permettaient respectivement d'obtenir les pesées : varicfabenty ou 0 gr. 0864; variteloventy ou 0 gr. 0648; variroaventy ou 0 gr. 0432; variraiventy ou 0 gr. 0216.

La piastre elle-même servait de poids, et, pour bien des marchandises, principalement pour les articles d'épicerie, on pèse encore avec des piastres. On allait ainsi jusqu'au poids de 20 piastres, représentant notre livre française ou 1/2 kilo; mais il était stipulé quelquefois entre acheteur et vendeur que la livre serait pesée à 18 piastres et non à 20, le poids de 18 piastres se rapprochant sensiblement de celui de la livre anglaise qui, seule, était en usage à Madagascar. La livre « avoir du poids » pèse en effet 0 kil. 453.

La livre anglaise était l'unité de poids pour les grosses charges et les marchandises denses; les peaux, la cire, le crin végétal, le rafia, etc., se vendent encore à tant les 100 livres anglaises.

Les Malgaches arrivaient à faire des pesées de 500 livres, mais n'allaient pas au delà; la difficulté des transports n'exigeait pas pour eux des pesées supérieures à 500 livres, et ces pesées, lorsqu'elles étaient faites, l'étaient avec des instruments que, seuls, les Européens ou les Indiens possédaient.

Dans les campagnes, et sur bien des points de la côte Est et du Betsileo, les bases d'appréciation étaient beaucoup plus rudimentaires et, quand il s'agissait de pesées supérieures à celles qui se faisaient à l'aide des poids monétaires ou des piastres, on se contentait des approximations suivantes :

« Azo sakelchina » pour un poids qui pouvait facilement être transporté sous le bras, soit de 1 à 3 kilos environ.

« Azo antsorohina » pour un poids qui pouvait facilement être transporté sur l'épaule, soit de 3 à 5 kilos environ.

« Azo lolohavina » pour un poids qui pouvait facilement être transporté sur la tête, soit de 5 à 10 kilos environ.

« Azo bataina » pour un poids qui pouvait facilement être soulevé de terre, soit de 10 à 15 kilos environ.

Venaient ensuite les expressions :

« Zakan 'olon-irery », c'est-à-dire la charge d'un homme, soit de 25 à 50 kilos.

« Zakan' olon-droa », c'est-à-dire la charge de deux hommes, soit de 50 à 60 kilos, et ainsi de suite.

« Zakan' olon-telo », « zakan' olon' efatra », selon qu'il s'agissait d'un fardeau transportable par trois et quatre individus.

Mesures de longueur malgaches. — En dehors de notre mètre qui était d'un emploi assez peu répandu, sauf sur la côte Est où depuis longtemps la colonisation française a implanté ses usages, les Malgaches se servaient généralement du yard anglais, de préférence au mètre. Le yard avait d'ailleurs, pour les marchands d'étoffes, de draperies et autres marchandises se vendant à la longueur, l'avantage de n'avoir que 0 m. 9144 ; il faut dire aussi que la plupart des toiles, cotonnades, etc., originaires d'Angleterre ou d'Amérique, sont roulées à plis égaux d'un yard de telle sorte que le mesurage en est rendu très facile et ne réclame pas l'emploi d'une mesure rigide.

Le yard anglais était quelquefois employé pour le mesurage des terrains, de même que le pied de 0 m. 30479. Dans toutes les concessions consenties à des étrangers, les dimensions des terrains étaient exprimées en milles terrestres anglais de 1609 m. 344 ; seules les concessions françaises étaient exprimées en mètres et kilomètres.

Les Malgaches n'avaient, par conséquent, pas d'unité de longueur nationale, ils employaient indifféremment celles dont se servaient les étrangers, et l'art. 79 des lois de 1881 spécifie que le gouvernement en a reconnu sept dont il tient les spécimens à la disposition du public. Ces sept mesures de longueur sont vraisemblablement celles auxquelles on avait eu recours pour fixer les limites des concessions accordées aux Européens, soit par conséquent :

Le pied anglais,
Le yard,
Le mille,
Le mètre,
Le kilomètre,
La brasse ou refy (1m.82)
Et le mamaki-tratra ou 1/2 refy, soit 91 centimètres.

La brasse seule était essentiellement malgache et sa longueur était fixée à
1m.82; elle était supposée aller d'une extrémité à l'autre des deux mains
quand les bras déployés sont sur une même ligne horizontale; la demi-brasse,
ou « mamaki-tratra », était supposée aller de l'extrémité d'une main (le bras
étant déployé horizontalement) jusqu'au milieu de la poitrine.

Enfin, comme mesures intermédiaires, mais non nettement déterminées,
les Malgaches se servaient des comparaisons suivantes :

MESURE MALGACHE	ÉVALUATION	VALEUR AU SYSTÈME MÉTRIQUE
Iray ankihy ou iray fanondro	Soit la largeur d'un doigt.	0 m. 018 environ.
Vodi-felatanana. . .	Soit la largeur du plat de la main lorsque tous les doigts sont réunis.	11 centimètres environ.
Hondry	Distance séparant l'extrémité du pouce ouvert de la première phalange de l'index, celui-ci étant replié sur lui-même.	15 centimètres environ.
Vehana	Distance séparant l'extrémité du pouce ouvert de l'extrémité de l'index également ouvert.	18 centimètres environ.
Zehy ou empan. . . .	De l'extrémité du pouce à l'extrémité du doigt médius.	22 centimètres environ.
Dia ou pied malgache.	Longueur d'un pied moyen.	33 centimètres environ.

Comme fraction du « dia » ou pied, il y avait également le « tapa-dia » ou
demi-pied, 15 centimètres environ, sensiblement équivalant à l' « hondry »,
et le « manala-rantsana », littéralement « moins les orteils », c'est-à-dire
la longueur de la plante du pied, soit 25 centimètres environ.

Citons encore les expressions qui répondent aux petites mesures d'un
usage courant :

« Hakiho » ou coudée, représentant la distance qui sépare l'extrémité du
doigt médius du coude, la main étant ouverte, soit 40 à 45 centimètres
environ.

« Indray mandingana », ou pas de 60 centimètres environ.

« Ampameloman-tokana », distance séparant l'extrémité du médius du
sein du même côté, le bras étant horizontalement allongé et la main ouverte,
soit 70 centimètres environ; venait ensuite le « mamaki-tratra » ou demi-
refy, dont nous avons parlé plus haut.

« Ampameloman-droa », distance séparant l'extrémité du médius du sein
du côté opposé, le bras étant allongé horizontalement et la main ouverte,
soit environ 95 centimètres

« Manindao », distance séparant l'extrémité du médius du haut de l'épaule
opposée, le bras étant allongé horizontalement et la main ouverte, soit
environ 1 mètre.

Venait enfin le « refy » ou brasse dont la longueur légale avait été fixée à 1 m. 82.

Mesures de distance malgaches. — Il n'est pas sans intérêt de signaler ici de quelle façon les Malgaches apprécient approximativement les distances. S'il s'agit d'une distance à déterminer séparant deux points, ils ont recours aux expressions suivantes :

« Indray-mitoraka », à la portée d'une pierre lancée par un bras de force moyenne (soit de 50 à 75 mètres).

« Takatr'antso », d'où l'on entend un appel parti de l'autre point.

« Taka-basy » à une portée de fusil; il s'agit d'une portée de fusil à pierre dit « angalisa », portée évaluée à 100 brasses environ, soit 182 mètres.

Enfin, quand les indigènes veulent parler d'une distance parcourue ou à parcourir, ils se contentent de l'indiquer par la durée mise à la parcourir, et ils se servent pour cela des expressions :

« Indray mitono valala », le temps de frire une fois des sauterelles, soit 5 minutes environ de marche.

« Indray manasa-patsa », le temps de cuire une fois des crevettes, soit 10 minutes environ de marche.

« Indray-manasa-bary », le temps de cuire une fois du riz, soit 45 à 50 minutes environ.

« Lalan'indray maraina », c'est-à-dire marche qu'on peut accomplir facilement, aller et retour, dans une matinée.

« Lalana mitsidik'andro », c'est-à-dire marche qu'on accomplit dans une demi-journée.

« Azo itampodiana », c'est-à-dire une distance qui permet, en partant de bon matin, de retourner chez soi pour coucher le soir.

« Hodia-mandry », c'est-à-dire une distance qui oblige à coucher au point extrême pour n'en partir que le lendemain matin.

LE TANGHIN

Les épreuves judiciaires ont été pour ainsi dire employées de tout temps; on en trouve des traces dans l'antiquité, et, au moyen âge, les épreuves par le feu, l'eau et le duel étaient légales et sanctionnées par la religion. Les épreuves par le poison semblent particulières à l'Afrique, à l'exception, cependant, de l'eau rouge, épreuve judiciaire des Papous et de l'eau amère de certaines tribus malaises; on ne connaît cependant guère les épreuves des différentes tribus africaines et, à l'exception de l'épreuve judiciaire de la fève Calabar pratiquée par les nègres de la côte de Calabar, on n'a de données précises que sur l'épreuve du « Tangena » ou Tanghin, autrefois en usage parmi les habitants de Madagascar.

Il est à observer que ces épreuves ne sont souvent employées que pour la découverte de la sorcellerie, dans laquelle les légistes africains comprennent l'usage des drogues empoisonnées pour de mauvais desseins. Il en est résulté que, chez beaucoup de races en enfance, les effets physiologiques des breuvages empoisonnés sont attribués à quelque pouvoir magique, soit inhérent à la substance, [soit communiqué à elle par sorcellerie. Il est naturel que, imbus de ces idées, ils aient attribué les différences dans les résultats obtenus après leur administration, à une sorte de faculté ou intelligence distinctive possédée par la substance. De là, découle l'idée d'employer les poisons pour découvrir des crimes occultes, comme la sorcellerie.

Historique. — On ne possède aucun document qui explique quand, où et comment l'emploi du tanghin commença à Madagascar. Au XVIIe siècle, d'après E. de Flacourt, il était employé comme épreuve judiciaire, mais avec lui beaucoup d'autres épreuves par l'eau et par le feu. Il devint surtout d'un usage courant dans les ordalies du commencement de ce siècle, mais on le réservait pour la découverte de crimes infamants, tels que la sorcellerie et la trahison, cette dernière comprise en partie dans la sorcellerie, la justice malgache ayant d'autres moyens à sa disposition, un système d'épreuves plus rationnel pour découvrir les coupables de menus faits.

Le poison est tiré du *Tanghinia venenifera*, arbre indigène assez commun sur la côte est de Madagascar. En octobre et novembre, son feuillage est d'un vert foncé et ses fleurs d'un magnifique cramoisi, ce qui lui donne un aspect très original; vers le milieu de novembre, les fleurs se fanent et un petit fruit vert apparaît, qui se développe rapidement jusqu'à Noël, époque de sa maturité complète.

Ce fruit a alors la forme d'une prune de la grosseur d'un œuf, avec une peau bigarrée de colorations rouges et brunes, ce qui, de loin, lui donne un aspect jaunâtre. La partie pulpeuse est d'une couleur terne, peu alléchante, et d'une saveur écœurante. Au centre, se trouve le noyau qui est la partie vénéneuse du fruit. Ce poison n'a pas d'analogue dans toute la chimie toxicologique.

Le tanghin était réservé pour les cas de crime de trahison ou de sorcellerie. Pour les menus faits, lorsqu'il y avait désaccord entre deux parties, sans qu'une enquête judicieuse puisse faire reconnaître l'ayant droit et son adversaire, le coupable ou l'innocent, on faisait prendre le tanghin à des animaux, chiens ou poulets, représentant chacun un des personnages en litige, et, suivant les manifestations de l'animal après l'absorption du poison, la personne qu'il représentait était reconnue coupable ou innocente. L'épreuve était décisive et l'on n'admettait pas de contre-épreuve; si les manifestations demandées à l'animal ne se produisaient pas, on administrait une autre dose et on en attendait le jugement.

L'ordalie était une institution vraiment nationale. Les juges qui administraient le tanghin étaient très considérés; ils étaient surtout appelés « mpanozon-doha » ou « ceux qui font trembler la tête » ou encore « mpampinona », ceux qui forcent à boire. Ces mpampinona, par des expériences personnelles et secrètement transmises, savaient préparer l'ordalie de plusieurs façons, en prenant le noyau de substances autres que le tanghin,

non vénéneuses et lui ressemblant extérieurement, en augmentant ou
diminuant la dose que devait absorber le patient, enfin en donnant la mort
ou en faisant simplement vomir, suivant que le patient leur était plus ou
moins sympathique, qu'il était plus ou moins opposé au gouvernement et
qu'il avait donné plus ou moins d'argent pour que l'épreuve lui fût salutaire.
Le plus souvent, tout se ramenait à une question d'argent.

Pour les épreuves *in corpore vili*, en cas d'individus soupçonnés de
petites offenses, ou pour trancher une querelle entre deux personnes, ou
pour connaître lequel de plusieurs individus était coupable d'un crime
que l'on croyait avoir été commis par l'un d'eux, on prenait, comme il a
été dit, des animaux, chiens ou poules, auxquels on administrait le tanghin.

Mode d'administration. — On prenait deux amandes de tanghin, on les
sectionnait en deux parties, ce qui donnait à chacune de ces sections l'ap-
parence d'une fève épluchée; on écrasait la moitié de chaque amande dans
de l'eau. Cette coutume de prendre deux moitiés d'amandes différentes fut
adoptée afin d'accroître les chances pour que le poison administré n'agît
qu'avec une force moyenne, et on faisait absorber cette émulsion à des chiens
de même taille et de même race représentant les personnes soupçonnées ou
en litige. Le parti dont le chien expirait le premier était jugé comme ayant
tort ou coupable; si les chiens expiraient simultanément, le cas était décidé
sur une base d'égalité, et, si l'on ne pouvait procéder ainsi, l'épreuve était
renouvelée. C'était la résistance de l'animal au poison qui décidait de l'innocence de celui qu'il représentait.

Lorsque l'expérience était faite sur des poules, le mpampinona prenait
entre ses jambes une poule dont les pattes reposaient à terre, maintenait les
pattes de la poule avec ses pieds, d'une main lui tenait le bec et les ailes, et
de l'autre lui administrait le poison qu'il la forçait à avaler. Si la poule laissée
en liberté ne se démenait pas, surtout restait muette, c'était le verdict de
culpabilité; si elle poussait, au contraire, des cris provenant de l'absorption
de cette substance amère lui raclant le gosier, c'était un verdict d'acquittement. Si le juge voulait la condamnation de l'accusé, il étouffait à moitié
la poule dans ses jambes et lui remplissait le gosier de manière qu'elle ne
pût crier.

Lorsque les individus suspects étaient soumis de leur personne même à
l'épreuve du tanghin, une grande foule s'assemblait comme pour un spec-
tacle, le centre d'attraction étant nécessairement l'exécuteur ou mpampinona
et la ou les victimes. Pour inspirer la confiance, le poison était préparé en
public par les mpampinona, qui pétrissaient sur une pierre, avec un peu
d'eau, deux moitiés de noyaux différents, dans le but d'assurer l'uniformité
du poison; ils obtenaient ainsi une émulsion blanche qui, délayée avec le
suc d'une feuille de banane, se dissolvait en partie. L'individu soupçonné
absorbait cette dissolution.

L'exécuteur posait alors la main sur le front de la victime et se lançait
dans un torrent de dénonciations, d'invocations à « Manamango », divinité
incorruptible, résidant dans la noix du tanghin et ayant la puissance de

livrer à la mort les sorciers et les coupables et de laisser la vie aux innocents en suspendant ses effets vénéneux. Cette harangue, longue et pleine de détails, commençait ainsi : « Ary mandrenesa, mandrenesa, ry Manamango », « Écoute, écoute, ô Manamango », et elle continuait :

« Tu n'as pas d'yeux, mais tu vois ; tu n'as pas d'oreilles, mais tu entends ; tu as ici aujourd'hui un œuf rond apporté de loin, des terres qui se trouvent par-delà les grandes eaux (peut-être est-ce une allusion à l'introduction de l'épreuve du poison par les Arabes). Écoute et juge, car tu connais toutes choses et décides toujours avec équité. Si cet homme n'est pas coupable de sorcellerie, s'il ne s'est servi que de son pouvoir naturel, qu'il vive. S'il a seulement commis un crime contre le Code moral, ne le tue pas et reviens par la porte par laquelle tu es entré, ô Manamango (ce poison est un violent émétique). Mais s'il s'est livré à la sorcellerie, alors hâte-toi, ne t'arrête pas, achève-le, tue-le, étouffe-le ; enlace ses parties vitales dans tes étreintes de mort, et détruis d'un seul coup et pour toujours la vie inique de ce méchant homme, ô Manamango, toi qui connais toutes choses et qui sondes le secret de tous les cœurs humains. »

Cette traduction enregistre les points saillants du discours, de l'invocation qui, dans la pratique, était remplie de minutieux détails ayant trait aux crimes qui sont soumis à la juridiction du tanghin et aux méfaits qui ne le sont point. L'orateur raconte non seulement les terribles péripéties d'une affreuse agonie qui attend ceux qui sont coupables, mais encore le côté comique provenant de l'innocence reconnue.

Cette invocation terminée, l'accusé était obligé d'avaler trois morceaux de peau de volaille, ayant chacun environ trois centimètres carrés, sans les toucher avec les dents ; un examen minutieux de la bouche indiquait si cette prescription avait été observée. De copieuses libations d'eau de riz étaient alors données pour laver à l'intérieur les trois morceaux de peau ; on ajoutait de l'eau chaude pour accentuer le caractère émétique du poison. Les trois morceaux de peau étaient-ils évacués intacts, c'est que Manamango avait reconnu l'innocence de l'accusé ; dans ce cas, tous ses amis s'employaient énergiquement à le faire revenir à la vie. Les trois morceaux étaient-ils retenus dans l'estomac ou évacués seulement en partie, le patient était déclaré coupable ; un des exécuteurs s'armait alors d'un pilon à riz en bois ou « fanoto », et en portait un coup à la malheureuse victime pour mettre fin aux convulsions et aux spasmes de l'agonie. Son cadavre, ignominieusement traîné dans les rues, était à peine enseveli, la tête tournée vers le sud, et devenait bientôt la pâture des chiens et des oiseaux de proie.

Assez souvent, l'émétique faisait office de purgatif ; l'absence des peaux dans les matières rejetées ou le déchirement de l'une d'entre elles entraînait la culpabilité ; on achevait aussitôt le coupable, dont, naturellement, tous les biens étaient confisqués ; sa famille elle-même participait en quelque sorte au châtiment infligé : elle devait s'avouer complice et abjurer publiquement sa prétendue faute.

L'établissement de l'innocence par cette méthode avait le plus souvent pour résultat la mort du sujet, à moins que des précautions spéciales n'eussent été prises ou que le patient fût doué d'une constitution exceptionnellement vigoureuse.

Les experts praticiens pouvaient donner à l'ordalie une solution satisfaisante (au point de vue de l'inculpé), mais il fallait payer cher ; il était curieux de voir comme l'amour du gain amenait l'austère Manamango à des décisions favorables. Nonobstant cette corruption évidente, les masses populaires croyaient à Manamango ; même aujourd'hui, beaucoup d'indigènes ne manqueraient pas de s'en servir, si l'épreuve leur était permise.

On comprend combien était puissante la main qui administrait le tanghin. Les mpampinona officiels du gouvernement étaient dévoués au souverain qui s'en est servi plusieurs fois pour se débarrasser de ses ennemis, notamment la cruelle reine Ranavalona Ire, qui fit mourir par ce procédé un grand nombre de personnes, à la suite d'un simple mécontentement, parfois même sans la moindre raison. En 1834, mécontente de son premier ministre Andriamihaja, dont l'autorité lui portait ombrage, et voulant s'en débarrasser légalement, elle imagina un stratagème qui réussit à merveille ; elle se déclara malade et victime des sorcelleries d'un des habitués du palais. Ses dames d'honneur et plusieurs chefs de caste lui demandèrent la permission d'être soumis à l'épreuve du tanghin pour prouver leur innocence ; la reine y consentit ; personne ne fut incommodé ; on invita alors Andriamihaja à en faire autant. Hélas ! le pauvre ministre en mourut naturellement, et on cria haro sur le baudet.

On sait que MM. Laborde, de Lastelle, Mme Pfeiffer et les Révérends Pères Finaz et Weber, accusés de complicité contre la reine, furent soumis à l'épreuve du tanghin par l'intermédiaire de cinq poules. Une seule résista, celle du Père Weber qui, d'ailleurs, fut exilé comme les autres.

Lorsque le tanghin était donné sans intention hostile, il devenait mortel au plus une fois sur dix. D'un autre côté, il était parfois appliqué à des villages entiers ; on comprendra, dès lors, que le nombre des morts par ce poison fut immense.

Symptômes. — Les symptômes produits par le tanghin sont à peu près les suivants : on éprouve dans la bouche et le larynx une sorte d'engourdissement et de fourmillement dus à son action toxique et, parfois, des sensations analogues plus ou moins prononcées dans tout le corps, principalement dans les mains.

Des expériences faites sur des animaux à sang chaud concluent, néanmoins, à une désorganisation sensible dans le système nerveux après l'absorption du tanghin. La douleur est accompagnée d'un vomissement intense, incessant et répété ; on sent en même temps un sentiment de grande faiblesse et d'inquiétude. Si le poison a été rejeté, il y a beaucoup de chances pour que le patient guérisse ; dans le cas contraire, la victime est sujette à des troubles et à une paralysie partielle du mouvement ; sa démarche est chancelante ; bientôt même elle ne peut plus marcher et tombe à terre inerte ; quoique les facultés intellectuelles restent souvent lucides, il n'est pas rare de voir des cas de délire ou d'hallucination ; la mort est précédée de mouvements spasmodiques des doigts et des orteils. L'effet purgatif est beaucoup plus violent que l'effet vomitif; il épargne rarement.

Les indigènes ne connaissent aucun antidote à ce poison; ils pensent, cependant, que l'absorption de jus de citron froid serait de quelque utilité.

L'épreuve du tanghin a été abolie en 1864.

Un arrêté du 22 mars 1897 interdit l'emploi du tanghin comme médicament et sa vente sur les marchés de Madagascar et de ses dépendances; les contraventions à cet arrêté sont punies d'un emprisonnement de un à quinze jours et d'une amende de 5 à 200 francs, ou de l'une de ces deux peines seulement.

Autres espèces d'ordalies. — On peut compléter cette étude du tanghin par l'étude de trois ou quatre façons d'éprouver par l'ordalie ceux qui sont inculpés de quelque crime.

1° *Tangen-janahary*. — Les juges font chauffer de l'eau dans un pot et, quand elle commence à bouillir, ils y jettent une pierre; la personne accusée plonge son bras dans l'eau, passe sa main entre la paroi inférieure du pot et la pierre, qu'elle soulève hors de l'eau dans la paume de sa main, puis qu'elle place dans l'eau froide, toujours avec la même précaution.

La personne incriminée est ensuite surveillée jusqu'au lendemain. Si le bras ou la main ne se couvre pas de cloches, son innocence est reconnue; si, au contraire, la main est brûlée, ou si la personne déclare la première que sa main est intacte, elle est condamnée. En cas de vol, l'amende est fixée à une valeur double du produit de ce vol et payée immédiatement. Si elle est reconnue innocente, ses accusateurs sont obligés de lui donner un esclave et elle est remise incontinent en liberté.

2° *Kodeo*. — On fait asseoir le patient sur un mortier à riz et il doit prier à voix basse; un individu s'approche alors en brandissant un gros gourdin dont il frappe le sol trois fois; puis, trois fois, il se coupe une mèche de cheveux qu'il lance vers Dieu; enfin, trois fois, il répète cette invocation au Créateur : « Écoute-moi, ô Créateur! Si cet homme est coupable, fais qu'il devienne un bœuf donnant des coups de corne dans une fourmilière; qu'il reste seul avec son crime; que son crime ne retombe point sur la ville; qu'il ne porte point malheur à son épouse, mais à lui seul; qu'il meure ou qu'il tombe malade. S'il est innocent, qu'il monte haut dans l'estime des hommes, qu'il reste toujours leur ami sous le regard de Dieu et qu'il parvienne à l'âge des cheveux blancs dans le royaume du prince et de ses conseillers. » Si l'accusé se met à trembler, à évacuer ou à vomir en écoutant cette harangue, c'est qu'il est coupable, et, si les juges veulent épargner sa vie, ils jettent de l'eau sur lui et font cette prière : « C'est un fourbe, ô Dieu, car il a commis le mal, il est coupable, mais nous prions pour son cœur, sa vie, ses yeux, sa bouche, ses pieds, ses mains, les cheveux de sa tête et toutes les parties de son corps. » Les parties non affranchies dans cette prière sont considérées comme mauvaises. S'il est déclaré innocent, il est renvoyé avec du « ranom-bola fotsy » (eau d'argent blanc) qui doit lui porter bonheur.

3° *Tangem-boay*. — La personne inculpée de quelques méfaits est amenée

au bord d'une rivière remplie de crocodiles (voay), et on assemble le peuple;
un individu, qui se tient derrière l'accusé, frappe l'eau d'une verge par trois
fois et, s'adressant aux crocodiles, il leur tient la harangue suivante :
« Écoutez-moi, vous, crocodiles! L'embouchure de cette eau remonte (s'op-
pose au courant): la source de cette eau descend. L'amont est comme le
Créateur (a la puissance du Créateur) et l'eau elle-même est comme vous,
ô crocodiles. Cet homme est né sur la terre du roi; s'il a commis un crime,
eh bien! que le courant descende et l'engloutisse. S'il est innocent, puisse-
t-il être bon et heureux (ho tsara. ho soa), qu'il fasse le bonheur de ses
enfants, de sa famille et du roi. Le roi ne l'acquitte pas sans raisons et ne
l'envoie pas à la mort par caprice; sa vie est entre vos mains, crocodiles;
car, dit le roi, je ne puis en disposer, je ne l'ai pas pris en flagrant délit, il
n'est accusé que sur un soupçon. » L'inculpé doit alors traverser la rivière
à la nage et revenir au point de départ de la même manière; s'il fait ce
double trajet sans être mordu ou pris par les crocodiles, les accusateurs sont
condamnés à une amende de quatre bœufs, deux pour lui, un pour le roi
et un pour les conseillers.

Les voleurs, les meurtriers et les adultères, non pris sur le fait, sont
soumis à l'ordalie précitée. Les meurtriers, pris en flagrant délit, sont exécutés sur le lieu même du crime.

Les voleurs sont condamnés à payer le double de la valeur du larcin, et
l'amende revient au roi et à ses conseillers.

CHAPITRE III

Vents et Cyclones. — Aperçus sismiques.

Nature, caractère, direction, intensité des vents régnant sur les côtes de Madagascar. Vents sur la côte Est. Vents sur les côtes Sud et Ouest. — Époque, caractère et origine des cyclones. Aperçus sismiques. — Tremblements de terre à Madagascar (années 1897 et 1898). — Principaux tremblements de terre antérieurs.

NATURE, CARACTÈRE, DIRECTION, INTENSITÉ DES VENTS RÉGNANT SUR LES CÔTES DE MADAGASCAR

Pendant l'été de l'hémisphère nord, l'échauffement des plateaux de l'Asie provoque une attraction de l'air de l'Équateur vers le nord. Pendant l'hiver de l'hémisphère nord, le centre d'attraction se transporte dans l'hémisphère sud ; l'air est alors attiré vers cet hémisphère.

En tenant compte des modifications que le mouvement de la terre apporte aux directions théoriques de ces appels d'air, on énonce la règle suivante :

Dans l'océan Indien, pendant l'été de l'hémisphère nord, la brise souffle du sud-ouest, au nord de l'Équateur, du sud-est, au sud de cette ligne, jusqu'au 20ᵉ parallèle environ, dans chaque hémisphère. C'est l'époque de la *mousson du sud-ouest*.

Pendant l'hiver de l'hémisphère nord, la brise souffle du nord-est au nord de l'Équateur, du nord-ouest au sud de l'Équateur, jusqu'au 10ᵉ parallèle sud environ ; au-dessous de ce 10° parallèle, règnent des vents permanents dits *alizés de sud-est*. Cette époque est celle de la *mousson de nord-est*.

Telle est la loi générale du régime des vents périodiques dans l'océan Indien.

Aux alentours de Madagascar, les directions générales des vents sont influencées par la configuration des côtes de l'île, par les montagnes ou les plateaux voisins, etc.

Vents sur la côte Est. — Du mois d'avril au mois d'octobre on peut dire que la côte orientale de Madagascar est généralement atteinte par les vents de sud-est. C'est la *saison sèche*, la belle saison.

D'octobre à avril, la régularité de la mousson est contestable ; cependant, le vent du nord est dominant. C'est *la saison humide* ou *l'hivernage.*

Pendant la saison sèche, la brise de sud-est est surtout fraîche à Diego et au cap d'Ambre. Elle mollit beaucoup à la hauteur de Vohémar. Dans la partie méridionale de la côte, elle remonte vers l'est et le nord; du côté de l'Anosy, règnent alors des brises de nord-est, souvent très fraîches; ce sont les *brises de Fort-Dauphin*.

Pendant la saison humide, les orages sont fréquents (cette époque est aussi celle des cyclones); les vents de nord-est, qui dominent surtout en octobre, novembre et décembre, sont quelquefois très frais.

Il y a des pluies toute l'année, moins fréquentes pendant la mousson de sud-est.

La température minimum de la côte Est est de 17 degrés environ, pendant la saison sèche; pendant l'hivernage, la température maximum est d'à peu près 32 degrés.

Vents sur les côtes Sud et Ouest. —D'avril à octobre (saison sèche), les vents dominants sur la côte Sud soufflent de l'est au sud, presque réguliers chaque jour et assez frais.

D'octobre à avril (saison pluvieuse), les vents ont moins de fixité; ils soufflent assez souvent du sud à l'ouest, quelquefois, très frais, du nord à l'ouest.

En décembre, janvier, février et mars, les orages et les bourrasques venant du sud sont fréquents.

A mesure que l'on remonte la côte Ouest de Madagascar du sud au nord, la direction des vents remonte aussi du sud au nord. Le cap Saint-André peut être regardé comme la limite où les vents inclinent tantôt au nord-ouest, tantôt au sud-ouest.

Ce régime, sur la côte occidentale de Madagascar, est établi en tout temps. Cependant si les alizés de sud-est sont très frais sur la côte orientale, pendant la saison sèche, il n'est pas rare de voir, sur la côte Nord-Ouest, des vents de sud-est s'établir avec quelque force. Comme nous l'avons dit, il y a quelquefois des vents de la partie nord sur la côte Sud-Ouest.

Pendant la saison pluvieuse, les pluies sont torrentielles, accompagnées d'orages, presque quotidiennes et très peu rafraîchissantes.

Pendant la saison sèche, au contraire, les pluies sont très rares.

Saison humide . . . . {	Température moyenne maximum.	58°
	— — minimum.	22°
Saison sèche . . . . {	— — maximum.	34°
	— — minimum.	16°

ÉPOQUE, CARACTÈRE ET ORIGINE DES CYCLONES

Les cyclones sont des perturbations atmosphériques qui affectent la forme d'une tempête tournante, d'un tourbillon d'une violence extrême, animé en même temps d'un mouvement de translation. Ils se développent pendant la saison chaude et humide, ou *hivernage*; ils parcourent l'océan Indien de novembre à mai, surtout en janvier, février et mars, et ne sortent pas des régions comprises entre Madagascar, l'Australie, les 5e et 40e parallèles sud. C'est la côte orientale de Madagascar qui est surtout exposée à leur atteinte.

Plusieurs théories sont en présence pour expliquer la cause des cyclones, ainsi que la forme de leur trajectoire, qui se rapproche d'une parabole dont le sommet est dans l'ouest et dont les deux branches s'avancent vers l'est.

Le cyclone prend naissance, en général, vers le 10e parallèle sud, soit de l'est à l'ouest la première branche de sa parabole, passe au sommet vers le 25e parallèle, puis décrit la seconde branche en faisant route vers le sud-est.

On a observé que, vers le sommet de la parabole, c'est-à-dire aux environs de Madagascar et de la Réunion, la vitesse de translation du météore est de 5 à 8 milles à l'heure. Quant à la vitesse de rotation du vent à l'intérieur de ces cyclones, elle varie sur le parcours, et on admet qu'elle peut atteindre une centaine de milles à l'heure vers le sommet de la trajectoire. Cette rotation du vent dans le tourbillon s'effectue dans le sens des aiguilles d'une montre. Enfin, on estime que le diamètre des cyclones de l'océan Indien varie de 200 à 400 milles.

Les vitesses de rotation et de translation des molécules d'air du tourbillon étant de même sens dans l'une des moitiés du tourbillon et de sens contraire dans l'autre, il existe à l'intérieur du météore deux régions où les intensités du vent sont très différentes; l'une de ces régions est le *demi-cercle maniable*, l'autre est le *demi-cercle dangereux*. Il est facile de voir que ce dernier est le demi-cercle méridional du cyclone sur la première branche, le demi-cercle oriental au sommet, le demi-cercle nord sur la deuxième branche.

La longitude du sommet de la trajectoire du cyclone étant, d'ailleurs, très variable, la côte orientale de Madagascar peut n'en ressentir aucunement les atteintes ou se trouver dans le demi-cercle maniable, ou même dans le demi-cercle dangereux.

Quelques cyclones, très rares, se sont fait sentir sur l'île elle-même et jusqu'à la côte occidentale.

Un cyclone s'annonce en général par une hausse subite et inusitée du baromètre, suivie d'une baisse continue, et par des raz de marée, souvent considérables, qui portent le nom d'*ondulations d'ouragan.*

La pression atmosphérique étant, en effet, très faible à l'intérieur et aux alentours du tourbillon, il se produit un gonflement de la masse liquide que l'ouragan chasse devant lui et qui annonce son approche; dans les baies, dans les embouchures de rivières, cette ondulation provoque des raz de marée et quelquefois des inondations.

La baisse barométrique commence environ 30 heures avant l'arrivée de la tempête; au moment où l'on en sent les premières atteintes, le baromètre marque en général 750 millimètres.

III. — 8

D'après le commandant Bridet, on peut en général estimer la distance à laquelle se trouve le centre du cyclone au moyen du tableau suivant :

Baisse du baromètre en *milli-mètre, par heure,* en un point donné.	0,3 0,6 1,0 2,0 4,5	Temps que le centre du cyclone mettra à atteindre ce point.	24 heures. 18 — 12 — 6 — au centre.

La forme, la couleur des nuages qui se transforment peu à peu de cirrus en cirro-cumulus et de cumulus en nimbus, la teinte cuivrée du ciel, surtout au moment du coucher du soleil, sont également des indices probables d'un ouragan.

Les statistiques qui donnent la proportion du nombre des cyclones dans les différents mois sont loin de concorder. Toutefois, elles indiquent toutes que la *saison des cyclones* est la saison chaude, humide, la mauvaise saison de Madagascar.

APERÇUS SISMIQUES

Madagascar, appartenant par sa constitution géologique à l'océan Indien, dont les îles sont probablement les vestiges d'un immense ensemble de terres aujourd'hui disparu, est comme la plupart d'entre elles fréquemment soumise à des secousses sismiques communément appelées « tremblements de terre ».

L'impression première éprouvée est particulièrement désagréable et, si l'on analyse ses sensations, on peut se figurer être sur le couvercle d'une immense marmite que la tension de la vapeur d'eau qu'elle contient soulève et fait remuer. Cette image grossière donne pourtant bien l'explication générale du phénomène inquiétant et troublant dont on peut devenir la victime.

Heureusement que dans l'île, jusqu'à ce jour, les oscillations se sont contentées d'être bénignes et, si elles ont fortement effrayé tous ceux qui les ont ressenties, aucune catastrophe ne s'est produite.

MM. de Rossi et Foret ont établi un tableau dont la notation sert à connaître l'intensité des tremblements de terre dans les diverses régions, et M. Flammarion l'a appliqué dans la construction d'une carte où il a repéré les courbes d'intensité du mouvement sismique dont Nice et ses environs ont été le théâtre dans la nuit du 23 février 1897. Voici cette notation :

1. Secousse signalée seulement par les instruments (sismographes).

2. Secousse signalée par les instruments et ressentie par quelques personnes au repos.

3. Secousse sensible pour un grand nombre de personnes au repos.

4. Secousse constatée par l'homme en activité. Ébranlement d'objets, trépidation des vitres.

5. Secousse ressentie d'une manière générale. Tintement de sonnettes, ébranlement de meubles, de lits, etc.

6. Réveil général des dormeurs, oscillation des lustres, arrêt des pendules, ondulation des arbres. Effroi.

7. Renversement d'objets dans les appartements. Tintement des cloches. Chute de plâtras. Grand effroi.

8. Murs lézardés, chutes de cheminées. Épouvante.

9. Destruction partielle ou totale de quelques édifices.

10. Grands désastres. Ruines. Bouleversement des couches terrestres. Crevasses. Éboulement de montagnes.

En nous référant à cette échelle de notation, nous voyons qu'à Madagascar nous n'avons pas encore dépassé le n° 6, même au moment des plus fortes oscillations ressenties dans la nuit du 2 novembre 1897. Espérons qu'il en sera longtemps de même et profitons de ce que nous sommes les témoins d'un des événements les plus curieux agissant sur l'ossature terrestre pour essayer de l'analyser.

De tout temps, l'esprit humain s'est plu à considérer ce que Rabelais a si plaisamment appelé « le plancher des vaches » comme éminemment stable. L'homme d'autrefois reportant tout au point qu'il habitait se considérait comme le centre du mouvement céleste qui ne pouvait échapper à son attention. La science actuelle, bien imparfaite encore, date d'hier et nous nous souvenons que Galilée a failli être brûlé comme sorcier pour avoir osé dire que la terre a dans l'espace un mouvement propre; le Concile qui venait de le condamner représentait pourtant, pour l'époque, l'élite savante et intellectuelle de la société. On dit même qu'après la lecture de sa condamnation, au moment où il était emmené par les gardes, Galilée frappa le sol du pied en murmurant : « Et cependant elle se meut! »

Oui, la terre se meut, et, en dehors de la courbe qu'elle suit dans l'espace, son immobilité n'est qu'apparente, elle subit des lois de transformation encore mal définies et l'élément solide lui-même, considéré à une minute quelconque, n'est jamais stable.

Ce sont tantôt de lents soulèvements, analogues à ceux qu'on observe sur les côtes de la Baltique et appréciables seulement au bout de longues années; tantôt d'immenses bouleversements qui changent en quelques secondes l'aspect d'un pays, dessèchent les fleuves, changent les plaines en montagnes et engloutissent des cités entières.

Depuis les temps les plus reculés dont le souvenir est arrivé jusqu'à nous, l'histoire nous a transmis le récit de ces catastrophes soudaines : le déluge, l'anéantissement de Sodome et Gomorrhe, l'ensevelissement d'Herculanum et de Pompéi sont les témoins les plus anciens de ces terrifiants phénomènes.

De nos jours, qui n'a entendu parler des tremblements de terre de Lisbonne, de Lima, des Calabres, d'Espagne, d'Ischia, de Nice et de l'explosion du Krakatoa? Le genre humain qui admet très facilement que la mer s'agite, que des tempêtes éclatent dans les airs, ne voit pas sans terreur le seul point solide où il puisse se réfugier, suivre la loi du mouvement général et subir les mêmes fluctuations.

Aussi s'est-on préoccupé de tout temps de la cause engendrant ces terribles phénomènes. On eût voulu découvrir la loi en vertu de laquelle ils se produisaient pour essayer de prévoir l'époque de ces funestes catastrophes et s'en garer le plus possible. Mais les données sur lesquelles on se base sont si vagues que c'est à peine si les hypothèses qui se sont succédé peuvent nous contenter. Il faut, du reste, remarquer, chose curieuse, que l'homme a pu découvrir le poids et la composition de mondes situés à des distances énormes de lui et que la structure intérieure du globe qu'il habite lui est restée cachée.

Arago admettait l'hypothèse d'un feu central développant dans l'intérieur de la terre une quantité de chaleur évaluée à plusieurs milliers de degrés. Au contact d'une pareille température, les matières les plus irréductibles devaient entrer forcément en fusion et les volcans pouvaient être considérés comme autant de soupapes de sûreté permettant l'évacuation du trop-plein de cette mer incandescente.

Il a fallu abandonner cette spécieuse théorie : la croûte terrestre, réduite à presque rien, jetée comme une mince dentelle sur la surface de ce globe de feu, aurait subi, du fait même des lois d'attration, des désorganisations telles qu'on eût pu la comparer à l'enveloppe déformée d'un aérostat devenue le jouet de toutes les oscillations.

M. Roche, et avec lui M. Flammarion admettent « l'état pâteux » du centre de notre planète.

Pour se faire une idée réelle des causes produisant les mouvements sismiques, il est bon de remonter à la formation même du système solaire. Nous laisserons de côté la classification des tremblements de terre, selon qu'ils sont dus au voisinage des régions volcaniques ou à la structure montagneuse de certains pays, et nous ne passerons en revue que les idées générales pouvant nous permettre d'approcher la vérité.

Le monde solaire est le produit d'une nébuleuse et les différentes planètes roulant sur leur orbite, plus ou moins entourées de satellites, ne se sont formées qu'à la suite d'un refroidissement continu. Nous formons un tout dans l'ensemble sidéral et, en raison même de la liaison qui réunit tout les corps d'un pareil système, nous devons ressentir le contre-coup de tous les effets qui se produisent suivant des lois qu'on a essayé de définir : lois d'attraction, de pesanteur, de rotation, etc.

Le soleil, source de vie, de chaleur et de lumière, nous envoie ses rayons à travers l'éther qui nous sépare de lui et l'intensité du nombre de vibrations, qui entretient l'existence sur notre planète et qui nous sert de lien avec ce centre calorifique et lumineux, est essentiellement variable.

L'inclinaison de l'écliptique augmente ou diminue la force de ces vibrations et a créé les zones glaciales, tempérées ou torrides. L'éloignement sur l'ellipse que nous parcourons par rapport au foyer a déterminé les saisons. La conjonction ou opposition avec notre satellite est cause des marées. Une augmentation ou une diminution de température sur l'équateur, correspondant à une élévation ou un abaissement de pression, suffit à détruire l'équilibre et occasionne une série d'ondes qui s'entre-choquent, tournoient avant de prendre une direction bien définie et qui vont, donnant naissance aux cyclones, dévaster tout sur leur passage. Les éléments liquides et gazeux qui composent notre globe, étant essentiellement mobiles, sont donc perpétuellement remués grâce à l'influence des forces gigantesques dont le soleil est le point de départ. L'élément solide résiste plus à ces diverses fluctuations, mais est également impressionné par ces ruptures d'équilibre. Il faut, d'ailleurs, remarquer que c'est au moment où l'air et la mer sont le plus agités que la terre tremble le plus souvent.

Notre planète en se refroidissant s'est contractée, et, par l'effet de cette contraction, les continents ont surgi, séparant les mers, grâce aux soulèvements dont les axes sont aujourd'hui indiqués par les grandes chaînes de montagnes. Or, ce sont justement les terrains montagneux et volcaniques qui sont le plus sujets aux oscillations sismiques : les plissements du sol ne se sont pas produits sans laisser en dessous d'eux d'immenses cavités où viennent se comprimer une colossale quantité de gaz dus à l'évaporation des eaux arrivées au contact des roches à haute température ou de sels effervescents.

M. Daubrée a démontré que la tension de la vapeur d'eau pouvait exercer une pression formidable : des tubes d'acier, de forte épaisseur et bouchés à vis, contenant quelques grammes d'eau, portés ensuite à 450 degrés, ont éclaté avec un bruit comparable à celui d'un coup de canon.

L'explosion du Krakatoa, due à une force de tension analogue, a lancé dans les airs une île dont les débris ont été projetés au delà de notre atmosphère ; ces poussières, qui sont restées en suspension dans l'espace pendant plusieurs années, ont produit des illuminations crépusculaires qui ont pu être observées de tous les points de la terre.

L'eau de pluie ne retourne pas en totalité à la mer d'où elle sort : il faudrait pour cela que les fleuves et les rivières qui la canalisent aient leur lit formé d'argile imperméable. La mer ne reçoit donc qu'une petite quantité de ce qu'elle a fourni. De plus, les fissures existant dans le sous-sol et dans les fonds sous-marins permettent à d'énormes masses d'eau d'alimenter les gigantesques chaudières faisant éprouver à la surface terrestre de continuels frémissements. La vapeur d'eau et les gaz, ainsi produits, viennent s'entasser dans les cavités qui supportent l'ossature du sol et y restent dans un état d'équilibre instable que la moindre cause peut détruire ; de fantastiques effondrements ont lieu, des crevasses et des gouffres se creusent, le tremblement de terre a pris naissance, il engloutit et bouleverse le malheureux pays où vient de se produire la rupture ; puis ses ondes se propagent successivement selon les terrains, accompagnées de grondements caractéristiques.

Les causes primordiales sont très complexes ; il est bien malaisé de les définir et de se faire une opinion arrêtée. Parfois un abaissement de pression dans l'atmosphère suffit à provoquer la catastrophe.

Le tremblement de terre qui a eu lieu en Espagne le 25 octobre 1884 a

été précédé d'une baisse barométrique telle que tous les instruments enregis-
treurs semblaient affolés. La secousse ressentie à Madagas car le 27 février 1898
a, pour ainsi dire, annoncé le cyclone qui a détruit Mayotte vingt-quatre
heures après. De même une augmentation dans le système d'attraction peut
occasionner la rupture nécessaire à l'éclosion des mouvements sismiques :
le 23 février 1887, jour où prit naissance le tremblement de terre de Nice,
il y avait non seulement nouvelle lune, mais encore éclipse centrale de soleil,
la terre, la lune et le soleil se trouvant sur une même ligne droite.

Enfin, les taches solaires elles-mêmes paraissent avoir une action. Pendant
l'année qui vient de s'écouler (1898), féconde en mouvements sismiques
et en cyclones, le soleil a été couvert de taches dont les dimensions atteignaient plus de cinq fois le diamètre de la terre, ce qui permettait de les dis-
tinguer à l'aide d'un simple verre fumé. Il est facile de se rendre compte que,
si les taches sont d'immenses cyclones qui bouleversent momentanément la
photosphère solaire, les vibrations qui nous arrivent éprouvent des fluctuations suffisamment fortes pour pouvoir déterminer à la surface de notre
planète ces différences de pression suffisant à la rupture de l'équilibre général et donnant naissance aux phénomènes que nous envisageons.

Jetons les yeux sur les tableaux de statistique des tremblements de terre
qui accompagnent cette étude et faisons le rapprochement des dates ; nous
verrons que la plupart des grandes catastrophes marquant dans l'histoire
terrestre ont eu généralement lieu dans le voisinage des équinoxes et des
syzygies.

Pour le tableau spécial à Madagascar, les secousses les plus fortes se sont
produites également à la même époque et les mouvements ont été bien plus
sensibles aux nouvelles et pleines lunes qu'aux quadratures. D'où il ressort
que les tremblements de terre sont surtout à craindre pendant les grandes
périodes d'attraction.

Prenons maintenant le phénomène envisagé en lui-même et analysons-le :
le mouvement est presque toujours précédé et suivi de grondements rappe-
lant le bruit que fait un camion chargé de ferraille roulant sur le pavé.

Les oscillations sont de deux sortes : elles sont ondulatoires ou horizon-
tales et verticales ou sussultoires. Les mouvements giratoires ne sont qu'un
composé des deux précédents. Ce sont ces derniers les plus dangereux, mais
ils sont très rares.

Les secousses verticales suffisent à déterminer des catastrophes et il faut
souhaiter de n'en pas trop ressentir quand un tremblement de terre a lieu.

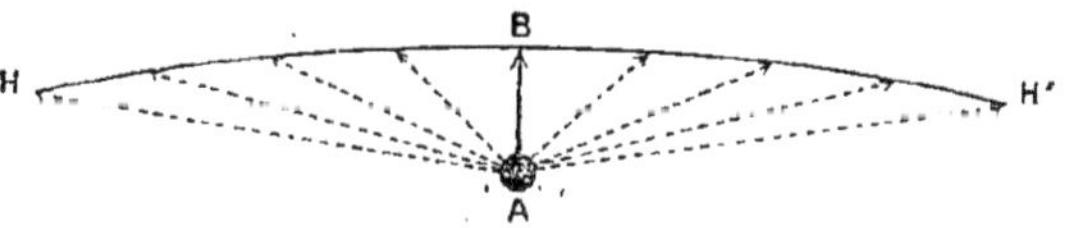

Soit en effet A le centre du mouvement et H H' la ligne d'horizon. Il est
facile de se convaincre que l'observateur, placé en B, ressentira la secousse
verticale et pourra se dire qu'il est juste au-dessus du centre même du
phénomène, tandis que les ondulations se transmettant concentriquement et

tendant à devenir parallèles à l'horizon, prouveront à des observateurs placés en H et en H' qu'ils sont à une certaine distance du lieu où prend naissance le mouvement.

Il est, pour ainsi dire, impossible de bien déterminer dans quel sens se produit le mouvement de translation des ondes, à moins d'avoir à sa disposition un sismographe. Les renseignements que nous avons demandés à tous les points de Madagascar et qui nous sont parvenus à ce sujet se contredisent tous. Nous attendrons d'avoir en notre possession l'appareil enregistreur voulu pour être fixé à cet égard, qui est très simple et basé sur la théorie du pendule.

Nous venons de passer en revue une grande partie des hypothèses admises aujourd'hui sur la production des mouvements sismiques. Il y a, comme l'on voit, beaucoup à faire encore et l'on ne sera définitivement au courant de tous les phénomènes dont notre terre est le théâtre que le jour où des observatoires disséminés sur toute la surface du globe et communiquant tous entre eux, pourront s'appuyer sur les données les plus exactes et les plus sérieuses afin de mettre sur pied la théorie des tremblements de terre.

Principaux tremblements de terre antérieurs.

Temps anciens. — Le déluge et le tremblement de terre qui a détruit Sodome et Gomorrhe.	1856. — Algérie.
79 av. J.-C. — Ensevelissement d'Herculanum et de Pompéi.	1861. — Mendoza (Amérique du Sud).
1356. — Bâle.	1868. — Rives occidentales de l'Amérique du Sud.
7 juin 1692. — Jamaïque.	10 décembre 1869. — Onlah (Asie Mineure).
28 octobre 1724, et en 1736 et 1746. — Lima.	11 avril 1871. — Battang (Chine).
24 mai 1750. — Chili.	1879. — Algérie.
1er novembre 1755. — Lisbonne.	3 avril 1881. — Ile de Chio (3 650 morts).
1782. — San-Stephano.	28 juillet 1883. — Ile d'Ischia (2 443 morts).
Février 1783. — Calabre (14 000 morts à Messine).	26 août 1883. — Éruption du Krakatoa (40 000 morts).
4 février 1797. — Riobamba (plus de 100 000 victimes).	22 avril 1884. — Angleterre.
26 juillet 1805. — Naples.	25 décembre 1884. — Espagne (2 500 morts).
1811. — Missouri.	17 juin 1885. — Baramuda (Asie centrale, 5 080 morts).
26 mars 1812. — Caracas (plus de 20 000 morts).	24 juin et 5 août 1885. — Dorignies (Nord).
21 mars 1829. — Murcie (Espagne).	31 août 1886. — Charleston.
2 août 1837, 18 novembre 1867. — Ile Saint-Thomas des Antilles.	23 février 1887. — Nice.
1843. — Guadeloupe.	30 mai 1889. — Massif breton (secousse ressentie jusqu'à Paris).
1851. — Ile de Majorque.	10 juillet 1894.— Constantinople (5 000 morts).
18 août 1853. — Thèbes.	1896. — Japon.
16 avril 1854. — San-Salvador.	1897 et 1898. — Portugal. — Formation d'une île dans les Lipari. — Asie Mineure. — Madagascar, et réveil du volcan Sainte-Rose à la Réunion. — Iles de la Sonde. — Cyclone ravageant Mayotte le 27 février 1898 et Nouméa le 23 mai.
23 décembre 1854. — Japon.	

Tremblements de terre à Madagascar.

ANNÉES 1897-1898

Durée moyenne des oscillations de 10 à 15 secondes.

4 mai. — 8 heures soir, une secousse faible.

28 juin. — 5 h. 5 matin, une secousse sensible.

18 octobre. — Premier orage, trois tremblements de terre dans l'après-midi.

2 novembre. — Trois secousses entre 1 heure et 2 de l'après-midi ; la première forte.

Nuit du 2 au 3 novembre. — De 1 h. 20 à 4 heures, une dizaine de secousses, dont deux très fortes, ressenties dans presque toute l'île. Une des sources d'Antsirabé tarie, le poste de Tikodaraina et le pont sur la Betsiboka détruits. A Tananarive, tout le monde passe la nuit dehors ; à Miarinarivo, on campe sous la tente.

3 novembre. — Entre 3 et 4 heures de l'après-midi, une secousse assez sensible, soir brume, vent d'est très fort, bolide.

Nuit du 3 au 4 novembre. — Plusieurs petites secousses légères.

Nuit du 5 au 6. — Trois secousses sensibles.

6. — Quelques secousses très faibles.

Nuit du 7 au 8. — Une secousse très sensible.

Nuit du 11 au 12. — Entre 1 et 2 heures, forte secousse de tremblement de terre, suivie de plusieurs autres moins fortes jusqu'à 4 heures matin, temps très lourd, orage le soir. Les orages reprennent après une période de beau temps.

Nuit du 14 au 15. — Vers 2 heures matin, secousse sensible, même direction O.-E. (?).

18 novembre. — 10 h. 15 matin, une secousse sensible.

26 novembre. — 8 heures matin, secousse sensible.

1er décembre. — Entre 8 et 9 heures soir, deux petites secousses.

2 décembre. — Entre midi et 1 heure, légère secousse, pluie toute la soirée.

Nuit du 2 au 3. — A 5 h. 25, une forte secousse ; pluie tout l'après-midi et la nuit du 3 au 4.

Nuit du 14 au 15. — 10 heures soir, secousse sensible.

25 décembre. —. 1 h. 30 après-midi, une secousse légère.

27 décembre. — 5 h. 15 après-midi, une secousse sensible.

17 janvier. — 5 h. 30 soir, une secousse sensible.

23 février, nuit du 23 au 24. — 1 heure matin, une secousse.

26 février, nuit du 26 au 27. — Une forte secousse verticale sussultoire à 11 h. 15 coïncidant avec la baisse barométrique annonçant le cyclone qui a ravagé Mayotte dans la nuit du 27 au 28.

3 Mars. — Vers 1 h. 30 après-midi, légère secousse.

Nuit du 11 au 12. — Légères secousses.

Nuit du 12 au 13. — Légères secousses.

15 mars. — Une secousse un peu sensible.

16 mars. — 1 h. 30 après-midi, une petite secousse.

20 mars, nuit du 20 au 21. — 4 heures matin, une forte et longue secousse horizontale, S.-O. à E. (?).

Nuit du 27 au 28. — 10 h. 30 soir et 5 h. 15 matin, deux légères secousses.

28 mars. — 4 h. 30 après-midi, une secousse sensible.

Nuit du 7 au 8 avril. — 4 heures matin, une légère secousse.

14 avril. — 5 h. 15 soir, une secousse sensible, pluie la nuit.

16 avril. — 5 heures matin, deux légères secousses.

3 mai. — 3 heures matin, nuit du 3 au 4, 6 heures matin, une secousse horizontale très sensible.

16 mai. — 6 h. 10 matin, une longue et sensible secousse horizontale, toujours même direction.

22 mai. — 6 heures soir, deux légères secousses.

29 mai. — 1 h. 30 soir, deux légères secousses.

CHAPITRE IV

Documents officiels.

Postes et télégraphes. — Organisation. Navires reliant la côte de Madagascar aux îles voisines.
Service spécial de la côte Ouest. Tarif des correspondances. Tarif des lettres valeurs déclarées.
Tarif des boîtes de valeurs déclarées. Colis postaux.
Télégrammes pour l'extérieur. Taxe par mot des télégrammes pour les différents pays et par les
différentes voies. Télégrammes pour l'intérieur.
Tableau des courriers originaires de Tananarive pour les divers points de l'île. — Tableau des cour-
riers au 25 octobre 1898.
Arrêté portant réorganisation du service postal et télégraphique à Madagascar.
Arrêté réglementant le service des colis postaux.

Code malgache. — Les lois de Madagascar. — Lois du royaume. — Lois concernant tout
le peuple : crimes emportant la peine capitale et la confiscation des biens sans distinction de sexe.
Meurtres. Crimes passibles de dix ans de fers et au-dessus. Vols. Esclavage. Mariage. Avorte-
ments. Lèpre et variole. Boucherie. Poids et mesures. Grande et petite vicinalité. Ventes et baux.
Baux des maisons. Les forêts.
Lois concernant le peuple libre. — Propriété. — Les condamnés. — Des perturbateurs.
Diverses lois. — L'argent. Police. Les médicaments. — Les ministres.
Lois relatives aux procès et aux jugements. — Des juges. Les procès.
Lois pour les écoles des six districts d'Imerina.

Principaux actes administratifs en vigueur. — Loi déclarant Madagascar et les îles
qui en dépendent colonie française. — Décret relatif aux pouvoirs du Résident général à Madagascar. — Décret supprimant l'emploi de Résident général et créant celui de Gouverneur général
de la colonie de Madagascar et dépendances. — Décret organisant un Conseil d'administration près
la Résidence générale de Madagascar. — Arrêté créant le Conseil de défense de la colonie. — Décret
instituant une direction des finances et du contrôle à la Résidence générale de Madagascar. —
Décret fixant la hiérarchie, le traitement, le classement au point de vue des frais de route, des
indemnités de séjour, de passage et de voyages à l'étranger et l'assimilation pour la retraite des
administrateurs coloniaux. — Arrêté érigeant en communes les établissements de Diego-Suarez,
de Nossi-Bé, de Sainte-Marie de Madagascar. — Arrêté instituant l'Imerina, avec Tananarive, et
le pays betsileo, avec Fianarantsoa, en territoire militaire. — Arrêté divisant l'Imerina en cercles
militaires. — Arrêtés portant création de cercles et de provinces, organisation de gouvernements généraux et de provinces.

Trésor. — Décret portant organisation du Service de la trésorerie de Madagascar.

Justice. — Décret portant organisation de la justice française à Madagascar. — Décret spécifiant
les détails de cette organisation. — Arrêté fixant les distances servant à calculer les délais de
distance prévus en matière judiciaire. — Arrêté fixant le tarif des frais et dépens en matière
civile. — Arrêté concernant les frais de justice criminelle. — Arrêté réglementant le service des
commissaires-priseurs à Tananarive. — Arrêté sur les défenseurs.

Domaines et propriété foncière. — Arrêté abrogeant et remplaçant la loi financière du
9 mars 1896. — Décret portant règlement sur la propriété foncière à Madagascar. — Arrêté portant règlement sur le service de la conservation foncière et les frais d'immatriculation à Madagascar et dans les îles qui en dépendent. — Tableau des salaires dus au conservateur de la propriété
foncière. — Décret portant fixation et organisation du domaine public à Madagascar. — Arrêtés
relatifs au régime de l'or de différentes provenances et au commerce de cette matière. — Arrêté
au sujet de la contribution des patentes. — Arrêtés au sujet des prestations des indigènes. —

— Arrêté organisant les milices. — Arrêtés fixant les conditions d'exercice de la médecine à Madagascar. — Arrêté portant création et réglementation d'un service d'hôpital malgache à Madagascar. — Arrêté créant une école professionnelle d'apprentissage pour les indigènes à Tananarive. — Arrêté réglementant le service topographique. — Arrêtés réglementant la main-d'œuvre et le travail des indigènes. — Arrêtés relatifs aux postes et télégraphes, aux douanes, etc.

POSTES ET TÉLÉGRAPHES

Organisation.

Le service postal à Madagascar est effectué par des fonctionnaires ou agents de la métropole, des agents locaux et, dans les localités où il n'existe pas d'agents des postes et télégraphes du service métropolitain, par le personnel administratif, les commandants de cercle, les employés des douanes ou des particuliers.

Des bureaux de plein exercice sont établis à Tananarive, Tamatave, Beforona, Andévorante, Mananjary, Fianarantsoa, Fort-Dauphin, Diego-Suarez, Nossi-Bé, Majunga et Tulléar.

Des bureaux auxiliaires fonctionnent à Andriba, Anjozorobé, Ankazobé, Ankeramadinika, Anosibé, Antsirabé, Ambatondrazaka, Ambositra, Arivonimamo, Betafo, Miarinarivo et Moramanga (dépendant de Tananarive).

A Fénérive, Mahambo, Mahanoro, Mahatsara, Maroantsetra, Sainte-Marie et Vatomandry (dépendant de Tamatave).

A Mahela (dépendant de Mananjary).

A Farafangana (dépendant de Fort-Dauphin).

A Vohémar (dépendant de Diego-Suarez).

A Marovoay et Mevatanana (dépendant de Majunga).

A Nosy Vé (dépendant de Tulléar).

Des entrepôts existent à Anorotsangana, Bedara, Foulpointe, Ivondrona, Manankara, Mangatsiaka, Matitanana, Vangaindrano, Manambondro, Sainte-Luce, Sahambava, Antalaha, Angontsy, Lokia, Antomboka, Maintirano et Morondava.

Enfin les bureaux auxiliaires des chefs-lieux de cercles desservent toutes les localités comprises dans leurs régions respectives.

Navires reliant la côte de Madagascar aux îles voisines.

DATES DES PASSAGES à Tamatave.	COMPAGNIES	MALLES VENANT DE	MALLES ALLANT A
2 ou 5	Messageries maritimes.	Maurice.	Sainte-Marie, Diego-Suarez, Nossi-Bé, Majunga, Mayotte.
4 ou 5	Id.	France.	Réunion, Maurice.
14 ou 15 . .	Id.	Id.	Id.
18	Id.	Maurice.	Diego-Suarez, Djibouti.
Vers le 20 . .	Castel line.	Le Cap.	Maurice.
Vers le 25 . .	Chargeurs Réunis.	Laurenço-Marquez (par Majunga).	Majunga, Laurenço-Marquez.
Vers le 27 . .	Compagnie havraise.	France (par Majunga).	Réunion, Maurice.

SERVICE SPÉCIAL DE LA COTE OUEST
(annexes des Messageries maritimes)

Le paquebot-annexe des Messageries maritimes, le *Mpanjaka*, dessert la côte Ouest de Madagascar, de Nossi-Bé à Tulléar, en passant par Majunga, Maintirano et Morondava.

Tarifs des correspondances.
1° Pour l'intérieur de Madagascar,

Lettres ordinaires : 0 fr. 15 par 15 grammes ou fraction de 15 grammes.

Autres objets de correspondance : 0 fr. 05 par 50 grammes, avec un maximum de 350 grammes pour les échantillons et de deux kilos pour les imprimés, journaux, papiers d'affaires, etc.

Les lettres non affranchies sont taxées à l'arrivée à raison de 0 fr. 30 par 15 grammes ou fraction de 15 grammes. Celles insuffisamment affranchies sont taxées au double de l'insuffisance.

L'affranchissement de tous les objets au tarif réduit est obligatoire.

2° *Pour les pays faisant partie de l'Union postale,*

Lettres ordinaires : 0 fr. 25 par 15 grammes ou fraction de 15 grammes.

Journaux et imprimés : 0 fr. 05 par 50 grammes ou fraction de 50 grammes. Poids maximum, 2 kilos.

Papiers d'affaires : 0 fr. 05 par 50 grammes, avec un maximum de perception de 0 fr. 25. Poids maximum, 2 kilos.

Échantillons : 0 fr. 05 par 50 grammes, avec un maximum de perception de 0 fr. 10. Poids maximum, 350 grammes.

Objets recommandés : 0 fr. 25 en plus de l'affranchissement ordinaire.

Il existe, dans les bureaux de poste, un tarif général indiquant les conditions d'envois des journaux, imprimés, papiers d'affaires et échantillons à destination des pays ne faisant pas partie de l'union postale.

Ce tarif est tenu à la disposition du public.

Valeurs déclarées : Des lettres et boîtes contenant des valeurs déclarées peuvent être expédiées des bureaux de plein exercice de Madagascar à destination des pays de l'Union postale qui admettent ces envois.

Les chargements, lettres ou boîtes valeurs déclarées ne sont acceptés dans les bureaux de l'intérieur qu'aux risques et périls des expéditeurs jusqu'à leur arrivée aux ports d'embarquement.

Tous les envois de cette nature ne sont considérés, pendant leur parcours terrestre, que comme des lettres recommandées.

Les valeurs admises à circuler par la poste sous la dénomination de valeurs déclarées sont :

1° Pour les valeurs expédiées sous enveloppe : les billets de banque, les chèques, les bons, les coupons de dividende ou d'intérêt échus, payables au porteur;

2° Pour les valeurs expédiées dans des boîtes : des bijoux ou objets précieux de petite dimension, de la poudre d'or.

La déclaration des valeurs insérées doit être portée d'avance sur l'adresse, sans ratures, ni surcharges, même approuvées, sous peine de refus d'admission.

Le montant des valeurs est énoncé en *langue française*, en toutes lettres, en francs et en centimes, sans indication de leur nature.

L'adresse ne peut être écrite au crayon, ni le destinataire désigné par des initiales.

Lettres valeurs déclarées.

Les lettres contenant des valeurs déclarées doivent être mises sous enveloppes scellées de cachets en cire fine, de même couleur, avec empreinte; les cachets doivent être placés de manière à retenir suffisamment tous les plis de l'enveloppe. L'empreinte de tous les cachets doit être uniforme, sans surcharge apparente, et reproduire un signe particulier à l'envoyeur. Les empreintes banales, telles que celles obtenues au moyen d'une pièce de monnaie, d'un dé à coudre ou de tout autre objet semblable, ne peuvent être employées.

La partie de cachet frappée de l'empreinte doit porter sur les plis. Le nombre des cachets doit être de deux au moins; il peut être porté jusqu'à cinq et même au delà, si la forme ou la dimension de l'enveloppe rend ce nombre nécessaire.

Toute déclaration frauduleuse de valeurs supérieures à la valeur réellement insérée est interdite. Par contre, on peut ne déclarer qu'une partie de la valeur réellement insérée.

Les taxes et droits applicables aux chargements doivent toujours être acquittés d'avance par les expéditeurs par l'apposition de timbres-poste qui ne doivent ni se toucher, ni être repliés sur les deux côtés de l'enveloppe. Les lettres contenant des valeurs déclarées doivent être déposées aux guichets des bureaux de poste, où il en est donné reçu à l'expéditeur.

Il est interdit d'insérer dans les lettres contenant des valeurs déclarées des pièces de monnaie, des matières d'or et d'argent, des bijoux ou autres objets précieux.

Les lettres contenant des valeurs déclarées adressées sous des initiales ne sont pas admises.

Il n'y a aucun minimum de déclaration; le maximum est 10 000 francs.

Tarif des lettres valeurs déclarées.

La taxe se compose de celle d'une lettre recommandée de même poids, et, en plus, d'un droit d'assurance calculé à raison de :

0 fr. 20 par 500 francs ou fraction de 500 francs de valeurs déclarées pour :

La France	L'Annam
L'Algérie	Le Tonkin
La Tunisie	La Nouvelle-Calédonie
La Réunion	Djibouti
Pondichéry	Mayotte
La Cochinchine	L'Égypte

Ainsi que pour l'intérieur de Madagascar.

0 fr. 35 par 500 francs, pour :

La Guadeloupe	L'Allemagne
La Martinique	L'Autriche-Hongrie
La Guyane française	La Belgique
Le Sénégal	La Bulgarie
Le Danemark	La Roumanie
Les Antilles danoises	La Russie
L'Espagne	Salvador
L'Italie	La Serbie
Le Luxembourg	La Suède
La Norvège	La Suisse
Les Pays-Bas	Le Gabon
Le Portugal	La Confédération argentine

0 fr. 45 par 500 francs, pour :

Le Groenland.

Colonies portugaises (Santiago, Cap-Vert, San-Thomé, Loanda, Angola).

L'Erythrée (colonie italienne).

Boîtes de valeurs déclarées.

Les bijoux et objets précieux et la poudre d'or, expédiés dans des boîtes et dont la circulation est autorisée avec la France et l'Algérie et les colonies françaises, ainsi que certains pays étrangers désignés ci-après, sont assimilés aux lettres contenant des valeurs déclarées, quant aux formalités de dépôt et de remise au destinataire.

Le maximum de la déclaration est fixé à 10 000 francs par envoi; il n'y a pas de minimum.

Les taxes et droits spéciaux à percevoir sur ces envois sont énoncés ci-après :

Les boîtes contenant des valeurs déclarées doivent être présentées closes d'avance. Il est interdit aux agents des postes de prêter leur concours à la fermeture de ces boîtes.

Le poids de chaque envoi ne peut dépasser un kilogramme. Les dimensions maxima des boîtes sont fixées à 30 centimètres en longueur et 10 centimètres en largeur et en hauteur. L'épaisseur des parois des boîtes doit être de 8 millimètres au moins.

Elles doivent être entourées d'un croisé de ficelle solide, scellées sur les quatre faces latérales au moyen de cachets en cire fine de même couleur et portant une même empreinte particulière. Les deux autres faces doivent être garnies, sur toute leur étendue, de feuilles de papier blanc y adhérant fortement et destinées à recevoir, indépendamment de l'adresse du destinataire et de la déclaration de la valeur, les différents timbres que les agents doivent y apposer.

En cas de perte ou de détérioration résultant de la fracture des boîtes dont les parois n'auraient pas au moins 8 millimètres d'épaisseur, l'administration des postes n'est tenue à aucune indemnité.

Il est interdit d'expédier dans des boîtes, comme valeurs déclarées, des monnaies françaises ou étrangères ayant cours et d'y insérer des lettres.

Il est également interdit d'expédier en France des bijoux d'un titre inférieur au titre légal. Les objets de cette nature sont retournés aux expéditeurs par le bureau de garantie.

Les boîtes à destination de la France ou de l'étranger doivent être accompagnées de déclarations en douane. Les formules de déclarations sont mises gratuitement à la disposition du public dans les bureaux de poste.

Tarif des boîtes valeurs déclarées.

Les boîtes valeurs déclarées sont soumises à une taxe fixe et à un droit proportionnel calculé sur chaque 300 fr. ou fraction de 300 fr. de la valeur déclarée.

DESTINATION DES ENVOIS	DROIT FIXE	DROIT PROPORTIONNEL par 300 fr. ou fraction de 300 fr.
France, Algérie, Tunisie, la Réunion, Indo-Chine, Pondichéry, Calédonie, Mayotte, Djibouti.	2 fr. 00	0 fr. 20
Égypte, régime intérieur de Madagascar, autres colonies françaises ne correspondant avec Madagascar que par la voie de France. .	2 50	0 20
Allemagne.	2 50	0 35
Autriche-Hongrie.	3 00	0 35
Bulgarie.	4 00	0 35
Italie.	2 50	0 35
Luxembourg.	2 50	0 35
Suisse . . . . , ...	2 50	0 35
Turquie (voie d'Autriche)	4 50	0 45
Érythrée	3 50	0 45

Le port des avis de réception (facultatif pour les expéditeurs) est uniformément de 0 fr. 10.

Colis postaux.

Le service des colis postaux simples est ouvert dans les ports de Madagascar visités par les paquebots français.

Les destinataires auront à payer : 1° les droits de douanes, s'il y a lieu ; 2° 0 fr. 25 de factage pour chaque colis et, 3° s'il y a lieu, les frais de transport à l'intérieur de l'île, suivant le tarif ci-après.

Pour être reçus à l'expédition, les colis ne devront porter aucune déclaration de valeur, ne pas dépasser le poids de 5 kilogrammes, ni le volume de 20 décimètres cubes, ni la dimension, sur une face quelconque, de 60 centimètres, ni contenir de matière explosible, inflammable ou dangereuse, ni article prohibé par les lois ou règlements de douane ou autres, ni lettre ou note ayant le caractère de correspondance.

Aucun colis ne peut plus être accepté dans les bureaux de poste situés dans les ports pour le plus prochain départ, lorsque le paquebot attendu est en vue.

L'affranchissement au départ et le payement des droits de douane à la sortie, s'il y a lieu, sont obligatoires.

Les colis postaux expédiés de l'intérieur de Madagascar seront, en outre, soumis aux taxes suivantes pour leur transport jusqu'aux ports d'embarquement :

2 francs par kilogramme ou fraction de kilogramme pour les colis originaires de :

Tananarive, Mananjary, Fianarantsoa, Fort-Dauphin.

Une taxe fixe de 2 fr. 50 sera appliquée à chaque colis, aux bureaux de :

Andévorante	Vohémar
Foulpointe	Sahambava
Fénérive	Antalaha
Ambatondrazaka	Marololo
Maroantsetra	Mevatanana

Une taxe analogue à celle ci-dessus sera également perçue sur les destinataires pour les colis arrivant.

Toutefois, le service postal n'entendant point, par là, se réserver le monopole de ces transports, les destinataires peuvent, dans les ports de débarquement, faire retirer leurs colis postaux par des fondés de pouvoir et se les faire parvenir par des porteurs à leur salaire.

Les taxes intérieures ci-dessus sont applicables à tous colis postaux à destination de Madagascar ou déposés dans un des bureaux de l'île.

L'affranchissement, au port d'embarquement, est de :

0 fr. 50 pour Mayotte, Nossi-Bé, Sainte-Marie, Diego, Majunga, Nosy Vé, la Réunion.

1 franc pour : Djibouti.

1 fr. 50 pour : Maurice.

2 francs pour : les Seychelles, Pondichéry et Karikal.

3 francs pour : la France (colis livrés dans les gares).

3 fr. 25 pour : la France (à domicile), Algérie, Corse.

3 fr. 50 pour : l'Allemagne, l'Alsace-Lorraine, la Belgique, la Suisse.

3 fr. 75 pour : l'Italie, l'Espagne, l'Erythrée, Malte.

4 francs pour : l'Autriche-Hongrie, le Danemark, les Pays-Bas, Shang-Haï.

4 fr. 25 pour : la Norvège et le Portugal.

4 fr. 50 pour : l'Angleterre, le Gabon, le Congo français, la Guadeloupe, la Martinique.

4 fr. 75 pour : le Montenegro, Madère, la Roumanie, la Serbie.

5 francs pour : Tahiti et la Suède.

5 fr. 25 pour : la Bulgarie.

Télégrammes pour l'extérieur

Les bureaux de poste de Madagascar se chargent de recevoir du public les télé-grammes pour l'étranger et perçoivent le montant des taxes, d'après le tarif de la station à laquelle ils sont adressés.

Il est perçu, en outre, s'il y a lieu, un droit fixe de 0 fr. 50 pour frais de poste, plus la taxe de transmission électrique à l'intérieur, à raison de 0 fr. 10 par mot.

Ces télégrammes sont expédiés aux bureaux des câbles, et ceux-ci les transmettent sans retard à destination.

Taxe par mot des télégrammes pour les pays suivants et par les différentes voies.

DESTINATIONS	Viâ Aden	Viâ Zanzibar	Viâ Maurice	Viâ Majunga
Europe	6 fr. 25	6 fr. 25	6 fr. 25	7 fr. 10
Europe (par Majunga-le Cap)	»	»	»	9 10
Mozambique	»	»	»	0 75
Zanzibar	»	»	»	3 35
Djibouti	»	»	»	8 05
Durban	»	»	»	5 85
Laurenço-Marquez	»	»	»	4 60
Maurice	»	»	»	8 35
Indes britanniques	»	»	»	7 10
Cape-Town	»	»	»	6 05
Obock	»	»	»	7 75
Bombay	»	»	6 25	»
Cochinchine (par Singapour)	»	»	»	8 62 1/2
Cochinchine (par Moulmein)	»	»	»	8 35
Tonkin (par Singapour)	»	»	»	10 021 1/2
Tonkin (par Moulmein)	»	»	»	9 75
Hong-Kong (par le Cap)	»	»	»	16 60
Hong-Kong	15 72 1/2	»	9 175	»
New-York (par Majunga-Aden)	»	»	»	8 35
Aden	»	»	»	7 10
Johannesburg (Transvaal)	»	»	»	6 05

Il est accordé une réduction de taxe aux correspondants dûment autorisés des jour-naux, publications périodiques et agences de publicité.

Les télégrammes de presse à taxe réduite doivent être rédigés en langage clair et ne pas contenir des cours de Marchés ou de Bourse.

Télégrammes pour l'intérieur.

Tananarive est relié à Tamatave et à Majunga par une ligne télégraphique desser-vant, d'un côté, Ankeramadinika, Moramanga, Beforona, Mahatsara et Andévorante et, de l'autre, Ankazobé, Andriba, Mevatanana et Marovoay. On vient d'inaugurer la ligne de Fianarantsoa.

Les bureaux de Tananarive, Tamatave et Majunga sont ouverts sans interruption de 7 heures du matin à 9 heures du soir. Les autres bureaux ouvrent de 8 à 11 heures du matin et de 2 à 7 heures du soir.

Tarif. — L'unité de la taxe est le mot. La taxe est de 0 fr. 15 par mot, sans, tou-tefois, que le prix du télégramme puisse être inférieur à 1 fr. 50.

Télégrammes secrets. — Les télégrammes secrets rédigés en langage convenu, c'est-à-dire composés de mots ayant chacun un sens intrinsèque, mais ne formant pas des phrases compréhensibles, sont taxés comme les télégrammes rédigés en langage clair.

Les télégrammes secrets rédigés en langage secret, c'est-à-dire composés de groupes de lettres ou de chiffres, supportent, outre la taxe ordinaire, une surtaxe fixe de 1 fr. 50.

Télégrammes par exprès. — Il est toujours perçu des arrhes pour le prix de l'exprès.

Le règlement de ces arrhes est effectué ultérieurement, d'après les indications fournies au bureau de départ par le bureau d'arrivée.

Si les arrhes excèdent le salaire du porteur, l'excédent est remboursé à l'expéditeur; si, au contraire, le salaire est supérieur aux arrhes, on régularise par un complément de taxe perçu sur l'expéditeur.

La mention *Exprès* ou X P est comprise dans le nombre des mots taxés.

Télégrammes par poste. — La recommandation postale est obligatoire aux bureaux d'arrivée.

Il est perçu au départ une surtaxe fixée à 0 fr. 50.

La mention *Poste* suivie du nom du bureau destinataire est comprise dans les mots taxés.

Télégrammes-mandats. — Il peut être échangé des mandats télégraphiques entre les bureaux de Tamatave, Tananarive et Majunga.

Ces mandats, en plus du droit de 2 pour 100 sur leur montant, supportent une taxe télégraphique de 0 fr. 15 par mot.

Tableau des courriers originaires de Tananarive pour les divers points de l'île.

DESTINATION	JOURS DE DÉPART	OBSERVATIONS
Tamatave (ligne d'étapes de l'Est et toute la côte Est), de Tamatave à Maroantsetra, Mandritsara et Fort-Dauphin.	Les mercredi et samedi et les 13 et 28 de chaque mois.	
Diego-Suarez, Vohémar, Antalaha	Les 13 ou 14 et 28 ou 29 de chaque mois.	
Sainte-Marie et Nossi-Bé.	Les 13 ou 14 de chaque mois.	
Majunga (ligne d'étapes de l'Ouest), cercle de la Mahavavy et toute la côte Ouest	Les 4, 13 ou 14 et 23 de chaque mois.	
Ligne d'étapes de l'Est jusqu'à Beforona inclus, Vatomandry et la côte Sud-Est à partir de ce point jusqu'à Farafangana	Les lundi de chaque semaine.	
Vatomandry	Le mercredi de chaque semaine.	
Tsinjoarivo et Mahanoro	Le mercredi de chaque semaine.	
Ambositra et Mananjary	Le jeudi de chaque semaine.	
Tsiafahy, Antsirabé, Betafo, Ambositra, Fianarantsoa, le Betsiriry et tous les postes du sud de Fianarantsoa.	Les lundi et jeudi.	Le lendemain de l'arrivée des malles.
Farafangana (par Fianarantsoa)	Le jeudi.	
Ankazobé et les secteurs qui en dépendent. .	Les 1, 4, 8, 11, 14, 19, 23 et 27.	Ainsi que le lendemain de l'arrivée des malles.
Isoavinandriana.	Le dimanche de chaque semaine.	Le lendemain de l'arrivée des malles.
Arivonimamo, Miarinarivo, Isoavinandriana, Ankavandra, Bekopaka.	Les lundi et jeudi.	Id.
Anjozorobé et les secteurs de ce cercle; Ambatondrazaka et les secteurs de ce cercle. .	Les mardi et vendredi.	Id.

Tableau des Courriers au 25 octobre 1898.

ORIGINE DES CORRESPONDANCES	DESTINATION	DATES OU JOURS DE DÉPART	HEURES	DATES OU JOURS D'ARRIVÉE	PRINCIPALES LOCALITÉS DESSERVIES	OBSERVATIONS
Tananarive . . .	Tamatave	Les mercredi et samedi de chaque semaine et les 13 ou 14 et 28 ou 29 de chaque mois.	8 h. 50 m.	Les dimanche et mercredi de chaque semaine et les 18 et 2 ou 5.	Manjakandriana, Ankeramadinika, Moramanga, Beforona, Mahatsara et Andévorante.	Les courriers des 14 et 29 ne prennent pas les correspondances pour la ligne d'étapes.
Tamatave. . . .	Tananarive. . . .	Les mercredi et samedi de chaque semaine, les 5 ou 6 et 15 ou 16 de chaque mois.	8 h. 50 m. Dès le débarquement des dépêches apportées par la malle.	Les dimanche et mercredi de chaque semaine, les 9 ou 10 et les 19 ou 20.	Id.	Le courrier des journaux, qui n'est pas transporté par les relais, arrive à Tananarive les 12 ou 13 et 22 ou 23 de chaque mois.
Tananarive . . .	Majunga.	Les 4, 13 ou 14 et 25 de chaque mois.	8 h. 50 m.	Les 12, 22 et 30.	Ampanotokana, Fihaonana, Ankazobé, Andriba, Maevatanana, Ambato et Marovoay.	Le courrier partant le 16 de Tananarive est un courrier *léger* rapide, correspondant avec la malle pour l'Europe qui passe à Majunga le 23. Il ne comporte aucune correspondance pour la ligne d'étapes.
Majunga	Tananarive. . . .	Les 2, 16 et 24 de chaque mois.	8 h. 50 m.	Les 9, 25 et 31 ou 1er.	Id.	
Tananarive . . .	Fianarantsoa. . .	Les lundi et jeudi.	8 h. 50 m.	Les samedi et mardi.	Tsiafahy, Antsirabé, Ambositra.	Les correspondances pour Betafo, Inanatonana et Miandrivazo, sont expédiées d'Antsirabé dès l'arrivée des courriers venant de Tananarive.
Fianarantsoa . .	Tananarive. . . .	Les mercredi et samedi.	8 h. 50 m.	Les lundi et jeudi.	Id.	
Tananarive . . .	Nossi-Bé.	Le mardi.	8 h. 30 m.	Le mardi, 15 jours après le départ.	Anjozorobé, Ambatondrazaka, Imerimandroso, Mandritsara, Befandriana, Analalava, Ambodimadiro.	
Nossi-Bé	Tananarive. . . .	Le jeudi.	8 h. 50 m.	Le jeudi, 15 jours après le départ.	Id.	
Tananarive . . .	Fort-Dauphin. . .	Le jeudi.	8 h. 50 m.	Le jeudi, 15 jours après le départ.	Ihosy, Betroky, Tamotamo.	Ce courrier comprend les correspondances pour Tulléar qui sont dirigées sur leur destination par Ihosy.
Fort-Dauphin. .	Tananarive. . . .	Le lundi.	8 h. 50 m.	Le lundi, 15 jours après le départ.	Id.	
Tananarive . . .	Mananjary. . . .	Le jeudi.	8 h. 50 m.	Le mercredi.	Ambohimanga du Sud.	
Mananjary . . .	Tananarive. . . .	Le mardi.	8 h. 50 m.	Le lundi.	Id.	

		nanarive des courriers d'Europe.				
Ankazobé. . . .	Tananarive. . . .	Les 5 ou 4, 8, 12, 15, 19, 23, 26, 30.	8 h. 50 m.	Les 4 ou 5, 9, 13, 16, 20, 24, 27 et 31 ou 1er.	Id.	
Tananarive. . . .	Ambatondrazaka .	Les mardi et vendredi.	8 h. 50 m.	Les dimanche et mercredi.	Ambohitrolomahitsy, Ambatomainty, Anjozorobé, Mandanivatsy et Andranofotsy.	
Ambatondrazaka.	Tananarive. . . .	Les mercredi et samedi.	8 h. 50 m.	Les lundi et jeudi.	Id.	
Tananarive. . .	Ankavandra . . .	Les jeudi et samedi.	8 h. 50 m.	Les mardi et jeudi.	Arivonimamo, Miarinarivo et Fenoarivo.	Correspondances pour Isoavinandriana à chacun de ces courriers.
Ankavandra. . .	Tananarive. . . .	Les jeudi et samedi.	8 h. 50 m.	Les mardi et jeudi.	Id.	
Tananarive . . .	Isoavinandriana. .	Le lundi.	8 h. 50 m.	Le mercredi.		Les correspondances pour Morondava sont envoyées d'Isoavinandriana, le lendemain de l'arrivée du courrier de Tananarive.
Isoavinandriana .	Tananarive. . . .	Le jeudi.	8 h. 50 m.	Le samedi.		
Tananarive. . .	Mahanoro	Le jeudi.	8 h. 50 m.	Le vendredi, 9 jours après le départ.	Tsinjoarivo et Ambohimikanja.	
Mahanoro. . . .	Tananarive. . . .	Le dimanche.	8 h. 50 m	Le lundi, 9 jours après le départ.	Id.	
Tananarive. . .	Vatomandry . . .	Les lundi et mercredi.	8 h. 50 m.	Les vendredi et dimanche.	Ankeramadinika, Moramanga et Beforona.	Ces courriers emportent les correspondances pour Mahanoro, Mananjary et Farafangana.
Vatomandry. . .	Tananarive. . . .	Les mardi et samedi.	8 h. 50 m. -	Les dimanche et jeudi.	Id.	
Tamatave. . . .	Maroantsetra . . .	Les 6, 16 et 26.	8 h. 30 m.	Les 15, 24 et les 3 ou 4.	Foulpointe, Mahambo, Fénérive, Soamianina et Mananara.	
Maroantsetra . .	Tamatave	Les 6, 15 et 22.	8 h. 30 m.	Les 14, 23 et 30.	Id.	
Tamatave. . . .	Ambatondrazaka .	Les 6, 16 et 26.	8 h. 50 m.	Les 13, 23 et 2 ou 5.	Id.	
Ambatondrazaka.	Tamatave	Les 4, 14 et 20.	8 h. 50 m.	Les 11, 21 et 27.	Id.	
Tamatave. . . .	Mananjary . . .	Le mercredi et le 6 ou 7 et le 16 ou 17.	8 h. 50 m.	Le lundi, le 11 ou 12 et le 21 ou 22.	Andévorante, Vatomandry, Mahanoro et Mahela.	
Mananjary . . .	Tamatave	Le mardi et les 13 et 28.	8 h. 50 m.	Le dimanche, les 18 et 2 ou 5.	Id.	

ORIGINE DES CORRESPONDANCES	DESTINATION	DATES OU JOURS DE DÉPART	HEURES	DATES OU JOURS D'ARRIVÉE	PRINCIPALES LOCALITÉS DESSERVIES	OBSERVATIONS
Vatomandry. . .	Anosibé.	Le dimanche.	8 h. 50 m.	Le crcredi.		
Anosibé	Vatomandry . . .	Le jeudi.	8 h. 50 m.	Le samedi.		
Mananjary . . .	Fianarantsoa. . .	Le mardi et les 11 ou 12 et 21 ou 22.	11 h. 00 m.	Le vendredi, les 14 ou 15 et 24 ou 25.		
Fianarantsoa . .	Mananjary. . . .	Le vendredi et les 9 et 24.	8 h. 50 m.	Le lundi et les 12 et 27.		
Mananjary . . .	Fort-Dauphin. . .	Le mardi et les 11 ou 12 et 21 ou 22.	11 h. 00 m.	Le mardi, les 18 ou 19 et 28 ou 29.	Faraony, Manankara, Farafangana, Benanoremana, Manambondro et Manantena.	
Fort-Dauphin . .	Mananjary. . . .	Le lundi et les 5 et 20.	8 h. 50 m.	Le lundi et les 12 et 27.		
Tulléar.	Ankotofotsy . . .	Le lundi et le 15 ou 14.	11 h. 00 m.	Le mercredi et les 15 ou 16.	Saint-Augustin et Itrandraka.	
Ankotofotsy. . .	Tulléar	Le jeudi.	8 h. 50 m.	Le samedi.	Id.	
Majunga	Analalava . . .	Le mardi.	8 h. 00 m.	Le samedi.	Ambenja, Ampasindava et Antonibé.	
Analalava. . . .	Majunga.	Le dimanche.	Après le passage du courrier de Nossi-Bé.	Le jeudi.	Id.	
Diego-Suarez . .	Baie du Courrier.	Tous les 2 jours.	8 h. 50 m.	Aller et retour dans la même journée.		
Diego-Suarez . .	Vohémar	Les 4 ou 5 et 19 ou 20.	8 h. 50 m.	Les 7 ou 8 et 22 ou 25.		Après l'arrivée du courrier de France.
Vohémar.	Diego-Suarez. . .	Les 9 et 20.	8 h. 50 m.	Les 12 et 1er ou 2.		
Vohémar.	Angontsy	Les 8 ou 9 et 25 ou 24.	8 h. 50 m.	Les 15 ou 14 et 28 ou 29.	Sahambava et Antalaha.	
Angontsy. . . .	Vohémar.	Les 5 et 25.	8 h. 50 m.	Les 8 et 28.	Id.	

NOTA. — Outre les courriers désignés ci-dessus, il existe, entre les chefs-lieux des cercles et les secteurs, un service bihebdomadaire de correspondance, réglé selon les besoins de l'autorité militaire.

Arrêté

portant réorganisation du service postal et télégraphique à Madagascar.

Le Général, commandant supérieur des troupes et des territoires militaires, faisant fonctions de Résident général de la République française à Madagascar;

Vu le décret du 11 décembre 1895, fixant les pouvoirs du résident général de France à Madagascar ;

Vu l'arrêté du 27 septembre 1896, plaçant le directeur des postes sous l'autorité directe du Général commandant supérieur des troupes et des territoires militaires;

Vu la nécessité de relier, par des communications rapides et régulières, les divers postes militaires de la route de Tananarive et Tamatave, ainsi que Tananarive avec les chefs-lieux de cercle et les postes de l'Imerina ;

Vu la nécessité de donner satisfaction aux besoins des commerçants et des colons;

Sur la proposition du directeur des postes et des télégraphes, et après avis du directeur des finances et du contrôle ;

Arrête :

Article premier. — Il sera posé un second fil télégraphique entre Tananarive et Tamatave.

Ce fil sera en principe réservé aux communications directes entre Tananarive et Tamatave.

Art. 2. — Il est créé un bureau télégraphique dans chacune des localités ci-après : Bedara, Ankeramadinika et Maharidaza.

Les bureaux télégraphiques de Moramanga, de Beforona et d'Andévorante, déjà existants, sont maintenus.

Art. 3. — Il est créé, sous le nom de bureaux auxiliaires, un bureau de poste dans chacune des localités ci-après : Maharidaza, Ankeramadinika, Moramanga, Beforona, Bedara et Andévorante.

Les bureaux auxiliaires de Bedara et d'Andévorante dépendront du bureau de poste de Tamatave. Les bureaux auxiliaires de Beforona, Moramanga, Ankeramadinika et Maharidaza dépendront du bureau central de Tananarive.

Art. 4. — Il est créé un second courrier hebdomadaire entre Tananarive et Tamatave, et, inversement, entre Tamatave et Tananarive.

Les courriers partiront de Tananarive, le mercredi et le samedi de chaque semaine, à huit heures et demie du matin, et de Tamatave, les mêmes jours, à la même heure.

Art. 5. — Il est créé un service quotidien de correspondance entre Tananarive et les chefs-lieux des quatre cercles militaires de l'Imerina, et inversement.

Les tsimandoas employés quitteront Tananarive, le matin à huit heures, et les chefs-lieux de cercle, le matin à huit heures et demie.

Art. 6. — Il est créé un service de correspondance entre chaque chef-lieu de cercle appartenant à l'Imerina et les postes du même cercle.

Ce service est réglé par les commandants de cercle de manière à faire communiquer les postes avec le chef-lieu tous les deux jours ou tous les trois jours suivant les besoins.

Art. 7. — Il n'est pas établi de service régulier de correspondance entre les postes qui, bien que voisins, n'appartiennent pas au même cercle.

Ces postes correspondront entre eux, en cas de nécessité, à l'aide de tsimandoas, payés sur les fonds secrets.

Art. 8. — Le service de correspondance entre Antsirabé et Tananarive, actuellement bimensuel, deviendra hebdomadaire.

Les tsimandoas partiront le lundi, à huit heures du matin, et d'Antsirabé le jeudi, à la même heure.

Art. 9. — Les tsimandoas, faisant le service entre Tananarive et les chefs-lieux des quatre cercles de l'Imerina, ainsi que ceux faisant le service entre Tananarive et Antsirabé, ou, inversement, entre Antsirabé, les chefs-lieux des quatre cercles et Tananarive, seront payés par le Service des postes, qui sera remboursé de ses dépenses par les soins du chef d'état-major, ordonnateur secondaire.

Les tsimandoas employés dans les cercles de l'Imerina, pour le service de correspondance entre les chefs-lieux et les postes, seront payés par les gestionnaires des caisses de fonds d'avances, sur mandats établis aux noms des commandants de cercle.

Art. 10. — Le présent arrêté entrera en vigueur le 15 octobre 1896, en ce qui concerne le service postal.

Un avis ultérieur fera connaître la date d'ouverture des nouveaux bureaux télégraphiques.

Fait à Tananarive, le 11 octobre 1896.

GALLIENI.

Arrêté n° 264

réglementant le service des colis postaux.

Le Général, commandant le corps d'occupation et Résident général de France à Madagascar;

Vu le décret du 11 décembre 1895, fixant les pouvoirs du Résident général;

Vu le décret du 26 août 1890, créant le service des colis postaux avec Madagascar;

Vu l'arrêté du 27 septembre 1896, plaçant le directeur des postes sous l'autorité directe du général commandant supérieur des troupes et des territoires militaires;

Vu la nécessité de donner satisfaction aux besoins des commerçants et des colons;

Sur la proposition du directeur des postes et télégraphes;

Après avis du directeur des finances et du contrôle;

Arrête :

Article premier. — Le service des colis postaux, qui fonctionnait déjà avant la guerre, est repris et étendu de la manière suivante :

1° Il pourra être reçu ou expédié dans les bureaux de Madagascar, désignés au tableau ci-après, des colis postaux ordinaires, de ou pour les pays qui participent à ce service.

2° En plus des tarifs extérieurs et des droits de douane, s'il y a lieu, les colis postaux, de ou pour les bureaux de l'intérieur de Madagascar, seront soumis à une taxe spéciale, dite taxe intérieure.

Cette taxe sera perçue sur les expéditeurs pour les colis partants et sur les destinataires pour les colis arrivants. Elle est destinée à couvrir les dépenses pour le transport des colis dans le parcours terrestre à Madagascar.

3° Une taxe de factage de 0 fr. 25 sera perçue sur les destinataires pour tous les colis, sans exception, arrivant à Madagascar.

Art. 2. — Les taxes, indiquées au tableau ci-après, sont applicables aux colis circulant exclusivement à l'intérieur de Madagascar.

Art. 3. — Le service des colis postaux ne constituant pas un monopole, les destinataires auront la faculté, en avisant les receveurs des postes des ports de débarquement de faire retirer, par des fondés de pouvoir, les colis qui leur seraient adressés.

Art. 4. — Il n'est rien changé au mode de transport et de délivrance des colis postaux destinés aux militaires du corps d'occupation.

Art. 5. — Le directeur des postes et télégraphes est chargé de l'exécution du présent arrêté, qui n'aura son effet qu'à dater du 1er janvier 1897.

Tableau des taxes intérieures.

ITINÉRAIRES DE..... POUR..... OU INVERSEMENT	TAXES
De Tamatave à Andévorante.	2 fr. 50 par colis.
— au delà d'Andévorante jusqu'à Moramanga	1 fr. 50 par kilog.
— au delà de Moramanga jusqu'à Tananarive et Antsirabé .	2 fr. » —
— au delà d'Andévorante jusqu'à Mahanoro	1 fr. 50 —
— au delà de Mahanoro jusqu'à Mananjary et Fianarantsoa.	2 fr. » —
— au delà de Mananjary jusqu'à Fort-Dauphin.	2 fr. 50 —
— jusqu'à Maroantsetra et Ambatondrazaka	2 fr. 50 par colis.
De Diego-Suarez jusqu'à Antalaha par Vohémar et Sahambava	2 fr. 50 —
De Majunga à Suberbieville par Marovoay.	2 fr. 50 —

Le Général, commandant le corps expéditionnaire et Résident général de France à Madagascar.

Fait à Tananarive, le 29 décembre 1896.

GALLIENI.

Vu :

Le directeur des finances et du contrôle,

HOMBERG.

CODE MALGACHE

Les premières lois malgaches ou plutôt hovas remontent à Andrianampoinimerina, qui est, d'ailleurs, le véritable fondateur de l'hégémonie hova (1787-1810).

Les premières lois de l'Imerina, au lieu de constituer comme aujourd'hui un Code, étaient simplement des prescriptions faites par Andrianampoinimerina dans des kabary.

Le premier recueil ou Code date de Ranavalona I (25 Alakarabo 1846).

A partir de cette époque, chaque règne ou à peu près voit paraître un nouveau Code.

En voici les dates successives avec le nom du souverain en regard :

```
26 Adaoro 1865  . . . . . . . . . . . . .  Rasoherina
11 Adizaoza 1866. . . . . . . . . . . . .  Rasoherina
18 Alakarabo 1868 . . . . . . . . . . . .  Ranavalona II
 1 Alakarabo (29 mars 1881) . . . . . .  Ranavalona II
```

C'est la traduction de ce dernier Code que nous reproduisons ci-après.

Les lois qu'il contient, très sages et parfaitement adaptées au caractère des populations, ont été maintenues en vigueur par l'arrêté n° 457 du 23 février 1897 du Résident général.

Ces lois sont appliquées en Imerina, dans le Betsileo et dans certaines régions des côtes Est et Ouest, pour les juridictions mixtes ou indigènes dans les affaires civiles ou criminelles entre Malgaches.

LES LOIS DE MADAGASCAR

LOIS DU ROYAUME

Lois concernant tout le peuple.

Les douze grands crimes, emportant la peine capitale et la confiscation des biens sans distinction de sexe, sont :

1° Préparer des poisons, avec l'intention de donner la mort à la Reine.

2° Organiser des complots pour exciter le peuple à la révolte.

5° Faire partie des insurgés ou rebelles, avec intention de provoquer ou d'encourager la rébellion.

4° Provoquer la rébellion.

5° Exciter les esprits à la rébellion.

6° Désigner un usurpateur aux rebelles.

7° Calomnier le Gouvernement de Sa Majesté, avec l'intention de provoquer la révolte.

8° Préparer un homicide pour provoquer la révolte.

9° Violer les palais du Gouvernement, avec l'intention de provoquer la révolte.

10° Fabriquer des poignards, devant servir à la révolte.

11° Suborner pour faire partie des révoltés, en recevant toutes sommes d'argent.

12° Commettre un homicide volontaire.

1. Tels sont les douze grands crimes qui emportent la peine capitale. Quiconque en commettra un seul sera puni de mort et ses biens seront confisqués, fussent-ils même passés en d'autres mains.

2. La femme et les enfants d'un rebelle ayant eu connaissance du crime de leur époux ou de leur père, à défaut de dénonciation faite par eux, seront condamnés aux fers à perpétuité.

3. Toutes personnes, ayant eu connaissance des actes d'un rebelle ou d'un homicide, à défaut de dénonciation de leur part, seront condamnées aux fers à perpétuité.

Meurtres.

4. Si quelqu'un frappe avec intention de donner la mort, avec une arme de guerre aiguisée, alors même que le coup ne causerait pas la mort, sera puni de mort.

5. Toutes personnes soudoyées pour commettre un meurtre et celles qui soudoieront seront punies de mort.

6. Si quelqu'un frappe un autre avec le fer sans causer la mort, il subira 1 an de fers.

Respect à la Reine.

7. Toute personne qui manquera de respect à S. M. la Reine subira une amende de 100 francs et payera 150 francs à la Reine; à défaut de payement, elle sera condamnée à 5 ans de fers.

Crimes passibles de 10 ans de fers et au-dessus.

8. Quiconque introduira, dans le royaume, des Mozambiques ou autres personnes de l'étranger pour les faire esclaves ou les vendre comme tels, ainsi que ceux qui expédieront toute personne à l'étranger dans le même but, seront condamnés aux fers à perpétuité, et leurs biens seront confisqués.

9. Quiconque fouillera des mines d'or, d'argent, ou de diamants, ou frappera de la monnaie, subira une condamnation de 20 ans de fers.

10. La fouille des mines d'or, d'argent, de cuivre, de fer, de plomb, de pierres précieuses, de diamants, du charbon de terre, etc., est interdite, tant sur les terres prises à bail que sur celles qui ne le sont pas. Ceux qui contreviendront à cette loi seront condamnés à 20 ans de fers.

11. Tout exercice de sorcellerie sera puni de 20 ans de fers.

12. Le rapt de toute personne sera puni de 20 ans de fers, et les biens du coupable seront confisqués.

13. La contrefaçon des sceaux sera poursuivie, et le coupable subira 20 ans de fers.

14. Tout vol commis dans l'enceinte du palais royal sera puni de 10 ans de fers.

15. Toute contrefaçon de signature sera punie de 10 ans de fers.

16. Les incendiaires seront punis de 10 ans de fers, et leurs biens confisqués.

17. Toute violation de tombeaux ou sépultures sera punie de 10 ans de fers, et les biens des coupables confisqués.

18. Les vols avec effraction seront punis de 10 ans de fers, et les biens des coupables confisqués.

19. Toute réunion de nuit, ayant pour effet de troubler la paix publique ou pour but de provoquer la perturbation, est défendue, à peine, pour le délinquant, d'être condamné à 10 ans de fers et d'avoir ses biens confisqués.

20. Quiconque, sans l'autorisation de S. M. la Reine et de Rainilaiarivony, premier

ministre et commandant en chef, fera des provisions de poudre, sera condamné à 10 ans de fers.

21. Toutes ventes et tous achats de poudre, sans autorisation de Rainilaiarivony, premier ministre et commandant en chef, seront punis de 10 ans de fers.

Les vols.

22. Toute personne convaincue de vol ne pourra être condamnée que par les juges; quiconque aura connaissance qu'un vol a été commis et n'en donnera pas avis à l'autorité sera puni d'une amende de 5 bœufs et 25 francs; à défaut de payement, il subira l'emprisonnement à raison de 62 centimes par jour, jusqu'à concurrence du montant de l'amende.

23. Quiconque coupera des « lamba » au bazar, avec intention de voler, subira 6 mois de fers.

24. Tout vol de riz non récolté, fait la nuit dans les champs, ainsi que les vols de riz dans les magasins, seront punissables de 1 an de fers, et le montant des vols sera remboursé; à défaut de remboursement, la peine sera portée à 2 ans de fers.

25. Les vols de pirogues seront punis d'une amende de 1 bœuf et 1 piastre, et la valeur de la pirogue volée sera remboursée dans les proportions suivantes :

```
1 petite pirogue . . . . . . . . . . . . . . . . 15 francs.
1 moyenne . . . . . . . . . . . . . . . . . 25  —
1 grande . . . . . . . . . . . . . . . . . . 40  —
```

A défaut de remboursement du prix de la pirogue et de payement de l'amende, le voleur sera mis aux fers, à raison de 62 centimes par jour, jusqu'à concurrence de la somme due.

26. Les vols commis dans les édifices religieux seront punis de 7 ans de fers.

27. Quiconque volera des bœufs subira une amende de 1 bœuf et 1 piastre par bœuf volé et sera condamné à la restitution des bœufs volés; à défaut, il devra en payer la valeur comme suit :

```
1 vache. . . . . . . . . . . . . . . . . . . . 15 francs.
1 bœuf . . . . . . . . . . . . . . . . . . . . 25  —
1 bœuf engraissé pour la boucherie. . . . . . 40  —
```

A défaut de payement de l'amende et de la restitution des bœufs volés ou de leur valeur, le coupable subira 1 an de fers pour chaque animal volé. Cependant, s'il n'y avait que l'amende d'impayée, le coupable subirait l'emprisonnement, à raison de 62 centimes par jour jusqu'à parfait payement.

28. Tout propriétaire de bœufs volés pourra reprendre ses bœufs et accuser le voleur devant les juges pour le faire condamner à payer l'amende de 1 bœuf et 5 francs par chaque bœuf volé; dans le cas où le propriétaire des bœufs manquerait à faire cette dénonciation, l'amende en question lui serait applicable.

Si, après condamnation, le voleur ne paye pas l'amende, il subira les fers à raison de 62 centimes par jour, jusqu'à concurrence de la somme due.

29. Tout voleur de moutons, cabris, porcs, chats, chiens, subira un emprisonnement de 15 jours, et les animaux devront être restitués au propriétaire; à défaut, le coupable sera condamné à 5 mois de fers.

30. Tout vol de dindes, oies, canards Manille, canards et poules, sera puni de 8 jours d'emprisonnement et l'animal volé sera restitué à son propriétaire; à défaut, le coupable subira 2 mois de prison.

31. Tout vol commis au bazar, qu'il s'agisse d'argent ou de toute autre marchandise,

d'une valeur de 50 centimes et au-dessus, sera puni de 1 an de fers, et la chose volée sera restituée au propriétaire; à défaut, le voleur, après avoir subi sa peine, sera maintenu aux fers à raison de 62 centimes par jour, jusqu'à complet remboursement de la valeur volée.

52. Les vols d'argent ou de marchandise faits au bazar, pour une valeur au-dessous de 50 centimes, seront punis de 3 mois de fers et le montant du vol sera restitué au propriétaire; à défaut, la peine sera portée à 5 mois de fers.

53. Tout vol de cannes à sucre, maniocs, patates, cambarres, maïs, haricots, pistaches, melons, bananes, citrons, raisins, mangues, bibasses, légumes, seines et autres, soit dans les champs. soit dans la ville, sera puni de 8 jours de prison, et la valeur du vol sera payée à celui qui aura été volé. Le vol ne sera qualifié qu'autant que le voleur aurait emporté les objets volés; mais, s'il s'est contenté de manger sur les lieux, il sera considéré comme innocent et non coupable.

54. Tout escroc, qui, pour se procurer de l'argent, arguerait d'être porteur des ordres de la Reine, d'une autorité quelconque ou de toute autre personne, sera puni d'une amende égale au tiers de la somme qu'il aurait ainsi extorquée, laquelle sera restituée à celui qui l'aura donnée; à défaut, le coupable sera mis aux fers, à raison de 62 centimes par jour, jusqu'à concurrence de la somme due, amende comprise.

55. Tout objet trouvé devra être remis à l'autorité la plus rapprochée du lieu où il aura été trouvé, et le cinquième de sa valeur sera partagé, en parts égales, au profit du gouvernement et de la personne qui aura déclaré l'avoir trouvé. À défaut de déposer les objets trouvés, le coupable sera passible de 1 mois de prison, et les objets trouvés seront rendus à leur propriétaire, ou, à défaut, le coupable sera mis aux fers, à raison de 62 centimes par jour, jusqu'à concurrence de la valeur de l'objet trouvé.

56. Tout détournement de l'argent de la Reine, ou des revenus de l'État, sera puni d'une amende égale au tiers de la valeur détournée, dont le remboursement devra être effectué sous peine pour le coupable d'être mis aux fers, à raison de 62 centimes par jour, jusqu'à concurrence de la valeur détournée et du montant de l'amende.

57. Quiconque détournerait les droits réguliers ou d'aubaine revenant à la Reine, c'est-à-dire la dîme sur la récolte de riz, les biens des personnes décédées sans héritiers et la cuisse de chaque bœuf tué, subira une peine de 2 ans de fers, et ses biens répondront de la valeur détournée; à défaut, le coupable sera maintenu aux fers, à raison de 62 centimes par jour, jusqu'à concurrence de la valeur due.

58. Quiconque détournera le « hasina » (les droits d'allégeance payés à la Reine) subira 2 ans de fers.

Esclavage.

59. Dans le cas où un esclave, appartenant à un libre, s'étant enfui, serait retrouvé, le maître payera 12 francs; dans le cas où cet esclave appartiendrait à un soldat, ce dernier aura 9 fr. 50 à payer.

40. Les esclaves de là province de l'Imerina, ne peuvent être amenés pour être vendus sur la côte; si le fait se produisait, l'esclave serait repris et appartiendrait pour deux tiers de sa valeur au Gouvernement, et le dénonciateur aurait droit à un tiers.

41. Toute personne déléguant une autre pour amener des esclaves sur la côte et en faire le commerce subira une amende de 500 francs; celui qui aura accepté le mandat, s'il ne dénonce pas celui pour le compte duquel il a opéré, subira une amende de 50 francs et 10 bœufs. À défaut de payement soit de l'envoyeur, soit de l'envoyé, ils seront mis aux fers, à raison de 62 centimes par jour, jusqu'à concurrence de la somme due.

42. Les esclaves se trouvant déjà sur la côte pourront y être vendus par les per_
sonnes auxquelles ils appartiennent légalement, en donnant avis au Gouvernement
pour l'enregistrement; le défaut de cette formalité fera considérer la vente comme
un rapt.

43. Quiconque cachera un esclave qui se sera enfui pendant une semaine ou plus
payera 1 fr. 25 par esclave et par jour, pour tout le temps que l'esclave aura été
caché. Le cinquième de cette amende reviendra à l'État et les quatre cinquièmes au
propriétaire de l'esclave; à défaut de payement de l'amende, le contrevenant sera
mis en prison à raison de 62 centimes par jour jusqu'à payement.

44. Quiconque emmènera ou expédiera l'esclave d'autrui sur la côte sans la permission du propriétaire payera 12 fr. 50 par mois pour chaque esclave, et pendant
toute la durée de son absence. Le cinquième de cette somme reviendra à l'État. En
cas de mort de l'esclave durant son absence, il sera payé à son maître une somme
de 150 francs comme indemnité. A défaut de payement, soit de l'amende, soit de la
valeur de l'esclave, le délinquant sera mis en prison, à raison de 62 centimes par jour
pendant tout le temps nécessaire pour couvrir la somme due.

45. La spéculation ou le commerce des esclaves est interdit, et le propriétaire seul
a le droit de vendre ses esclaves. Quiconque fera cette spéculation ou le commerce
des esclaves subira une amende de 10 bœufs et 50 francs pour chaque esclave vendu
ou acheté; à défaut de payement, le contrevenant sera mis aux fers, à raison de
62 centimes par jour jusqu'à payement de l'amende.

46. Toute acquisition d'esclave oblige l'acheteur à le conserver chez lui, pour
l'occuper à ses travaux personnels; si l'acquisition a pour but de le revendre, l'acheteur subira une amende de 50 francs et 10 bœufs, car ce serait alors une spéculation sur des êtres humains. De peur que cela ne vous fasse perdre vos esclaves,
prenez garde, ô mon peuple! A défaut de payement de l'amende, le débiteur sera mis
aux fers à raison de 62 centimes par jour.

47. En cas de vente ou d'achat d'esclaves, le vendeur et l'acquéreur devront en faire
la déclaration, pour l'enregistrement sur les livres de l'État; à défaut d'enregistrement, l'esclave ne sera pas considéré comme acheté ou vendu. Les frais d'enregistrement seront payés par le vendeur et l'acheteur, à raison de 1 fr. 25 chacun.

48. Si un esclave se rachète ou est libéré par son maître ou ses parents, ou s'il
adopte son maître ou le fils de son maître pour son fils et héritier, la personne adoptée
ne pourra pas être reniée; malgré cela, si la personne adoptée ne se conformait pas
aux conditions de l'adoption, elle pourrait être reniée.

49. Quand un maître libère un esclave ou qu'un esclave se rachète ou est libéré
par ses parents, la déclaration doit en être faite, pour l'enregistrement sur les livres
du Gouvernement; cet enregistrement donne lieu à un droit de 62 centimes à payer
chacun par le libérateur et le libéré.

Mariages.

50. La bigamie est défendue dans le royaume, et quiconque prendra plusieurs
femmes subira une amende de 10 bœufs et 50 francs; à défaut de payement, il sera
mis en prison, à raison de 62 centimes par jour jusqu'à complet payement.

51. Aucun mariage ne pourra être contracté que du plein gré des conjoints; tout
mariage, dit de convenance, ne pourra être obligatoire contre la volonté des parties.

52. Le beau-frère et la belle-sœur ne pourront contracter mariage que de leur
plein gré.

53. Tout mariage, qui ne sera pas inscrit sur les livres de l'état civil, sera nul, et
les contractants seront considérés comme vivant en concubinage.

54. Toute somme d'argent, donnée ou acceptée en état de concubinage, ne pourra jamais être réclamée. Quiconque poursuivra une réclamation d'argent donné dans ces conditions sera passible d'une amende égale à la somme réclamée; à défaut de payement, il sera mis en prison, à raison de 62 centimes par jour.

55. Quiconque prendra une fille pour vivre en concubinage avec elle et ne l'épousera pas ‛ sera condamné à 250 francs d'amende; à défaut de payement, il sera emprisonné, à raison de 62 centimes par jour jusqu'à concurrence du montant de l'amende.

56. Le divorce est interdit; cependant, en cas de faits graves, l'époux qui demandera le divorce pourra porter plainte à l'autorité. Les époux qui se sépareront sans en donner avis à l'autorité seront condamnés à une amende de 250 francs, payable un tiers par l'épouse et deux tiers par le mari; à défaut de payement, ils subiront l'emprisonnement, à raison de 62 centimes par jour jusqu'à payement de l'amende, et le mariage continuera à avoir toute force légale.

57. Quiconque épousera la femme d'autrui, qui n'est pas encore libre de contracter mariage, sera condamné à une amende de 500 francs, et la femme sera remise à son mari; celui qui l'aura amenée au dernier mari subira également une amende de 500 francs; à défaut de payement, les délinquants seront emprisonnés, à raison de 62 centimes par jour jusqu'à payement.

58. Quiconque prend la femme d'autrui en concubinage est passible d'une amende de 500 francs, dont un tiers sera payé par la femme et les deux tiers par le délinquant; à défaut de payement, 1 an de fers. Quiconque prendra la femme d'un homme parti en guerre et qui périrait en guerre, les deux, l'homme et la femme, seront mis aux fers à perpétuité et tous leurs biens seront confisqués.

59. Dans les castes nobles des Andrianteloray, les mariages ne pourront être contractés qu'entre conjoints de même caste; si par hasard, avant cette loi, il a été contracté des mariages contrairement à ce qu'elle édicte, et que les castes des époux en aient eu connaissance, et que le mari soit décédé, la femme peut retourner à la caste à laquelle elle appartient.

60. Si une Andrianteloray se marie à un Tsihibelambana, elle deviendra Tsihibelambana; pour tout mariage de cette nature contracté avant cette loi, si la caste a eu connaissance de la légalité de ce mariage, et que le mari soit décédé, la femme retourne à la caste à laquelle elle appartient avec ses enfants.

61. Les Zanadralambo ne peuvent contracter mariage qu'avec des femmes de leur caste; car, s'ils se marient avec des Tsihibelambana, ils deviennent Tsihibelambana, et, s'il y a eu de tels mariages contractés avant cette loi et que la caste en ait eu connaissance, la femme retournera parmi les siens avec ses enfants, dans le cas où son mari serait décédé.

62. S'il y a eu avant cette loi des mariages contractés entre des Andrianteloray et des Zanadralambo, ils doivent continuer à avoir toute valeur légale.

63. Toute personne qui contractera un mariage de mésalliance sera punie par l'emprisonnement : 8 mois pour l'homme et 4 mois pour la femme, et ils seront aussi punis d'après les lois de leurs ancêtres.

Avortements.

64. Si une femme enceinte est convaincue d'avoir provoqué son accouchement prématuré, elle sera condamnée à 2 ans d'emprisonnement.

65. Quiconque recevra de l'argent pour provoquer un accouchement prématuré, sans qu'il y ait nécessité pour sauver la vie de la mère, subira 2 ans d'emprisonnement.

66. Quiconque frappera une femme enceinte et causera ainsi son accouchement

prématuré ou avortement sera condamné à 1 an de prison. Si la femme était assez avancée en grossesse pour sentir l'enfant, celui qui se sera porté sur elle à des voies de faits ayant provoqué un accouchement prématuré subira un emprisonnement de 2 années.

Lèpre et variole.

67. Les lépreux seront mis dans l'endroit désigné pour ce genre de malades. Toute personne saine qui aura des communications avec des lépreux ou qui, en ayant connaissance, ne dénoncera pas ces malades pour qu'ils soient envoyés au dépôt, sera condamnée à une amende de 1 bœuf et 5 francs et, à défaut de payement, subira la prison, à raison de 62 centimes par jour jusqu'à payement définitif de l'amende.

68. Dans chaque district, il sera construit un hôpital destiné aux varioleux, d'après les plans que fournira le Gouvernement, et quiconque gardera des malades chez lui, au lieu de les faire déposer à l'hôpital, subira une amende de 5 bœufs et 25 francs; à défaut de payement, il sera emprisonné à raison de 62 centimes par jour, jusqu'à concurrence du montant de l'amende.

Boucherie

69. Tout boucher ou toute autre personne qui mettra en vente de la viande provenant d'un bœuf ou d'un autre animal malade sera passible d'une amende de 3 bœufs et 15 francs, et, à défaut de payement, il sera mis en prison à raison de 62 centimes par jour jusqu'à libération.

70. Quiconque maltraitera un animal destiné à la boucherie subira une amende de 1 bœuf et 5 francs; à défaut de payement, il subira l'emprisonnement à raison de 62 centimes par jour jusqu'à parfait payement.

71. Les vaches ne pourront être tuées dans le but d'en vendre la viande.
Quiconque contreviendra sera condamné à 1 bœuf et 5 francs d'amende et, à défaut de payement, sera emprisonné à raison de 62 centimes par jour jusqu'à payement définitif.

72. Les bœufs ne pourront être tués la nuit en ville, pas plus que dans les champs, sous peine pour le contrevenant de subir une amende de 5 bœufs et 15 francs; à défaut du payement de l'amende, il y aura emprisonnement à raison de 62 centimes par jour jusqu'à libération.

73. Les bestiaux morts de maladie ne pourront être vendus; quiconque contreviendra sera condamné à une amende de 1 bœuf et 5 francs; à défaut de payement, il subira l'emprisonnement à raison de 62 centimes par jour jusqu'à libération.

Poids et mesures.

74. Chez quiconque se servira d'une mesure de capacité autre que le « menalefona », qui est donnée par le Gouvernement, et surtout chez quiconque se servira de deux mesures de différente grandeur, l'une pour acheter, l'autre pour vendre, les mesures seront brisées et le contrevenant sera condamné à payer une amende de 5 bœufs et 25 francs, et, à défaut de payement, il subira 1 an de fers

75. Quiconque fabriquera des balances inexactes et des poids faux, qui ne seront pas égaux à ceux fixés par le Gouvernement, sera condamné à une amende de 5 bœufs et 25 francs; à défaut de payement, il subira 1 an de fers.

76. Les vendeurs de balances inexactes ou de poids faux subiront une amende de 5 bœufs et 25 francs, et, à défaut de payement, seront mis aux fers pour 1 année.

77. Ceux qui gardent et se servent de balances inexactes ou de poids faux subiront une amende de 5 bœufs et 25 francs; à défaut de payement, ils seront condamnés à 1 an de fers.

78. Quiconque, par supercherie, volera sur le poids, subira une amende de 5 bœufs et 25 francs et, à défaut de payement, sera condamné à 1 an de fers.

79. La mesure de longueur déterminée par le Gouvernement est divisée en sept pieds, et tous vendeurs ou toutes personnes chargées de se servir de mesures de longueur seront tenues de demander au Gouvernement la mesure déterminée par lui.

Méridien.

80. Le méridien ou l'heure acceptée par le Gouvernement sera déterminée par l'horloge du palais de la Reine.

Grande et petite vicinaliet.

81. Quiconque obstruera une ruelle subira une amende de 5 bœufs et 25 francs et, à défaut de payement, l'emprisonnement à raison de 62 centimes par jour jusqu'à libération.

82. Quiconque empiétera, réduira ou détournera tout chemin, subira une amende de 5 bœufs et 25 francs, et, à défaut de payement, l'emprisonnement à raison de 60 centimes par jour jusqu'à libération.

83. Pour tout changement, modification ou détour à faire subir à une ruelle, l'agrément du Gouvernement devra être pris, et, à défaut, le contrevenant subira une amende de 1 bœuf et 5 francs et, faute de payement, l'emprisonnement à raison de 62 centimes par jour jusqu'à libération.

84. Quiconque jettera des animaux morts, des balayures et autres ordures sur la voie publique ou dans les cours d'autrui, subira une amende de 2 francs avec obligation de procéder au nettoiement de la voie publique ou des cours; à défaut du payement de l'amende, le contrevenant sera emprisonné à raison de 62 centimes par jour jusqu'à libération.

Toute personne qui ne nettoiera pas sa cour et y laissera des ordures sera passible d'une amende de 62 centimes, avec obligation de faire procéder au nettoiement de ladite cour.

Ventes et baux.

85. Les terres malgaches ne peuvent être vendues ni hypothéquées à des étrangers, ni à qui que ce soit, excepté entre Malgaches, et celui qui les vendrait ou les hypothéquerait à des étrangers sera condamné aux fers à perpétuité. Le prix de la vente ne pourra pas être réclamé, et la terre retournera au Gouvernement.

86. A peine de nullité, tous actes donnant à bail des terres devront être soumis aux autorités pour être certifiés et pour recevoir le sceau du Gouvernement et être copiés dans ses livres.

87. A l'expiration du bail, les récoltes pendantes et les constructions ne pourront être enlevées, et les objets mobiliers scellés dans la maison ne pourront être enlevés que d'après les conventions établies dans le bail.

88. A l'expiration du bail pour son renouvellement, il faudra refaire les actes devant les autorités du Gouvernement, comme précédemment.

89. Les baux payeront au Gouvernement 5 pour 100.

90. Celui qui consentira à un bail secrètement, sans se conformer aux prescriptions de l'art. 87, subira 20 ans de fers, et toute somme versée appartiendra au Gouvernement, et le bail sera nul.

91. Les grandes forêts et les terres non occupées appartiennent au Gouvernement, et personne ne peut les donner à bail ou les vendre sans sa permission. Les contrevenants seront passibles de 20 ans de fers.

Baux de maisons.

92. Ceux qui donnent des maisons à bail doivent, ainsi que les preneurs, se rendre auprès du Gouvernement pour l'enregistrement des conditions du bail.

93. Les bailleurs des maisons payeront au Gouvernement 12 1/2 pour 100 sur le loyer de chaque mois.

94. Celui qui prendrait à bail une maison ou des terres et qui, pendant la durée du bail, contreviendrait, dans la maison ou sur les terres, aux lois du Gouvernement, sera déchu de tous droits à son bail, alors même que le terme n'en serait pas arrivé.

95. Toute location faite secrètement ne sera pas valable et toute somme versée sera perdue pour le preneur, et le bailleur sera passible d'une amende de 10 bœufs et 50 francs; à défaut de payement, il sera emprisonné, à raison de 62 centimes par jour, jusqu'à acquittement de l'amende.

96. Pour tout bail de maison, si les conditions contraires ne sont pas clairement expliquées dans l'acte, et qu'il arrive que la maison soit incendiée durant le bail, le preneur continuera à payer les loyers jusqu'à l'expiration du bail, alors même que la maison serait détruite.

97. A moins de stipulations contraires dans l'acte, pour tout bail de maison, le preneur ne pourra être tenu aux réparations que le mauvais état de la maison exigerait.

98. Dans le cas où il serait, dans l'acte du bail, stipulé que le bailleur prend à sa charge les réparations pouvant devenir nécessaires et, s'il se refusait à exécuter cette clause, le preneur devra faire les réparations, dont le coût sera retenu sur le montant de son loyer.

99. Pour tout bail dont le loyer est de 50 francs et au-dessus, le preneur sera tenu de prévenir le bailleur trois mois d'avance s'il désire ne pas continuer son bail; il en sera de même du bailleur à l'égard du preneur.

100. Dans les cas où le preneur à bail d'une maison ou des terres ne payerait pas ses loyers, ses biens répondront de la somme due; en cas d'insuffisance, il sera emprisonné, à raison de 62 centimes par jour, jusqu'à complète libération.

Les forêts.

101. Il est défendu d'incendier les forêts, à peine de 10 ans de fers.

102. Les charbonniers ne pourront brûler du charbon que dans les plaines; il est défendu d'en faire dans les forêts ou à leur proximité; il en sera de même pour les sécheurs de bambous. Les contrevenants subiront une amende de 3 bœufs et 15 francs; à défaut de payement, ils seront emprisonnés, à raison de 62 centimes par jour, jusqu'à libération.

103. Il est défendu aux charbonniers d'abattre les gros arbres pour la fabrication de leur charbon; les contrevenants seront passibles d'une amende de 1 bœuf et 5 francs par chaque gros arbre abattu, et, à défaut de payement de l'amende, ils subiront l'emprisonnement, à raison de 62 centimes par jour, jusqu'à complète libération.

104. Il est défendu de construire, sans la permission du Gouvernement, des maisons dans les forêts, et quiconque en construirait pour être habitées subira une amende de 10 bœufs et 50 francs, et la maison sera rasée; en sus, le contrevenant sera passible d'une amende de 1 bœuf et 5 francs pour chaque arbre abattu pour cet objet; à défaut de payement des amendes ci-dessus, les contrevenants subiront la prison, à raison de 62 centimes par jour, jusqu'à complète libération.

105. Le défrichement des forêts, ainsi que les empiétements sur leurs bordures, sont défendus pour les plantations de riz, de maïs et autres, qui devront être faites dans les terres déjà défrichées. Les contrevenants seront condamnés à 5 ans de fers.

106. Les forêts se trouvant sur le bord de la mer ne pourront être défrichées ou détruites sans l'autorisation du Gouvernement; les contrevenants subiront une amende de 10 bœufs et 50 francs et, à défaut de payement, l'emprisonnement, à raison de 62 centimes par jour jusqu'à complète libération.

Lois concernant le peuple libre.

107. Les hommes libres ne pourront plus être mis en esclavage.

108. Toute naissance devra être inscrite, dans la huitaine, sur les registres de l'état civil, et l'acte devra porter les noms du père et de la mère, ainsi que leur demeure; faute de remplir cette formalité, le père et la mère seront passibles d'une amende de 1 bœuf et 5 francs, et, faute de payement, de l'emprisonnement, à raison de 62 centimes par jour.

Les frais d'enregistrement de la naissance sont fixés à 20 centimes par acte.

109. Les décès devront être inscrits, dans la huitaine, sur les registres de l'état civil; à défaut d'en faire la déclaration, on sera passible d'une amende de 1 bœuf et 5 francs, et l'acte du décès sera dressé; faute de payement de l'amende, on subira l'emprisonnement, à raison de 62 centimes par jour.

Les frais d'enregistrement du décès sont fixés à 20 centimes par acte.

110. Les enfants sont tenus de nourrir et vêtir leurs père et mère, si ces derniers sont dans l'indigence, ou si la vieillesse ou les infirmités les mettent hors d'état de gagner leur existence. Quiconque n'accomplirait pas ce devoir verra ses biens répondre de ses actions.

111. Les parents sont tenus de nourrir leurs enfants nécessiteux, quand même ceux-ci auraient l'âge de raison et auraient fait un établissement hors de chez eux ; à défaut, leurs biens répondront de l'accomplissement de cette obligation.

112. Tout indigent décédé, soit étranger au district où il est décédé ou l'habitant, devra être inhumé par les soins de la communauté du lieu de son décès.

113. Quiconque prétendrait à une parenté qui ne serait pas la sienne subira une amende de 10 bœufs et 50 francs et, à défaut de payement, l'emprisonnement, à raison de 1 fr. 25 par jour jusqu'à complète libération.

114. Quiconque déclarerait esclave un homme libre sera condamné à une amende de 10 bœufs et 50 francs pour chaque fausse déclaration et, à défaut de payement, à l'emprisonnement, à raison de 62 centimes par jour jusqu'à libération.

115. Tout esclave qui prétendrait être homme libre sera restitué à son propriétaire.

116. Lorsque, pour les besoins du Gouvernement, les bourjanes seront appelés, ceux qui en retiendraient ou les empêcheraient de se présenter, si c'est un noble, il perdra ses *Menakely*, qui deviendront *Menabé* ; si c'est un chef, il subira une amende de 5 bœufs et 25 francs et perdra sa qualité de chef. Mais, si c'est le bourjane qui refuse ou néglige de se présenter, il sera arrêté et payera une amende de 1 bœuf et 25 francs. A défaut de payement des amendes ci-dessus, les contrevenants seront emprisonnés, à raison de 62 centimes par jour jusqu'à libération.

117. Tout soldat qui déclare être bourjane ou tout bourjane qui déclarerait être soldat subira une amende de 10 bœufs et 50 francs et, à défaut de payement, l'emprisonnement, à raison de 62 centimes par jour jusqu'à libération.

118. Toute levée de bourjanes comme soldats sans l'autorisation de la Reine sera

punic d'une amende de 10 bœufs et 50 francs pour celui qui ferait la levée et celui qui remettrait les hommes; à défaut de payement, ils subiront l'emprisonnement, à raison de 62 centimes par jour jusqu'à libération.

119. Tout officier chargé d'une mission du Gouvernement qui recevrait une somme d'argent pour négliger ou modifier les obligations de sa mission subira un emprisonnement de 1 mois, et la somme reçue par lui sera confisquée ; à défaut par lui de rendre la somme reçue, il sera emprisonné, à raison de 62 centimes par jour jusqu'à complet remboursement.

120. Tous les notables, soit les parents de la Reine, soit les blancs, soit les noirs, qui s'empareraient des biens d'autrui contre son gré ou qui se feraient, par intimidation, donner de l'argent, seront condamnés à trois mois de prison ; les biens indûment pris seront rendus à leur propriétaire, et, au cas où ils auraient disparu, les biens du coupable en répondront ; si la valeur de ces derniers est insuffisante, le coupable subira l'emprisonnement, à raison de 62 centimes par jour jusqu'à complète libération.

121. Les chefs des Menakely ne pourront dissiper les biens de leurs sujets sans raison ou par mauvaise administration, à peine par eux de perdre le bénéfice de leurs privilèges et de voir leurs sujets appelés Menakely devenir des Menabé.

122. Les sujets menakely ne pourront être vendus ou hypothéqués, et, dans le cas où un chef s'en rendrait coupable, il verra ses sujets menakely devenir sujets menabé, et l'acheteur perdra la somme qu'il aurait payée, laquelle reviendrait au Gouvernement.

123. Les chefs des Menakely ne pourront adopter les enfants de leurs sujets, avec l'intention de les faire hériter de leurs biens ou privilèges, sans autorisation du Gouvernement, et tout chef qui adopterait ou recevrait secrètement verra ses sujets menakely devenir sujets menabé.

124. Les nobles, chefs de Menakely, ne pourront, sans prévenir le Gouvernement, exiger d'argent du peuple, sous aucun prétexte, ni commettre aucune exaction, à peine d'être déchus de leurs privilèges et de voir leurs sujets menakely devenir sujets menabé.

125. En cas de mort d'un chef menakely, ses parents ou autres ne pourront exiger des Menakely aucune somme sans avoir demandé au Gouvernement de déterminer le montant de la somme exigée de chacun. Si les contrevenants sont nobles, leurs sujets menakely deviendront sujets menabé. S'ils sont *Folovohitra*, ils subiront chacun une amende de 10 bœufs et 50 francs et perdront leur qualité de chef, s'ils le sont. A défaut de payement de ces amendes, les coupables seront emprisonnés, à raison de 62 centimes par jour jusqu'à libération.

126. Les Menakely qui toléreraient des exactions de la part de leurs chefs et n'en feraient pas la dénonciation au Gouvernement subiront une amende de 1 fr. 25 et, à défaut de payement, 2 jours de prison.

127. Tout chef, parent de la Reine ou noble quelconque, ou qui que ce soit, qui chercherait à acheter, contre le gré de quelqu'un, tout ou partie de ses biens et emploierait, pour y arriver, des moyens contraires à la bonne foi ou qui, par envie, commettrait des dénis de justice, subira une amende de 10 bœufs et 50 francs, et, à défaut de payement, l'emprisonnement, à raison de 62 centimes par jour jusqu'à libération.

Propriété.

128. Tout terrain sur lequel se trouve un tombeau de famille ne devra jamais être vendu, même entre héritiers, et ceux de la famille qui ne consentent pas à la vente seront considérés comme propriétaires. Si, cependant, c'est le maître qui a construit le tombeau, il lui est permis de le vendre, s'il le désire.

129. Pour tout incendie dans un village de cinq maisons et au-dessus, il sera payé à la Reine 15 francs, et le propriétaire de la première maison incendiée sera tenu de donner un jeune bœuf comme indemnité pour le désordre causé par l'incendie.

130. Les propriétaires dont les animaux entreraient sur la propriété d'autrui payeront, pour chaque bœuf, 1 fr. 65; pour chaque porc, 20 centimes; pour chaque mouton ou cabri, 10 centimes; pour chaque volaille, 5 centimes, dont deux tiers au profit du propriétaire de l'immeuble et l'autre tiers au profit du Gouvernement. Et quiconque tuerait ces animaux, soit le propriétaire de l'immeuble, soit tout autre, sera tenu de les remplacer ou, à défaut, subira l'emprisonnement, à raison de 62 centimes par jour jusqu'à concurrence de la valeur des animaux détruits.

131. Toute personne qui parquerait des bœufs dans les parcs d'autrui sans autorisation du propriétaire, soit en subornant le gardien, soit par supercherie, soit par force, et qui n'obéirait pas aux injonctions du propriétaire de faire retirer ses bœufs, subira une amende de 5 francs pour chaque bœuf parqué et, à défaut, l'emprisonnement, à raison de 62 centimes par jour jusqu'à libération.

132. Tout marchand ou autre personne, qui amènerait, par ruse ou pour de l'argent, un gardien à vendre ou à échanger les bœufs dont il a la garde, subira une amende de 1 bœuf et 5 francs pour chaque bœuf vendu ou échangé, et les bœufs seront rendus à leur propriétaire; l'argent ou les bœufs qui auraient été donnés pour faire l'échange seront perdus. A défaut de restitution des bœufs ou du payement de l'amende, les contrevenants subiront l'emprisonnement, à raison de 62 centimes par jour jusqu'à libération complète.

133. Toute tromperie sur l'étoffe vendue comme de la soie pure, alors que ce ne serait pas de la soie ou que ce serait de la soie mélangée sera punie d'une amende de 1 bœuf et 5 francs, et l'argent payé sera rendu à l'acheteur; à défaut de payement de l'amende et de la restitution de la somme reçue, les contrevenants subiront l'emprisonnement, à raison de 62 centimes par jour jusqu'à concurrence de libération. Cependant, si celui qui a vendu prévenait qu'il ne vendait pas de la soie pure, il ne sera pas coupable.

Les condamnés.

134. Les condamnés aux fers ou à l'emprisonnement, et ceux qui subissent la prison préventive, devront recevoir régulièrement leur nourriture; s'ils n'ont ni amis ni parents pour y pourvoir, le Gouvernement y pourvoira lui-même. Si les gardiens de ces prisonniers ne veillent pas exactement à ce que chacun d'eux reçoive régulièrement sa nourriture, ils seront passibles d'une amende de 1 bœuf et 5 francs et, à défaut de payement, ils seront emprisonnés, à raison de 62 centimes par jour.

135. Les condamnés aux fers et à la prison devront être mis en liberté à l'expiration de leur peine, et, dans le cas où les gardiens négligeraient de leur rendre la liberté au jour déterminé, ceux-ci subiront une amende de 1 bœuf et 5 francs pour chaque jour de retard et, à défaut de payement, ils seront emprisonnés, à raison de 62 centimes par jour.

136. Quiconque donnerait la liberté à un individu condamné aux fers par les lois du Royaume, avant l'expiration de sa peine, sans l'autorisation du Gouvernement, subira une amende de 5 bœufs et 25 francs, et sera condamné aux fers pour un temps égal à celui qu'avait encore à faire le prisonnier mis en liberté; à défaut de payement de l'amende, sa peine sera augmentée d'autant de jours de fers, après l'expiration de la première peine, qu'il sera nécessaire pour payer ce qui sera dû, à raison de 62 centimes par jour; la peine de celui mis en liberté sera augmentée de moitié.

137. Le gardien d'un condamné aux fers ou à l'emprisonnement qui se serait évadé subira la même peine que le prisonnier évadé, jusqu'à ce que celui-ci soit repris.

138. Le gardien d'un individu mis en prison préventive qui se serait évadé subira une amende de 10 bœufs et 50 francs et, à défaut de payement, sera condamné à 3 mois de prison.

139. Quiconque cacherait un prisonnier qui se serait évadé subira une amende de 10 bœufs et 50 francs et, à défaut de payement, sera emprisonné, à raison de 62 centimes par jour jusqu'à libération.

140. Quiconque s'opposerait à l'arrestation d'un accusé ou agirait en sorte, par conseils ou autrement, que ledit accusé ne comparaisse pas devant ses juges, sera condamné à une amende de 10 bœufs et 50 francs et, à défaut de payement, subira l'emprisonnement, à raison de 62 centimes par jour jusqu'à libération.

141. Tout exilé dans un district, qui en sortirait avant l'expiration de son exil ou sans que remise de sa peine ait eu lieu, subira un emprisonnement à perpétuité dans le lieu même désigné pour son exil, et, s'il ne peut être retrouvé, ses gardiens subiront la même peine.

142. Aucun détenu ne pourra être dépouillé de ses vêtements, et aucun condamné aux fers ne devra être blessé par ses fers; mais il devra être fait le nécessaire pour le retenir et le maintenir convenablement. Quiconque contreviendrait aux dispositions de cette loi subira une amende de 1 bœuf et 5 francs et, à défaut de payement de cette amende, sera condamné à la prison, à raison de 62 centimes par jour jusqu'à libération.

Des perturbateurs.

143. Quiconque répandrait de faux bruits relatifs aux actes du Gouvernement, avec l'intention d'effrayer le peuple sans motif, en assurant que cette nouvelle est authentique, subira une amende de 10 bœufs et 50 francs et, à défaut de payement, sera condamné à l'emprisonnement, à raison de 62 centimes par jour jusqu'à libération.

144. Quiconque ferait au Gouvernement de faux rapports concernant le peuple subira 1 mois de prison.

145. Quiconque écrirait des brochures, lettres, livres ou journaux provoquant la révolte ou troublant la tranquillité publique, ou médisant du Gouvernement, subira une amende de 500 francs et sera tenu de verser 100 francs comme dommages-intérêts; à défaut de payement, il sera emprisonné, à raison de 62 centimes par jour jusqu'à libération.

146. Quiconque écrirait des immoralités ou publierait des gravures obscènes sera condamné à 3 mois de prison.

147. Toute réunion qui aurait pour but de troubler la paix publique ou de faire des protestations bruyantes contre les actes du Gouvernement est défendue, et ceux qui en feront partie seront passibles d'une amende de 10 bœufs et 50 francs; à défaut de payement, ils subiront un emprisonnement, à raison de 62 centimes par jour jusqu'à libération.

148. Toute diffamation par journaux ou libelles sera punie d'une amende de 10 bœufs et 50 francs et, à défaut de payement, le contrevenant sera emprisonné, à raison de 62 centimes par jour jusqu'à libération.

Diverses lois.

149. Quiconque serait attaqué, soit dans son domicile, soit au dehors, aura le droit de défendre sa vie et ne sera aucunement responsable des conséquences de sa défense, alors même qu'il blesserait son agresseur.

150. Quiconque souillera les sources ou ruisseaux alimentant la population d'eaux potables subira un emprisonnement de 3 mois.

151. Quiconque fera courir ou galoper les animaux attelés aux charrettes, les chevaux montés ou tenus en bride, ou fera courir ses porteurs de palanquins de façon à blesser les passants, subira une amende de 1 bœuf et 5 francs et, à défaut de payement, sera emprisonné, à raison de 62 centimes par jour jusqu'à libération. Les porteurs de palanquins qui ne suivraient pas les avertissements qui leur seraient donnés de ne point courir et qui occasionneraient un accident quelconque subiront 8 jours de prison. Toute personne blessée par suite de n'avoir pas suivi l'avertissement qui lui aurait été donné de se garer et de livrer passage ne sera pas recevable à former une plainte.

152. Tout homme libre ou esclave, porteur de palanquins, marchandises ou tout fardeau, engagé pour une destination quelconque, qui, sans être empêché par la maladie, n'arriverait pas à destination suivant les termes de son engagement, subira 1 mois de prison et perdra ses gages; si, par son fait, les marchandises ou fardeaux quelconques étaient perdus, il subira 2 ans de fers. Dans le cas où un porteur serait sur le point d'arriver à bon port, les jours de son engagement étant expirés, ou l'affaire pour laquelle il s'est engagé étant terminée, il ne pourra, sous aucun prétexte ou dans aucun cas, perdre ses gages, si, par calcul ou mauvaise foi, on cherchait à le frustrer de ce qui lui est dû.

153. Tout acte de propriété ou d'engagement quelconque devra, sur la demande du Gouvernement, lui être remis, à peine de 10 bœufs ou 50 francs d'amende et, à défaut de payement, le contrevenant subira l'emprisonnement, à raison de 62 centimes par jour jusqu'à libération.

154. Quiconque posséderait un acte faux et n'en ferait pas la dénonciation aux autorités subira une amende de 10 bœufs et 50 francs et, à défaut de payement, l'emprisonnement, à raison de 62 centimes par jour jusqu'à libération.

155. Les parents, pour tout cas grave, pourront corriger et amarrer leurs enfants; mais ils devront en donner connaissance aux autorités.

156. Les enfants de dix ans et au-dessous ne sont pas susceptibles de subir l'application des lois, puisqu'ils n'ont pas encore l'âge de raison.

157. Quiconque violerait le secret des correspondances subira une amende de 10 bœufs et 50 francs et, à défaut de payement, l'emprisonnement, à raison de 62 centimes par jour jusqu'à libération.

158. Tout interprète qui modifierait avec intention le sens de ce qu'il est chargé d'interpréter subira une amende de 10 bœufs et 50 francs et. à défaut de payement, l'emprisonnement, à raison de 62 centimes par jour jusqu'à libération.

159. Quiconque sera chargé de vendre des marchandises pour le compte d'autrui ou achètera des marchandises à autrui et n'en payera pas le montant ou ne rendra pas lesdites marchandises subira 1 an de fers. Lesdites marchandises ou leur valeur seront restituées au propriétaire et, à défaut, le coupable subira une augmentation de peine de 2 années.

L'argent.

160. Les piastres espagnoles et mexicaines, les anciennes pièces de 5 francs de la République française, toutes les pièces de 5 francs en général usées par le frottement, les pièces de 5 francs à l'effigie de Louis XVIII, et toutes les pièces de 5 francs généralement quelconques dont l'exergue au lieu d'être en relief est concave, ont la même valeur que toutes autres et ne peuvent être prises pour une valeur moindre que celle qu'elles représentent. Toute contravention à cette loi sera punie d'une amende de 1 bœuf et 5 francs et, à défaut de payement, le délinquant sera emprisonné à raison de 62 centimes par jour jusqu'à libération.

161. Tout prêt d'argent ne pourra donner lieu à un intérêt dépassant 10 centimes

par 5 francs, ou 1 franc par 50 francs, ou 2 francs pour 100, par mois; les conditions
du prêt devront être enregistrées sur les livres du Gouvernement et la douzième partie
de l'intérêt sera acquise à l'État; quiconque prêterait une somme à un intérêt plus
élevé que celui ci-dessus déterminé sera passible d'une amende de 5 bœufs et
25 francs, et la somme prêtée sera confisquée au profit de l'État; à défaut du
payement de l'amende, le contrevenant sera emprisonné, à raison de 2 fr. 50 par jour
jusqu'à libération. Cette loi aura un effet rétroactif pour tout prêt qui aurait été
consenti antérieurement et dont le remboursement ne serait pas encore effectué, de
manière que personne ne puisse en aucun cas arguer d'avoir consenti ledit prêt
antérieurement à la loi afin d'échapper à ses prescriptions, et, si cet argument malgré
cela était invoqué, le prêteur verrait la somme confisquée à son préjudice.

162. Quiconque aurait en sa possession de la fausse monnaie avec intention d'en
faire usage et quiconque en ferait usage avec connaissance de cause subira une
amende de 10 bœufs et 50 francs et sera condamné à 2 ans de fers; à défaut de
payement de l'amende, la peine sera portée à 4 ans de fers. Toute pièce fausse devra
être remise à l'autorité pour être battue et jetée.

Police.

163. Les agents de la police pourront arrêter tout individu en état de vagabondage,
tous ceux connus comme voleurs de profession, les voleurs avec effraction, ainsi que
tous ceux qui commettraient quelques méfaits, et aussi les chefs de bandes de voleurs ou malfaiteurs de nuit, et également les propriétaires des maisons dans lesquelles se réuniraient les malfaiteurs.

164. Pourront être arrêtés par les agents de la police : ceux qui provoqueront du
tumulte dans les rues ou les bazars, ceux qui seraient accusés ou soupçonnés d'être
des malfaiteurs, ceux qui seraient porteurs d'objets perdus ou volés, ainsi que ceux
qui s'opposeraient à l'exécution des lois de la patrie.

165. Dans toute maison dans laquelle on soupçonnerait la présence de malfaiteurs
ou de tous autres transgresseurs des lois, ainsi que d'objets volés ou recélés, les
agents de la police pourront pénétrer après avoir prévenu le propriétaire; dans tous
les autres cas, les agents de la police ne pourront prendre les biens d'autrui, et tout
agent qui s'en rendrait coupable, ou qui dépasserait les ordres qu'il aurait reçus,
sera condamné à 2 ans de fers.

166. Les agents de la police pourront faire toutes sommations pour disperser les
attroupements et, dans le cas où il n'en serait pas tenu compte, ils pourront arrêter
tous ceux en faisant partie.

167. Toutes personnes faisant des démonstrations hostiles au Gouvernement pourront être arrêtées par les soldats.

168. Tous ceux qui apporteraient le désordre dans les assemblées se tenant dans
des édifices religieux seront condamnés à 6 mois de prison.

169. Quiconque serait témoin de la transgression des lois par n'importe qui est
tenu d'arrêter le coupable et de le remettre entre les mains de la police; à défaut, il
sera passible d'une amende de 5 bœufs et 25 francs, faute de payement de laquelle
il sera emprisonné à raison de 62 centimes par jour.

170. Tout soldat ne pourra être sommé de se présenter en justice, sans qu'au
préalable ses chefs en aient été avertis, et quiconque obligerait un soldat à obéir à
une injonction de cette nature, sans l'autorisation de ses chefs, subira une amende
de 1 bœuf et 5 francs et, à défaut de payement, l'emprisonnement à raison de 62 centimes par jour.

171. Tout soldat pris en flagrant délit de transgression des lois peut être arrêté et
remis entre les mains de la police; après quoi, la déclaration en sera faite à ses chefs;

quiconque n'arrêterait pas un soldat dans ces conditions ou quiconque négligerait de faire la déclaration de cette arrestation subira une amende de 1 bœuf et 5 francs et, à défaut de payement, sera mis en prison à raison de 60 centimes par jour.

172. Quiconque ayant transgressé la loi, et étant pris sur le fait dans les bazars ou dans tout autre endroit public, ne pourra être maltraité par la foule, mais devra être amené devant les autorités. Toute personne se portant sur lui à des voies de fait sera passible d'une amende de 1 bœuf et 5 francs, et, si le patient meurt des suites de ces mauvais traitements, le chef qui aurait ameuté la foule sera condamné aux fers à perpétuité; dans le cas où il n'y aurait pas mort d'homme, le susdit chef subira une amende de 5 bœufs et 25 francs et, à défaut de payement des amendes, les coupables seront emprisonnés à raison de 62 centimes par jour.

173. Tout agent de police, qui, pour une somme d'argent, par peur, par favoritisme ou par pusillanimité, n'arrêterait pas tout transgresseur des lois, ou qui laisserait évader ceux déjà arrêtés ou ceux qui lui seraient remis, subira une amende de 10 bœufs et 50 francs et, à défaut de payement, sera condamné à.1 an de fers.

Les médicaments.

174. Nul n'est autorisé à vendre des médicaments sans en faire la déclaration au Gouvernement et s'être fait délivrer une licence portant le sceau de l'État; quiconque, sans être muni de cette licence, vendra des médicaments, sera passible d'une amende de 5 bœufs et 25 francs, et, à défaut de payement, subira l'emprisonnement à raison de 62 centimes par jour.

175. Nul n'est autorisé à conserver en sa possession des poisons, sans une licence du Gouvernement, à peine de subir une amende de 5 bœufs et 25 francs et, à défaut de payement, l'emprisonnement à raison de 62 centimes par jour.

176. Quiconque, ayant l'intention de vendre des médicaments, demanderait la licence, subira un examen comportant diverses questions sur les noms des médicaments, leurs compositions, leurs poids et leurs mesures, et, dans le cas où le candidat n'aurait pas les connaissances requises, il ne pourra pas obtenir la licence qui lui sera refusée.

177. Le Gouvernement se réserve le droit de faire visiter la nuit ou le jour par des personnes capables tous médicaments mis en vente, pour examiner s'ils pourraient ou non nuire à la santé publique.

178. Nul poison ne doit être remis à une personne qui ne serait pas munie d'une ordonnance de médecin.

179. Quiconque, alors même qu'il serait muni d'une licence, vendrait du poison sans enregistrer le nom de la personne à qui le poison est vendu, sa demeure, la date, la quantité remise, et le tout devant témoins, subira une amende de 10 bœufs et 50 francs, à défaut de payement de laquelle il sera emprisonné à raison de 62 centimes par jour jusqu'à libération.

180. Quiconque, dans une bouteille vide portant déjà l'étiquette d'un médicament, mettrait un médicament d'une autre nature, soit que le médicament ait été vendu ou ait été donné, payera une amende de 5 bœufs et 25 francs et, à défaut de payement, subira l'emprisonnement à raison de 62 centimes par jour jusqu'à libération.

181. Il est interdit de cultiver à Madagascar le pavot dont on fait l'opium ; quiconque fera une plantation de ce genre subira une amende de 500 francs et la plantation sera détruite; à défaut de payement de cette amende, le délinquant sera mis aux fers à raison de 62 centimes par jour.

Les ministres.

182. Tous les ministres ont charge des livres de l'État relatifs à leurs ministères; ces livres devront recevoir tous les actes faits par eux et être tenus avec ordre et sans taches ni maculatures d'encre. Toute infraction à ces dispositions sera punie d'une amende de 500 francs, et, à défaut de payement de cette amende, le contrevenant subira l'emprisonnement à raison de 62 centimes par jour.

183. Tout ministre qui ne remplira pas exactement les prescriptions des lois sera passible d'une amende de 500 francs et, à défaut de payement, il sera emprisonné à raison de 62 centimes par jour.

184. Tout ministre ou autre qui verrait une personne ayant l'intention de transgresser les lois, et qui prétendrait ne pas la voir, ou qui lui suggérerait les moyens de mettre ses projets à exécution, au lieu de l'en détourner, subira une amende de 5 bœufs et 25 francs et, à défaut de payement, l'emprisonnement à raison de 62 centimes par jour.

185. Quiconque frappera un ministre ou se livrera à des violences sur un de ses envoyés subira 1 an de fers.

186. Tout ministre qui prendra ou recevra quoi que ce soit, en sus de ses honoraires, d'une personne ayant une affaire à terminer ou un procès à poursuivre, subira une amende de 500 francs, ainsi que celui qui aura suborné le ministre, et l'objet donné sera confisqué; à défaut de payement des amendes et de remise de l'objet donné, les délinquants seront emprisonnés à raison de 62 centimes par jour jusqu'à complète libération.

187. Les ministres ne pourront se servir des sceaux de l'État dont ils ont la garde que pour les apposer sur les pièces émanant du Gouvernement, à peine de subir une amende de 500 francs et, à défaut de payement, l'emprisonnement à raison de 62 centimes par jour.

188. Quiconque mensongèrement se prétendrait ministre du Gouvernement et extorquerait à l'aide de ce titre le bien d'autrui, subira une amende de 10 bœufs et 50 francs, et l'objet extorqué sera rendu; à défaut, le délinquant sera emprisonné, à raison de 62 centimes par jour jusqu'à complète libération.

Lois relatives aux procès et aux jugements.

Des juges.

189. Les juges ne pourront rendre leurs jugements que dans les locaux à ce destinés, à peine de 500 francs d'amende, et, à défaut de payement, ils subiront l'emprisonnement à raison de 1 fr. 25 par jour.

190. Il est défendu aux juges d'entendre les parties, ainsi que les dépositions des témoins, ou de recevoir tous mémoires dans un autre lieu que celui désigné pour rendre la justice, le tout à peine de 500 francs d'amende; à défaut de payement de l'amende, ils sont tenus en prison à raison de 1 fr. 25 par jour.

191. Dans le cas où, lors d'un procès, les parties, les témoins ou tous autres envoyés par eux chercheraient à voir le juge secrètement ou lui feraient parvenir une missive secrète, au lieu d'attendre de le voir publiquement dans le lieu désigné pour rendre la justice, ils payeront chacun une amende de 500 francs et, à défaut de payement, subiront l'emprisonnement à raison de 1 fr. 25 par jour.

192. Les juges seuls avec les parties, les témoins, les fondés de pouvoir des parties acceptés par les juges et les amis ou parents des parties, jusqu'à concurrence de cinq pour chacune d'elles, auront le droit de se tenir sur l'estrade où se rend la

justice ; et, dans le cas où quelqu'un franchirait la barre, le jugé qui en aurait donné
la permission sera passible d'une amende de 5 bœufs et 25 francs pour chaque
personne qui l'aurait franchie, et, à défaut de payement, ledit juge subira l'emprisonnement à raison de 1 fr. 25 par jour.

193. Pour intenter une action relative à la revendication de biens ou de créances,
déclaration devra être faite de l'objet de la réclamation, qu'il s'agisse d'esclaves,
de bœufs, de terres, de maisons, etc., et dépôt devra être fait par les parties des
sommes ci-dessous, avant que le procès puisse être entamé :

```
        Pour chaque esclave..........................  fr. 1 65
          —      —     bœuf...........................      0 25
          —      —     franc...........................      0 02
          —      —     champ de riz....................      0 05
```

194. S'il s'agit de terres, de maisons ou de terres concédées par le Gouvernement, le mesurage en sera opéré et la valeur en sera déterminée ; le montant du dépôt
à faire, avant d'entamer le procès, sera de 2 pour 100 sur cette valeur ; après l'issue
du procès, le perdant sera tenu de rembourser le montant de ce dépôt à celui qui l'aura
opéré, en outre de l'amende à laquelle il sera condamné ; faute par lui de payer cette
amende, il sera emprisonné à raison de 62 centimes par jour jusqu'à libération.

195. Pour toute action civile à intenter, l'objet de la revendication sera établi sur
un livre et cet acte recevra le sceau de l'État, et, si l'arrêt du juge porte sur toute
autre chose que celle faisant l'objet du procès, le juge sera passible d'une amende
de 10 bœufs et 50 francs et, à défaut de payement, subira l'emprisonnement à raison
de 1 fr. 25 par jour.

196. Lors de tout procès, les dépositions des parties seront inscrites sur un livre
et recevront le sceau de l'État pour être déposées entre les mains du juge. Il sera
remis à chaque partie une copie de sa déposition.
Dans le cas où le juge s'écarterait ou changerait dans son jugement ce qui aurait
été dit par les parties, il sera passible d'une amende de 500 francs et, à défaut de
payement, il subira l'emprisonnement à raison de 1 fr. 25 par jour jusqu'à libération.

197. Lorsque les parties auront reçu copie de leurs dépositions, et lorsque cette
copie aura reçu le sceau et que le payement de 6 francs aura été fait, si les parties voulaient faire une nouvelle addition à leur déposition, elles ne seront plus recevables,
et le juge qui entendra de nouvelles dépositions sera passible d'une amende de
3 bœufs et 15 francs et, à défaut de payement, sera emprisonné à raison de 1 fr. 25
par jour.

198. Après tout jugement, il en sera remis copie portant le sceau de l'État à chacune des parties ; faute par le juge de remplir cette formalité, il sera passible d'une
amende de 3 bœufs et 15 francs et, à défaut de payement, il subira l'emprisonnement
à raison de 1 fr. 25 par jour jusqu'à libération.

199. Tout juge qui, avant le prononcé de son jugement, en ferait connaître la
substance sera punissable de 10 jours de prison ou aura à payer la somme de
50 francs par jour.

200. Dans le cas où il y aurait lieu de faire subir un interrogatoire quelconque aux
parties, les questions à poser devront être établies sur papier et recevoir le sceau de
l'État, et, dans le cas où la personne, chargée de faire cet interrogatoire, en modifierait la nature ou changerait les réponses qui lui seraient faites, elle subira une
amende de 10 bœufs et 50 francs et, à défaut de payement, sera emprisonnée à raison
de 1 fr. 25 par jour.

201. Toute affaire jugée devra être inscrite sur un livre et le libellé être signé par
le juge ; dans le cas où le juge pour toute affaire jugée par lui déclarerait ne pas en

avoir connaissance alors qu'elle figurerait sur ledit livre signée par lui, il sera passible d'une amende de 10 bœufs et 50 francs et, à défaut de payement, il subira l'emprisonnement à raison de 1 fr. 25 par jour.

202. Les juges devront poursuivre activement la solution de toute affaire portée devant eux; dans le cas où un juge par des détours apporterait des délais plus considérables qu'il ne serait nécessaire pour prononcer son jugement, il subira une amende de 10 bœufs et 50 francs et, à défaut de payement, il sera emprisonné à raison de 62 centimes par jour.

203. Dans le cas où un juge serait embarrassé pour la solution d'une affaire, il pourra s'adjoindre une autre personne, après en avoir obtenu l'autorisation de Rainilaiarivony, premier ministre et commandant en chef; cependant le juge qui par honte, par favoritisme ou pusillanimité, emploierait ce moyen, alors que, seul, il aurait pu terminer l'affaire, sera passible d'une amende de 500 francs et, à défaut de payement, il subira l'emprisonnement à raison de 1 fr. 25 par jour.

204. Les envoyés des juges pour l'exécution des jugements, devront être porteurs d'un papier du juge constatant les mesures à prendre et revêtu du sceau de l'État. Quiconque changerait ou modifierait le contenu de ce papier, surtout s'il recevait à cet effet une somme d'argent, subira une amende de 10 bœufs et 50 francs et, à défaut de payement, la prison à raison de 1 fr. 25 par jour.

205. Le juge, qui, enregistrant sur les registres de l'État, soit une affaire terminée, soit les dépositions des parties avant procès, soit tout contrat entre parties, ajouterait, retrancherait quoi que ce fût, avec l'intention de favoriser ou de faire tort à quelqu'un, subira une amende de 500 francs, et ce qu'il aurait modifié, ajouté ou retranché, sera rectifié. A défaut de payement de l'amende, le délinquant subira l'emprisonnement à raison de 1 fr. 25 par jour.

206. Tout juge, qui transgresserait les lois en acquittant un coupable ou ne lui appliquerait la loi qu'en partie, de façon à diminuer sa peine, subira 2 ans de fers.

207. Tout juge qui condamnerait un accusé à la prison, alors qu'il serait à sa connaissance qu'il n'est pas coupable, ou si cette sentence était le résultat d'un abus de pouvoir, sera puni de 5 ans de fers.

208. Quinconque porterait contre un juge ou un de ses envoyés une accusation comportant l'amende suivant les lois ci-dessus, si son accusation est fondée, aura droit au tiers de l'amende prononcée contre le juge et, si l'accusation est fausse ou non fondée, l'accusateur subira une amende égale à celle que le juge aurait subie s'il avait été reconnu coupable, et, dans ce cas, ledit juge aura droit au tiers de l'amende prononcée contre le délateur. A défaut de payement de l'amende, celui qui aurait été condamné subira l'emprisonnement à raison de 5 francs par jour jusqu'à libération.

209. Tout juge est autorisé à prendre tels assesseurs qu'il jugera convenable pour entendre et connaître d'une affaire portée devant lui; leur appréciation lui sera soumise, mais lui seul pourra appliquer la loi. Lors du choix à faire des assesseurs, les personnes choisies seront désignées aux parties qui pourront s'y opposer ou les récuser, et un autre choix sera immédiatement fait. Pour toute affaire concernant les « personnes », le nombre des assesseurs devra être double. Les fonctionnaires publics ne pourront être pris pour assesseurs, ni tous ceux dont la nature des occupations serait un empêchement.

210. Les citations devront être délivrées à la personne même qu'elles concernent et, en cas d'absence, elles seront remises aux parents se trouvant dans la maison; dans le cas où il ne se trouverait personne pour recevoir la citation, elle sera laissée à la porte de la maison, et les habitants de la ville ont la charge, lorsque la personne recherchée se présente, de la faire saisir par la police.

211. Les juges auront la faculté d'entendre pour toute affaire les témoignages de toutes personnes qu'ils jugeront convenables et de les appeler, ainsi que toutes autres qu'ils croiraient susceptibles de les éclairer pour l'affaire portée devant eux, alors même que ces personnes n'auraient pas été désignées comme témoins.

212. Toute assignation devant la justice devra être faite avec la sagaie d'argent ou la main de justice.

Les procès.

213. Quiconque chercherait à renouveler ou recommencer les procès ou revenir sur les jugements passés pendant les règnes d'Andrianampoinimerina, Lehidama, Rabodonandrianampoinimerina, Radama II, Rasoherimanjaka, et sur tous les jugements rendus sous le règne de Ranavalomanjaka, sera condamné à une amende de 500 francs et, à défaut de payement, subira 5 ans de fers. Si le coupable ne payait qu'une partie de l'amende, et si ses biens étaient insuffisants pour couvrir ce qu'il resterait devoir, il subira les fers proportionnellement à la somme encore due par lui, soit par exemple 1 an de fers pour chaque 100 francs.

214. Toute personne, invoquant des paroles ou jugements comme ayant été proclamés par le Gouvernement, dans le but de pouvoir en profiter, lorsqu'on lui aura intenté un procès, subira une amende de 500 francs ou 5 ans de fers, à défaut de payement; si le coupable ne payait qu'une partie de l'amende, et si ses biens étaient insuffisants pour couvrir ce qu'il restera devoir, il subira les fers proportionnellement à la somme encore due par lui, soit par exemple 1 an de fers pour chaque 100 francs.

215. Quiconque changerait ou modifierait les paroles ou jugements proclamés par les communautés et les chefs des Menakely subira une amende de 150 francs et 1 taureau et, à défaut de payement, 1 an de fers; pour toute portion de l'amende non payée, il subira les fers à raison de 62 centimes par jour.

216. Toutes personnes, invoquant faussement des paroles ou jugements comme ayant été proclamés par les communautés ou les chefs des Menakely, afin de pouvoir en profiter, lorsqu'on leur aura intenté un procès, subiront une amende de 250 francs et, à défaut de payement, elles seront mises aux fers à raison de 62 centimes par jour.

217. Les membres d'une communauté ou les chefs des Menakely, qui invoqueraient des paroles ou jugements comme ayant été proclamés alors que cela serait pure invention, ou qui nieraient que des paroles ou jugements aient été proclamés, alors qu'ils l'auraient été réellement, subiront une amende de 250 francs, et, à défaut de payement de tout ou partie de l'amende, le chef des Menakely sera emprisonné à raison de 62 centimes par jour, et les membres de la communauté seront mis aux fers à raison de 62 centimes par jour.

218. Quiconque, ayant une revendication à faire, s'emparera par violence de ce qui ferait l'objet de la réclamation, au lieu d'attendre l'issue du procès, subira une amende de 10 bœufs et 50 francs, et ce qu'il aurait ainsi pris sera remis à celui qui aurait été dépouillé; et le dépôt fait pour intenter le procès (voyez article 193) sera payé par celui qui aurait commis la violence : à défaut de payement de l'amende, il sera mis aux fers à raison de 62 centimes pour toute somme impayée.

219. Quiconque accuserait une personne d'avoir employé la violence pour s'emparer des biens que l'on aurait connus avoir été de tout temps en sa possession, subira une amende de 10 bœufs et 50 francs, payable avant que toute action puisse être intentée; à défaut de payement de l'amende, les fers à raison de 62 centimes par jour pour toute somme restant impayée.

220. Les faux témoignages seront punis d'une amende de 10 bœufs et 50 francs et, à défaut de payement, le coupable subira 1 an de fers.

221. Toute personne, sommée par les autorités de dire et déclarer la vérité et qui refuserait de répondre, subira une amende de 10 bœufs et 50 francs et, à défaut de payement, l'emprisonnement à raison de 62 centimes par jour.

222. Quiconque serait sommé par les autorités de déclarer la vérité et qui la déguiserait ou mentirait, sera puni d'une amende de 10 bœufs et 50 francs et, à défaut de payement, subira l'emprisonnement à raison de 62 centimes par jour.

223. Toute personne intentant un procès à autrui au sujet de droits de féodalité, de terres provenant d'héritage et généralement de testaments, ou qui changerait ou modifierait les paroles ou jugements des chefs de familles ou ancêtres avec intention, après le décès de ceux qui auraient pu témoigner sûrement dans l'affaire, perdra tous droits à sa réclamation et subira une amende de 10 bœufs et 50 francs; à défaut de payement, il sera mis aux fers à raison de 62 centimes par jour.

224. S'il s'agit d'héritages provenant d'anciens souverains, d'Andrianampoinimerina, Lehidama, Rabodonandrianampoinimerina, Radama II, Rasoherimanjaka, désignés par eux comme devant suivre l'ordre résultant des droits successifs, il sera toujours permis d'intenter à ce sujet des procès. Quiconque, cependant, injustement et faussement, ferait de telles revendications par jalousie et envie, et qui, en voyant un des siens riche et possédant beaucoup de biens, voudrait prétendre avoir droit à ce qu'il possède, faute par lui de prouver que les chefs des familles, les chefs des Menakely et la tribu en ont connaissance, perdra son procès et subira une amende de 5 bœufs et 25 francs et, à défaut de payement, sera mis aux fers à raison de 62 centimes par jour.

225. Pour toute vente de terres, champs de riz, marais, propriétés de campagne, ou esclaves, faite antérieurement par un vendeur décédé à un acheteur également décédé, il ne pourra être fait aucune revendication ou déclaration de nullité de vente par les héritiers qui, avec intention, auraient attendu la mort du vendeur et de l'acheteur pour chercher à établir leurs droits, et quiconque serait convaincu d'avoir attendu le décès des seules personnes pouvant sûrement en témoigner, sera non recevable à poursuivre l'affaire et subira une amende de 10 bœufs et 50 francs; à défaut de payement, il sera mis aux fers à raison de 62 centimes par jour.

226. Pour toute Société commerciale ou civile, ou entre héritiers au même titre d'une succession, celui des associés ou héritiers qui n'aurait pas voulu poursuivre une revendication poursuivie par son coassocié ou héritier, et qui attendrait l'issue du procès pour réclamer sa part comme coassocié ou héritier, sera non recevable dans sa réclamation et sera passible d'une amende de 5 bœufs et 25 francs; à défaut, il sera mis aux fers à raison de 62 centimes par jour.

227. Pour toute revendication faite pour des biens se trouvant entre les mains de personnes encore existantes, lesdites personnes qui, refusant de faire droit à la demande qui leur serait dénoncée ne feraient pas appel à la justice pour juger la chose, ou qui refuseraient de se rendre à l'appel des juges, seront passibles d'une amende de 10 bœufs et 50 francs, payable avant de pouvoir soutenir le procès qui leur serait intenté ou d'en intenter un; à défaut de payement de l'amende, le contrevenant sera mis aux fers à raison de 62 centimes par jour.

228. Quiconque sera assigné à comparaître devant un juge à un jour déterminé et qui ne se présenterait pas, et cela sans avoir des motifs d'empêchement, sera passible d'une amende de 2 fr. 50 par chaque jour de retard, payable avant qu'il puisse être recevable à défendre son procès, et, à défaut de payement, il subira l'emprisonnement à raison de 62 centimes par jour.

Dans le cas où le contrevenant n'aurait aucun motif légitime pour excuser son refus de comparution, il sera appréhendé et payera chaque jour de retard à raison de 5 francs, et cela avant de pouvoir être recevable à soutenir le procès; à défaut de payement, il subira l'emprisonnement à raison de 62 centimes par jour; dans le cas où, après son appréhension, il s'évaderait, il sera considéré comme défaillant à son procès.

229. Quiconque voudra adopter un enfant ou renier un de ses enfants, devra en faire la déclaration, qui sera inscrite sur les livres du Gouvernement; chaque déclaration d'enregistrement payera un droit de 1 fr. 25; à défaut de faire cette déclaration, l'adoption sera considérée comme nulle et le reniement de l'enfant sera sans valeur.

230. Celui qui gagnera un procès civil sera tenu de verser au Gouvernement, au prorata de la valeur faisant l'objet du procès, 2 1/2 pour 100, et celui qui l'aura perdu payera à l'État le cinquième de la valeur desdits biens qui étaient en litige, à titre d'acte de soumission à la sentence prononcée; à défaut de payement par les deux, ils subiront l'emprisonnement à raison de 62 centimes par jour.

231. Quiconque aura été condamné dans une affaire civile devra remettre à la partie adverse les biens ayant fait l'objet du litige ou leur valeur; dans le cas où il ne s'exécuterait pas dans les délais déterminés, ses biens personnels en répondront, et s'ils sont insuffisants, il sera mis aux fers à raison de 62 centimes par jour jusqu'à libération.

232. Pour le partage des biens après donation entre vifs ou par testament, après avoir été soumis aux parents ou à la famille ou aux chefs des terres menakely, il devra être établi par un acte déposé au Gouvernement; si le partage doit être public, il sera inscrit sur les livres de l'État; dans le cas contraire, le papier restera sans enregistrement entre les mains du Gouvernement; mais, dans tous les cas, si le partage avait pour objet des biens appartenant à autrui, le propriétaire aura toujours le droit de les revendiquer. Le donateur aura toujours le droit de reprendre les biens donnés ou d'en faire à nouveau profiter qui bon lui semblera.

233. L'enfant légitimé, adopté ou recueilli, qui ne respecterait pas son père ou sa mère ou ceux qui lui en tiennent lieu, pourra perdre ses droits à leur succession, car ceux-ci conservent tous droits à cet égard, alors même qu'il s'agirait d'un petit-fils dont les parents sont morts, ou d'un enfant qui n'appartient pas à la famille qui l'a adopté. Cependant le petit-fils ou le fils adopté ne pourra en aucun cas perdre les droits qui lui sont acquis par la volonté de ses ascendants, s'il respecte ceux qui lui tiennent lieu de père et de mère.

234. Toute personne venant à décéder sans avoir fait le partage de ses biens, lesdits biens seront après sa mort partagés entre ses enfants par parties égales et chacun d'eux conservera ce qui antérieurement aurait pu lui être désigné comme devant lui revenir.

235. Si, dans la semaine qui suit l'adoption d'un enfant ou son reniement, la personne qui a adopté ou renié vient à décéder, ladite adoption ou ledit reniement seront considérés comme nuls.

236. Tout enfant recueilli dans le but de venir en aide à quelqu'un ne sera point considéré comme ayant été adopté, si, lors de la formalité d'adoption, il n'y a point eu le payement d'une pièce d'argent non coupée et si les parrains de l'enfant lors de l'adoption n'ont pas donné les 62 centimes d'usage, ou si la famille, les parents, ou les chefs des Menakely n'ont pas eu connaissance de l'adoption, ou si l'enregistrement n'en a pas été fait dans les livres de l'État; si, dans ce cas, l'enfant prétend à sa majorité que son adoption est valable malgré tout, il subira une amende de 5 bœufs et 25 francs et, à défaut de payement, il sera emprisonné à raison de 62 centimes par jour.

237. L'enfant qui engagera au jeu ou dans les paris les biens de ses parents subira un mois de prison, et toute valeur perdue de cette façon sera rendue à son propriétaire par celui qui l'aura gagnée; mais l'enfant ne pourra être poursuivi pour cette dette. Quiconque refusera de rendre ces biens ou leur valeur, subira 1 an de fers, et, après l'expiration de cette peine, ses biens répondront de la valeur de ce qu'il

détient injustement; en cas d'insuffisance, il sera considéré comme libéré. Les terres ne pourront jamais former l'enjeu d'une partie ou d'un pari.

238. Quiconque engagerait ou hypothéquerait, sans leur consentement, pour un emprunt quelconque les biens de ses parents, ou tous autres, ou ceux de son associé dans les affaires, subira une amende de 10 bœufs et 50 francs et la garantie deviendra nulle. A défaut de payement de l'amende, le contrevenant subira l'emprisonnement à raison de 62 centimes par jour. Si le prêteur était déjà nanti de tout ou partie des biens formant garantie, il sera tenu de les rendre à son propriétaire véritable et l'emprunteur n'y aura aucun droit.

Les autorités chargées de l'enregistrement de ces prêts avec garantie sont tenues de prendre tous renseignements et d'exiger, s'il y a lieu, l'autorisation des vrais propriétaires des biens engagés, à peine de se rendre passibles du payement qui sera pris sur leurs biens personnels; mais, en cas d'insuffisance, ils seront considérés comme libérés.

239. Quiconque prêtera de l'argent à un enfant, qui a été dénoncé aux autorités comme prodigue, ou qui lui achètera les biens appartenant à son père, subira une amende de 10 bœufs et 50 francs et sera tenu de rendre les biens achetés et perdra l'argent prêté; à défaut de payement, il sera emprisonné à raison de 62 centimes par jour.

240. Quiconque fera une fausse déclaration pour dette payera le montant de sa réclamation et, à défaut de payement, subira l'emprisonnement à raison de 62 centimes par jour.

241. Si quelqu'un emprunte de l'argent, ou prend l'argent d'autrui et ne le rembourse pas, ses biens répondront de sa dette; mais, en cas d'insuffisance, il sera considéré comme libéré. S'il a caché tout ou partie de ses biens chez quelqu'un, parents, amis, enfants, père ou mère, ceux-ci seront pris pour couvrir la dette, et le surplus reviendra au Gouvernement; s'il y a de nouveau insuffisance, lesdits parents, amis, enfants, père ou mère ou tous autres, seront tenus au payement du solde dû et subiront 3 mois de prison. Le créancier premier plaignant aura la priorité sur tous autres.

242. Quiconque pour contracter un emprunt engagerait des biens que faussement il déclarerait lui appartenir et appellerait ses parents ou toute autre personne comme témoins, ceux-ci verront leurs biens devenir la garantie de ceux engagés; en cas d'insuffisance, les coupables seront emprisonnés à raison de 62 centimes par jour jusqu'à libération.

243. Tout créancier qui sera dans l'obligation de se plaindre au Gouvernement pour obtenir remboursement d'un prêt fait par lui, verra son débiteur condamné à lui payer, s'il s'agit d'une somme prêtée sans intérêt, une somme égale à trois fois le montant dudit capital et, s'il s'agit d'une somme portant intérêt, le capital sera doublé et les intérêts ne courront plus, mais ceux antérieurement versés seront perdus pour le débiteur.

244. Lors de tout bail ou location de rizières, le terrain loué devra être mesuré et les abornements bien déterminés; la dimension du terrain et la durée du bail seront enregistrées sur les livres de l'État, et quiconque déplacerait les remblais construits pour l'irrigation des rizières subira une amende de 1 bœuf et 5 francs et, à l'expiration du bail, les terres empiétées par le déplacement des digues ou remblais resteront la propriété du bailleur. L'enregistrement de ce bail donnera lieu à un droit de 2 pour 100 sur le montant du bail.

245. Si quelqu'un, après avoir consenti une vente, revient sur ses conventions, en niant qu'il les ait faites parce que l'objet vendu a augmenté de valeur, la vente n'en sera pas moins considérée comme valable et le vendeur subira une amende de 5 bœufs et 25 francs et, à défaut de payement, l'emprisonnement à raison de 62 centimes par jour.

246. Quiconque en possession d'un objet qui ne lui aura point été vendu, mais seulement remis en garantie d'une somme quelconque, affirmera, contrairement à la vérité, que cet objet lui a été vendu, et cela par suite de la convenance qu'il y a pour lui à le conserver, subira une amende de 5 bœufs et 25 francs; ses avances lui seront remboursées et il sera tenu de rendre l'objet qu'il détient. A défaut de payement de l'amende, le contrevenant sera passible de la prison à raison de 62 centimes par jour.

247. Quiconque, après avoir acheté un objet quelconque devant être payé comptant, ferait attendre le vendeur en remettant de jour en jour ou en lui donnant seulement des acomptes, fût-il protégé par un parent de la Reine, un grand personnage, un orateur, un chef des Menakely, un noble ou tout autre, perdra les acomptes versés et sera tenu de payer en entier le montant de son acquisition; à défaut, il sera emprisonné à raison de 62 centimes par jour jusqu'à libération.

248. Toute vente ou prêt fait à un esclave ou entre esclaves, hors la vue du maître, ne pourra donner lieu à aucune réclamation.

249. Pour toute vente à crédit à un Tsiarondahy, il ne pourra en être réclamé le montant si l'acheteur est insolvable; mais, dans le cas où il aurait caché quelques biens, ceux-ci seront confisqués et serviront à payer la dette; ceux qui auraient consenti à cacher lesdits biens seront tenus au payement de la dette, si ces biens sont insuffisants pour la couvrir; en cas de refus de rendre ou de remettre ces biens, ils subiront l'emprisonnement à raison de 62 centimes par jour jusqu'à concurrence du montant de la dette; s'il s'agissait d'argent emprunté, les lois n°ᵒˢ 241 et 242 seront applicables.

250. Les communautés et les chefs des Menakely ne pourront connaître d'une affaire qu'autant qu'avec le consentement des parties ils en auront demandé la permission au Gouvernement, et ils seront tenus de faire alors, après autorisation, un rapport qui sera soumis au Gouvernement, pour être enregistré; s'ils négligent de faire procéder à cet enregistrement, les communautés ou chefs des Menakely seront passibles d'une amende de 1 bœuf et 5 francs, et l'enregistrement sera fait d'office. Les parties auront chacune à payer 5 francs au Gouvernement. Toute communauté ou chef des Menakely qui contreviendrait à ces dispositions, subira une amende de 1 bœuf et 5 francs; à défaut de payement des amendes, les contrevenants subiront l'emprisonnement à raison de 62 centimes par jour.

251. Entre proches parents, les enfants de deux sœurs ou du frère et de la sœur ou de deux frères sont autorisés à terminer à l'amiable toute contestation entre eux, si tous y consentent; mais, dans ce cas, le rapport du résultat sera dressé et soumis au Gouvernement pour être enregistré; à défaut de cette formalité, les parties seront chacune passibles d'une amende de 1 bœuf et 5 francs, et l'acte sera enregistré d'office; à défaut de payement de l'amende, les contrevenants subiront la prison à raison de 62 centimes par jour. L'enregistrement donnera lieu à un droit de 55 centimes payable par chacune des parties.

252. Tout indigent qui serait dans l'impossibilité de faire un procès, ou de payer ce que le Gouvernement exige avant d'entamer toute action, recevra à titre d'avance de Gouvernement la somme nécessaire et, à l'issue du procès, si la sentence du juge lui est favorable, les biens qu'il aura recouvrés répondront des avances de l'État; dans le cas où il perdrait son procès, il travaillera pour le compte du Gouvernement, à raison de 62 centimes par jour jusqu'à concurrence des sommes qui lui auront été avancées.

253. Toute personne qui aura perdu un procès pourra porter l'affaire devant un tribunal supérieur, à la condition de faire le jour même au juge une déclaration écrite et signée, portant l'intention de faire appel de son jugement. Mais si le premier jugement est confirmé par les nouveaux juges, l'appelant sera considéré comme ayant calomnié le premier jugement et il sera condamné à payer la première amende pro-

noncée contre lui, plus 250 francs comme nouvelle amende. S'il veut faire un nouvel appel, le jugement du premier juge sera soumis à un nouveau juge, qui n'aura pas à entendre l'appelant. A défaut de payement des amendes ci-dessus, il sera condamné à l'emprisonnement à raison de 62 centimes par jour.

254. Quiconque volera, détruira ou fera disparaître un acte, soit dans la maison d'autrui, soit chez un juge, subira une amende de 10 bœufs et 50 francs et, à défaut de payement, sera emprisonné à raison de 60 centimes par jour.

255. Quiconque posséderait un acte qui lui serait demandé par le Gouvernement et refuserait d'en donner communication sera passible d'une amende de 1 bœuf et 5 francs et, à défaut de payement, sera emprisonné à raison de 62 centimes par jour. Dans tous les cas, l'acte demandé devra être remis au Gouvernement.

256. Il pourra, sur la demande des parties, être procédé par le juge à la remise de toute affaire, à la condition que celui qui demandera la remise fasse le dépôt nécessaire; dans le cas où, à l'époque fixée pour la remise, il ne se présenterait pas, le Gouvernement confisquera le dépôt qui aura été fait.

257. Tout refus de répondre à une question du juge, faite à l'occasion d'une affaire pendante, sera puni de 7 jours de prison.

258. Tout accusé qui paraîtrait en état de folie devra être examiné et, si la folie existe véritablement, les poursuites contre lui s'arrêteront; mais, si la folie n'est que feinte, ledit accusé subira une amende de 5 bœufs et 250 francs; à défaut de payement de l'amende, il sera immédiatement emprisonné, à raison de 62 centimes par jour.

259. Pour tout vieillard ou toute personne malade ou infirme, qui ne pourrait se présenter devant le juge pour soutenir un procès, il sera permis au juge d'envoyer prendre sa déposition, qui devra être signée par le déposant; s'il ne sait pas signer, ladite déposition devra être faite devant témoins.

260. Si, dans le cours d'un procès, l'une ou l'autre partie vient à décéder, ses enfants ou héritiers pourront continuer le procès commencé.

261. Dans tout procès, les deux parties sont tenues de se présenter devant le juge, à moins d'impossibilité absolue.

262. Dans le cas où un Malgache transgresserait les conditions des traités consentis par le Gouvernement de Madagascar avec les Gouvernements des puissances amies, il sera puni suivant les lois de Madagascar.

263. Les lois et coutumes antérieures continuent à avoir leur valeur et à être en vigueur, alors même qu'elles ne sont pas reproduites ici.

264. Les religions sont libres, car les hommes sont des créatures de Dieu.

265. Il est permis de correspondre avec Rainilaiarivony, premier ministre et commandant en chef, soit pour lui faire part d'une affaire quelconque, soit pour le féliciter.

Lois pour les écoles des six districts d'Imerina.

Pour les écoles.

266. Toutes les écoles devront être inscrites sur les registres du ministère de l'instruction publique, avec les noms des maîtres et le nom de l'agent du ministère chargé de la surveillance de chacune d'elles. Toute école qui ne serait pas enregistrée ne sera pas considérée comme existante.

267. Quiconque voudra construire un bâtiment pour y établir une école devra en faire la déclaration au chef ministre de l'instruction publique.

268. Dans le cas où le peu d'importance d'un village ne permettrait pas l'établissement d'une école, divers villages rapprochés pourront se cotiser pour faire les frais d'une école commune.

269. Tout enfant qui fréquentera une école non inscrite sur les livres de l'État, ou une école dans laquelle les examinateurs ne pourront avoir accès, sera considéré comme n'ayant pas fréquenté d'école, et ses parents subiront une amende de 5 francs.

L'enfant subira, malgré tout, l'examen auquel tout enfant est soumis. A défaut du payement de l'amende, les contrevenants seront emprisonnés à raison de 62 centimes par jour.

Entrée des enfants aux écoles.

270. Les parents des enfants auront le choix de l'école à laquelle ils désireront envoyer leurs enfants, mais il sera bon qu'ils ne les changent pas d'école, car cela pourrait nuire à leurs progrès.

271. Les enfants de huit ans et au-dessus, garçons ou filles, doivent tous fréquenter l'école; quant à ceux qui n'ont pas encore atteint cet âge, les parents ont la faculté de les y envoyer, s'ils veulent, mais ils n'y sont pas obligés.

PRINCIPAUX ACTES ADMINISTRATIFS EN VIGUEUR

Loi

declarant Madagascar et les îles qui en dépendent colonie française.

Le Sénat et la Chambre des députés ont adopté,
Le Président de la République promulgue la loi dont la teneur suit :

Article unique. — Est déclarée colonie française l'île de Madagascar avec les îles qui en dépendent.

La présente loi, délibérée et adoptée par le Sénat et par la Chambre des députés, sera exécutée comme loi de l'Etat.

Fait à Brest, le 6 août 1896.

Signé : FELIX FAURE

Par le Président de la République :

Le Ministre des Colonies,

Signé : ANDRÉ LEBON.

Décret

relatif aux pouvoirs du Résident général à Madagascar.

(11 DÉCEMBRE 1895)

Le Président de la République française,
Sur la proposition du Ministre des Colonies,

Décrète :

Art. Ier. — Le Résident général est le dépositaire des pouvoirs de la République française dans toute l'île de Madagascar et ses dépendances.

Il est nommé par décret du Président de la République française et relève du Ministre des Colonies.

Il a seul le droit de correspondre avec le gouvernement de la République, sauf l'exception relative au commandement des troupes, réglée par l'art. 5.

Il communique avec les divers départements ministériels par l'intermédiaire du Ministre des Colonies.

Il correspond directement avec le gouverneur général de l'Indo-Chine, avec les gouverneurs des possessions françaises dans l'océan Indien, les Indes néerlandaises et l'Australie.

Il ne peut engager aucune négociation diplomatique sans l'autorisation du Gouvernement de la République.

Art. II. — Le Résident général organise, dirige ou contrôle les différents services de Madagascar et de ses dépendances; il nomme à toutes les fonctions civiles exercées par les Français, en dehors du personnel de la magistrature et des trésoriers-payeurs ou des trésoriers particuliers visés par l'article 155 du décret du 20 novembre 1882, et à l'exception des emplois ci-après : secrétaire général de la Résidence générale, résidents, vice-résidents et chefs des principaux services administratifs. Les titulaires de ces derniers emplois sont nommés par décret sur sa présentation.

En cas d'urgence, le Résident général peut suspendre ces fonctionnaires et les renvoyer en France à la disposition du ministre; il doit en rendre compte immédiatement au Ministre des Colonies.

Art. III. — Le Résident général a sous ses ordres directs toutes les autorités, sauf l'exception mentionnée à l'art. 5, relative au commandement des troupes.

Il peut déléguer tout ou partie de ses pouvoirs au secrétaire général de la Résidence générale, qui est appelé à le remplacer en cas d'absence ou d'empêchement.

Art. IV. — Le Résident général est responsable de la défense intérieure et extérieure de Madagascar et ses dépendances. Il dispose à cet effet des forces de terre et de mer qui y sont stationnées, dans les conditions déterminées par l'art. 5.

Aucune opération militaire, sauf dans le cas d'urgence où il s'agirait de repousser une agression, ne peut être entreprise sans son autorisation.

Le Résident général ne peut, en aucun cas, exercer le commandement direct des troupes.

L'état de siège ne peut être établi ou levé que par le Résident général.

Art. V. — Le commandant supérieur des troupes exerce le commandement des troupes.

Pour tous les objets qui concernent son commandement, discipline, personnel, matériel, administration, justice militaire, il correspond avec le ministre dont il dépend.

Chaque fois que le Résident général est dans la nécessité de recourir à l'action militaire, il se concerte avec le commandant supérieur des troupes et, dans le cas où le concert ne peut s'établir et où il est impossible d'en référer au ministre responsable de la garde et de la défense des colonies, il détermine par voie de réquisition le but à atteindre.

Art. VI. — Le Résident général est chargé de l'organisation et de la réglementation des milices affectées à la police et à la protection des populations.

Art. VII. — Des territoires militaires peuvent être déterminés par le Résident général, après avis du résident compétent et de l'autorité militaire.

Dans ces territoires, l'autorité militaire exerce les pouvoirs de résident. Les officiers, commandant ces territoires, sont nommés sur la présentation du commandant supérieur des troupes par le Résident général et correspondent avec lui pour les affaires administratives.

Les territoires militaires rentrent sous le régime normal par arrêté du Résident général.

Art VIII. — Un Conseil de résidence est institué près du Résident général, qui préside.

En cas d'absence ou d'empêchement du Résident général, le Conseil est présidé par le secrétaire général de la Résidence générale.

La composition et les attributions de ce Conseil seront déterminées par un décret spécial sur la proposition du Ministre des Colonies, après avis du Résident général.

Art. IX. — Le Résident général dresse, chaque année, en Conseil de résidence, le budget de Madagascar et de ses dépendances.

Après approbation de ce budget par le Ministre des Colonies, il prend toutes les mesures nécessaires pour sa mise en exécution.

Il soumet à la ratification du Ministre des Colonies tous projets de travaux, contrats, concessions et entreprises de toute nature, qui engageraient les ressources budgé, taires au delà de l'exercice courant.

Art. X. — Le Ministre des Colonies est chargé de l'exécution du présent décret.

Fait à Paris, le 11 décembre 1895.
Signé : FÉLIX FAURE.

Par le Président de la République :
    Le Ministre des Colonies,
      Signé : GUIEYSSE.

Décret

supprimant l'emploi de Résident général et créant celui de Gouverneur général de la colonie de Madagascar et dépendances.

Le Président de la République française,

Vu l'article 18 du sénatus-consulte du 4 mai 1854;

Vu les décrets du 11 décembre 1895, rattachant l'administration de Madagascar au Ministère des Colonies et fixant les pouvoirs du Résident général à Madagascar;]

Vu le décret du 27 mars 1896, fixant le traitement du général à Madagascar;

Vu le décret du 11 juillet 1886, portant application à Madagascar des prescriptions des décrets des 27 janvier 1886 et 3 février 1890, relatives aux pouvoirs militaires du Gouverneur général de l'Indo-Chine et des gouverneurs des colonies;

Vu les décrets des 3 août 1897 et 6 mars 1867, instituant un Conseil d'administration près le Résident général de France à Madagascar;

Vu la loi du 6 août 1896 déclarant colonie française l'île de Madagascar et les îles qui en dépendent;

Sur le rapport du Ministre des Colonies,

Décrète :

Art. Ier. — L'emploi de Résident général de France à Madagascar est supprimé;

Il est créé un emploi de Gouverneur général de la colonie de Madagascar et dépendances.

Art. II. — Le Gouverneur général de la colonie de Madagascar et dépendances possède toutes les attributions précédemment dévolues au Résident général par la législation actuellement en vigueur.

Art. III. — Le Gouverneur général de Madagascar et dépendances a droit à la solde, aux accessoires de solde, aux indemnités de déplacement, aux frais de représentation et de premier établissement, déterminés pour le Résident général par le décret du 27 mars 1896.

Il possède les mêmes assimilations au point de vue des moyens de transport, des indemnités de route et de séjour et de la retraite.

Art. IV. — Sont abrogées toutes dispositions contraires au présent décret.

Art. V. — Le Ministre des Colonies est chargé de l'exécution du présent décret qui sera inséré au *Journal officiel* de la République française et au *Bulletin officiel* du Ministère des Colonies.

Fait au Havre, le 30 juillet 1897.

Signé : FÉLIX FAURE.

Par le Président de la République :

Le Ministre des Colonies,

Signé : ANDRÉ LEBON.

Décret

appliquant à Madagascar [les prescriptions des décrets des [27 janvier 1886 et 3 février 1890, relatives aux pouvoirs militaires du Gouverneur [général de l'Indo-Chine et des gouverneurs.

Le Président de la République française,

Vu le décret du 11 décembre 1895 fixant les pouvoirs du Résident général à Madagascar;

Sur la proposition du Ministre des Colonies,

Décrète :

Art. Ier. — Les prescriptions des décrets des 27 janvier 1886 et 3 février 1890 relatives aux pouvoirs militaires du Gouverneur de l'Indo-Chine et des gouverneurs sont applicables à Madagascar.

Art. II. — Sont et demeurent abrogées toutes dispositions contraires au présent décret.

Fait à Paris, le 11 juillet 1896.
Signé : FÉLIX FAURE.

Par le Président de la République française :
Le Ministre des Colonies,
    Signé : André Lebon.

Décret

organisant un Conseil d'administration près la Résidence générale de Madagascar.

Le Président de la République française,
Vu le décret du 11 décembre 1895, art. 8, relatif aux pouvoirs du Résident général de France à Madagascar,

Décrète :

Art. Ier. — Un Conseil d'administration est institué près du Résident général de France à Madagascar.

Art. II — Le Conseil d'administration de Madagascar se compose :
Du Résident général, *président,*
Du commandant supérieur des troupes,
Du secrétaire général de la Résidence générale,
Du directeur des finances et du contrôle près la Résidence générale,
Du procureur général, chef du service judiciaire,
Du directeur des travaux publics,
Du directeur de l'agriculture.
Le chef du cabinet du Résident général ou, à son défaut, un rédacteur désigné par le Résident général, remplit les fonctions de secrétaire archiviste du Conseil d'administration.

Art. III. — Les membres du Conseil d'administration prennent rang en séance dans l'ordre établi par l'art 2.
Les intérimaires et suppléants prennent rang après les membres titulaires.

Art. IV. — Le Conseil peut demander à entendre, à titre de renseignements, tous fonctionnaires français ou indigènes et autres personnes qu'il jugera utile de consulter.

Art. V. — Le Conseil est présidé par le Résident général. En cas d'absence ou d'empêchement du Résident général, le Conseil est présidé par le secrétaire général de la Résidence générale, appelé à remplacer, au besoin, le Résident général.
Le commandant supérieur des troupes peut être appelé par décision du Ministère des Colonies à prendre la présidence du Conseil d'administration, en cas d'absence du Résident général et du secrétaire général.

Art. VI — Le Conseil se réunit une fois par mois, sur la convocation de son président, sans préjudice du droit qui appartient à ce dernier de le convoquer extraordinairement, lorsqu'il le juge à propos.

Art. VII. — Les membres du Conseil ne peuvent se faire représenter. En cas d'absence ou d'empêchement de l'un d'eux, le Résident général doit, par arrêté spé-cial, lui désigner provisoirement un suppléant, choisi, autant que possible, parmi les fonctionnaires de la même administration.

Art. VIII. — Le Conseil ne peut délibérer, si la majorité de ses membres n'est pas présente.

Les délibérations sont prises à la majorité absolue des voix. En cas de partage, la voix du président est prépondérante.

Art. IX. — Le Résident général n'est pas lié par l'avis du Conseil; il peut toujours passer outre; il doit cependant, en cas de désaccord avec la majorité, aviser le Ministre des Colonies.

Art. X. — Le Résident général dresse, chaque année, en Conseil d'administration, le budget de Madagascar et de ses dépendances, conformément à l'art. 9 du décret du 11 décembre 1895.

Le Conseil est appelé obligatoirement à donner son avis sur chacun des chapitres de dépenses et de recettes, ainsi que sur le compte général établi en fin d'exercice.

Art. XI. — Le Conseil d'administration est consulté :

1° Sur les projets de décrets, arrêtés, règlements divers, intéressant l'organisation ou le fonctionnement des services de Madagascar et dépendances;

2° Sur le mode d'assiette, les règles de perception et les tarifs des contributions et taxes du budget de Madagascar et dépendances;

3° Sur les projets, plans et devis des travaux publics de tous genres;

4° Sur les projets de concessions, de quelque nature qu'elles soient, demandées par des particuliers ou des Associations et Compagnies; sur l'annulation desdites concessions; sur les aliénations de biens domaniaux et la réunion de terres aux domaines;

5° En général, sur toutes les questions qui sont soumises à son examen par le Résident général.

Art. XII. — Le Ministre des Colonies est chargé de l'exécution du présent décret, qui sera inséré au *Bulletin officiel* des colonies et au *Journal officiel* de la République française.

Fait au Havre, le 3 août 1896.

Signé : FÉLIX FAURE.

Par le Président de la République :
Le Ministre des Colonies,
Signé : ANDRÉ LEBON.

Arrêté

modifiant l'article I de l'arrêté du 22 octobre 1896 réglant la composition provisoire du Conseil d'administration de Madagascar.

Le Général commandant le corps d'armée d'occupation et Résident général de France à Madagascar,

Vu le décret du 3 août 1896 instituant un Conseil d'administration près la Résidence générale de Madagascar;

Vu l'arrêté du 22 octobre 1896 réorganisant la composition du Conseil d'administration de la colonie;

En exécution des prescriptions ministérielles du 18 novembre 1896,

Arrête :

L'article 1er de l'arrêté du 22 octobre 1895, réglant la composition provisoire du Conseil d'administration de Madagascar est modifié ainsi qu'il suit :

Art. Ier. — Le Conseil d'administration de Madagascar est composé provisoirement comme suit :

Le Général commandant le corps d'occupation et Résident général de France, *président* ;

Le chef d'état-major faisant fonctions de secrétaire général en territoire militaire ;

Le directeur des finances et du contrôle ;

Le procureur général, chef du service judiciaire ;

Le directeur des travaux publics ; } *membres titulaires* ;

L'inspecteur, chef du service des domaines ;

Deux colons, désignés par le Résident général, seront appelés à siéger, à titre consultatif, quand leur présence sera nécessaire ;

Un chancelier de résidence, désigné par le Résident général, remplira les fonctions de secrétaire du Conseil d'administration.

Fait à Tananarive, le 4 janvier 1897.

Signé : GALLIÉNI.

Décret

nommant l'officier supérieur du commissariat des colonies, chef du service administratif à Madagascar, membre du Conseil d'administration, et constituant le Conseil d'administration en Conseil de contentieux administratif.

Le Président de la République française,

Vu l'article 18 du sénatus-consulte du 3 mai 1854 ;

Vu le décret du 3 août 1896 instituant un Conseil d'administration près la Résidence générale de Madagascar ;

Sur le rapport du Ministre des Colonies,

Décrète :

Art. Ier. — L'officier supérieur du commissariat des colonies, chef du service administratif à Madagascar, est membre du Conseil d'administration ; il prend rang en séance immédiatement après le procureur général, chef du service judiciaire.

Art. II. — Le Conseil d'administration de Madagascar peut se constituer en Conseil du contentieux administratif. Dans ce cas, il fonctionne conformément aux dispositions des décrets des 5 août et 7 septembre 1881, qui sont rendus applicables dans toute l'étendue de la colonie.

Les fonctions du ministère public sont remplies par le directeur des finances et du contrôle près la Résidence générale.

Art. III. — Sont abrogées toutes dispositions contraires au présent décret.

Art. IV. — Le Ministre des Colonies est chargé de l'exécution du présent décret, qui sera inséré au *Journal officiel* de la République française et au *Bulletin officiel* des colonies.

Fait à Paris, le 6 mars 1897.

Signé : FÉLIX FAURE.

Par le Président de la République :

Le Ministre des Colonies,

Signé : ANDRÉ LEBON.

Arrêté

créant le Conseil de défense de la colonie.

(22 SEPTEMBRE 1896)

Le Résident général de Madagascar,

En exécution des instructions ministérielles du 6 août 1896, et sur la proposition du général commandant supérieur,

   Arrête :

Art. Ier. — Le Conseil de défense de la colonie de Madagascar est composé de la anière suivante :

Le Résident général, *président ;*

Le général commandant supérieur des troupes et des territoires militaires, *vice-président ;*

Le commandant de la division navale ;

L'officier supérieur commandant les troupes du territoire où se réunit le Conseil ;

Le résident local ou l'officier supérieur qui en remplit les fonctions ;

Le chef des services administratifs ;

Le chef du service de l'artillerie ;

Le chef du service du génie ;

Le chef d'état-major du général commandant supérieur des troupes et des territoires militaires, *secrétaire.*

Le chef du service de santé est appelé de droit au sein du Conseil de défense pour les questions qui intéressent son service. Il y a voix délibérative sur ces questions.

Art. II. — La présidence, en l'absence du Résident général, est dévolue au général commandant supérieur des troupes et des territoires militaires ou, en son absence, à l'officier supérieur le plus élevé en grade ou le plus ancien dans le grade.

Art. III. — Si les membres titulaires du Conseil de défense se trouvaient dans l'impossibilité d'assister à une séance dudit Conseil, ils seraient remplacés par le fonctionnaire ou l'officier du même service venant immédiatement après eux dans l'ordre hiérarchique.

Art. IV. — Lorsque les circonstances l'exigent, le Conseil de défense est réuni par la convocation du Résident général ou, à son défaut, du général commandant supérieur des troupes et des territoires militaires. Les délibérations embrassent toutes les questions sur lesquelles le Résident général ou le général commandant supérieur des troupes et des territoires militaires désire le consulter.

Art. V. — Le général commandant supérieur des troupes et des territoires militaires pourra toujours, dans l'intérêt militaire, réclamer la convocation du Conseil de défense.

Art. VI. — Le procès-verbal de chaque réunion est dressé, séance tenante, par le secrétaire et transcrit sur le registre des délibérations, où chacun des membres peut faire consigner son opinion, avec tous les développements qu'il jugera utiles.

Tous les membres signent le procès-verbal.

Art. VII. — Les délibérations ne sont valables que si tous les membres qui entrent dans la composition régulière du Conseil sont présents ou remplacés par leurs suppléants.

Il est fait exception toutefois en ce qui concerne :

1° Le Résident général, dont les pouvoirs, en cas d'absence, seront exercés au Conseil de défense par le général commandant supérieur des troupes et des territoires militaires ;

2° Le commandant de la division navale ou son représentant, en cas d'impossibilité de se rendre en temps utile aux convocations ;

3° Le résident local, dans le cas prévu à l'alinéa précédent.

Fait à Tananarive, le 22 septembre 1896

Le Résident général,

Signé : HIPPOLYTE LAROCHE.

Décret

**instituant une direction des finances et du contrôle à la Résidence
générale de Madagascar.**

(4 JUILLET 1896)

Le Président de la République française,

Sur le rapport du Ministre des Colonies,

Vu le décret du 11 décembre 1895 fixant les attributions du Résident général à
Madagascar ;

Vu le décret du 14 février 1896 nommant un directeur des finances à Madagascar ;

Décrète :

Art. Ier. — Il est créé à la Résidence générale de Madagascar une direction des
finances et du contrôle placée sous l'autorité du Résident général.

Le directeur de ce service est nommé par décret, sur la proposition du Ministre des
Colonies.

Art. II. — Les services de recettes et de trésorerie relèvent de cette direction.

Art. III. — Le directeur des finances et du contrôle suit la comptabilité des
dépenses engagées, dont il tient enregistrement.

Il peut requérir des administrations civiles et militaires toutes communications et
y effectuer toutes recherches nécessaires à ses fonctions.

Art. IV. — Tous projets d'arrêtés ou de [décisions, émanant des divers services de
Madagascar et entraînant engagement ou liquidation de dépenses, sont, avant d'être
soumis à la signature du Résident général, présentés à l'examen du directeur des
finances et du contrôle et visés par lui.

Si ce fonctionnaire, pour des raisons d'ordre exclusivement financier, refuse de
viser le projet de décision, le Résident général peut passer outre, mais doit, dans ce
cas, en informer immédiatement le Ministre des Colonies.

Art. V. — Le directeur des finances et du contrôle adresse, en double expédition,
au Ministre des Colonies, et par l'intermédiaire du Résident général, un rapport trimestriel et, en fin d'année, un rapport d'ensemble sur la situation budgétaire et sur le
fonctionnement des services financiers de Madagascar.

Le Ministre des Colonies en transmet un exemplaire au Ministre des Finances.

Une copie de ces rapports est remise au Résident général.

Art. VI. — Sont abrogées toutes les dispositions contraires au présent décret.

Art. VII. — Le Ministre des Colonies est chargé de l'exécution du présent décret,
qui sera inséré au *Journal officiel* de la République française, au *Bulletin des lois* et
au *Bulletin officiel* du Ministère des Colonies.

Fait à Paris, le 4 juillet 1896.

Signé : FÉLIX FAURE.

Par le Président de la République :

Le Ministre des Colonies,

Signé : ANDRÉ LEBON.

**Décret fixant la hiérarchie, le traitement, le classement au point de vue des
frais de route, des indemnités de séjour, de passage et de voyages à l'étranger
et l'assimilation pour la retraite des administrateurs coloniaux.**

Le Président de la République française,

Vu le décret du 2 septembre 1887 instituant un corps unique d'administrateurs coloniaux pour les fonctionnaires chargés en sous-ordre de l'administration des colonies;

Vu le décret du 12 décembre 1888 relatif à la réorganisation du corps des administrateurs coloniaux;

Vu le décret du 27 février 1889 fixant l'assimilation, au point de vue de la retraite, de diverses catégories de fonctionnaires, employés ou agents du service colonial;

Vu le décret du 12 décembre 1889 portant règlement des indemnités de route et de séjour et des passages du personnel colonial;

Vu le décret du 28 janvier 1890 portant règlement sur la solde du personnel colonial;

Vu le décret du 10 novembre 1892 relatif au fonctionnement de l'École coloniale, et le décret du 2 avril 1896;

Vu le décret du 16 décembre 1892 portant réorganisation du corps des administrateurs coloniaux, modifié par le décret du 24 juillet 1894;

Sur le rapport du Ministre des Colonies,

Décrète :

Art. Ier. — La hiérarchie, le traitement, le classement au point de vue des frais de route, des indemnités de séjour, des passages et des voyages à l'étranger, et l'assimilation pour la retraite des administrateurs coloniaux, sont fixés ainsi qu'il suit :

DÉSIGNATION	SOLDE	CADRE	CATÉGORIE DU TABLEAU DE CLASSEMENT ANNEXÉ AU DÉCRET DU 12 NOVEMBRE 1889 SUR LES INDEMNITÉS DE ROUTE, DE SÉJOUR ET SUR LES PASSAGES	DÉSIGNATION DU CADRE SERVANT DE BASE A LA FIXATION DE LA PENSION
Administrateurs en chef. . . . 1re cl. .	16.500 à 17.000	1/4 au maximum de l'effectif des administrateurs.	1re catégorie B.	Commissaire de la marine.
2e cl. .	15.000 à 16.000		Id.	Commissaire-adjoint de la marine
Administrateurs. 1re cl. .	13.000 à 14.500	1/2 au maximum de l'effectif des administrateurs-adjoints.	Id.	Id.
2e cl. .	11.000 à 12.500		Id.	Id.
3e cl. .	9.000 à 10.500		Id.	Id.
Administrateurs-adjoints . . . 1re cl. .	8.000 à 9.000	Id.	Id.	Sous-commissaire de la marine.
2e cl. .	6.500 à 7.500	Id.	Id.	Id.
3e cl. .	5.000 à 6.000	Id.	2e catégorie,	Aide-commissaire de la marine.
Administrateurs stagiaires.	4.000 à 4.500	Id.	Id.	Id.

Nota. — La solde d'Europe est fixée, d'une manière uniforme, à la moitié de la solde coloniale.

Art. 2. — Les administrateurs coloniaux sont placés, dans les colonies, sous l'autorité directe des gouverneurs généraux et gouverneurs, qui en ont la libre disposition.

Art. 3. — Les fonctions attribuées aux secrétaires généraux des gouvernements de la Guinée française, de la Côte d'Ivoire et du Dahomey, sont exercées par des administrateurs ayant au moins le grade d'administrateur-adjoint de 1re ou de 2e classe.

Au fur et à mesure des nécessités du service, des administrateurs coloniaux seront affectés aux diverses circonscriptions de l'île de Madagascar.

Art. 4. Sur la demande des gouverneurs généraux et gouverneurs, les administrateurs coloniaux peuvent être mis nominativement à leur disposition, soit pour occuper une situation au cabinet de ces hauts fonctionnaires ou un emploi dans une administration locale spécialisée.

Ils seront mis hors cadre, s'il y a lieu.

Ne pourront être délégués dans les fonctions de directeur de l'intérieur que les fonctionnaires ayant au moins le grade d'administrateur.

Art. 5. — Nul ne peut être admis dans le personnel des administrateurs coloniaux s'il n'a été employé dans les possessions françaises ou pays de protectorat, en qualité d'administrateur stagiaire pendant une année au minimum.

Il n'est fait d'exception à cette règle que pour les fonctionnaires, les officiers et les explorateurs, admis dans les conditions prévues aux articles du présent décret.

Art. 6. — Les administrateurs stagiaires sont recrutés :

1° Sans concours :

Parmi les élèves brevetés de l'École coloniale, réunissant les conditions stipulées par les décrets qui règlent le fonctionnement de ladite École.

2° Sans concours :

Parmi les adjoints de 1re classe des affaires indigènes des colonies de la côte occidentale d'Afrique, les chefs de station de 1re classe des postes et stations du Congo français, les chefs principaux de section de 1re classe des affaires indigènes de la côte française des Somalis et dépendances, comptant au moins deux années de services effectifs dans ces pays.

3° Après un concours :

Dont le programme et les règles sont arrêtés par le ministre.

Parmi les candidats pourvus, soit d'un diplôme de licencié en droit, ès sciences ou ès lettres, ou de docteur en médecine, soit d'un diplôme de l'École des Chartes, de l'École des langues orientales vivantes, de l'École des hautes études commerciales, d'une École supérieure de commerce reconnue par l'État, de l'Institut national agronomique ou de l'École des sciences politiques, soit d'un certificat attestant qu'ils ont satisfait aux examens de sortie de l'École polytechnique, de l'École nationale des mines, de l'École nationale des ponts et chaussées, de l'École centrale des arts et manufactures, de l'École spéciale militaire ou de l'École navale.

Ces candidats doivent être dégagés des obligations imposées par la loi sur le recrutement et ne pas avoir dépassé l'âge de trente ans.

Les vacances sont attribuées dans les proportions suivantes :

Un sixième aux élèves de l'École coloniale, moitié aux candidats de la 2e catégorie, un tiers aux candidats de la 3e catégorie.

Les nominations ont lieu successivement pour chaque catégorie, dans l'ordre suivant :

        1er tour. — Agents coloniaux;
        2e tour. — Concours;
        3e tour. — Agents coloniaux,
        5e tour. — Concours;
        5e tour. — Agents coloniaux;
        6e tour. — École coloniale.

A défaut de candidats dans l'une d'elles, le tour est réservé.

Art. 7. — Les trois cinquièmes des emplois d'administrateur-adjoint de 3e classe sont attribués aux administrateurs stagiaires admis dans les cadres à titre définitif.

Un cinquième des vacances est réservé :

1° Aux chefs d'exploration du Congo français et aux contrôleurs et agents supérieurs spécialistes des affaires indigènes de la côte française des Somalis et dépendances, ayant au moins un traitement colonial de 5000 francs et trois années de services dans ces pays;

2° Aux officiers des armées actives de terre et de mer, du grade de lieutenant ou assimilés, en activité de service, comptant au moins quatre années de services, dont deux aux colonies, et ayant rempli les fonctions d'administrateur.

Art. 8. — Les trois cinquièmes des emplois d'administrateur-adjoint de 2° classe sont réservés aux administrateurs-adjoints de 5° classe.

Un cinquième peut être attribué :

1° Aux chefs d'exploration du Congo français et aux contrôleurs et agents spécialistes des affaires indigènes de la côte française des Somalis et dépendances, ayant au moins un traitement colonial de 6000 francs et cinq années de services effectifs dans ces pays;

2° Aux officiers des armées de terre et de mer du grade de capitaine ou assimilés, en activité de service, comptant au moins six années de services, dont trois aux colonies, et ayant rempli des fonctions d'administration.

Art. 9. — Les trois cinquièmes des emplois d'administrateur-adjoint de 1re classe sont réservés exclusivement aux administrateurs-adjoints de 2° classe ayant au moins trois ans de services effectifs aux colonies sous réserve des cas prévus à l'art. 15.

Art. 11. — Les quatre cinquièmes des emplois d'administrateur de 1re et de 2° classe sont réservés aux administrateurs de 2° et de 5° classe.

Art. 12. — Les emplois d'administrateur en chef de 2° classe sont réservés en totalité aux administrateurs de 1re classe.

Il en est de même des emplois d'administrateur en chef de 1re classe, qui sont exclusivement attribués aux administrateurs en chef de 2° classe ayant au moins six années de services effectifs aux colonies dans le corps des administrateurs.

Art. 13. — Un cinquième des emplois d'administrateur de 5° classe et administrateur-adjoint de 1re, de 2° et de 5° classe peut être attribué, pour services exceptionnels, aux explorateurs qui ont passé en mission au moins trois années, soit dans les colonies françaises, soit dans les pays de protectorat ou dans les régions limitrophes, sur un rapport motivé du Ministre au Président de la République.

Art. 14. — L'avancement en grade ou en classe des administrateurs-adjoints est conféré par décret, sur le rapport du Ministre et sur la proposition du Gouverneur sous les ordres duquel le fonctionnaire est placé.

A partir de l'emploi d'administrateur-adjoint de 1re classe, l'avancement en grade porte sur les fonctionnaires qui figurent sur un tableau, arrêté par une commission composée, sous la présidence du secrétaire général du ministère, des directeurs de l'administration centrale et d'un gouverneur de colonie présent en France.

Le tableau d'avancement est établi chaque année.

La commission statue sur le maintien des fonctionnaires qui y figurent depuis trois ans.

Le Ministre des Colonies a le droit d'inscrire ou de rayer d'office un candidat sur le rapport motivé des autorités locales.

Un arrêté du Ministre déterminera le mode de fonctionnement de cette commission.

Art. 15. — La commission, prévue à l'article précédent, peut être également chargée d'examiner les titres des agents des affaires indigènes des colonies d'Afrique et des postes et stations du Congo, qui sont proposés par les gouverneurs pour l'emploi d'administrateur stagiaire.

La commission est appelée, en outre, à statuer sur les titres des fonctionnaires et des officiers qui sollicitent leur admission dans le personnel des administrateurs coloniaux, par application des dispositions contenues dans les articles 7, 8 et 9 du présent décret.

Art. 16. — Les nominations et promotions en classe des administrateurs coloniaux sont faites par décret du Président de la République.

Les administrateurs nouvellement promus reçoivent obligatoirement le traitement de début attaché à leur classe par arrêté du Gouverneur, et dans la limite des crédits budgétaires, jusqu'au maximum prévu par l'article 1er du présent décret.

Toutefois, un administrateur ne pourra prétendre à une augmentation de 500 francs que s'il reçoit le même traitement depuis six mois au moins.

Nul ne peut être promu à l'emploi supérieur, s'il n'a accompli au moins dix-huit mois de services dans la 1re classe de l'emploi immédiatement inférieur.

Nul ne peut être promu à la classe supérieure de l'emploi dont il est titulaire, s'il n'a accompli au moins dix-huit mois de services dans la classe immédiatement inférieure.

Les administrateurs coloniaux prennent rang entre eux sur la liste d'ancienneté de chaque emploi du jour de leur nomination audit emploi, quelle que soit la quotité du traitement qu'ils reçoivent.

Art. 17. — Les mesures disciplinaires comportent les peines suivantes :

        1° La réprimande ;
        2° Le blâme ;
        3° La suspension de fonctions :
        4° La radiation du tableau d'avancement,
        5° La rétrogradation ;
        6° La révocation.

Art. 18. — La réprimande et le blâme peuvent être infligés par le Ministre ou par le Gouverneur ; il doit toujours en être fait mention dans le dossier individuel du fonctionnaire.

Art. 19. — La suspension des fonctions est prononcée d'après les règles établies par l'article 106 du décret du 28 janvier 1890 sur la solde.

Art. 20. — La rétrogradation est prononcée par décret du Président de la République, sur la proposition du Ministre des Colonies et sur le rapport motivé du Gouverneur.

Le fonctionnaire rétrogradé est replacé dans le rang ou la classe immédiatement inférieure.

Il prend rang dans son nouvel emploi du jour de la décision, et ne peut être proposé pour l'avancement qu'après avoir effectué dans cet emploi le temps minimum exigé pour être élevé en grade ou à la classe supérieure, sans qu'il puisse être tenu compte du temps qu'il y aurait antérieurement passé.

Art. 21. — La peine de révocation est prononcée par décret du Président de la République, sur la proposition du Ministre des Colonies et sur le rapport motivé du Gouverneur sous les ordres duquel le fonctionnaire était placé. Cette peine ne peut être prononcée qu'après avis d'une commission d'enquête, composée conformément au tableau annexé au présent décret, et dans laquelle le fonctionnaire est entendu dans ses moyens de défense, soit verbalement, soit par écrit.

Le Ministre communique, s'il y a lieu, le rapport de la commission d'enquête à un Conseil supérieur de discipline, dont la composition sera déterminée par un arrêté spécial.

Dispositions transitoires.

Art. 22. — Les administrateurs coloniaux et les résidents et vice-résidents de Madagascar, en service lors de la mise en vigueur du présent décret, pourront être admis dans le nouveau cadre dans les limites suivantes :

Administrateurs en chef. — Néant.

Ces emplois seront réservés exclusivement aux administrateurs de 1re classe de la nouvelle formation, après dix-huit mois de grade au moins.

Administrateurs. 7
Administrateurs-adjoints.. 15

Ceux des administrateurs, résidents et vice-résidents de Madagascar, qui n'auront pas été compris dans la formation du nouveau corps, pourront y être admis ultérieurement, sur leur demande, après proposition conforme du Gouverneur et avis de la commission prévue aux articles 14 et 15 du présent décret.

Ils conserveront, dans tous les autres cas, les nominations, les traitements et les assimilations prévues, soit par les décrets des 12 décembre 1889, 16 décembre 1892 et 24 juillet 1894, soit par le décret du 28 décembre 1895, et ils avanceront d'après les règles établies par lesdits actes.

Toutefois, le traitement des administrateurs principaux et administrateurs de l'ancienne formation pourra être porté :

Pour les administrateurs de 2e classe, de 8 000 à 9 000 francs ;

Pour les administrateurs principaux de 2e classe, de 10 000 à 11 000 francs ;

Pour les administrateurs principaux de 1re classe, de 12 000 à 13 000 francs par avancement successif de 500 francs.

Il ne pourra être fait, après la mise en vigueur du présent décret, aucune nouvelle admission au titre des anciennes formations.

Art. 23. — Les élèves de l'École coloniale, actuellement en cours d'études, et qui seront, à leur sortie de l'École, nommés administrateurs stagiaires, recevront, pendant la durée de leur stage, le traitement de début qui leur était attribué par le décret du 24 juillet 1894, soit 5 000 francs.

Art. 24. — Le Ministre des Colonies est chargé de l'exécution du présent décret.

Fait à Paris, le 4 juillet 1896.

Signé : FÉLIX FAURE.

Par le Président de la République :
Le Ministre des colonies,
Signé : André Lebon.

Décret

admettant, dans les cadres du personnel des administrateurs coloniaux, les résidents, vice-résidents et chanceliers de résidence en Service à Madagascar.

Le Président de la République française,

Vu le décret du 28 décembre 1895, organisant le personnel des résidences à Madagascar;

Vu le décret du 4 juillet 1896, portant réorganisation du personnel des administrateurs coloniaux;

Vu le décret du 12 septembre 1896, déterminant les conditions d'admission du personnel des résidences de Madagascar dans le cadre des administrateurs coloniaux;

Sur le rapport du Ministre des Colonies,

Décrète :

Art. Iᵉʳ. — Les résidents, vice-résidents et chanceliers de résidence à Madagascar, actuellement en service, sont admis dans les cadres du personnel des administrateurs coloniaux, d'après les correspondances établies par le tableau ci-après :

EMPLOI DANS LES RÉSIDENCES DE MADAGASCAR	EMPLOI DANS LE CADRE DES ADMINISTRATEURS COLONIAUX
Résident de 1ʳᵉ classe.	Administrateur en chef de 2ᵉ classe.
Résident de 2ᵉ classe.	Administrateur de 1ʳᵉ classe.
Résident de 3ᵉ classe.	Administrateur de 2ᵉ classe.
Vice-résident de 1ʳᵉ classe.	Administrateur de 3ᵉ classe.
Vice-résident de 2ᵉ classe.	Administrateur-adjoint de 1ʳᵉ classe.
Chancelier de résidence de 1ʳᵉ classe.	Administrateur-adjoint de 2ᵉ classe.
Chancelier de résidence de 2ᵉ classe.	Administrateur-adjoint de 3ᵉ classe.

Art. II. — Les résidents, vice-résidents et chanceliers, qui font l'objet du présent décret, continueront à recevoir la solde coloniale et la solde d'Europe afférentes à l'emploi dont ils étaient titulaires dans la hiérarchie du personnel des résidences, tant que la situation qu'ils occuperont à Madagascar dans le cadre des administrateurs coloniaux comportera un traitement inférieur à leurs anciens émoluments.

Art. III. — Le Ministre des Colonies est chargé de l'exécution du présent décret.

Fait à Paris, le 31 juillet 1897.

Signé : FÉLIX FAURE.

Par le Président de la République :

Le Ministre des Colonies,

Signé : ANDRÉ LEBON.

Décret

modifiant le décret du 4 juillet 1896, portant réorganisation du personnel des administrateurs coloniaux.

Le Président de la République française,

Sur le rapport du Ministre des Colonies;

Vu le décret du 4 juillet 1896, portant réorganisation du personnel des administrateurs coloniaux;

Décrète :

Art. Ier. — L'article 12 du décret du 4 juillet 1896 est modifié ainsi qu'il suit :

« Les quatre cinquièmes des emplois d'administrateur en chef de 2e classe sont réservés aux administrateurs de 1re classe.

« Les quatre cinquièmes des emplois d'administrateur en chef de 1re classe sont attribués aux administrateurs en chef de 2e classe, ayant au moins dix années de services effectifs aux colonies dans le corps des administrateurs.

« Un cinquième des emplois d'administrateur en chef est réservé aux officiers supérieurs des armées actives de terre et de mer ou assimilés, comptant au moins trois ans d'ancienneté, comme officiers supérieurs, et six ans de services effectifs dans les colonies, et y ayant rempli des fonctions d'administration. »

Art. II. — Le Ministre des Colonies est chargé de l'exécution du présent décret.

Fait à Paris, le 18 août 1897.
Signé : FÉLIX FAURE.

Par le Président de la République :
Le Ministre des Colonies,
Signé : ANDRÉ LEBON.

Arrêté 1376.

Le Général, commandant en chef du corps d'occupation et Gouverneur général de Madagascar et dépendances,

Vu les décrets des 11 décembre 1895 et 30 juillet 1897;

Vu le décret du 28 décembre 1895 et son article 11 notamment;

Vu la dépêche ministérielle du 9 décembre 1897, n° 516,

Arrête :

Art. 1. — Le personnel des administrateurs, créé par le décret du 4 juillet 1896, en service à Madagascar, est logé et meublé.

Art. 2. — Lorsque le logement et l'ameublement des administrateurs, administrateurs-adjoints et stagiaires ne pourront être assurés par l'administration, ces fonctionnaires recevront une indemnité représentative annuelle.

Art. 3. — Cette indemnité, fixée à 1 000 francs pour les administrateurs des trois classes, à 800 francs par an pour les administrateurs-adjoints de 1re et 2e classe et à 600 francs pour les administrateurs-adjoints de 3e classe et les administrateurs stagiaires, sera acquise, par mensualités, à compter du jour de l'entrée en fonctions du fonctionnaire, ou à compter du jour où celui-ci, s'il a été précédemment logé et meublé, cessera de profiter de cet avantage.

En cas de logement sans ameublement, l'indemnité sera de la moitié des sommes ci-dessus indiquées.

Art. 4. — MM. les administrateurs, chefs de province et M. le chef du bureau des affaires civiles, ordonnateur secondaire, sont chargés, chacun en ce qui le concerne, de l'exécution du présent arrêté.

Fait à Tananarive, le 22 janvier 1898.
Signé : GALLIENI.

Vu :
Le Directeur des finances et du contrôle,
Signé : CRAYSSAC.

Pour ampliation,
Le Chef du bureau des affaires civiles.

Arrêté

érigeant en communes les établissements de Diego-Suarez, de Nossi-Bé et de Sainte-Marie de Madagascar.

(15 février 1897.)

Le Général commandant le corps d'occupation et Résident général de France à Madagascar,

Vu le décret du 11 décembre 1895, fixant les pouvoirs du Résident général de Madagascar;

Vu le décret du 28 janvier 1896, portant rattachement des établissements de Diego-Suarez, de Nossi-Bé et de Sainte-Marie de Madagascar à l'administration de Madagascar et prévoyant leur érection en communes;

Vu la loi du 6 août 1896, déclarant Madagascar et les îles qui en dépendent colonie française;

Vu le décret du 20 novembre 1882 sur le régime financier des colonies;

Vu les instructions contenues dans la dépêche ministérielle du 24 octobre 1896:

Le Conseil d'administration entendu;

Sous réserve de l'approbation de M. le Ministre des Colonies,

Arrête :

CHAPITRE I

Circonscription des communes.

Art. 1er. — Les établissements français de Diego-Suarez, de Nossi-Bé et de Sainte-Marie de Madagascar sont érigés en communes.

Art. 2. — La commune de Diego-Suarez aura pour chef-lieu « Antsirane » et pour circonscription le territoire acquis à la France par le traité franco-hova du 17 décembre 1885.

La commune de Nossi-Bé aura pour chef-lieu Hellville et pour circonscription l'île de Nossi-Bé et les îlots qui en dépendent.

La commune de Sainte-Marie de Madagascar comprendra le territoire de l'île de Sainte-Marie, avec Ambodifototra comme chef-lieu.

CHAPITRE II

Composition du corps municipal.

Art. 3. — L'administrateur de chacun de ces établissements de Diego-Suarez, de Nossi-Bé et de Sainte-Marie de Madagascar exerce les fonctions de maire.

Il est assisté d'une commission municipale dont les membres, choisis parmi les citoyens français domiciliés dans la colonie, à l'exception d'un seul pris dans la population indigène, sont nommés par arrêté du Résident général.

La commission municipale sera composée :

A Diego-Suarez et à Nossi-Bé, de cinq membres, dont deux adjoints à l'administrateur-maire; à Sainte-Marie, de trois membres, dont un adjoint à l'administrateur-maire.

Les adjoints sont désignés par arrêté du Résident général; le membre indigène de la commission municipale ne pourra jamais être choisi pour remplir ces fonctions.

Art. 4. — Les membres de la commission municipale et les adjoints sont nommés pour deux ans.

Leur mandat est indéfiniment renouvelable, mais il peut aussi leur être retiré avant l'expiration du terme de deux années, par arrêté du Résident général.

Art. 5. — Les fonctions des membres de la commission municipale et celle des adjoints sont gratuites.

CHAPITRE III·

Fonctionnement des commissions municipales.

Art. 6. — La commission municipale s'assemble en session ordinaire quatre fois par an, au commencement des mois de février, mai, août et novembre; chaque session peut durer dix jours.

Le Résident général peut prescrire la convocation extraordinaire de la commission municipale. L'administrateur-maire peut aussi réunir la commission municipale, chaque fois qu'il le juge utile. Il est tenu de la convoquer, quand une demande motivée lui est adressée par la majorité des membres en exercice. La session extraordinaire est déclarée par un arrêté de l'administrateur-maire, contenant les objets spéciaux et déterminés pour lesquels elle a lieu, et la commission ne peut alors s'occuper que de ces objets.

Dans tous les cas, l'administrateur-maire doit convoquer les membres de la commission municipale trois jours francs au moins à l'avance, par écrit et à domicile; pour motif d'urgence, il peut toutefois réduire le délai.

Art. 7. — La commission municipale ne peut émettre des avis que lorsque la majorité des membres en exercice assiste à la séance.

Mais, après deux convocations successives à deux jours d'intervalle dûment constatés, les avis qu'elle émet deviennent valables, quel que soit le nombre des membres présents.

Art. 8. — L'administrateur-maire préside la commission municipale et a voix prépondérante en cas de partage, sauf le cas de scrutin secret.

En cas d'empêchement, il est provisoirement remplacé par un adjoint dans l'ordre des nominations.

Art. 9. — Les avis de la commission municipale sont donnés à la majorité absolue des suffrages exprimés. Il est voté au scrutin public ou au scrutin secret, suivant que la majorité des membres le réclame.

Art. 10. — Dans les séances où les comptes de l'administrateur-maire sont examinés, la commission élit son président.

L'administrateur-maire peut assister à la discussion, mais il doit se retirer au moment où la commission municipale va émettre son avis.

Le président choisi par le conseil adresse directement cet avis au Résident général.

Art. 11. — Les séances de la commission municipale ne sont pas publiques.

Art. 12. — Les membres de la commission municipale ne peuvent pas prendre part aux délibérations relatives aux affaires dans lesquelles ils ont un intérêt, soit en leur nom personnel, soit comme mandataires.

Art. 13. — Tout membre de la commission municipale, qui, sans motifs légitimes, a manqué à trois convocations successives, peut être déclaré démissionnaire par le Résident général.

Art. 14. — Les délibérations sont inscrites par ordre de date sur un registre coté et paraphé par l'administrateur-maire. Elles sont signées par tous les membres présents, ou bien mention est faite de la cause qui les a empêchés de signer. Copie en est adressée dans la huitaine par l'administrateur-maire au Résident général.

Tout habitant de la commune a droit de demander communication et de prendre copie des délibérations de la commission municipale. Cette communication sera faite sans déplacement des documents consultés.

Art. 15. — Tout avis de la commission municipale portant sur un objet étranger à ses attributions est nul.

Sont nuls également tous avis émis par les membres de la commission municipale qui auraient un intérêt, soit en leur nom personnel, soit comme mandataires, aux affaires qui en font l'objet.

Le Résident général, en conseil d'administration, déclare la nullité ou prononce l'annulation des délibérations.

CHAPITRE IV

Attributions de l'administrateur-maire.

Art. 16. — L'administrateur-maire est chargé, sous l'autorité du Résident général :

1° De la publication des lois et règlements ;

2° De l'exécution des mesures de sûreté générale ;

3° De la conservation et de l'administration des propriétés de la commune et de faire en conséquence tous actes conservatoires de ses droits ;

4° De la gestion des revenus, de la surveillance des établissements communaux et de la comptabilité de la commune ;

5° De la proposition du budget et de l'ordonnance des dépenses ;

6° De tout ce qui concerne l'établissement, la conservation, l'entretien et la réparation des édifices de la commune, cimetières, promenades, places, rues, voies publiques, aqueducs, canaux, fontaines, pompes et égouts ;

7° De la police de la commune, en tout ce qui a rapport à la sûreté et à la liberté du passage sur la voie publique, à l'éclairage, au balayage, aux arrosements, à la solidité et à la salubrité des constructions privées et aux mesures générales d'hygiène et de salubrité publiques ;

8° Des fonctions de l'état civil ;

9° De la fixation des mercuriales ;

10° De la direction des travaux communaux. Il soumet chaque année à l'approbation du Résident général, en même temps que les propositions du budget, le programme des travaux à exécuter en cours d'exercice, élaboré en commission municipale ;

11° De la clôture des cimetières, de passer les baux des biens et les adjudications des travaux communaux dans les formes établies par les lois et règlements en vigueur dans la métropole ;

12° De souscrire dans les mêmes formes les actes de vente, échange, partage, acceptation de dons ou legs, acquisitions, transactions ;

13° De représenter la commune en justice, soit en demandant, soit en défendant.

Art. 17. — L'administrateur-maire prend des arrêtés à l'effet :

1° D'ordonner les mesures locales sur les objets confiés à sa vigilance ou à son autorité ;

2° De publier les lois et règlements de police et rappeler les habitants à leur observation.

Les arrêtés de l'administrateur-maire, qui portent règlement permanent, sont envoyés préalablement à l'approbation du Résident général. Les autres arrêtés pris par l'administrateur-maire sont immédiatement envoyés au Résident général, qui peut toujours les annuler ou en suspendre l'exécution.

Art. 18. — L'administrateur-maire nomme les agents de police, sur la proposition du commissaire de police, et les agents inférieurs pour lesquels il n'est pas prescrit un mode spécial de nomination.

Il a pouvoir de suspendre et de révoquer les agents à sa nomination.

Art. 19. — L'administrateur-maire est chargé de l'administration de la commune ; il peut toutefois déléguer une partie de ses fonctions aux adjoints et, en l'absence d'adjoints, à ceux des membres de la commission municipale que le Résident général désignera à cet effet.

Art. 20. — Lorsque l'administrateur-maire procède à une adjudication publique pour la commune, il est assisté de deux membres de la commission municipale désignés d'avance par la commission.

Le receveur municipal est appelé à toutes les adjudications.

Toutes les difficultés qui peuvent s'élever sur les opérations préparatoires de l'adjudication seront résolues, séance tenante, par l'administrateur-maire et les deux conseillers assistants, à la majorité des voix, sauf recours au Résident général.

L'adjudication n'est valable et définitive qu'après approbation du Résident général.

CHAPITRE V

Attributions de la commission municipale.

Art. 21. — La commission municipale donne obligatoirement son avis sur les objets suivants :

1° Le mode d'administration des biens communaux ;

2° Les conditions des baux de biens pris ou donnés à loyer par la commune ;

3° Les aliénations et échanges des propriétés communales ;

4° L'affectation à un service communal d'une propriété communale, non encore affectée à un service public ;

5° Le changement d'affectation d'une propriété communale, déjà affectée à un service public ;

6° Les acquisitions d'immeubles, les constructions nouvelles, reconstructions partielles ou entières ;

7° Les concessions des services communaux et les marchés de gré à gré pour les exécutions de travaux communaux et pour les fournitures d'utilité communale ;

8° Les projets, plans et devis des travaux neufs, de grosse réparation ou d'entretien ;

9° La création et la suppression des rues, places et voies publiques de toutes sortes ;

10° Le redressement ou le prolongement, l'élargissement, la dénomination des rues, places et voies publiques de toutes sortes, la création ou la suppression des promenades, squares ou jardins publics, champs de foire, de tir ou de course, l'établissement et la conservation des plans d'alignement et de nivellement des voies publiques, les modifications des plans d'alignement et de nivellement adoptés ;

11° L'établissement, le changement ou la suppression des foires ou marchés ;

12° Les assurances des bâtiments communaux ;

13° Le budget de la commune et, en général, toutes les recettes et dépenses, soit ordinaires, soit extraordinaires ;

14° L'établissement, le mode d'assiette, les tarifs et les règles de perception de tous les droits, taxes et revenus communaux ;

15° L'acceptation des dons et legs faits à la commune et aux établissements communaux ;

16° Les actions judiciaires et les transactions ;

17° Enfin tous les objets sur lesquels la commission municipale sera consultée par le Résident général ou l'administrateur-maire.

Art. 22. Les décisions de l'administrateur-maire, sur avis conforme de la commission municipale, sont immédiatement exécutoires, lorsqu'elles portent sur un des objets indiqués aux § 1, 4, 8, 9, 10, 11 et 12 de l'article précédent.

Elles sont exécutoires, après approbation du Résident général, en cas d'avis contraire de la commission municipale ; sont exécutoires, dans les mêmes conditions, les décisions de l'administrateur-maire relatives aux baux des biens pris ou donnés à loyer par la commune, lorsque leur durée n'excède pas six ans pour les biens ruraux et trois ans pour les biens urbains.

Pour tous les autres objets, les décisions de l'administrateur-maire ne sont exécutoires qu'après approbation du Résident général, quel que soit l'avis de la commission communale.

Art. 23. — La commission municipale peut exprimer son vœu sur les objets d'intérêt local. Elle ne peut faire publier aucune protestation, proclamation ou adresse.

Art. 24. — Tout éditeur, imprimeur, journaliste ou autre, qui publiera les articles interdits à la commission municipale par les articles 15 et 23 du présent arrêté, sera passible des peines prévues par l'article 123 du Code pénal.

Art. 25. — La commission municipale examine les comptes présentés annuellement par l'administrateur-maire et donne son avis. Elle débat et arrête les comptes de gestion du receveur, sauf règlement définitif, conformément aux dispositions de l'article 129 du décret du 20 novembre 1882 sur le régime financier des colonies.

CHAPITRE VI

Dépenses et recettes du budget communal.

Art. 26. — Les dépenses, actuellement à la charge du budget local de l'établissement, sont mises à la charge du budget communal, à l'exception de celles des services de la douane, des postes et télégraphes, de la justice, des ports et des hôpitaux, imputées au budget général de Madagascar et dépendances.

Art. 27. — Sont obligatoires les dépenses suivantes :
1° Entretien de l'Hôtel de Ville ;
2° Frais de bureau et d'impression pour le service de la commune, frais d'abonnement au *Journal officiel* de Madagascar et dépendances et au *Bulletin des lois* ;
3° Frais de recensement de la population ;
4° Frais des registres de l'état civil et des tables décennales ;
5° Traitement de l'administrateur-maire, du personnel de la mairie et du receveur municipal ;
6° Les pensions à la charge de la commune, lorsqu'elles ont été régulièrement liquidées et approuvées ;
7° Les frais de perception des contributions et produits communaux ;
8° Les traitements et autres frais du personnel de la police et de la milice, mis à la charge de la commune ;
9° Les grosses réparations aux édifices communaux ;
10° Les frais d'établissement et de réparation des plans d'alignement et de nivellement ;
11° La clôture des cimetières, leur entretien et leur translation ;
12° L'acquittement des dettes exigibles.
Art. 28. — Les recettes du |budget communal se composent des revenus actuels de l'établissement, à l'exception des droits de douane, des recettes postales et télégraphiques, des taxes sanitaires, droits de navigation et amendes de justice réservées au budget général de Madagascar.
Les recettes sont ordinaires ou extraordinaires.
Les recettes ordinaires comprennent :
1° Le produit de tous les impôts et droits établis par des arrêtés locaux jusqu'à ce jour et de ceux dont la perception est ou sera autorisée par arrêté du Résident général, pris en conseil d'administration ;
2° Les revenus du domaine communal ;
3° Le prix des diverses concessions autorisées pour les services communaux.
Les recettes extraordinaires comprennent :
1° Le prix des biens communaux aliénés ;
2° Les dons et legs ;
3° Le produit des emprunts ;
4° Les prélèvements sur la caisse de réserve ;
5° Le montant des subventions allouées par le budget général de Madagascar et

dépendances pour insuffisances de ressources ou pour [exécution de travaux d'utilité générale;

6° Et toutes autres recettes accidentelles.

Art. 29. — Le budget de la commune est proposé par l'administrateur-maire, après l'avis favorable de la commission municipale, et réglé par le Résident général en conseil d'administration.

Lorsqu'il pourvoit à toutes les dépenses obligatoires et ne comporte aucune recette extraordinaire, les allocations portées audit budget pour les dépenses facultatives ne peuvent être modifiées par l'autorité supérieure.

Art. 30. — Les crédits qui seraient reconnus nécessaires après règlement du budget seront ouverts dans la même forme que les crédits primitifs.

Art. 31. — Dans le cas où, pour une cause quelconque, le budget de la commune n'aurait pas été approuvé avant le commencement de l'exercice, les recettes et les dépenses continueront jusqu'à l'approbation de ce budget à être faites conformément à celui de l'exercice précédent.

Art. 32. — Aucune contribution ordinaire ou extraordinaire, aucun emprunt ne peuvent être autorisés que par le Résident général en conseil d'administration, sur la proposition de l'administrateur-maire, après avis de la commission municipale.

CHAPITRE VII

Des actions judiciaires et transactions.

Art. 33. — La commune ne peut ester en justice, sans y être autorisée par le Résident général en conseil d'administration.

Après tout jugement intervenu, la commune ne peut se pourvoir devant un autre degré de juridiction, qu'en vertu d'une nouvelle autorisation du Résident général en conseil d'administration.

La décision du Résident général doit être rendue dans le délai de trois mois, à compter de la demande en autorisation. Le refus d'autorisation est sans recours.

Art. 34. — Mais l'administrateur-maire peut toujours, sans autorisation préalable, après avis de la commission municipale, intenter une action possessoire ou y défendre aux oppositions formées contre les états dressés pour le recouvrement des recettes municipales et faire tous actes conservatoires ou interruptifs de déchéance.

Il peut également, sans autorisation préalable, après avis favorable de la commission municipale, interjeter appel d'un jugement ou se pourvoir en cassation; mais il doit demander l'autorisation du Résident général en conseil d'administration pour suivre l'instance sur appel ou sur le pourvoi en cassation.

Art. 35. — Une action judiciaire autre que les actions possessoires ne peut, à peine de nullité, être intentée contre la commune qu'autant que le demandeur a préalablement adressé au Résident général un mémoire exposant l'objet de sa réclamation et les faits qui la motivent. L'action ne peut être portée devant les tribunaux que trois mois après la date du récépissé, sans préjudice des actes conservatoires.

La présentation du mémoire du demandeur interrompt toute prescription ou déchéance, si elle est suivie d'une demande en justice dans le délai de trois mois.

Le Résident général adresse immédiatement le mémoire à l'administrateur-maire, avec invitation de convoquer la commission municipale, sous le plus bref délai, pour prendre son avis.

L'avis de la commission municipale est transmis au Résident général qui décide en conseil d'administration.

Si la commune doit être autorisée à ester en justice, la décision du Résident général doit être rendue dans le délai de trois mois, à dater de la réception du mémoire.

Art. 36. — Toute transaction, au sujet de laquelle la commission municipale a émis un avis favorable, ne peut être suivie d'exécution qu'après promulgation donnée par arrêté du Résident général en conseil d'administration.

CHAPITRE VII

Comptabilité des communes.

Art. 37. — Les comptes de l'administrateur-maire, pour l'exercice clos, sont présentés à la commission municipale avant la délibération du budget de l'exercice précédent.

Ils sont définitivement approuvés par le Résident général.

Art. 38. — Le budget et les comptes de la commune sont déposés aux bureaux de l'administrateur-maire, où toute personne, imposée au rôle de la commune, a droit d'en prendre connaissance.

Art. 39. — Sont applicables aux communes de Diego-Suarez, Nossi-Bé et Sainte-Marie de Madagascar toutes les règles édictées par le titre III du décret du 20 novembre 1882, et relatives à la comptabilité des communes aux colonies, qui ne se trouvent pas modifiées par le présent arrêté.

Fait à Tananarive, le 13 février 1897.

Signé : GALLIENI.

Vu :

Le Directeur des finances et du contrôle,

Signé : HOMBERG.

Arrêté

érigeant en communes les villes de Tamatave et de Majunga.
15 OCTOBRE 1897.

Les dispositions de cet arrêté sont les mêmes que celles de l'arrêté précédent du 13 février 1897, constituant les communes de Diego-Suarez, Nossi-Bé et Sainte-Marie.

La composition des commissions municipales est toutefois différente; elles comprennent huit membres (sept Français et un indigène), dont deux adjoints à l'administrateur-maire.

Arrêté

instituant l'Imerina, avec Tananarive, et le pays betsileo, avec Fianarantsoa, en territoire militaire.

Le Résident général de Madagascar,

En exécution des instructions du Ministre des Colonies en date du 6 août 1891 ;

Vu l'article 7 du décret du 11 décembre 1895, fixant les pouvoirs du Résident général de Madagascar ;

Vu les arrêtés du Gouverneur général de l'Indo-Chine en date des 6 et 20 août et 24 octobre 1891 et 15 septembre 1893 ;

Sur la proposition du Général commandant supérieur du corps d'occupation,

Arrête :

Art. Ier. — La région comprenant l'Imerina avec Tananarive et le pays betsileo avec Fianarantsoa est constituée en territoire militaire.

Art. II. — Le Général commandant supérieur du corps d'occupation procédera à l'organisation de cette région en territoires et cercles militaires, en restant dans les limites des crédits dont il est ordonnateur par délégation du Résident général.

Art. III. — Tous les corps civils et militaires, européens et indigènes, stationnés sur les territoires militaires, sont placés sous l'autorité directe ou déléguée du Général commandant supérieur du corps d'occupation, qui est leur intermédiaire obligé pour leurs relations avec la Résidence générale.

Art. IV. — Le personnel ci-après sera affecté à chaque territoire et à chaque cercle, savoir :

1° A chaque territoire :
Un officier adjoint pour le service des renseignements ;
Un interprète ;
Deux sous-officiers européens secrétaires.
2° A chaque cercle :
Un officier adjoint pour le service des renseignements ;
Un chancelier civil ou un officier faisant fonctions de chancelier ;
Deux interprètes ;
Deux sous-officiers européens secrétaires.

Art. V. — Les allocations annuelles suivantes sont accordées, à titre d'indemnités de fonctions et de déplacement, au personnel militaire désigné à l'article 4, savoir :

	INDEMNITÉ DE FONCTIONS	INDEMNITÉ DE DÉPLACEMENT
	Francs.	Francs.
Commandant de territoire	5.000 »	800 »
Officier supérieur, commandant de cercle	5.000 »	800 »
Officier subalterne, commandant de cercle	5.000 »	500 »
Officier de renseignements	1.000 »	400 »
Officier faisant fonctions de chancelier	1.000 »	» »
Sous-officiers secrétaires (1 fr. 50 par jour)	547 50	» »

L'indemnité de déplacement ci-dessus est allouée en remplacement de toutes fournitures de transport en nature, lorsque les officiers se déplacent dans l'étendue de leur commandement.

Art. VI. — Lorsqu'un commandant de territoire administre directement le cercle où se trouve le chef-lieu de son territoire, il n'a droit qu'aux indemnités prévues à l'article 5 pour le commandant de territoire.

Art. VII. — Le Général commandant supérieur du corps d'occupation et le commissaire chef des services administratifs sont chargés, chacun en ce qui le concerne, de l'exécution du présent arrêté, à dater de ce jour, midi.

Fait à Tananarive, le 27 septembre 1896.

Le Résident général,

Signé : HIPPOLYTE LAROCHE.

Arrêté

divisant l'Imerina en cercles militaires.

Le Résident général de Madagascar,

En exécution des instructions du Ministre des Colonies en date du 6 août 1896;

Vu l'article 7 du décret du 11 décembre 1895, fixant les pouvoirs du Résident général de Madagascar;

Vu l'arrêté en date du 27 septembre 1896, constituant une partie de l'île de Madagascar en territoires et cercles militaires;

Sur la proposition du Général commandant supérieur des troupes et des territoires militaires,

Arrête :

Art. Ier. — Les circonscriptions administratives du nord de l'Imerina sont, à dater de ce jour et conformément à l'arrêté du 27 septembre 1896, groupées en quatre cercles et un gouvernement militaire, comme il est indiqué aux articles ci-après.

Art. II. — Le gouvernement militaire de Tananarive comprend la ville de Tananarive et le sous-gouvernement de Voromahery.

Art. III. — Le cercle militaire d'Arivonimamo comprend la province d'Ambodirano, le sous-gouvernement d'Ambohimasina (Vakindrano), le Mandridrano, le Mamolakazo et le Valalafotsy.

Art. IV. — Le cercle militaire d'Ambohidratrimo comprend la province actuelle de Marovatana, moins le sous-gouvernement d'Ambohimasina (Vakindrano), le Vonizongo et le sous-gouvernement d'Ambohimanga (Tsimahafotsy).

Art. V. — Le cercle d'Ambohidrabiby comprend les deux sous-gouvernements d'Ilafy (Timiamboholahy) et d'Ambohidrabiby (Mandiavato).

Art. VI. — Le cercle militaire d'Ambatomanga comprend la province de Sisaony et le sous-gouvernement d'Ambohimalaza.

Art. VII. — Des arrêtés spéciaux, rendus sur la proposition du Général commandant supérieur des troupes et des territoires militaires, nommeront le gouverneur militaire de Tananarive et les commandants des cercles militaires.

Art. VIII. — Le Général commandant supérieur des troupes et des territoires militaires est chargé de l'exécution du présent arrêté, à dater de ce jour, midi.

Fait à Tananarive, le 27 septembre 1896.

Signé : HIPPOLYTE LAROCHE.

Arrêté

portant création du cercle militaire d'Ambatondrazaka.

Le Résident général de Madagascar,

En exécution des instructions du Ministre des Colonies, en date du 6 août 1896;

Vu l'article 7 du 11 décembre 1895, fixant les pouvoirs du Résident général de Madagascar;

Vu l'arrêté, en date du 27 septembre 1896, constituant une partie de l'île de Madagascar en territoires et cercles militaires;

Vu l'état troublé de la région d'Ambatondrazaka;

Sur la proposition du Général commandant supérieur des troupes et des territoires militaires,

Arrête :

Art. Ier. — Il est créé un cercle militaire à Ambatondrazaka. Ce cercle comprendra le territoire actuel du gouvernement général d'Ambatondrazaka et la partie du gouvernement général de Mandritsara occupée par les populations de l'Antsihanaka.

Art. II. — La région d'Antsatrana reste rattachée au sous-gouvernement d'Ambohimanga et fait, à ce titre, partie du cercle militaire d'Ambohidratrimo.

Art. III. — M. le chef de bataillon Roulland, du régiment colonial, est nommé commandant du cercle militaire d'Ambatondrazaka.

Art. IV. — Le Général commandant supérieur des troupes et des territoires militaires est chargé de l'exécution du présent arrêté, à dater de ce jour, midi.

Fait à Tananarive, le 27 septembre 1896.

Signé : Hippolyte Laroche.

Arrêté

portant création du cercle militaire de Moramanga.

Le Général commandant supérieur des troupes et des territoires militaires, faisant fonctions de Résident général à Madagascar,

En exécution des instructions du Ministre des Colonies en date du 6 août 1896;
Vu l'article 7 du décret du 11 décembre 1895, fixant les pouvoirs du Résident général à Madagascar ;
Vu l'arrêté, en date du 27 septembre 1896, constituant une partie de l'île de Madagascar en territoires et cercles militaires ;
Vu l'état troublé de la région de Moramanga,

Arrête :

Art. Ier. — Il est créé un cercle militaire à Moramanga.
Ce cercle comprend toute la région des Bezanozanos constituant le gouvernement général de Moramanga, c'est-à-dire les sous-gouvernements de Moramanga, de Merimitatatra et d'Anosibé avec les districts qui en dépendent.

Art. II. — M. le chef de bataillon Noël, du régiment colonial, est nommé commandant du cercle militaire de Moramanga.

Fait à Tananarive, le 29 septembre 1896.

Signé : Galliéni.

Arrêté 154

relatif à l'organisation de la province des Betsileos.

Le Général commandant le corps d'occupation et Résident général de France à Madagascar,

Vu le décret du 11 décembre 1895, fixant les pouvoirs du Résident général ;
Vu les instructions du Ministre des Colonies en date du 6 août 1896;
Sur la demande des notables betsileos et sur la proposition de M. le résident de Fianarantsoa,

Arrête :

Art. Ier. — Les pays habités par les Betsileos constituent désormais une province indépendante, sous la dénomination de « Province des Betsileos », ayant, au point de vue indigène, son autonomie propre et son chef-lieu à Fianarantsoa.

Art. II. — La province des Betsileos est administrée, au point de vue indigène, par un gouverneur betsileo, nommé sur la présentation des notables du pays et placé directement et exclusivement sous l'autorité du résident de France à Fianarantsoa.

Art. III. — Toutes les autorités indigènes de la province, telles que gouverneurs, sous-gouverneurs, officiers, chefs de village, etc., sont choisies parmi les indigènes de race betsileo et sur la présentation des notables des districts, sous-districts et villages.

Art. IV. — La province des Betsileos s'administre d'après les us et coutumes du pays.
Les habitants sont soumis à un système d'impôts, établi conformément aux usages locaux et qui fera l'objet d'un arrêté spécial.

Art. V. — Le secrétaire général en territoire militaire et le résident de France à Fianarantsoa sont chargés de l'exécution du présent arrêté.

Fait à Tananarive, le 22 novembre 1896.

Signé : GALLIENI.

Arrêté 265

créant la province des Betsimisarakas de Tamatave.

Le Général commandant le corps d'occupation et Résident général de France à Madagascar,

Vu le décret du 11 décembre 1895, fixant les pouvoirs du Résident général ;
Vu les instructions du Ministre des Colonies en date du 6 août 1896 ;
Sur la demande des notables betsimisarakas de la province de Tamatave et de M. le résident de Tamatave,

Arrête :

Art. Ier. — Les pays habités par les Betsimisarakas de la région de Tamatave constituent désormais une province indépendante sous la dénomination de « Province des Betsimisarakas de Tamatave », ayant, au point de vue indigène, son autonomie propre et son chef-lieu à Tamatave.

Art. II. — La province des Betsimisarakas de Tamatave est administrée, au point de vue indigène, par des chefs betsimisarakas nommés sur la présentation des notables du pays et placés sous l'autorité du résident de France à Tamatave.

Art. III. — Toutes les autorités indigènes de la province sont choisies parmi les indigènes de race betsimisaraka et sur la présentation des notables des diverses régions.

Art. IV. — La province de Tamatave s'administre d'après les us et coutumes du pays. Les habitants sont soumis à un système d'impôts, établi conformément aux usages locaux et qui fera l'objet d'un arrêté spécial.

Art. V. — Le secrétaire général des territoires civils et le résident de France à Tamatave sont chargés de l'exécution du présent arrêté.

Fait à Tananarive, le 29 décembre 1896.

Signé : GALLIENI.

Par le Résident général :

Le Secrétaire général des territoires civils,

Signé : JOSEPH FRANÇOIS.

Arrêté 322

fixant les limites de la province betsimisaraka de Tamatave et créant la province des Betsimisarakas d'Andévorante.

Le Général commandant le corps d'occupation et Résident général de France à Madagascar,

Vu les décrets des 11 et 28 décembre 1895 ;

Considérant qu'il importe de constituer ces divisions administratives en tenant compte des groupements par races ;

Considérant qu'il y a intérêt à assurer l'unité de direction et d'action dans la zone comprenant la ligne d'étapes ;

Sur la proposition du Résident faisant fonctions de secrétaire général en territoire civil,

Arrête :

Art. 1er. — La province betsimisaraka de Tamatave a pour limites :

Au Nord, la rivière Onivé, qui forme la frontière Sud du sous-gouvernement de Vohijanahary ;

A l'Ouest, les limites des cercles d'Ambatondrazaka et de Moramanga ;

Au Sud, le village d'Antranokoditra.

Art. II. — Il est créé une province betsimisaraka, ayant pour chef-lieu Andévorante et comprenant tout le pays limité :

Au Nord, par la province betsimisaraka de Tamatave ;

Au Sud, par le fleuve Mangoro ;

A l'Ouest par le cercle de Moramanga ;

Art. III. — La résidence de Mananjary a pour limites :

Au Nord, le fleuve Mangoro ;

Au Sud, le fleuve Faraony ;

A l'Ouest, le cercle d'Ambatomanga, les provinces d'Antsirabé et de Fianarantsoa.

Fait à Tananarive, le 20 janvier 1897.

Signé : GALLIENI.

Arrêté 330

créant la province des Sihanakas.

Le Général commandant le corps d'occupation et Résident général de France à Madagascar,

Vu le décret du 11 décembre 1895 ;

Vu les instructions du Ministre des Colonies en date du 6 août 1896 ;

Sur la demande des notables sihanakas et sur la proposition de M. le commandant
du cercle d'Ambatondrazaka,

Arrête :

Art. Ier. — Les pays habités par les Sihanakas constituent désormais une province
indépendante sous la dénomination de « Province des Sihanakas », ayant au point
de vue indigène une autonomie propre et son chef-lieu à Ambatondrazaka.

Art. II. — La province des Sihanakas est administrée, au point de vue indigène,
par un gouverneur sihanaka, nommé sur la présentation des notables du pays et placé
directement et exclusivement sous l'autorité du commandant du cercle d'Ambatondrazaka.

Art. III. — Toutes les autorités indigènes de la province, telles que gouverneurs,
officiers, chefs de village, sous-gouverneurs, etc., sont choisies parmi les indigènes
de race sihanaka et sur la présentation des notables des districts, sous-districts et
villages.

Art. IV. — La province des Sihanakas s'administre d'après les us et coutumes du
pays.
Les habitants sont soumis à un système d'impôts, établi conformément aux usages
locaux et qui fera l'objet d'un arrêté spécial.

Art. V. — Le secrétaire général en territoire militaire et le commandant du cercle
d'Ambatondrazaka sont chargés de l'exécution du présent arrêté.

Fait à Tananarive, le 24 janvier 1897.

Signé : GALLIENI.

Par le Résident général :

Le Chef d'état-major, faisant fonctions de secrétaire général en territoire militaire,
Signé : GÉRARD.

Arrêté 331

créant la province des Bezanozanos.

Le Général commandant le corps d'occupation et Résident général de France à
Madagascar,

Vu le décret du 11 novembre 1895 ;
Vu les instructions du Ministre des Colonies, en date du 6 août 1896 ;
Sur la demande des notables bezanozanos et sur la proposition de M. le commandant
du cercle de Moramanga,

Arrête :

Art. Ier. — Les pays habités par les Bezanozanos constituent désormais une province
indépendante, sous la dénomination de « Province des Bezanozanos », ayant, au point
de vue indigène, une autonomie propre et son chef-lieu à Moramanga.

Art. II. — La province des Bezanozanos est administrée, au point de vue indigène,
par un gouverneur bezanozano, nommé sur la présentation des notables du pays et
placé directement et exclusivement sous l'autorité du commandant du cercle de Moramanga.

Art. III. — Toutes les autorités indigènes de la province, telles que gouverneurs,
sous-gouverneurs, officiers, chefs de village, etc., sont choisies parmi les indigènes
de race bezanozano et sur la présentation des notables des districts, sous-districts et
villages.

Art. IV. — La province des Bezanozanos s'administre d'après les us et coutumes du pays. Les habitants sont soumis à un système d'impôts, établi conformément aux usages locaux et qui fera l'objet d'un arrêté spécial.

Art. V. — Le secrétaire général en territoire militaire et le commandant du cercle de Moramanga sont chargés de l'exécution du présent arrêté.

Fait à Tananarive, le 24 janvier 1897.

Signé : GALLIENI.

Par le Résident général :

Le Chef d'état-major, faisant fonctions de secrétaire général en territoire militaire,
Signé : GÉRARD.

Arrêté 410

organisant la province de Betafo et supprimant le gouvernement général du Vakin' Ankaratra.

Le Général commandant le corps d'occupation et Résident général de France à Madagascar,

Vu le décret du 11 décembre 1895 fixant les pouvoirs du Résident général;

Vu les arrêtés des 7 et 18 mai 1896 relatifs à l'organisation des anciens gouvernements généraux de Betafo et de Fianarantsoa, l'arrêté du 31 octobre 1896 portant rattachement de certains districts à la province de l'Ambodirano et l'arrêté du 22 novembre 1896 organisant la province des Betsileos;

Vu les instructions du Ministre des Colonies, en date du 6 août 1896;

Considérant les résultats déjà obtenus à Madagascar par l'adoption de la politique des races et l'intérêt supérieur attaché à sa généralisation et à son application rapide;

Considérant que les districts d'Ambositra, Ambatofangehana, Ambatofinandrahana et Fenoarivo (du Sud) sont en majeure partie habités par des indigènes de race betsileo, et qu'au contraire la population des districts de Betafo, Antsirabé, Miandrarivo, Inanatonana, Ambohimanambola, est en majorité d'origine hova;

Sur le vœu des populations et les demandes expresses formulés par elles,

Arrête :

Art. Ier. — L'ancien gouvernement général d'Antsirabé (gouvernement général du Vakin'Ankaratra, de Betafo) est supprimé.

Art. II. — Les sous-gouvernements ou districts d'Ambositra, Ambatofangehana, Ambatofinandrahana, Fenoarivo (du Sud), dont la population est en majorité d'origine betsileo, sont rattachés à la province des Betsileos.

Art. III. — Les sous-gouvernements ou districts de Betafo, Antsirabé, Miandrarivo, Inanatonana, Ambohimanambola, dont la population est en majorité d'origine hova, sont réunis en une province, dite « Province de Betafo », qui reste rattachée à l'Imerina.

Art. IV. — Sont abrogées les dispositions antérieures contraires au présent arrêté.

Art. V. — Le chef d'état-major, faisant fonctions de secrétaire général en territoire militaire, est chargé de l'exécution du présent arrêté.

Fait à Tananarive, le 23 février 1897.

Signé : GALLIENI.

Par le Résident général :
Le Chef d'état-major, faisant fonctions de secrétaire général en territoire militaire,
Signé : GÉRARD.

Arrêté 411

créant le gouvernement général de Miarinarivo.

Le Général commandant le corps d'occupation et Résident général de France à Madagascar,

Vu le décret du 11 décembre 1895, fixant les pouvoirs du Résident général;

Vu les arrêtés des 7 et 30 avril 1896, organisant le Mamolakazo, le Mandridrano et le Valalafotsy en un gouvernement général;

Vu les arrêtés du 2 octobre, nommant un gouverneur général du Valalafotsy et du Mamolakazo, et du 19 novembre 1896, nommant un sous-gouverneur du Mandridrano;

Sur la proposition du lieutenant-colonel commandant le 2° territoire militaire,

Arrête :

Art. Ier. — Le Mandridrano, le Mamolakazo et le Valalafotsy forment un gouvernement général, ayant pour capitale Miarinarivo et comprenant les trois sous-gouvernements de Soavinandriana, Miarinarivo et Bemahatazana.

Art. II. — Sont rapportées toutes les dispositions non conformes au présent arrêté.

Art. III. — Le chef d'état-major, faisant fonctions de secrétaire général en territoire militaire, est chargé de l'exécution du présent arrêté.

Fait à Tananarive, le 23 février 1897.

Signé : GALLIENI.

Par le Résident général :

Le Chef d'état-major, faisant fonctions de secrétaire général en territoire militaire,

Signé : GÉRARD.

Arrêté 466

organisant le gouvernement général de Tananarive.

Le Général commandant le corps d'occupation et Résident général de France à Madagascar,

Vu le décret du 11 décembre 1895, fixant les pouvoirs du Résident général de France à Madagascar ;

Vu l'arrêté du 2 avril 1896, organisant les gouvernements généraux de Tananarive, Ambohidratrimo, Alasora;

Vu l'arrêté du 27 septembre 1896, donnant la répartition des nouvelles divisions administratives de l'Imerina ;

Vu les progrès de la pacification dans les régions centrales de l'Imerina ;

Considérant que l'établissement, au centre de l'Imerina, d'un gouvernement général important groupera les populations des environs de la capitale suivant leurs affinités, réunira sous une direction unique des districts dont l'administration offre les mêmes nécessités fiscales, économiques et politiques et rendra, en même temps, plus faciles et plus rapides l'organisation des cercles frontières et leur mouvement d'expansion vers les régions encore insoumises, qui s'étendent entre les côtes et le massif central de l'île,

Arrête :

Art. Ier. — Il est constitué un gouvernement général ayant pour capitale Tananarive.

Art. II. — Le gouvernement général de Tananarive comprend les sous-gouvernements de Tananarive, Alasora, Ilafy, Ambohidratrimo et Ambohimanga.

Art. III. — Le sous-gouvernement d'Ambohimanga aura pour limites Nord, les limites des districts et villages de Mananjara, Ambohimanoro, Ilangana et, d'une manière générale, la ligne de partage des eaux, dans cette région, des affluents de la Betsiboka et de l'Ikopa.

Art. IV. — Les districts de Fenoarivo, Nosikely, Ambohijafy, Mangabé, Ambohinaorina, Anosiranto, Malazakely, Miadampahonina, Miarinarivo, Moriamina, Manankasina, et Ambohimasina, du sous-gouvernement de Fenoarivo; Malaza, Ambohimahitsy, Ivatobé et Androhibé du sous-gouvernement d'Antsahadinta, sont détachés de l'Ambodirano et rattachés au sous-gouvernement de Tananarive.

Art. V. — Le sous-gouvernement de l'Ambodirano dont le siège était, jusqu'à ce jour, à Fenoarivo, ne comprendra plus que les districts situés sur la rive gauche de l'Andromba et aura désormais son siège à Imerintsiatosika.

Art. VI. — Le chef d'état-major, faisant fonctions de secrétaire général en territoire militaire, est chargé de l'exécution du présent arrêté.

Fait à Tananarive, le 8 mars 1897.
Signé : Gallieni.

Vu :
Le Directeur des finances et du contrôle.
Signé : Homberg.

Par le résident général :

Le Chef d'état-major, faisant |fonctions de secrétaire général en territoire militaire,
Signé : Gérard.

Arrêté 674

relatif à l'organisation de la province des Bara-Bé.

Le Général commandant le corps d'occupation et Résident général de France à Madagascar,

Vu l'arrêté du 11 décembre 1895, fixant les pouvoirs du Résident général;
Vu les instructions du Ministre des Colonies en date du 6 août 1896;
Sur la demande des notables des Bara-Bé et la proposition de M. le résident de Fianarantsoa,

Arrête :

Art. Ier. — Les pays habités par les Bara-Bé constituent désormais une province indépendante sous la dénomination de « Province des Bara-Bé » ayant, au point de vue indigène, son autonomie propre et son chef-lieu à Ihosy.

Art. II. — La province des Bara-Bé est administrée, au point de vue indigène, par un gouverneur bara-bé, nommé sur la présentation des notables du pays et placé directement et exclusivement sous l'autorité de M. le chancelier d'Ihosy.

Art. III. — Toutes les autorités indigènes de la province, telles que gouverneurs, sous-gouverneurs, officiers, chefs de village, etc., sont choisies parmi les indigènes de race bara-bé et sur la présentation des notables des districts, sous-districts et villages.

Art. IV. — La province des Bara-Bé s'administre d'après les us et coutumes du pays.

Les habitants sont soumis à un système d'impôts, établi conformément aux usages locaux et qui fera l'objet d'un arrêté spécial.

Art. V. — Le Chef d'état-major, faisant fonctions de secrétaire général en territoire militaire, et le résident de Fianarantsoa sont chargés de l'exécution du présent arrêté.

Fait à Tananarive, le 3 mai 1897.

Signé : GALLIENI.

Par le Résident général :

Le Chef d'état-major, faisant fonctions de secrétaire général en territoire militaire.
Signé : GÉRARD.

Arrêté 7279

portant réorganisation de la province des Antankaras et des Sakalaves de la côte Nord-Ouest.

Le Général commandant le corps d'occupation et Résident général de France à Madagascar,

Vu les décrets des 11 et 28 décembre 1895;

Vu les relations existant entre Nossi-Bé et les territoires de la côte Nord-Ouest, dépendant des rois Tsialana et Tsiaraso et de la reine Binao;

Vu la nécessité d'organiser le pays en tenant compte des relations,

Arrête :

Art. Ier. — L'arrêté 562, du 4 avril 1897, créant la province des Antankaras et des Sakalaves de la côte Nord-Ouest, est rapporté.

Art. II. — Il est créé, sous le nom de « Province de Nossi-Bé », avec Hellville pour chef-lieu, une nouvelle province comprenant quatre circonscriptions, savoir :

1re circonscription. — Nossi-Bé et ses dépendances, Nosy Komba, Nosy Faly, etc.;

2e circonscription. — Nosy Mitsio, et, sur la grande terre, le territoire des Antankaras, borné : au Nord, par la rivière Irodo; à l'Est, par les provinces de Diego-Suarez et de Vohémar; à l'Ouest, par la mer; au Sud, par la rivière Ambato (territoire de Tsialana);

3e circonscription. — Territoire des Sakalaves-Bemazavas, borné : au Nord, par la rivière Ambato; à l'Est, par la province de Vohémar; à l'Ouest, par la mer; au Sud, par la rivière d'Ambodimadiro (territoire de Tsiaraso);

4e circonscription. — Territoire des Sakalaves-Bemihisatras, borné : au Nord, par la rivière d'Ambodimadiro; à l'Est, par la province de Vohémar; à l'Ouest, par la mer; au Sud, par le cours de la rivière Berondra (territoire de Binao).

Art. III. — M. le docteur Lafage est nommé chef de la province de Nossi-Bé, tout en conservant à Nossi-Bé même les fonctions d'administrateur-maire dont il est actuellement investi.

Il correspondra directement avec le Général commandant le corps d'occupation et Résident général de France à Madagascar.

Art. IV. — La force milice, mise à la disposition de M. l'administrateur-maire, chef de la province de Nossi-Bé, sera de 100 indigènes et de 5 gardes européens dont un garde principal de 1re classe, commandant de compagnie.

Fait à bord du *La-Pérouse*, le 12 juin 1896.

Signé : GALLIENI.

Arrêté 805

créant la province des Antankaras et des Betsimisarakas de la côte Nord-Est.

Le Général commandant le corps d'occupation et Résident général de France à Madagascar,

Vu les décrets des 11 et 28 décembre 1895;

Considérant qu'il importe de constituer les divisions administratives en tenant compte des groupements par races;

Sur la proposition de M. le résident de Vohémar, et après avis de M. le résident faisant fonctions de secrétaire général en territoire civil,

Arrête :

Art. Ier. — Il est créé, à la côte Nord-Est de Madagascar, une province dénommée « Province des Antankaras et des Betsimisarakas de la côte Nord-Est », formant le territoire de la résidence de Vohémar.

Art. II. — Cette province est divisée en deux circonscriptions :

La première circonscription comprend le territoire des Antankaras de la côte Nord-Est, ayant pour limites : au Nord, la rivière d'Irodo; au Sud, celle de Bemarivo; à l'Ouest, la ligne de faîte; à l'Est, la mer.

La deuxième circonscription comprend le territoire des Betsimisarakas de la côte Nord-Est, ayant pour limites : au Nord, la rivière de Bemarivo; à l'Ouest et au Sud, la ligne de démarcation entre la résidence de Vohémar et celles d'Analalava et de Maroantsetra; à l'Est, la mer.

Art. III. — Chacune de ces circonscriptions sera administrée par un ou plusieurs chefs de race autochtone, sous l'autorité directe ou déléguée du résident de Vohémar.

Art. IV. — M. le résident, faisant fonctions de secrétaire général en territoire civil, et M. le résident de Vohémar sont chargés d'assurer l'exécution du présent arrêté.

Fait à Tananarive le 17 juillet 1897.

Signé : GALLIENI.

Par le Résident général :

Le Résident, faisant fonctions de secrétaire général en territoire civil,
Signé : JOSEPH FRANÇOIS.

Arrêté 861

créant la province autonome de Farafangana.

Le Général commandant le corps d'occupation et Résident général de France à Madagascar,

Vu le décret du 11 décembre 1895;

Vu les instructions ministérielles en date du 6 août 1896;

Vu l'arrêté 586, établissant un résident à Farafangana;

Considérant qu'il y a intérêt à placer sous une direction unique les populations habitant le pays compris entre les provinces de Fianarantsoa, Mananjary et Fort-Dauphin;

Sur la proposition du résident de Farafangana, et après avis conforme du secrétaire général en territoire civil,

Arrête :

Art. Ier. — Le pays compris entre les provinces de Mananjary au Nord, de Fort-Dauphin au Sud, de Fianarantsoa à l'Ouest, constitue désormais une province indépendante, sous la dénomination de « Province de Farafangana », ayant, au point de vue
indigène, son autonomie propre et son chef-lieu à Farafangana.

Art. II. — La province de Farafangana est administrée, au point de vue indigène,
par des chefs choisis dans chaque tribu parmi les indigènes de race autochtone et
sur la présentation des notables.

Art. III. — La province de Farafangana est administrée d'après les us et coutumes
du pays ; les habitants sont soumis à un système d'impôts, établi conformément aux
usages locaux et qui fera l'objet d'un arrêté spécial.

Art. IV. — Le secrétaire général en territoire civil et le résident de Farafangana
sont chargés de l'exécution du présent arrêté.

Fait à Tananarive, le 5 août 1897.

Signé : GALLIENI.

Par le Résident général :

Le Résident, faisant fonctions de secrétaire général en territoire civil,

Signé : JOSEPH FRANÇOIS.

Arrêté 911

créant le cercle militaire annexe de Fort-Dauphin.

Le Général commandant le corps d'occupation et Résident général de France à
Madagascar,

Vu le décret du 11 décembre 1895 ;

Considérant que la région Sud-Est de l'île est dans un état d'anarchie qui arrête les
transactions commerciales ;

Considérant qu'il importe de donner aux peuplades de cette région une organisation politique basée sur l'autonomie par races, et que ce résultat ne peut être atteint,
d'après l'avis du résident local, que par l'occupation méthodique du pays au moyen
de troupes régulières ;

Considérant que les colons établis à Fort-Dauphin ont demandé l'envoi de ces
troupes, afin d'assurer leur protection et la reprise des affaires que les troubles
récents ont compromises ;

Considérant qu'il importe de réunir dans la même main les pouvoirs militaires,
politiques, administratifs et judiciaires dans la province de Fort-Dauphin ;

Sur la proposition du secrétaire général en territoire civil,

Arrête :

Art. Ier. — Le territoire formant la province actuelle de Fort-Dauphin est constitué
en cercle militaire annexe, sous l'autorité directe du Résident général.

Art. II. — M. le capitaine Brulard, de la légion étrangère, est nommé commandant
du cercle-annexe de Fort-Dauphin ; il y exercera les pouvoirs civils définis à l'article 7
du décret du 11 décembre 1895 ; il aura, en outre, sous la haute autorité du procureur général, les attributions judiciaires prévues au décret du 9 juin 1896.

Art. III. — Il aura droit aux allocations et disposera du personnel prévu par l'arrêté
195, du 7 décembre 1895.

Art. IV. — Les secrétaires généraux en territoire civil et militaire et le procureur général sont chargés, chacun en ce qui le concerne, de l'exécution du présent arrêté, qui aura son effet dès l'arrivée à Fort-Dauphin de M. le capitaine Brulard.

Fait à Tananarive, le 23 août 1897.

Signé : GALLIENI.

Vu :

Le Directeur des finances et du contrôle,

Signé : HOMBERG.

Par le Résident général :

Le Procureur général, chef du service judiciaire,

Signé : DUBREUIL.

Par le Résident général :

Le Chef d'état-major, faisant fonctions de secrétaire général en territoire militaire,

Signé : GÉRARD.

Par le Résident général :

Le Résident, faisant fonctions de secrétaire général en territoire civil,

Signé : JOSEPH FRANÇOIS.

Arrêté 936

créant la province de Fénérive.

Le Général commandant le corps d'occupation et Résident général de France à Madagascar,

Vu le décret du 11 décembre 1895 ;
Vu la dépêche ministérielle du 24 décembre 1896 prescrivant d'étudier l'organisation communale de la ville de Tamatave ;
Considérant que le développement toujours croissant de cette ville exige que l'administrateur placé à sa tête puisse se consacrer exclusivement à l'étude des questions d'intérêt local et qu'il importe, dès lors, de réduire le territoire de la province betsimisaraka de Tamatave créée par l'arrêté 265, du 29 décembre 1896 ;
Sur la proposition du secrétaire général en territoire civil,

Arrête :

Art. Ier. — La limite Nord de la province betsimisaraka de Tamatave est formée désormais par le cours de l'Ifontsy.

Art. II. — Le pays, borné, au Nord, par la province de Maroantsetra ; à l'Ouest, par les cercles militaires d'Ambatondrazaka et de Moramanga ; au Sud, par la rivière Ifontsy, constitue une province indépendante, sous la dénomination de « Province de Fénérive », ayant, au point de vue indigène, son autonomie propre et son chef-lieu à Fénérive.

Art. III. — L'administrateur ou résident, chef de la province de Fénérive, sera placé sous les ordres du secrétaire général en territoire civil ; il exercera, en outre, sous la haute autorité du procureur général, les attributions judiciaires définies par le décret du 9 juin 1896.

Art. IV. — Le secrétaire général en territoire civil et le procureur général sont chargés, chacun en ce qui le concerne, de l'exécution du présent décret.

Fait à Tananarive, le 28 août 1897.

Signé : GALLIENI.

Vu :

Le Directeur des finances et du contrôle,
Signé : HOMBERG.

Vu :

Le Procureur général, chef du service judiciaire
Signé : DUBREUIL.

Par le Résident général :

Le Résident, faisant fonctions de secrétaire général en territoire civil,
Signé : JOSEPH FRANÇOIS.

Arrêté 950

organisant le secteur du Betsiriry.

Le Général commandant le corps d'occupation et Résident général de France à Madagascar,

Vu l'arrêté du 11 décembre 1895 ;

Considérant que les progrès de la pacification dans les régions centrales ont permis à nos troupes de franchir les frontières de l'Imerina pour s'étendre dans le pays sakalave;

Considérant qu'il est urgent de soumettre à une administration régulière la région du Betsiriry, qui a été jusqu'ici le refuge de bandes de pillards, et qu'il y a intérêt à ouvrir, aux entreprises de nos colons, cette contrée qui est un centre important de production aurifère ;

Considérant qu'il importe d'assurer la sécurité de la ligne de communication qui descend du cercle de Betafo à la mer, par le Mahajilo et la Tsiribihina, et qu'il est utile de favoriser le peuplement du Betsiriry par des habitants des régions limitrophes du plateau central ;

Vu l'arrêté 410, du 23 février 1897, créant le cercle militaire annexe de Betafo;

Sur la proposition du chef de bataillon commandant les troupes d'occupation du Menabé, et l'avis conforme du lieutenant-colonel commandant le deuxième territoire militaire,

Arrête :

Art. 1er. — La région comprise entre le Mania et le Mahajilo formera le secteur dit « Betsiriry » rattaché au cercle annexe de Betafo et sera administrée, selon les us et coutumes indigènes, par des chefs autochtones.

Art. II. — Les limites de ce secteur seront précisées ultérieurement, lorsque les progrès de notre pénétration auront permis d'arrêter définitivement l'organisation politique et administrative des régions côtières habitées par les populations de race sakalave.

Art. III. — Namela, ancien chef de Bengilo, est nommé chef indigène à Miandrivazo.

Art. IV. — Les habitants des provinces de Betafo et de Fianarantsoa, qui viendront s'établir dans la partie Est du Betsiriry, actuellement déserte, seront exempts de l'impôt des rizières et de la taxe personnelle pendant l'année 1898.

Art. V. — Les populations de la partie Ouest du Betsiriry, établies vers le confluent de la Mania et du Mahajilo, seront astreintes à payer, en 1897, en signe de soumission, un tribut dont la nature et le montant seront déterminés par le chef de la province.

Art. VI. — Le Chef d'état-major, faisant fonctions de secrétaire général en territoire militaire, le lieutenant-colonel commandant le 2e territoire militaire et le commandant du cercle annexe de Betafo sont chargés, chacun en ce qui le concerne, de l'exécution du présent arrêté.

Fait à Tananarive, le 1er septembre 1897.

Signé : GALLIENI.

Vu :

Le Directeur des finances et du contrôle,
Signé : HOMBERG.

Par le Résident général :

Le Chef d'état-major, faisant fonctions de secrétaire général en territoire militaire,
Signé : GÉRARD.

Arrêté 985

divisant, au point de vue administratif, les cercles militaires en un certain nombre de secteurs, qui seront, par arrêtés, rendus autonomes au fur et à mesure des progrès de leur organisation.

Le Général commandant le corps d'occupation et Résident général de France à Madagascar,

Considérant que la vaste étendue des cercles militaires, la nécessité pour leur chef de s'absenter souvent afin de veiller au maintien de la tranquillité dans les zones frontières, les difficultés des voies de communication ne permettant pas de concentrer au chef-lieu de chaque cercle l'expédition des affaires administratives courantes;

Considérant qu'il importe de donner une solution rapide aux diverses demandes de concessions et d'activer la reconnaissance des lots de colonisation,

Arrête :

Art Ier. — Les cercles militaires seront divisés, au point de vue administratif, en un certain nombre de secteurs, qu'un arrêté du résident général rendra autonomes au fur et à mesure des progrès de leur organisation.

Art. II. — L'officier, chef du secteur, aura, dans l'étendue de son secteur, la délégation des pouvoirs du commandant de cercle en ce qui concerne le recouvrement des impôts, la levée et le payement des prestataires, l'étude des demandes de concessions, l'exécution des travaux d'utilité publique, la surveillance des écoles, etc., et, d'une manière générale, le règlement de toutes les affaires administratives courantes.

Art. III. — Le personnel spécial dont disposera le chef du secteur sera le suivant :
Un interprète indigène ;
Un militaire européen, secrétaire, rétribué à raison de 50 centimes par jour.

Art. IV. — Il sera alloué, à titre de première mise, à chaque nouveau secteur rendu autonome par arrêté du Résident général, une somme de 500 francs pour frais d'installation; le chef du secteur recevra, à titre de frais de bureau, une indemnité de 50 francs par mois,

Art. V. — Le Chef d'état-major, faisant fonctions de secrétaire général du territoire militaire, est chargé de l'exécution du présent arrêté.

Fait à Tananarive, le 13 septembre 1897.

Signé : GALLIENI.

Vu :

Le Directeur des finances et du contrôle,

Signé : HOMBERG.

Par le Résident général :

Le Chef d'état-major général, faisant fonctions de secrétaire général en territoire militaire.

Signé : GÉRARD.

Arrêté 1032

créant la province des Sakalaves de la côte Nord-Ouest.

Le Général commandant en chef du corps d'occupation et Gouverneur général de Madagascar et dépendances,

Vu les décrets des 11 décembre 1895 et 30 juillet 1897 ;
Vu l'arrêté 727 du 12 juin 1897 ;
Vu l'arrêté 794 du 13 juillet 1897, créant le cercle militaire annexe d'Analalava ;
Considérant que les progrès de la pacification dans la région Nord-Ouest de Madagascar permettent de procéder à une organisation politique et administrative basée sur le groupement par races,

Arrête :

Art. Iᵉʳ. — Il est créé, à la côte Nord-Ouest de Madagascar, une province dénommée « Province des Sakalaves de la côte Nord-Ouest », ayant, au point de vue indigène, son autonomie propre et son chef-lieu à Analalava.

Art. II. — Cette province sera limitée : au Nord et au Nord-Est, par les provinces de Nossi-Bé et de Vohémar ; à l'Est, par la province des Betsimisarakas de la baie d'Antongil ; au Sud, par la province de Majunga.

Art. III. — L'administrateur, chef de la province d'Analalava, correspondra directement avec le gouverneur général et exercera, sous la haute autorité du procureur général, les attributions judiciaires définies par le décret du 9 juin 1896.

Fait à Tananarive, le 13 octobre 1897.

Signé : GALLIENI.

Arrêté 1031

créant la province des Betsimisarakas de la baie d'Antongil.

Le Général commandant en chef du corps d'occupation et Gouverneur général de Madagascar et dépendances,

Vu les décrets des 11 décembre 1895 et 30 juillet 1897 ;
Vu l'arrêté 35 du 18 octobre 1896 ;
Considérant que les progrès de la pacification dans les régions Nord-Est de Mada

gascar permettent de procéder à une organisation politique et administrative basée sur le groupement par races ;

Sur la proposition de l'administrateur de Maroantsetra ;

Après avis de l'administrateur en chef, faisant fonctions de secrétaire général en territoire civil, ·

Arrête :

Art. Ier. — Il est créé, à la côte Nord-Est de Madagascar, une province dénommée « Province des Betsimisarakas de la baie d'Antongil », ayant, au point de vue indigène, son autonomie propre et·son chef-lieu à Maroantsetra.

Art. II. — Les limites de cette province seront déterminées de manière à comprendre toute la région habitée par des tribus de race betsimisaraka, entre la province de Vohémar au Nord, la province de Fénérive au Sud, et les pays sakalaves à l'Ouest.

Art. III. — Le secrétaire général en territoire civil est chargé de l'exécution du présent arrêté.

Fait à Tananarive, le 15 octobre 1897.
Signé : GALLIENI.

Par le Gouverneur général :

Le Secrétaire général en territoire civil,
Signé : JOSEPH FRANÇOIS.

Arrêté 1095

détachant provisoirement quelques districts de la province betsileo pour les constituer en un cercle militaire.

Le Général commandant en chef le corps d'occupation et Gouverneur général de Madagascar et dépendances,

Vu les décrets des 11 décembre 1895 et 30 juillet 1897 ;

Vu l'arrêté du 27 septembre 1896, instituant l'Imerina et le pays betsileo en territoires militaires ;

Vu l'extension considérable prise par la province de Fianarantsoa dans la direction du Sud et les difficultés éprouvées par son administrateur pour faire sentir utilement son action en dehors des pays betsileos ;

Vu l'état troublé des régions habitées par les Baras, les Tanalas, les Manambias et autres peuplades de la zone comprise entre le pays betsileo, les provinces de Tulléar et de Fort-Dauphin, et vu l'intérêt qu'il y a, pour donner une impulsion plus efficace à l'œuvre de pénétration entreprise dans cette région, à grouper sous un commandement spécial toutes ces peuplades, habituées à vivre de pillage et hostiles à l'établissement de l'autorité de la France dans leur pays ;

Vu l'avis de M. l'administrateur en chef de la province betsileo,

Arrête :

Art. 1er. — Le district des Tanalas d'Ikongo, le district des Baras, Manongas et Iantsantsas d'Ivohibé, les districts des Bara-Bé d'Ihosy, le district des Manambias de Tsivory et des Antandroys du haut Mandrary, sont détachés provisoirement de la province betsileo et constitués en un cercle militaire dont le chef-lieu sera fixé ultérieurement, d'après les propositions du commandant de ce cercle.

Art. II. — M. le chef de bataillon d'infanterie de marine Cléret est nommé au commandement du cercle militaire défini à l'article Ier ci-dessus.

Art. III. — Le présent arrêté entrera en vigueur à compter du 15 novembre 1897.

Fait à Tananarive, le 2 novembre 1897.

Signé : GALLIENI.

Vu :

Le Directeur des finances et du contrôle,

Signé : GRAYSSAC.

Arrêté 1123

créant, sous la dénomination de territoire sakalave, une province indépendante comprenant tous les pays sakalaves situés entre la province de Majunga et la province de Tulléar.

Le Général commandant en chef du corps d'occupation et Gouverneur général de Madagascar et dépendances,

Vu le décret du 11 décembre 1895 ;

Vu le décret du 30 juillet 1897, fixant les pouvoirs du Gouverneur général de Madagascar et dépendances ;

Vu l'arrêté du 27 septembre 1895, constituant l'Imerina et les pays betsileos en territoires militaires ;

Considérant l'occupation par nos troupes des pays sakalaves compris entre la province de Majunga et la province de Tulléar, et attendu que le caractère belliqueux des Sakalaves du Mailaka et du Menabé exige qu'ils soient maintenus sous un régime spécial, tant qu'ils n'auront pas renoncé à leurs anciennes habitudes de pillage,

Arrête :

Art. Ier. — Il est créé, sous la dénomination de « Territoire sakalave », une province indépendante, comprenant tous les pays sakalaves situés entre la province de Majunga et la province de Tulléar.

Art. II. — Le territoire sakalave est limité :

1° Au Nord, par une ligne partant de Nosy Voalavo et passant par les monts Ambohitrosy et Ambalala ;

2° À l'Est, par le versant occidental de la vallée de l'Andranomavo, la crête du Bongolava jusqu'aux sources de 'la Manandaza, le cours de la Manandaza et le cours du Mahajilo jusqu'au massif de Malaimbandy et, enfin, par le versant oriental de la haute vallée du Morondava et les monts Bemarivo et Makay ;

3° Au Sud, par le Mangoky.

Art. III. — Le territoire sakalave sera divisé en cercles, secteurs ou districts, d'après les propositions que le commandant dudit territoire soumettra au Gouverneur général.

Art. IV. — M. le lieutenant-colonel Septans, du régiment colonial, est nommé au commandement du territoire sakalave, dont le chef-lieu sera à Morondava.

Fait à Tananarive, le 12 novembre 1897.

Signé : GALLIENI.

Vu :

Le Directeur des finances et du contrôle,

Signé : CRAYSSAC.

Arrêté 1170

Le Général, commandant en chef du corps d'occupation et Gouverneur général de Madagascar et dépendances,

Vu les décrets des 11 décembre 1895 et 30 juillet 1897;

Vu l'arrêté n° 7 du 3 octobre 1896;

Considérant que les progrès de la pacification permettent de modifier le système d'organisation qui avait été établi tout d'abord dans les territoires militaires et par lequel le chef d'état-major du corps d'occupation centralisait les affaires militaires, aussi bien que les affaires civiles;

Considérant qu'il y a lieu, en attendant que la pacification et l'organisation définitive de la colonie permettent de rétablir les fonctions du secrétaire général, de préparer ce changement par la séparation des bureaux chargés des affaires militaires et civiles;

Sous réserve de l'approbation de M. le Ministre des Colonies,

Arrête :

Article 1er. — Les affaires civiles sont disjointes de l'État-major et ressortissent d'un bureau spécial des affaires civiles, politiques et commerciales, relevant directement du Gouverneur général.

Art. 2. — M. le capitaine Lucciardi est chargé jusqu'à nouvel ordre de la direction du bureau des affaires civiles, politiques et commerciales du Gouvernement général.

Il exercera, en matière d'ordonnancement des dépenses civiles, les attributions dévolues par l'arrêté n° 7 du 3 octobre 1896 au chef d'Etat-major du corps d'occupation;

Il aura droit aux allocations de frais de bureau, prévus à l'article 2, paragraphe 5, du chapitre 1 du budget général de l'exercice courant, et à la moitié des frais de représentation, prévus au décret du 29 décembre 1895 pour le secrétaire général de Madagascar.

Art. 3. — Le présent arrêté aura son effet à compter du 25 novembre courant.

Tananarive, le 26 novembre 1897.

Signé : Gallieni..

Vu :

Le Directeur des finances et du contrôle,
Signé : Crayssac.

Pour ampliation :
Le Chef du 3e bureau délégué.

TRÉSOR

Décret

portant organisation du service de la trésorerie de Madagascar.

8 JANVIER 1897.

Le Président de la République française,

Vu le décret du 31 mai 1862, portant règlement général sur la comptabilité publique ;
Vu le décret du 15 mai 1874, portant organisation de la trésorerie en Cochinchine;
Vu le décret du 20 novembre 1882, sur le régime financier des colonies ;
Vu le décret du 15 mars 1889, relatif à l'organisation de la trésorerie d'Algérie ;
Vu le décret du 8 février 1892, portant organisation de trésorerie au Tonkin ;
Vu le décret du 11 décembre 1895, relatif aux pouvoirs du Résident général à Madagascar ;
Vu le décret du 28 janvier 1896, qui rattache les établissements français de Diego-Suarez, Nossi-Bé et Sainte-Marie de Madagascar à l'administration de Madagascar;
Vu la loi de 6 août 1896, déclarant colonie française l'île de Madagascar avec les îles qui en dépendent ;
Sur le rapport du Ministre des Colonies et du Ministre des Finances,

Décrète :

Art. Ier. — Le service de la trésorerie dans la colonie de Madagascar et dépendances est dirigé par un trésorier-payeur, soumis à l'autorité du Ministre des Finances et du Ministre des Colonies et justiciable de la Cour des comptes ;

Art. II. — Le trésorier-payeur de Madagascar est nommé par décret du Président de la République, sur la proposition du Ministre des Finances, après avis du Ministre des Colonies.

Son cautionnement est fixé par le Ministre des Finances.

Art. III. — Le trésorier-payeur de Madagascar effectue toutes les opérations concernant les services financiers métropolitains.

Il exécute le service des articles d'argent, dans les conditions déterminées par le décret du 25 juin 1878.

Il est préposé de la caisse des dépôts et consignations.

Il est chargé, en outre, de la gestion des recettes et des dépenses du budget local, opérées par lui-même ou par les agents sous ses ordres, et il centralise les opérations des comptables locaux, qui perçoivent les revenus de ce budget.

Art. IV. — Le service de la trésorerie est assuré, sous les ordres et la responsabilité du trésorier-payeur : 1° par des agents de tout grade de la trésorerie d'Algérie et d'Indo-Chine, dans les conditions fixées par les décrets du 15 mai 1874 et du 15 mars 1889 ; 2° par des agents de formation locale, choisis conformément aux dispositions de l'article 4 du décret du 15 mai 1874.

Le nombre des agents métropolitains est déterminé de concert entre le Ministre des Finances et le Ministre des Colonies.

A titre transitoire, les agents des diverses administrations de la métropole, actuellement détachés au service de la trésorerie du corps d'occupation de Madagascar, peuvent être maintenus en fonctions, ainsi que les préposés du trésor à Nossi-Bé et à Sainte-Marie de Madagascar.

Art. V. — Le traitement du trésorier-payeur à Madagascar est fixé à 10 000 francs. Il lui est alloué une indemnité de 5 000 francs, pour frais de service.

Le trésorier-payeur et les autres agents de la trésorerie reçoivent, à titre de supplément colonial, une somme égale au montant de leur traitement de grade.

Provisoirement, ils ont droit, suivant leur grade et d'après l'assimilation reconnue par l'article 6 du décret du 15 mai 1874, au logement et aux prestations en nature allouées aux officiers. Un arrêté, pris par le Ministre des Colonies et par le Ministre des Finances, déterminera l'époque à laquelle ils cesseront de jouir de ces avantages.

Art. VI. — Les payeurs particuliers, chargés d'un service de préposé du trésor, fournissent un cautionnement, dont le montant est fixé par le Ministre des Finances.

Les agents subalternes, qui remplissent les fonctions de préposé, ne sont pas astreints à un cautionnement.

Cependant, le trésorier-payeur peut demander que ces agents soient soumis à cette garantie. Dans ces cas, le Ministre des Finances décide et fixe, s'il y a lieu, la quotité du cautionnement.

Les agents, nommés avant leur départ de France à des fonctions soumises à la garantie du cautionnement, doivent en faire le versement au Trésor avant leur entrée en fonctions.

Ceux qui sont présents dans la colonie, lorsqu'ils reçoivent avis de leur nomination, ont un délai d'un an, à partir du jour de la réception de cet avis, pour réaliser le cautionnement auquel ils sont assujettis.

Art. VII. — Le Ministre des Colonies et le Ministre des Finances sont chargés, chacun en ce qui le concerne, de l'exécution du présent décret, qui sera inséré au *Journal officiel* de la République française, au *Bulletin des lois* et au *Bulletin officiel* du Ministère des Colonies.

Fait à Paris, le 8 janvier 1897.
Signé : FÉLIX FAURE.

Par le Président de la République :
Le Ministre des Colonies,
Signé : ANDRÉ LEBON.

Le Ministre des Finances,
Signé : GEORGES COCHERY.

JUSTICE

Décret

portant organisation de la justice française à Madagascar.

Le Président de la République française,

Vu l'article 18 du sénatus-consulte du 5 mai 1854;

Vu la loi du 2 avril 1891, qui a institué des tribunaux français à Madagascar;

Vu le décret du 28 mars 1894, sur l'organisation de la justice à Diego-Suarez;

Vu le décret du 11 novembre 1895, portant rattachement de l'administration de Madagascar au Ministère des Colonies;

Sur le rapport du Ministre des Colonies et du Garde des sceaux, Ministre de la Justice,

Décrète :

Article premier. — Les juridictions françaises de Madagascar et dépendances comprendront :

1° Des tribunaux de paix;
2° Des tribunaux de paix à compétence étendue; .
3° Des tribunaux de première instance;
4° Une Cour d'appel;
5° Des Cours d'assises.

Ils connaissent, en matière civile et commerciale et en matière répressive, de toutes les affaires autres que celles dans lesquelles il n'y a que des indigènes en cause.

Art. 2. — En toute matière, les tribunaux français de Madagascar appliquent les lois françaises qui sont et demeurent promulguées dans l'île et ses dépendances, ainsi que les lois locales visées pour exécution par le Résident général.

La publication des lois résultera de l'arrêté du Résident général, ordonnant leur dépôt au greffe du tribunal de première instance pour être tenues à la disposition des justiciables.

Toutefois, une disposition spéciale et motivée du jugement ou de l'arrêt peut constater, en fait, que la loi française est actuellement inapplicable.

Art. 3. — Les audiences sont publiques au civil comme au criminel, excepté dans les affaires où la publicité sera jugée dangereuse pour l'ordre public ou pour les mœurs. Dans tous les cas, les jugements sont prononcés publiquement et doivent être motivés.

Art. 4. — Les tribunaux de paix connaissent en matière civile et commerciale de toutes les actions personnelles ou mobilières, en dernier ressort jusqu'à la valeur de 500 francs et en premier ressort seulement jusqu'à la valeur de 1 000 francs. En matière pénale, à l'exception de ceux qui siègent dans une ville où il y a un tribunal de première instance et qui n'exerceront que la compétence ordinaire, ils connaissent de toutes les contraventions de la compétence des tribunaux de première instance, qui sont commises et constatées dans leur ressort, et de tous les délits n'emportant pas une peine supérieure à six mois d'emprisonnement et 500 francs d'amende.

Art. 5. — Les tribunaux de première instance connaissent en dernier ressort des actions personnelles ou mobilières, jusqu'à la valeur de 3 000 francs en principal, et des actions mobilières jusqu'à 150 francs de revenus déterminés, soit en rente, soit par prix de bail. En premier ressort, leur compétence est illimitée.

En matière correctionnelle, ils statuent en premier ressort sur tous les délits et contraventions dont la connaissance n'est pas attribuée au juge de paix par l'article premier.

En matière correctionnelle, le procureur de la République procède à tous les actes de l'instruction criminelle.

Ils sont composés d'un juge-président, d'un procureur de la République et d'un greffier.

Un lieutenant de juge est, en outre, attaché au tribunal de Tananarive; il est chargé de l'instruction.

Art. 6. — Devant les tribunaux de première instance de Madagascar, les jugements sont rendus par le juge-président seul.

Art. 7. — La Cour d'appel connaît de l'appel des jugements rendus en premier ressort par les tribunaux de Madagascar et dépendances.

Elle se compose d'un président, de trois conseillers, d'un procureur général, d'un substitut du procureur général et d'un greffier en chef.

Art. 8. — Au civil comme au correctionnel, les arrêts de la Cour sont rendus par trois juges.

Art. 9. — En cas d'empêchement, un membre de la Cour sera remplacé de plein droit par le président du tribunal, à son défaut par le lieutenant de juge. Le Résident général pourvoira aux autres nécessités du service, en désignant par arrêté le fonctionnaire qui devra provisoirement exercer les fonctions du magistrat empêché.

Art. 10. — La chambre des mises en accusation se compose de : un conseiller à la Cour d'appel désigné semestriellement par le président de la Cour, président, du juge-président du tribunal de première instance et du juge de paix de Tananarive. Elle statue dans les formes prévues par le Code d'instruction criminelle.

Art. 11. — Les Cours d'assises connaissent des faits qualifiés crimes. Elles se composent :

1° Au chef-lieu de la Cour d'appel : du président, de deux conseillers à la Cour et de quatre assesseurs;

2° Dans les autres circonscriptions : d'un conseiller à la Cour, président, du juge-président du tribunal de première instance, du juge de paix et de quatre assesseurs.

Art. 12. — Dans les affaires qui doivent être portées devant les Cours d'assises, l'instruction est faite par le juge-président, qui pourra néanmoins faire partie de la Cour d'assises.

Art. 13. — Les assesseurs ont voix délibérative sur la question de culpabilité seulement. Ils sont tirés au sort sur une liste de trente notables au plus, dressée au chef-lieu du ressort par une commission composée du président, du président du tribunal de première instance, du juge de paix et de deux notables désignés par le Résident général.

Une majorité de quatre voix est nécessaire pour entraîner condamnation devant les Cours d'assises.

Art. 14. — Les arrêts de la Cour d'appel et ceux de la Cour d'assises peuvent être attaqués par la voie de la cassation, conformément aux dispositions du Code de procédure civile et du Code d'instruction criminelle.

De la procédure.

Art. 15. — La forme de procédure en matière civile et commerciale, devant les tribunaux de première instance de Madagascar et dépendances, est celle qui est suivie en France devant les tribunaux de commerce.

Néanmoins, les instances civiles sont soumises au préliminaire de conciliation, dans les conditions fixées par le Code de procédure civile.

Art. 16. — Le délai pour interjeter appel des jugements contradictoires en matière civile et commerciale est de deux mois, à partir de la signification à personne ou au domicile réel ou d'élection.

Ce délai est augmenté à raison des distances dans les conditions qui seront déterminées par un arrêté du Résident général.

A l'égard des incapables, ce délai ne courra qu'à partir de la signification à personne ou domicile de ceux qui sont chargés de l'exercice de leurs droits.

Dans aucun cas, l'appel ne sera reçu contre les jugements par défaut qui ne seront pas devenus définitifs. Il n'y aura lieu à appel des jugements interlocutoires qu'après le jugement définitif et conjointement avec l'appel de ce jugement.

La forme de procéder en matière criminelle, correctionnelle et de simple police, est réglée conformément aux dispositions du Code d'instruction criminelle, sauf les exceptions prévues au présent décret.

Art. 17. — Il pourra être institué, par arrêté du Résident général, auprès des tribunaux de Madagascar et dépendances, des avocats défenseurs chargés de plaider et de conclure, de faire et signer tous actes nécessaires à l'instruction des causes civiles et commerciales et à l'exécution des jugements et arrêts et de défendre les prévenus et accusés devant les tribunaux correctionnels ou criminels.

L'intervention des avocats défenseurs ne sera jamais obligatoire, et les parties pourront agir et se défendre elles-mêmes. Dans ce cas, la forme à suivre pour les significations consistera dans le dépôt des actes par les parties, dans les délais légaux, au greffe du tribunal.

Le greffier donnera un récépissé desdits actes, énonçant la date du dépôt et devra, sous sa responsabilité, les signifier à la partie adverse dans les vingt-quatre heures.

En matière de grand criminel, lorsque l'accusé n'aura pas fait choix d'un avocat défenseur, il lui en sera nommé un d'office. Cet avocat défenseur sera désigné par le président parmi les avocats défenseurs mentionnés ci-dessus, les officiers ou les simples citoyens qu'il jugera capables d'assister l'accusé dans sa défense.

Art. 18. — La solde des magistrats de la Cour d'appel et des tribunaux de Madagascar et la parité d'office pour servir de base à la liquidation de leur pension de retraite sont fixés conformément au tableau ci-après :

DÉSIGNATION DES OFFICES	TRAITEMENT COLONIAL	DÉSIGNATION DES OFFICES DE LA MAGISTRATURE MÉTROPOLITAINE AUXQUELS SONT ASSIMILÉS LES EMPLOIS DE LA MAGISTRATURE DE L'INDO-CHINE POUR SERVIR DE BASE A LA LIQUIDATION DES PENSIONS DE RETRAITE	QUOTITÉ DU TRAITEMENT
Procureur général, à Tananarive.	20.500	Procureur général.	18.000
Président de la Cour d'appel . .	20.000	Premier président de la Cour d'appel	18.000
Conseillers à la Cour d'appel et subslitut du Procureur général.	14.000	Conseillers de France	7.000
Juges-présidents et procureurs de la République.	14.000	Président et Procureur d'un tribunal de 3º classe.	5.000
Lieutenant de juge.	8.000	Jrge d'un tribunal de 2º classe . .	4.000
Juges de paix de 1re classe . . .	10.000	Président d'un tribunal de 3º classe.	5.000
Juges de paix de 2e classe. . . .	9.000	Juge d'un tribunal de 2º classe. .	4.000
Juges de paix de 3e classe. . . .	8.000	Juge d'un tribunal de 2º classe. .	4.000
Greffier en chef de la Cour d'appel.	7.000	Greffier d'un tribunal de 1re classe.	2.400
Greffiers des tribunaux de 1re instance	6.000	Greffier d'un tribunal de 1re classe.	2.400
Greffiers de justice de paix . . .	4.000	Greffier d'un tribunal de 2º classe.	1.500

La solde d'Europe est fixée à la moitié de la solde coloniale.

Des indemnités de résidence pourront, en outre, être allouées par des arrêtés du Résident général.

Art. 19. — Des interprètes sont attachés aux tribunaux. Ils sont nommés par le Résident général après un examen; ils doivent justifier de la jouissance de leurs droits civils et politiques.

Art. 20. — Les huissiers sont nommés par le Résident général sur la présentation du procureur général, qui s'assurera de leur capacité et de leur moralité.

La discipline est exercée à leur égard par le parquet; le procureur général peut proposer leur révocation au Résident général.

Art. 2. — Jusqu'à ce que le notariat ait été organisé à Madagascar, les fonctions de notaire y seront exercées par le résident ou son délégué.

Attributions spéciales.

Art. 22. — La Cour d'appel reçoit le serment de ses membres et de tous les magistrats de l'île.

Les membres des tribunaux, n'ayant pas leur siège à Tananarive, pourront prêter serment par écrit.

Art. 23. — Le procureur général, comme représentant l'action publique, veille sur tout le territoire de Madagascar et de ses dépendances à l'exécution des lois, ordonnances et règlements en vigueur, fait toutes réquisitions nécessaires, poursuit d'office les exécutions des jugements et arrêts dans les dispositions qui intéressent l'ordre public, signale au Résident général les arrêts et jugements en dernier ressort, passés en force de chose jugée, qui lui paraissent susceptibles d'être attaqués par voie de cassation dans l'intérêt de la loi, surveille les officiers de police judiciaire et les officiers ministériels, requiert la force publique dans les cas et suivant les formes déterminés par les lois et décrets.

Comme chef du service judiciaire, il veille au maintien de la discipline des tribunaux français et provoque les décisions du Résident général sur les actes qui y seraient contraires.

Il examine les plaintes qui peuvent s'élever de la part des détenus et en rend compte au Résident général.

Il fait dresser et vérifier les états semestriels et les documents statistiques de l'administration de la justice qui doivent être transmis au Ministre des Colonies.

Il réunit, pour être envoyés au Ministre des Colonies, les doubles, registres et documents divers destinés au dépôt des archives coloniales.

Dispositions diverses.

Art. 24. — Les conditions d'âge et d'aptitude pour les magistrats titulaires et les greffiers sont les mêmes qu'en France.

Art. 25. — Tout ce qui concerne la fixation des jours et des heures des audiences, leur police, les tarifs, les droits de greffe, la discipline sur les fonctionnaires attachés au service de la justice, sera réglé par des arrêtés, provisoirement exécutoires, rendus par le Résident général et soumis à l'approbation du Ministre des Colonies.

Art. 26. — Le costume d'audience des magistrats et greffier de la Cour d'appel de Tananarive est réglé ainsi qu'il suit :

1° Aux audiences ordinaires, les membres de la Cour d'appel porteront la toge et la simarre en étoffe de soie noire, la chausse de licencié sur l'épaule gauche, la ceinture moirée en soie noire avec franges et une rosette sur le côté gauche, la cravate en batiste tombante et plissée, la toque en velours rouge. . . . .

Le président et le procureur général auront autour de leur toque deux galons d'or en haut et deux galons d'or en bas. Les conseillers en auront deux en bas.

2° Aux audiences solennelles et aux cérémonies publiques, les membres de la Cour d'appel porteront la toge et la chausse en étoffe de laine rouge.

3° La toge du président et celle du procureur général seront bordées sur le devant d'une fourrure d'hermine de dix centimètres de large.

4° Le substitut du procureur général portera le même costume que les conseillers.

5° Le greffier de la Cour portera, soit aux audiences ordinaires, soit aux audiences solennelles ou criminelles, soit dans les cérémonies publiques, le même costume que celui des conseillers, à l'exception des galons d'or à la toque, qui seront remplacés par deux galons de soie noire.

Art. 27. — Les membres des tribunaux de première instance auront, aux audiences ordinaires, le costume fixé par l'article 2, à l'exception de la toge qui sera en étamine noire et des galons de la toque qui seront en argent.

Le nombre de ces galons sera le même pour le juge-président et le procureur de la République que pour le président de la Cour et le procureur général.

Le lieutenant de juge portera à la toque le même nombre de galons que les conseillers à la Cour d'appel.

Dans les cérémonies publiques, les membres des tribunaux de première instance porteront la toge de soie noire.

Art. 28. — Les greffiers des tribunaux de première instance porteront le même costume que le lieutenant de juge, à l'exception des galons d'argent qui seront remplacés par des galons de soie noire.

Art. 29. — Les juges de paix de 1re classe porteront aux audiences et dans les cérémonies publiques le même costume que les juges-présidents des tribunaux de première instance.

Art. 30. — Les juges de paix de 2° et de 3° classe porteront le même costume que les membres des tribunaux de première instance, à l'exception de la toque où il n'y aura, en bas, qu'un galon d'argent.

Art. 31. — Les greffiers de justice de paix seront vêtus de noir dans l'exercice de leurs fonctions.

Art. 32. — Les défenseurs installés près les tribunaux de Madagascar et dépendances porteront aux audiences la robe d'étamine noire fermée, à manches larges, la toque en laine, bordée d'un ruban de velours, et la cravate pareille à celle des juges.

Lorsqu'ils seront licenciés, ils auront le droit de porter la chausse.

Art. 33. — En cas de création de districts miniers, le Résident général pourvoira provisoirement à l'organisation de juridictions connaissant de certaines contraventions et de certains délits spéciaux à la police des mines. Ces juridictions pourront être composées des commissaires des mines, chargés de les administrer.

Art. 34. — Le décret du 24 août 1892 et toutes les dispositions contraires au présent décret sont abrogés.

Art. 35. — Le Ministre des Colonies et le Garde des sceaux. Ministre de la Justice sont chargés, chacun en ce qui le concerne, de l'exécution du [présent décret, qui sera inséré au *Journal officiel* de la République française, au *Bulletin des lois* et au *Bulletin officiel* du Ministère des Colonies.

Fait à Paris, le 28 décembre 1895.

Signé : FÉLIX FAURE.

Par le Président de la République :

Le Ministre des Colonies,	*Le Garde des sceaux, Ministre de la Justice,*
Signé : G. GUIEYSSE.	*Signé* : J. RICARD.

Le Président de la République française sur le rapport du Ministre des Colonies et du Garde des sceaux, Ministre de la Justice :

III. — 14

Vu le décret en date de ce jour portant organisation de la justice française à Madagascar,

Décrète :

Art. Ier. — La Cour d'appel instituée pour Madagascar et ses dépendances a son siège à Tananarive.

Des Cours d'assises siègent à Tananarive, Tamatave et Majunga.

Art. II. — Des tribunaux de première instance sont institués à Tananarive, Tamatave et Majunga.

Art. III. — Une justice de paix à compétence étendue est établie à Diego-Suarez en remplacement du tribunal de première instance qui est supprimé. La justice de paix à compétence étendue de Nossi-Bé est maintenue. L'appel des jugements rendus par ces tribunaux est porté devant la Cour d'appel de Tananarive.

Art. IV. — Des justices de paix sont établies à Tananarive, Tamatave et Majunga.

Art. V. — Le Résident général désignera, par des arrêtés, les localités où les résidents ou vice-résidents seront investis des fonctions judiciaires. Ces arrêtés seront soumis à l'approbation du Ministre des Colonies.

Il fixe également le ressort des Cours d'assises et des tribunaux de paix de première instance.

Ces arrêtés provisoirement exécutoires sont soumis à l'approbation du Ministre des Colonies.

Art. VI. — Le décret du 24 août 1892 et toutes les dispositions contraires au présent arrêté sont abrogés.

Art. VII. — Le Ministre des Colonies et le Garde des sceaux, Ministre de la Justice, sont chargés, chacun en ce qui le concerne, de l'exécution du présent décret, qui sera inséré au *Bulletin des lois*, au *Journal officiel* de la République française et au *Bulletin officiel* de l'administration des colonies.

Fait à Paris, le 28 décembre 1895.

Signé : FÉLIX FAURE.

Par le Président de la République :

Le Ministre des Colonies,	*Le Garde des sceaux, Ministre de la Justice,*
Signé : G. GUIEYSSE.	*Signé* : RICARD.

Décret

portant organisation de la justice française à Madagascar.

Le Président de la République française,

Vu le sénatus-consulte du 5 mai 1854;

Vu la loi du 2 avril 1891, qui a institué des tribunaux français à Madagascar;

Vu le décret du 24 août, portant organisation des tribunaux français à Madagascar;

Vu le décret du 28 mars 1894, sur l'organisation de la justice à Diego-Suarez et à Nossi-Bé;

Vu le décret du 11 décembre 1895, portant rattachement de l'administration de Madagascar au Ministère des Colonies;

Vu le décret du 28 décembre 1895, portant organisation de la justice à Madagascar:

Sur le rapport du Ministre des Colonies et du Garde des sceaux, Ministre de la Justice,

Décrète :

Article premier. — La justice est rendue à Madagascar et dépendances par une Cour d'appel, des Cours criminelles, des tribunaux de première instance, des justices de paix à compétence étendue, des justices de paix, et par des tribunaux indigènes.

Art. 2. — Les audiences des tribunaux français et indigènes sont publiques, au civil comme au criminel, excepté dans les affaires où la publicité sera jugée dangereuse pour l'ordre ou les mœurs. Dans tous les cas, les jugements seront prononcés publiquement, ils devront toujours être motivés.

TITRE PREMIER

SECTION PREMIÈRE

Des tribunaux français.

Art. 3. — La Cour d'appel a son siège à Tananarive. Les tribunaux de première instance siègent à Tananarive, Tamatave et Majunga. Les justices de paix à compétence étendue sont établies à Diego-Suarez et à Nossi-Bé. Les résidents peuvent être chargés, par arrêté local soumis à l'approbation du Ministre des Colonies, des fonctions de juge de paix dans les localités où il n'existe pas de tribunal de première instance.

Art. 4. — Un procureur général, chef du service judiciaire, exerce l'action publique dans toute l'étendue de l'île et ses dépendances et remplit les fonctions du ministère public près la Cour d'appel.

Il lui est adjoint un substitut chargé de l'assister dans les fonctions du ministère public.

Art. 5. — Les tribunaux de première instance sont composés d'un juge président, d'un procureur de la République et d'un greffier.

En matière civile et commerciale, ils connaissent, en dernier ressort, des actions personnelles ou mobilières jusqu'à la valeur de 5 000 francs, en principal, et des actions immobilières jusqu'à 150 francs de revenus déterminés, soit en rente, soit par prix de bail. En premier ressort, leur compétence est illimitée.

Comme tribunaux de simple police et de police correctionnelle, ils connaissent, en dernier ressort, de toutes les contraventions de police et, à charge d'appel, de toutes les autres contraventions et de tous les délits correctionnels.

Art. 6. — Les justices de paix à compétence étendue de Diego-Suarez et de Nossi-Bé jouissent, en matière civile, commerciale et répressive, d'une compétence identique à celle des tribunaux de première instance, institués dans l'île.

Art. 7. — Les résidents, investis des fonctions de juge de paix et assistés de leur secrétaire-greffier, connaissent, en matière civile et répressive, de toutes les affaires qui sont à la compétence des juges de paix en France, conformément à la législation métropolitaine.

Ils connaissent, en outre, de toutes les actions personnelles ou mobilières dont la valeur n'excède pas 500 francs et des demandes immobilières jusqu'à concurrence de 100 francs de revenu déterminé, soit en rente, soit par prix de bail, à charge d'appel devant la Cour d'appel de Tananarive.

Art. 8. — Les résidents, investis des fonctions judiciaires et assistés de leur secrétaire-greffier, connaissent également, en premier ressort, des délits déférés aux tribunaux correctionnels, à la condition que les délits aient été commis par des Européens ou assimilés ou par des indigènes ou assimilés contre des Européens ou assimilés. Ils suivent, en matière correctionnelle et de simple police, la procédure des tribunaux de simple police en France.

Ils se saisiront eux-mêmes, d'office, ou seront saisis directement par la citation, donnée au prévenu à la requête de la partie civile.

Art. 9. — La Cour d'appel se compose d'un président, de deux conseillers et d'un greffier. Elle connaît :

1° De tous les appels des jugements rendus par les tribunaux français de première instance et les juges de paix à compétence étendue en matière civile, commerciale et de police correctionnelle ;

2° Des appels des jugements en matière civile et commerciale et de police correctionnelle, rendus par les résidents chargés de la justice ;

3° Des demandes formées par le procureur général en annulation des jugements de simple police pour incompétence, excès de pouvoir ou violation de la loi.

Art. 10. — L'étendue du ressort des tribunaux de première instance et des justices de paix est déterminée par un arrêté du Résident général, soumis à l'approbation du Ministre des Colonies.

Le ressort des justices de paix à compétence étendue de Nossi-Bé et de Diego-Suarez demeure fixé par le décret du 28 mars 1894.

Art. 11. — Des interprètes assermentés sont spécialement attachés au service des divers tribunaux et répartis selon les besoins, par arrêté du Résident général.

SECTION II

Des Cours criminelles.

Art. 12. — Des Cours criminelles sont instituées à Tananarive, Tamatave, Majunga et Diego-Suarez.

La Cour criminelle de Tananarive se compose du président de la Cour d'appel, président, de deux conseillers à la Cour et de deux assesseurs.

En cas d'absence ou d'empêchement de l'un des conseillers à la Cour, il pourra être remplacé par le juge-président du tribunal ou, à défaut, par un fonctionnaire désigné par le Résident général. Les fonctions du ministère public devant la Cour criminelle sont remplies par le procureur général et, à son défaut, par son substitut.

A Tamatave, Majunga et Diego-Suarez, la Cour criminelle se compose du juge-président du tribunal ou du juge de paix président, de deux fonctionnaires désignés par arrêté local et de deux assesseurs.

Les fonctions du ministère public seront remplies à Tamatave et à Majunga par le procureur de la République, et, à Diego-Suarez, par un fonctionnaire désigné par le Résident général.

Art. 13. — Les assesseurs adjoints aux Cours criminelles seront désignés, par le sort, sur une liste de dix notables français domiciliés dans le ressort de la Cour criminelle et jouissant de tous leurs droits civils et politiques, dressée, chaque année, par le Résident général. Les assesseurs ont voix délibérative sur toutes les questions soumises à la Cour.

Les Cours criminelles de Tananarive, de Tamatave, Majunga et Diego-Suarez connaissent des crimes commis par les Européens ou assimilés dans tout le territoire de Madagascar et dépendances.

Elles connaissent en outre, dans leur ressort, des crimes commis par des indigènes ou assimilés contre les Européens ou assimilés.

Art. 14. — Dans les localités, autres que Tananarive, Tamatave, Majunga et Diego-Suarez, le Résident général pourra instituer, s'il en est besoin, des Cours criminelles spéciales composées, sous la présidence du résident, juge de paix, de deux fonctionnaires désignés par le Résident général.

Ces Cours criminelles spéciales connaîtront seulement des crimes commis par des indigènes ou assimilés au préjudice d'Européens ou assimilés. Elles appliqueront la loi française.

Art. 15. — Les crimes ou délits commis par des indigènes ou assimilés au préjudice d'indigènes ou assimilés sont jugés, conformément aux lois locales, par un tribunal composé, sous la présidence du résident juge de paix, de deux assesseurs indigènes. Dans le ressort des tribunaux de Tananarive, Majunga, Tamatave et Diego-Suarez, le tribunal composé également de deux assesseurs indigènes, sera présidé par le juge président du tribunal de première instance.

SECTION III

Des tribunaux indigènes.

Art. 16. — Les tribunaux indigènes, institués par la législation locale, sont maintenus. Ils connaissent, conformément aux dispositions de la législation locale, de toutes les affaires civiles.

Les indigènes peuvent se soustraire entièrement à la compétence des tribunaux indigènes, en déclarant dans un acte qu'ils entendent contracter sous l'empire de la loi française.

TITRE II

COMPÉTENCE DES TRIBUNAUX FRANÇAIS

Art. 17. — Les tribunaux français connaissent de toutes les affaires civiles et commerciales entre Européens et assimilés, entre Européens ou assimilés et indigènes et entre indigènes, sauf les exceptions prévues en l'article 16 ci-dessus.

Art. 18. — Les tribunaux français connaissent également de tous les crimes, délits et contraventions commis dans l'étendue du ressort soumis à leur juridiction, à quelque nation qu'appartiennent les accusés ou inculpés.

Art. 19. — En matière civile et commerciale, les tribunaux français appliquent les dispositions du Code civil et du Code de commerce en vigueur en France.

En matière de simple police et de police correctionnelle et en matière criminelle, ils ne peuvent prononcer d'autres peines que celles établies par la loi française.

TITRE III

DE LA PROCÉDURE

SECTION PREMIÈRE

Procédure devant les tribunaux français.

Art. 20. — Toutes les instances civiles sont dispensées du préliminaire de conciliation; néanmoins, pour toutes les affaires qui, en France, sont soumises à ce préliminaire, le juge devra inviter les parties à comparaître en personne sur simple avertissement et sans frais.

Art. 21. — La forme de procéder en matière civile et commerciale devant les tribunaux français est celle qui est suivie, en France, devant les tribunaux de commerce.

Art. 22. — Le délai pour interjeter appel des jugements contradictoires en matière civile et commerciale est de deux mois, à partir de la signification à personne ou au domicile réel ou d'élection.

Ce délai est augmenté à raison des distances, dans les conditions qui seront déterminées par arrêté du Résident général.

A l'égard des incapables, ce délai ne courra qu'à partir de la signification ou à personne ou à domicile de ceux qui sont chargés de l'exercice de leurs· droits. Dans aucun cas, l'appel ne sera reçu contre les jugements par défaut qui ne seront pas rendus définitifs. Il n'y aura lieu à appel des jugements interlocutoires qu'après le jugement définitif et conjointement avec l'appel de ce jugement.

Art. 23. — Il pourra être institué, par arrêté du Résident général, auprès des tribunaux de Madagascar et dépendances, des avocats défenseurs chargés de plaider et de conclure, de faire et signer tous actes nécessaires à l'instruction des causes civiles et commerciales et à l'exécution des jugements et arrêts, et de défendre les accusés et prévenus devant les tribunaux criminels ou correctionnels.

L'intervention des avocats défenseurs ne sera jamais obligatoire et les parties pourront agir et se défendre elles-mêmes. Dans ce cas, la forme à suivre, pour les significations, consistera dans le dépôt des actes pour les parties dans les délais légaux au greffe du tribunal.

Le greffier donnera un récépissé desdits actes, énonçant la date du dépôt, et devra sous sa responsabilité les signifier à la partie adverse dans les vingt-quatre heures.

En matière de grand criminel, lorsque l'accusé n'aura pas fait choix d'un avocat défenseur, il lui en sera nommé un d'office.

Cet avocat défenseur sera désigné par le président parmi les avocats défenseurs mentionnés ci-dessus, les officiers ou les simples citoyens qu'il jugera capables d'assister l'accusé dans sa défense.

Art. 24. — En matière correctionnelle ou de simple police, le tribunal est saisi par le ministère public ou, directement, par la citation donnée au prévenu à la requête de la partie civile.

Art. 25. — Dans le cas de crime, aussitôt que l'information est terminée, le procureur général, s'il est d'avis qu'il y a lieu de traduire l'accusé devant la Cour criminelle, dresse l'acte d'accusation et demande au président de la Cour criminelle à Tananarive l'indication d'un jour pour l'ouverture des débats.

L'ordonnance du juge et l'acte d'accusation sont signifiés par le greffier à l'accusé, auquel toutes les pièces de procédure sont communiquées sur sa demande, ou à son avocat défenseur.

Art. 26. — La forme de procéder en matière criminelle et correctionnelle, ainsi que les formes de l'opposition et de l'appel, sont réglées par les dispositions du Code d'instruction criminelle relatives à la procédure devant les tribunaux correctionnels.

Les présidents des Cours criminelles sont, en outre, investis des pouvoirs énumérés par les articles 268 et 269 du Code d'instruction criminelle.

Le mode de procéder en matière de simple police est réglé par la section I du titre Ier du livre II du Code d'instruction criminelle.

Art. 27. — Les arrêts rendus par les tribunaux français à Madagascar ne sont pas susceptibles de recours en cassation, si ce n'est dans l'intérêt de la loi et conformément aux articles 441 et 442 du Code d'instruction criminelle.

Art. 28. — Les fonctions d'huissier sont remplies par les agents de la force publique, désignés par le Résident général sur la proposition du procureur général.

SECTION II

Procédure devant les tribunaux indigènes.

Art. 29. — Les dispositions des lois indigènes et les usages locaux concernant la procédure et les débats et la tenue de la police des audiences continuent à recevoir leur exécution.

TITRE IV

ATTRIBUTIONS SPÉCIALES

Art. 30. — Le procureur général, comme représentant l'action publique, veille, dans l'étendue du ressort des tribunaux français, à l'exécution des lois, ordonnances et règlements en vigueur, fait toutes réquisitions nécessaires, poursuit d'office les exécutions des jugements et arrêts dans les dispositions qui intéressent l'ordre public, signale au Résident général les arrêts et jugements en dernier ressort, passés en force de chose jugée, qui lui paraissent susceptibles d'être attaqués par voie de cassation dans l'intérêt de la loi, surveille les officiers de police judiciaire et les officiers ministériels, requiert la force publique dans les cas et suivant les formes déterminés par les lois et décrets.

Comme chef du service judiciaire, il veille au maintien de la discipline des tribunaux français et provoque les décisions du Résident général sur les actes qui y seraient contraires.

Il examine les plaintes qui peuvent s'élever de la part des détenus et en rend compte au Résident général.

Il fait dresser et vérifier les états semestriels et les documents statistiques de l'administration de la justice, qui doivent être transmis au Ministre des Colonies.

Il inspecte les registres du greffe ainsi que ceux de l'état civil.

Il réunit pour être envoyés au Ministre des Colonies les doubles registres et documents divers destinés au dépôt des archives coloniales.

Art. 31. — En toute matière, le procureur général peut autoriser la mise en liberté provisoire avec ou sans caution.

Art. 32. — Indépendamment des attributions qui leur sont conférées par les articles 5 et 6, les juges présidents de première instance et les juges de paix à compétence étendue remplissent les fonctions et font les actes tutélaires attribués aux juges de paix par la loi française, tels qu'oppositions et levées des scellés, les avis des parents, les actes de notoriété et autres actes qui sont dans l'intérêt des familles.

Art. 33. — Les résidents, chargés de la justice dans les provinces, remplissent les fonctions de juge d'instruction et d'officier de police judiciaire pour les crimes commis, hors du ressort des tribunaux français, par des Européens ou assimilés de complicité avec des Européens ou au préjudice d'Européens.

Art. 34. — Les greffiers institués près la Cour d'appel et près les tribunaux de première instance remplissent, en outre, les fonctions de notaire dans l'étendue du ressort de ces mêmes tribunaux. Hors de ce ressort, les fonctions de notaire sont exercées par des officiers ou des fonctionnaires, désignés par le Résident général.

TITRE V

DISPOSITIONS DIVERSES

Art. 35. — En cas d'empêchement de l'un des magistrats désignés ci-dessus, il sera pourvu à son remplacement par le Résident général.

Art. 36. — Les conditions d'âge et d'aptitude pour les magistrats titulaires et les greffiers sont les mêmes qu'en France.

Art. 37. — Tout ce qui concerne la fixation des jours et des heures des audiences, leur police, les tarifs, les droits de greffe, la discipline sur les notaires et fonctionnaires attachés au service de la justice, sera réglé par des arrêtés provisoirement exécutoires, rendus par le Résident général et soumis à l'approbation du Ministre des Colonies.

Décret

complétant l'article 27 du décret du 9 juin 1896, réorganisant le service de la justice à Madagascar.

Le Président de la République française,

Vu le sénatus-consulte du 3 mai 1854 ;

Vu le décret du 28 décembre 1895, portant organisation de la justice à Madagascar ;

Vu le décret du 9 juin 1896, réorganisant le service de la justice à Madagascar ;

Sur le rapport du Ministre des Colonies et du Garde des sceaux, Ministre de la justice,

Décrète :

Art. Ier. — L'article 27 du décret du 9 juin 1896, réorganisant le service de la justice à Madagascar, est complété ainsi qu'il suit : les arrêts, rendus par les tribunaux français à Madagascar en matière criminelle, ne sont pas susceptibles de recours en cassation, si ce n'est dans l'intérêt de la loi et conformément aux articles 441 et 442 du Code d'instruction criminelle.

Art. II. — Le Ministre des Colonies et le Garde des sceaux, Ministre de la Justice, sont chargés, chacun en ce qui le concerne, de l'exécution du présent décret, qui sera inséré au *Journal officiel* de la République française, au *Bulletin des lois* et au *Bulletin officiel* du Ministère des Colonies.

Fait à Paris, le 12 février 1897.

FÉLIX FAURE.

Par le Président de la République :

Le Ministre des Colonies,

ANDRÉ LEBON

Le Garde des sceaux, Ministre de la Justice,

DARLAN.

Décret

portant création d'un poste de juge-suppléant auprès de chacun des tribunaux de Tamatave et de Majunga.

Le Président de la République française,

Vu l'article 18 du sénatus-consulte du 3 mai 1854 ;

Vu le décret du 28 décembre 1895, portant organisation du service de la justice à Madagascar et dépendances ;

Vu le décret du 9 juin 1896, portant réorganisation de la justice à Madagascar et dépendances,

Décrète :

Art. Ier. — Il est institué un poste de juge-suppléant près de chacun des tribunaux de première instance de Tamatave et de Majunga.

Les jugements sont rendus par eux en cas d'empêchement du juge-président ; ils peuvent également être appelés à remplir les fonctions du ministère public, lorsque le procureur de la République sera absent ou empêché.

Ils ne peuvent jamais connaître, comme juges, des affaires dans lesquelles ils auraient exercé les fonctions de ministère public.

Art. II. — Les conditions d'âge et d'aptitude, exigées pour être nommé juge-suppléant, sont les mêmes qu'en France.

Art. III. — Les juges-suppléants près les tribunaux de Tamatave et Majunga portent le même costume que le juge-président, à l'exception de la toque où il n'y aura qu'un galon d'argent.

Art. IV. — La solde et la parité d'office des juges-suppléants près les tribunaux de Tamatave et Majunga sont fixées conformément au tableau ci-après :

DÉSIGNATION DES OFFICES	TRAITEMENT COLONIAL	DÉSIGNATION DES OFFICES DE LA MAGISTRATURE MÉTROPOLITAINE AUXQUELS SONT ASSIMILÉS LES EMPLOIS POUR SERVIR DE BASE A LA LIQUIDATION DES PENSIONS DE RETRAITE	
		OFFICES	QUOTITÉ DE TRAITEMENT
Juges suppléants près les tribunaux de première instance de Tamatave et de Majunga.	6.000 francs.	Juges d'un tribunal de 3ᵉ classe.	5.000 francs.

La solde d'Europe est fixée à la moitié de la solde coloniale.

Art. V. — Toute disposition contraire au présent décret est abrogée.

Art. VI. — Le Ministre des Colonies et le Garde des sceaux, Ministre de la Justice et des Cultes, sont chargés, chacun en ce qui le concerne, de l'exécution du présent décret, qui sera inséré au *Journal officiel* de la République française, au *Bulletin des lois* et au *Bulletin officiel* du Ministère des Colonies.

Fait à Paris, le 16 mai 1897.
FÉLIX FAURE.

Par le Président de la République :
Le Ministre des Colonies,
ANDRÉ LEBON.

Le Garde des sceaux,
Ministre de la Justice et des Cultes,
DARLAN.

Arrêté 291

fixant les distances servant à calculer les délais de distance prévus en matière judiciaire.

Le Général commandant le corps d'occupation et Résident général de France à Madagascar,

Vu l'article 22 du décret du 9 juin 1896 ;
Vu les articles 116 et 184 du Code d'instruction criminelle ;
Vu l'article 1033 du Code de procédure civile ;
Sur la proposition du procureur général, chef du service judiciaire,

Arrête :

Art. Iᵉʳ. — Les délais de distance, prévus tant en matière civile et commerciale qu'en matière criminelle et de police, seront calculés à Madagascar, conformément aux tableaux ci-joints.

Art. II. — Le procureur général, chef du service judiciaire, est chargé de l'exécution du présent arrêté.

Fait à Tananarive, le 9 janvier 1897.

GALLIENI.

Par le Résident général :

Le procureur général,

DUBREUIL.

TABLEAU A

Distances de la capitale aux principales localités de la colonie.

De Tananarive à :	kilomètres.		
Alarobia	14	Fenoarivo	11
Ambatomanga	50	Fianarantsoa	400
Ambatondrazaka	235	Fort-Dauphin	1 200
Ambohidrabiby	25	Alasora	8
Ambohidrapeto	7	Ilafy	10
Ambohijoky	24	Imerimandroso	25
Ambohimalaza	16	Kinajy	140
Ambohimanambola	15	Maharidaza	24
Ambohimanarina	7	Majunga	500
Ambohimanga	20	Mananjary	400
Ambohimangakely	10	Mandritsara	500
Ambohinimanjaka	12	Manjakandriana	58
Analamazaotra	115	Mevatanana	320
Andévorante	195	Moramanga	95
Andraisoro	5	Namehana	11
Ankeramadinika	45	Nossi-Bé (Ile de)	780
Anorontsangana	600	Nosizato	5
Antanamalaza	22	Sabotsy	58
Antsirabé	170	Soavinandriana	108
Arivonimamo	50	Tsiafahy	25
Babay	45	Tulléar	800
		Tamatave	500

TABLEAU B

Distances de Tamatave aux principales localités de la colonie.

De Tananarive à :	kilomètres.		
Andévorante	99	Majunga	806
Antalaha	500	Mandritsara	450
Befandriana	550	Marotandrano	540
Diego-Suarez	920	Maroantsetra	550
Fénérive	115	Mevarano	700
Fianarantsoa	640	Sainte-Marie	200
Foulpointe	70	Soavinandriana	620
Lokia	845	Tintingue	210
		Tulléar	1 400

TABLEAU C

Distances de Majunga aux principales localités de la colonie.

De Majunga à :	kilomètres.		
Amparihibé	167	Marovoay	75
Antsirabé	600	Mevatanana	210
Fort-Dauphin	1 700	Suberbieville	215
Mananjary	900	Tamatave	800
Maevarano	46	Tananarive	500
Maroantsetra	500	Tulléar	1 120
		Vohémar	770

TABLEAU D

Distances des différents chefs-lieux de résidence entre eux.

De :	kilomètres.			
		Tamatave	à Fort-Dauphin	900
		Fort-Dauphin	à Tulléar	500
Vohémar	à Maroantsetra	400		
		Tamatave	à Mananjary	360
Maroantsetra	à Tamatave	550		
		Tulléar	à Majunga	1 120
Maroantsetra	à Ste-Marie	160		
		Majunga	à Nossi-Bé	360
Tamatave	à Andévorante	99		
		Majunga	à Diego-Suarez	650

Arrêté 658

fixant le tarif des frais et dépens en matière civile.

Le Général commandant le corps d'occupation et Résident général de France à Madagascar,

Vu le décret du 11 décembre 1895, fixant les pouvoirs du Résident général;

Vu l'article 57 du décret du 9 juin 1896;

Vu la nécessité de fixer d'une manière uniforme le tarif des frais de justice dans la colonie;

Sur la proposition du procureur général, chef du service judiciaire, et réserve faite de l'approbation de M. le ministre des colonies;

Le Conseil d'administration entendu,

Arrête :

En matière civile, les frais et dépens seront calculés, dans toute l'étendue de la colonie, conformément au tarif ci-après :

CHAPITRE I

I. — *Greffiers de première instance et de justice de paix à compétence étendue.*

Article premier. — Les greffiers des tribunaux de première instance et des justices de paix à compétence étendue de Madagascar ont droit aux émoluments suivants :

1° Pour l'inscription de chaque mise en rôle . . . . » 50

2° Pour tout jugement porté sur la feuille d'audience, ceux de simple remise exceptés . . . . » 50

3° Pour tout jugement rendu sur requête ou sur le rapport des juges, commissaires des faillites . . . . » 50

4° Pour la rédaction des qualités de tout jugement lorsqu'il est expédié, savoir : S'il est par défaut . . . . 1 »

S'il est contradictoire . . . . 2 »

II. — *Formalités et actes divers.*

Art. 2. — 1° Pour dépôt de copies collationnées de contrats translatifs de propriété   3   »

2° Pour extrait à afficher . . . .   1 .»

Plus, par chaque acquéreur en plus, lorsqu'il y a des lots distincts . . . .   » 50

3° Pour soumission de caution avec dépôt des pièces, déclaration affirmative, déclaration de surenchère ou de commande, certificat relatif aux saisies-arrêts sur cautionnement et aux condamnations pour faits de charge, acceptation bénéficiaire, renonciation à communauté ou succession   2   »

4° Pour bordereau ou mandement de collocation, certificat de propriété, par page . . . .   « 65

5° Pour opérer le dépôt d'un testament olographe ou mystique, non compris le transport, s'il y a lieu   6   »

6° Pour communication des pièces et des procès-verbaux ou états de collocation dans les procédures d'ordre et de distribution par contribution, quel que soit le nombre des parties, si la somme principale à distribuer n'excède pas 10 000 francs   5   »

Si elle dépasse ce chiffre   10   »

(Le droit de communication n'est admis par la disposition qui précède qu'en matière d'ordre judiciaire et non d'ordre amiable.)

7° Pour les actes de voyage, les consignations des sommes au greffe dans les cas prévus par l'article 305 du Code de procédure civile et autres déterminés par la loi ; les dépôts de registres, répertoires et autres titres ou pièces faits au greffe, de quelque nature et pour quelque cause que ce soit ; les dépôts des signatures et paraphes des notaires, conformément à l'article 47 de la loi du 25 ventôse, an XI ; les publications de contrat de mariage, divorces, jugements de séparation, actes et dissolutions de Société, récusations de juges, transcription et enregistrement, sur les registres du greffe, d'oppositions et autres actes désignés par les Codes ; les actes en brevet ; les actes de notoriété pour quelque cause que ce soit, et, généralement, pour tout acte, déclaration ou certificat, fait ou transcrit au greffe, et qui ne donne pas lieu à un émolument particulier.. . . . .   1 50

Pour l'annexe à la minute des jugements d'adjudication, de la quittance et des pièces justificatives énoncées en l'article 713 du Code de procédure civile ; pour les mentions d'opposition inscrites sur un registre spécial, en exécution de l'article 163 du Code de procédure civile ; pour les réquisitions à fin de nomination d'un juge commissaire dans un ordre ; pour les dires élevés dans l'ordre et pour les dires insérés au cahier des charges ; pour un acte d'affirmation de créance en matière de distribution par contribution ; pour retrait des copies collationnées ; pour dépôt de rapports d'experts, de signature de répertoires, de cahier des charges. 1 50

Il ne sera dû aucun émolument au greffier pour la constatation des prestations de serment et pour les actes que des dispositions spéciales de la loi ou des décisions ministérielles ont expressément exemptés de tout émolument (circulaire ministérielle du 14 juin 1855).

Art. 3. — Il est alloué :

En matière de vente judiciaire de biens immeubles, pour la communication, sans déplacement, tant du cahier des charges que du procès-verbal d'expertise   15   »

Le droit sera dû, soit qu'il y ait, soit qu'il n'y ait pas d'expertise ; toutefois, si l'expertise a été ordonnée en matière de licitation, le droit sera réduit à   12   »

Il sera perçu, lors du premier dépôt au greffe, soit du procès-verbal d'expertise, soit du cahier des charges.

Le droit de 15 francs est dû dans les ventes sur saisie-immobilière et, par suite de surenchère, sur aliénation volontaire mais non lorsque la surenchère n'est, comme dans la saisie-immobilière, qu'un incident de la poursuite, ni en cas de vente sur folle enchère.

Toutefois, si le prix d'adjudication est inférieur ou égal à 2 000 francs, les émoluments, ci-dessus fixés, seront réduits d'un quart.

Art. 4. — Il sera alloué :

En matière d'expropriation pour cause d'utilité publique, pour la rédaction du procès-verbal des opérations du jury spécial, pour chaque affaire terminée par décision du jury rendue exécutoire, non compris le droit ordinaire du rôle d'expédition ou d'extrait 3   »

Néanmoins, cette allocation ne pourra jamais dépasser 15 francs par jour, quel que soit le nombre des affaires ; et, dans ce cas, ladite somme de 15 francs sera répartie également entre chacune des affaires terminées le même jour.

Art. 5. — Il sera alloué : ·

1° Pour procès-verbal, s'il y a lieu à conciliation (art. 20 du décret organique du 9 juin 1896). 3   »

2° Pour assistance aux conseils de famille, aux appositions de scellés, aux reconnaissances et levées de scellés, par vacation de trois heures au moins, sans pouvoir excéder deux vacations par jour 5   »

3° Pour chaque opposition aux scellés qui sera formée par déclaration sur le procès-verbal des scellés 1   »

(Il ne sera rien alloué pour les oppositions formées par le ministère des huissiers et visées par le greffier.)

4° Pour chaque extrait des oppositions aux scellés, par chaque opposition . 5 50

Art. 6. — Il sera alloué : ·

1° Pour la rédaction de l'extrait de jugement déclaratif de faillite à afficher et de celui qui doit être adressé au parquet, ensemble 1   »

2° Pour la rédaction de l'extrait du jugement fixant ou modifiant l'époque à laquelle a eu lieu la cessation des payements. . . . . » 50

3° Pour la rédaction de l'extrait du jugement et d'une copie de l'avis à insérer dans les journaux. . . . . » 50

Pour chaque copie en sus lorsque l'insertion a eu lieu dans plusieurs journaux . . . . » 15

4° Pour la rédaction, l'impression et l'envoi de lettres de convocation aux créanciers de la faillite, par chaque lettre de convocation . . . . » 20

5° Pour l'avis à donner au juge-commissaire et aux syndics par chaque lettre d'avis . . . . » 20

6° Pour récépissé à délivrer à chaque créancier de la faillite en cas de dépôt de titre . . . . » 50

7° Pour communication des pièces, procès-verbaux de renseignements dans les procédures de faillite, un seul droit pour chaque faillite, quel que soit le nombre des créanciers 10   »

8° Pour la tenue du registre de comptabilité des faillites, la communication de ce registre au failli et aux créanciers, l'établissement des relevés trimestriels et leur envoi au procureur général, par trimestre et par faillite. . . . 2   »

Art. 7. — Il est alloué :

1° Pour la rédaction du procès-verbal constatant la remise de l'affiche, des extraits de contrat de mariage et autres soumis à cette formalité, ainsi que des jugements en matière de faillite . . . . » 50

2° Pour la rédaction de chaque certificat constatant que les livres d'un commerçant ont été cotés et paraphés . . . . » 50

3° Pour l'inscription de ce dernier certificat sur le registre prescrit par ordonnance de 1673, titre III, art. 4 . . . . » 25

4° Pour communication, sans déplacement, des pièces dont le dépôt est constaté par un acte du greffe . . . . » 50

5° Pour la rédaction du procès-verbal de dépôt de chaque marque de fabrication et pour le coût de l'expédition . . . . 1 »

Art. 8. — Il est alloué : à titre de droit de recherches des actes, des jugements et ordonnances faits ou rendus depuis plus d'une année et dont il n'est pas demandé d'expédition, savoir :

Pour la première année . . . . » 50
Pour chacune des autres années . . . . » 25

Art. 9. — Il est alloué :
1° Pour chaque légalisation de signature dans les cas prévus par la loi. . » 25
2° Pour chaque visa d'exploit donné par le greffier . . . . » 25
3° Pour la mention de chaque acte sur le répertoire . . . . » 10

III. — *Procès-verbaux.*

Art. 10. — Il est alloué :
Pour la rédaction d'un procès-verbal de compulsoire . . . . 4 »
Et pour celle d'un procès-verbal d'interrogatoire, sur faits et articles . . . 2 »

Art. 11. — Il est alloué :
Pour la rédaction des procès-verbaux ci-après désignés, dressés en matière de faillite :
1° Assemblée des créanciers d'une faillite pour la composition de l'état des créanciers présumés et la nomination de syndics définitifs. . . . . . . 2 »
2° Reddition de comptes de syndics provisoires aux syndics définitifs . . . 3 »
3° Vérification et affirmation de créances, que ces opérations soient ou non simultanées, savoir :
Pour chaque créance vérifiée. . . . . » 50
Pour chaque renvoi à l'audience par suite de contredits. . . . . » 50
Pour chaque créance affirmée . . . . » 15
4° Assemblée de créanciers dont les créances ont été vérifiées et affirmées, constatant la formation du concordat ou de l'union . . . . 4 »
5° Assemblée de créanciers constatant le renvoi à huitaine . . . . 3 »
6° Reddition des comptes des syndics ou faillis en cas de concordat . . . 4 »
7° Reddition des comptes définitifs des syndics aux syndics de l'union . . . 4 »
8° Reddition de compte des syndics aux créanciers . . . . 4 »
9° Assemblée des créanciers pour procéder à une délibération non prévue par les dispositions précédentes . . . . 3 »

IV. — *Actes spéciaux aux tribunaux des villes maritimes.*

Art. 12. — Il est alloué :
1° Pour la rédaction du rapport d'un capitaine de navire à l'arrivée d'un voyage de long cours ou de grand cabotage . . . . 3 »
2° Pour la rédaction d'un rapport à l'arrivée d'un voyage de petit cabotage, de bornage ou de navigation fluviale . . . . 2 »
3° Pour la déclaration des causes de relâche dans un voyage, ... 2 »
4° Pour la rédaction du rapport du capitaine en cas de naufrage ou d'échouement . . . . 5 »

V. — *Droits d'expédition.*

Art. 13. — Il est alloué :
Pour chaque rôle d'expédition 0 60

Pour les doubles minutes destinées au dépôt des archives, coloniales (édit
du mois de juin 1776).
Pour chaque rôle d'expédition . . . .   » 50

VI. — *Droit de transport.*

Art. 14. — Lorsque, dans l'exercice de leurs fonctions, les greffiers se transporteront à plus de 3 kilomètres de leur résidence officielle, ils recevront,
pour frais de voyage, nourriture et séjour, une indemnité par jour de . . .   25 »

VII. — *Greffiers des justices de paix sans compétence étendue.*

Art. 15. — Les greffiers des justices de paix sans compétence étendue(tribunaux résidentiels, article 7 du décret organique du 9 juin 1896) auront droit
pour les actes de leur ministère aux émoluments fixés par le tarif ci-dessus,
diminués de moitié.

VIII. — *Greffier de la Cour d'appel.*

Art. 16. — Le greffier de la Cour d'appel aura droit aux émoluments suivants:
1º Pour tout acte fait ou transcrit au greffe, quel que soit le nombre des
parties . . . .   5 »
2º Pour chaque bulletin de distribution et de remise de cause. . . . . . .   » 20
3º Le tarif ci-dessus, prévu pour les greffiers du tribunal de première instance,
leur est commun pour tous les actes rentrant dans la juridiction de la Cour
d'appel et pour les indemnités de transport ; néanmoins, toutes les remises
seront augmentées d'un quart.

Art. 17. — La liquidation des dépens, en toute matière, sera faite par les jugements qui les auront adjugés. A cet effet, la partie qui aura obtenu la condamnation
remettra au greffe, dans le jour, l'état des dépens adjugés, et la liquidation sera
insérée dans le dispositif du jugement.

IX. — *Dispositions générales.*

Art. 18. — Les greffiers de la Cour, des tribunaux et des justices de paix à compétence étendue tiendront un registre coté et paraphé par le président sur lequel ils
inséreront, jour par jour, tous les actes de leur ministère, les expéditions qu'ils délivreront, la nature de chaque expédition, le nombre de rôles, le nom des parties
avec mention de celle à laquelle l'expédition sera délivrée. Ils seront tenus de communiquer ce registre toutes les fois qu'ils en seront requis par les autorités compétentes.

Art. 19. — Lors de la mise au rôle de chaque cause, les parties devront consigner
entre les mains du greffier la somme présumée nécessaire pour acquitter le droit de
rédaction des jugements et des doubles minutes, et généralement pour couvrir tous
les frais.

Art. 20. — Les greffiers ne pourront délivrer aucune expédition que les droits
n'aient été acquittés, sous peine de restitution du droit et d'une amende de
100 francs et, suivant les cas, de poursuites devant les tribunaux. Les expéditions
demandées par l'administration seront délivrées gratis, et le greffier mentionnera que
l'expédition a été requise par telle autorité, laquelle signera la mention.

Art. 21. — Les greffiers n'ont droit à aucun émolument : 1º pour les minutes des
arrêtés, jugements et ordonnances ou pour celles des actes et procès-verbaux reçus
ou dressés par les magistrats avec leur assistance; 2º pour les simples formalités
qui n'exigent aucune écriture, ou dont il est seulement fait mention sommaire, soit

sur les pièces produites, soit sur les registres du greffe, à l'exception du répertoire prescrit par l'article 65 du présent arrêté.

Art. 22. Les greffiers doivent inscrire, au bas des expéditions qui leur sont demandées, le détail des déboursés et des droits auxquels chaque arrêt, jugement ou acte donne lieu.

A défaut d'expédition, ils doivent faire cette mention sur des états signés d'eux et qu'ils remettent aux parties ou à leurs représentants.

Ils portent sur un registre toutes les sommes qu'ils reçoivent; les déboursés et les émoluments sont inscrits sur des colonnes séparées.

Art. 23. — Les expéditions que délivreront les greffiers contiendront au moins 25 lignes à la page et 15 syllabes à la ligne, compensation faite des unes avec les autres.

Art. 24. — Il est interdit aux greffiers ainsi qu'à leurs commis, sous quelque prétexte que ce soit, de recevoir d'autres ou de plus forts droits que ceux qui leur sont alloués par le présent arrêté; ils ne peuvent exiger, ni recevoir aucun droit de prompte expédition.

Le contrevenant est, suivant la gravité des circonstances, destitué de son emploi et condamné à une amende de 100 francs, sans préjudice de la restitution des sommes perçues et de tous dommages-intérêts, s'il y a lieu.

CHAPITRE II

Actes d'huissiers. — Compétence étendue.

I. — *Actes de 1re classe.*

Art. 25. — Pour l'original sans exploit d'assignation, même en cas de domicile inconnu dans la colonie et d'affiche à la porte de l'auditoire (c. p. 16, 20, 52, 54, 57, 42, 52, 59, 65, 69, 406) . . . . 2 »

Art. 26. — Pour les copies de pièces qui doivent être données avec l'exploit d'ajournement et autres actes, par rôle contenant 20 lignes à la page et 12 syllabes à la ligne . . . . » 50

Ce droit ne sera dû que tout autant que les copies des pièces auront été faites par l'huissier.

Les copies seront correctes et lisibles, à peine de rejet de la taxe et d'une amende de 5 francs.

Art. 27. — Pour l'original :

D'une sommation d'être présent à la prestation d'un serment ordonné (c. p. 121);

D'une signification d'un jugement à domicile (c. p. 147);

D'une signification d'un jugement de fonction par un huissier commis (c. p. 155);

D'une signification d'un jugement par défaut contre partie, par un huissier commis (c. p. 156);

D'opposition aux jugements par défaut rendus contre partie (c. p. 162);

De sommation aux experts et aux dépositaires des pièces de comparaison en vérification d'écritures (c. p. 204);

De signification aux dépositaires de l'ordonnance ou du jugement qui porte que la minute sera apportée au greffe (c. p. 223);

D'assignation aux témoins dans les enquêtes d'assignation à la partie contre laquelle se fait l'enquête (c. p. 260, 261);

De signification de l'ordonnance du juge-commissaire pour faire prêter serment aux experts (c. p. 307);

De la signification de la requête et des ordonnances pour subir interrogatoire sur faits et articles (c. p. 329);

De la signification du jugement rendu par défaut contre partie, sur demande en reprise d'instance, par un huissier commis (c. p. 350) ;

De signification du désaveu (c. p. 355) ;

De signification du jugement portant permission d'assigner en règlement de juges, contenant assignation (c. p. 365) ;

Pour l'original de l'acte de présentation de caution, avec sommation à jour et heure fixes de se présenter au greffe pour prendre communication des titres de la caution, et assignation à l'audience en cas de contestation pour y être statué (c. p. 440 et 441);

Original d'acte d'appel des tribunaux de première instance et justices de paix à compétence étendue contenant assignation (c. p. 456);

De signification de jugement à des héritiers collectivement au domicile du défunt (c. p. 447) ;

D'une réquisition aux tribunaux de juge en la personne du greffier (c. p. 507);

De signification de la requête et du jugement qui admet une prise à partie (c. p. 514);

De signification de la présentation de caution avec copie de l'acte de dépôt au greffe des titres de la solvabilité de la caution (c. p. 518) ;

De signification de l'ordonnance du juge commis pour entendre et sommation de se trouver devant lui, au jour et heures indiqués, pour être présent à la présentation et affirmation (c. p. 543) ;

D'un exploit de saisie-arrêt ou opposition et contenant énonciation de la somme pour laquelle elle est faite et des titres ou de l'ordonnance du juge (c. p. 557,558, 559);

De la dénonciation au saisi de la saisie-arrêt ou opposition avec assignation en validité (c. p. 563) ;

De la dénonciation au tiers saisi de la demande en validité formée contre le débiteur saisi (c. p. 564);

De l'assignation au tiers saisi pour faire sa déclaration (c. p. 570);

D'un commandement pour parvenir à une saisie-exécution (c. p. 583, 584) ;

De la notification de la saisie-exécution faite hors du domicile du saisi et en son absence (c. p. 602) ;

D'une assignation en référé à la requête du gardien qui demande sa décharge d'une sommation à la partie saisie pour être présente au récollement des effets saisis quand le gardien a obtenu sa décharge (c. p. 606);

D'une opposition à vente, à la requête de celui qui se prétendra propriétaire des objets saisis entre les mains du gardien ; de dénonciation de cette opposition au saisissant et au saisi, avec assignation libellée et l'énonciation des preuves de propriété ; le gardien ne pourra être assigné (c. p. 608) ;

D'une opposition sur le prix de la vente qui en contiendra les causes (c. p. 619);

D'une sommation au premier saisissant de faire vendre (c. p. 612) ;

D'une sommation à la partie saisie pour être présente à la vente qui ne serait pas faite au jour indiqué par le procès-verbal de la saisie-exécution (c. p. 614);

Pour l'original en commandement qui doit précéder la saisie-brandon (c. p. 626);

De dénonciation de la saisie-brandon au gardien qui ne sera pas présent au procès-verbal (c. p. 628) ;

Du commandement qui doit précéder la saisie de ventes constituées sur particuliers (c. p. 635);

De dénonciation à la saisie de l'exploit de saisie de ventes constituées sur particuliers (c. p. 645);

D'une sommation aux créanciers de produire dans les contributions et à la partie saisie de prendre communication des pièces produites et de contredire, s'il y échet (c. p. 659, 660) ;

D'une sommation à la partie saisie, à la requête du propriétaire, de comparaître en référé devant le juge-commissaire pour faire statuer préliminairement sur son privilège, pour raison des loyers à lui dus (c. p. 661) ;

De dénonciation à la partie saisie de la clôture du procès-verbal du juge-commissaire, en contribution, avec sommation d'en prendre communication et de contredire sur le procès-verbal dans la quinzaine (c. p. 663);

III. — 15

Des sommations aux créanciers inscrits de produire dans les ordres (c. p. 753);

D'assignation en référé, dans le cas d'urgence, ou lorsqu'il s'agit de statuer sur les difficultés relatives à l'exécution d'un titre exécutoire ou d'un jugement (c. p. 807);

De signification d'une ordonnance sur référé (c. p. 809);

D'une sommation d'être présent à la consignation de la somme offerte; de dénonciation du procès-verbal de dépôt de la chose ou de la somme consignée, au créancier qui n'était pas présent à la consignation (c. civ. 1259);

De sommation aux créanciers d'enlever le corps certain, qui doit être livré au lieu où il se trouve (c. civ. 1264);

D'un commandement, à la requête des propriétaires et principaux locataires de maisons ou biens ruraux, à leurs locataires, sous-locataires et fermiers, pour payements de loyers ou fermages échus (c. p. 819);

D'une assignation et sommation à un notaire et aux parties intéressées, s'il y a lieu, pour avoir expédition d'un acte par fait (c, p. 829);

Ou une seconde grosse (c. p. 844);

D'une sommation, à la requête de la femme à son mari, de l'autoriser (c. p. 861);

D'une demande à domicile, à fin de rectification, d'un acte de l'état civil (c. p. 856);

D'une demande en séparation de corps (c. p. 876);

De la citation, par huissier commis, à l'époux défendeur en divorce, pour comparution devant le juge (c. civ. 235, loi du 18 avril 1886 sur le divorce);

D'une assignation sur autorisation de citer donnée par le juge ou après l'expiration du délai imposé dans les conditions de l'art. 246 du Code civil (loi du 18 avril 1886);

De la signification de la décision devenue définitive prononçant le divorce à l'officier de l'état civil compétent avec certificats joints (c. civ. 252, loi du 18 avril 1886);

D'ajournement pour demander la réformation d'un avis de conseil de famille qui n'a pas été unanime (c. p. 883);

De l'opposition formée, à la requête des membres d'un conseil de famille, à l'homologation de la délibération (c. p. 888);

De sommation aux parties qui doivent être appelées à la vente des meubles dépendant d'une succession (c. p. 947);

De sommation aux copartageants de comparaître devant le juge-commissaire (c. p. 976);

De sommation aux parties pour assister à la clôture du procès-verbal de partage chez le notaire (c. p. 980);

De sommation, à la requête d'un créancier, à l'héritier bénéficiaire de donner caution (c. p. 992);

De sommation aux arbitres de se réunir au tiers arbitre pour vider le partage (c. p. 1018);

Pour l'original de citation aux membres qui doivent composer le conseil de famille (c. civ. 404);

De notification de l'avis du conseil de famille;

De l'opposition aux scellés (c. p. 926);

De sommation à la levée des scellés;

De tout exploit contenant sommation de faire une chose, ou opposition à ce qu'une chose soit faite, protestation de nullité, et généralement de tous actes simples du ministère des huissiers non compris dans les autres parties du présent tarif . . .   2 »

Pour chaque copie, le quart de l'original. . . . .   » 50

II. — *Actes de seconde classe et procès-verbaux*

Art. 28. — Pour un procès-verbal de saisie-exécution, qui durera trois heures, y compris le temps nécessaire pour requérir, soit le juge de paix ou le faisant fonctions, soit le commissaire de police ou les maires et adjoints ou les faisants fonctions, en cas de refus d'ouverture de porte, et ce, non compris la taxe des témoins. . . . .   8 »

Si la scène dure plus de trois heures, pour chacune des vacations subsé-

quentes, aussi de trois heures, et non compris la taxe des témoins. . . . . .   5 »
Débours, pour la taxe des témoins, pour la première vacation de trois heures   4 »
Débours pour les vacations subséquentes, aussi de trois heures. . . . . .   3 »
Pour les copies à remettre à la partie saisie et au gardien ensemble. . . .   2 »

Art. 29. — Vacation du commissaire de police qui aura été requis pour être présent à l'ouverture des portes et meubles fermant à clef, ou aux maires et adjoints, si ces derniers les requièrent (c. p. 587) . . . .   4 »

Art. 30. — Vacation de l'huissier pour déposer au lieu établi par les consignations, ou entre les mains du dépositaire qui sera convenu, les deniers comptants qui pourraient avoir été trouvés, sauf le cas de dépôt à la Caisse des dépôts et consignations (c. p. 590) . . . .   4 »

Art. 31. — Pour un procès-verbal de récolement des effets saisis, quand le gardien aura obtenu sa décharge (c. p. 606) . . . .   6 »
Ce procès-verbal ne contiendra aucun détail, si ce n'est pour constater les effets qui pourraient se trouver en déficit, et l'huissier ne sera pas assisté de témoins. Il sera laissé copie du procès-verbal de récolement au gardien qui aura obtenu sa décharge ; il remettra la copie de la saisie qu'il avait entre les mains au nouveau gardien, qui se chargera du contenu sur le procès-verbal du récolement.
Pour chacune des copies à donner du procès-verbal du récolement . . . . .   1 »

Art. 32. — Dans les cas de saisie antérieure et d'établissement de gardien, pour le procès-verbal de récolement sur le premier procès-verbal que le gardien sera tenu de représenter, et sans entrer dans aucun détail, et contenant seulement la saisie des effets omis et sommation au premier saisissant de vendre, témoins et copie non compris (c. p. 611). . . . .   8 »
Débours pour les témoins, ensemble. . . . .   4 »
Il ne sera pas donné de copie.

Art. 33. — S'il y a lieu au transport des effets saisis, l'huissier sera remboursé de ses frais sur les quittances qu'il en représentera, ou sur sa simple déclaration, si les voituriers et gens de peine ne savent écrire, ce qu'il constatera par son procès-verbal de vente (617).
Il sera alloué à l'huissier qui procédera à la vente, pour la rédaction de l'original du placard qui doit être affiché . . . .   2 »
Pour chacun des placards, s'ils sont manuscrits. . . . .   1 »
Et, s'ils sont imprimés, l'huissier qui procédera à la vente en sera remboursé sur les quittances de l'imprimeur et de l'afficheur (c. p. 627).

Art. 34. — Pour l'original de l'exploit qui constatera l'apposition des placards dont il ne sera point donné copie . . . .   6 »
Il sera passé, en outre, la somme qui aura été payée pour insertion de l'annonce de la vente dans un journal, si la vente est faite dans une ville où il s'en imprime. Pour chaque vacation de trois heures à la vente, le procès-verbal compris, il sera taxé à l'huissier, dans les lieux où les huissiers sont autorisés à la faire . . . .   9 »
Et dans les lieux où les ventes sont faites par les commissaires-priseurs, il sera alloué à l'huissier pour requérir le commissaire-priseur une vacation de   2 »

Art. 35. — En cas d'absence de la partie saisie, son absence sera constatée, et il ne sera nommé aucun officier pour la représenter (c. p. 623).

Art. 36. — Dans les cas de publication sur les lieux où se trouvent les barques, chaloupes ou autres bâtiments, prescrite par l'article 620 du Code pénal civil et dans le cas d'exposition de vaisselle d'argent, de bagues et joyaux, ordonnée par l'article 621, il sera alloué à l'huissier, pour chacune des deux premières publications ou expositions . . . .   6 »

La troisième publication ou exposition est comprise dans la vacation de vente dans les villes où il s'imprime des journaux; les vacations pour publications ou expositions ne pourront être allouées aux huissiers, attendu qu'il doit y être suppléé par l'insertion dans un journal. Si l'expédition du procès-verbal de vente est requise par l'une des parties, il sera alloué à l'huissier qui aura procédé à la vente, par chaque rôle d'expédition contenant 25 lignes à la page et 12 syllabes à la ligne. 1 »

Art. 37. — Pour la vacation de l'huissier qui aura procédé à la vente pour faire taxer ses frais par le juge sur la minute de son procès-verbal (c. p. 657). 3 »
Et pour consigner les deniers provenant de la vente. . . . . : 2 »

Art. 38. — Pour un procès-verbal de saisie-brandon, contenant l'indication de chaque pièce, sa contenance et sa situation, deux au moins de ses tenants et aboutissants et la nature des fruits, quand il n'y sera pas employé plus de trois heures (c. p. 627) . . . . 8 »
Et quand il y sera employé plus de trois heures, pour chacune des autres vacations . . . . 5 »
L'huissier ne sera pas assisté de témoins.

Art. 39. — Pour les copies à délivrer à la partie saisie, au maire de la commune et au gardien (c. p. 628), par chacune. . . . . 2 »

Art. 40. — Pour un exploit de saisie du fonds d'une rente constituée sur particulier, contenant assignation au tiers saisi en déclaration affirmative (c. p. 658). . . . . 2 »
Pour la copie, le quart . . . . » 50

Art. 41. — Pour l'original d'un procès-verbal d'offres, contenant le refus ou l'acceptation du créancier (c. p. 845) . . . . 3 »
Pour la copie, le quart . . . . » 75

Art. 42. — Pour l'original d'un procès-verbal de consignation de la somme ou de la chose offerte (c. civ. 1259). . . . . 5 »
Pour chaque copie à laisser au créancier, s'il est présent, et au dépositaire, le quart. 1 50

Art. 43. — Les procès-verbaux de saisie-gagerie sur les locataires et fermiers, les procès-verbaux de créance et les procès-verbaux de saisie des effets du débiteur forain seront taxés comme ceux de la saisie-exécution, ainsi que tout le reste de la poursuite (c. p. 819, 822, 823).

Art. 44. — Pour un procès-verbal tendant à saisie-revendication, s'il y a refus de portes ou opposition à la saisie, contenant assignation en référé devant le juge, non compris les témoins (c. p. 829) . . . . 5 »
Débours pour les témoins ensemble. 4 »
Pour la copie, le quart de l'original 1 25
Le procès-verbal de saisie-revendication sera taxé comme celui de saisie-exécution.

III. — Ventes judiciaires de biens immeubles.

Actes de première classe.

Art. 45. — Il est alloué aux huissiers :
Pour l'original du commandement tendant à saisie immobilière (c. p. 673). 2 »
Pour chaque copie, le quart . . . . » 50
Pour droit de copie du titre, par rôle contenant 20 lignes à la page et 12 syllabes à la ligne, ou évalué sur ce pied. . . . . » 20
Pour l'original de l'action ou référé (c. p. 685). . . . . 2 »
De la demande en nullité (c. p. 684) . . . . 2 »

De l'acte d'opposition entre les mains des fermiers ou locataires, ou de la simple sommation aux mêmes (c. p. 685) . . . . 2 »

De la signification aux créanciers inscrits de l'acte de la consignation faite par l'acquéreur en cas d'aliénation qui peut avoir lieu après saisie immobilière sous la condition de consigner (c. p. 687). . . . . 2 »

De la sommation à la partie saisie et aux créanciers inscrits de prendre communication du cahier des charges (c. p. 691, 692). . . . . 2 »

De la signification du jugement d'adjudication (c. p. 716). . . . . 2 »

De la demande en résolution ou qui doit être formée avant l'adjudication et notifiée au greffe (c. p. 717). . . . . 2 »

De l'exploit d'assignation (c. p. 718). 2 »

De la demande en distraction de tout ou partie des objets saisis immobilièrement (c. p. 723) . . . . 2 »

De l'acte d'appel qui doit être en même temps notifié au greffier du tribunal et visé par lui (c. p. 732) . . . . 2 »

De la signification du bordereau de collocation avec commandement (c. p. 733). . . . . 2 »

De la signification des jours et heures de l'adjudication sur folle enchère (c. p. 736).

De la sommation à faire à l'ancien et au nouveau propriétaire et, s'il y a lieu, au créancier (surenchérisseur) (c. p. 837).

De l'avertissement qui doit être donné au subrogé-tuteur (c. p. 962),

De la demande en partage (c. p. 969),

Et généralement de tous les actes simples non compris dans l'article suivant . . . . 2 »

Pour chaque copie, le quart de l'original . . . . » 50

Procès-verbaux et actes de seconde classe.

Art. 46. — Pour un procès-verbal de saisie immobilière auquel il n'aura été employé que trois heures (c. p. 675) . . . . 8 »

Cette somme sera augmentée par chacune des vacations subséquentes de trois heures, etc . . . . 5 »

L'huissier ne se fera pas assister de témoin.

Pour la dénonciation de la saisie immobilière à la partie saisie (672). . . . 3 »

Pour la copie, le quart. . . . . » 75

Pour l'original de l'acte, contenant réquisition d'un créancier inscrit à fin de mises aux enchères et adjudication publique de l'immeuble aliéné par son débiteur (c. p. 852, civ. 2185) . . . . 5 »

Et pour la copie, le quart 1 25

L'original et la copie de cette réquisition seront signés par le requérant ou son fondé de procuration spéciale.

Pour le procès-verbal d'appositions de placards dans toutes les ventes judiciaires, y compris le salaire de l'afficheur (c. p. 699, 704, 709, 735, 741, 743, 836, 859, 872, 888, 997). . . . . 10 »

Art. 47. — Lorsque le prix d'adjudication ne dépassera pas 2 000 francs, les huissiers subiront une réduction de quart sur les émoluments à eux dus et alloués par application du présent tarif.

IV. — Contrainte par corps.

Art. 48. — Il est alloué aux huissiers :

1° Pour l'original de la signification du jugement qui prononce la contrainte par corps avec commandement (c. p. 780). 2 »

Pour la copie, le quart. . . . . » 50

Pour droit de copie du jugement (droit fixe) . . . . 2 »

Sans qu'il puisse être passé d'autres droits en taxe, dans le cas où la signification et le commandement seraient faits par actes séparés ;

2° Pour l'original de la signification du jugement qui déclare un emprisonnement nul (796). . . . . 2 »

Pour la copie à laisser au geôlier ou au gardien, le quart . . . . » 50

Art. 49. — Il est alloué aux huissiers :

1° Pour le procès-verbal d'emprisonnement d'un débiteur, non compris l'assistance de deux recors, mais y compris l'écrou (c. p. 785, 789) . . . . 40 »

Débours pour les deux recors . . . . 6 »

Pour la copie d'un procès-verbal d'emprisonnement et de l'écrou, le tout ensemble . . . . 2 »

Il ne pourra être passé en taxe aucun procès-verbal de perquisition pour lequel les huissiers n'auront point de recors, même contre leur partie, les sommes ci-dessus leur étant allouées en considération de toutes les démarches qu'ils pourraient faire autres que celles expressément rémunérées par le présent tarif.

2° Pour la vacation tendant à obtenir l'ordonnance du juge, à l'effet, par ce dernier, de se transporter dans le lieu où se trouve le débiteur condamné par corps et requérir son transport (c. p. 781) . . . . 2 »

3° Pour vacation en référé, si le débiteur arrêté la requiert (c. p. 786). . . 5 »

4° Pour un acte de recommandation d'un débiteur emprisonné sans assistance de recors (c. p. 792, 793) . . . . 3 »

Pour chaque copie au débiteur et au geôlier, le quart. . . . . » 75

Art. 50. — Il est alloué aux huissiers pour réduction du pouvoir spécial exigé par l'article 556 du Code de procédure civil. . . . . 1 »

Art. 51. — Il ne sera alloué aucun droit au gardien ou geôlier à raison de la transcription sur son registre du jugement prononçant la contrainte par corps.

Art. 52. — Pour les frais de déplacement, il sera taxé, comme il est dit ci-dessus aux articles 61, 67, 68, 75 et 89.

V. — Frais de protêt.

Art. 53. — 1° Protêt simple :

Original et copie. . . . . 2 »

Droit de copie de l'effet sur l'original et la copie du protêt, transcription de l'effet et du protêt sur le répertoire. 1 50

2° Protêt à deux domiciles ou avec besoin :

Les frais du protêt simple, au total. 3 50

Pour le second domicile ou le besoin . . . . 1 »

3° Protêt à deux effets :

Les frais du protêt simple, au total. 3 50

Copie du 2° effet sur l'original et la copie. . . . . » 55

Transcription de l'effet sur le registre. . . . . » 25

4° Protêt de perquisition :

Original et copie du procès-verbal et du protêt . . . . 5 »

Droit et une copie à afficher au tribunal civil. 1 55

Les copies du titre . . . . » 75

Visa du parquet. . . . . 1 »

Transcription du titre au registre. . . . . » 25

Transcription du procès-verbal de perquisition et du protêt. 1 25

5° Protêt au parquet :

Les frais du protêt simple. 3 50

Deuxième copie au parquet. . . . .,   » 60
Troisième au tribunal et droit de copie du titre. 1 50
Visa. . . . .   1 »
6° Intervention :
Original et copie . . . .   2 »
Transcription au registre. . . . .   » 25
7° Dénonciation du protêt :
Original. . . . .   2 »
Copie de l'exploit. . . . .   » 50
Copie du billet, copie du protêt, copie d'intervention, chacune . . . . .   » 70
Copie du compte de retour. . . . .   » 25

VI. — Expropriations pour cause d'utilité publique.

Art. 54. — Il sera alloué aux huissiers pour l'original :

1° De la notification de l'extrait du jugement d'expropriation aux personnes désignées dans les articles 15 et 22 de la loi du 7 juillet 1833 (maintenant loi du 3 mai 1841);

2° De la signification de l'arrêt de la Cour de cassation ou d'annulation (art. 20 et 42 de ladite loi) ;

3° De la dénonciation de l'extrait du jugement d'expropriation aux ayants-droit mentionnés aux articles 21 et 22 ;

4° De la notification de l'arrêté de l'administration qui fixe la somme offerte pour indemnités (art. 23) ;

5° De l'acte contenant acceptation des offres faites par l'administration, avec signification, s'il y a lieu, des autorisations requises (art. 24, 25 et 26) ;

6° De l'acte portant convocation des jurés et des parties, avec notification aux parties d'une expédition de l'arrêté par lequel la Cour d'appel a formé la liste du jury (art. 51 et 53) ;

7° De la notification au juré défaillant de l'ordonnance du directeur du jury qui l'a condamné à l'amende (art. 32) ;

8° De la notification de la décision du jury, revêtue de l'ordonnance d'exécution (art. 41);

9° De la sommation d'assister à la consignation, dans le cas où il n'y aura pas eu d'offres réelles (art. 54) ;

10° De la sommation à l'administration, pour qu'il soit procédé à la fixation de l'indemnité (art. 55) ;

11° De l'acte contenant réquisition, par le propriétaire, de la consignation des sommes offertes, dans les cas où cette réquisition n'a pas été faite par l'acte même d'acceptation (art. 59);

12° Et généralement de tous actes simples auxquels pourra donner lieu l'expropriation. 1 50

Art. 55. — Il sera alloué aux huissiers pour l'original :

1° De la notification du pourvoi en cassation ou en annulation, formé soit contre le jugement d'expropriation, soit contre la décision du jury (art. 20, 42);

2° De la dénonciation faite au directeur du jury, par le propriétaire ou l'usufruitier, des noms et qualités des ayants-droit mentionnés au § 1er de l'article 21 de la loi précitée (art. 21, 22);

3° De l'acte par lequel les parties intéressées font connaître leurs réclamations (art. 18, 21, 39, 52, 54);

4° De l'acte d'acceptation des offres de l'administration, avec réquisition de consignations (art. 24, 59);

5° De l'acte par lequel la partie qui refuse les offres de l'administration indique le montant de ses prétentions (art. 17, 24, 28, 53) ;

6° De l'opposition formée par un juré à l'ordonnance du magistrat directeur du jury qui l'a condamné à l'amende (art. 32);

7° De la réquisition du propriétaire tendant à l'acquisition de la totalité de son immeuble (art. 50);

8° De la demande à fin de rétrocession des terrains non employés à des travaux d'utilité publique (art. 60, 61);

9° De la demande tendant à ce que l'indemnité d'une expropriation déjà commencée soit réglée conformément à la loi du 7 juillet 1833 (art. 58);

10° Enfin, de tous actes qui, par leur nature, pourront être assimilés à ceux dont l'énumération précède. . . . . 2 »

Art. 56. — Il sera alloué à tous huissiers, pour l'original :

1° Du procès-verbal d'offres réelles, contenant le refus ou l'acceptation des ayants-droit et sommation d'assister à la consignation (art. 55) 2 50

2° Du procès-verbal de consignation, soit qu'il y ait eu ou non offres réelles (art. 49, 53, 54). . . . . 6 »

Art. 57. — Il sera alloué pour chaque copie des exploits ci-dessus le quart de la somme fixée pour l'original.

Art. 58. — Lorsque la copie des pièces, dont la notification a eu lieu en vertu de la loi, sera certifiée par l'huissier, il lui sera payé 30 centimes pour chaque rôle, évalué à raison de 28 lignes à la page et 14 à 16 syllabes à la ligne (art. 57).

Art. 59. — Les copies des pièces déposées dans les archives de l'administration, qui seront réclamées par les parties dans leur intérêt pour l'exécution de la loi et qui seront certifiées par les agents de l'administration, seront payées à l'administration sur le même taux que les copies certifiées par les huissiers.

Art 60. — Il sera alloué aux huissiers cinquante centimes pour visa de leurs actes, dans le cas où cette formalité est prescrite.

VII. — Transport de l'huissier.

Art. 61. — Il sera alloué aux huissiers, lorsqu'ils se transporteront à plus de 2 kilomètres de leur résidence officielle, par kilomètre 1 25

Le retour sera confondu dans le calcul des kilomètres à l'aller et ne pourra donner lieu à une rémunération spéciale. Lorsque l'huissier fera, dans le cours d'un voyage, plusieurs actes dans la même localité, ce droit sera réparti par portions égales sur chaque original. Il sera, toutefois, alloué dans ce cas un supplément de 1 fr. 50 par original 1 50

Les actes ou exploits signifiés en rade donneront droit à une indemnité de . 5 »

VIII. — Dispositions générales relatives aux huissiers.

Art. 62. — Les fonctions d'huissier seront incompatibles :

1° Avec la profession de notaire ;

2° Avec celle d'avocat ;

3° Avec celle de défenseur officieux devant les tribunaux.

Les huissiers ne doivent accepter aucune gérance d'affaires, ni se livrer à un commerce quelconque. Il leur est spécialement défendu, sous peine de destitution, de tenir hôtel, cabaret, café, tabagie ou billard, même sous le nom de leur femme.

Art. 63. — Les huissiers doivent faire eux-mêmes les significations et les remises de copie dont ils sont chargés ; ils ne peuvent avoir recours à un tiers qui le ferait en leur lieu et place.

Tout contrevenant sera poursuivi devant le tribunal de police correctionnelle et condamné à une suspension de trois mois et à une amende de 200 à 2 000 francs.

Si l'huissier a agi frauduleusement, il sera poursuivi criminellement, par application de l'article 146 du Code pénal.

Si l'huissier s'est borné à charger un huissier d'une autre résidence d'instrumenter pour lui, à l'effet de se procurer un droit de transport qui ne lui aurait pas été alloué s'il n'eût instrumenté lui-même, il sera puni d'une amende de 100 francs et la même peine est infligée à l'huissier qui a prêté sa signature. En cas de récidive, l'amende sera double et l'huissier, de plus, sera destitué.

Art. 64. — Il est défendu aux huissiers de faire des remises aux avocats défenseurs, agents d'affaires ou banquiers, dans le but de s'assurer leur clientèle.

Art. 65. — Chaque huissier doit tenir un répertoire sur lequel il inscrit, jour par jour, sans blanc ni interligne, et, par ordre de numéros, tous les actes et exploits de son ministère. Ces répertoires seront cotés et paraphés par le président du tribunal de première instance.

Ils sont divisés par colonnes qui contiennent les indications suivantes :

1° Le numéro de l'acte ;

2° La date :

3° La nature ;

4° Les noms et prénoms des parties et leur domicile ;

5° L'indication des biens, leur situation et le prix, lorsqu'il s'agit d'actes qui ont pour objet la propriété, l'usufruit ou la jouissance d'un bien fonds ;

6° Le coût de chaque acte ou exploit, déduction faite des déboursés ;

7° Le montant des droits de transport.

Chaque contravention aux prescriptions ci-dessus donnera lieu à une amende de 5 francs, qui sera prononcé par l'officier du parquet chargé de viser, tous les trois mois, les répertoires.

Art. 66. — Les huissiers, qui seront commis pour donner des ajournements, faire des significations de jugements et tous autres actes, ou procéder à des opérations, ne pourront prendre de plus forts droits que ceux énoncés au présent tarif, à peine de restitution et d'interdiction. Les huissiers, qui auront omis de mettre au bas de l'original et de chaque copie des actes de leur ministère la mention de leur coût, seront punis d'une amende de 5 francs pour chaque acte ; ils pourront, en outre, être suspendus de leurs fonctions et même destitués.

CHAPITRE III

Témoins. — Experts. — Frais de garde.

Art. 67. — Il sera taxé aux témoins, sur leur demande, pour chaque journée de présence : Européens ou assimilés . . . . 12 »

Indigènes . . . . 1 »

Il sera, en outre de la taxe ci-dessus, alloué aux témoins domiciliés à plus de 5 kilomètres :

Européens, par kilomètre 1 25

Indigènes, par kilomètre. . . . . » 10

Lorsqu'un témoin se trouvera hors d'état de fournir aux frais de déplacement, il lui sera délivré, par les soins de l'administration, un acompte de ce qui pourra lui revenir pour son indemnité. Mention de cet acompte payé sera faite en marge ou au bas de la citation.

Art. 68. — Il sera alloué aux experts, par vacation de trois heures . . . . . 15 »

Outre la vacation à la prestation de serment et la vacation au dépôt du rapport, qui seront payés, chacune. . . . . 6 »

Les experts auront droit à des frais de voyage, suivant les distinctions établies et au taux fixé en l'article précédent, moitié pour les indigènes.

Art. 69. — Si les experts sont obligés de se faire assister d'un maçon, d'un forgeron, d'un charpentier ou autres artisans, il sera alloué à chacun de ces ouvriers, par vacation de trois heures, savoir :

Européens. . . . . 4 »
Indigènes . . . . 1 »

Dans tous les cas où les experts procèdent en présence du juge, il ne leur est rien alloué pour la prestation de serment et le dépôt du rapport.

Art. 70. — Le président réduira le nombre des vacations qui lui paraîtra excessif.

Art. 71. — Les frais de garde seront taxés par jour, savoir :
Pour les douze premiers jours :

Européens... par jour. . . . . 4 »
Indigènes . . . . 1 »

Ensuite seulement :

Européens . . . . 2 »
Indigènes . . . . » 50

CHAPITRE IV

Interprètes.

Art. 72. — Il est alloué aux interprètes, commissionnés ou non près les tribunaux et jouissant d'un traitement fixe annuel :

Pour les traductions dans l'intérêt des parties, par rôle de 25 lignes à la page et 15 syllabes à la ligne :

De requêtes, billets, titres de propriété mobilière ou immobilière 1 50
De comptes. 2 50
De tous autres actes et pièces 1 50

Pour vérification de traduction, la moitié des sommes allouées pour les traductions.

Pour chaque vacation de trois heures sans pouvoir en dépasser deux . . . 5 »

Les interprètes indigènes n'auront droit qu'à la moitié des allocations indiquées ci-dessus.

Art. 73. — Chaque interprète de langues ne jouissant pas d'un traitement fixe annuel aura droit aux allocations ci-dessus fixées, avec augmentation de moitié. Il aura droit, en outre, par vacation de trois heures pour assister le juge aux interrogatoires sur faits et articles, aux enquêtes, aux visites des lieux et dans les cas semblables.

Européens. . . . . 10 »
Indigènes . . . . 5 »

Il ne pourra être alloué plus de deux vacations par jour.

Art. 74. — Le coût des traductions prévues par les articles 66 et 67 ci-dessus, ainsi que le coût des vacations, s'il y a lieu, sera compris dans la liquidation des dépens faite par le jugement.

Art. 75. — Les interprètes européens auront droit aux mêmes indemnités de voyage que l'huissier. Il sera accordé le tiers de ces indemnités aux interprètes indigènes.

Art. 76. — Toutes les sommes perçues par les interprètes commissionnés, en vertu des dispositions du présent chapitre, seront mentionnées sur un registre tenu par l'interprète, qui sera coté et paraphé par le président du tribunal de première instance et qui sera soumis, à la fin de chaque mois, au visa du procureur de la République.

CHAPITRE V

Notaires.

Art. 77. — Il sera taxé aux notaires, pour les actes indiqués par les décrets organiques , le Code civil et le Code de procédure civile, tels qu'ils ont été promulgués
dans la colonie, par chaque vacation de trois heures :

1° Aux compulsoires faits en leur étude (c. p. 849) ;

2° Devant le juge, en cas que leur transport devant lui ait été requis (c. p. 852) ;

3° Aux inventaires après décès (c. p. 941 et suivants) ;

4° En référé devant le président du tribunal, s'il s'élève des difficultés ou s'il est
formé des réquisitions pour l'administration de la communauté ou de la succession, ou
pour tous autres objets (c. p. 944) ;

5° A tous les procès-verbaux qu'ils dresseront en tous autres cas et dans lesquels ils
seront tenus de constater le temps qu'ils y auront employé (c. p. 977, 978, etc.) ;

6° Au greffe, pour y déposer la minute du procès-verbal des difficultés élevées dans
les partages, contenant les dires des parties (c. p. 977). . . . . 12 »

Dans le cas où il est alloué des vacations au notaire, il ne lui sera rien passé pour
les minutes de ses procès-verbaux. Tous les autres actes du ministère des notaires
seront taxés suivant le tableau ci-dessous.

Les actes non prévus seront taxés par le juge, suivant leur nature et les difficultés
que leur rédaction aura présentées, sur les renseignements qui lui seront fournis par
les notaires et les parties. Il en sera de même des frais de voyage auxquels les notaires
pourraient prétendre. Il sera passé aux notaires, pour la formation des comptes que
les copartageants peuvent se devoir de la masse générale de la succession, des lots et
des fournissements à faire à chacun des copartageants, une somme correspondant
au nombre des vacations que le juge arbitrera avoir été employées à la confection de
l'opération. Il ne pourra être taxé plus de trois vacations par jour.

Art. 78. — En cas d'indigence dûment constatée, il ne sera passé aucun droit au
notaire pour tout acte respectueux ou formel pour demander le conseil du père et de
la mère, ou celui des aïeuls et aïeules à l'effet de contracter mariage ; il en sera de
même pour tout acte de consentement à un mariage. (Loi du 20 juin 1896, art. 6.)

Art. 79. — Les doubles minutes que les notaires seront tenus d'établir pour le dépôt
des Chartes coloniales leur seront payées par les parties à raison de 2 fr. 50 par rôle
de 24 lignes à la page et de 15 syllabes à la ligne. 2 50

Art. 80. — Les expéditions de tous les actes reçus par les notaires, y compris celles des inventaires et de tous procès-verbaux, contiendront 25 lignes
à la page et 15 syllabes à la ligne et seront payées par chaque rôle . . . . . 3 »

Art. 81. — Dans les cas où les tribunaux renverront les ventes d'immeubles par-
devant les notaires, ceux-ci auront droit pour la grosse du cahier des charges, par
rôle contenant 25 lignes à la page et 12 syllabes à la ligne, à 2 francs.

Ils auront droit, en outre, sur le prix des biens vendus, jusqu'à 10 000 francs, à
1 0/0 ; sur la somme excédant 10 000 francs jusqu'à 50 000 francs, à 1/2 0/0 ; sur la
somme excédant 50 000 francs jusqu'à 100 000 francs, à 1/4 0/0, et sur l'excédent de
100 000 francs indéfiniment, à 1/8 de 1 0/0 ; moyennant les allocations ci-dessus,
les notaires sont chargés de la rédaction des cahiers des charges, de la réception des
enchères et de l'adjudication ; ils ne pourront rien exiger pour les minutes de leurs
procès-verbaux d'adjudications.

Art. 82. — Chaque notaire tiendra répertoire de tous les actes qu'il recevra, conformément aux prescriptions des lois du 22 frimaire, an VII, et du 25 ventôse, an XI.
A défaut de receveur de l'enregistrement, ce répertoire sera visé tous les trois mois par
un officier du parquet, désigné par le procureur général.

Les devoirs et les obligations, de même que les prohibitions imposées aux notaires, seront les mêmes à Madagascar qu'en France, sauf les exceptions prévues par les décrets spéciaux.

Tableau du tarif des honoraires pour les différents actes du ministère des notaires.

Abandon de mitoyenneté	10 francs.
Acceptation { de donations et legs. / de remplir. / de transports. }	6 francs.
Acquiescement	6 francs.
Acte imparfait; pour chaque acte. / Acte d'inscription	Une vacation.
Adhésion.	6 francs.
Adjudication de coupe de bois.	10 francs.
Adjudication de fonds de commerce	2 0/0 sur le prix du fonds et des marchandises.
Adjudication de meubles.	5 0/0 sur le prix franc.
Adjudication d'immeubles à l'amiable.	1 0/0 jusqu'à 10 000 francs. 1/2 0/0 de 10 à 20 000 francs. 1/4 0/0 au delà de 20 000 fr. indéfiniment.
Adjudication judiciaire d'immeubles. / — de récoltes	Même tarif que ci-dessus pour les adjudications d'immeubles à l'amiable.
Compte d'administration	1 0/0 jusqu'à 10 000 francs. 1/2 0/0 de 10 à 20 000 francs. 1/4 0/0 au delà.
Affectation hypothécaire	Même tarif.
Antériorité d'hypothèque	6 francs.
Antichrèse / Contrat d'apprentissage. / Constitution d'arbitres	Pour chaque acte, 6 francs.
Atermoiements / Autorisation maritale / — paternelle.	Pour chaque acte, 6 francs.
Assurances maritimes	25 du 1 000.
Bail	1 0/0 sur les loyers, cumulés jusqu'à 10 000 francs ; 1/2 0/0 de 10 000 à 20 000 francs; 1/4 0/0, au delà.
Bail à cheptel.	Sur la valeur du bétail 1 0/0 jusqu'à 10 000 francs. 1/2 0/0 10 000 à 20 000 francs ; 1/4 0/0 au delà.
Bail à moitié ou colonat sur la part fournie au propriétaire.	Même tarif que le bail cheptel.
Bail d'ouvrage.	Même tarif.
Bail par adjudication.	Même tarif que le bail simple.
Compte de bénéfice d'inventaire.	1 0/0 jusqu'à 20 000 francs. 1/2 0/0 au-dessus.
Bail à ordre	Sur la somme reconnue, 1 0/0 jusqu'à 10 000 francs. 1/2 0/0 de 10 à 20 000 francs. 1/4 0/0 au delà.
Cautionnement	Sur la somme cautionnée 1/2 0/0.
Certificat de caution.	6 francs.
Certificats de vie autres que ceux des pensionnaires de l'État	2 francs.

Cessions de biens	Sur le capital cédé, même tarif que pour le compte d'administration.
Changement d'une élection de domicile. . . . . Déclaration de commande.	Pour chaque acte, 6 francs.
Compromis. . . . . Compulsoire.	Pour chaque acte, 10 francs.
Concordat.	Sur la valeur des biens cédés, même tarif que pour le compte d'administration.
Consentement à adoption	6 francs.
Certificat de propriété	6 francs, jusqu'à 2 000 francs.
Constitution de rente perpétuelle	Sur le capital aliéné, même tarif que pour le compte d'administration.
Constitution de rente viagère.	Sur le capital au denier 10, même tarif que pour le compte d'administration.
Contribution de deniers.	Sur l'actif partagé, même tarif que pour le compte d'administration.
Contrat de mariage	Sur les apports et dot. réunis, 1/2 0/0 jusqu'à 10 000 francs; 1/4 0/0 de 10 à 20 000 francs; 1/8 0/0 au delà.
Ouverture de crédit	Sur le montant du crédit, même tarif que pour le compte d'administration.
Décharge.	6 francs.
Déclaration de succession.	Moitié des rôles d'inventaire, minimum une vacation.
Délégation qui n'est pas la conséquence d'un acte notarié et ne se trouve pas dans le même acte.	Moitié du tarif du compte d'administration.
Le même acte. . . . . Délivrance de legs	Moitié du tarif du compte d'administration.
Dépôt	6 francs.
Dépôt du cahier des charges d'une vente judiciaire	Une vacation.
Dépôt de séquestre. . . . . Désistement de testament. . . . . Désistement. . , ... Désistement de privilège	6 francs.
Donation à cause de mort.	Sur la valeur des biens donnés, même tarif que pour le compte d'administration.
Donation d'un usufruit, sur le capital au denier 10.	Même tarif que pour le compte d'administration.
Donation entre époux	Chaque donation, 8 francs, plus le même tarif que pour le compte d'administration à percevoir au décès sur l'importance des biens donnés.
Donation entre vifs, autre que par contrat de mariage sur la valeur des biens donnés.	Même tarif que pour le compte d'administration.
Donation et partage d'ascendants sur la valeur des biens.	Même tarif que pour le compte d'administration.
Échange... sur la valeur de la plus forte part. .	Même tarif que pour le compte d'administration.
Élection de domicile.	6 francs.
Endossement	Un quart du tarif appliqué au compte d'administration.

État descriptif et estimatif des meubles.	
État de situation d'un tuteur	Vacations.
État d'un immeuble grevé d'usufruit.	
Compte d'exécution testamentaire sur la masse des recettes.	Même tarif que pour le compte d'administration.
Acte de gage sur le montant de la créance garantie.	Même tarif que pour le compte d'administration.
Procès-verbal pour délivrance d'une seconde grosse.	Vacations.
Acte d'établissement d'habitation	Comme pour le bail.
Inventaire	Vacations.
Lettre de change sur la somme à payer.	Même tarif que pour le compte d'administration.
Licitation amiable	Même tarif que pour le compte d'administration.
Licitation judiciaire (sur les parts acquises). . .	
Liquidation... sur l'actif de la succession. . . .	Même tarif que pour le compte d'administration.
État rectificatif de liquidation... par acte	10 francs.
État rectificatif de reprises sur le montant des reprises	Même tarif que pour le compte d'administration.
Procès-verbal d'approbation de liquidation. . . .	10 francs.
Procès-verbal de difficultés de liquidation.	10 francs.
Procès-verbal d'ouverture des opérations de liquidation	10 francs.
Mainlevée... si la mainlevée vaut quittance	Moitié tarif du compte d'administration.
Dans tous les autres cas	6 francs.
Marchés et devis... sur le montant du marché. .	Même tarif que pour le compte d'administration.
Mention (mentions exécutoires ou autres).	2 francs.
Vente de mitoyenneté sur le prix	Même tarif que pour le compte d'administration.
Notoriété.	6 francs.
Obligation... sur la dette reconnue.	Même tarif que pour le compte d'administration.
Ordre amiable... sur la somme distribuée. . . .	Même tarif que pour le compte d'administration.
Quittance d'ordre... sur les sommes payées . . .	Moitié du tarif applicable au compte d'administration.
Partage avec ou sans liquidation... sur les lots et sur la masse active	Même tarif que pour le compte d'administration.
Procès-verbal de composition de lots de partage par un notaire commis.	Vacations.
Partage testamentaire	Même tarif que pour le compte d'administration. Le droit est dû immédiatement.
Renonciation à prescription.	6 francs.
Prêt à la grosse aventure.	Même tarif que pour le compte d'administration.
Prêt à usage et de consommation (sur la valeur de la chose prêtée)	Même tarif que pour le compte d'administration.
Procuration en brevet et en minute	6 francs.
Procuration générale.	10 francs.
Prorogation de partage.	6 francs.

Prorogation par suite d'obligation, sur le montant d'obligation.	Moitié du tarif applicable au compte d'administration.
Protêt	Jusqu'à 5 000 francs, 10 francs ; de 5 000 à 10 000, 8 francs ; au delà, 6 francs.
Quittance.	Moitié du tarif applicable au compte d'administration.
Ratification.	6 francs.
Récépissé du compte de tutelle	10 franès.
Droit de recherches : pour une année déterminée	50 centimes.
Par année non déterminée	25 centimes.
Reconnaissance d'écriture, sur l'importance de la valeur reconnue.	Même tarif que pour le compte d'administration.
Reconnaissance d'enfant naturel.	6 francs.
Règlement d'indemnité par suite d'expropriation : sur l'indemnité allouée.	Moitié du tarif applicable au compte d'administration.
Retrait de réméré sur la valeur des biens retirés.	Moitié du tarif applicable au compte d'administration.
Vente à réméré, sur la valeur des biens soumis au droit . . . . :	Même tarif que pour le compte d'administration.
Renonciation	6 francs.
Renonciation à un droit d'usufruit sur la valeur de l'usufruit	Même tarif que pour le compte d'administration.
Résiliation de bail. . . . . . . , ...	Moitié des droits applicables au bail.
Résolution de contrat de mariage	6 francs.
Rétablissement de communauté ou réconciliation entre époux séparés	10 francs.
Retrait de droits litigieux ou successifs (sur le prix de retrait)	Même tarif que pour le compte d'administration.
Rétrocession (sur la valeur de la chose rétrocédée)	Même tarif que pour le compte d'administration.
Révocation de donation.	10 francs.
Révocation de pouvoirs.	10 francs.
Révocation d'une élection de domicile	6 francs.
Révocation de testament	6 francs.
Acte de Société et continuation de Société sur le capital social.	1/2 0/0, de 10 000 à 20 000 francs. 1/4 0/0, de 20 000 à 50 000 francs. 1/8 de 1 0/0, de 50 000 à 100 000. 1/16 de 1 0/0, de 100 000 à 200 000 : 1/32 de 1 °/₀ au delà.
Dissolution de Société { sans liquidation. . . . { avec liquidation	6 francs. Moitié du tarif ci-dessus pour l'acte et la continuation de Société.
Substitution de pouvoirs	6 francs.
Testament mystique et public	Vacations sans préjudice de la perception au décès du même tarif que pour le compte d'administration.
Tirage de lots au sort	10 francs.
Titre nouveau.	Moitié du tarif applicable au compte d'administration, minimum 6 francs.
Transaction.	Même tarif que pour le compte d'administration sur la valeur de transaction.
Transport de bail... : si le bail est notarié . . .	1/2 0/0 jusqu'à 10 000 francs. 1/4 0/0, de 10 000 à 20 000 francs. 1/8 de 1 0/0 au delà.
Si le bail n'est pas notarié.	1 0/0 jusqu'à 10 000 francs. 1/2 0/0, de 10 000 à 20 000 francs. 1/4 0/0 au delà.

Transport de créance... sur la créance cédée . .	Même tarif que pour le compte d'administration.
Transport de droits litigieux et successifs... sur le prix.	Même tarif que pour le compte d'administration.
Transport de rente... sur le capital de rente. . .	Même tarif que pour le compte d'administration.
Compte de tutelle... sur le total des recettes. . .	Même tarif que pour le compte d'administration.
Récépissé de compte sous-seing privé.	Moitié du tarif applicable au compte d'administration. . . . .
Nomination de tuteur	6 francs.
Union des créanciers.	Même tarif que pour le compte d'administration.
Constitution ou cession d'usufruit... (sur le capital au denier 10)	Même tarif que pour le compte d'administration.
Vente d'une coupe de bois à l'amiable... (sur le prix).	Même tarif que pour le compte d'administration.
Vente de fonds de commerce... (sur fonds et marchandises)	Même tarif que pour le compte d'administration.
Vente d'immeubles, de meubles à l'amiable, d'offices, de récoltes à l'amiable, de nu-propriété, d'un usufruit, sur le prix.	Même tarif que pour le compte d'administration.
Actes innomés.	6 francs.

CHAPITRE VI

Actes de l'état civil.

Art. 83. — Il sera alloué, soit à l'officier de l'état civil, soit au greffier du tribunal de première instance :

Pour l'expédition d'un acte de naissance, de décès ou de publication de mariage. . . . . » 75

Pour l'expédition d'un acte de mariage ou d'adoption. 1 50

Il n'est rien dû pour la confection des actes de l'état civil et leur inscription sur les registres.

CHAPITRE VII

Art. 84. — Les juges et officiers du ministère public, qui se déplaceront pour opérations relatives à leurs fonctions, en matière civile, auront droit, s'ils se transportent à plus de 2 kilomètres des limites officielles de leur résidence, aux indemnités ci-après par jour :

Procureur général et président de la Cour d'appel. . . . . 20 »

Conseillers, substitut du procureur général, présidents ou procureurs près les différents tribunaux. . . . . 16 »

Juges de paix à compétence étendue et juges de paix sans compétence étendue. 12 »

Dans le cas où les moyens de transport n'auraient pas été fournis par les parties, les dépenses de filanjanes, voitures ou autres, seront remboursées sur mémoire.

CHAPITRE VIII

Avocats défenseurs de 1ʳᵉ instance et d'appel.

Art. 85. — Les dépens seront liquidés, tant en demandant qu'en défendant, savoir :
Pour l'obtention d'un jugement par défaut, quand la demande n'excédera pas
1 000 francs . . . . 15 »
    Quand elle excédera 1 000, jusqu'à 5 000 francs. . . . . 20 »
    Quand elle excédera 5 000 francs. 30 »
Pour l'obtention d'un jugement contradictoire ou définitif, quand la demande
n'excédera pas 1 000 francs . . . . 50 »
    Quand elle excédera 1 000, jusqu'à 5 000 francs. . . . . , 40 »
    Quand elle excédera 5 000 francs. 60 »
Si la valeur de l'objet de la contestation est indéterminée, le juge allouera
l'une des sommes ci-dessus indiquées en se basant sur la nature et l'importance du
litige.

Art. 86. — S'il y a lieu à enquête ou à visite et estimation d'experts, ordonnée contradictoirement, et s'il est intervenu aussi jugement contradictoire sur l'enquête ou le
rapport d'experts, il sera alloué un demi-droit.

Et, en outre, pour copie des procès-verbaux d'enquête et d'expertise, par chaque
rôle. . . . . » 50
S'il y a plus de deux parties en cause et si elles ont des intérêts contraires, il sera
alloué un quart en sus des droits ci-dessus au défenseur qui aura suivi contre chacune
des autres parties.

Art. 87. — S'il y a lieu à un interrogatoire sur faits et articles, il sera passé, au
défenseur de la partie à la requête de laquelle il aura été subi, un demi-droit;
et en outre, pour copie du procès-verbal d'interrogatoire, par chaque rôle d'expédition . . . . » 50

Art. 88. — Dans le cas de saisie immobilière, il sera alloué au défenseur poursuivant, sur le prix des biens dont l'adjudication sera faite au-dessus de 2 000 francs,
savoir :
    Depuis 2 000 jusqu'à 10 000 francs. 1   0/0
    Sur la somme excédant 10 000, jusqu'à 50 000 francs. 1/2 0/0
    Sur la somme excédant 50 000, jusqu'à 100 000 francs 1/4 0/0
    Et sur l'excédent de 100 000 francs indéfiniment 1/8 0/0
En cas d'adjudication, par lots, de biens compris dans la même poursuite,
en l'état où elle se trouvera lors des adjudications, la totalité des prix des lots
sera réunie pour fixer le montant de la remise.

Art. 89. — Les émoluments des défenseurs, pour dresser le cahier des
charges, en faire le dépôt au greffe, et pour les publications, les extraits à
placarder et à insérer dans les journaux, les adjudications préparatoires et
définitives, lorsqu'il s'agira : 1° de saisie immobilière; 2° de saisie de rentes
constituées sur particuliers (c. p. 636...); 3° de surenchère sur aliénation
volontaire (c. p. 832...); 4° de vente d'immeubles de mineurs de biens
dotaux dans le régime dotal (c. p. 954); 5° de vente sur licitation (c. p. 972);
6° de vente d'immeubles dépendant d'une succession bénéficiaire ou vacante
ou provenant d'un débiteur failli ou qui a fait cession, seront réglés et taxés
de la façon suivante :
Pour la grosse du cahier des charges, contenant 25 lignes à la page et
15 syllabes à la ligne, par rôle (pr. 697) . . . . 2 »
Il ne sera signifié de copie, ni à la partie saisie, ni aux créanciers inscrits,
attendu que cette grosse doit être déposée au greffe, dans la quinzaine avant

la première publication, et que toute partie intéressée a la faculté d'en prendre communication.

Pour les extraits qui doivent être imprimés (s'il existe une imprimerie) et
placardés et qui serviront d'original et ne pourraient être grossoyés (c. p. 684,
686). . . . .   6 »

Il ne sera passé qu'un seul droit au défenseur. Pour les extraits qui doivent
être insérés dans un journal, pour chaque insertion prescrite par le Code. .   6 »

Pour l'extrait qui doit être inséré dans un tableau placé à cet effet dans
l'auditoire . . . .   6 »

Art. 90. — La remise proportionnelle sur le prix d'adjudication, prévue au
tableau ci-dessus, sera divisée ainsi qu'il suit : .

Moitié appartiendra au défenseur poursuivant. La seconde moitié sera par-
tagée, par égales portions, entre tous les défenseurs qui ont occupé dans la
licitation, y compris le défenseur poursuivant qui aura part comme les autres
dans cette seconde moitié. Dans tous les cahiers des charges, il est expressément défendu de stipuler d'autres et plus grands droits au profit des défenseurs que ceux annoncés au présent tarif; et, s'il y est inséré quelque chose
pour les exhausser, elle sera réputée non écrite.

Art. 91. — Il ne sera rien alloué aux défenseurs pour l'état des dépens qu'ils
doivent remettre aux greffiers, à l'effet d'en faire insérer la liquidation dans
l'arrêt ou le jugement.

Art. 92. — Pour plaidoirie et assistance à la chambre du conseil, dans le cas
d'opposition soit à un exécutoire de dépens, soit au chef du jugement qui les
a liquidés. . . . .   15 »

Pour signification à partie du jugement qui interviendra, s'il n'y a qu'une
partie . . . .   10 »

S'il y a plusieurs défenseurs, pour chacune des autres copies . . . . . .   2 »

Art. 93. — Il sera alloué aux défenseurs, en outre des droits ci-dessus fixés, pour
dressé et dépôt de conclusions (décret du 30 mars 1808).

Art. 94. — Les émoluments des défenseurs devant la Cour d'appel seront taxés au
même prix et dans la même forme que devant le tribunal de première instance, avec
une augmentation de moitié en plus sur chaque espèce de droit.

Art. 95. — Au moyen de la fixation ci-dessus, il ne sera passé aucun autre hono-
raire pour aucun acte et sous aucun prétexte. Il ne sera alloué, en outre, que les
simples déboursés.

Art. 96. — Les tarifs en vigueur dans les dépendances de Nossi-Bé, Diego-Suarez,
Sainte-Marie de Madagascar sont et demeurent abrogés.

Art. 97. — Le tarif ci-dessus n'est point applicable aux « vadin-tany », ou huissiers
en service près des juridictions indigènes. Il leur est uniquement alloué, pour l'exercice de leurs fonctions, une indemnité mensuelle de 25 francs.

Leur nombre, auprès de chacune desdites juridictions, sera fixé par un arrêté
pécial.

Art. 98. — Le procureur général, chef du service judiciaire, est chargé de l'exécu-
on du présent arrêté.

Fait à Tananarive, le 2 mai 1897.

Par le Résident général :   GALLIENI.

    Le Procureur général,

      DUBREUIL.

Arrêté 678

concernant les frais de justice criminelle.

Le Général commandant le corps d'occupation et Résident général de France à Madagascar,

Vu le décret du 11 décembre 1895, fixant les pouvoirs du Résident général ;

Vu le décret du 28 janvier 1896, rattachant les établissements français de Diego-Suarez, Nossi-Bé et Sainte-Marie de Madagascar à l'administration de Madagascar ;

Vu l'article 87 du décret du 9 juin 1896, réorganisant la justice française à Madagascar ;

Vu le décret du 22 septembre 1890, portant tarification des frais de justice criminelle à la Réunion, à la Martinique et à la Guadeloupe ;

Considérant qu'il est nécessaire d'unifier les différents tarifs en vigueur dans l'île, et d'assurer la régularité des dépenses qui peuvent être engagées de ce chef,

Arrête :

Dispositions préliminaires

Article premier. — Dans la colonie de Madagascar, la réserve du Trésor fait l'avance des frais de justice criminelle pour les actes et procédures qui sont ordonnés d'office ou à la requête du ministère public, sauf à poursuivre, ainsi que de droit, le recouvrement de ceux des dits frais qui ne sont pas à la charge du budget local, le tout dans la forme et selon les règles établies par le présent arrêté.

Art. 2. — Sont compris sous la dénomination de frais de justice criminelle, sans distinction de frais d'instruction et de poursuite, en matière de police correctionnelle et de simple police :

1° Les frais de translation des inculpés, prévenus et accusés, le transport des procédures et des objets pouvant servir à conviction ou à décharge;

2° Les frais d'extradition des inculpés, prévenus, accusés et condamnés ;

3° Les honoraires et vacations des médecins, chirurgiens, officiers de santé, sages-femmes, experts et interprètes ;

4° Les indemnités qui peuvent être accordées aux témoins et aux assesseurs ;

5° Les frais de garde de scellés et ceux de mise en fourrière ;

6° Les droits d'expédition et autres alloués aux greffiers ;

7° Les salaires des huissiers et les droits de capture ;

8° L'indemnité allouée aux officiers de justice dans le cas de transport sur le lieu du crime ou du délit ;

9° Les frais de voyage et de séjour auxquels l'instruction des procédures peut donner lieu ;

10° Les frais d'expédition et de port des télégrammes, lettres et paquets pour l'instruction criminelle ;

11° Les frais d'impression des arrêts, jugements et ordonnances de justice ;

12° Les frais d'exécution des arrêts portant peine de mort ;

13° Les dépenses assimilées à celles de l'instruction des procès criminels et qui résultent, savoir :

Des procédures d'office pour l'interdiction ;

Des poursuites d'office en matière civile ;

Des procédures faites avec le bénéfice de l'assistance judiciaire ;

Des jugements déclarant la liquidation judiciaire ou la faillite ; de l'affichage et de l'insertion de ces jugements dans les journaux ; de l'apposition des scellés ; de l'arrestation et de l'incarcération des faillis, lorsque les deniers appartenant à la liquidation judiciaire ou à la faillite ne peuvent suffire immédiatement aux frais de ces divers actes;

Des inscriptions hypothécaires requises par le ministère public;

Du recouvrement des amendes, frais de justice et cautionnements;

Du transport des greffes;

14° Les frais de transport des huissiers, de descente du juge sur les lieux, les honoraires des experts et les taxes aux témoins dans les cas où l'assistance judiciaire a été accordée à la partie requérante.

Art. 3. — Ne sont pas compris sous la désignation de frais de justice criminelle :

1° Les honoraires des conseils ou défenseurs des accusés, même de ceux qui sont nommés d'office, non plus que les droits et honoraires des avocats défenseurs dans le cas où leur ministère est employé;

2° Les indemnités de route des militaires en activité de service, appelés en témoignage devant quelque juges ou tribunaux que ce soit;

3° Les frais d'inhumation des condamnés et de tous cadavres trouvés sur la voie publique ou dans quelque autre lieu que ce soit, lesquels sont à la charge de l'administration communale, s'il en existe, lors, toutefois, que les cadavres ne sont pas réclamés par les familles, et sauf le recours de l'administration communale contre les héritiers;

4° Les frais de translation des condamnés dans les lieux où ils doivent subir leur peine;

5° Les frais de conduite des mendiants et des vagabonds qui ne sont pas traduits devant les tribunaux;

6° Les frais de translation de tous individus arrêtés par mesure de haute police;

7° Les frais de translation pour la réintégration de tous condamnés évadés des lieux où ils subissent leur peine;

8° Les dépenses des prisons, maisons de correction, maisons de dépôt, d'arrêt et de justice;

9° Les frais de translation des déserteurs des armées de terre et de mer, qui sont à la charge des Ministères de la Guerre et de la Marine;

10° Les dépenses occasionnées par les poursuites devant les tribunaux militaires ou maritimes;

11° Toutes autres dépenses, de quelque nature qu'elles soient, qui n'ont pas pour objet : la recherche, la poursuite et la punition des crimes, délits ou contraventions de la compétence, soit des Cours criminelles, soit de la Cour d'appel, soit des tribunaux correctionnels, soit des tribunaux de simple police, sauf les exceptions énoncées dans le titre 2 du présent arrêté.

TITRE PREMIER

TARIF DES FRAIS

CHAPITRE PREMIER

Des frais de translation des inculpés prévenus et accusés de transport des procédures et des objets pouvant servir à conviction ou à décharge.

Art. 4. — Les inculpés, prévenus ou accusés sont conduits à pied par la gendarmerie ou les agents de police, de brigade en brigade ou de poste à poste de police.

Les magistrats ne peuvent renoncer à la conduite à pied qu'en faveur des détenus malades et infirmes, des enfants, des vieillards et des femmes, ou si des motifs d'intérêt supérieur, tels que la nécessité d'accélérer l'instruction, d'abréger le durée de la détention préventive ou de prévenir des dangers d'évasion, commandent un mode extraordinaire de translation.

Art. 5. — La translation par voie extraordinaire est ordonnée, soit d'office, soit sur la demande de l'inculpé, prévenu ou accusé qui se trouverait, pour cause de maladie ou d'infirmité, dans l'impossibilité de faire ou de continuer la route à pied.

Dans ce dernier cas, l'impossibilité, si elle ne présente aucun doute, est constatée, suivant les cas, ou par le magistrat ou l'officier de police judiciaire ayant délivré la réquisition, ou par le chef de l'escorte.

S'il y a doute, l'impossibilité est certifiée par un médecin ou officier de santé.

Art. 6. — Dans tous les cas où la voie extraordinaire est adoptée, la réquisition doit mentionner le motif qui l'a fait employer et être accompagnée, dans les cas de l'article 5, d'un des certificats mentionnés audit article.

Les réquisitions sont rapportées en original, ou par copies dûment certifiées par les officiers qui donnent les ordres, à l'appui de chaque état ou mémoire de frais à fournir par ceux qui ont fait le transfèrement, sous peine de voir la dépense rejetée des comptes.

Des doubles des réquisitions et des pièces justificatives sont classés au dossier de la procédure.

Art. 7. — Dans les cas d'exception prévus aux articles 4 et 5, la translation des inculpés, prévenus et accusés a lieu par les soins des résidents ou administrateurs. Ceux-ci, sur la réquisition qui leur en est faite, y pourvoient de la manière la plus économique.

Art. 8. — Les inculpés, prévenus et accusés peuvent toujours obtenir d'être transférés par voie extraordinaire à leurs frais, en se soumettant aux mesures de précaution que prescrit le magistrat qui ordonne la translation ou le chef d'escorte chargé de l'exécuter.

Art. 9. — Les aliments et autres secours indispensables aux prévenus, inculpés et accusés, pendant leur translation, leur sont fournis dans les prisons et les maisons d'arrêt des lieux de la route. Cette dépense n'est pas considérée comme faisant partie des frais généraux de justice, mais elle est confondue dans la masse des dépenses ordinaires des prisons et maisons d'arrêt. Dans les lieux où il n'y a pas de prison, les résidents, administrateurs, chefs de poste ou de village, suivant le cas, font faire la fourniture des aliments et autres objets, et le remboursement en est fait aux fournisseurs comme frais généraux de justice, sur la production de mémoires accompagnés des réquisitions en original ou en copie, comme il est dit aux paragraphes 2 et 3 de l'article 6.

Art. 10. — Les gendarmes ou les agents de police d'escorte reçoivent, pour frais de nourriture et séjour, les indemnités qui leur sont allouées suivant le cas, par les décrets et règlements en vigueur.

Art. 11. — Les procédures et les effets, pouvant servir à conviction ou à décharge, sont transportés par les gendarmes ou agents de police chargés de la conduite des inculpés, prévenus et accusés.

Si, à raison du poids ou du volume, ces objets ne peuvent être transportés par les gendarmes ou agents de police, ils le sont, sur le vu de la réquisition écrite du magistrat qui provoque le transport, par les mains de l'autorité administrative, qui y pourvoit par les moyens les plus économiques et sauf les précautions convenables pour la sûreté des objets à transporter.

Art. 12. — Lorsque, en conformité de la législation criminelle sur le faux, des dépositaires publics, tels que greffiers autres que celui-assistant le magistrat, notaires, avocats défenseurs et huissiers, sont tenus de se transporter au greffe ou devant un juge d'instruction pour remettre des pièces arguées de faux ou des pièces de comparaison, il leur est alloué pour chaque vacation de trois heures :

Aux greffiers, avocats défenseurs, notaires. . . . . 4 »
Aux huissiers. . . . . 2 »

Les dépositaires publics ont toujours le droit de faire en personne le transport et la remise des pièces, sans qu'on puisse les obliger à les confier à des tiers.

Art. 13. — Les autres dépositaires particuliers reçoivent pour le même objet. 4 »

Art. 14. — Si les greffiers, notaires, avocats défenseurs et dépositaires particuliers sont obligés de se transporter hors du lieu de leur résidence, il leur est alloué des frais de voyage et de séjour, tels qu'ils sont réglés dans le chapitre VIII, titre 1er, ci-après, pour les assesseurs, médecins, etc. Audit cas, les frais de séjour, tels qu'ils sont fixés par l'article 78, leur tiennent lieu de la taxe de vacation déterminée dans l'article 12 ci-dessus.

Quant aux huissiers, on se conforme aux dispositions dudit chapitre VIII, en ce qui les concerne.

CHAPITRE II

Des honoraires et vacations des médecins, chirurgiens, officiers de santé, sages-femmes, experts et interprètes.

Art. 15. — Les médecins, chirurgiens, officiers de santé, sages-femmes, experts et interprètes reçoivent des honoraires et droits de vacation à raison des opérations qu'ils font sur la réquisition des officiers de justice ou de police judiciaire, ou à la suite d'une ordonnance les commettant régulièrement.

Art. 16. — Chaque médecin, chirurgien ou officier de santé reçoit, savoir :

1° Pour chaque visite, y compris le rapport et le premier pansement, s'il y a lieu. . . . . 10 »

2° Pour toutes les autres opérations plus difficiles que la simple visite, avec ou sans pansement . . . . 15 »

3° Pour les ouvertures de cadavres avant inhumation . . . . 20 »

4° Pour les ouvertures de cadavres après exhumation . . . . 30 »

Toutefois, les médecins, chirurgiens ou officiers de santé des prisons ou hôpitaux n'ont droit, en aucun cas, à l'indemnité allouée par le n° 1 du présent article pour les visites, rapports ou premiers pansements, à l'occasion d'inculpés, prévenus ou accusés, dans les prisons ou hôpitaux auxquels ils sont attachés.

Art. 17. — Les visites faites par les sages-femmes sont payées. . . . . . . 5 »

Art. 18. — Outre les droits ci-dessus, le prix des fournitures nécessaires pour les opérations est remboursé sur la production de mémoires accompagnés de toutes pièces justificatives.

Art. 19. — Il est payé 2 francs à chaque manœuvre employé à l'exhumation d'un cadavre.

Art. 20. — Il n'est rien alloué, à titre de frais de justice, pour soins et traitements administrés, soit après le premier pansement, soit après les visites ordonnées d'office.

Art. 21. — Chaque expert ou interprète reçoit, pour chaque vacation de trois heures, et pour chaque rapport, lorsqu'il est fait par écrit, 5 francs.

Les vacations de nuit sont payées moitié en sus.

Il ne peut être alloué, pour chaque journée de vingt-quatre heures, que deux vacations de jour et une de nuit.

Art. 22. — Les traductions par écrit sont payées, pour chaque rôle de 30 lignes à la page et de 16 à 18 syllabes à la ligne, savoir :

Pour un interprète européen. 1 50

Pour un interprète indigène. . . . . » 75

Art. 25. — Quand, pour accélérer son travail, un expert juge nécessaire de s'adjoindre un ou plusieurs employés, il n'est remboursé des frais que peut occasionner cette mesure que si elle a été préalablement autorisée dans les conditions de l'article 109 du présent arrêté.

Le prix des fournitures faites et le salaire des hommes de peine employés sont payés aux experts sur la production de mémoires détaillés, lorsque la nécessité de cette dépense est justifiée.

Art. 24. — Il n'est rien alloué aux experts ou interprètes, non plus qu'aux médecins, chirurgiens, officiers de santé ou sages-femmes, pour la prestation de serment ni pour la remise du rapport. Aucun droit ne leur est payé pour des opérations non spécifiées dans la réquisition qui leur est adressée ou dans l'ordonnance qui les commet.

Art. 25. — Dans le cas de transport hors du lieu de leur résidence, les médecins, chirurgiens, officiers de santé, sages-femmes, experts ou interprètes, outre la taxe ci-dessus pour leurs honoraires et vacations, sont indemnisés de leurs frais de voyage et de séjour de la manière déterminée dans le chapitre VIII, titre 1er, ci-après.

Art. 26. — Dans tous les cas où les médecins, chirurgiens, officiers de santé, sages-femmes, experts et interprètes sont appelés, soit devant le juge d'instruction, soit aux débats, à raison de leurs déclarations, visites ou rapports, les indemnités dues pour cette comparution, pour leurs frais de voyage et de séjour, leur sont payées comme à des témoins ordinaires.

CHAPITRE III

Des indemnités qui peuvent être accordées aux témoins et aux assesseurs.

Art. 27. — Les témoins, entendus dans l'instruction et lors du jugement des affaires criminelles, correctionnelles et de police, reçoivent, s'ils le demandent, une indemnité qui est réglée ainsi qu'il suit :

Pour chaque journée :

Aux Européens ou assimilés. . . . . 2 »
Aux enfants au-dessous de 10 ans. . . . . 1 »
Aux indigènes ou assimilés . . . . » 50
Aux enfants au-dessous de 10 ans. . . . . » 25

Art. 28. — Si les témoins sont obligés de se transporter hors de leur résidence, il peut leur être alloué des frais de voyage et de séjour, tels qu'ils sont réglés dans le chapitre VIII, titre 1er, ci-après; audit cas, les frais de séjour, tels qu'ils sont fixés par l'article 78, leur tiennent lieu de la taxe déterminée dans l'article 27 ci-dessus.

Art. 29. — Tous les témoins qui reçoivent un traitement quelconque à raison d'un service public n'ont droit qu'au remboursement des frais de voyage, s'il y a lieu et s'ils le requièrent, sur le pied réglé dans le chapitre VIII, titre 1er, ci-après.
Toutefois les gendarmes, gardes forestiers et agents de police, appelés en justice pour être entendus comme témoins, dans le cas où ils n'ont pas dressé des procès-verbaux, ou pour donner des explications sur les faits contenus dans les procès-verbaux qu'ils ont dressés, ont droit aux indemnités allouées aux témoins ordinaires par le présent chapitre et par le chapitre VIII, titre 1er. Quant aux militaires en activité de service, il ne peut leur être accordé qu'une indemnité pour leur séjour forcé hors de la garnison ou cantonnement, en se conformant, pour les officiers de tous grades, à la fixation faite par l'article 78 du présent arrêté et en allouant seulement la moitié de ladite indemnité aux sous-officiers et soldats.

Art. 30. — Les témoins cités à la requête, soit des prévenus ou accusés, soit des parties civiles, ou appelés par eux, reçoivent les indemnités ci-dessus déterminées; mais elles leur sont payées, soit directement par ceux qui les ont appelés en témoignage, soit par le greffier sur le montant de la consignation prévue à l'article 131 du présent arrêté.

Art. 31. — Les assesseurs qui ont été obligés de se transporter à plus de 2 kilomètres de leur résidence actuelle peuvent être remboursés de leurs frais de voyage seulement, sur le point réglé dans le chapitre VIII, titre 1er ci-après, si, toutefois, ils le requièrent; il ne doit leur être rien alloué pour tout autre cas que ce soit, à raison de leurs fonctions. Néanmoins, lorsque les assesseurs sont arrêtés dans le cours de leur voyage par force majeure, ils reçoivent l'indemnité de séjour forcé, fixée par l'article 78.

Art. 32. — Les mandats délivrés au profit [des témoins et des assesseurs doivent énoncer que la taxe a été requise.

L'acquit est écrit, au bas de la taxe, de la main du témoin ou de l'assesseur, en présence du payeur; si le témoin ne sait ni lire ni écrire, mention en doit être faite sur la taxe par le juge taxateur et la remise de la taxe au receveur vaut décharge à celui-ci.

CHAPITRE IV

Des frais de garde de scellés et de ceux de mise en fourrière.

Art. 33. — Il n'est accordé de taxe pour la garde des scellés que lorsque le juge instructeur ou tout autre officier de police judiciaire n'a pas jugé à propos de confier cette garde à des habitants de la maison où les scellés ont été apposés.

Dans ce cas, il est alloué pour chaque jour au gardien d'office, Européen ou assimilé . . . . 2 »

Indigène . . . . 1 »

Art. 34. — En matière criminelle et correctionnelle, les femmes ne peuvent pas être constituées gardiennes de scellés.

Art. 35. — Ceux qui ont nommé d'office un gardien de scellés et les magistrats du parquet doivent veiller simultanément, sous leur responsabilité, à ce que la garde desdits scellés ne se prolonge pas au delà des nécessités de l'instruction.

Elle ne peut jamais être maintenue, après la clôture de l'instruction ou de l'information, que par une décision spéciale et motivée, et dans les conditions prescrites à l'article 109 du présent arrêté.

Art. 36. — Les animaux et tous objets périssables, pour quelque cause qu'ils aient été saisis, ne peuvent rester en fourrière ou sous le séquestre plus de dix jours. Après ce délai, la mainlevée provisoire peut être accordée.

Elle est ordonnée par le juge de paix, par le tribunal de première instance, le juge d'instruction ou l'officier du parquet qui a procédé à l'information.

Les objets saisis qui appartiennent à l'inculpé ne lui sont restitués que moyennant caution de payer les frais de séquestre ou de fourrière au cas de condamnation.

Ceux qui n'appartiennent pas à l'inculpé sont restitués sans frais aux personnes qui justifient en être propriétaires.

Art. 37. — A l'expiration du délai prévu au premier paragraphe de l'article précédent, le juge compétent ordonne la vente desdits objets et animaux qui ne doivent ou ne peuvent être restitués. La vente est faite à l'enchère ou au marché le plus voisin, à la diligence du Service des domaines; le montant en est versé au Trésor, pour en être disposé ainsi qu'il est ordonné dans le jugement définitif.

Le jour de la vente est indiqué par affiche, vingt-quatre heures à l'avance, à moins que la modicité de l'objet ne détermine le magistrat à en donner la vente sans formalités.

Art. 38. — Les frais de séquestre et de fourrière sont prélevés par privilège, et de préférence à tous autres, sur le produit de la vente.

Le montant de ces frais est fixé, pour chaque jour, d'après les usages locaux et aux meilleures conditions possibles.

CHAPITRE V

Des droits d'expédition et autres alloués aux greffes.

Art. 39. — Il est dû aux greffiers des Cours, des tribunaux correctionnels ou de simple police, suivant les cas, des droits d'expédition, des droits fixes ou des indemnités, indépendamment de leur traitement.

Art. 40. — Les droits d'expédition ne sont dus que lorsque les expéditions sont demandées, soit par les parties qui en requièrent la délivrance à leurs frais, soit par le ministère public; dans ce dernier cas, le budget local en fait les avances, s'il n'y a pas de partie civile ou si la partie civile est dans un état d'indigence dûment constaté.

Il n'est rien dû pour expédition, lorsque la signification, notification ou communication est faite sur les minutes, ainsi qu'il sera dit ci-après.

Art. 41. — Il n'est dû qu'un droit fixe pour les extraits d'arrêts ou de jugements que les greffiers sont tenus de délivrer, ainsi que pour les bulletins du casier judiciaire.

Art. 42. — Il est accordé aux greffiers une indemnité, pour leur assistance aux actes désignés dans l'article 578 du Code d'instruction criminelle et pour l'accomplissement des formalités prescrites par l'article 83 du Code civil, et des frais de voyage et de séjour, quand ils se transportent pour assister à l'exécution d'un arrêt criminel ou accompagner le magistrat instructeur en transport.

Art. 43. — Les droits pour les expéditions délivrées par les greffiers des Cours et tribunaux correctionnels ou de simple police sont fixés à 60 centimes par rôle de 28 lignes à la page et de 14 à 16 syllabes à la ligne.

Art. 44. — Les copies que délivrent les greffiers, les états de liquidation des frais et dépens qu'ils dressent quand les jugements ou arrêts ne contiennent pas cette liquidation, ainsi qu'il sera dit dans les articles 134, 135, 136 et 137 du présent arrêté, sont payés à raison de 30 centimes par article.

Il n'est rien dû pour l'original qui reste joint en minute à la procédure.

Art. 45. — Les droits fixes pour les extraits en matière criminelle et correctionnelle sont réglés à 60 centimes, quel que soit le nombre de rôles de chaque extrait.

En matière forestière, ces droits ne sont que de 25 centimes.

Ils ne sont également que de 25 centimes pour tous extraits de jugement en matière de simple police et généralement pour tous extraits délivrés aux receveurs ou préposés des administrations financières pour le recouvrement des condamnations pécuniaires, sans préjudice des dispositions de l'article 60.

Art. 46. — L'expédition de l'acte d'écrou, dont il est fait mention en l'article 421 (Code d'instruction criminelle), est payée comme extrait à l'agent chargé du service du greffe de la prison, suivant la fixation faite en l'article précédent.

Art. 47. — Les droits dus aux greffiers pour les bulletins du casier judiciaire sont fixés comme suit :

Pour les bulletins n° 1, destinés à être classés au casier judiciaire, par bulletin.　» 25

Pour les duplicata de bulletins n° 1, transmis aux autorités administratives ou militaires, pour le recrutement et le casier électoral, par bulletin. . . . .　» 25

Pour les bulletins n° 2, demandés par le ministère public, les autorités administratives ou militaires, par bulletin . . . .　» 25

Pour les bulletins n° 2, demandés par les particuliers, droits de timbre en plus s'il y a lieu, par bulletin . . . .　1　»

Le prix des bulletins n° 1 reste à la charge du budget local.

Les duplicata de bulletins n° 1 et les bulletins n° 2, sauf ceux destinés au ministère public, sont délivrés aux frais des services ou des particuliers à qui ils sont adressés; le budget local n'est pas tenu d'en faire l'avance. Le coût des bulletins n° 2, délivrés au ministère public à l'occasion d'une procédure criminelle ou correctionnelle, est compris dans l'état de liquidation des dépens, pour être recouvré sur les parties civiles ou les condamnés suivant le cas.

Art. 48. — Lors des exécutions des arrêts portant peine de mort, le greffier de la Cour, du tribunal de première instance, de la justice de paix à compétence étendue ou sans compétence étendue du lieu où se fait l'exécution, est tenu d'y assister, d'en dresser procès-verbal et de faire parvenir à l'officier de l'état civil les renseignements prescrits par le Code civil.

Art. 49. — Il est alloué aux greffiers, pour tous droits d'assistance, transcription de procès-verbal au bas de la sentence de condamnation, déclaration à l'officier de l'état-civil, une indemnité de 20 francs.

Art. 50. — Le greffier, qui se transporte dans le cas de l'article 48 ou qui accompagne le magistrat instructeur en transport, a droit, pour frais de voyage, de nourriture et de séjour, aux indemnités telles qu'elles sont déterminées au chapitre VIII, titre 1er.

Art. 51. — Le ministère public ne doit demander expédition d'une action d'une pièce quelconque, dont le prix est avancé par le budget local, que pour un usage indispensable. Il doit être fait mention du motif de la demande dans la réquisition adressée au greffier et celui-ci doit reproduire cette mention dans son mémoire.

Art. 52. — Les accusés payent, au taux réglé par le présent arrêté, les expéditions et copies qu'ils demandent, outre celles qui leur sont délivrées gratuitement aux termes de l'article 305 du Code d'instruction criminelle.

Art. 53. — En matière correctionnelle et de simple police, aucune expédition ou copie de pièces de la procédure ne peut être délivrée aux parties, sans une autorisation du procureur général. Mais il est délivré à leurs frais, sur leur seule demande, expédition de la plainte, de la dénonciation, des ordonnances et des jugements définitifs.

Art. 54. — Les greffiers ne doivent délivrer aucune expédition ou copie susceptible d'être taxée par rôle, ni aucun extrait, sans l'avoir soumis à l'examen et au visa du ministère public, qui en fait prendre note sur un registre tenu au parquet.

Art. 55. — Ne doivent pas être insérés dans la rédaction des arrêtés et jugements les noms et dépositions des témoins, les modes d'audience, ni les plaidoyers prononcés soit par le ministère public, soit par les défenseurs des prévenus et accusés, mais seulement leurs conclusions.

Art. 56. — Toutes les fois qu'une procédure en matière criminelle, de police correctionnelle ou de simple police, doit être transmise à une Cour, à un tribunal, au résident général ou au Ministre des Colonies, les procédures et les pièces sont envoyées en minute, sans en excepter aucune, à moins que le résident général ou le Ministre ne désigne des pièces pour n'être expédiées que par copie ou par extrait.

Art. 57. — Dans tous les cas où il y a envoi des pièces d'une procédure, le greffier est tenu d'y joindre un inventaire qu'il dresse sans frais, sous peine d'une amende de 100 francs, laquelle est prononcée, soit par la juridiction saisie, soit, dans le cas où les pièces sont envoyées au résident général ou au Ministre, par la juridiction à laquelle est attaché le greffier.

Art. 58. — Ne sont expédiés dans la forme exécutoire que les arrêtés, jugements et ordonnances de justice que les parties ou le ministère public demandent dans cette forme.

Art. 59. — Toutes les fois que l'officier du ministère public a pris une expédition ou un extrait d'un arrêt ou d'un jugement portant peine d'amende ou de confiscation, pour en poursuivre l'exécution en ce qui le concerne, il remet cette expédition ou cet extrait au fonctionnaire chargé d'assurer le recouvrement des condamnations pécuniaires. Cette remise de l'expédition n'a lieu que lorsque les officiers du parquet ont consommé tous les actes de leur ministère.

Art. 60. — Il n'est rien alloué aux greffiers pour les écritures qu'ils sont tenus de faire sous la dictée ou l'inspection des magistrats, ni pour les minutes ou doubles minutes d'un acte quelconque, non plus que pour les simples renseignements qui leur sont demandés par le ministère public.

Art. 61. — Il est très expressément défendu aux greffiers ou à leurs commis d'exiger d'autres ou de plus forts droits que ceux qui leur sont attribués par le présent arrêté, soit à titre de prompte expédition, soit comme gratification, ni pour quelque cause et sous quelque prétexte que ce soit.

En cas de contravention, le procureur général est tenu de provoquer leur destitution et leur condamnation à une amende qui ne peut être moindre de 500 francs, ni excéder 6.000 francs.

CHAPITRE VI

Du salaire des huissiers.

Art. 62. — En dehors du service auquel les huissiers sont tenus auprès des différentes juridictions et pour lequel ils ne reçoivent aucune rétribution, les actes confiés au ministère des huissiers donnent lieu à des salaires à leur profit.

Art. 63. — Lorsqu'il n'a pas été délivré au ministère public des expéditions ou extraits des actes ou jugements à signifier, les significations sont faites par les huissiers sur les minutes dont ils peuvent prendre copie, sans déplacement, au greffe des divers tribunaux. Lorsqu'un acte ou un jugement a été remis, en expédition ou extrait, au ministère public, la signification est faite sur cet extrait ou expédition, sans qu'il en soit délivré un second pour cet objet.

Les copies de tous les actes, arrêts, jugements et pièces à signifier par huissiers, sont toujours faites par eux ou par leurs scribes.

Art. 64. — Les salaires des huissiers, pour tous les actes de leur ministère résultant du Code d'instruction criminelle et du Code pénal, sont réglés et fixés ainsi qu'il suit :

§ 1. Pour l'original de toutes citations, significations, notifications et communications, requises par le ministère public ou les parties, ainsi que pour l'original de tous mandats de comparution. 1 50

§ 2. Pour chaque copie des actes ci-dessus désignés. . . . . 1 »

§ 3. Pour l'exécution des mandats d'amener et de dépôt, ainsi que pour l'exécution des arrêts de la Cour ordonnant qu'un témoin sera amené par la force publique dans le cas prévu par l'article 355 du Code d'instruction criminelle, y compris l'exploit de la signification et la copie. 2 50

§ 4. Pour capture ou saisie de la personne, que cette capture ait lieu à la requête du ministère public pour l'exécution des peines corporelles ou à la requête du trésorier-payeur ou de son préposé, chargé du recouvrement des condamnations pécuniaires :

1° En exécution d'un jugement ou arrêt portant peine de simple police . . . 4 »

2° En exécution d'un mandat d'arrêt ou d'un jugement ou arrêt en matière correctionnelle, comportant peine de plus de 5 jours d'emprisonnement. . . . . 15 »

3° En exécution d'une ordonnance de prise de corps ou arrêt portant la peine de détention ou de réclusion . . . . 18 »

4° En exécution d'un arrêt de condamnation à la déportation, aux travaux forcés ou à une peine plus forte. . . . . 25 »

Dans tous les cas prévus au présent paragraphe, l'exploit de la signification, la copie des pièces à notifier et le procès-verbal de perquisition ne donnent jamais lieu à une allocation spéciale.

Le droit de capture n'est alloué aux huissiers que s'ils ont opéré l'arrestation par eux-mêmes ou avec l'aide d'agents régulièrement requis pour leur prêter main-forte.

Le salaire des auxiliaires, auxquels les huissiers ont recours pour une arrestation, reste à la charge des huissiers qui les emploient.

§ 5. Pour chaque extraction d'un prisonnier, sa conduite devant le juge, sa réintégration dans la prison . . . . » 60

Le droit n'est dû aux huissiers que quand ils procèdent personnellement à l'extraction. Il est alloué au gardien de la prison qui opère la conduite d'un prisonnier.

§ 6. Pour un procès-verbal de perquisition, non suivi de capture, y compris l'exploit de la signification et la copie du mandat d'arrêt, de l'ordonnance de prise de l'arrêt ou du jugement qui ont motivé la perquisition. . . . . 4 »

§ 7. Pour la lecture de l'arrêt de condamnation à mort. . . . . 20 »

§ 8. Pour le salaire particulier des scribes occupés pour les copies de tous les actes dont il est fait mention ci-dessus et de toutes les autres pièces dont il doit être donné copie, et ce, pour chaque rôle d'écriture de 50 lignes à la page et de 18 à 20 syllabes à la ligne. . . . . » 50

Art. 65. — Lorsqu'un mandat d'amener est suivi d'un mandat de dépôt, et que l'un et l'autre ont été exécutés dans les vingt-quatre heures par le même huissier, il n'est alloué à l'huissier, pour l'exécution de ces deux mandats, qu'un droit fixe de 8 francs, quand bien même les deux mandats n'auraient pas été décernés dans les mêmes vingt-quatre heures, ni par le même magistrat.

Art. 66. — Lorsque les individus, contre lesquels il a été décerné des mandats d'arrêt et ordonnances de prise de corps, ou rendu des jugements ou arrêts emportant saisie de la personne, se présentent volontairement ou se trouvent déjà arrêtés d'une manière quelconque, les huissiers ne peuvent prétendre qu'au droit fixé par l'article 64, § 1, pour les citations, significations et notifications.

Il en est de même pour l'exécution des mandats d'amener et de dépôt, lorsque l'individu se présente volontairement ou qu'il n'a pu être saisi.

Art. 67. — Les huissiers ne doivent dresser un procès-verbal de perquisition qu'en vertu d'un mandat d'arrêt, d'une ordonnance de prise de corps, d'un arrêt ou jugement de condamnation à peine afflictive ou infamante ou à un emprisonnement de plus de cinq jours.

Art. 68. — Il n'est payé dans une même affaire qu'un seul procès-verbal pour chaque individu, quel que soit le nombre de perquisitions qui ont été faites dans la même commune.

Art. 69. — Si, malgré les perquisitions faites par l'huissier, l'inculpé, prévenu, accusé ou condamné n'est pas arrêté, une copie conforme du mandat d'arrêt, de l'ordonnance de prise de corps, de l'arrêt ou du jugement de condamnation est adressée, suivant le cas, soit au commissaire de police de la localité, soit au commandant de la gendarmerie, soit au résident ou au chef de poste.

Ces derniers donnent aussitôt à leurs subordonnés l'ordre d'assister les huissiers dans leurs recherches et de les aider de leurs renseignements. Les agents de la force publique et de la police doivent prêter main-forte aux huissiers, chaque fois qu'ils en sont par eux requis, et sans pouvoir en exiger aucune rétribution à peine d'être poursuivis et punis selon l'exigence des cas.

Art. 70. — Dans tous les cas et dans toutes les localités, les actes du ministère d'huissier peuvent être faits par les gendarmes et autres agents de la force publique.

Dans ce cas, il n'est alloué à ces derniers, pour raison de citations, notifications et significations dont ils sont chargés par le ministère public et les officiers de police judiciaire, que la moitié de la taxe accordée aux huissiers. Il en est de même pour les agents forestiers agissant en matière forestière.

Lorsque les gendarmes, agents de la force publique, gardes forestiers, porteurs d'un mandat d'arrêt, d'une ordonnance de prise de corps, d'un jugement ou d'un arrêt de condamnation, procèdent à l'arrestation d'un prévenu, accusé ou condamné, hors la présence des huissiers, le droit de capture leur est intégralement dû suivant les distinctions établies par l'article 64 § 4.

Art. 71. — Les frais de voyage et de séjour des huissiers ainsi que ceux des agents de la force publique, gendarmes, gardes forestiers et de police, sont alloués ainsi qu'il sera dit dans le chapitre VIII, titre 1er.

Art. 72. — Pour faciliter la vérification de la taxe des mémoires des huissiers, il est tenu au parquet, en première instance et en appel, un registre des actes de ces officiers ministériels. On y désigne sommairement chaque affaire et, en marge ou à la suite de cette désignation, on relate, par ordre de dates, l'objet et la nature des diligences, à mesure qu'elles sont faites, ainsi que le montant du salaire qui y est affecté. Les officiers du ministère public doivent examiner en même temps les écritures, afin de s'assurer qu'elles comprennent le nombre de lignes à la page et de syllabes à la ligne prescrit par l'article 64, § 8, et ils doivent réduire au taux convenable le prix des écritures qui ne sont pas dans les proportions établies par le dit article.

Art. 73. — Les procureurs généraux, les procureurs de la République et les magistrats instructeurs ne peuvent, si ce n'est pour causes graves, charger un huissier d'instrumenter en matière criminelle ou correctionnelle, hors du périmètre du tribunal de leur résidence, à moins que l'huissier ne se contente du salaire et des frais de transport qui seraient alloués à l'huissier résidant dans le lieu où il doit opérer. Ils sont tenus d'énoncer ces causes d'une façon précise dans leurs mandements, lesquels contiendront, en outre, le nom de l'huissier, la désignation du nombre et de la nature des actes et l'indication du lieu où ils doivent être mis en exécution.

Art. 74. — Tout huissier qui, sans cause valable, refuse d'instrumenter dans une procédure, suivie à la requête soit du ministère public ou des officiers de police judiciaire, soit d'une partie, ou de faire le service auquel il est tenu près de la Cour et du tribunal, et qui, après injonction à lui faite par l'officier compétent, persiste dans son refus, est destitué, sans préjudice de tous dommages-intérêts et des autres peines qu'il peut encourir.

Art. 75. — Les dispositions de l'article 61 ci-dessus sont communes aux huissiers, lesquels, en cas de contravention, sont poursuivis de la même manière par le ministère public et sous les mêmes peines.

Art. 76. — Les huissiers ou « vadin-tany » près le tribunal, institués par l'article 15 du décret du 9 juin 1896, n'ont pas droit aux émoluments ci-dessus fixés.

Ils jouiront d'un salaire fixe de 20 francs par mois.

CHAPITRE VII

Du transport des magistrats.

Art. 77. — Le procureur général, le président de la Cour d'appel et autres magistrats, les greffiers ou commis-greffiers assermentés, qui se déplacent dans les cas autorisés par la loi pour les nécessités de l'instruction ou dans le cas prévu par l'article 496 du Code civil, reçoivent pour frais de nourriture et de séjour, s'ils se transportent à plus de 2 kilomètres hors de la ville, les indemnités prévues par le décret du 12 décembre 1889.

Les moyens de transport sont fournis en nature par l'administration ou, à défaut, payés sur mémoire.

CHAPITRE VIII

Des frais de voyage et de séjour auxquels l'instruction des procédures peut donner lieu.

Art. 78. — Il est accordé, suivant le cas, des indemnités de voyage et de séjour :

1° Aux médecins, chirurgiens, officiers de santé, sages-femmes, experts, interprètes, assesseurs et huissiers, lorsque, à raison des fonctions qu'ils doivent remplir, ils sont obligés de se transporter à plus de 2 kilomètres des limites de la ville. Cette limite est représentée par la route circulaire qui entoure Tananarive.

2° Aux témoins européens et assimilés, lorsqu'ils sont domiciliés à plus de 4 kilomètres des lieux où ils doivent être entendus.

Art. 79. — Ces indemnités seront payées aux Européens et assimilés de la façon suivante :

Pour les médecins, chirurgiens, officiers de santé, sages-femmes, experts, interprètes, assesseurs : par chaque jour de séjour, 12 francs.

Pour les huissiers et témoins européens : par chaque jour de séjour, 8 francs.

Les indemnités à allouer aux indigènes sont fixées à la moitié de celles indiquées ci-dessus.

Les moyens de transport seront fournis en nature par l'administration ou, à défaut, payés sur mémoire. Les indigènes n'auront pas droit aux frais de transport.

Art. 80. — Il n'est dû aucun frais de voyage aux gardes forestiers, de police et aux gendarmes, tant pour la remise qu'ils sont tenus de faire de leurs procès-verbaux que pour la conduite devant l'autorité compétente des personnes par eux arrêtées.

Mais, lorsque, pour l'exécution des citations, notifications et significations dont ils ont été chargés par l'autorité judiciaire, les agents de la force publique sont obligés de se transporter à plus de 2 kilomètres de leur résidence, il leur est accordé la moitié des frais de séjour alloués aux huissiers.

Art. 81. — La taxe des indemnités ci-dessus fixées est double pour les enfants mâles au-dessous de quinze ans et pour les filles au-dessous de l'âge de vingt et un ans, lorsqu'ils sont appelés en témoignage et qu'ils sont accompagnés dans leur route et séjour par leur père, mère, tuteur ou curateur, à la charge par ceux-ci de justifier de leur qualité.

CHAPITRE IX

Du port des lettres, télégrammes et paquets.

Art. 82. — Le port des lettres et paquets, compris dans les frais de justice criminelle, par le numéro 10 de l'article 2 du présent arrêté, est perçu, après chaque jugement définitif, suivant le tarif ci-après :

1° Pour chaque affaire de simple police portée directement à l'audience :
En première instance 0 20
En appel . . . . 1 »
2° Pour chaque affaire de simple police portée à l'audience après instruction :
En première instance 1 20
En appel 2 60
5° Pour toutes les affaires de simple police devant la Cour en annulation . . 5 »
4° Pour chaque affaire correctionnelle portée directement à l'audience :
En première instance . . . . 2 »
En appel 4 40
5° Pour chaque affaire correctionnelle portée à l'audience après instruction :
En première instance . . . . 5 »
En appel . . . . 5 »
6° Pour chaque affaire criminelle :
Devant la Cour criminelle . . . . 25 »

Art. 83. — Lorsque, dans la poursuite des crimes, délits ou contraventions, il est fait usage du télégraphe, le coût des dépêches, y compris, s'il y a lieu, les frais de remise à domicile et de taxes étrangères, est consigné sur un récépissé délivré par l'administration au magistrat instructeur ou à l'officier de police judiciaire expéditeur, jouissant de la franchise télégraphique. — Le greffier comprend le montant de ces taxes dans l'état de liquidation des dépens, après les droits de poste.

CHAPITRE X

Des frais d'impression.

Art. 84. — Il n'est payé de frais d'impression sur les fonds généraux des frais de justice criminelle que pour les objets suivants :

1° Pour les extraits d'arrêts des condamnations à des peines afflictives ou infamantes, ainsi qu'il est dit à l'article 56 du Code pénal ;

2° Pour les arrêts ou jugements dont la Cour ou les tribunaux ordonnent la publication par affiche; si la Cour ou le tribunal n'a pas prescrit l'impression entière de l'arrêt ou du jugement, celui-ci est seulement imprimé en extrait ;

5° Pour les signalements des personnes à arrêter, si l'impression a été ordonnée par décision spéciale et motivée des magistrats instructeurs ou du parquet;

4° Pour les états et modèles d'états relatifs au payement, à la liquidation et au recouvrement des frais de justice;

5° Pour les actes dont une loi ou un décret a ordonné l'impression et pour ceux dont le résident général juge l'impression et la publication nécessaires par une décision spéciale.

Art. 85. — Sont imprimés en placards tous les actes qui doivent être publiés ou affichés, et conformément au modèle qui sera arrêté par le résident général et envoyé au ministère public, pour être déposé aux greffes de la Cour et des tribunaux.

Art. 86. — Le nombre d'exemplaires des placards et autres impressions est déterminé par le procureur géneral, suivant les localités.

Art. 87. — Les placards, destinés à être affichés, sont transmis aux résidents ou administrateurs, qui les font apposer dans les lieux accoutumés.

Art. 88. — Il est tenu note au parquet de toutes les impressions, à mesure qu'elles sont exécutées. Deux exemplaires sont remis au parquet, deux sont adressés au résident général.

Art. 89. — Tous les trois mois, l'imprimerie fournit son mémoire au ministère public, qui, après les vérifications prescrites, la taxe et l'exécutoire, le transmet ensuite à l'administration pour être ordonnancé.

Cet envoi est toujours appuyé d'un exemplaire de l'imprimé, comme pièce justificative.

CHAPITRE XI

Des frais d'exécution des arrêts portant peine de mort.

Art. 90. — L'exécution des arrêts portant peine de mort est faite autant que possible par un condamné.

Art. 91. — Les magistrats du parquet, les juges de paix, les résidents et administrateurs et, en général, tous les officiers de police judiciaire doivent pourvoir sur les lieux, par des ordres ou réquisitions, aux transports, fournitures et travaux de toute espèce nécessaires à l'exécution des arrêts portant peine de mort et au logement des exécuteurs et des instruments de justice sur la production de l'ordre d'exécution reçu par l'exécuteur et émané du procureur général.

Les ouvriers requis sont payés d'après un tarif arrêté par le résident général. Les autres frais et fournitures sont remboursés sur la justification des dépenses.

Art. 92. — Tout ouvrier qui, régulièrement requis de procéder à des travaux nécessaires pour l'exécution d'arrêts portant peine de mort, refuse de déférer à la réquisition, est condamné pour la première fois, par voie de police simple, à un emprisonnement de trois jours, et, en cas de récidive, s'il est condamné par voie de police correctionnelle, à un emprisonnement qui ne peut être moindre de douze jours ni excéder trente jours.

TITRE II

DES DÉPENSES ASSIMILÉES A CELLES DE L'INSTRUCTION

CHAPITRE I

De l'interdiction d'office.

Art. 93. — Dans tous les cas où, en conformité de l'article 491 du Code civil, le ministère public poursuit d'office l'interdiction d'un individu, les frais de la procédure sont avancés par le Trésor sur le pied du tarif fixé par le présent arrêté.

Art. 94. — Si l'interdit est solvable, les frais d'interdiction sont à sa charge, et le recouvrement en est poursuivi avec privilège et préférence sur ceux de ses père, mère, époux ou épouse.

Art. 95. — Si l'interdiction n'est pas prononcée ou si l'interdit et les parents désignés dans l'article précédent sont dans un état d'indigence, dûment constaté par un certificat du maire, du résident ou administrateur, visé et approuvé par le secrétaire général ou son délégué, il n'est passé en taxe que les frais de transport des magistrats et greffiers, s'il y a lieu, le salaire des huissiers et l'indemnité due aux médecins, nterprètes et témoins non parents, ni alliés de l'interdit.

CHAPITRE II

Des poursuites en matière civile

Art. 96. — Les frais des actes et procédures, faits sur la poursuite d'office du ministère public dans les cas prévus par le Code civil et notamment par les articles 50, 55, 81, 184, 191, et 192 relativement aux actes de l'état civil, sont payés, taxés et recouvrés ainsi qu'il est dit dans le chapitre précédent.

Art. 97. — Il en est de même, lorsque le ministère public poursuit d'office toutes rectifications des actes de l'état civil, comme aussi au sujet des poursuites faites en conformité des règlements sur le notariat, et généralement dans tous les cas où le ministère public agit dans l'intérêt de la loi et pour assurer son exécution.|

CHAPITRE III

Des procédures introduites avec le bénéfice de l'assistance judiciaire et des frais faits pour les jugements de déclaration de faillite dans le cas prévu par l'article 461 du Code de commerce.

Art. 98. — Les frais auxquels donnent lieu les procédures suivies avec le bénéfice de l'assistance judiciaire seront avancés par le Trésor.

L'assisté sera dispensé provisoirement des sommes dues pour droit de greffe, ainsi que de toute consignation d'amende.

Si l'assisté est condamné aux dépens, l'exécutoire délivré contre lui ne comprend que les sommes dues au Trésor. Pour les frais de transport des juges, des officiers ministériels et des experts, les honoraires de ces derniers et les taxes des témoins, l'exécutoire est délivré au nom du trésorier-payeur, qui en poursuit le recouvrement conformément aux dispositions du titre III, ci-après.

Art. 99. — Le Trésor fait l'avance des frais des jugements déclarant la liquidation judiciaire ou la faillite, de signification, d'affichage et d'insertion de ces jugements dans les journaux, d'apposition des scellés, d'arrestation et d'incarcération des faillis, y compris la consignation pour aliments, lorsque les deniers appartenant à la liquidation judiciaire ou à la faillite ne peuvent suffire immédiatement aux frais de ces divers actes. Les frais sont payés, taxés et recouvrés suivant les dispositions du présent arrêté.

Art. 100. — Le trésorier-payeur ou son préposé est chargé de recouvrer le montant des diverses sommes allouées dans le cas de l'article précédent par privilège sur les premières ressources de la liquidation judiciaire ou de la faillite, ainsi qu'il est dit à l'article 461 du Code de commerce à cet effet.

Le greffier dresse un état de liquidation des diverses sommes, qu'il remet au trésorier-payeur chargé d'en opérer le recouvrement.

CHAPITRE IV

Des inscriptions hypothécaires requises par le ministère public.

Art. 101. — Les frais d'inscription hypothécaire sont avancés par le Trésor dans tous les cas où le ministère public est tenu, conformément à la loi et aux ordonnances, et décrète de prendre des inscriptions d'office dans l'intérêt des femmes, des mineurs, du Trésor, etc.

Les frais sont recouvrés comme il est dit à l'article 97 ci-dessus.

CHAPITRE V

Des frais de recouvrement des amendes, frais de justice et cautionnement.

Art. 102. — Les frais de recouvrement des frais de justice et des amendes prononcées dans les cas prévus par la législation pénale sont taxés conformément au tarif réglé par le présent arrêté.

Art. 103. — L'article 101 est applicable pour le recouvrement, s'il y a lieu, des sommes cautionnées par les tiers qui ont pris l'engagement, prévu par l'article 120 du Code d'instruction criminelle, à l'effet d'obtenir la liberté provisoire d'inculpés et prévenus.

CHAPITRE VI

Du transport des greffes.

Art. 104. — Lorsqu'il y a lieu au déplacement des registres, minutes et autres papiers d'un greffe, les frais d'emballage et de transport sont acquittés comme frais généraux de justice, avec les formalités prescrites par le présent arrêté.

Art. 105. — Dans les cas prévus ci-dessus, il est dressé sans frais par le greffier et, à son défaut, par le juge de paix ou faisant fonctions, un bref état des registres et papiers à transporter.

La décharge du transport est donnée au bas de cet état.

TITRE III

DU PAYEMENT ET DU RECOUVREMENT DES FRAIS DE JUSTICE CRIMINELLE

CHAPITRE I

Du mode de payement.

Art. 106. — Le mode de payement des frais diffère suivant leur nature et leur agence.

Art. 107. — Les frais urgents sont acquittés par le Trésor sur simple taxe et mandat du juge ou de l'officier du ministère public, mis au bas des réquisitions, avertissements, copies de convocations ou de citations, états ou mémoires des parties; un double des taxes ou des notes indiquant la nature et le montant des dépenses doit toujours être joint à la procédure.

Art. 108. — Sont réputés frais urgents :

1° Les indemnités des témoins et des assesseurs;

2° Les menues dépenses relatives à des fournitures et opérations pour lesquelles les parties prenantes ne sont pas habituellement employées;

3° Les frais d'extradition des inculpés, prévenus, accusés ou condamnés.

Art. 109. — Lorsqu'un témoin se trouve hors d'état de satisfaire aux frais de son déplacement, il lui est délivré par le président de la Cour ou du tribunal de première instance, le juge de paix à compétence étendue et sans compétence étendue, par le résident ou chef de poste du lieu de sa résidence, un mandat provisoire, acompte de ce qui pourra lui revenir pour son indemnité. La somme allouée à titre d'acompte ne doit jamais excéder le montant de l'indemnité.

Le préposé du Trésor qui acquitte ce mandat fait mention de l'acompte en marge ou en bas de la citation ou de l'avertissement.

Art. 110. — Dans le cas où l'instruction d'une procédure criminelle exige des dépenses extraordinaires et non prévues par le présent arrêté, elles ne peuvent être faites qu'avec autorisation motivée du procureur général, sous sa responsabilité personnelle et à charge par lui d'en informer sans délai le Résident général.

Art. 111. — Au commencement de chaque trimestre, les préposés du Trésor réunissent en un seul état, sur papier libre, tous les frais urgents qui ont été acquittés pendant le trimestre précédent, pour ledit état être revêtu des formalités de la taxe, de l'exécutoire et de l'ordonnancement prévu à l'article 114 ci-après.

Art. 112. — Les préposés du Trésor ne peuvent refuser d'acquitter les mandats exécutoires qui ont été délivrés conformément aux dispositions des articles 106 et 109, si ce n'est dans les cas suivants :

1° S'il existe des saisies ou oppositions au préjudice des parties prenantes;

2° Si ces mandats comprennent des dépenses autres que celles dont le Trésor local est chargé de faire les avances.

Dans ces deux cas, le préposé du Trésor fait mention en marge ou en bas des mandats des motifs de son refus de payer.

Art. 113. — Les magistrats qui ont délivré les mandats exécutoires sont responsables de tout abus ou exagération dans les taxes, solidairement avec les parties prenantes et sauf leur recours contre elles.

Art. 114. — Toutes les fois que le secrétaire général ou son délégué reconnaît que des sommes payées suivant le mode et dans les cas prévus de l'article 106 ont été indûment allouées à titre de frais de justice criminelle, il en fait dresser des rôles de restitution, lesquels sont par lui déclarés exécutoires contre qui de droit, lors même que ces sommes seraient comprises dans des états déjà ordonnancés par lui, pourvu. néanmoins, qu'il ne se soit pas écoulé plus de deux ans depuis la date de ces ordonnancements.

Le secrétaire général ou son délégué ne peut délivrer des rôles de restitution exécutoires qu'après avoir provoqué les explications des intéressés et pris l'avis du procureur général.

Mention de l'accomplissement de ces formalités doit être portée sur les rôles de restitution.

Art. 115. — Les dépenses non réputées urgentes sont payées sur les états ou mémoires des parties prenantes, revêtus de la taxe et de l'exécutoire du juge ou officier du ministère public, ainsi que du visa du procureur général, et ordonnancées par le secrétaire général, en la forme ordinaire.

Art. 116. — Les états ou mémoires sont remis aux magistrats du ministère public qui les vérifient et proposent toutes réductions qui leur paraissent devoir être opérées.

Ils sont ensuite transmis, avec les pièces justificatives à l'appui, au procureur général, qui doit également contrôler toutes les dépenses au point de vue de leur utilité et de leur régularité.

Le procureur général, après avoir reconnu la légitimité des dépenses ou fait toutes observations ou injonctions utiles, appose son visa sur les états ou mémoires, qui sont alors retournés au procureur de la République pour être revêtus de ses réquisitions à fin de taxe et d'exécutoire.

Art. 117. — Les états ou mémoires sont taxés article par article et l'exécutoire est délivré à la suite par le magistrat compétent.

La taxe de chaque article rappelle la disposition du présent arrêté sur laquelle elle est fondée.

Art. 118. — Les formalités de la taxe et de l'exécutoire sont remplies sans frais par les présidents, magistrats instructeurs, juges de paix à compétence étendue et sans compétence étendue, chacun en ce qui le concerne.

Aucun exécutoire ne peut être décerné s'il n'est précédé des réquisitions de l'officier du ministère public, lequel signe la minute de l'ordonnance.

Art. 119. — Les présidents et les magistrats instructeurs ne peuvent refuser de taxer et de rendre exécutoires, s'il y a lieu, des états ou mémoires de frais de justice criminelle par la seule raison que ces frais n'ont pas été faits par leur ordre direct, pourvu, toutefois, qu'ils aient été faits en vertu d'ordres d'une autorité compétente dans le ressort de la Cour ou du tribunal que ces juges président ou dont ils sont membres.

Art. 120. — Il est fait de chaque état ou mémoire deux expéditions: elles sont remises l'une et l'autre, avec les pièces à l'appui des articles susceptibles d'être ainsi justifiés, au préposé du Trésor chargé d'effectuer le payement, après ordonnancement par le secrétaire général.

Une troisième expédition de chaque état ou mémoire, revêtue de la taxe de juge, demeure annexée au dossier de la procédure criminelle, correctionnelle ou de police, pour permettre d'opérer la liquidation des frais sans omission.

Art. 121. — Aucun état ou mémoire, fait au nom de deux ou plusieurs parties prenantes, n'est rendu exécutoire s'il n'est signé de chacune d'elles; le payement ne peut être fait que sur leur acquit individuel ou sur celui de la personne qu'elles ont autorisée, spécialement et par écrit, à toucher le montant de l'état ou mémoire.

Art. 122. — Les frais d'extradition des inculpés, prévenus, accusés ou condamnés sont acquittés sur un simple mandat du secrétaire général, d'après les états de dépenses dûment justifiés par les autorités compétentes.

Ces états demeurent joints aux mandats. Une copie du mandat et des états est transmise au procureur général, qui la fait joindre au dossier de la procédure pour servir à la liquidation et au recouvrement des frais.

Art. 123. — Les états ou mémoires qui comprennent les dépenses autres que celles qui, d'après le présent arrêté, doivent être payées à titre de frais de justice criminelle sont rejetés de la taxe et de l'ordonnancement, sauf aux parties réclamantes à diviser leur mémoire par nature de dépense, pour le montant en être acquitté par qui de droit.

Art. 124. — Les exécutoires, qui n'ont pas été présentés à l'ordonnancement prescrit par l'article 114 dans le délai de huit mois à compter de l'époque à laquelle les frais ont été faits ou dont le payement n'a pas été réclamé dans les huit mois de l'ordonnancement, ne peuvent être acquittés qu'autant qu'il est justifié que les retards ne sont pas imputables à la partie dénommée dans l'exécutoire. Cette justification ne peut être admise que par le secrétaire général, après avoir pris l'avis du procureur général.

Art. 125. — Les mandats et exécutoires délivrés pour les causes et dans les formes déterminées par le présent arrêté sont payables chez le préposé du Trésor du lieu où siège le tribunal.

Art. 126. — Les greffiers et les huissiers ne peuvent réclamer directement des parties le payement des droits qui leur sont attribués, sauf dans le cas prévu par l'article 130 ci-après ou s'ils ont agi à la requête des parties ou leur ont délivré des expéditions qu'elles sont en droit de lever à leurs frais.

CHAPITRE II

De la liquidation et du recouvrement des frais.

Art. 127. — Le trésorier-payeur et les préposés sont chargés de poursuivre et d'opérer le recouvrement des frais de justice criminelle.

Art. 128. — La condamnation aux frais est prononcée, dans toutes les procédures, solidairement contre tous les auteurs ou complices du même fait et contre les personnes civilement responsables; à défaut de prononciation, la solidarité sera toujours de droit.

Art. 129. — En toutes matières, ceux qui se sont constitués partie civile sont, s'ils succombent, tenus personnellement des frais envers l'État et l'autre partie. Dans le cas où la partie civile qui n'a pas succombé a consigné ces frais en exécution de l'article 131 ci-après, le tribunal lui accorde recours contre la partie condamnée.

Art. 130. — Sont assimilés aux parties civiles en matière correctionnelle ou de simple police :

1° Toute régie ou administration publique relativement aux procès suivis, soit à sa requête, soit même d'office et dans son intérêt ;

2° Les communes et les établissements publics dans les procès instruits, ou à leur requête, ou même d'office, pour délits ou contraventions commis contre leur propriété.

Les réquisitoires, mandements, taxes, exécutoires et ordonnances doivent mentionner que les poursuites ont lieu à la requête ou dans l'intérêt de telle administration, de telle commune ou de tel établissement public.

Art. 131. — Toutes les fois qu'il y a partie civile en cause et qu'elle n'a pas justifié de son indigence, les exécutoires pour les frais d'instruction, expéditions et significations des jugements, peuvent être délivrés directement contre elles.

Quand il y a eu consignation aux termes de l'article suivant, les exécutoires sont toujours délivrés directement contre la partie civile et les frais sont payés en son nom par le greffier sur les sommes déposées.

Art. 132. — En matière de simple police ou correctionnelle, la partie civile qui n'a pas justifié de son indigence est tenue, avant toutes poursuites, de déposer au greffe la somme présumée nécessaire pour les frais de la procédure.

L'évaluation de la somme est faite par le ministère public, sauf, en cas de contestation sur la quotité, à la faire régler par le tribunal ou la Cour, suivant les cas.

La garde du dépôt ne donne lieu à aucune rétribution.

Les parties visées à l'article 130 sont toujours dispensées de la consignation.

Art. 133. — Dans les exécutoires décernés sur le Trésor pour des frais qui ne sont pas à la charge de la colonie, il est fait mention qu'il n'y a pas de partie civile en cause ou que la partie civile a justifié de son indigence.

Art. 134. — Sont déclarés, dans tous les cas, à la charge de la colonie et sans recours envers les condamnés, les personnes civilement responsables ou les parties civiles, les frais de voyage et de séjour des assesseurs des Cours criminelles, les dépenses nécessitées par l'exécution des arrêts portant peine de mort, les frais auxquels donnent lieu les transports des greffes, les droits dus aux greffiers pour l'établissement du bulletin n° 1 du casier judiciaire.

Art. 135. — Il est dressé, pour chaque affaire criminelle, correctionnelle ou de simple police, un état de liquidation des frais autres que ceux qui sont mentionnés dans l'article précédent, et, lorsque cette liquidation n'a pu être insérée, soit dans l'ordonnance de mise en liberté, soit dans l'arrêt ou le jugement des condamnations, d'absolution ou d'acquittement, le juge compétent décerne exécutoire contre qui de droit au bas dudit état de liquidation.

Art. 136. — Pour faciliter la liquidation, les juges de paix à compétence étendue et sans compétence étendue et autres officiers de police judiciaire, les magistrats instructeurs et présidents, aussitôt qu'ils ont terminé l'affaire, doivent joindre aux pièces l'état, signé d'eux, des frais et déboursés dont la liquidation doit être opérée.

Art. 137. — Les greffiers des Cours, des tribunaux correctionnels et de simple police remettent, dans le plus court délai, après que les arrêts ou jugements sont devenus définitifs, au trésorier-payeur ou à ses préposés chargés du recouvrement, un extrait de l'ordonnance, arrêt ou jugement pour ce qui concerne la liquidation et les condamnations au remboursement des frais, ou une copie de l'état de liquidation rendu exécutoire, ainsi qu'il est dit dans l'article précédent.

Art. 138. — Les greffiers ne doivent dresser des états de liquidation susceptibles d'être copiés que si cette liquidation n'a pas été faite par l'arrêt ou le jugement.

Art. 139. — Le recouvrement des frais de justice avancés sur le budget local est poursuivi par toutes voies de droit et même par celle de la contrainte par corps, à la diligence du trésorier-payeur ou de ses préposés, en vertu des exécutoires précités.

Art. 140. — Pour l'exécution de la contrainte par corps, dans les cas ci-dessus prévus, il suffit de donner copie au débiteur en tête du commandement à lui signifié :

1° Du rôle ou de l'article du rôle sur lequel est intervenue l'ordonnance de recouvrement ;

2° De l'ordonnance portant restitution de la somme à recouvrer, en ce qui concerne le débiteur contraint.

Art. 141. — Les huissiers ou les porteurs de contraintes, préposés pour les actes relatifs au recouvrement, peuvent recevoir les sommes dont les parties offrent de se libérer dans leurs mains, à la charge par eux d'en faire mention sur le répertoire et de les verser immédiatement dans la caisse du trésorier-payeur ou de ses préposés.

Ils sont dans ce cas constitués dépositaires publics et poursuivis et punis comme coupables de soustraction commise en cette qualité, s'ils sont en retard de plus de six jours.

Art. 142. — Le trésorier-payeur rend compte des recouvrements effectués de la même manière que de ses autres recettes.

Art. 143. — En cas d'insolvabilité des parties contre lesquelles sont décernés les exécutoires, le trésorier-payeur et ses préposés sont déchargés des recouvrements qui concernent ces parties, en justifiant de leurs diligences, et en rapportant des certificats d'indigence légalement délivrés, sans préjudice, toutefois, des poursuites qui peuvent être exercées, dans le cas où les parties viennent à être solvables.

TITRE IV

DU RECOUVREMENT DES AMENDES

Art. 144. — Le recouvrement des amendes prononcées en matière criminelle, correctionnelle ou de simple police, en matière civile, en matière de greffe, timbre, notariat, et généralement de toutes les condamnations pécuniaires prévues par les codes, ordonnances, décrets et arrêtés, sera opéré par le trésorier-payeur ou ses préposés.

Art. 145. — A cet effet, les greffiers, dans un délai de huit jours à partir de celui où la condamnation sera devenue définitive, remettront au trésorier-payeur ou à ses préposés un extrait du jugement portant condamnation, qui sera visé par l'officier du parquet.

Art. 146. — Cet extrait, établi conformément au modèle ci-dessous, contiendra le nom et le domicile du condamné, les motifs de la condamnation et tous éléments financiers s'y rattachant, le montant de l'amende et le détail des frais, enfin le total de la somme à recouvrer par les agents du Trésor. Les extraits énonceront, en outre, s'il y a lieu, les ayants droit à une part d'attribution dans le produit de l'amende.

Le magistrat du parquet ne doit donner son visa que lorsque les extraits sont établis conformément aux prescriptions ci-dessus.

Art. 147. — Tous les extraits seront récapitulés dans un bordereau d'envoi dressé par le greffier.

Le magistrat du parquet doit veiller à ce que le greffier mentionne, dans ce bordereau, l'existence du cautionnement qui aurait été fourni en cas de mise en liberté provisoire pour permettre aux agents du Trésor d'exercer, le cas échéant, en cas de condamnation, la rétention des frais et de l'amende sur le montant de la seconde partie de ce cautionnement.

Art. 148. — Dans les trois premiers jours de chaque mois, les magistrats du parquet enverront au procureur général un état certifiant le nombre et la nature des extraits de jugements ou d'arrêts envoyés, le mois précédent, par le greffier à l'administration des finances.

Art. 149. — Les articles 138, 139, 140, 141 et 142 ci-dessus sont applicables pour le recouvrement des amendes.

Disposition transitoire.

Art. 150. — En attendant l'institution d'un trésorier-payeur et de préposés du Trésor, le recouvrement des amendes et des frais de justice continuera d'être opéré provisoirement par les greffiers des différentes juridictions, sauf à Nossi-Bé, Diego-Suarez et Sainte-Marie, où le recouvrement s'effectuera comme par le passé, mais conformément au taux du présent tarif.

Art. 151. — Les secrétaires généraux en territoires civil et militaire et le procureur général sont chargés, chacun en ce qui le concerne, de l'exécution du présent arrêté.

Fait à Tananarive, le 3 mai 1897.

Signé : GALLIENI.

Par le Résident général :

Le Procureur général,

Signé : DUBREUIL.

Par le Résident général :

Le Chef d'état-major, faisant fonctions de secrétaire général en territoire militaire,

Signé : GÉRARD.

Par le Résident général :

Le Résident faisant fonctions de secrétaire général en territoire civil,

Signé : J. FRANÇOIS.

Modèle de formule d'un extrait.

COLONIE DE MADAGASCAR	EXTRAIT DE JUGEMENT *du Tribunal, Cour ou Justice de Paix.*

Nature de la contravention ou du délit ayant motivé la poursuite :
—
 Lieu où la contravention, délit ou crime a été constaté :
—
 Date du procès-verbal :
—
 Nom et qualité des agents verbalisateurs :
—
 Loi dont il a été fait application :
—
 Détail des condamnations pécuniaires :
—
 Amende :
 Confiscation :
 Restitutions et dommages-intérêts au profit de la colonie :
 Frais liquidés au jugement :
 Frais postérieurs :
 Frais d'extrait :
 Total :
 Droits de poste :
 Total ;
	D'un jugement et en premier ressort (ou dernier), rendu sur la poursuite du ministère public à la date du
	
	 Signifié le et
	          définitif
	 Il appert : que
	
	 convaincu de
	
	 a été condamné, en vertu des articles
	          à
	               amende de
	 et aux frais, liquidés à
	
	 La durée de la contrainte par corps est fixée à
	          jours
	 Le sieur
	 a été déclaré civilement responsable.
	
	 Pour extrait conforme :
	
	     à le 189
	
	          Le Greffier,
	          Vu :
	 à le 189
	
	 Le Procureur de la République,

Arrêté 183.

réglementant le service des commissaires-priseurs à Tananarive.

Le Général commandant le corps d'occupation et Résident général de France à Madagascar,

Vu l'arrêté du 20 mars 1896, nommant M. Gaillard aux fonctions de commissaire-priseur à Tananarive;

Vu la demande présentée par M. Petiteau pour être nommé aux mêmes fonctions;

Vu la loi du 25 juin 1841, la loi du 18 juin 1843, l'arrêté du 25 germinal, an IX, et le règlement du 13 frimaire, an IX;

Considérant qu'il n'a été pris jusqu'ici aucune mesure réglementant, dans la colonie, l'exercice de la profession de commissaire-priseur;

Considérant, en outre, la nécessité d'assurer une exécution régulière des ventes aux enchères publiques,

Arrête :

Article 1er. — Il y aura à Tananarive deux commissaires-priseurs, qui seront nommés par le Résident général sur la proposition du procureur général.

Art. 2. — Nul ne pourra être commissaire-priseur, s'il n'est âgé de vingt-cinq ans accomplis, s'il n'a satisfait à la loi sur le recrutement de l'armée, s'il n'a la jouissance de ses droits civils, civiques et politiques.

Les commissaires-priseurs sont, en outre, tenus de prêter serment devant le tribunal de première instance.

Art. 3. — Les commissaires-priseurs sont exclusivement chargés de procéder à l'estimation et à la vente publique aux enchères des meubles, effets mobiliers, denrées et victuailles; ils pourront également vendre au détail les marchandises neuves après faillite, cessation de commerce ou décès, et procéder à toutes ventes analogues, sur ordonnance du président du tribunal.

En principe, la vente en gros des marchandises neuves leur demeure interdite.

Art. 4. — Les contraventions aux dispositions ci-dessus seront poursuivies et réprimées conformément à l'article 7 de la loi du 15 juin 1841.

Art. 5. — Il est alloué aux commissaires-priseurs :

1° Pour droits de prisée, par chaque vacation de trois heures, 6 francs;

2° Pour tout droit de vente, non compris les déboursés pour y parvenir et la rédaction des placards, 6 pour 100 du produit.

Il pourra, en outre, être alloué, sur la réquisition des parties, une ou plusieurs vacations à l'effet de préparer les objets mis en vente. Toutefois, ces vacations ne seront passées en taxe qu'autant que le produit de la vente atteindra 5000 francs.

Enfin, les expéditions ou extraits du procès-verbal de vente, s'il en est requis, seront payés à raison de 1 fr. 50 le rôle de 25 lignes à la page et de 15 syllabes à la ligne.

Art. 6. — En cas de consignation à la Caisse des dépôts, il sera alloué au commissaire-priseur une vacation de 5 francs.

Art. 7. — L'état des vacations, droits et remises alloués aux commissaires-priseurs sera délivré sans frais aux parties. Il sera taxé par le juge-président du tribunal de première instance ou par un juge délégué.

Art. 8. — Toute contravention aux dispositions ci-dessus sera réprimée conformément aux articles 3 et 4 de la loi du 18 juin 1843.

Art. 9. — Il y aura, entre les commissaires-priseurs de Tananarive, une bourse

commune dans laquelle entrera la moitié des droits proportionnels qui leur seront
alloués sur chaque vente. Toute convention contraire intervenue entre eux serait
nulle de plein droit.

Art. 10. — Les fonds de la bourse commune sont affectés comme garantie principale au payement des deniers produits par les ventes; ils seront saisissables et devront
être déposés, après le règlement définitif de chaque vente, à la Caisse des dépôts et
consignations.

Art. 11. — La répartition des émoluments de la bourse commune sera faite tous
les deux mois, par portions égales, entre les commissaires-priseurs; l'état sera soumis
au visa du procureur de la République.

Art. 12. — Les commissaires-priseurs devront, en outre, verser au Trésor un
cautionnement de 2 000 francs.

Art. 15. — Les commissaires-priseurs seront placés sous la surveillance du procureur de la République.

La discipline est exercée à leur égard par le tribunal de première instance, conformément à l'article 1er de l'arrêté du 29 germinal et au règlement du 15 frimaire, an IX.

Art. 14. — Ils devront rédiger procès-verbal de toutes les ventes auxquelles ils
auront procédé.

Ils devront, en outre, tenir un registre, visé et paraphé par le juge-président du
tribunal de première instance par un juge ou délégué.

Ce registre contiendra, suivant l'ordre de date des procès-verbaux, les mentions
suivantes :
1° Le numéro d'ordre donné à chaque procès-verbal;
2° La date et le lieu de la vente;
3° Les nom, prénoms et domicile des vendeurs;
4° Le montant des frais, déboursés et honoraires;
5° Le montant du prix de vente total.

Art. 15. — Dans les dix premiers jours de chaque semestre, les commissaires-
priseurs devront dresser un état indicatif des ventes auxquelles ils auront procédé
pendant le semestre écoulé. Cet état contiendra les mentions suivantes :
1° Le numéro d'ordre du procès-verbal de chaque vente;
2° La date et lieu de la vente;
3° Les nom, prénoms et domicile des vendeurs;
4° Le montant des frais, déboursés et honoraires;
5° Le montant total de chaque vente;
6° La date des dépôts à la Caisse des consignations, s'il y a lieu.
Cet état sera remis au procureur de la République.

Art. 16. — Il sera perçu, sur le montant de toutes les ventes auxquelles il aura été
procédé par les commissaires-priseurs, un droit de 2 pour 100 au profit du Trésor.
Cette somme sera versée entre les mains du trésorier, en même temps que les fonds
destinés à la bourse commune.

Ce droit sera supporté moitié par l'acheteur et moitié par le vendeur.

Art. 17. — Le procureur général est chargé, en ce qui le concerne, de l'exécution
du présent arrêté.

Fait à Tananarive, le 5 décembre 1896.
Signé : GALLIENI.

Par le Résident général :
Le Procureur général,
Signé : DUBREUIL.

Arrêté 636.

sur les défenseurs.

Le Général commandant le corps d'occupation et Résident général. de France à Madagascar,

Vu l'article 23 du décret du 9 juin 1896;

Vu la nécessité d'assurer aux parties plaidant devant les diverses juridictions de la colonie la représentation de leurs intérêts;

Sur la proposition du procureur général, chef du service judiciaire;

Le Conseil d'administration entendu,

Arrête :

Article 1er. — Il est institué près la Cour d'appel et le tribunal de première instance de Tananarive, ainsi que près des tribunaux de Tamatave, Majunga, et des justices de paix à compétence étendue de Diego-Suarez et de Nossi-Bé, des avocats défenseurs ayant le privilège exclusif de représenter les parties, de conclure pour elles, tant en demandant qu'en défendant, de faire et signer tous actes nécessaires à l'instruction des causes civiles et commerciales et à l'exécution des jugements et arrêts.

Art. 2. — Ils peuvent plaider pour leurs parties.

Dans toutes les autres juridictions civiles de la colonie, les parties peuvent, si elles ne se défendent pas elles-mêmes, se faire représenter par des fondés de pouvoir dont le choix demeure libre, sauf les exceptions prononcées par l'article 86 du Code de procédure civile.

Art. 3. — L'assistance d'un avocat défenseur n'est pas obligatoire.

Les parties conservent le droit de se défendre elles-mêmes devant la Cour d'appel et tous les tribunaux de la colonie, conformément à l'article 23 du décret du 9 juin 1896.

Art. 4. — En dehors des cas où les parties se défendent elles-mêmes, elles doivent se faire représenter devant la Cour et les tribunaux, jugeant en matière civile ou commerciale, par un avocat défenseur.

Art. 5. — Tous les titulaires d'une commission d'avocat défenseur devant un tribunal de la colonie peuvent conclure et plaider devant la Cour d'appel.

Art. 6. — Des licenciés en droit peuvent être autorisés à plaider par les présidents des juridictions civile, commerciale, correctionnelle ou criminelle, sans qu'il puisse être porté atteinte au privilège créé en faveur des avocats défenseurs par l'article 1er ci-dessus.

Nomination des avocats défenseurs.

Art. 7. — Nul ne peut être avocat défenseur, s'il n'est licencié en droit, Français, âgé de vingt-cinq ans révolus et jouissant de ses droits civils et politiques.

Art. 8. — L'avocat défenseur postulant doit présenter requête au procureur général, à l'effet d'être autorisé à se pourvoir devant la Cour; le procureur général recueille tous renseignements sur la conduite du candidat et, s'il y a lieu, dépose les pièces au greffe de la Cour.

Art. 9. — S'il demande à être avocat défenseur près la Cour et le tribunal de Tananarive, le président de la Cour remet les pièces à un conseiller.

Le conseiller désigné fait ensuite son rapport, et la Cour, le procureur général entendu, émet son avis.

Art. 10. — S'il demande à être avocat défenseur devant un autre tribunal ou une justice de paix à compétence étendue, le procureur général envoie les pièces au président du tribunal ou au juge de paix. Ce magistrat adresse ensuite au procureur général son rapport avec toutes les pièces du dossier. La Cour, le procureur général entendu, émet son avis.

Art. 11. — Le président fait parvenir l'avis de la Cour au procureur général pour être transmis au Résident général.

Le Résident général statue en Conseil sur la demande et délivre, s'il y a lieu, une commission.

Des défenseurs non licenciés exerçant actuellement près la Cour et tribunaux de la colonie.

Art. 12. — Par exception aux dispositions qui précèdent, les défenseurs, non licenciés en droit, exerçant actuellement près la Cour et les tribunaux de la colonie, pourront être nommés agréés près la juridiction devant laquelle ils exercent.

Art. 13. — Ils devront justifier de cinq années de cléricature et subir, avant leur nomination, un examen public sur les lois et décrets en vigueur à Madagascar. Cet examen a lieu à Tananarive devant un conseiller délégué par le président de la Cour, à Tamatave et Majunga devant le juge-président, à Diego-Suarez et Nossi-Bé devant le juge de paix à compétence étendue.

L'officier du ministère public devra être présent à cet examen ; à Tananarive, il sera désigné par le procureur général.

Les prescriptions des articles 10, 11 et 12 ci-dessus seront observées à leur égard.

Art. 14. — Ils devront dans chaque affaire produire des pouvoirs réguliers.

Sauf l'exception prévue à l'article 26, toutes les autres dispositions relatives aux avocats défenseurs leur sont applicables.

Obligations.

Art. 15. — Avant d'entrer en fonction, les avocats défenseurs sont tenus de verser un cautionnement ou une garantie sur première hypothèque qui sera de 3000 francs pour Tananarive, de 2000 francs pour les autres tribunaux ou justices de paix.

Art. 16. — Ils prêtent ensuite devant la Cour ou le tribunal de leur résidence le serment suivant : « Je jure de ne rien dire ou publier de contraire aux lois, décrets, « arrêtés, aux bonnes mœurs, à la sûreté de la colonie et à la paix publique, de ne « jamais m'écarter du respect dû aux tribunaux et aux autorités publiques et de ne « plaider aucune cause que je ne croirai pas juste en mon âme et conscience. »

Art. 17. — Le nombre des avocats défenseurs est fixé pour Tananarive à dix, pour Majunga à six, pour Tamatave à huit, pour Diego-Suarez à quatre, pour Nossi-Bé à trois.

Art. 18. — Les avocats défenseurs ne peuvent, lorsqu'ils sont désignés par le président, refuser, sans motifs légitimes et admis, la défense des accusés en matière criminelle ou celle des indigents en toute matière devant le tribunal de leur résidence.

Art. 19. — Ils exercent librement leur ministère. Il leur est, cependant, défendu de se livrer à des injures et à des personnalités envers les témoins ou la partie adverse, de s'écarter dans leurs paroles ou leurs écrits du respect dû à la justice et aux magistrats devant lesquels ils exercent. Ils doivent obéir aux injonctions du président, lorsque celui-ci réprime leurs écarts et les rappelle aux convenances professionnelles.

Art. 20. — Il leur est interdit de faire des traités pour leurs honoraires, de s'associer entre eux et d'acheter des affaires litigieuses.

Art. 21. — Ils ont droit aux honoraires prévus par le tarif en vigueur.

Sur leur demande, ils peuvent obtenir, à leur profit, la distraction des dépens.

Art. 22. — Il leur est interdit de recevoir aucune somme des parties sans en donner des reçus détaillés. Ils seront munis d'un registre coté et paraphé par le président de la Cour ou un conseiller par lui commis, ou par le juge-président de leur résidence, sur lequel ils inscriront, par ordre de date et sans aucun blanc, les sommes qu'ils recevront de leurs clients dans les affaires où leurs émoluments sont susceptibles d'être taxés.

Ce registre sera soumis à la fin de chaque année au visa du procureur général ou du procureur de la République et devra lui être représenté quand il le requerra.

Ils devront le représenter sur la demande des tribunaux ou du magistrat taxateur, lorsqu'ils intenteront une action en payement de frais ou d'émoluments, et, faute de le représenter ou de tenue régulière, ils pourront être déclarés irrecevables dans leurs demandes.

Art. 23. — En matière criminelle et correctionnelle, les avocats défenseurs ne sont assujettis à aucun tarif, mais doivent donner quittance des sommes par eux reçues pour soins donnés à la défense. Il leur est interdit, sous peine de destitution, d'exiger des accusés ou prévenus, préalablement à l'arrêt ou au jugement, des engagements ou garanties pour le payement de leurs honoraires.

Costume.

Art. 24. — Les avocats défenseurs porteront à l'audience la robe en étamine noire, fermée par devant et à manches larges, la toque noire avec deux galons de velours, la chausse de licencié sur l'épaule, rabat de batiste blanche plissée.

Les agréés ne porteront point la chausse de licencié.

Discipline.

Art. 25. — Le procureur général exerce directement la discipline sur les avocats défenseurs et agréés. Il peut les mander, les rappeler à l'ordre, les censurer avec réprimande, leur donner tous avertissements convenables et les dénoncer au Résident général.

Art. 26. — S'ils s'écartent, soit à l'audience, soit dans leurs défenses écrites, soit dans leur conduite, des devoirs qui leur sont prescrits, la Cour et les tribunaux peuvent, suivant l'urgence des cas, d'office ou à la réquisition du ministère public, leur appliquer l'une des peines de discipline suivante :

> L'avertissement;
> La réprimande;
> L'interdiction pendant six mois au plus.

Art. 27. — Le procureur général, la Cour et les tribunaux peuvent, en outre, proposer au Résident général la destitution de l'avocat défenseur ou agréé contre lequel l'interdiction a été prononcée.

Ces peines sont prononcées sans préjudice d'autres poursuites, s'il y a lieu.

Art. 28. — Ce droit est accordé à la Cour, aux tribunaux et au procureur général dans les mêmes cas.

Art. 29. — Toutefois, le Résident général ne peut prononcer la destitution sans avoir, à Tananarive, l'avis de la Cour et, dans les autres arrondissements, l'avis des tribunaux qui entendent, en chambre du Conseil, l'avocat défenseur ou agréé en présence du ministère public.

Disposition transitoire.

Art. 30. — Les défenseurs exerçant actuellement devant les tribunaux de Tamatave et de Majunga, les justices de paix à compétence étendue de Diego-Suarez et de Nossi-Bé, qui ne sont point d'origine française, devront, pour être nommés définitivement agréés, se faire naturaliser dans un délai d'un an à dater de ce jour ou justifier qu'ils sont en instance de naturalisation.

Art. 31. — Le procureur général, chef du service judiciaire, est chargé de l'exécution du présent arrêté.

Fait à Tananarive, le 27 avril 1897.

Par le Résident général :
Le Procureur général,
Signé : DUBREUIL.

Le Général commandant le corps d'occupation
et Résident général de France à Madagascar,
Signé : GALLIENI.

DOMAINES ET PROPRIÉTÉ FONCIÈRE

Arrêté 80.

abrogeant et remplaçant la loi financière du 9 mars 1896.

Le Général commandant le corps d'occupation et Résident général de France à Madagascar,

Vu la nécessité d'assurer aux Français qui veulent s'établir à Madagascar l'entrée en jouissance immédiate des terrains qu'ils désirent acquérir;

Sous réserve de l'approbation ministérielle, le Conseil d'administration consulté,

Arrête :

La loi financière du 9 mars 1896 est abrogée et remplacée par les dispositions suivantes :

Article 1er. — Les terres du domaine peuvent être aliénées par voie de vente ou de concession gratuite. L'aliénation en est opérée par le Résident général, sur la proposition du chef de service du domaine et après avis du Conseil d'administration de la colonie.

Art. 2. — Les ventes sont faites au prix minimum de 2 francs par hectare dans les régions de l'Ouest et du Nord et de 5 francs par hectare sur la côte Est et dans le haut pays. Le haut pays comprend les parties de l'île situées à plus de 500 mètres d'altitude, et la côte Est, les parties de l'île comprises entre le pays et la mer, de la rivière Onihé, près du cap Angontsy, à l'embouchure de la rivière Mandrary, au delà de Fort-Dauphin.

Art. 3. — Les concessions gratuites sont réservées aux Français; elles ne peuvent dépasser 100 hectares, et la même personne ne peut en obtenir qu'une.

Art. 4. — Aucune terre domaniale ne sera vendue ou concédée gratuitement, à titre définitif, avant d'avoir été immatriculée; toute personne désirant une concession de terre domaniale adresse au chef de la province une demande dans laquelle elle spécifie soit l'étendue de terre qu'elle désire, soit les limites du lot qu'elle a choisi, et consigne entre ses mains le prix afférent à la contenance demandée. Le service du domaine, avisé par le chef de la province, requiert l'immatriculation dont les frais sont à la charge du concessionnaire et fait ensuite délivrer à l'intéressé le titre définitif de propriété.

Art. 5. — Cependant, tout Français qui aura demandé une concession et qui en aura consigné le prix dans les conditions indiquées ci-après, s'il s'agit d'une concession à titre onéreux, pourra se faire délivrer immédiatement un titre provisoire à ses risques et périls.

Le chef de la province se fera remettre ou fera lever lui-même le plan de la concession demandée et procédera à une enquête sommaire. Le titre provisoire, réservant expressément tous droits antérieurs des tiers, sera délivré au requérant, si cette enquête n'a pas fait paraître d'opposition. Le prix afférent à la contenance demandée sera versé, moitié lors de la délivrance du titre provisoire et l'autre moitié lors de la délivrance du titre définitif.

Art. 6. — Lorsque les terrains auront été mis en valeur, l'immatriculation sera opérée aux frais du demandeur et le titre provisoire remplacé par un titre définitif. Si la concession n'a pas été mise en valeur, suivant l'usage du pays et l'immatriculation demandée, dans un délai de trois ans, la concession pourra être annulée et faire retour aux domaines.

Art. 7. — L'annulation ne pourra être prononcée que par le Résident général, le Conseil d'administration de la colonie consulté, après la visite d'une commission, composée du chef de province ou de son délégué, d'un délégué du chef du service des domaines et d'un représentant du concessionnaire qui constatera l'état de la concession.

Si le concessionnaire n'a pas consenti dans un délai de six mois à se faire représenter à l'expertise, dont les frais sont à sa charge, il sera passé outre.

Art. 8. — Les terres du domaine peuvent être louées par baux de quinze ans au maximum, au prix minimum de 25 centimes par hectare et par an, payable à l'avance, dans les régions de l'Ouest et du Nord, et de 50 centimes par hectare et par an, payable à l'avance, sur la côte Est et dans le haut pays. Pendant la durée de son bail, le locataire d'une terre aura le droit de prescription pour l'acquérir au prix indiqué à l'article 2.

Quand un locataire aura laissé s'écouler six mois sans payer le prix annuel payable à l'avance de son bail, le bail sera annulé de plein droit et le domaine reprendra possession de sa terre.

Art. 9. — Si, parce qu'ils sont situés dans un lieu habité ou pour toute autre raison, des terrains vacants ont une valeur exceptionnelle, le Gouvernement se réserve le droit de ne point leur appliquer la présente loi.

Si plusieurs compétiteurs se disputent un même lot et qu'il soit impossible d'établir quel est le premier demandeur, le Gouvernement aura recours à l'adjudication.

Fait à Tananarive, le 2 novembre 1896.
Signé : GALLIENI.

Décret

portant règlement sur la propriété foncière à Madagascar.

Le Président de la République française,

Vu l'article 18 du sénatus-consulte du 3 mai 1854 ;

Vu le décret du 11 décembre 1895, fixant les pouvoirs du Résident général à Madagascar ;

Vu le décret du 28 janvier 1896 portant rattachement des établissements français de Diego-Suarez, Nossi-Bé et Sainte-Marie de Madagascar à l'administration de Madagascar ;

Vu les décrets des 5 août 1896 et 6 mars 1897, instituant un Conseil d'administration près le Résident général de France à Madagascar ;

Vu la loi du 6 août 1896 déclarant colonie française l'île de Madagascar et ses dépendances ;

Vu le décret du 17 juillet 1896 concernant le régime des mines d'or, des métaux précieux et des pierres précieuses à Madagascar ;

Vu l'arrêté du Résident général à Madagascar du 2 novembre 1896, portant réglementation sur les concessions des terres à Madagascar ;

Vu l'avis émis par le Résident général à Madagascar, par lettre du 29 avril 1897, sur le rapport du ministre des colonies,

Décrète :

TITRE Ier.

DES IMMEUBLES. — DE LEUR IMMATRICULATION. — DU TITRE DE PROPRIÉTÉ.

CHAPITRE I

Des immeubles.

Article Ier. — Les dispositions du présent décret ne régissent que les immeubles immatriculés, conformément aux prescriptions du chapitre II du présent et les droits réels sur ces immeubles.

Art. 2. — Les dispositions du Code civil, qui ne sont contraires ni au présent décret ni au statut personnel des Malgaches ou aux règles de succession des indigènes titulaires de droits réels immobiliers, s'appliquent aux immeubles immatriculés et aux droits réels sur ces immeubles.

Art. 3. — Toutes les contestations se rapportant aux immeubles immatriculés seront soumises aux juridictions françaises.

En cas de contestations sur les limites ou les servitudes d'immeubles contigus, lorsque l'un d'eux será immatriculé et que l'autre ne le sera pas, la juridiction française sera seule compétente et il sera fait application du présent décret.

Art. 4. — Les biens sont immeubles, ou par leur nature, ou par leur destination, ou par l'objet auquel ils s'appliquent.

Art. 5. — Ces immeubles par nature ou par destination sont les fonds de terre, bâtiments, objets, ustensiles énumérés dans les articles 517 à 526 du Code civil.

Art. 6. Sont immeubles pour l'objet auquel ils s'appliquent :
1° Les droits réels immobiliers ;
2° Les actions qui tendent à revendiquer un immeuble.

Art. 7. — Les droits réels immobiliers sont :
La propriété immobilière ;
L'usufruit des immeubles ;
L'usage et l'habitation ;
L'emphytéose ;
La superficie ;
Les servitudes foncières ;
L'antichrèse ;
Les privilèges et les hypothèques.

CHAPITRE II

De l'immatriculation des immeubles.

SECTION I. — *Dispositions générales.*

Art. 8. — L'immatriculation a pour objet de placer l'immeuble qui y a été soumis sous le régime du présent décret.

Art. 9. — Tous les droits réels, existant sur l'immeuble au moment de l'immatriculation, sont inscrits sur un titre de propriété qui forme leur point de départ unique, à l'exclusion de tous les droits antérieurs.

Art. 10. — Il est institué à Tananarive une conservation de la propriété foncière pour Madagascar.

A mesure du développement de la colonie, de nouvelles conservations pourront être créées, dans les différents centres, par arrêté du Résident général soumis à l'approbation ministérielle.

Art. 11. — Le conservateur de la propriété foncière est chargé :
1° De l'immatriculation ;
2° De la constitution des titres de propriété ;
3° De la conservation des actes relatifs aux immeubles immatriculés ;
4° De l'inscription des droits et charges sur ces immeubles.

Art. 12. — Les fonds de terres et les bâtiments sont seuls susceptibles d'immatriculation.

Art. 13. — Tout droit réel immobilier n'existera à l'égard des tiers que par le fait et du jour de son inscription à la conservation de la propriété foncière. Il en sera de même des baux de plus de trois années.

L'annulation de l'inscription ne pourra, en aucun cas, être opposée aux tiers de bonne foi.

Art. 14. — L'immatriculation est facultative. Exceptionnellement, l'immatriculation est obligatoire.

Dans tous les cas de vente, location ou concession de terrains domaniaux, les intéressés auront un délai de trois ans pour faire immatriculer les immeubles.

Art. 15. — A partir du moment où l'immeuble aura été placé sous le régime du présent décret, nul ne pourra renoncer au bénéfice de l'immatriculation pour retourner sous l'empire du droit commun.

Art. 16. — Peuvent seuls requérir l'immatriculation :
1° Le propriétaire et le copropriétaire ;
2° Les bénéficiaires des droits réels énumérés ci-après : usufruit, usage et habitation, emphytéose, superficie, antichrèse ;
3° Le créancier hypothécaire, non payé à l'échéance, huit jours après une sommation infructueuse, le locataire ayant un bail de plus de trois années ;
4° Avec le consentement du propriétaire ou copropriétaire, les détenteurs des droits réels énumérés ci-après : servitudes foncières, hypothèques.

Les frais de l'immatriculation seront, sauf convention contraire, supportés par le requérant.

Section II. — *De la procédure d'immatriculation.*

1. — *De la déclaration*

Art. 17. — Tout requérant d'immatriculation remet au conservateur de la propriété foncière, qui lui en donne récépissé, une déclaration signée de lui ou d'un fondé de pouvoir muni d'une procuration spéciale et contenant :
1° Ses nom, prénoms, surnoms, domicile et état civil ;
2° Élection de domicile dans une localité du territoire de Madagascar ;
3° Description de l'immeuble, portant déclaration de sa valeur vénale et de sa valeur locative ; indication de la situation, c'est-à-dire de la province, de la rue et du numéro, s'il s'agit d'un immeuble situé dans une ville, du nom sous lequel il sera immatriculé, de ses tenants et aboutissants, ainsi que des constructions et plantations qui peuvent s'y trouver ;
4° Le détail des droits réels immobiliers existant sur l'immeuble, avec la désignation des ayants droit.

Cette pièce est établie en malgache et en français, et la traduction est certifiée conforme par un des interprètes assermentés.

Dans le cas où le requérant ne peut ou ne sait signer, le conservateur de la propriété foncière est autorisé à signer en son nom la réquisition d'immatriculation.

Le requérant dépose, en même temps que la déclaration, tous les titres de propriété, contrats, actes publics ou privés et documents quelconques, avec leur traduction, également certifiée comme il est dit ci-dessus, en français et en malgache, de nature à faire connaître les droits réels existant sur l'immeuble.

En ce qui concerne les titres de propriété, le dernier acte de chaque titre doit être traduit *in extenso*. Pour les autres actes contenus dans le titre ou pour tout autre écrit produit, la traduction littérale peut être remplacée par un relevé sommaire de tous les actes ou écrits.

Les tiers détenteurs des titres et documents dont il est question ci-dessus sont tenus, sous peine de tous dommages-intérêts, de les déposer, dans les huit jours qui suivent la sommation à eux faite par le requérant de l'immatriculation, entre les mains du conservateur, qui leur en délivre un récépissé sans frais.

Le conservateur adresse les titres et documents au traducteur assermenté, désigné par le requérant de l'immatriculation.

Les pièces accompagnées de la traduction sont remises directement par l'interprète au conservateur, qui en fait l'usage prescrit par l'article 24 du présent décret.

Après décision du tribunal, le conservateur remet au déposant, en échange du récépissé dont il est parlé plus haut, soit les titres communiqués, s'ils ne doivent pas être conservés au dossier de l'immeuble, soit, au contraire, copie de l'inscription ou des documents classés au dossier.

Les frais des copies seront, le cas échéant, avancés par la personne qui les demandera, sauf son recours contre le requérant de l'immatriculation.

Art. 18. — Le requérant déposera, en même temps, une somme égale au montant présumé des frais d'immatriculation, ainsi qu'ils seront déterminés par un règlement particulier.

2. *Des publications du bornage et du plan.*

Art. 19. — Dans le plus bref délai possible, après le dépôt de la réquisition, le conservateur fera insérer au *Journal officiel* de la colonie un extrait du texte de cette réquisition en français et en malgache.

Il envoie, au chef du service topographique et au représentant de l'autorité française de la localité dans laquelle se trouve l'immeuble, un placard extrait du *Journal officiel* reproduisant cette insertion.

Réception de cette pièce sera accusée au conservateur.

Dans les quarante-huit heures, le représentant de l'autorité française l'affiche dans le lieu destiné aux annonces officielles, où elle reste jusqu'à la date du procès-verbal de bornage; il fait publier l'extrait de la réquisition dans les marchés de son territoire. S'il n'existe pas, dans la localité où se trouve l'immeuble, de représentant de l'autorité française, le conservateur transmet le placard extrait du *Journal officiel* au résident ou administrateur le plus rapproché; ce dernier le fait parvenir, sans retard, au gouverneur, sous-gouverneur ou chef de village, qui font procéder à l'affichage et à la publication indiquée ci-dessus.

Art. 20. — Dans le plus bref délai possible, après cette insertion, le chef du service topographique fait prévenir le représentant de l'autorité française, le gouverneur, sous-gouverneur ou chef de village, et délègue un géomètre assermenté pour procéder au bornage provisoire de l'immeuble, en présence du requérant de l'immatriculation, ou lui dûment appelé, sans s'arrêter aux protestations qui peuvent se produire et qui sont toujours consignées au procès-verbal. Les revendications qui se manifestent au cours des opérations sont bornées sur le terrain. La date fixée pour le bornage est portée à la connaissance du public au moins vingt jours à l'avance, et le procès-verbal de bornage constate les diligences faites à cet effet.

La date de la clôture est publiée sommairement au *Journal officiel* de la colonie.

Le procès-verbal de bornage provisoire est remis, par le chef du service topographique, au conservateur de la propriété foncière.

Art. 21. — Le procès-verbal de l'opération du bornage mentionne les opérations formulées par les tiers intervenant au cours de cette opération.

Ces opérations seront inscrites sur le registre, par les soins du conservateur, sur le vu du procès-verbal.

À partir du jour de l'insertion, au *Journal officiel*, de l'avis prescrit par l'article 19 jusqu'à l'expiration d'un délai de deux mois à dater de l'insertion, au *Journal officiel*, de l'avis de clôture du procès-verbal de bornage, les oppositions à l'immatriculation et les réclamations contre le bornage sont reçus par le conservateur de la propriété foncière.

Passé ce délai, les oppositions ne sont plus reçues.

Art. 22. — Ces oppositions, qui peuvent être formées par lettres missives, sont mentionnées, à leur date, sur un registre coté et paraphé par le président du tribunal de première instance. L'agent du service topographique constatera, dans le procès-verbal de bornage, que l'affichage et les publications prévues par l'article 19 ont eu lieu.

Art. 23. — Le chef du service topographique est tenu de remettre au conservateur de la propriété foncière un plan de l'immeuble dressé conformément à ce bornage, établi par un géomètre assermenté. Le mode d'établissement et les frais du plan feront l'objet d'un règlement spécial.

5. *Des incapables et non présents.*

Art. 24. — En même temps qu'il envoie au représentant de l'autorité française, résident, administrateur, gouverneur, sous-gouverneur ou chef de village, les placards reproduisant l'insertion au *Journal officiel*, le conservateur adresse au greffe du tribunal de première instance l'original de cette réquisition, ainsi que les pièces et titres déposés à l'appui de cette déclaration.

Le président du tribunal de première instance a pour mission de veiller, pendant le cours de la procédure de l'immatriculation, à ce qu'aucun droit immobilier des incapables et des personnes non présentes à Madagascar ne soit lésé et, à cet effet, il procéde à toutes vérifications et enquêtes nécessaires. Les pouvoirs qui lui sont conférés dans ce cas sont discrétionnaires.

Art. 25. — Il pourra accorder une augmentation de délai à l'effet de former opposition, au nom d'incapables ou de non présents à une immatriculation. Avis sera donné de cette prorogation au conservateur de la propriété foncière chargé de recevoir les oppositions.

Art. 26. — Pourront toujours, dans les délais des articles 19 à 24, former directement opposition, au nom des incapables ou non présents, les tuteurs, représentants légaux, parents ou amis, le procureur de la République.

Section III. — *Des oppositions à l'immatriculation.*

Art. 27. — Le dossier relatif à la demande en immatriculation, ainsi que le plan établi par le Service topographique, seront transmis par le conservateur, avec les oppositions formées entre ses mains, au greffe du tribunal de première instance ou de la justice de paix à compétence étendue du lieu de la situation de l'immeuble.

Art. 28. — S'il n'existe pas d'opposition, le président du tribunal de première instance ou le juge de paix à compétence étendue examinera si la demande est régulière, si les formalités de bornage et autres exigées par le présent décret ont été observées; il précisera la nature des divers droits réels dont l'immeuble est grevé et rendra une ordonnance d'immatriculation.

Art. 29. — S'il existe des oppositions ou contestations, toutes les demandes en immatriculation seront portées devant le tribunal de première instance ou la justice de paix à compétence étendue du lieu de la situation de l'immeuble.

Art. 30. — Les tribunaux ou justices de paix à compétence étendue statueront au fond, en la forme ordinaire, et prononceront l'admission en tout ou en partie de l'immatriculation; ils ordonneront l'inscription des droits réels dont ils auront reconnu l'existence, et feront rectifier le bornage et le plan, s'il y a lieu.

Art. 31. — Les tribunaux ou justices de paix à compétence étendue connaîtront, en dernier ressort, des demandes en immatriculation jusqu'à 150 francs de revenu déterminé, soit en rente, soit par prix de bail.

Art. 32. — Au-dessus de ce chiffre, l'appel sera porté devant la Cour de Tananarive.

Art. 33. — Le délai pour interjeter appel sera de deux mois à compter de la notification à personne ou au domicile réel ou d'élection.

Art. 34. — Les décisions en matière d'immatriculation ne seront pas susceptibles de recours en cassation.

Art. 35. — Toute personne, dont les droits auraient été lésés, par suite d'une immatriculation ou d'une inscription, n'aura jamais de recours sur l'immeuble, mais seulement, en cas de dol, une action personnelle en dommages-intérêts contre l'auteur du dol.

Art. 36. — Le greffier remet au juge compétent les pièces que lui a transmises le conservateur en vertu des articles 24 et 27. Ce magistrat fournit au Service topographique tous les renseignements nécessaires pour le mettre à même de procéder au bornage et lui communique, au besoin, les titres de propriété qu'il serait utile de consulter. Il met les opposants en demeure de lui faire parvenir leur requête introductive d'instance dans un délai de quinze jours, augmenté des délais de distance.

Si, dans ce délai, la requête introductive d'instance n'est pas produite, le tribunal déclare la déclaration déchue. La requête introductive d'instance doit contenir, indépendamment d'une élection de domicile au lieu où siège le tribunal ou la justice de paix à compétence étendue, tous les moyens invoqués par le règlement et être accompagnée des pièces à l'appui.

Le juge invite le requérant à l'immatriculation à en prendre connaissance au greffe, sans déplacement, et à répondre dans un délai de huit jours. Les parties peuvent présenter, soit en personne, soit par un mandataire, leurs observations verbales.

Les parties sont averties, par lettre du greffier, du jour où l'affaire sera appelée en audience publique.

Les notifications à faire aux parties intéressées, par les magistrats, fonctionnaires et officiers ministériels, en matière d'immatriculation et d'inscription, sont faites administrativement par l'intermédiaire des résidents, administrateurs, gouverneurs, sous-gouverneurs ou chefs de village, qui en retirent un récépissé et l'adressent à l'auteur de la notification. Une minute de cette notification et l'accusé de réception sont joints au dossier de chaque immeuble.

Les notifications à faire en pareille matière par les parties aux magistrats, fonctionnaires et officiers ministériels, peuvent être faites par lettres recommandées à la poste.

Celles que les parties se font entre elles sont remises aux greffiers, qui procèdent administrativement par les intermédiaires indiqués ci-dessus.

Les parties reçoivent du greffe l'avis de la décision du tribunal ou de la justice de paix à compétence étendue.

Art. 37. — Le conservateur procède à l'immatriculation sur l'expédition conforme de la décision qui lui est délivrée par le greffier, après avoir été contresignée par le président ou le juge de paix à compétence étendue.

L'immatriculation n'est effectuée qu'après rectification du bornage et du plan, s'il y a lieu.

Le conservateur annule et annexe à ses archives, comme il est dit à l'article 44, les anciens titres de propriété produits à l'appui de la réquisition d'immatriculation.

Toutefois, si ces titres concernent, outre la propriété immatriculée, un immeuble distinct de cette propriété, le conservateur remet aux parties le titre commun, après y avoir apposé une mention d'annulation relative à l'immeuble immatriculé.

En même temps qu'il procède à l'immatriculation d'un immeuble, le conservateur inscrit les droits réels immobiliers existant sur cet immeuble, tels qu'ils résultent de la décision du tribunal ou des justices de paix à compétence étendue.

Art. 58. — Les parties du domaine public dans un immeuble immatriculé ne sont pas assujetties à l'immatriculation, et les droits qui s'y appliquent subsistent indépendamment de toute inscription.

CHAPITRE III

Du titre de propriété.

Section I. — *De l'établissement du titre de propriété.*

Art. 39. — Chaque immatriculation donne lieu à l'établissement, par le conservateur de la propriété foncière, d'un titre en langue française comportant la description de l'immeuble, sa contenance, les plantations et constructions qui s'y trouvent et l'inscription des droits réels immobiliers existant sur l'immeuble et des charges qui le grèvent; le plan y reste annexé.

Chaque titre de propriété porte un numéro d'ordre; il sera définitif et inattaquable; il formera devant les juridictions françaises le point de départ unique de la propriété et des droits réels qui l'affectent, à l'exclusion de tous les autres droits non inscrits.

Les inscriptions portées ultérieurement sur ces titres feront foi devant les mêmes juridictions, dans les limites fixées par le présent décret.

Art. 40. — Les titres de propriété seront établis sur un registre dont la forme sera réglée par l'administration.

Art. 41. — Lorsqu'un immeuble est divisé, soit par suite d'un démembrement, soit par suite de partage, il est procédé au bornage de chacun des lots par un géomètre assermenté, qui rapporte cette opération sur une expédition du plan. Il est établi un titre et un plan distincts pour chacune des divisions de l'immeuble.

Toutefois, en cas de mutations partielles, il n'est pas nécessaire d'établir un nouveau titre pour la partie de l'immeuble qui, ne faisant pas l'objet d'une transmission, reste en possession du propriétaire.

Le titre déjà délivré et le plan qui y est joint peuvent être conservés, après avoir été revêtus des mentions utiles.

Art. 42. — Le titre de propriété et les inscriptions conservent le droit qu'ils relatent, tant qu'ils n'ont pas été annulés, rayés ou modifiés.

Art. 43. — Lorsque le titre de propriété sera établi au nom d'un mineur ou de tout autre incapable, l'âge du mineur et la nature de l'incapacité seront indiqués sur le titre.

Lorsque l'état de minorité ou d'incapacité aura pris fin, le mineur devenu majeur, ou l'incapable devenu capable, pourra obtenir la rectification de son titre.

Art. 44. — Lorsque le conservateur établira un nouveau titre de propriété, il annulera le précédent, en apposant une griffe d'annulation et le timbre de la conservation sur toutes les pages; il annulera de la même façon la copie et la conservera dans les archives.

Section II. — *Des copies de titres de propriété.*

Art. 45.— Tout propriétaire, à l'exclusion de tous autres, aura droit à une copie exacte et complète du titre de propriété.

Cette copie sera nominative et le conservateur en certifiera l'authenticité, en y apposant sa signature et le timbre de la conservation.

Les autres intéressés n'auront droit qu'à la délivrance de certificats d'inscriptions.

Art. 46. — Lorsque deux ou plusieurs personnes sont propriétaires indivis d'un immeuble, des duplicata authentiques du titre de propriété seront délivrés au nom de tous les propriétaires indivisément et à chacun d'eux.

Section III. — *Des oppositions conservatoires.*

Art. 47. — Toute demande tendant à faire prononcer l'annulation de la modification des droits réels ou immobiliers pourra être mentionnée sommairement sur le titre, avant d'être portée devant le tribunal. Cette inscription devra être autorisée par ordonnance du président ou du juge de paix à compétence étendue, rendue sur requête, à charge de lui en référer.

La validité des inscriptions ultérieures restera subordonnée à la décision judiciaire.

Si la demande n'a pas été inscrite, le jugement n'aura d'effet, à l'égard des tiers, qu'à dater du jour de son inscription.

TITRE II

CHAPITRE I

De la propriété immobilière.

Art. 48. — La propriété immobilière est le droit de jouir et disposer d'un immeuble par nature ou par destination de la manière la plus absolue, pourvu qu'on n'en fasse pas un usage prohibé par les lois ou par les règlements.

Art. 49. — Nul ne peut être contraint de céder sa propriété, si ce n'est pour cause d'utilité publique et moyennant une juste et préalable indemnité, conformément aux lois en vigueur sur les expropriations.

Art. 50. — La propriété d'un immeuble donne droit sur tout ce qu'il produit et sur ce qui s'y unit accessoirement, soit naturellement, soit artificiellement.
Ce droit s'appelle droit d'accession.

Art. 51. — Tout ce qui est produit par l'immeuble, tout ce qui s'unit et s'incorpore à l'immeuble, appartient au propriétaire, suivant les règles établies par les articles 547 à 565 du Code civil, sauf l'exception ci-après.

Art. 52. — Les îles, îlots et atterrissements, qui se forment dans le lit des fleuves, des rivières ou des cours d'eau navigables ou flottables ou non flottables, appartiennent à l'État.

CHAPITRE II

Du droit de préemption.

Art. 53. — La préemption est le droit reconnu à tout copropriétaire indivis d'un même immeuble, à tout cohéritier sur les immeubles de la succession, à tout copropriétaire divis d'une maison d'habitation, au superficiaire pour l'acquisition du sol et au propriétaire du sol pour l'acquisition de la superficie, d'acquérir la portion vendue à un tiers, en se substituant à cet acquéreur, moyennant le remboursement du montant de la vente avec le prix des améliorations et les loyaux coûts du contrat.

Art. 54. — Ce droit sur un même immeuble s'exercera, par voie de préférence, dans l'ordre suivant :

1° Le propriétaire du sol vis-à-vis du superficiaire, et réciproquement;
2° Les cohéritiers;
3° Les copropriétaires divis ou indivis.

Pour ces deux dernières catégories, celui qui a la part la plus considérable sur l'immeuble sera préféré à celui qui a une part moindre.

En cas d'égalité, le sort décidera entre ceux qui veulent bénéficier de la présomption.

Art. 55. — S'il y a contestation sur l'importance de leur part, le président du tribunal ou le juge de paix à compétence étendue, sur l'ordonnance, la fera déterminer par un expert.

Le tirage au sort, en cas d'égalité, se fera devant le greffier du tribunal, qui en dressera procès-verbal.

Art. 56. — Le cohéritier, le copropriétaire, le propriétaire du sol ou le superficiaire qui voudra exercer la préemption devra en faire une notification à l'acquéreur de l'immeuble dans le délai des distances, sans que ce délai puisse jamais être supérieur à deux mois, à partir du jour où ils auront eu connaissance de la vente, avec offres réelles de rembourser à l'acquéreur son prix d'acquisition ainsi que le prix des améliorations et tous les loyaux coûts accessoires.

Passé ce délai, ils seront déchus de l'exercice de ce droit.

Art. 57. — L'acquéreur, après inscription de son droit, pourra notifier son contrat d'acquisition à tout ayant droit à la préemption, qui en sera déchu s'il ne l'exerce dans le délai de huitaine à partir de cette notification, comme il est dit à l'article précédent.

Art. 58. — Le droit de préemption se prescrit dans tous les cas par six mois à partir du jour de la vente.

TITRE III

CHAPITRE UNIQUE

De l'usufruit des immeubles

Section I. — *Dispositions générales.*

Art. 59. — L'usufruit immobilier est le droit de jouir d'un immeuble dont un autre a la propriété, comme le propriétaire lui-même, mais à la charge d'en conserver la substance.

Art. 60. — L'usufruit est établi par la loi ou par la volonté de l'homme.

Art. 61. — L'usufruit peut être établi ou purement, ou à certain jour, ou à condition.

Art. 62. — Il peut être établi :
1° Sur la propriété immobilière;
2° Sur l'emphytéose pour le temps de sa durée;
3° Sur la superficie;
4° Sur l'antichrèse;
5° Sur les hypothèques.

Section II. — *Des droits et des obligations de l'usufruitier.*

Art. 63. — Les droits et les obligations de l'usufruitier sont réglés par les articles 582 à 617 du Code civil.

Art. 64. — L'usufruit s'éteint :

1° Par la mort de l'usufruitier;

2° Par l'expiration du temps pour lequel il a été accordé;

3° Par la consolidation ou la réunion, sur la même tête, des deux qualités d'usufruitier et de propriétaire;

4° Par le non-usage du droit pendant vingt ans;

5° Par la perte totale de l'immeuble sur lequel l'usufruit est établi.

Art. 65. — L'usufruit peut aussi cesser par l'abus que l'usufruitier fait de sa jouissance, soit en commettant des dégradations sur le fond, soit en le laissant dépérir, faute d'entretien.

Les créanciers de l'usufruitier peuvent intervenir dans les contestations pour la conservation de leurs droits; ils peuvent offrir la réparation des dégradations commises et des garanties pour l'avenir. Les juges peuvent, suivant la gravité des circonstances, ou prononcer l'extinction absolue de l'usufruit, ou ordonner la rentrée du propriétaire dans la jouissance de l'immeuble qui en est grevé sous la charge de payer annuellement à l'usufruitier ou à ses ayants cause une somme déterminée, jusqu'à l'instant où l'usufruit aurait dû cesser.

Art. 66. — L'usufruit qui n'est pas accordé à des particuliers ne dure que trente ans.

Art. 67. — L'usufruit accordé jusqu'à ce qu'un tiers ait atteint un âge fixé dure jusqu'à cette époque, encore que le tiers soit mort avant l'âge.

Art. 68. — La vente de l'immeuble, sujet à l'usufruit, ne fait aucun changement dans le droit de l'usufruitier; il continue à jouir de son usufruit, s'il n'y a pas formellement renoncé.

Art. 69. — Les créanciers de l'usufruitier peuvent faire annuler la renonciation qu'il aurait faite à leur préjudice.

Art. 70. — Si une partie seulement de l'immeuble soumis à l'usufruit est détruite, l'usufruitier conserve ce qui reste.

Art. 71. — Si l'usufruit n'est établi que sur un bâtiment, et que ce bâtiment soit détruit par un incendie ou tout autre accident ou qu'il s'écroule de vétusté, l'usufruitier n'aura le droit de jouir ni du sol ni des matériaux.

TITRE IV

DE L'USAGE ET DE L'HABITATION

Art. 72. — Les droits d'usage et d'habitation s'établissent et se perdent de la même manière que pour l'usufruit.

TITRE V

DE L'EMPHYTÉOSE

Art. 73. — L'emphytéose est un droit réel immobilier qui consiste à avoir la pleine jouissance d'un immeuble appartenant à autrui sous la condition de lui payer une redevance, soit en argent, soit en nature, en reconnaissance de son droit de propriété.

Art. 74. — L'emphytéose ne pourra être établie que pour une durée d'au moins vingt ans et jamais au delà de quatre-vingt-dix-neuf ans. Tout bail d'une durée de vingt ans sera présumé bail emphytéotique, à moins de stipulations contraires, soit dans le bail, soit dans un acte séparé.

Art. 75. — L'emphytéote exerce tous les droits attachés à la propriété du fonds, mais il ne peut rien faire pour en diminuer la valeur.

Il a, par exemple, la faculté d'aliéner son droit, de l'hypothéquer et de grever le fonds emphytéotique pour la durée de sa jouissance.

Art. 76. — L'emphytéose s'éteint :
1° Par la confusion ;
2° Par la destruction du fonds.

TITRE VI

DE LA SUPERFICIE

Art. 77. — Le droit de superficie est un droit réel immobilier qui consiste à avoir des bâtiments, ouvrages ou plantations sur un fonds appartenant à autrui.

Art. 78. — Celui qui a le droit de superficie peut toujours l'aliéner et l'hypothéquer. Il peut grever de servitudes les biens qui font l'objet de son droit, mais dans la limite qui lui appartient pour l'exercice de ce droit.

Art. 79. — Le droit de superficie s'éteint :
1° Par la confusion ;
2° Par la destruction des fonds.

TITRE VII

DES SERVITUDES FONCIÈRES

CHAPITRE I

Dispositions générales.

Art. 80. — Une servitude est une charge imposée sur un immeuble pour l'usage et l'utilité d'un immeuble appartenant à un autre propriétaire.

Art. 81. — Elle dérive, ou de la situation naturelle des lieux, ou des obligations imposées par la loi, ou des conventions entre les propriétaires ; dans les deux premiers cas, elle n'est pas assujettie à l'inscription.

CHAPITRE II

Des servitudes qui dérivent de la situation des lieux.

Art. 82. — Les fonds inférieurs sont assujettis, envers ceux qui sont plus élevés, à recevoir les eaux qui en découlent naturellement, sans que la main de l'homme y ait contribué.

Le propriétaire inférieur ne peut point élever de digue qui empêche cet écoulement.

Le propriétaire supérieur ne peut rien faire qui aggrave la servitude du fonds inférieur.

Art. 83. — Tout propriétaire peut clore son héritage, sauf le droit de passage du propriétaire dont les fonds sont enclavés et qui n'a, sur la voie publique, aucune issue ou qu'une issue insuffisante pour l'exploitation, soit agricole, soit industrielle de sa propriété.

CHAPITRE III

Des servitudes établies par la loi.

Art. 84. — Les règles concernant les servitudes établies par la loi, les murs et fossés mitoyens, la distance et les ouvrages intermédiaires requis pour certaines constructions, les vues sur la propriété du voisin, l'égout des toits, le droit de passage, sont fixés et déterminés par les articles 649 à 686 du Code civil, sauf l'exception suivante.

Art. 85. — L'assiette et le mode de servitude de passage pour cause d'enclave sont déterminés par vingt ans d'usage continu.

CHAPITRE IV

Des servitudes établies par le fait de l'homme.

SECTION I. — *Des diverses espèces de servitudes qui peuvent. être établies sur les immeubles.*

Art. 86. — Il est permis aux propriétaires d'établir sur leurs immeubles, ou en faveur de leurs immeubles, telles servitudes que bon leur semble, pourvu, néanmoins, que les servitudes établies ne soient imposées ni à la personne ni en faveur de la personne, mais seulement à un fonds et pour un fonds, et pourvu que ces servitudes n'aient, d'ailleurs, rien de contraire à l'ordre public. L'usage et l'étendue des servitudes ainsi établies se règlent par le titre qui les constitue et, à défaut de titre, par les règles édictées par les articles 687 à 690 du Code civil.

SECTION II. — *Comment s'établissent les servitudes.*

Art. 87. — Les servitudes ne peuvent s'établir que par titre.

Art. 88. — Quand on établit une servitude, on est censé l'accorder en tout ce qui est nécessaire pour en user.
Ainsi, la servitude de puiser de l'eau à la fontaine d'autrui emporte nécessairement le droit de passage.

SECTION III. — *Des droits de propriétaire du fonds auquel la servitude est due.*

Art. 89. — Les droits du propriétaire du fonds auquel la servitude est due sont déterminés et réglés par les articles 697 à 705 du Code civil.

SECTION IV. — *Comment s'éteignent les servitudes.*

Art. 90. — Les servitudes cessent, lorsque les choses se trouvent en tel état qu'on ne peut plus en user.

Art. 91. — La servitude est éteinte par le non-usage pendant vingt ans.

Art. 92. — Les vingt ans commencent à courir, selon les diverses espèces de servitudes, ou du jour où l'on a cessé d'en jouir, lorsqu'il s'agit de servitudes discontinues, ou du jour où il a été fait un acte contraire à la servitude, lorsqu'il s'agit de servitudes continues.

TITRE VIII

DE L'ANTICHRÈSE

Art. 93. — L'antichrèse est la remise d'un immeuble par le débiteur à son créancier pour la sûreté de sa dette.

Art. 94. — L'antichrèse ne s'établit que par écrit.

Art. 95. — Le créancier n'acquiert par ce contrat que la faculté de percevoir les fruits de l'immeuble, à la charge de les imputer annuellement sur les intérêts, s'il lui en est dû, et ensuite sur le capital de la créance.

Art. 96. — Le créancier est tenu, s'il n'en est autrement convenu, de payer les contributions et les charges annuelles de l'immeuble, sauf à prélever sur les fruits toutes les dépenses relatives à ces divers objets.

Art. 97. — Le débiteur ne peut, avant l'entier acquittement de la dette, réclamer la jouissance de l'immeuble qu'il a remis en antichrèse.

Mais le créancier, qui veut se décharger des obligations exprimées en l'article précédent, peut toujours, à moins qu'il n'ait renoncé à ce droit, contraindre le débiteur à reprendre la jouissance de son immeuble.

Art. 98. — Le créancier ne devient point propriétaire de l'immeuble par le seul défaut de payement au terme convenu; toute clause contraire est nulle; en ce cas, il peut poursuivre l'expropriation de son débiteur par les voies légales.

Art. 99. — L'antichrèse peut être donnée par un tiers pour le débiteur.

Art. 100. — Lorsque les parties ont stipulé que les fruits se compenseront avec les intérêts, ou totalement ou jusqu'à une certaine concurrence, cette convention s'exécute comme toute autre qui n'est point prohibée par les lois.

Art. 101. — L'antichrèse est indivisible, nonobstant la divisibilité de la dette entre les héritiers du débiteur ou ceux du créancier.

L'héritier du débiteur, qui a payé la portion de la dette, ne peut demander la restitution de la portion dans l'immeuble remis en antichrèse, tant que la dette n'est pas entièrement acquittée.

Réciproquement, l'héritier du créancier qui a reçu sa portion de la dette ne peut remettre l'immeuble tenu à antichrèse au préjudice de ceux de ses cohéritiers qui ne sont pas payés.

Art. 102. — Tout ce qui est statué au présent titre ne préjudicie point aux droits que les tiers pourraient avoir sur l'immeuble remis en antichrèse. Si le créancier muni à ce titre a d'ailleurs, sur le fonds, des privilèges ou hypothèques légalement établis et conservés, il les exerce à son ordre et comme tout créancier.

Art. 103. — Le créancier répond, selon le droit commun, de la perte ou détérioration de l'immeuble qui serait survenue par sa négligence.

Le débiteur doit tenir compte au créancier des dépenses utiles et nécessaires que celui-ci a faites pour la conservation de l'immeuble remis en antichrèse.

TITRE IX

DES PRIVILÈGES

Art. 104. — Le privilège est un droit réel que la qualité de la créance donne à un créancier d'être préféré aux autres créanciers même hypothécaires. Il n'est pas assujetti à l'inscription.

Art. 105. — Les créances privilégiées sur le prix des immeubles sont les suivantes et s'exercent suivant l'ordre établi ci-après :

1° Les frais de justice ;
2° Les frais funéraires ;
3° Les frais du Trésor ;
4° Les frais quelconques de la dernière maladie, concurremment entre ceux à qui ils sont dus ;
5° Les salaires des gens de service pour l'année échue et ce qui est dû de l'année courante ;
6° Les fournitures de subsistances faites au débiteur et à sa famille, savoir : pendant les six derniers mois, par les marchands en détail, tels que boulangers, bouchers et autres ; et, pendant la dernière année, pour les maîtres de pension et marchands en gros.

Art. 106. — Ces privilèges ne s'exercent sur le prix des immeubles qu'à défaut de mobilier.

TITRE X

DES HYPOTHÈQUES

CHAPITRE I

Dispositions générales.

Art. 107. — L'hypothèque est un droit réel immobilier sur les immeubles affectés à l'acquittement d'une obligation.
Elle est, de sa nature, indivisible et subsiste en entier sur tous les immeubles affectés sur chacun et sur chaque portion de ces immeubles. Elle les suit, dans quelques mains qu'ils passent.

Art. 108. — L'hypothèque n'a lieu que dans les cas et suivant les formes autorisées par la loi.

Art. 109. — Sont seuls susceptibles d'hypothèques :
1° La propriété immobilière qui est dans le commerce ;
2° L'usufruit des immeubles pour le temps de sa durée ;
3° L'emphytéose pour le temps de sa durée ;
4° La superficie.

Art. 110. — L'hypothèque acquise s'étend aux accessoires réputés immeubles et aux améliorations survenues à l'immeuble hypothéqué.

Art. 111. — Le créancier inscrit pour un capital, intérêts ou arrérages, a droit d'être colloqué, pour une année seulement et pour l'année courante, au même rang d'hypothèque que pour son capital, à condition, toutefois, que ce droit résulte de l'acte, qu'il soit inscrit et que le taux de l'intérêt soit indiqué.

Art. 112. — L'hypothèque est volontaire ou forcée. Elle ne s'acquiert dans les deux cas que par l'inscription. Les inscriptions prises auront la même durée que l'hypothèque.

CHAPITRE II

Des hypothèques forcées.

Art. 113. — L'hypothèque forcée est celle qui est acquise en vertu d'une décision de justice, sans le consentement du débiteur et dans les cas ci-après déterminés :
1° Aux mineurs et aux interdits, sur les immeubles des tuteurs et de leurs cautions ;

2° A la femme, sur les immeubles de son mari, pour sa dot, ses droits matrimoniaux, l'indemnité et le remploi du prix de ses biens aliénés;

3° Au vendeur, à l'échangiste ou aux copartageants, sur l'immeuble vendu, échangé ou partagé, quand il n'a pas été réservé d'hypothèques conventionnelles pour le payement du prix ou de la soulte d'échange ou de partage.

Art. 114. — A l'ouverture d'une tutelle ou d'une interdiction, le conseil de famille désigne, contradictoirement avec le tuteur, ceux de ses immeubles qui seront grevés d'hypothèques et fixe la somme pour laquelle l'inscription sera prise.

Art. 115. — Si, dans le cours de la tutelle ou de l'interdiction, les garanties données par le tuteur se trouvent modifiées ou deviennent insuffisantes, le conseil de famille peut en exiger de nouvelles; si elles sont devenues excessives, il peut les diminuer.

Art. 116. — Dans tous les cas, à défaut de consentement du tuteur, la délibération du conseil sera soumise à l'homologation du tribunal et le droit à l'hypothèque résultera du jugement de ce tribunal.

Art. 117. — La convention matrimoniale, s'il y en a, détermine les immeubles du mari qui sont grevés d'hypothèques, l'objet auquel s'applique la garantie et la somme jusqu'à concurrence de laquelle l'inscription peut être prise.

Art. 118. — S'il n'a pas été stipulé d'hypothèques, ou, en cas d'insuffisance des garanties déterminées par le contrat, la femme peut dans le cours du mariage et en vertu d'un jugement du tribunal, à défaut du consentement du mari, pour toutes les causes de recours qu'elle peut avoir contre lui, soit à raison des obligations par elle souscrites, ou d'aliénation de ses biens propres, ou de donations ou de successions auxquelles elle est appelée, requérir inscription d'une hypothèque sur les immeubles de son mari. Le jugement, dans ce cas, détermine la somme pour laquelle l'inscription se fera.

Lorsque les garanties seront devenues excessives, le mari pourra en demander la diminution au tribunal.

Art. 119. — Le mari ou le tuteur pourra toujours être dispensé de l'hypothèque en constituant un gage mobilier ou une caution, lorsque cette substitution sera reconnue suffisante par une décision de justice.

Art. 120. — Le vendeur d'un immeuble peut, dans le contrat de vente, stipuler de son acheteur une hypothèque sur l'immeuble vendu pour garantie du payement total ou partiel du prix.

Il peut également stipuler que, en cas de nouvelle transmission de la propriété de l'immeuble avant payement total ou partiel du prix, il conservera l'action en résolution de vente.

Art. 121. — A défaut de stipulation d'hypothèque, le vendeur peut, en vertu d'un jugement du tribunal, requérir l'inscription sur ledit immeuble.

Le jugement pourra également, sur les conclusions du vendeur, lui accorder la conservation de son action en résolution, en cas de transmission ultérieure de la propriété de l'immeuble avant payement total ou partiel du prix.

Art. 122. — A défaut d'inscription de la clause de conservation de l'action résolutoire, résultant du contrat ou du jugement, la résolution de la vente ne pourra, en aucun cas, être opposée au tiers.

Art. 123. — Dans ces divers cas, le président du tribunal ou le juge de paix à compétence étendue pourra, en cas d'urgence, ordonner toutes inscriptions conservatoires, lesquelles n'auront d'effet que jusqu'au jugement définitif; si le jugement définitif maintient tout ou partie de l'inscription, ce qui aura été conservé prendra rang à la date de l'inscription prise conservatoirement.

CHAPITRE III

Section I — *Des hypothèques volontaires.*

Art. 124. — Les hypothèques volontaires ne peuvent être consenties que par ceux qui ont la capacité d'aliéner les immeubles qu'ils y soumettent.

Art. 125. — Les écrits faits en pays étrangers peuvent donner hypothèque sur des immeubles sis à Madagascar, à condition de se conformer aux dispositions du présent décret.

Art. 126. — Les biens des mineurs et des interdits et ceux des absents, tant que la possession n'en est déférée que provisoirement, ne peuvent être hypothéqués que pour les causes et dans les formes établies par la loi.

Section II. — *De l'hypothèque testamentaire.*

Art. 127. — L'hypothèque testamentaire est celle qui est établie pour un chiffre déterminé par le testateur sur un ou plusieurs de ses immeubles, spécialement désignés dans le testament pour garantir les legs par lui faits.

Section III. — *De l'hypothèque conventionnelle.*

Art. 128. — Il n'y a d'hypothèque conventionnelle valable et, par conséquent, pouvant être inscrite, que celle qui, soit dans le titre constitutif de la créance, soit dans un titre postérieur, déclare spécialement la nature et la situation de chacun des immeubles, actuellement appartenant au débiteur, sur lesquels il consent l'hypothèque de la créance.

Art. 129. — Si les immeubles affectés à l'hypothèque ont péri ou éprouvé des dégradations de manière qu'ils soient devenus iusuffisants pour la sûreté du créancier, celui-ci a le droit de réclamer le remboursement de sa créance. .

Art, 130. — L'hypothèque conventionnelle n'est valable et ne peut, en conséquence, être inscrite qu'autant que la somme pour laquelle elle est consentie est déterminée dans l'acte. Si la créance résultant de l'obligation est conditionnelle, la condition sera mentionnée dans l'inscription.

Art. 131. — L'hypothèque consentie pour sûreté d'un crédit ouvert à concurrence d'une somme déterminée qu'on l'oblige à fournir est valable et peut, en conséquence, être inscrite ; elle prend rang à la date de son inscription, sans égard aux époques successives de la délivrance des fonds.

CHAPITRE IV

Du rang des hypothèques entre elles.

Art. 132. — L'hypothèque, soit volontaire, soit forcée, n'existe à l'égard de tiers et n'a rang entre les créanciers que du jour de l'inscription dans la forme et de la manière prescrites par le présent décret.

Art. 133. — Tous les créanciers inscrits le mémo jour exercent en concurrence une hypothèque de la même date, sans distinction entre l'inscription du matin et celle du soir, quand même cette différence serait marquée par le conservateur.

CHAPITRE V

De l'effet des hypothèques contre des tiers détenteurs.

Art. 134. — Les créanciers, ayant une hypothèque inscrite sur un immeuble, le suivent en quelques mains qu'il passe, pour être colloqués et payés suivant l'ordre de leur inscription.

Art. 135. — Si le tiers détenteur ne remplit pas les formalités qui seront ci-après établies pour purger sa propriété, il demeure, par l'effet seul des inscriptions, obligé, comme détenteur, à toutes les dettes hypothécaires; il jouit des termes et délais accordés au débiteur originaire.

Art. 136. — Le tiers détenteur est tenu, dans le même cas, s'il ne paye tous les intérêts et capitaux exigibles, à quelque somme qu'ils puissent monter, de délaisser l'immeuble hypothéqué, suivant les formes prescrites.

Art. 137. — Faute par le tiers détenteur de satisfaire pleinement à l'une de ces obligations, chaque créancier hypothécaire a le droit de faire vendre sur lui l'immeuble hypothéqué, sans aucune réserve, suivant les formes prescrites aux articles 171 et suivants ci-après, trente jours après commandement fait au débiteur originaire et sommation faite au tiers détenteur de payer la dette exigible ou de délaisser l'immeuble.

Art. 138. — Le délaissement par hypothèque peut être fait par tous les tiers détenteurs qui ne sont pas personnellement obligés à la dette et qui ont la capacité d'aliéner.

Art. 139. — Il peut l'être, même après que le tiers détenteur a reconnu l'obligation, ou sur la condamnation en cette qualité seulement. Le délaissement n'empêche pas que, jusqu'à l'adjudication, le tiers détenteur ne puisse reprendre l'immeuble en payant toute la dette et les frais.

Art. 140. — Le délaissement par hypothèque se fait au greffe du tribunal ou justice de paix à compétence étendue de la situation des biens, et il en est donné acte par ce tribunal ou justice de paix à compétence étendue.

Le greffier doit en prévenir immédiatement le conservateur, qui en fera mention sur le titre de propriété.

Sur la requête du plus diligent des intéressés, il est créé à l'immeuble délaissé un curateur par lequel la vente de l'immeuble est poursuivie dans les formes prescrites pour les expropriations.

Art. 141. — Les détériorations qui procèdent du fait ou de la négligence du tiers détenteur au préjudice des créanciers hypothécaires, donnent lieu, contre lui, à une action en indemnité; mais il ne peut répéter ses impenses et améliorations que jusqu'à concurrence de la plus-value résultant de l'amélioration.

Art. 142. — Les fruits de l'immeuble hypothéqué ne sont dus par le tiers détenteur qu'à compter du jour de la sommation de payer ou de délaisser et, si les poursuites commencées ont été abandonnées pendant trois ans, à compter de la nouvelle sommation qui sera faite.

Art. 143. — Les droits réels immobiliers, dont le tiers détenteur avait le bénéfice ou qu'il subissait avant sa possession sur un immeuble délaissé ou adjugé à la suite d'une purge d'hypothèques, renaissent après le délaissement ou l'adjudication faite sur lui.

Dans le cas où l'inscription aurait été radiée à la suite de la confusion, une nouvelle inscription sera nécessaire pour faire servir le droit; mais l'intéressé pourra la réquérir.

Art. 144. — Le tiers détenteur qui a payé la dette hypothécaire, ou délaissé l'immeuble hypothéqué, ou subi l'expropriation de cet immeuble, a son recours, tel que de droit, contre le débiteur principal.

Art. 145. — Le tiers détenteur qui veut purger sa propriété, en payant le prix, observe les formalités qui sont établies dans le chapitre VII ci-après.

CHAPITRE VI

De l'extinction de l'hypothèque.

Art. 146. — Les hypothèques s'éteignent :
1° Par l'extinction de l'obligation principale ;
2° Par la renonciation du créancier ;
3° Par l'accomplissement des formalités et conditions prescrites aux tiers détenteurs pour purger les immeubles par eux acquis.

CHAPITRE VII

Du mode de purger les immeubles des hypothèques.

Art. 147. — L'immeuble, bien que changeant de propriétaire, reste affecté de tous les droits réels immobiliers inscrits sur le titre de propriété.

Art. 148. — Le nouveau propriétaire, qui voudra obtenir la radiation des inscriptions hypothécaires prises sur l'immeuble dont la propriété lui est transmise, devra, après avoir fait inscrire son droit de propriété, soit avant les poursuites autorisées par le chapitre V qui précède, soit dans le mois au plus tard à compter de la première sommation qui lui est faite, notifier à tous les créanciers inscrits, au domicile par eux élu :
1° Extrait de l'acte transmissif de propriété contenant sa date et sa qualité et la désignation des parties ;
2° Le prix de l'acquisition et les charges faisant partie du prix, l'évaluation de ces charges, celle du prix, même s'il consiste en une rente viagère ou perpétuelle ou en toute autre obligation que celle de purger un capital fixe ; enfin, l'évaluation de l'immeuble, s'il a été donné ou cédé à tout autre titre qu'à celui de vente ;
3° Un certificat d'inscription de toutes les hypothèques qui pèsent sur l'immeuble, y compris celle du vendeur qui aurait bénéficié des articles 120 et 121 du présent décret.

Art. 149. — Le nouveau propriétaire ne pourra faire usage de la faculté accordée par le précédent article que sous condition de faire la notification prescrite dans l'année de l'inscription de son droit de propriété.

Art. 150. — Le nouveau propriétaire déclarera par le même acte qu'il est prêt à acquitter les dettes et charges hypothécaires jusqu'à concurrence du prix ou de la valeur déclarée, sans déduction aucune au profit du vendeur ou de tout autre.

Sauf disposition contraire dans les titres de créance, il jouira des termes et délais accordés au débiteur originaire et il observera ceux stipulés contre ce dernier.

Les créances non échues, qui ne viennent que pour parties ou ordre utile, seront immédiatement exigibles vis-à-vis du nouveau propriétaire jusqu'à cette concurrence et, pour le tout, à l'égard du débiteur.

Art. 151. — Si, parmi les créanciers, se trouve un vendeur ayant à la fois l'hypothèque qu'il aurait fait inscrire et l'action résolutoire qu'il aurait conservée par l'inscription, conformément aux articles 120 et 121 du présent décret, il aura quarante jours, à partir de la notification à lui faite, pour opter entre ces deux droits, sous peine d'être déchu de l'action en résolution et de ne plus pouvoir réclamer que son hypothèque. S'il opte pour la résolution du contrat, il devra, à peine de déchéance, le déclarer au greffe du tribunal ou de la justice de paix à compétence étendue devant lequel l'ordre doit être poursuivi. Le greffier doit en prévenir immédiatement le conservateur, qui en fera mention sur le titre de propriété. La déclaration du vendeur sera faite dans le délai ci-dessus fixé et suivie, dans les dix jours, de la demande en résolution.

A partir du jour où le vendeur aura opté pour l'action résolutoire, la purge sera suspendue et ne pourra être reprise qu'après la renonciation, de la part du vendeur, à l'action résolutoire ou après le rejet de cette action.

Les dispositions qui précèdent sont applicables aux coéchangistes et au donataire.

Art. 152. — Lorsque le nouveau propriétaire a fait la notification ci-dessus énoncée dans le délai fixé, tout créancier dont l'hypothèque est inscrite peut requérir la mise de l'immeuble aux enchères et adjudications publiques, à la charge :

1° Que cette réquisition sera signifiée au nouveau propriétaire, dans les quarante jours au plus tard de la notification faite à la requête de ce dernier, en y ajoutant deux jours par myriamètre de distance entre le domicile réel et le domicile élu du créancier le plus éloigné du tribunal ou de la justice de paix à compétence étendue qui doit connaître de l'ordre ;

2° Qu'elle contiendra soumission du requérant, ou d'une personne présentée par lui, de porter le prix à un dixième en sus de celui stipulé dans le contrat ou déclaré par le nouveau propriétaire. Cette enchère portera sur le prix principal et les charges, sans aucune déduction, mais non sur les frais du premier contrat ;

3° Que la même signification sera faite, dans le même délai, au précédent propriétaire et au débiteur principal ;

4° Que l'original et les copies de ces exploits seront signés par le créancier requérant, ou par son fondé de procuration expresse, lequel, en ce cas, est tenu de donner copie de sa procuration. Ils devront aussi être signés, le cas échéant, par le tiers enchérisseur ;

5° Que le requérant offrira de donner caution personnelle ou hypothécaire jusqu'à concurrence du prix et des charges ; le tout à peine de nullité.

Art. 153. — A défaut par les créanciers d'avoir requis la mise aux enchères dans le délai et les formes prescrites, la valeur de l'immeuble demeure définitivement fixée au prix stipulé dans le contrat, ou déclarée par le nouveau propriétaire.

Les inscriptions qui ne viennent pas en ordre utile sur le prix seront rayées pour la partie qui l'excédera, par suite de l'ordre amiable ou judiciaire dressé conformément aux lois de la procédure. Le nouveau propriétaire se libérera des hypothèques, soit en payant aux créanciers inscrits en ordre utile les créances exigibles dont l'acquittement lui est facultatif, soit en consignant le prix jusqu'à concurrence de ces créances.

Il reste soumis aux hypothèques venant en ordre utile, à raison des créances non exigibles dont il ne voudrait ou ne pourrait se libérer.

Art. 154. — En cas de revente par suite de surenchère, elle aura lieu suivant les formes prescrites à l'article 178 ci-après.

Art. 155. — L'adjudicataire est tenu, au delà du prix de son adjudication, de restituer à l'acquéreur ou au donateur dépossédé les frais et loyaux coûts de son contrat, ceux de son dépôt à la conservation de la propriété foncière, ceux d'inscription, ceux de notification et ceux faits par lui pour parvenir à la revente.

Art. 156. — Le désistement du créancier requérant la mise aux enchères ne peut, même quand le créancier payerait le montant de la soumission, empêcher l'adjudication publique, si ce n'est du consentement exprès de tous les autres créanciers hypothécaires, ou si ces derniers, sommés par huissier, au domicile par eux élu, de poursuivre l'adjudication dans la quinzaine, n'y donnent point suite.

Art. 157. — L'acquéreur qui sera rendu adjudicataire aura son recours, tel que de droit, contre le vendeur pour le remboursement de ce qui excède le prix stipulé par son titre, et pour l'intérêt de cet excédent, à compter du jour de chaque payement.

Art. 158. — Dans les cas où le titre du nouveau propriétaire comprendrait des immeubles ou des meubles, ou plusieurs immeubles, les uns hypothéqués, les autres non hypothéqués, aliénés pour un seul et même prix ou pour des prix distincts et séparés, soumis ou non à la même exploitation, le prix de chaque immeuble, frappé d'inscriptions particulières ou séparées, sera déclaré dans la notification du nouveau propriétaire, par ventilation, s'il y a lieu, du prix total exprimé dans le titre,

Le créancier surenchérisseur ne pourra en aucun cas être contraint d'étendre sa soumission ni sur le mobilier ni sur d'autres immeubles que ceux qui sont hypothéqués sur sa créance, sauf le recours du nouveau propriétaire contre les auteurs pour l'indemnité du dommage qu'il éprouverait, soit de la division des objets de son acquisition, soit de celle des exploitations.

TITRE XI

DE L'EXPLOITATION FORCÉE

Art. 159. — Le créancier peut poursuivre l'expropriation des droits réels immobiliers suivants, appartenant au débiteur :
1° La propriété immobilière ;
2° L'usufruit des immeubles ;
3° L'emphytéose ;
4° La superficie.

Art. 160. — Néanmoins, la part indivise d'un cohéritier dans les immeubles d'une succession ne peut être mise en vente par ses créanciers personnels avant le partage ou la licitation qu'ils peuvent provoquer, s'ils le jugent convenable, ou dans lequel ils ont le droit d'intervenir, conformément aux lois sur les successions.

Art. 161. — Les immeubles d'un mineur, même émancipé, ou d'un interdit ne peuvent être mis en vente avant la discussion du mobilier.

Art. 162. — La discussion du mobilier n'est pas requise avant l'expropriation des immeubles possédés par indivis, entre un majeur et un mineur ou un interdit, si la dette leur est commune, ni dans le cas où les poursuites ont été commencées contre un majeur ou avant l'interdiction.

Art. 163. — L'expropriation des immeubles qui font partie de la communauté se poursuit contre le mari débiteur seul, quoique la femme soit obligée à la dette.

Celle des immeubles de la femme qui ne sont point entrés en communauté se poursuit contre le mari et la femme, laquelle, au refus du mari de procéder avec elle, ou si le mari est mineur, peut être autorisée en justice.

En cas de minorité du mari et de la femme ou de minorité de la femme seule, si son mari majeur refuse de procéder avec elle, il est nommé par le tribunal un tuteur à la femme, contre lequel la poursuite est exercée.

Art. 164. — Le créancier ne peut poursuivre la vente des immeubles qui ne lui sont pas hypothéqués que dans le cas d'insuffisance de ceux qui lui sont hypothéqués.

Art. 165. — Il ne pourra être procédé simultanément à la vente de divers immeubles appartenant au même débiteur qu'après autorisation sur requête délivrée par le président du tribunal de première instance ou le juge de paix à compétence étendue.

Art. 166. — Si le débiteur justifie, par baux écrits, que le revenu net et libre de ses immeubles, pendant une année, suffit pour le payement de la dette, en capital, intérêts et frais, et s'il en offre la délégation au créancier, la poursuite peut être suspendue par les juges, sauf à être reprise, s'il survient quelque opposition ou obstacle au paiement.

Art. 167. — La vente forcée des immeubles ne peut être poursuivie qu'en vertu d'un titre inscrit ou exécutoire pour une dette certaine et liquide. Si la dette est en espèce non liquidée, la poursuite est valable ; mais l'adjudication ne pourra être faite qu'après la liquidation.

Art. 168. — Le concessionnaire d'un titre exécutoire ne peut poursuivre l'expropriation qu'après que la signification du transport a été faite au débiteur.

Art. 169. — La poursuite peut avoir lieu en vertu d'un jugement provisoire ou définitif, exécutoire par provision nonobstant appel ; mais l'adjudication ne peut se faire qu'après un jugement définitif en dernier ressort ou passé en force de chose jugée.

La poursuite ne peut s'exercer en vertu de jugements rendus par défaut durant le délai de l'opposition.

Art. 170. — La poursuite ne peut être annulée sous prétexte que le créancier l'aurait commencée pour une somme plus forte que celle qui lui est due.

Art. 171. — En cas de saisie immobilière ou d'expropriation forcée, pour parvenir à la vente de l'immeuble hypothéqué, le créancier fait signifier au débiteur un commandement dans la forme prévue par l'article 673 du Code de procédure civile.

Ce commandement sera visé par le conservateur de la propriété foncière et il en sera fait mention sur le titre.

A défaut de payement dans la quinzaine, il est fait, dans les six semaines qui suivent la mention du commandement sur le registre du conservateur, trois publications sommaires dans le journal désigné pour les annonces légales et l'apposition de placards dans les lieux suivants :

1° Dans l'auditoire du tribunal du lieu où la vente doit être effectuée ;

2° A la porte de la mairie ou de la résidence, suivant le cas, du lieu où les biens sont situés, et sur la propriété, s'il s'agit d'un immeuble bâti ;

3° A la principale place du lieu où le saisi est domicilié, ainsi qu'à la principale place du lieu où les biens sont situés.

L'apposition de placards est dénoncée dans la huitaine au débiteur et aux autres créanciers inscrits, s'il en existe, au domicile par eux élu de l'inscription, avec sommation de prendre communication du cahier des charges.

Quinze jours après l'accomplissement de cette dernière formalité, il est procédé à la vente aux enchères en présence du débiteur, qui est dûment appelé, devant le tribunal ou la justice de paix à compétence étendue de la situation des biens.

Art. 172. — Dans ce cas, la vente ne pourra avoir lieu qu'aux enchères publiques devant un notaire désigné sur simple requête par le président du tribunal de première instance ou le juge de paix à compétence étendue, après les formalités prescrites par l'article 171, § 2, 3 et 4 ci-dessus.

Art. 173. — Toutefois, les parties pourront convenir dans l'acte d'emprunt ou dans les actes postérieurs, à la condition qu'ils soient mentionnés sur le registre du conservateur, que, faute de payement à l'échéance, le créancier pourra faire vendre l'immeuble hypothéqué par-devant un notaire du lieu où les biens sont situés.

Art. 174. — A compter du jour de la mention du commandement sur les registres du conservateur, le débiteur ne peut aliéner au préjudice du créancier les immeubles hypothéqués, ni les grever d'aucun droit réel jusqu'à la fin de l'instance.

Art. 175. — Le commandement, les exemplaires du journal contenant les insertions, les procès-verbaux d'apposition de placards, la sommation de prendre communication du cahier des charges et d'assister à la vente, sont annexés au procès-verbal d'adjudication.

Art. 176. — Les dires et observations doivent être consignés sur le cahier des charges huit jours au moins avant celui de la vente. Ils contiennent élection de domicile dans le lieu où siège le tribunal ou la justice de paix à compétence étendue de la situation des biens. Le tribunal est saisi par simple requête adressée au président ou au juge de paix à compétence étendue. Il statue sommairement, en dernier ressort, sans qu'il puisse en résulter aucun retard de l'adjudication.

Art. 177. — Si la vente s'opère par lots ou qu'il y ait plusieurs acquéreurs non co-intéressés, chacun d'eux n'est tenu, vis-à-vis du créancier, que jusqu'à concurrence de son prix.

Art. 178. — La surenchère a lieu conformément aux articles 708 et suivants du Code de procédure civile.

Dans le cas de vente devant notaire, elle doit être faite au greffe du tribunal ou de la justice de paix à compétence étendue du lieu où l'adjudication a été prononcée.

Art. 170. — Lorsqu'il y a lieu à folle enchère, il est procédé suivant le mode indiqué par les articles 171, 174, 175 du présent décret.

Art. 180. — Les formes de l'ordre et de la distribution du prix et la manière d'y procéder sont réglées par le Code de procédure civile.

Art. 181. — En cas de licitation ou de partage de vente de biens immeubles appartenant à des mineurs, il sera procédé conformément aux règles de procédure civile. Toutefois, on se conformera, pour la vente, aux formalités prescrites par les articles 171 et suivants ci-dessus.

TITRE XII

DE L'INSCRIPTION DES DROITS RÉELS IMMOBILIERS

CHAPITRE I.

Du dépôt et de la consignation des actes.

Art. 182. — Tout droit réel relatif à un immeuble déjà immatriculé n'existera, à l'égard des tiers, que par le fait et du jour de son inscription sur le titre par le conservateur de la propriété foncière, sans préjudice des droits et actions réciproques des parties pour l'inexécution de leurs conventions.

Art. 183. — Tous faits ou conventions ayant pour effet de transmettre, déclarer, modifier ou éteindre un droit réel immobilier, d'en charger le titulaire ou de modifier toute autre condition de son inscription, tous baux d'immeubles excédant trois années, toute quittance de cession d'une somme équivalente à plus de trois années de loyer ou fermages non échus, seront, pour être opposables aux tiers, constatés par écrit et inscrits sur le titre par le conservateur de la propriété foncière.

Les écrits indiqueront l'état civil des parties contractantes et mentionneront leur contrat de mariage, s'il en a été fait un, ainsi que la date de ce contrat, les nom et résidence de l'officier public qui l'a reçu. Ils seront, ainsi que toute décision judiciaire ayant le même effet, déposés, soit en original, soit en expédition, à la conservation de la propriété foncière. Ils seront conservés dans les archives et des copies, faisant foi de leur contenu et de la date de leur dépôt, pourront être délivrées à toutes époques aux intéressés.

Les signatures des parties, apposées au bas des écrits autres que les actes authentiques ou judiciaires, seront, avant le dépôt, légalisées suivant la forme ordinaire.

Si les parties ne savent ou ne peuvent signer, la reconnaissance de l'écrit aura lieu devant les autorités chargées de la légalisation des signatures, en présence de deux témoins sachant signer et ayant la capacité nécessaire pour contracter.

A défaut de légalisation, le conservateur refusera l'inscription. Si plusieurs originaux ou expéditions des pièces énumérées ci-dessus lui sont remises pour être inscrites, le conservateur n'en conservera qu'un et devra remettre les autres aux intéressés, après y avoir mentionné que l'inscription a été effectuée.

Art. 184. — Le conservateur tiendra, indépendamment du registre des titres de propriété prévu par l'article 40 du présent décret :

1° Un registre d'ordre des formalités préalables à l'immatriculation ;

2° Un registre de dépôt, où seront constatées, par un numéro d'ordre et à mesure qu'elles s'effectueront, les remises des décisions du tribunal ou de la justice de paix à compétence étendue, ordonnant l'immatriculation, celle des documents à fin d'inscription, de transcription, de saisie, et. généralement, de tous actes ou écrits à inscrire, transcrire ou mentionner.

Ce dernier registre est arrêté chaque jour par le conservateur.

Art. 185. — Le registre des dépôts sera tenu en double et l'un des doubles sera déposé, dans les trente jours qui suivront sa clôture, au greffe du tribunal de première instance ou de la justice de paix à compétence étendue du siège de la conservation.

Art. 186. — La conservation donnera au déposant, s'il le demande, pour chaque document déposé, une reconnaissance qui reproduira la mention du registre des dépôts et rappellera le numéro d'ordre dans lequel cette mention a été portée.

Art. 187. — Le conservateur tiendra encore :

1° Une table alphabétique des titulaires des droits réels et des baux inscrits à la conservation de la propriété foncière ;

2° Une table alphabétique des titres de propriété.

Art. 188. — Le président de la Cour d'appel, celui du tribunal de première instance, le juge de paix à compétence étendue, le procureur général et le procureur de la République pourront demander personnellement la communication, sans déplacement, des registres de la conservation.

Art. 189. — Tous les registres du conservateur sont cotés et paraphés par chaque page, par première et dernière, par le président du tribunal ou le juge de paix à compétence étendue. Toute personne, au nom de laquelle inscription est prise à la conservation de la propriété foncière, doit faire élection de domicile à Madagascar, au chef lieu de sa résidence, faute de quoi toutes les significations lui seront valablement faites au parquet du procureur de la République.

CHAPITRE II

Du mode d'opérer les inscriptions et les radiations ou réductions d'inscriptions

Section I. — *Des obligations du conservateur.*

Art. 190. — Les inscriptions et transcriptions de saisie sont portées, rayées, réduites ou rectifiées par le conservateur de la propriété foncière, au moyen de mentions sommaires faites sur le registre des titres de propriété.

Art. 191. — Le conservateur est tenu de délivrer à tous requérants soit un certificat établissant la conformité des copies du titre de propriété avec le même titre, soit une copie littérale de toutes les mentions concernant un droit réel immobilier ou de celles qui seront spécialement désignées dans la réquisition des parties, soit un certificat qu'il n'en existe aucune.

Toute réquisition sera inscrite, datée et signée. Si le requérant qui se présente à la conservation ne sait écrire, la réquisition sera remplie par le conservateur.

Dans tous les cas, elle devra être reproduite en tête des états ou certificats.

Art. 192. — Hors des cas prévus par la loi, le conservateur ne peut ni refuser ni retarder une inscription, une radiation, réduction ou rectification d'inscription régulièrement demandée, la délivrance de la copie du titre de propriété aux personnes qui y ont droit et de certificats d'inscriptions à toute personne, sous peine de dommages-intérêts.

Art. 193. — Lorsque des omissions ou des erreurs auront été commises dans le titre de la propriété ou dans les inscriptions, les parties intéressées pourront en demander la rectification.

Le conservateur pourra, en outre, rectifier d'office, et sous sa responsabilité, les irrégularités provenant de son chef.

Dans tous les cas, les premières inscriptions devront être laissées intactes, et les corrections sont inscrites à la date courante.

Art. 194. — En cas de refus de la part du conservateur, le tribunal pourra ordonner des corrections, qui seront faites dans les mêmes conditions; il pourra également ordonner, s'il y a lieu, la délivrance de la copie d'un titre de propriété ou d'un certificat.

SECTION II. — *De la réquisition d'inscription.*

Art. 195. — Toute personne intéressée pourra, en produisant les pièces dont le dépôt est prescrit par le présent décret, requérir du conservateur l'inscription, la radiation, la réduction ou la rectification de l'inscription d'un droit réel immobilier. Toutefois, pour être inscrit, ce droit devra être tenu directement du titulaire de l'inscription précédemment prise. En conséquence, dans le cas où un droit réel immobilier aura fait l'objet de plusieurs mutations ou conventions successives, la dernière mutation ou convention ne pourra être inscrite avant les précédentes.

Art. 196. — Le conservateur devra, au moment de l'inscription d'un jugement d'adjudication, prendre d'office, au profit du débiteur saisi, du colicitant ou de leurs ayants droit, une hypothèque pour sûreté du payement du prix de l'adjudication, dont le payement préalable ne lui serait pas justifié.

Art. 197. — L'inscription des droits des mineurs et des interdits sera faite à la requête des tuteurs ou subrogés-tuteurs et, à défaut, à la requête des membres du conseil de famille, du procureur de la République, des présidents des tribunaux de première instance ou juges de paix à compétence étendue, des parents, des amis des incapables et des incapables eux-mêmes.

Art. 198. — L'inscription des droits de la femme mariée se fait à la requête du mari ou, à défaut, à la requête de la femme, de ses parents ou de ses amis.

Art. 199. — L'hypothèque testamentaire sera inscrite par le conservateur sur le dépôt du testament ou de la copie authentique, à la requête du légataire.

SECTION III. — *Des obligations du requérant une inscription.*

Art. 200. — Le requérant une inscription, la radiation, réduction ou rectification d'une inscription, devra remettre au conservateur, pour chaque droit réel, les pièces dont le dépôt est prescrit par le présent décret.

Art. 201. — Les inscriptions à faire sur les biens d'une personne décédée pourront être faites sous la simple désignation du défunt.

Art. 202. — En cas de décès d'un détenteur d'un droit réel immobilier non inscrit, inscription pourra, avant la liquidation ou partage, être prise au nom de la succession, sur la seule production de l'acte de décès, et ces inscriptions seront modifiées après partage, en conformité de l'acte de partage qui sera produit.

Art. 203. — En cas de donation, l'inscription se fera sur dépôt de l'acte de donation ou d'une expédition.

Art. 204. — Pour obtenir l'inscription nominative de droits réels immobiliers résultant de l'ouverture d'une succession, les requérants produiront, outre l'acte de décès :

S'il s'agit d'une succession *ab intestat*, un certificat constatant leur état civil et leurs droits exclusifs à l'hérédité. Les certificats établis hors de Madagascar seront passés en la forme authentique.

S'il s'agit d'une succession testamentaire, les mêmes pièces et, de plus, l'acte testamentaire ou une expédition de cet acte et, s'il y a lieu, le consentement des héritiers ou des légataires universels ou la décision du tribunal autorisant l'envoi en possession.

SECTION IV. — *De la forme des inscriptions.*

§ 1. — De l'inscription des droits réels immobiliers et des baux.

Art. 205. — Les inscriptions ou mentions de droits réels immobiliers et de baux indiquent :

Pour la propriété immobilière, le propriétaire ;

Pour l'usufruit des immeubles, l'usage et l'habitation, l'emphytéose et la superficié, le propriétaire et l'usufruitier, l'usager, l'emphytéote et le superficiaire ;

Pour les servitudes foncières, le fonds servant sur le titre de propriété du fonds dominant, et réciproquement ;

Pour l'antichrèse et l'hypothèque, le propriétaire, le créancier et le montant de la créance ;

Pour les baux, le locataire et le prix annuel du bail.

Art. 206. — L'inscription, la radiation et la réduction d'une inscription mentionnent, à peine de nullité, la date à laquelle elles ont été effectuées.

Art. 207. — En cas de vente à réméré, la clause de réméré devra toujours être inscrite.

Art. 208. — Le droit concédé au locataire ou à l'emphytéote d'acheter le fonds ou de renouveler le bail, la durée du bail et les anticipations du payement du loyer devront être mentionnés dans l'inscription pour être opposables aux tiers.

§ 2. — De la conformité du titre de propriété et des copies.

Art. 209. — Toutes les fois qu'une inscription sera portée sur le titre de propriété, elle devra l'être en même temps sur les copies du titre de propriété que le conservateur aurait délivrées.

Art. 210. — A défaut de production de ces copies, si la formalité est destinée à constater un fait ou une stipulation qui suppose le consentement des porteurs, le conservateur refusera l'inscription.

Dans les autres cas, il fera l'inscription, la portera sur le titre de propriété, la notifiera aux détenteurs des copies désignées dans les articles 55 et 46 et, jusqu'à ce que concordance entre le titre et les copies ait été rétablie, il refusera toute nouvelle inscription prise de leur consentement.

Art. 211. — En cas de perte de la copie d'un titre de propriété, le conservateur ne pourra en délivrer une nouvelle que sur le vu d'un jugement l'ordonnant.

CHAPITRE III

De la responsabilité du conservateur.

Art. 212. — Le conservateur est responsable du préjudice résultant :

1° De l'omission sur les registres des inscriptions régulièrement requises en ses bureaux ;

2° De l'omission sur les copies des inscriptions portées sur le titre, sauf l'hypothèse prévue par l'article 221 ;

3° Du défaut de mention, savoir : sur les titres de propriétés, des inscriptions affectant directement la propriété et, dans les états ou certificats, d'une ou plusieurs de ces inscriptions existantes, à moins qu'il ne se soit exactement conformé aux réquisitions des parties ou que le défaut de mention ne provienne de désignations insuffisantes qui ne pourraient lui être imputées.

Art. 213. — L'immeuble à l'égard duquel le conservateur aurait omis, dans les copies du titre de propriété ou dans les certificats, un ou plusieurs des droits inscrits qui devaient y figurer légalement, en demeure affranchi dans les mains du nouveau possesseur, sauf la responsabilité du conservateur, s'il y a lieu.

Néanmoins, cette disposition ne préjudicie pas aux droits des créanciers hypothécaires de se faire colloquer, suivant l'ordre qui leur appartient, tant que le prix n'a pas été payé par l'acquéreur ou tant que l'ordre ouvert entre les créanciers n'est pas devenu définitif.

Art. 214. — Le conservateur est tenu de se conformer, dans l'exercice de ses fonctions, à toutes les dispositions du présent décret, à peine d'une amende de 100 à 2 000 francs pour la première contravention.

En cas de récidive, l'amende sera doublée, le tout sans préjudice de dommages et intérêts pour les parties, lesquels seront payés avant l'amende.

Art. 215. — Les mentions de dépôt sont faites sur les registres, de suite, sans aucun blanc ni interligne, à peine, contre le conservateur, de 500 à 3 000 francs d'amende et de dommages et intérêts pour les parties, payables aussi de préférence à l'amende.

TITRE XIII

IMMATRICULATION DES IMMEUBLES VENDUS A LA BARRE DES TRIBUNAUX

CHAPITRE I.

Art. 216. — Il pourra être procédé, conformément aux prescriptions ci-après, à l'immatriculation de tout immeuble qui fera l'objet d'une vente poursuivie devant les tribunaux.

CHAPITRE II.

De l'immatriculation préalable.

Art. 217. — L'immatriculation préalable à l'adjudication pourra être requise, savoir :

En matière de saisie, par le créancier poursuivant;

En matière de licitation, par l'un des colicitants;

Pour les biens des mineurs, par les tuteurs ou subrogés-tuteurs avec l'autorisation du conseil de famille.

Les frais de l'immatriculation seront, en tout cas, avancés par le requérant; leur montant sera compris parmi les dépenses à supporter par l'adjudicataire en sus du prix principal.

Art. 218. — Le tribunal pourra d'office subordonner la vente à l'immatriculation préalable, si le titre ne lui a pas été produit avant l'adjudication ou s'il apprécie que le titre produit n'est pas suffisant.

Art. 219. — En matière de saisie, la réquisition d'immatriculation sera établie, au nom du saisi, par le poursuivant ou son défenseur, qui y joindra la copie, certifiée conforme par le défenseur, du commandement à fin de saisie immobilière.

Il y joindra également tous titres de propriété, contrats, actes publics ou privés ou documents quelconques, de nature à faire connaître les droits réels existant sur l'immeuble et qui pourraient se trouver entre ses mains.

Le dépôt de ces pièces aura pour effet d'immobiliser les fruits dans les termes des articles 682 et 685 du Code de procédure civile.

Art. 220. — En matière de licitation et pour les ventes des biens des mineurs, il sera procédé, pour le dépôt de la réquisition d'une immatriculation, conformément aux articles 16, 17 et 18 ci-dessus

Art. 221. — La procédure d'immatriculation se poursuivra conformément aux dispositions du présent décret.

Après l'expiration du délai imparti pour la production des oppositions à peine de forclusion et la rédaction du plan définitif, le poursuivant déposera au greffe son cahier des charges, et la procédure de saisie immobilière suivra son cours jusqu'à l'adjudication exclusivement, suivant les formes prescrites aux articles 174 et suivants ci-dessus.

Art. 222. — L'adjudication ne pourra avoir lieu qu'après jugement définitif sur l'immatriculation.

Au cas où le jugement modifierait la consistance ou la situation juridique de l'immeuble, telles qu'elles sont définies par le cahier des charges, le poursuivant sera tenu de faire publier un dire rectificatif pour arriver à l'adjudication.

Art. 223. — Le titre de propriété, établi en vertu de la décision du tribunal ordonnant l'immatriculation, restera entre les mains du conservateur de la propriété foncière jusqu'au moment où la mutation de propriété au nom de l'adjudicataire pourra être effectuée régulièrement.

Toutefois, lorsque l'immatriculation aura été prononcée sur la réquisition d'un saisissant, le titre établi au nom du saisi pourra être délivré à celui-ci, s'il est fourni mainlevée conventionnelle ou judiciaire de la saisie immobilière pratiquée contre lui.

CHAPITRE III

De l'immatriculation postérieure à l'adjudication.

Art. 224. — L'adjudicataire pourra subordonner l'exécution des conditions du cahier des charges à l'immatriculation de l'immeuble.

Art. 225. — S'il veut user de cette formalité, il devra, dans les quinze jours de l'adjudication, déposer son prix à la Caisse des dépôts et consignations et payer les frais ordinaires et de poursuites; dans la quinzaine suivante, il devra remettre au conservateur de la propriété foncière la déclaration prescrite par l'article 17 du présent décret, accompagnée du jugement d'adjudication; il consignera, en même temps, à la conservation de la propriété foncière les frais d'immatriculation.

Art. 226. — Si la consistance matérielle et l'état juridique de l'immeuble, déterminés par l'immatriculation, sont conformes aux conditions du cahier des charges, le prix sera distribué après la décision du tribunal ordonnant l'immatriculation.

S'il est établi que la consistance de l'immeuble ou la situation juridique ne sont pas telles qu'elles ont été définies par le cahier des charges, l'adjudicataire pourra demander une diminution de prix, nonobstant toute clause contraire du cahier des charges.

Il pourra, s'il le préfère, demander la nullité de l'adjudication, si la différence de valeur est égale à un vingtième de la valeur vénale.

Art. 227. — Faute de remplir les formalités indiquées par l'article 226 ci-dessus, l'adjudicataire perdra tout recours contre le propriétaire de l'immeuble, le poursuivant et les créanciers.

TITRE XIV

DISPOSITIONS TRANSITOIRES

Art. 228. — Toutes les immatriculations, toutes les formalités accomplies pour parvenir à l'immatriculation, sous l'empire des arrêtés des 10 septembre 1896 et 22 mars 1897, antérieurement à la promulgation du présent décret, conserveront toute leur force et valeur pour tout ce qui aura été fait.

Toutefois, à partir du jour de sa promulgation, le présent décret régira, pour toutes les opérations postérieures, tous les biens immatriculés.

TITRE XV

DISPOSITIONS GÉNÉRALES

Art. 229. — Les frais d'immatriculation et la réglementation concernant le service de la conservation de la propriété foncière à Madagascar seront fixés par arrêté du Résident général, approuvé par le Ministre des Colonies.

Fait à Paris, le 16 juillet 1897.

Signé : FÉLIX FAURE.

Par le Président de la République :
Le Ministre des colonies,
Signé : ANDRÉ LEBON.

Arrêté 1551

Le Général commandant en chef du corps d'occupation et Gouverneur général de Madagascar et dépendances,

Vu les décrets des 11 décembre 1895 et 30 juillet 1897;

Considérant qu'antérieurement à l'occupation française les étrangers ne pouvaient posséder à Madagascar en toute propriété;

Attendu qu'il importe, pour asseoir définitivement la propriété, de régulariser la situation des détenteurs d'immeubles en vertu de baux à longue échéance;

Dans le but de favoriser la colonisation et, particulièrement, les colons français.

Le Conseil d'administration entendu;

Arrête :

Art. 1er. — Les détenteurs d'immeubles, en vertu de baux emphytéotiques consentis par le Gouvernement malgache, pourront, sous réserve des besoins de la colonie et après assentiment du Gouverneur général, demander la transformation de leurs baux en contrat de vente définitive, en ce qui concerne les immeubles qui auront été mis en valeur.

Toute personne, désirant bénéficier de cet avantage, adressera au chef de la province une demande dans laquelle elle spécifiera l'étendue, les limites et la situation de l'immeuble; elle joindra à sa demande l'acte en vertu duquel elle détient la propriété.

Art. 2. — Une commission, composée du chef de la province ou de son délégué, d'un délégué du chef du service des domaines et d'un représentant du locataire, constatera que l'immeuble a été mis en valeur et déterminera le prix qui doit être réclamé au locataire pour la transformation de son acte de bail en contrat de vente définitive.

Art. 3. — En cas d'entente entre l'administration et le demandeur, il sera établi, après avis du Conseil d'administration, par les soins du Service des domaines, un acte de vente définitive, et l'immatriculation de la propriété sera effectuée aux frais de l'intéressé. A défaut, l'administration suivra le recouvrement des termes échus ou à échoir et l'exécution des conventions anciennes.

Art. 4. — Cependant tout Français, qui justifiera d'une mise en valeur de l'immeuble, pourra obtenir, après avis du Conseil d'administration, la concession définitive de cet immeuble, sans autre dépense que les frais de constitution du plan par le Service topographique et des titres par la conservation de la propriété foncière.

Art. 5. — Les titulaires de baux emphytéotiques consentis, soit par des indigènes qui ne peuvent justifier de leur droit de propriété, soit par des indigènes qui ont disparu sans laisser d'héritiers au degré successible suivant les coutumes malgaches ou dont les héritiers sont inconnus, pourront, sous réserve des besoins de la colonie, et après assentiment du Gouverneur général, se faire délivrer des titres de vente définitive par la colonie, en ce qui concerne les immeubles qui auront été mis en valeur.

Art. 6. — Dans ce but, ils adresseront au chef de la province, où se trouve situé l'immeuble, une déclaration qui contiendra : 1° les nom, prénoms, surnoms du déclarant; 2° la description de l'immeuble et l'indication de la situation, c'est-à-dire de la province, de la ville ou du village, de ses tenants et aboutissants, la date du bail emphytéotique, le nom du bailleur ainsi que tous les renseignements qui seraient à leur connaissance au sujet de ce dernier; 3° la mention que le propriétaire de l'immeuble a disparu et que les recherches faites sont restées infructueuses. Ils joindront à leur déclaration l'acte de bail, dont il leur sera donné récépissé.

Art. 7. — Dans le plus bref délai possible, le chef de la province fera afficher dans le lieu destiné aux annonces officielles et dans les marchés de sa circonscription, par les soins des autorités françaises ou indigènes, une publication dans laquelle il invitera le propriétaire, ses héritiers ou ses ayants droit, à se faire connaître dans le délai de trois mois, faute de quoi la propriété fera retour à la colonie.

L'accomplissement de toutes ces formalités sera constaté par un procès-verbal de l'autorité qui aura procédé.

Art. 8. — A l'expiration du délai de trois mois, et après avoir fait toutes les enquêtes qui lui paraîtraient nécessaires, le chef de la province adressera au Gouverneur général, avec son avis personnel, les pièces de l'enquête et le procès-verbal dressé par la commission prévue par l'article 2.

Le Gouverneur général statuera en Conseil d'administration et ordonnera, s'il y a lieu, le retour de l'immeuble à la colonie.

Art. 9. — La concession définitive de l'immeuble sera accordée, à titre onéreux ou à titre gratuit, à l'emphytéote dans les conditions prévues aux articles 2, 3 et 4 du présent arrêté.

Art. 10. — Le chef du bureau des affaires civiles, les administrateurs et commandants de cercle, chefs de province, et le chef du Service des domaines sont chargés, chacun en ce qui le concerne, de l'exécution du présent arrêté.

Fait à Tananarive, le 10 mars 1898.
Signé : GALLIENI.

Arrêté 1489

Le Général commandant en chef du corps d'occupation et Gouverneur général de Madagascar et dépendances,

Vu les décrets des 11 décembre 1895 et 30 juillet 1897;

Vu le décret du 28 janvier 1896, rattachant les établissements de Diego-Suarez, Nossi-Bé et Sainte-Marie à l'administration de Madagascar;

Vu la loi du 6 août 1896, déclarant colonie française Madagascar avec les îles qui en dépendent;

Vu l'arrêté n° 80 du 2 novembre 1896 sur les concessions des terres;

Vu les circulaires 221 du 21 avril 1897 et 271 du 16 novembre 1897;

Attendu qu'il importe de fixer uniformément pour toute la colonie le tarif et le mode de remboursement des frais d'arpentage des lots de colonisation;

Arrête :

Article 1er, — Toute personne ayant obtenu la concession d'un lot de colonisation, soit à titre gratuit, soit à titre onéreux, est tenue de rembourser à l'État les frais de bornage et de levé de plan des terrains concédés.

Ce remboursement sera effectué à un taux uniforme, fixé par l'article 2 ci-après pour toute la colonie de Madagascar et dépendances.

Art. 2. — Les frais à la charge des concessionnaires seront calculés d'après le tarif suivant :

1° Pour les lots de 0 à 25 hectares, quelle que soit la surface, une somme fixe de 50 francs ;

2° De 25 à 100 hectares, 2 francs par hectare ;

3° De 100 à 500 hectares, une somme fixe de 200 francs, plus 1 fr. 50 par hectare en plus des 100 premiers ;

4° De 500 à 1 000 hectares, une somme fixe de 800 francs, plus 1 franc par hectare en plus des 500 premiers.

Les lots de plus de 100 hectares ne devant être bornés que sur la demande des intéressés, les frais des opérations seront, dans ce cas, réglés conformément aux prescriptions de l'arrêté n° 289 du 9 janvier 1897.

Art. 3. — Le payement des frais d'arpentage des lots de colonisation sera fait dans les bureaux de colonisation, pour moitié, lors de la délivrance du titre d'occupation provisoire, et, pour l'autre moitié, lors de la remise du titre définitif de propriété.

Les versements faits demeureront acquis à l'État, dans le cas où le colon abandonnerait sa concession.

Art. 4. — Le tarif fixé par le présent arrêté ne s'applique qu'aux lots de colonisation pour lesquels les opérations de bornage et de levé de plan auront été exécutées à l'avance par les brigades volantes du Service topographique.

Fait à Tananarive, le 3 décembre 1897.

Signé : GALLIENI.

Vu :

Le Directeur des finances et du contrôle,
Signé : CRAYSSAC.

Arrêté 1110

portant règlement sur le service de la conservation foncière et les frais d'immatriculation à Madagascar et dans les îles qui en dépendent.

Le Général commandant en chef du corps d'occupation et Gouverneur général de Madagascar et dépendances,

Vu les décrets des 11 décembre 1895 et 30 juillet 1897 ;

Vu l'arrêté du 10 septembre 1896 ;

Vu le décret du 16 juillet 1897, portant règlement sur la propriété foncière dans la colonie de Madagascar et dépendances, promulgué par l'arrêté 919, du 25 août 1897 ;

Vu les instructions contenues dans la dépêche ministérielle du 24 juillet 1897 ;

Arrête :

TITRE I

DE LA CONSERVATION DE LA PROPRIÉTÉ FONCIÈRE

CHAPITRE I

Dispositions générales.

Article 1er. — Le conservateur à Tananarive et les sous-conservateurs sont nommés par le Gouverneur général.

Art. 2. — Le bureau de la conservation sera ouvert aux heures fixées par arrêté du Gouverneur général, les dimanches et jours fériés exceptés.

Les jours fériés sont :

Le 1er janvier de l'année grégorienne, le lundi qui suit les jours de Pâques et de la Pentecôte, l'Ascension, le 14 juillet, le 15 août (Assomption), le 1er novembre (Toussaint), le 25 décembre (Noël).

Art. 3. — Avant d'entrer en fonction, le conservateur fera enregistrer sa commission au greffe du tribunal civil; il prêtera, devant le même tribunal, le serment de remplir avec fidélité les fonctions qui lui sont confiées.

En cas d'absence ou d'empêchement du conservateur, il sera suppléé par un employé désigné par le Gouverneur général, sur la proposition du conservateur. Le préposé demeurera garant de sa gestion, sauf son recours contre ceux qui l'auront remplacé.

L'indemnité de l'intérimaire sera fixée par le Gouverneur général, sur la proposition du conservateur.

S'il y a vacance du bureau, par mort ou autrement, le cas de démission excepté, il sera rempli, en attendant la nomination du nouveau titulaire, par un employé désigné par le Gouverneur général.

L'intérimaire demeurera responsable de sa gestion et il aura droit à la totalité des salaires.

Le préposé démissionnaire ne pourra quitter ses fonctions avant l'installation de son successeur, sous peine de répondre de tous dommages-intérêts auxquels la vacance momentanée du bureau pourrait donner lieu.

CHAPITRE II.

Section I. — *Du cautionnement.*

Art. 4. — Le conservateur et les sous-conservateurs fourniront un cautionnement qui pourra être constitué, en tout ou en partie, soit en immeubles urbains bâtis, situés à Madagascar et immatriculés, soit en rentes 3 pour 100 non amortissables sur l'État français.

Le cautionnement pourra être fait en valeurs de même nature appartenant à des tiers; quels qu'en soient les propriétaires, les biens ou valeurs affectés ne doivent ni remplacer des constitutions dotales, ni provenir de constitutions de cette espèce, ni appartenir à des mineurs, à des interdits, à des absents, à des communes ou à des établissements publics ou religieux. Enfin, les titulaires doivent en avoir la libre disposition.

Art. 5. — Le cautionnement ci-dessus demeure spécialement et exclusivement affecté à la responsabilité du préposé à la conservation, pour les erreurs et omissions dont la loi le rend garant envers le public.

Art. 6. — L'acte de cautionnement contiendra affectation spéciale. Cette affectation subsistera pendant toute la durée des fonctions et dix ans après; passé lequel délai, les biens servant de cautionnement seront affranchis, de plein droit, de toutes actions de recours qui n'auraient pas été intentées dans cet intervalle.

Le préposé à la conservation aura domicile dans le bureau où il remplira ses fonctions, pour les actions auxquelles sa responsabilité pourrait donner lieu. Ce domicile est de plein droit, il durera aussi longtemps que la responsabilité du préposé; toutes poursuites à cet égard pourront y être dirigées contre lui, quand même il serait sorti de place, ou contre ses ayants cause.

Art. 7. — Le conservateur qui aura constitué son cautionnement en immeubles aura la faculté de les remplacer, en tout ou en partie, par d'autres immeubles, par des rentes sur l'État français, et réciproquement, pourvu que les valeurs substituées réunissent les conditions applicables à la constitution du cautionnement.

L'affectation dés immeubles ou rentes remplacés cesse de plein droit du jour où le nouveau cautionnement est définitivement constitué.

Lorsqu'il s'agira d'un des changements prévus par le présent article, et que le conservateur ne sera plus en exercice, l'acte ne contiendra affectation que pour le temps pendant lequel la responsabilité du conservateur envers les tiers pourra rester engagée.

Art. 8. — Le cautionnement du conservateur de la propriété foncière à Tananarive sera de 10 000 francs.

Celui des sous-conservateurs, dont les charges seraient créées ultérieurement, sera fixé par arrêté du Gouverneur général.

Section II. — *Du cautionnement en immeubles.*

Art. 9. — Le cautionnement en immeubles sera reçu par le tribunal civil, contradictoirement avec le procureur de la République près le même tribunal. Le conservateur sera tenu d'en justifier au Gouverneur général.

L'inscription du cautionnement sera faite à la diligence et aux frais du préposé.

Elle subsistera pendant toute la durée de sa responsabilité.

L'inscription n'a lieu que jusqu'à concurrence du cautionnement fourni et sur les immeubles qui en sont l'objet.

Elle est indéfinie. Elle ne peut être ni purgée ni prescrite, même par les tiers détenteurs, tant que les immeubles sont affectés à la garantie de la gestion du conservateur.

Section III. — *Du cautionnement en rentes françaises (5 0/0 perpétuel).*

Art. 10. — Pour constituer son cautionnement en rentes, le conservateur sera tenu d'en faire la déclaration au trésorier-payeur. Il joindra à cette déclaration la lettre d'avis de sa nomination.

L'acte de cautionnement en rentes est fait, entre le trésorier-payeur et les propriétaires des titres, en autant d'originaux qu'il y a de parties contractantes.

Il est fait, en outre, un original pour tenir lieu de l'expédition dudit acte, dont le dépôt devra, dans ce cas, être fait au greffe par le conservateur. Les séries et les numéros des rentes affectées y sont indiqués en toutes lettres.

Les titres sont déposés à la caisse du trésorier-payeur, qui détache, au fur et à mesure des échéances, les coupons destinés à permettre le payement des arrérages et les remet, contre décharge, aux propriétaires des titres.

Art. 11. — Les rentes françaises affectées à titre de cautionnement devront être capitalisées au denier vingt-cinq, de manière à présenter, par le résultat de cette capitalisation, un chiffre égal à celui du cautionnement en immeubles, dont lesdites rentes tiennent lieu.

Section IV. — *De la libération du cautionnement.*

Art. 12. — La libération du cautionnement est prononcée par le tribunal civil et par le jugement rendu sur simple requête présentée par le propriétaire des immeubles ou des rentes ou par des ayants droit, et le procureur de la République entendu.

Il est produit, à l'appui de la requête :

1° Un certificat du Gouverneur général, constatant la date à laquelle le conservateur a cessé ses fonctions ;

2° Un certificat du trésorier-payeur et du greffier près le tribunal civil, constatant qu'il n'existe ni opposition ni action en garantie ou responsabilité contre le conservateur.

Art. 13. — Sur la remise d'une expédition du jugement prononçant la libération du cautionnement, le conservateur de la propriété foncière radie l'inscription prise sur les immeubles.

Sur la production de semblable expédition, le trésorier-payeur remet au propriétaire les titres affectés au cautionnement.

Si le propriétaire des titres est décédé, son ayant droit fournit, en outre, un certificat de propriété.

Il sera procédé de la même manière dans le cas de libération du cautionnement à la suite de substitution.

Art. 14. — Lorsque, à défaut par le conservateur d'avoir acquitté le montant des condamnations pécuniaires prononcées contre lui, et en exécution d'un jugement ou d'un arrêt ayant acquis force de chose jugée, il y a lieu de réaliser tout ou partie des titres affectés au cautionnement, le trésorier-payeur provoque la vente et y fait procéder, jusqu'à due concurrence, après notification à lui faite du jugement ou de l'arrêt, après remise à lui faite du certificat de l'avoué ou de l'avocat défenseur de la partie poursuivante contenant la date de la signification du jugement faite au domicile de la partie condamnée et sur l'attestation du greffier qu'il n'existe, contre le jugement, ni opposition ni appel.

Le produit de la négociation est versé, par l'agent qui a qualité pour procéder à la vente, à la caisse du trésorier-payeur, lequel reste chargé d'en opérer la remise à qui de droit sur la production des justifications prescrites par les lois et règlements.

Art. 15. — Lorsque le cautionnement, constitué en immeubles ou en rentes, appartient partie à des tiers et partie au conservateur, et qu'il doit être réalisé par suite des condamnations encourues par ce dernier, il est procédé d'abord à la vente totale ou partielle des biens ou des titres appartenant au conservateur et subsidiairement à celle des biens ou des titres fournis par des tiers.

Si ces derniers biens ou titres sont la propriété de plusieurs intéressés, la vente en est faite, à défaut d'accord entre ces derniers, proportionnellement à l'importance de la somme pour laquelle chacun d'eux s'est engagé.

Art. 16. — Dans les six mois qui suivent la réalisation, le conservateur est tenu de remplacer ou de compléter le cautionnement dont tout ou partie a été vendu, en observant les formes et les conditions exigées pour le cautionnement primitif.

CHAPITRE III.

Du traitement du conservateur.

Art. 17. — Il sera payé au conservateur par les requérants, pour les frais d'immatriculation et les copies qu'il délivrera, les sommes énoncées au tarif faisant l'objet du tableau annexé au présent arrêté.

CHAPITRE IV

Des registres servant à recevoir les actes de la conservation

Art. 18. — Les registres servant à recevoir les actes de la conservation seront cotés et paraphés par le président du tribunal. Cette formalité sera remplie, sans frais, dans les trois jours de la présentation des registres.

Les actes seront datés et consignés de suite, sans blanc et jour par jour; ils seront numérotés suivant le rang qu'ils tiendront dans les registres et signés du préposé.

Art. 19. — Le dépôt du double du registre, dont la tenue est prescrite par l'article 185 de l'arrêté 919, du 25 août 1897, est effectué par le conservateur dans le délai fixé par cet arrêté.

Le jour même de la réception du registre, le greffier dresse acte de la remise et il en fait parvenir le récépissé au conservateur.

Les doubles des registres sont gardés au greffe sous clef. Il est interdit au greffier d'en donner connaissance à toute autre personne qu'au président du tribunal, au procureur de la République, au conservateur de la propriété foncière et aux agents spécialement désignés par le Gouverneur général.

En cas de destruction des registres des dépôts, les doubles conservés au greffe sont immédiatement remis, contre récépissé, au conservateur de la propriété foncière, qui procède à la reconstitution de ces registres, sans qu'il puisse en résulter aucune charge nouvelle pour les parties. Cette reconstitution aura lieu dans la même forme, dans le cas de destruction des doubles gardés au greffe.

TITRE II

DES VALEURS SUR LESQUELLES LE DROIT PROPORTIONNEL EST ASSIS
ET DE L'EXPERTISE

Art. 20. — La valeur de la propriété, de l'usufruit et de la jouissance des immeubles et droits réels immobiliers est déterminée, pour la liquidation et le payement des salaires, ainsi qu'il suit, savoir :

1° Pour l'immatriculation, par la déclaration estimative des parties ;

2° Pour les échanges, par une évaluation, qui doit être faite en capital, d'après le revenu annuel multiplié par 10, sans distraction des charges ;

3° Pour les ventes, adjudications, cessions, rétrocessions, licitations et tous autres actes civils ou judiciaires portant translation de propriété, de superficie, d'usage ou d'habitation, ou de servitude à titre onéreux, par le prix exprimé, en y ajoutant toutes les charges en capital ou par estimation d'expert, dans les cas autorisés par le présent larrêté ;

4° Pour les transmissions entre vifs à titre gratuit :

S'il s'agit de la propriété, par l'évaluation qui sera faite et portée à dix fois du produit des biens ou du prix des baux courants ;

S'il s'agit de l'usufruit, par l'évaluation qui en sera portée à cinq fois du produit des biens ou du prix des baux courants.

Art. 21. — Si les sommes ou valeurs ne sont pas déterminées dans un écrit ou dans un jugement donnant lieu au salaire proportionnel, les parties seront tenues d'y suppléer, avant l'inscription, par une déclaration estimative, certifiée et signée au pied de l'acte ou écrit, qui restera déposé au bureau de la conservation. Si les parties ne savent ou ne peuvent signer, leur déclaration sera reçue et signée sur l'acte par le conservateur, avec les explications nécessaires.

Art. 22. — Si la valeur, en capital ou en revenu, énoncée dans l'un des actes écrits ou déclarations prévues par les articles 20 et 22 qui précèdent, paraît inférieure à la valeur réelle en capital ou en revenu à l'époque de l'immatriculation ou de l'inscription, l'expertise pourra en être requise par le conservateur dans les deux années, à compter de la date de ces formalités.

Art. 23. — La demande en expertise sera faite au juge de paix de la situation des biens, par une pétition portant nomination d'un expert, et qui sera notifiée à la partie, avec invitation de faire connaître, dans le délai de huitaine, si elle accepte l'expert du conservateur. En cas de désaccord, l'expert sera nommé par le juge de paix, sur simple requête dans les huit jours de la demande.

Le procès-verbal d'expertise sera rapporté, au plus tard, dans le mois qui suivra la remise qui aura été faite à l'expert de l'ordonnance du juge de paix.

Les frais de l'expertise seront à la charge de la partie qui succombera.

La partie sera tenue, dans tous les cas, d'acquitter, sur le supplément d'estimation constaté par le rapport de l'expert, le salaire du conservateur.

TITRE III

DU PAYEMENT DES SALAIRES ET DE CEUX QUI DOIVENT LES ACQUITTER

Art. 24. — Les salaires, fixés conformément au tableau annexé au présent arrêté. seront payés par le requérant, au moment de la réquisition de chaque formalité, sauf le cas où elle sera faite par le ministère public dans l'intérêt des incapables.

Nul ne pourra différer le payement desdits salaires sous le prétexte de contestation sur la quotité, ni pour quelque autre motif que ce soit, sauf à se pourvoir en restitution, s'il y a lieu.

Art. 25. — Le recouvrement des salaires qui, par suite d'erreur, omission ou pour toute autre cause, n'auraient pas été versés d'avance, en tout ou partie, sera suivi solidairement contre tous ceux qui auront concouru aux actes, conventions ou déclarations, ou qui en profiteront.

TITRE IV

DES SALAIRES ACQUIS ET DE LA PRESCRIPTION

Art. 26. — Les salaires régulièrement perçus ne pourront être restitués, quels que soient les événements ultérieurs.

Art. 27. — Toutes les formalités requises dans l'intérêt de l'État sont dispensées de salaires.

Art. 28. — Dans le cas où ces formalités sont requises dans l'intérêt de Compagnies ou de particuliers mis à la place de l'État, les salaires sont payés au conservateur, conformément au tarif existant.

Exception est faite, toutefois, pour les formalités effectuées au point de vue de l'attribution de concessions à titre gratuit, conformément à l'article 3 de l'arrêté 80 du 2 novembre 1896. Ces formalités sont exemptes de tous salaires.

Art. 29. — MM. le procureur général, chef du service judiciaire, et l'inspecteur, chef du service des domaines, conservateur de la propriété foncière, sont chargés, chacun en ce qui le concerne, de l'exécution du présent arrêté.

Fait à Tananarive, le 4 novembre 1897.

Signé : GALLIENI.

Par le Gouverneur général :

Le Procureur général,

Signé : DUBREUIL.

Vu :

Le Directeur des finances
et du contrôle,

Signé : CRAYSSAC.

Tableau des salaires dus au conservateur de la propriété foncière

Formalités pour lesquelles il est dû des salaires au conservateur.

1° Pour toutes les formalités concernant une immatriculation, jusques et y compris l'établissement du titre de propriété :

(a) Une indemnité fixe de 20 francs (cette indemnité sera, dans tous les cas, acquise, quelle que soit l'issue de la demande en immatriculation);

(*b*) Une rétribution proportionnelle, égale au 1/1 000ᵉ de la valeur vénale de l'immeuble immatriculé; la perception du droit proportionnel, soit les sommes et valeurs de 100 francs en 100 francs, avec minimum de 1 franc.

2° Pour l'établissement de chaque titre de propriété, lors de la mutation, du morcellement ou de la division d'une propriété immatriculée. . . . . 20 »

3° Pour chaque copie du titre de propriété délivrée, soit au moment de l'établissement du titre, soit ultérieurement, 1 franc par rôle de 50 lignes à la page et 15 syllabes à la ligne. Ce tarif sera applicable à toutes les copies collationnées et délivrées par le conservateur. Toute page commencée sera comptée pour un rôle et rendra exigible un salaire de 1 franc.

4° Pour chaque mention faite postérieurement à l'établissement du titre de propriété, soit sur le titre même, soit sur chacune des copies . . . . 1 »

5° Pour l'enregistrement sur les deux registres et pour la reconnaissance des dépôts d'actes à mentionner . . . . 1 »

6° Pour l'inscription, que le conservateur doit faire à la suite du titre, de chacun des droits reconnus par la décision ordonnant l'immatriculation. . . 1 »

Pour toute inscription ultérieure, soit d'office, soit sur la réquisition des parties concernant l'un des faits et conventions prévus par l'article 133 de l'arrêté sur la propriété foncière, un droit proportionnel de 1 pour 1 000, avec minimum de . . . . 1 »

Sur l'inscription de tous autres faits ou conventions, un droit fixe de. . . 1 »

7° Pour les certificats constatant simplement la conformité ou la non-conformité des copies du titre de propriété avec le titre même, par chaque copie sur laquelle il est certifié . . . . 1 »

8° Pour chaque certificat négatif :

(*a*) D'inscription ; (*b*) de mention de saisies ou dénonciation de saisies : (*c*) de mention de résolution, nullité ou revision d'actes inscrits, 1 franc par individu sur lequel il est certifié et par immeuble faisant l'objet d'un titre distinct de propriété. . . . . 1 »

9° Pour les relevés délivrés en conformité de l'article 191 de l'arrêté sur la propriété foncière . . . . 1 »

Par inscription comprise dans chaque relevé. . . . . 1 »

10° Pour chaque duplicata de quittance. . . . . 1 »

11° Pour la mention de chaque procès-verbal de saisie immobilière et de chaque exploit de dénonciation de ce procès-verbal ou saisie. . . . . 1 »

12° Pour la mention des notifications prescrites par les articles 691 et 692 du Code de procédure civile (sommation ou saisie aux créanciers inscrits et aux incapables de prendre connaissance du cahier des charges). . . . . . . 1 »

13° Pour la radiation de la saisie immobilière . . . . 1 »

14° Pour la mention du jugement d'adjudication. . . . . 1 »

15° Pour la mention du jugement de conversion de saisie. . . . . 1 »

16° Pour chaque mention d'un jugement de résolution, nullité ou rescision, soit sur le titre, soit sur une copie, et, en général, pour toute mention en dehors du registre des formalités préalables à l'immatriculation non spécialement tarifée . . . . 1 »

17° Pour la notification à chaque porteur d'une copie de titre non représentée et pour toute autre notification faite à la diligence du conservateur, en sus des déboursés . . . . 4 »

Arrêté 1111

créant des sous-conservations de la propriété foncière à Tamatave, Majunga, Diego-Suarez et Nossi-Bé.

Le Général commandant en chef du corps d'occupation et Gouverneur général de Madagascar et dépendances,

Vu les décrets des 11 décembre 1895 et 30 juillet 1897 ;

Vu le décret du 16 juillet 1897, portant règlement sur la propriété foncière dans la colonie de Madagascar et dépendances, promulgué par l'arrêté 919 du 25 août 1897 ;

Sur la proposition du chef du Service des domaines, conservateur de la propriété foncière ;

Sous réserve de l'approbation ministérielle,

Arrête :

Article 1er. — Il est créé, dans chacun des arrondissements judiciaires de Tamatave, Majunga, Diego-Suarez et Nossi-Bé, une sous-conservation de la propriété foncière.

Art. II. — Il sera, procédé, dans les sous-conservations :
1° A l'immatriculation des immeubles ;
2° A la constitution des titres de propriété ;
3° A la conservation des actes relatifs aux immeubles immatriculés ;
4° A l'inscription des droits et charges sur ces immeubles.

Art. III. — Les sous-conservateurs auront droit aux salaires fixés par l'arrêté 1110, du 4 novembre courant.

Art. IV. — Le secrétaire général en territoire civil, le chef du service des domaines, conservateur de la propriété foncière, et les administrateurs en chef des provinces sakalaves de la côte Nord-Ouest et de Majunga sont chargés, chacun en ce qui le concerne, de l'exécution du présent arrêté.

Fait à Tananarive, le 4 novembre 1897.

Signé : GALLIENI.

Décret

portant fixation et organisation du domaine public à Madagascar.

Le Président de la République française,

Vu l'article 18 du sénatus-consulte du 3 mai 1854 ;

Vu le décret du 11 décembre 1895, fixant les pouvoirs du Résident général à Madagascar ;

Vu les décrets du 28 décembre 1895 et 9 juin 1896, portant organisation de la justice à Madagascar ;

Vu le décret du 28 janvier 1896, portant rattachement des établissements français de Diego-Suarez, Nossi-Bé et Sainte-Marie de Madagascar à l'administration de Madagascar ;

Vu les décrets du 3 août 1896 et 6 mars 1897, instituant un Conseil d'administration près le Résident général de France à Madagascar ;

Vu la loi du 6 août 1896, déclarant colonie française l'île de Madagascar et ses dépendances ;

Vu le décret du 16 juillet 1897 sur la propriété foncière à Madagascar ;

Sur le rapport du ministre des colonies,

Décrète :

Art. Ier. — Font partie du domaine public :

(*a*) Tous les cours d'eau, ainsi que la zone de passage qui devra être réservée sur leurs bords ;

(*b*) Le rivage de la mer, ainsi que la zone des pas géométriques ;

(*c*) Les voies de communication par terre, les ports, les rades, les sémaphores, les ouvrages d'éclairage ou de balisage, ainsi que leurs dépendances ;

(*d*) Les lacs, étangs, lagunes, canaux, sources, puits, digues, ayant un caractère d'utilité générale, avec leurs dépendances ;

(*e*) Tous les terrains des fortifications des places de guerre ou des postes militaires, et, généralement, toutes les portions de territoire qui ne sont pas susceptibles d'être propriétés privées.

Art. II. — Des autorisations d'occuper le domaine public pourront être accordées par le Résident général en Conseil d'administration ; ces concessions seront révocables à toute époque, sans indemnité, pour le cas où l'intérêt de l'État ou des services publics en nécessiterait le retrait.

Les portions du domaine public, qui seraient reconnues sans utilité pour l'État ou les services publics, pourront être aliénées dans les formes prévues par les dispositions en vigueur, après qu'un décret, rendu sur la proposition du Ministre des Colonies, en aura prononcé le déclassement et les aura fait sortir des dépendances du domaine public.

Art. III. — Le domaine public est délimité, quand il y a lieu, par des décisions du résident local, rendues après l'avis de l'agent local des travaux publics. En cas d'appel contre ces décisions, le Résident général statue après avis du directeur des travaux publics.

Toutefois, en ce qui concerne les terrains militaires, la délimitation sera faite par décision du Résident général, rendue sur la proposition du directeur du génie, transmise avec avis par le Général commandant le corps d'occupation.

Art. IV. — Le Ministre des Colonies est chargé de l'exécution du présent décret, qui sera inséré au *Journal officiel* de la République française, au *Bulletin des lois* et au *Bulletin officiel* du Ministère des Colonies.

Fait à Paris, le 16 juillet 1897.

Signé : FÉLIX FAURE.

Par le Président de la République :

Le Ministre des Colonies.

Signé : ANDRÉ LEBON.

MADAGASCAR ET DÉPENDANCES. — SERVICES DES DOMAINES.

Bail amiable.

L'an mil huit cent quatre-vingt... et le.... M.... agissant au nom du domaine de l'État et M.... élisant domicile à....

Ont exposé et convenu ce qui suit :

Le domaine de l'État loue à M.... dont le croquis est annexé au présent acte.

La location est faite pour.... qui prendr.... cours le.... pour finir le.... sans qu'il soit nécessaire de donner congé au.... locataire.... ou de l.... avertir autrement.

Le prix annuel de location est de.... payable d'avance à.... les.... de chaque année.

Si le locataire laisse s'écouler six mois sans verser le prix annuel, payable à l'avance, de son bail, le bail sera annulé de plein droit et le domaine reprendra possession de sa terre.

Le bail est, en outre, fait aux clauses et conditions suivantes, en vigueur pour les locations d'immeubles domaniaux, et expressément acceptées par les parties :

« Le locataire d'un immeuble domanial est réputé l'avoir visité et le connaître parfaitement. Il le prend à ses risques et périls sans pouvoir exiger de l'administration ni mise en possession, ni délimitation, ni réduction de prix pour erreur de superficie, consistance ou limites, ou à raison de son état lors de la location.

« Le locataire ne peut sous-louer sans autorisation expresse et écrite de l'administra-tion. Il supporte, seul, toutes les charges de ville et de police instituées ou à insti-tuer. Il paye les taxes ou impôts d'État ou de commune grevant l'immeuble pen-dant la location.

« Le locataire d'un immeuble rural n'a pas droit à indemnité pour stérilité, inondation, grêle, gelée ou autres cas fortuits.

« Il se conforme aux usages des bons cultivateurs pour le renouvellement des cultures et l'entretien des arbres. Il doit entretenir et remplacer, au besoin, les clôtures, les haies vives ou mortes, curer et rafraîchir les fossés, ruisseaux et rigoles et entretenir toutes autres aisances.

« Pendant la durée du présent bail, le locataire aura un droit de préemption pour acquérir l'immeuble au prix de 2 francs par hectare, dans les régions de l'Ouest et du Nord, et de 5 francs par hectare, sur la côte Est et dans le haut pays.

« L'État se réserve le droit de faire ouvrir sur la parcelle, objet du présent acte, sans aucune indemnité, les routes, chemins de fer ou canaux, dont l'établissement serait décidé, par mesure d'utilité publique, dans l'intérêt de la viabilité générale de la contrée. »

Conditions spéciales au présent bail.

Fait en.... originaux à.... à la date ci-dessus.
    Le preneur   Le....

Décision 247 relative au régime fiscal applicable à l'or extrait dans les régions où le régime du décret du 31 juillet 1896 ne peut s'exercer.

Le Général commandant le corps d'occupation et Résident général de France à Madagascar ;

Vu le décret du 11 décembre 1895 ;

Vu le décret du 17 juillet 1896, relatif aux mines d'or à Madagascar ;

Attendu que les régions où l'action administrative n'a pas encore pénétré échappent au contrôle prévu par le décret du 17 juillet 1896 ;

Que cette circonstance est de nature à léser les intérêts des colons qui ont demandé des concessions ou qui se livrent à la recherche de l'or ;

Que, si l'exploitation de l'or dans ces régions ne peut être matériellement empêchée, il y a lieu de soumettre l'or, ainsi extrait en dehors du régime légal, à une surveillance particulière et à un régime fiscal spécial ;

Vu les instructions contenues dans la dépêche ministérielle du 9 janvier 1897 ;

Vu l'avis de la commission établie par décision du 17 mars 1897,

    Décide :

Article 1er. — Un droit de 10 pour 100 *ad valorem* sera perçu sur l'or extrait en dehors du régime légal, dans les régions où aucune concession n'a été accordée, ni aucune recherche effectuée, et dans lesquelles n'existe aucun représentant de l'auto-rité administrative.

Art. 2. — L'or ne pourra circuler dans toute l'île de Madagascar que s'il est accom-pagné d'un certificat d'origine, qui devra être requis par l'intéressé au premier centre administratif traversé, en ce qui concerne les matières soumises au régime spécial de l'article 1er, et dont la forme sera déterminée ultérieurement pour les matières sou-mises au régime légal.

Art. 3. — Aucun certificat d'origine ne pourra être établi sur toutes les côtes de l'île, dans un rayon de 20 kilomètres à partir du rivage de la mer.

Art. 4. — Les pénalités, édictées par l'article 54 du décret du 17 juillet 1896, demeurent applicables dans toutes les régions autres que celles définies par l'article 1er. Les mêmes pénalités sont applicables, en outre, à la circulation de l'or sans laissez-passer dans les mêmes régions.

Fait à Tananarive, le 3 mai 1897.
Signé : GALLIÉNI.

Vu :

*Le Directeur des finances
et du contrôle,*
Signé : HOMBERG.

Arrêté 1148

Régime de l'or provenant d'exploitations régulières.

Le Général commandant en chef du corps d'occupation et Gouverneur général de Madagascar et dépendances ;

Vu les décrets des 11 décembre 1895 et 30 juillet 1897 ;
Vu le décret du 17 juillet 1896 ;
Vu la décision 184 du 17 mars 1897, nommant une commission chargée d'étudier les mesures à prendre en ce qui concerne le commerce de l'or ;
Vu la décision 217 du 3 mai 1897 ;
Vu le procès-verbal de la commission en date du 20 décembre 1897 ;

Arrête :

Article 1er. — Le laissez-passer prévu à l'article 2 de la décision 217, et qui doit accompagner tout envoi d'or provenant d'exploitations régulières, sera extrait d'un carnet à souche, dont les pages seront cotées et paraphées par le président du tribunal ou par le juge de paix à compétence étendue ou par l'administrateur faisant fonctions de juge de paix.

Art. 2. — Chacune des pages de ce carnet sera conforme au modèle suivant :

Laissez-passer n° ___	**Exploitation de___**
	Laissez-passer n°___
Lot d'exploitation n°___	*Je soussigné* (nom) ___
ou concession de___	*déclare que les* (nombre) ___ *grammes*
District de___	*d'or qu'accompagne ce laissez-passer et que*
Province ou cercle de___	*j'ai* (vendu ou expédié) ___ *à M.* (nom) ___
Commissaire des mines à___	*par* (moyen de transport) ___ *proviennent*
Expédié ou vendu___	*de l'exploitation* (des lots ou concessions) ___
grammes de___ le___	*de___ district de___ province*
à M.___	*de___ pour* (lesquels ou laquelle) ___
domicilié à___	*il m'a été délivré un* (permis d'exploitation ou titre de
	concession) ___ *par le Service des mines*
	le (date) ___
	Cet or est exempté de tout droit___
	___ *le___*

Art. 3. — Ce laissez-passer devra être remis à la personne à laquelle l'or est vendu et, en tout cas, être remis à la douane au moment de la sortie de l'or.

Art. 4. — Les infractions aux dispositions du présent arrêté seront punies de un à cinq jours de prison et de 10 à 50 francs d'amende.

Art. 5. — M. le chef du Service des douanes et M. le chef du Service des mines sont chargés, chacun en ce qui le concerne, de l'exécution du présent arrêté.

Fait à Tananarive, le 9 février 1896.

Signé : GALLIENI.

Arrêté 1449

Régime de l'or provenant des régions soumises à la décision n° 217.

Le Général commandant en chef du corps d'occupation et Gouverneur général de Madagascar et dépendances,

Vu les décrets des 11 décembre 1895 et 30 juillet 1897 ;
Vu le décret du 17 juillet 1896 ;
Vu la décision 104 du 17 mars 1897, concernant une commission chargée d'étudier les mesures à prendre en ce qui concerne le commerce de l'or ;
Vu la décision 217 du 5 mai 1897 ;
Vu le procès-verbal de la commission en date du 20 décembre 1897 ;

Arrête :

Article 1er. — Le droit de 10 pour 100 *ad valorem*, prévu à l'article 1 de la décision 217 du 5 mai 1897 pour l'or provenant des régions où aucune concession n'a été accordée, ni aucune recherche effectuée, et dans lesquelles n'existe aucun représentant de l'autorité administrative, sera perçu ou prélevé au premier centre administratif traversé. Le fonctionnaire qui percevra la taxe délivrera le certificat d'origine devant accompagner l'or, qui est prescrit par l'article 2 de ladite décision.

Art. 2. — Ce droit de 10 pour 100 est payable, soit en numéraire français, soit en or brut, au titre minimum de 90 pour 100, évalué à 2 fr. 70 le gramme.

Art. 3. — Si le droit de 10 pour 100 est perçu en numéraire, le montant en sera versé à la caisse du Trésor la plus voisine par le fonctionnaire ayant fait la perception. Si ce droit est perçu en nature, le fonctionnaire ayant fait la perception le fera parvenir au chef du Service des mines à Tananarive, qui sera chargé d'en opérer le versement au Trésor.

Art. 4. — Le produit de la perception du droit de 10 pour 100 sur l'or sera porté en recette par les agents du Trésor.

Art. 5. — Le certificat d'origine sera extrait d'un registre à souche dont chaque feuillet sera du modèle annexé au présent arrêté.

Art. 6. — Les fonctionnaires, ayant délivré des certificats d'origine, feront parvenir au Gouvernement général des états trimestriels des certificats délivrés. Ces états seront du modèle annexé au présent arrêté.

Art. 7. — MM. les administrateurs chefs de province, les commandants de territoire et de cercle, le trésorier-payeur de la colonie, le capitaine chef du Service des mines sont chargés, chacun en ce qui le concerne, de l'exécution du présent arrêté.

Fait à Tananarive, le 9 février 1898.

Signé : GALLIENI.

Vu :

Le Directeur des finances
et du contrôle,

Signé : CRAYSSAC.

Modèle de l'état trimestriel des certificats d'origine accompagnant l'or provenant des régions dans lesquelles n'existe aucun représentant de l'administration et où aucune concession n'a été accordée, ni aucune recherche effectuée.

Certificats d'origine *délivrés*. . . . .

. . . . *par*. . . . . *à*. . . . .

NUMÉRO DU CERTIFICAT D'ORIGINE DÉLIVRÉ	DATE DE LA DÉLIVRANCE	NOM DU PORTEUR	DOMICILE	DISTRICT	POIDS DE L'OR	NATURE DE L'OR	PROVENANCE DE L'OR	MATIÈRE DE LA PERCEPTION DU DROIT DE 10 P. 100	LIEU DE VERSEMENT DE CE DROIT	OBSERVATIONS

Modèle du certificat d'origine devant accompagner l'or provenant des régions dans lesquelles n'existe aucun représentant de l'administration et où aucune concession n'a été accordée, ni aucune recherche effectuée.

Certificat d'origine n° ....

Certificat délivré le ....
au nommé .... *de* ....
district de ....
pour grammes d'or ....
en (poudre ou pépite) ....
provenant de ....
    Taxe ....
payée en ....

Certificat d'origine n° ....

Le nommé .... *de* ....
district de .... *s'est présenté*
le .... *à* ....
porteur de .... *grammes d'or*
en .... *qu'il a déclaré*
provenir de ....
    Le droit de 10 p. 100 *a été perçu*
en ....
.... *le* ....

(Signature)

Arrêté 1610

Le Général commandant en chef du corps d'occupation et Gouverneur général de Madagascar et dépendances,

Vu les décrets des 11 décembre 1895 et 30 juillet 1897;

Vu le décret du 17 juillet 1896;

Vu la décision n° 184, nommant une commission chargée d'étudier les mesures à prendre en ce qui concerne le commerce de l'or;

Vu la décision n° 217, du 3 mars 1897;

Vu le procès-verbal de la commission en date du 10 décembre 1897;

En exécution des dispositions du décret du 17 juillet 1896;

Le Conseil d'administration entendu,

Arrête :

Article 1er. — Les livres, prévus à l'article 27 du décret du 17 juillet 1896, comprendront tous registres cotés et paraphés par le président du tribunal ou par le juge de paix à compétence étendue ou l'administrateur faisant fonctions de juge de paix :

1° Le registre des achats.

La première page portera la mention :

Registre indiquant les achats d'or, de métaux précieux et pierres précieuses faits par..., en vertu de la patente hors classe n°.... délivrée à.... le... et renouvelée.... sous le n°....

Chacune des autres pages sera conforme au modèle ci-dessous :

DATE DE L'ACHAT	NATURE DE LA MATIÈRE	RÉGIME DE LA PROVENANCE	NOM DU VENDEUR	DOMICILE DU VENDEUR	POIDS DE LA MATIÈRE EN GRAMMES	PIÈCES JUSTIFICATIVES				OBSERVATIONS
						NATURE	NUMÉRO	DATE DE LA DÉLIVRANCE	LIEU DE LA DÉLIVRANCE	

2° Le registre des ventes et expéditions.

La première page de ce registre portera la mention :

Registre indiquant les ventes d'or, de métaux précieux et de pierres précieuses faites par.... en vertu de la patente hors classe n°... délivrée à.... le.... et renouvelée le.... sous le n°....

Les autres pages seront conformes au modèle ci-dessous :

NUMÉRO DU REGISTRE OU DU LAISSEZ-PASSER	DATE DE LA VENTE OU DE L'EXPÉDITION	NOM DE L'ACHETEUR	DOMICILE DE L'ACHETEUR	NATURE DE LA MATIÈRE	POIDS DE LA MATIÈRE	OBSERVATIONS

3° Le registre des laissez-passer.

La première page de ce registre portera la mention :

Registre des laissez-passer délivrés par M.... se livrant au commerce de l'or en vertu de la patente hors classe n°.... délivrée à.... le.... et renouvelée le....sous le n°....

Chacune des autres pages sera conforme au modèle ci-dessous :

<table>
<tr><td>Souche du laissez-passer n°——</td><td>Laissez-passer n°——</td></tr>
<tr><td>Il a été (vendu ou expédié) ————</td><td>Je soussigné (nom) ————</td></tr>
<tr><td>le (date) ————</td><td>déclare avoir (vendu ou expédié) ————</td></tr>
<tr><td>(nombre) ———— grammes de (matière) ———</td><td>le (date) ————</td></tr>
<tr><td>à M. (nom) ———— demeurant</td><td>à M. (nom) ———— demeurant</td></tr>
<tr><td>à———— transporté par</td><td>à (domicile) ————</td></tr>
<tr><td>la poste ou par M.————</td><td>(nombre) ————, grammes de (matière) ————</td></tr>
<tr><td>L'or est parti de————</td><td>inscrits sur mes livres pour lesquels</td></tr>
<tr><td>le (date) ————</td><td>M. (nom) ————</td></tr>
<tr><td></td><td>n'aura aucun droit à payer.</td></tr>
<tr><td></td><td>L'or est parti de————</td></tr>
<tr><td></td><td>le (date) ————</td></tr>
<tr><td></td><td>———— le ————</td></tr>
<tr><td></td><td>(Signature)</td></tr>
</table>

Art. 2. — Le premier de chaque mois, les commerçants d'or, établis à l'intérieur de l'île, adresseront au Service des mines, et ceux établis dans les ports adresseront à la douane un relevé des quantités de matières achetées pendant le mois précédent et libellé ainsi :

Je soussigné.... commerçant d'or, en vertu de la patente n°.... déclare avoir acheté.... grammes de.... provenant d'exploitations régulières pour lesquels grammes le droit de 10 pour 100 a déjà été payé, et.... grammes.... de.... provenant de régions soumises au régime de la décision 217, pour lesquels ce droit n'a pas été payé. Pour ces dernières matières, je déclare vouloir payer le droit de 10 pour 100 (nature ou espèces) à la caisse du Trésor de....

Art. 3. — Avec ce relevé, les commerçants adresseront toutes les pièces ayant accompagné l'or, laissez-passer pour les matières provenant d'exploitations régulières ou d'autres commerçants ou bien certificat d'origine pour les matières provenant des régions soumises au régime de la décision 217.

Art. 4. — Le Service des mines ou la douane adresseront aux commerçants un ordre de versement et au Trésor un avis de versement des sommes ou matières dues. Le droit *ad valorem*, payé en argent, sera perçu en prenant 2 fr. 70 pour prix du gramme d'or, au titre de 90 pour 100.

Art. 5. — L'or vendu ou expédié par les commerçants d'or sera accompagné du talon extrait du registre à souche et correspondant à l'expédition ou à la vente. Ce talon devra être remis à la douane au moment où l'or sortira de l'île. Il devra indiquer le mode de transport et, s'il y a lieu, le nom de celui qui le porte.

Art. 6. — Les commerçants d'or qui ont des agents dans différentes localités doivent indiquer au Service des mines ou des douanes les noms de ces agents, ainsi que les noms des localités dans lesquelles ils sont établis.

Art. 7. — Ces agents seront soumis à une patente dont la quotité sera déterminée ultérieurement. Le commerçant devra remettre à chacun d'eux une procuration spéciale et notariée, dont les copies certifiées devront être adressées au Service des mines et au Service des douanes.

Ces agents ne devront se livrer qu'aux achats pour la maison principale et à l'expédition de l'or pour cette maison.

Ils devront tenir des livres analogues aux livres d'achat des commerçants.

Ils indiqueront seulement, dans la colonne « Observations », la date de l'envoi à la maison mère de l'or acheté et des pièces justificatives.

Art. 8. — Les commerçants d'or et leurs agents devront présenter leurs livres au contrôleur assermenté désigné par l'administration pour les vérifier.

Ce contrôleur devra présenter sa commission au commerçant à chaque vérification. Il devra faire parvenir au Service des mines son rapport de vérification.

Art. 9. — Tous les trois mois, le Service des douanes fera parvenir au Service des mines les relevés des achats et des pièces justificatives que les commerçants d'or lui auront adressés, ainsi que les rapports faits par les agents de ce service.

Art. 10. — Les infractions aux dispositions du présent arrêté, rendu en exécution du décret du 17 juillet 1896, sont passibles des peines prévues par ledit décret.

Art. 11. — MM. le procureur général, chef du service judiciaire, le chef du Service des douanes et le chef du Service des mines sont chargés, chacun en ce qui le concerne, de l'exécution du présent arrêté.

Tananarive, le 25 mars 1898.

Signé : GALLIENI.

Vu :
Le Directeur des finances et du contrôle,
   Signé : CRAYSSAC.

Par le Gouverneur général :
  Le Procureur général,
   Signé : A. DUCHESNE.

Arrêté 83

au sujet de la contribution des patentes.

Le Général commandant le corps d'occupation et Résident général de France à Madagascar,

Vu le décret du 11 décembre 1895 ;
Vu la dépêche ministérielle du 6 août 1896 ;
Le Conseil d'administration consulté,

   Arrête :

Art. 1er. — A partir du 1er janvier 1897, tout individu exerçant à Madagascar un commerce, une industrie ou une profession non compris dans les exceptions déterminées par le présent arrêté sera assujetti à la contribution des patentes.

Art. 2. — Cette contribution consiste en un droit fixe, réglé d'après la nature de la profession et la population de la ville où elle est exercée.

Art. 3. — Les diverses professions sont classées de la manière suivante :
Hors classe. — Banques, comptoirs d'escompte, maisons de change et de crédit. — Compagnies d'assurances. — Industries.
1re classe. — Marchands en gros, c'est-à-dire vendant principalement à d'autres marchands. — Distillateurs et fabricants de boissons spiritueuses.

2ᵉ classe. — Marchands en demi-gros, c'est-à-dire vendant habituellement aux détaillants et aux consommateurs. — Restaurateurs et hôteliers.

3ᵉ classe. — Marchands au détail, c'est-à-dire ne vendant habituellement qu'aux consommateurs. — Médecins, avoués, avocats, agents d'affaires, courtiers et autres professions libérales non exemptées. — Pharmaciens. — Débitants de boissons. — Cafetiers, aubergistes.

4ᵉ classe. — Entrepreneurs de bâtiments, fabricants et constructeurs en tous genres, quand ils ont un atelier et occupent ordinairement plus de deux ouvriers.

Art. 4. — Le taux de l'impôt est fixé conformément au tableau ci-après :

CATÉGORIE DE POPULATION	HORS CLASSE	1ʳᵉ CLASSE	2ᵉ CLASSE	3ᵉ CLASSE	4ᵉ CLASSE
Villes de plus de 5 000 habitants.	1 000 »	400 »	200 »	100 »	40 »
Villes de 1 000 à 5 000 habitants	1 000 »	200 »	100 »	50 »	10 »
Villes au-dessous de 1 000 habitants.	1 000 »	100 »	20 »	10 »	5 »

Art. 5. — Sont exemptés de patentes : les fonctionnaires et employés rétribués par l'État, — les maîtres d'école et instituteurs, — les artistes, — les fabricants travaillant seuls, ou avec deux ouvriers au plus, ou à la journée, — les marchands établis sur les marchés ou vendant en étalage, — les agriculteurs et les concessionnaires de mines.

Art. 6. — Le droit est réduit de moitié pour les bouchers, boulangers et autres marchands ou fabricants d'objets de consommation, à l'exception des boissons.

Art. 7. — Si un patentable a plusieurs établissements, un droit distinct est dû pour chacun d'eux, mais le droit plein n'est dû que pour l'établissement principal, les autres droits étant réduits de moitié.

Si un patentable exerce plusieurs professions dans le même établissement, un seul droit est dû pour la plus imposée.

Art. 8. — La contribution des patentes est due annuellement ; elle peut être acquittée en une fois, mais n'est exigible que par quart à raison des faits existant au premier jour de chaque trimestre.

Art. 9. — Les demandes en décharge, réduction ou mutation de cote, seront adressées au résident de la circonscription, qui les transmettra, avec son avis, au Résident général ; elles seront jugées par le Conseil d'administration de la colonie.

Art. 10. — Tout patentable est tenu de se munir d'une formule de patente qui lui sera délivrée par le résident de sa circonscription et qu'il devra présenter à toute réquisition des agents du Gouvernement.

Art. 11. — A défaut de payement de la taxe, le recouvrement des trimestres échus sera poursuivi par voie de sommation, de commandement et de saisie, dans la forme usitée en France pour les contributions directes.

Art. 12. — Il n'est point dérogé à l'article 27 de la loi promulguée au *Journal officiel* en date du 31 juillet 1896, fixant à 1 800 francs le taux de la patente annuelle des marchands de métaux et de pierres précieuses.

Art. 13. — Le présent arrêté n'est pas applicable aux dépendances de Madagascar, dans lesquelles les tarifs en vigueur continueront à être appliqués.

Fait à Tananarive, le 3 novembre 1896.

Signé : GALLIENI.

Vu :

Le Directeur des finances
et du contrôle,
Signé : HOMBERG

Arrêté 710

modifiant l'arrêté n° 83 du 3 novembre 1896, sur la contribution des patentes.

Le Général commandant le corps d'occupation et Résident général de France à Madagascar,

Vu le décret du 11 décembre 1895 ;

Vu l'arrêté n° 83 du 3 novembre 1896, établissant la contribution des patentes ;

Après avis de M. le directeur des finances et du contrôle et de M. le résident faisant fonctions de secrétaire général en territoire civil,

Arrête :

Article unique. — Par modification de l'article 3 de l'arrêté n° 83 du 5 novembre 1896, les Compagnies d'assurances sont rangées dans la 1re classe de la contribution des patentes.

Fait à bord du *La-Pérouse*, le 28 mai 1897.

Vu :   Signé : GALLIENI.

Le Directeur des finances
et du contrôle,
Signé : HOMBERG.

Arrêté 1135

Le Général commandant en chef du corps d'occupation et Gouverneur général de Madagascar et dépendances,

Vu les décrets du 11 décembre 1895 et 30 juilllet 1897 ;

Vu le décret du 28 janvier 1896, rattachant les établissements de Diego-Suarez, Nossi-Bé et Sainte-Marie à l'administration de Madagascar ;

Vu la loi du 6 août 1896, déclarant colonie française Madagascar et les îles qui en dépendent ;

Vu les arrêtés n°s 83 du 3 novembre 1896 et 710 du 28 mai 1897 sur la contribution des patentes à Madagascar ;

Vu les vœux émis par les chambres consultatives françaises de Diego-Suarez, Nossi-Bé et Sainte-Marie ;

Vu la dépêche ministérielle du 21 juillet 1897 ;

Le Conseil d'administration entendu,

Arrête :

Article Ier. — Les arrêtés n°s 83 du 3 novembre 1896 et 710 du 28 mai 1897 sur la contribution des patentes à Madagascar sont rendus applicables aux établissements de Diego-Suarez, Nossi-Né et Sainte-Marie, dépendances de Madagascar.

Art. 2. — MM. les administrateurs des dépendances sont chargés, chacun en ce qui le concerne, d'exécuter le présent arrêté qui aura son effet à dater du 1er janvier 1898.

Fait à Tananarive, le 11 novembre 1897.
Signé : GALLIENI.

Vu :

Le Directeur des finances et du contrôle,

Signé : CRAYSSAC.

Arrêté 69

au sujet des prestations des indigènes.

Le Général commandant le corps d'occupation et Résident général de France à Madagascar,

Vu le décret du 11 décembre 1895;

Vu les instructions du Ministre des Colonies en date du 15 septembre 1896;

Le Conseil d'administration consulté,

Arrête :

TITRE I

DISPOSITIONS GÉNÉRALES

Art. 1er. — Tout habitant valide de seize à soixante ans, de sexe masculin, à quelque classe de la société ou à quelque corporation qu'il appartienne, à l'exception des militaires, miliciens et douaniers en activité de service, sera appelé à fournir, chaque année, une prestation de cinquante jours au maximum pour le service des travaux publics civils ou militaires.

Une indemnité de vivres de 0 fr. 20 est allouée à chaque prestataire, par journée de travail fournie.

Art. 2. — Seront autorisées à racheter leur prestation, au tarif de 0 fr. 50 par journée de prestation, les catégories suivantes :

1° Les fonctionnaires et employés du Gouvernement, ayant un traitement fixe ainsi que leurs ascendants ou descendants directs;

2° Les officiers à compter de 6 honneurs et au-dessus, ainsi que leurs ascendants ou descendants directs;

3° Les gens âgés de quarante ans et au-dessus;

4° Ceux qui auront obtenu un certificat de connaissance de la langue française dans les formes et conditions à déterminer par arrêté ultérieur.

TITRE II

CONFECTION DES RÔLES

Art. 3. — Il sera rédigé, chaque année dans le courant du mois d'octobre, sous la surveillance des gouverneurs généraux et sous le contrôle des résidents et commandants de cercle, chefs de province, par les soins des gouverneurs de village et des « mpiadidy » ou chefs de quartier, dans chaque ville ou village, un rôle des habitants soumis à la prestation.

Art. 4. — Les rôles devront être transmis, le 1er novembre de chaque année, par l'intermédiaire des gouverneurs au commandant de cercle ou résident local qui enverra au directeur des travaux publics un état récapitulatif des journées, par villages, districts et gouvernements.

TITRE III

EXÉCUTION DES TRAVAUX

§ Ier. — Dispositions générales.

Art. 5. — Le Résident général, sur la proposition des directeurs des travaux publics et du génie, déterminera, chaque année, dans le courant du mois de décembre, la répartition des travailleurs entre les différents travaux civils ou militaires auxquels pourra être affectée la prestation.

§ II. — Prestations à la journée.

Art. 7. — La durée du travail est fixée à neuf heures au maximum par jour, non compris les heures de repos et de repas.

Lorsque les prestataires seront appelés à plus de 5 kilomètres, le temps nécessaire pour parcourir, à l'aller et au retour, les distances excédant cette limite, sera compté comme passé sur le chantier.

Les prestataires ne pourront être obligés de se rendre sur des chantiers situés à plus de 20 kilomètres de leur résidence.

Art. 8. — Les résidents ou commandants de cercle, chefs de province, détermineront chaque année, après avoir pris l'avis du Gouverneur général :

1° La répartition des travailleurs entre leurs divers chantiers ;

2° Les jours d'ouverture et de clôture des travaux de prestation pour chaque chantier ;

3° Les heures d'ouverture et de clôture du travail journalier.

Ils prendront les mesures nécessaires pour assurer l'exécution et la surveillance des travaux, ainsi que pour exercer le contrôle du nombre de journées de prestation réellement effectuées.

§ III. — Prestations à la tâche.

Art. 9. — Certains travaux pourront être effectués à la tâche. Le taux de conversion de ces travaux en journées de prestation sera, dans ce cas, déterminé par les résidents ou commandants de cercle, chefs de province.

Les travaux mal exécutés ou non achevés dans le délai fixé ne représenteront qu'un nombre de journées de prestation qui sera fixé par le commandant de cercle ou le résident, chef de province.

§ IV. — Dispositions communes.

Art. 10. — Les commandants de cercle ou résidents, chefs de province, feront recueillir dans chaque village le montant des prestations en argent, qu'ils centraliseront et verseront au Trésor.

Art. 11. — Chacun des commandants de cercle ou résidents, chefs de province, enverra au directeur du contrôle financier, un mois après la clôture des travaux, un état récapitulatif par village des sommes dues en remplacement de journées de prestation en nature.

Art. 12. — Lorsqu'un « mpiadidy » ou tout autre agent indigène refusera de prêter son concours pour l'exécution des prestations, il en sera référé au résident ou au commandant de cercle, chef de province, qui prendra les mesures nécessaires. En cas de négligence grave de leur part, les « mpiadidy » et autres agents indigènes seront condamnés à une amende de 5 à 50 francs.

Fait à Tananarive, le 21 octobre 1896.

Signé : Galliéni.

Arrêté n° 324

sur les prestations des indigènes.

Le Général commandant le corps d'occupation et Résident général de France à Madagascar,

Vu le décret du 11 décembre 1895;

Vu l'arrêté du 21 octobre 1896, au sujet des prestations des indigènes;

Vu l'arrêté du 27 décembre 1896, réglementant le travail des indigènes;

Vu le rapport de la commission de réglementation du travail des indigènes, constituée le 5 novembre 1896, et les vœux annexés à ce rapport;

Considérant qu'il est d'intérêt général de favoriser les contrats de longue durée entre Français et indigènes; d'aider au développement du commerce, en accordant aux patentés le droit de rachat de leurs prestations; d'éviter aux grandes exploitations l'inconvénient absolu qui résulterait de la réquisition simultanée d'une trop forte proportion de leurs ouvriers; de ménager aux travaux de la colonie le plus de main-d'œuvre possible,

Arrête :

Art. 1er. — Par modification de l'article 2 de l'arrêté du 21 octobre 1896, ne seront autorisés à racheter leurs prestations, pour raison d'âge, que les prestataires âgés de cinquante ans révolus.

Art. 2. — Sont également autorisés à racheter leurs prestations, en outre des catégories énumérées dans l'article 2 de l'arrêté du 21 octobre 1896 :

1° Les employés et ouvriers qui, d'après les dispositions des articles 2 et 4 de l'arrêté du 27 décembre 1896, auront satisfait pendant un an au moins au contrat d'engagement conclu avec un Français;

2° Les patentés justifiant de leur situation actuelle de patentés et du payement régulier de leurs patentes;

3° Les employés, ouvriers, domestiques au service des administrations, Sociétés et particuliers français, notamment les porteurs, domestiques, jardiniers, plantons, employés de commerce, interprètes, gens de maison de tout ordre, sans que le nombre total puisse excéder 10.

Art. 5. — Sur la demande des intéressés, dans une même exploitation française ayant plus de 10 et moins de 200 travailleurs, il ne pourra être prélevé, à la fois, plus de 1/5e des travailleurs régulièrement engagés, plus de 1/10e, si le chiffre des travailleurs est de 200 et au-dessus. Dans ce cas, les chefs d'exploitation seront responsables pécuniairement du rachat des prestations des ouvriers pour lesquels ils auront demandé le bénéfice de cette disposition.

Fait à Tananarive, le 19 janvier 1897.

Signé : Galliéni

Arrêté n° 84

au sujet des Asiatiques et Africains venant résider à Madagascar.

Le Général commandant le corps d'occupation et Résident général de France à Madagascar,

Vu le décret du 11 décembre 1895;

Le Conseil d'administration consulté,

Arrête :

Article 1er. — A partir du 1er novembre 1896, tout étranger d'origine asiatique et africaine qui voudra résider dans la colonie de Madagascar et ses dépendances devra, dans les trois jours qui suivront son débarquement, se présenter chez le résident de la circonscription pour y faire une demande écrite d'autorisation de séjour.

Il sera tenu de donner tous les renseignements nécessaires pour établir son identité, de déclarer sa profession et la localité où il désire résider.

Il devra renouveler sa déclaration le 1er janvier de chaque année et toutes les fois que, pour un motif quelconque, sa déclaration précédente sera devenue inexacte.

Art. 2. — L'autorisation de séjour sera accordée par le résident de la circonscription, qui délivrera au demandeur un permis de séjour valable pour une année.

Art. 3. — La délivrance de ce permis est subordonnée au payement d'une taxe annuelle qui se composera :

1° D'un droit fixe de 25 francs, dû par tout étranger du sexe masculin, âgé de plus de dix-huit ans, en représentation de la corvée à laquelle sont assujettis les indigènes.

2° D'un droit supplémentaire, dû par tout étranger exerçant une profession ou un commerce imposables au tarif local des patentes et fixé à 50 francs, pour les patentables des 1re et 2e classes, et à 25 francs, pour ceux des 3e et 4e classes.

Art. 4. — L'impôt sera établi d'après les déclarations faites par l'étranger; toute déclaration inexacte ou incomplète, ayant eu pour effet l'exonération de tout ou partie de la taxe, sera punie d'une amende égale au double des droits fraudés.

Art. 5. — Un délai d'un mois, à partir du 1er novembre 1896, est accordé aux étrangers d'origine asiatique et africaine résidant à Madagascar pour faire, dans les formes prescrites par le présent arrêté, leur demande d'autorisation de séjour.

Art. 6. — Le présent arrêté n'est pas applicable aux militaires en activité de service, ni aux travailleurs engagés par les services publics.

Fait à Tananarive, le 3 novembre 1896.

Signé : GALLIENI.

Vu :

Le Directeur des finances
et du contrôle,
Signé : HOMBERG.

Arrêté n° 97

organisant les milices.

Le Général commandant le corps d'occupation et Résident général de France à Madagascar,

Vu le décret du 11 décembre 1895, déterminant les pouvoirs du Résident général ;
Vu le décret du 11 juillet 1896, organisant la milice de Madagascar ;
Vu les instructions du ministre des colonies, en date du 6 août 1896 ;
Considérant qu'il y a nécessité urgente d'organiser des milices pour suppléer à l'insuffisance des effectifs des troupes régulières et permettre à celles-ci de gagner du terrain en avant, et pour faire la police en dehors des régions constituées en territoires militaires ;

Arrête :

Article 1er. — Les forces de milice de Madagascar comprennent un certain nombre d'unités, affectées respectivement aux résidences ou cercles militaires déjà constitués dans la colonie. Ces unités sont dénommées : « Compagnies de milice de la résidence de…. ou du cercle militaire de…. ». Elles sont sous les ordres directs de l'administrateur, du résident ou commandant de cercle local.

Art. 2. — Chaque compagnie de milice est recrutée autant que possible parmi les habitants de la région de la résidence ou du cercle auquel elle peut être affectée ; elle est commandée par un inspecteur ou un garde principal de 1ʳᵉ classe auquel sont adjoints des gardes principaux et des gardes européens, à raison de 1 garde européen pour 40 indigènes.

La proportion des différents grades parmi les indigènes est la suivante :

1 sergent de   1ʳᵉ classe ⎫
1   —   2ᵉ   — ⎬ Pour 100 hommes.
                     ⎭
4 caporaux   ⎫
19 miliciens de 1ʳᵉ classe ⎬ Pour 100 hommes.
75   —   2ᵉ   — ⎭

Art. 3. — Jusqu'à nouvel ordre, les forces de milice sont réparties ainsi qu'il suit :

RÉSIDENCES OU CERCLES	EFFECTIFS	OBSERVATIONS
Gouvernement militaire de Tananarive (A).............	1 Inspecteur (B). 2 Gradés européens. 100 indigènes (1).	(A) La compagnie de milice de Tananarive comprendra, outre les 100 indigènes prévus ci-contre, 17 miliciens et un gradé indigène, qui seront montés et mis à la disposition du capitaine, commandant la prévôté.
Cercle de Moramanga.......	Id.	
— d'Ambatomanga.......	1 Inspecteur (B). 4 Gradés européens. 200 indigènes (1).	(B) Ou un garde principal de 1ʳᵉ classe.
— d'Ambohidrabiby......	Id.	(1) Y compris les gradés indigènes.
— d'Ambohidratrimo (Babay)..	Id.	
— d'Arivonimamo.......	Id.	
— d'Ambatondrazaka	Id.	
Résidence d'Antsirabé.......	1 Inspecteur (B). 5 Gradés européens. 250 indigènes (1).	
— de Fianarantsoa.....	1 Inspecteur (B). 8 Gradés européens. 400 indigènes (1).	
— de Tamatave......	1 Inspecteur (B). 4 Gradés européens. 200 indigènes (1).	
— de Maroantsetra.....	1 Inspecteur (B). 6 Gradés européens. 500 indigènes (1).	
— de Vohémar.......	1 Inspecteur (B). 4 Gradés européens. 200 indigènes (1).	
— de Diego-Suarez.....	1 Inspecteur (B). 2 Gradés européens. 100 indigènes (1).	
— de Nossi-Bé.......	1 Inspecteur (B). 6 Gradés européens. 300 indigènes (1).	
— de Majunga.......	1 Inspecteur (B). 8 Gradés européens. 400 indigènes (1).	
— de Tulléar.......	1 Inspecteur (B). 4 Gradés européens. 200 indigènes (1).	
— de Fort-Dauphin.....	Id.	
— de Mananjary......	Id.	
— de Mandridrano.....	1 Inspecteur (B). 5 Gradés européens. 100 indigènes (1).	

En tout 19 compagnies.

Cette répartition est provisoire; elle sera modifiée, dès que des renseignements plus précis auront fait connaître exactement les besoins de chaque résidence.

Art. 4. — L'administrateur, le résident ou commandant du cercle, chef de province, a sous ses ordres la compagnie de milice locale; il nomme à tous les grades le personnel indigène; il tient les feuillets (modèle A ci-joint) du personnel européen. Lorsqu'un garde européen fait mutation, le feuillet est adressé au résident de la province où ce garde va continuer ses services, ou bien au Résident général, si ce garde rentre en France ou cesse d'appartenir à la milice. Un double de ces feuillets est tenu par le Résident général, auquel sont adressées les notes semestrielles inscrites sur les feuillets par les résidents (1er janvier et 1er juillet de chaque année).

L'administrateur, le Résident ou commandant de cercle, chef de province, adresse chaque mois au Résident général un tableau de l'emplacement et de l'effectif des divers postes occupés par la compagnie de milice locale.

Art. 5. — L'inspecteur ou le garde principal de 1re classe commande et administre sa compagnie sous la responsabilité et sous le contrôle du résident ou du commandant du cercle local, auquel il adresse toutes les demandes et rapports qui doivent être soumis à son appréciation ou transmis par ses soins au Résident général.

Il s'assure que la solde est entièrement payée à tout le personnel sous ses ordres. Toutefois, en marche, et exceptionnellement en station, les chefs de détachement pourront prélever sur la solde des miliciens la somme strictement indispensable pour assurer leur nourriture, lorsqu'il sera impossible à ces derniers de se la procurer directement.

Le personnel européen de la milice portera la tenue prescrite pour les milices du Tonkin. Après avoir reçu la première mise, les inspecteurs et gardes de toutes classes devront pourvoir eux-mêmes à l'entretien et au renouvellement de leurs effets. Les gardes principaux et européens ont les attributions dévolues aux sous-officiers dans l'armée.

Les résidents et commandants de cercle ont, au point de vue disciplinaire sur le personnel indigène, les pouvoirs de chef de corps; les inspecteurs ou gardes principaux, commandants de compagnie, ont les pouvoirs de commandants de compagnie dans l'armée, sauf en ce qui concerne les punitions de prison, qui ne peuvent être infligées que par les résidents ou commandants de cercle; les autres gardes ont les pouvoirs des sergents; toutefois, lorsqu'ils sont chefs de détachement, ils ont les mêmes pouvoirs que les inspecteurs commandants de compagnie.

Les punitions que l'on peut infliger aux miliciens sont les suivantes :

Nature des punitions.

Les punitions à infliger aux sergents indigènes sont :
La consigne au quartier; la consigne à la chambre; la prison; la rétrogradation; la cassation.

Les punitions à infliger aux caporaux sont :
La consigne au quartier; la salle de police; la prison; la rétrogradation; la cassation.

Les punitions à infliger aux miliciens sont :
Les corvées supplémentaires; l'inspection avec la garde; la consigne au quartier; la salle de police; la prison; la cellule; le renvoi de la 1re classe à la 2e classe.

Par qui elles sont ordonnées.

Les punitions sont ordonnées aux miliciens de la manière suivante :
Par les caporaux, 2 jours de consigne au quartier;
Par les sergents, 4 jours de consigne au quartier;
Par les gardes européens, 4 jours de consigne à tous les miliciens ou gradés indigènes;

Par l'inspecteur ou le gradé européen, commandant la compagnie ou un détachement, 50 jours de consigne au quartier ou 15 jours de salle de police;

Par le résident ou commandant de cercle, 30 jours de consigne au quartier ou 30 jours de salle de police, ou 15 jours de prison dont 8 de cellule.

Enfin, le résident ou le commandant de cercle, sur le rapport du commandant de la compagnie de milice, prononce la rétrogradation ou la cassation de tous les gradés indigènes de la milice.

Art. 6. — La solde du personnel européen est perçue par le commandant de compagnie, sur un état nominatif, décompté mensuellement et à terme échu, d'après le tarif indiqué par le décret du 11 juillet 1896.

La solde des indigènes est la suivante :

Sergent de 1re classe	3 fr. »	par jour.
Sergent de 2e classe	2 »	—
Caporal	1 »	—
Milicien de 1re classe	» 65	—
Milicien de 2e classe	» 50	—

Les miliciens en traitement à l'hôpital ont droit à la solde entière; mais la moitié de cette solde est versée à la masse d'entretien dont il est question ci-après.

Art. 7. — L'inspecteur ou le garde principal commandant de compagnie assure l'habillement et l'équipement de ses hommes à l'aide d'un magasin de compagnie qu'il constitue lui-même avec les sommes provenant de la masse d'entretien.

Cette masse a comme recettes :

1° Une première mise par compagnie créée (1 000 francs pour une compagnie de 100 hommes, 2 000 francs pour une compagnie de 200 hommes, 4 000 francs pour une compagnie de 400 hommes, etc., soit 10 francs par indigène comptant à l'effectif normal);

2° Une prime journalière d'entretien de 20 centimes;

3° La moitié de la solde des hommes punis de prison;

4° La moitié de la solde des hommes en traitement à l'hôpital.

Cette masse supporte les dépenses suivantes :

a) Habillement et équipement des indigènes, à raison d'une tenue de flanelle ou de molleton bleu et deux tenues de toile blanche par an (au maximum);

b) Prix des réparations à l'armement ;

c) Frais de traitement des indigènes dans les hôpitaux;

d) Frais de transport du personnel et du matériel occasionnés par le service de la milice à l'intérieur de la circonscription;

e) Frais de bureau du commandant de compagnie (19 francs par mois au maximum);

f) Achat d'ingrédients pour l'entretien des effets en magasin;

g) Achat de matériaux pour le casernement des milices (en principe, la main-d'œuvre des miliciens doit suffire).

Les sommes dues pour les masses d'entretien sont perçues sur un état spécial (modèle B), au fur et à mesure des besoins, de manière que l'encaisse du commandant de compagnie ne dépasse jamais 500 francs.

Art. 8. — La solde du personnel indigène est perçue les 1er, 11 et 21 de chaque mois sur une feuille de prêt conforme au modèle D. Le commandant de compagnie possède à cet effet un livret de solde, délivré par le trésorier-payeur ou le gérant de la caisse de fonds d'avance du lieu où il se trouve.

Il tient, en outre :

1° Un registre-journal des recettes et des dépenses (modèle C), où il inscrit chaque jour les opérations faites;

2° Un registre de comptabilité, établi conformément au modèle E ci-joint;

3° Un contrôle nominatif des hommes de sa compagnie.

Il établit, à la fin de chaque mois, les pièces suivantes destinées à l'administrateur central des milices :

1° Une situation (nominative pour les Européens, numérique pour les indigènes), indiquant les mutations survenues pendant le mois (copie du chapitre II du registre de comptabilité, modèle E);

2° Un extrait du registre-journal des recettes et des dépenses, comprenant toutes les opérations faites pendant le mois;

3° Une situation du magasin et de la masse d'habillement (copie du chapitre V du registre modèle E).

Art. 9. — Un inspecteur, résidant à Tananarive, porte le titre d'administrateur central des milices; il est sous les ordres directs du [Résident général; deux gardes principaux lui sont adjoints pour faire le travail de centralisation de la comptabilité des milices.

Il tient, pour chaque compagnie de milice, un registre de comptabilité (modèle E), sur lequel il porte les renseignements fournis par les situations mensuelles des compagnies.

Les pièces établies par les commandants de compagnie pour percevoir au Trésor les sommes relatives à la solde ou à la masse d'habillement, le sont toujours en double expédition; une expédition est gardée par le caissier pour être mise à l'appui de sa comptabilité; la seconde est expédiée immédiatement par le commandant de compagnie à l'administrateur central.

En fin de trimestre, l'administrateur central établit, pour chaque compagnie, un état comparatif faisant ressortir les sommes perçues d'une part et celles que chaque compagnie devait percevoir d'après son effectif.

Le trop perçu comme solde est remboursé par le commandant de compagnie; le moins perçu en solde, le trop et le moins perçu pour la masse sont reportés au trimestre suivant.

Une somme de 30 francs par mois est allouée à l'administrateur central pour frais de bureau.

La correspondance relative aux milices est adressée par les résidents ou commandants de cercle à l'administrateur central et réciproquement, sous le couvert du Résident général.

Art. 10. — Les miliciens, ainsi que les gradés européens, sont armés du fusil ou de la carabine M^{le} 1874; les gardes principaux ou les inspecteurs sont armés du revolver M^{le} 1873 ou 1874. Les armes et les munitions sont délivrées par l'artillerie, sur la demande du Résident général. Le commandant de compagnie est responsable de l'armement comme de tout le matériel de sa compagnie.

Art. 11. — Les dispositions ci-dessus entreront en vigueur à compter du 1er décembre 1896. Les prescriptions antérieures, qui seraient contraires au présent arrêté, sont abrogées.

Fait à Tananarive, le 6 novembre 1896.

Signé : GALLIENI.

Vu :

Le Directeur des finances et du contrôle,

Signé : HOMBERG.

RÉSIDENCE GÉNÉRALE DE FRANCE A MADAGASCAR

III° BUREAU

Arrêté n° 100

Le Général commandant le corps d'occupation et Résident général de France à Madagascar,

Attendu qu'il importe de mettre à profit l'expérience des colons résidant dans chaque province pour permettre d'éclairer les administrations locales sur les besoins du commerce, de l'industrie, de l'agriculture, des entreprises minières et, en général, de la colonisation dans la province,

Arrête :

Article 1ᵉʳ — Il est créé à Tananarive et dans chaque chef-lieu de résidence une chambre consultative française, comprenant les chefs d'établissement habitant la circonscription.

Art. 2. — Le Résident général pour Tananarive, le résident ou administrateur pour chaque chef-lieu de province, désignera un local pour être mis à la disposition de cette chambre consultative.

Il nommera lui-même le président et les membres d'un bureau qui servira d'intermédiaire entre les colons et les autorités françaises locales.

Le bureau sera appelé à donner aux administrations locales les avis et renseignements qui lui seront demandés : 1° sur les faits d'ordre commercial, agricole et industriel intéressant la province ; 2° sur les moyens d'encourager et de développer la colonisation ; 3° sur les améliorations à introduire dans toutes les branches de la législation commerciale, y compris les tarifs des douanes et octrois ; 4° sur l'exécution des travaux et l'organisation des services publics, qui peuvent intéresser le commerce et l'industrie de la colonie, tels que les travaux des ports, la navigation des fleuves et des rivières, les postes, les chemins de fer, les transports à dos d'hommes, etc. ; 5° sur les projets de règlements locaux en matière de commerce ou d'industrie.

Art. 3. — Le bureau se réunira dans un local, qui lui est affecté, sur l'avis du résident, chef de la province.

Dès la première réunion, il rédigera des statuts qui devront être soumis à l'approbation du Résident général pour Tananarive et du résident ou administrateur local pour chaque chef-lieu de province.

Art. 4. — Le Résident général pourra, lorsque la situation budgétaire le permettra, accorder aux diverses chambres consultatives françaises des subventions en argent, de manière à leur permettre de fonctionner dans de bonnes conditions.

Art. 5. — Le secrétaire général à Tamatave et les résidents ou administrateurs, chefs de province, assureront l'exécution du présent arrêté.

Ils rendront compte des mesures prises à cet effet.

Tananarive, le 7 novembre 1896.

Lo Général commandant le corps d'occupation et Résident général
de France à Madagascar,
Signé : GALLIENI.

Arrêté n° 204

fixant les conditions d'exercice de la médecine à Madagascar.

Le Général commandant le corps d'occupation et Résident général de France à Madagascar,

Vu le décret du 11 décembre 1895;
Vu la loi du 30 novembre 1892 sur l'exercice de la médecine;
Considérant la nécessité de réglementer l'exercice de la médecine à Madagascar:
Sous la réserve de l'approbation du Ministre des Colonies;
Sur la proposition du directeur du service de santé :

Arrête :

TITRE I

CONDITIONS DE L'EXERCICE DE LA MÉDECINE

Article 1ᵉʳ — Nul ne peut exercer la médecine à Madagascar et dans ses dépendances, s'il n'est muni d'un diplôme de docteur en médecine d'une faculté française.

Sont considérés comme docteurs en médecine d'une faculté française, et autorisés à exercer à Madagascar seulement, les indigènes, ayant obtenu leur diplôme dans une des écoles de médecine françaises établies dans la colonie.

Art. 2. — Les médecins et chirurgiens diplômés à l'étranger, quelle que soit leur nationalité, ne peuvent exercer leur profession à Madagascar et dépendances qu'à la condition d'avoir obtenu devant une faculté française le diplôme de docteur en médecine, conformément aux dispositions spécifiées dans l'article 5, titre IV, de la loi du 30 novembre 1892 sur l'exercice de la médecine.

Art. 3. — Les docteurs en médecine sont tenus, dans le mois qui suit leur établissement, de faire enregistrer leur titre à la résidence et au greffe de la juridiction du chef-lieu de leur domicile.

En cas de changement de domicile, ils sont obligés à un nouvel enregistrement du titre dans le même délai, comme il est dit ci-dessus.

Art. 4. — Les fonctions de médecins experts près les tribunaux ne peuvent être remplies que par des docteurs en médecine d'une faculté française ou, à défaut d'Européens, par les médecins indigènes diplômés par les écoles de médecine françaises établies dans la colonie.

Art. 5. — Tout docteur en médecine est tenu de faire à l'autorité publique, son diagnostic établi, la déclaration des cas de maladies épidémiques tombés sous son observation, et notamment les cas de fièvre typhoïde, de variole, de rougeole, de scarlatine, de diphtérie.

Art. 6. — Les dispositions de la loi du 3 novembre 1892 concernant l'exercice illégal de la médecine, la suspension temporaire ou l'incapacité absolue s'appliquent tant aux médecins européens et assimilés qu'aux médecins indigènes.

TITRE II

DISPOSITIONS TRANSITOIRES

Art. 7. — Les médecins diplômés à l'étranger, quelle que soit leur nationalité, exerçant actuellement leur profession à Madagascar, pourront être autorisés, s'ils en font la demande, à continuer à l'exercer dans la colonie.

Seront compris dans ce cas les médecins indigènes ayant obtenu un diplôme régulièr avant la publication du présent arrêté. . .

Les uns et les autres sont tenus de se conformer aux prescriptions contenues dans l'article 3, dès qu'ils auront reçu cette autorisation.

Art. 8. — Les médecins indigènes pourront cumuler l'exercice de la médecine et de la pharmacie, c'est-à-dire continuer, conformément aux coutumes locales, à délivrer eux-mêmes des médicaments à leurs propres clients.

Art. 9. — Le procureur général et le directeur du service de santé sont chargés, chacun en ce qui le concerne, de l'exécution du présent arrêté.

Fait à Tananarive, le 10 décembre 1896.

Signé : GALLIENI.

Par le Résident général,
Le Procureur général
Signé : DUBREUIL.

Arrêté n° 205

Le Général commandant le corps d'occupation et Résident général de France à Madagascar,

Vu le décret du 11 décembre 1895 ;

Vu l'arrêté du 10 décembre 1896, fixant les conditions d'exercice de la médecine à Madagascar ;

Considérant l'utilité de la création d'une école de médecine destinée à former des médecins indigènes ;

Sur la proposition du directeur du service de santé ;

Arrête :

Article 1er — Il est institué à Tananarive une école de médecine.

Art. 2. — Cette école a uniquement pour but de former des médecins indigènes.

Art. 3. — Elle est placée sous la direction de M. le médecin principal Mestayer et sous le haut contrôle de M. le médecin en chef, directeur du service de santé.

Art. 4. — Le directeur et les professeurs de l'école sont désignés chaque année par le Résident général de France à Madagascar.

Art. 5. — Les élèves se recrutent parmi les jeunes Malgaches, qui en font la demande au directeur de l'école, dans les conditions indiquées à l'article 6 du présent arrêté.

Ils reçoivent à l'école l'instruction portant sur les matières des examens spécifiées à l'article 9.

Le régime de l'école est l'externat.

Art. 6. — Nul n'est admis en qualité d'étudiant en médecine, s'il ne réunit les conditions suivantes :

1° Être âgé de dix-sept ans au moins et de vingt-cinq ans au plus le premier janvier de l'année où il doit commencer ses études ;

2° Justifier de la connaissance de la langue française ;

3° Être d'une moralité reconnue et justifier d'une instruction générale suffisante.

Art. 7. — La constatation de la capacité des candidats au point de vue de la connaissance de la langue française et de leur instruction générale a lieu par voie d'examens, à la suite desquels il leur est délivré un certificat d'admission au cours de l'école.

Le jury d'examens se composera à cet effet du directeur de l'école, président, et de deux membres désignés par le Résident général, sur la proposition du directeur.

Il tiendra une session annuelle dans la deuxième quinzaine de décembre.

Art. 8. — La durée des études médicales est de cinq ans.

Art. 9. — Les élèves subissent des examens probatoires à la fin de chaque année :

1re Année. — Notions d'anatomie et de physiologie.

2e Année
- 1re Partie. — Anatomie.
- 2e Partie. — Physiologie.
- 3e Partie. — Éléments de pathologie externe.

3e Année
- 1re Partie. — Pathologie externe.
- 2e Partie. — Pathologie interne.

4e Année
- 1re Partie. — Accouchements.
- 2e Partie. — Matière médicale. — Pharmacologie. — Thérapeutique.

5e Année
- 1re Partie. — Cliniques externe et interne.
- 2e Partie. — Hygiène et médecine légale (Examen écrit).

L'élève qui n'aura pas satisfait aux examens spécifiés ci-dessus redoublera une année d'études.

Art. 10. — Tout élève, qui !aura subi, à un même examen de fin d'année, deux échecs successifs, est exclu de l'école.

Art. 11. — Le programme des cours, approuvé par le Résident général, est fixé au commencement de chaque année scolaire par le directeur de l'école.

Art. 12. — Pendant toute la durée de leurs études, les élèves sont astreints au stage hospitalier.

Ce stage s'accomplit à l'hôpital indigène de Tananarive.

Art. 13. — Avant de passer l'examen de fin d'année, les élèves doivent justifier de leur assiduité aux cours et de l'accomplissement du stage hospitalier, au moyen de certificats délivrés par les professeurs de l'école et les médecins, chefs de service.

Dans le courant de l'année, à des dates fixées par le directeur de l'école, des interrogations cotées sont faites aux élèves, afin de s'assurer de leurs progrès.

Les points obtenus à la suite de ces interrogations sont combinés avec ceux de fin d'année pour déterminer le classement des élèves.

Chaque élève, ayant satisfait aux examens de fin d'année, reçoit un certificat d'aptitude, qui tient lieu d'inscriptions pour suivre les cours de 2e, 3e, 4e ou 5e année.

Art. 14. — Les jurys d'examens se composent de trois membres désignés par le Résident général, sur la proposition du directeur de l'école.

Art. 15. — Les cours et les examens sont gratuits.

Les cours commenceront à partir du mois de janvier et le programme en sera publié au *Journal officiel* de la colonie.

Art. 16. — Un diplôme de docteur en médecine, au titre de Madagascar, sera délivré après le 5e examen.

DISPOSITIONS TRANSITOIRES

Art. 17. — Pour le premier recrutement, la connaissance de la langue française ne sera pas exigée des candidats à l'école de médecine.

Toutefois, si au moment de l'examen de fin d'année l'élève ne fait pas preuve de notions suffisantes de langue française, il sera exclu de l'école.

Art. 18. — Des certificats d'équivalence, correspondant aux 1er, 2e, 3e et 4e examens, pourront être délivrés, lors de l'ouverture de l'école, aux candidats qui justifieront de connaissances en médecine antérieurement acquises.

Ces candidats devront, au bout d'un an, justifier d'une connaissance suffisante de la langue française, condition sans laquelle ils ne pourront continuer leurs études, ni recevoir le diplôme de docteur en médecine au titre de Madagascar.

Art. 19. — En conséquence des dispositions transitoires, contenues dans les articles 17 et 18 du présent arrêté, des cours en langue malgache seront faits par des professeurs munis, soit du diplôme de docteur en médecine d'une faculté française, soit du diplôme régulier dont il est fait mention au 2ᵉ paragraphe de l'article 7 de l'arrêté du 10 décembre 1896 fixant les conditions d'exercice de la médecine à Madagascar.

Fait à Tananarive, le 11 décembre 1896.

Signé : GALLIENI.

Arrêté n° 220

portant création et réglementation du service d'un hôpital malgache à Tananarive.

Le Général commandant le corps d'occupation et Résident général de France à Madagascar,

Vu le décret du 11 novembre 1895 fixant les pouvoirs du Résident général à Madagascar ;

Vu l'arrêté n° 729 du 1ᵉʳ décembre 1896 affectant un immeuble confisqué à M. Rasanjy pour l'établissement d'un hôpital malgache ;

Vu l'arrêté n° 129 en date du 15 novembre 1896 réquisitionnant l'hôpital d'Isoavinandriana pour les malades et blessés du corps d'occupation ;

Considérant qu'il est urgent d'assurer les soins nécessaires aux Malgaches indigents qui seraient malades ou blessés ;

Considérant que la réunion des malades et blessés indigènes (indigents ou autres) dans un même établissement permet de leur donner des soins dans de bonnes conditions ;

Considérant qu'il importe d'utiliser, dans un but humanitaire, les connaissances techniques et le dévouement des médecins du corps d'occupation présents à Tananarive,

Arrête :

Article 1ᵉʳ. — Il est créé à Tananarive un hôpital indigène, où seront admis les Malgaches malades ou blessés des deux sexes. Cet établissement est placé, comme tout ce qui touche à la santé publique, sous la haute direction du chef du service de santé de la colonie.

Art. 2. — Sur la proposition du chef du service de santé, un médecin résidant à Tananarive est appelé, par le Général commandant le corps d'occupation et Résident général de France, à la direction technique et administrative de l'hôpital. Il prend le titre de directeur de l'hôpital indigène.

Personnel.

Art. 3. — Le personnel dont il dispose pour assurer le fonctionnement du service comprend :

A. — *Personnel médical et hospitalier.*

1° Des médecins traitants européens et indigènes ;
2° Des internes et des étudiants ;
3° Des infirmiers et des infirmières.

PL. IV. — UN COURS DU DOCTEUR FONTOYNONT.

B. — *Personnel administratif.*

1° Un comptable, européen autant que possible;
2° Un économe;
3° Des agents spéciaux : cuisiniers, blanchisseurs, manœuvres, bourjanes.

Recrutement.

Art. 4. — Tout ce personnel est recruté sur place ; les Malgaches sont choisis, de préférence, parmi ceux possédant quelques notions de la langue française.

Médecins traitants.

Art. 5. — Ils sont chargés du traitement des malades et responsables, vis-à-vis du directeur, du bon fonctionnement de leur service. La question de l'indemnité à leur allouer sera tranchée, plus tard en ce qui concerne les médecins français, s'il y a lieu. Quant aux médecins malgaches, ils auront droit à une solde annuelle qui sera déterminée ultérieurement.

Les médecins traitants passent chaque jour, aux heures fixées, deux visites; ils en font d'autres, s'ils le jugent convenable et si l'état de quelque malade l'exige.

Ils rendent compte au médecin-directeur des manifestations épidémiques qui pourraient se produire et le consultent pour tous les cas graves.

Ils s'assurent de la bonne tenue des cahiers de visite.

Ils présentent leurs observations au médecin-directeur.

Un médecin traitant est désigné par le médecin-directeur pour assurer le service de l'établissement en dehors des heures de visite. Il prend le titre de médecin de semaine.

Médecin de semaine.

Art. 6. — Il est chargé de la surveillance du service en dehors des heures de visite; il assiste aux distributions des médicaments et des aliments ; il veille en tout temps à la qualité des denrées et liquides ; il constate les décès.

Il porte ses observations sur un registre spécial, que le médecin-directeur examine.

Il prévient toujours l'interne de garde des endroits où l'on peut le trouver en cas d'urgence.

Des internes.

Art. 7. — Ils sont subordonnés au médecin traitant. Ils sont chargés de la tenue des cahiers de visite, ainsi que de l'exécution des pansements simples ; ils alternent mensuellement pour les différentes parties du service, afin de compléter leur instruction.

Chaque jour, un interne est commandé de garde. Il ne peut, pendant la durée de sa garde, s'absenter de l'hôpital.

Il est placé sous l'autorité du médecin de semaine et surveille les infirmiers de garde. Les internes sont chargés, à tour de rôle, sous la direction des médecins traitants et de semaine, de la préparation des tisanes, des manipulations élémentaires et de la préparation des potions. Ils classent les médicaments avec méthode et prennent les mesures d'ordre nécessaires pour prévenir toute erreur. Ils sont présents à l'hôpital aux heures des visites et des contre-visites, sont responsables de la propreté et de la bonne tenue des locaux. Les poisons sont enfermés dans une armoire ou dans une caisse ; l'interne chargé du service de la pharmacie en conserve la clef.

Infirmiers et infirmières.

Art. 8. — Le nombre des infirmiers et infirmières à employer dans chaque salle est fixé par le médecin-directeur. Il y en aura au moins un pour dix malades.

Devoirs des infirmiers et infirmières.

Art. 9. — Ils sont employés aux soins à donner aux malades, à la préparation des tisanes, des bains, et à la propreté des locaux et des ustensiles.

Un ou plusieurs infirmiers, selon les circonstances, sont tous les jours commandés de garde.

Fonctions de l'infirmier de garde.

Art. 10. — L'infirmier et l'infirmière de garde sont désignés, chaque matin, par le médecin de semaine. Ce dernier en donne les noms à l'interne de garde.

La durée de la garde est de vingt-quatre heures, d'une visite du matin à l'autre, durée pendant laquelle il leur est interdit de sortir de l'hôpital.

A partir de huit heures du soir, si le médecin de semaine les y autorise, ils peuvent se coucher dans une des salles.

Toutefois, ils doivent toujours se placer auprès des malades gravement atteints, leur donner, à l'heure fixée, les médicaments prescrits et prévenir, s'il y a lieu, l'interne de garde, quand il y a aggravation dans l'état des malades.

Ils feront, de temps en temps, des rondes dans les autres salles.

Ils sont subordonnés aux médecins et aux internes; ils leur doivent obéissance. S'ils donnaient lieu à des plaintes, ils seraient congédiés.

Salaires.

Art. 11. — Les infirmiers et les infirmières reçoivent en débutant 7 fr. 50 par mois; ils sont nourris aux frais de l'hôpital. Leur service commence le matin à cinq heures et finit le soir à six heures et demie.

Admission des malades.

Art. 12. — Sont admis gratuitement à l'hôpital tous les Malgaches indigents : hommes, femmes et enfants.

L'indigence sera constatée par un certificat délivré par le maire de Tananarive. Seront traités, à charge de remboursement, ceux qui en auront les moyens. Dans cette catégorie, seront compris notamment les fonctionnaires et ouvriers employés par les services publics, les miliciens, etc. Le prix de la journée d'hospitalisation est de 1 franc.

Perception des frais de traitement.

Art. 13. — Chaque malade, traité à charge de remboursement, verse, en entrant, la somme de 15 francs, représentant le prix de quinze journées. Elle devra être renouvelée, si le traitement se prolonge au delà de quinze jours ; à la sortie du malade, le reliquat disponible lui sera remis, sans autre formalité.

Entrées.

Art. 14. — Elles ont lieu le matin, de huit à dix heures.

La nécessité d'admettre des malades à l'hôpital est constatée par le médecin de semaine, auquel les indigènes doivent se présenter. En cas d'urgence, cette formalité est remplie par l'interne de garde.

Registre des entrées.

Art. 15. — Tout malade entrant doit être immédiatement inscrit sur un registre du modèle ci-après :

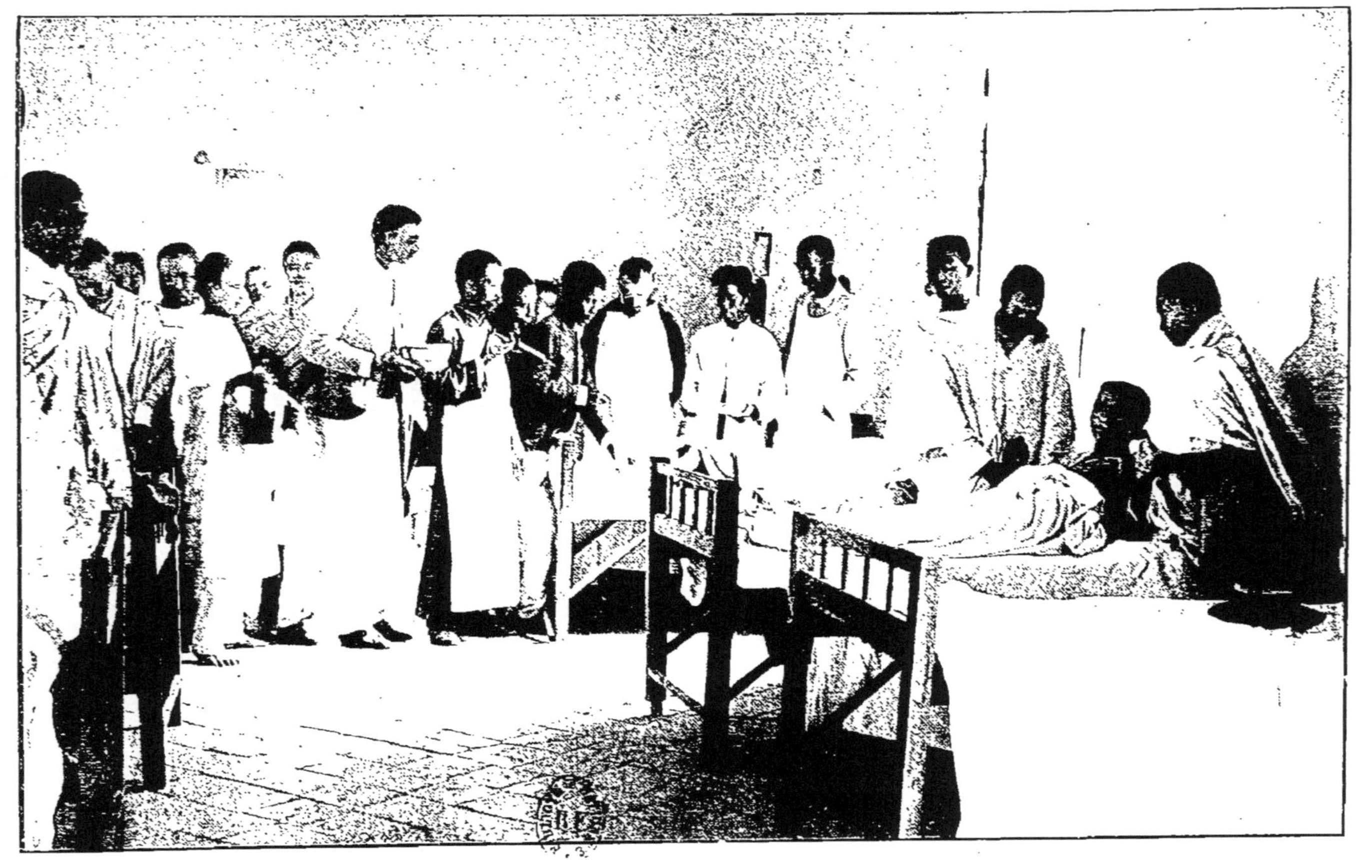

Pl. V. — Une salle dans l'hôpital malgache de Tananarive.

NOMS	AGE	DOMICILE	NOMS DES PÈRE ET MÈRE	RÉPONDANT

Délivrance des effets.

Le malade entrant, après avoir été inscrit sur le registre, est conduit au vestiaire, où il dépose ses effets et reçoit une blouse-chemise et un lamba, après qu'on lui a donné les soins de propreté indispensables et en rapport avec son état.

Les effets des entrants seront mis à part pour être blanchis.

Ceux appartenant à des malades atteints d'affections contagieuses seront désinfectés. Après ces opérations, qui doivent être aussi promptes que possible, le malade est conduit par un infirmier au lit qu'il doit occuper.

Les contagieux sont mis à part.

Heures des visites.

Art. 16.—Les visites sont faites par les médecins traitants, le matin, à huit heures ; les contre-visites ont lieu le soir, de quatre à six heures. Ces heures peuvent être modifiées par le médecin-directeur, selon les circonstances et les saisons.

Prescriptions d'aliments et de médicaments.

Art. 17. — Elles sont faites habituellement à la visite du matin et pour toute la journée, sauf les modifications qui pourraient être jugées nécessaires à la contre-visite du soir. Les prescriptions sont prononcées par les médecins traitants, à haute voix.

Cahiers de visite.

Art. 18. — Ils sont tenus séparément pour les jours pairs et les jours impairs ; les prescriptions alimentaires et médicamenteuses y sont portées par un interne, sous la dictée du médecin traitant. Après la visite, ces cahiers sont communiqués à la pharmacie et à la cuisine.

Prescriptions médicamenteuses.

Art. 19. — Elles comprennent les médications pour l'usage interne et les médicaments pour l'usage externe.

Livraison des médicaments par la pharmacie.

Art. 20. — Dès que les médicaments prescrits à la visite du matin sont prêts, l'interne chargé de la pharmacie les envoie dans les salles, étiquetés. Les médicaments pour l'usage externe sont toujours contenus dans des fioles ou des pots spéciaux.

Ils sont préparés par l'interne, sous la surveillance et la responsabilité du médecin traitant.

Distribution des médicaments.

Art. 21. — Ils sont distribués par les internes et, autant que possible, avant les aliments.

Si le malade refuse de prendre le médicament ordonné, ou s'il est reconnu nécessaire d'en suspendre l'administration, l'interne de garde en rend compte au médecin traitant.

Tout médicament non consommé est rapporté à la pharmacie.

Pansements et objets de pansement.

Art. 22. — Les pansements simples sont faits par les internes, les autres par les médecins traitants. Des appareils doivent toujours être prêts et suffisamment garnis.

Les objets de pansement sont délivrés sur bons signés du médecin traitant.

Régime alimentaire.

Art. 23. — Le régime alimentaire des malades se compose des aliments détaillés ci-après et comprend quatre degrés :

1° Riz et viande,
2° Potage au riz,
3° Farine de riz (soupe),
4° Lait et bouillon.

Les médecins traitants ont seuls le droit de prescrire le régime alimentaire. Le médecin-directeur veille à ce qu'il ne s'y glisse ni irrégularité, ni abus.

Livraison des aliments. — Distribution.

Art. 24. — Les aliments sont livrés, chaque jour, par la dépense, aux internes.

Leur distribution est faite aux malades, à sept heures du matin, à midi et à six heures du soir, par les infirmiers, sous la surveillance de l'interne.

Ce dernier s'assure que les quantités remises par la cuisine et la dépense sont conformes à celles indiquées sur les cahiers de visite.

Des modifications peuvent être apportées aux heures des repas par les médecins traitants pour certains malades.

Repas des infirmiers.

Art. 25. — La distribution des vivres aux infirmiers a lieu après celle des aliments destinés aux malades, le matin excepté.

Leurs repas ont lieu aux heures ci-après : six heures et demie du matin, midi et demi, six heures et demie du soir.

Les infirmiers de garde mangent en même temps que les malades.

Disposition des lits.

Art. 26. — Les lits doivent être séparés les uns des autres par un intervalle suffisant, permettant de circuler autour.

Aération et propreté.

Art. 27. — L'air est renouvelé dans les salles des malades, d'après les indications des médecins traitants.

Les parquets sont cirés, autant que possible. Les salles seront, ainsi que les cours, les escaliers, tous les objets mobiliers, les vases à l'usage des malades, entretenus dans un état parfait de propreté. Le médecin traitant est responsable de l'entretien et de la propreté des chambres et des abords de son service.

Désinfection des locaux et effets.

Art. 28. — Des désinfections partielles ou générales des locaux sont ordonnées quand elles sont reconnues nécessaires par le médecin-directeur.

On emploiera, pour ces opérations, les moyens usuels (sulfuration, vapeur d'eau, blanchiment au lait de chaux, etc.). Les effets d'habillement, les objets de couchage et es effets d'hôpital, ayant servi aux malades atteints d'affection contagieuse, seront également désinfectés.

En principe, les salles et leurs dépendances, ainsi que la cuisine, les couloirs et autres locaux, seront blanchis à la chaux au moins une fois par an, et plus souvent, si c'est nécessaire.

Les marmites, casseroles et autres ustensiles de cuisine seront étamés, quand la nécessité en sera reconnue. Les effets à l'usage des malades, ainsi que les draps de lit, sont changés, suivant les indications fournies par les médecins traitants.

Renouvellement du contenu des paillasses.

Toutes les fois qu'il sera reconnu nécessaire, le contenu des paillasses sera renouvelé.

Art. 29. — La propreté individuelle des malades est l'objet d'une attention toute spéciale de la part des médecins traitants. Des moyens d'ablution sont mis à la disposition des malades et placés, autant que possible, en dehors et à proximité des salles.

Éclairage.

Art. 30. — Chaque salle est éclairée, pendant la nuit, par une lampe-veilleuse. Des lampes ou des lanternes sont placées dans les passages, les corridors et, d'une manière générale, dans les dépendances où elles sont jugées nécessaires.

Vidanges.

Art. 31. — Des fosses d'aisance sont établies à proximité des salles de malades et sont l'objet d'une surveillance attentive. Elles seront, chaque jour, désinfectées.

Discipline intérieure.

Art. 32. — Tout malgache traité à l'hôpital est sous l'autorité immédiate du médecin traitant ; il doit obéir à ses prescriptions et à celles des internes, en ce qui concerne son traitement et le bon ordre de l'établissement. Il ne doit rien faire qui soit contraire à la propreté et qui puisse nuire au repos des autres malades.

Locaux interdits aux malades.

Art. 33. — Il est défendu aux malades de pénétrer dans la cuisine, la pharmacie et les autre locaux accessoires, et de communiquer avec les personnes atteintes d'affections contagieuses.

Il est expressément interdit aux hommes de pénétrer dans la salle des femmes et à ces dernières d'entrer dans celle des hommes.

Jours et heures des visites des parents.

Art. 34. — Les parents sont autorisés à visiter les malades, le jeudi et le dimanche, de deux à quatre heures de l'après-midi. En cas de maladie grave et après avis du médecin, ils pourront rester en permanence auprès d'eux.

Service du culte.

Art. 35. — Les ministres des différents cultes sont autorisés à apporter aux malades qui les demandent les secours de la religion.

Formalités concernant les sorties.

Art. 36. — Les sortants sont désignés, à la visite du matin, pour le lendemain. Avant de quitter l'hôpital, ils reçoivent les effets qu'ils ont déposés en entrant et font la remise de ceux qu'ils ont reçus.

Décès.

Art. 37. — Le décès est constaté par le médecin de semaine ou par l'interne de garde.

Avis en est donné sans délai à la famille. La déclaration en est faite, dans les vingt-quatre heures, à l'officier de l'état civil par l'administration de l'hôpital, qui inscrit le décès sur le registre dont la tenue est prescrite par l'article 80 du Code civil.

Les inhumations sont effectuées, comme c'est l'usage, par les soins de la famille et, si le décédé n'est pas réclamé, aux frais de l'établissement.

Approvisionnements.

Art. 38. — Les médicaments, les objets de pansement, le matériel de l'installation seront fournis par M. Rasanjy. Pour l'entretien courant, les objets ci-dessus seront payés sur le crédit spécial de l'hôpital malgache. Le médecin directeur tiendra la main à ce que tous les approvisionnements livrés à l'hôpital soient de bonne qualité et en quantité suffisante. Le médecin de semaine lui rendra compte de l'exécution de cette partie du service.

Réparations des instruments de chirurgie.

Art. 39. — Les médecins traitants veillent à ce que les instruments de chirurgie soient en bon état et réparés, quand il y a lieu.

Conservation du linge, des effets.

Art. 40. — Le linge, les effets et les ustensiles sont tenus dans le plus grand état de propreté et d'entretien. Le linge sale doit être livré au blanchisseur tous les huit jours. La désinfection du linge et des effets est opérée dans un local spécial, sous la surveillance d'un interne, par les infirmiers et les manœuvres de l'établissement.

Mesures à prendre en cas d'incendie.

Art. 41. — Une consigne détaillée sera affichée dans l'hôpital pour les mesures à prendre en cas d'incendie.

Statistique médicale.

Art. 42. — A la fin de chaque mois, une statistique médicale est établie par chaque médecin traitant, d'après les feuilles individuelles de renseignements dont le modèle est donné ci-après.

Elle est adressée au médecin-directeur, qui établit une statistique d'ensemble, qu'il transmet à M. le directeur du service de santé dans les cinq premiers jours du mois.

Modèle de la feuille individuelle de renseignements.

Nom : ____

Age :____

Profession : ____

Domicile : ____

Diagnostic et observations/
   du médecin traitant (___________________________________

Date de l'entrée : ___________________________________

Date de la sortie : __________________________________

(Signature du médecin) :

Commission de surveillance administrative.

Art. 43. — Une commission de surveillance administrative sera instituée, si elle est jugée nécessaire, et la composition en sera fixée par le Général commandant le corps d'occupation et Résident général de France à Madagascar.

Art. 44. — Les frais d'entretien de l'hôpital, évalués à 22 000 francs par an, seront ainsi répartis :

12 000 francs à la charge de M. Rasanjy,
10 000 francs à la charge de la colonie.

La somme que s'engage à donner M. Rasanjy sera versée mensuellement par lui entre les mains du médecin directeur du service de santé.

Tananarive, le 16 décembre 1896.

Le Général commandant le corps d'occupation
et Résident général de France à Madagascar,

Signé : GALLIENI.

Vu :

Le Directeur des finances et du contrôle,
Signé : HOMBERG.

Arrêté n° 224

Le Général commandant le corps d'occupation et Résident général de France à Madagascar,

Vu le décret du 11 décembre 1895 ;
Considérant l'utilité d'une école professionnelle destinée à former des maîtres ouvriers indigènes ;
Sur la proposition du directeur des travaux publics ;
Le directeur de l'enseignement et l'architecte, chef du service des bâtiments civils, entendus ;

Arrête :

Article 1er. — Il est institué à Tananarive une école professionnelle d'apprentissage.

Art. 2. — Cette école a uniquement pour but de former des maîtres ouvriers indigènes des différents corps de métiers.

Art. 3. — Elle est placée sous la direction de M. l'architecte, chef du service des bâtiments civils, et sous le haut contrôle de M. le directeur des travaux publics et administrée par les professeurs réunis en conseil sous la présidence du directeur de l'école.
Le conseil d'administration se réunira régulièrement chaque mois et extraordinairement sur convocation motivée du directeur.

Art. 4. — Le directeur, les professeurs et les surveillants d'atelier sont désignés chaque année par M. le Résident général.

Art. 5. — Les élèves se recrutent parmi les jeunes Malgaches qui en font la demande au directeur de l'école, dans les conditions indiquées à l'article 6 du présent arrêté.

Art. 6. — Tout Malgache, ayant satisfait aux obligations des règlements scolaires d'enseignement primaire, peut être admis à l'école, s'il réunit, en outre, les conditions suivantes :
1° Savoir lire, écrire et calculer en français ;
2° Posséder des aptitudes à recevoir l'enseignement de l'école.

Art. 7. — La constatation de la capacité des candidats est faite par un jury, composé du directeur de l'école, président, et de deux professeurs désignés par le directeur. Ce jury tiendra une session annuelle dans la première quinzaine de décembre.

Art. 8. — L'admission est prononcée sur la proposition du jury par le conseil d'administration qui délivre au candidat un certificat le constatant.

Art. 9. — Le régime de l'école est l'externat. La durée de l'enseignement est d'un an à dater du 1er janvier de chaque année; il est donné théoriquement dans des conférences et pratiquement dans des ateliers.

Art. 10. — Les programmes d'enseignement sont élaborés chaque année en conseil d'administration et approuvés par le Résident général.

Art. 11. — Les élèves admis portent le titre d'apprentis. Ils sont assujettis à l'assiduité aux cours et travaux pratiques, sauf dans le cas de maladie constatée par l'attestation du médecin.

Art. 12. — Après six mois de présence, les apprentis subiront un examen de capacité devant un jury, composé ainsi qu'il est dit à l'article 7. Ceux qui auront satisfait à cet examen recevront une allocation journalière de 0 fr. 50 centimes.

Art. 13. — Un examen de sortie aura lieu à l'expiration de l'année scolaire devant un jury de même composition que ci-dessus. Un brevet de maître ouvrier sera délivré par le Résident général aux apprentis qui auront subi les épreuves avec succès.

Ceux qui n'y auront pas satisfait pourront être autorisés à redoubler une année d'études.

Deux échecs successifs entraîneront l'exclusion de l'école.

Art. 14. — Toute infraction grave au règlement intérieur de l'école entraînera pour les coupables le payement d'une amende dont le montant sera versé à la caisse de l'école et, en cas de récidive, l'exclusion avec affichage à l'école du nom de l'élève renvoyé, qui ne pourra désormais être employé par aucune administration du gouvernement.

Art. 15. — La peine de l'amende et celle de l'exclusion seront prononcées, après avis des professeurs, sur la proposition du directeur, par délibération du conseil de l'école, approuvée par le Résident général.

Art. 16. — L'admission à l'école, l'enseignement et les examens sont gratuits.

Art. 17. — Les objets, fabriqués par les élèves et susceptibles de cessions, seront fournis aux diverses administrations, moyennant un prix établi d'après les éléments ci-après :

1° Achat des matériaux;

2° Main-d'œuvre comptée à raison de 0 fr. 50 par ouvrier et par jour.

Art. 18. — La comptabilité sera arrêtée tous les mois par le conseil d'administration de l'école, sous le contrôle du directeur des finances.

Dispositions transitoires.

Art. 19. — Des professeurs malgaches, désignés par le Résident général sur la proposition du directeur, suppléeront provisoirement aux spécialistes français qui devront être attachés à l'école comme professeurs et surveillants.

Art. 20. — Pour le premier recrutement, la connaissance de la langue française ne sera pas exigée des candidats; mais seront choisis de préférence ceux qui en justifieront, et le français seul devra être en usage dans les ateliers.

Le directeur des finances et du contrôle, le directeur des travaux publics et l'architecte, chef du service des bâtiments civils, sont chargés, chacun en ce qui le concerne, de l'exécution des prescriptions contenues dans le présent arrêté.

Tananarive, le 17 décembre 1896.
Signé : GALLIENI.

Arrêté n° 281

créant « l'école Le-Myre-de-Vilers ».

Le Général commandant le corps d'occupation et Résident général de France à Madagascar,

Considérant qu'il importe d'assurer le recrutement du personnel enseignant pour les différents centres où les indigènes peuvent être réunis afin d'y recevoir une instruction élémentaire ;

Qu'il importe de constituer un corps régulier d'interprètes indigènes ;

Qu'il importe de familiariser les fonctionnaires et juges malgaches avec nos lois et nos règlements administratifs ;

Arrête :

Article 1er. — Une école dite *école Le-Myre-de-Vilers* est ouverte à Tananarive, destinée à former des interprètes, des maîtres d'école et des candidats aux fonctions administratives. L'école est, par conséquent, divisée en trois sections :

A. — *Section des interprètes.* Les élèves achèveront d'y apprendre à parler et à écrire couramment le français.

B. — *Section des candidats aux postes de maîtres d'école.* Des cours d'histoire, de géographie, de sciences y seront faits par des professeurs à désigner ultérieurement.

C. — *Section des candidats aux fonctions administratives.* Des cours de droit y seront faits par des magistrats que désignera M. le procureur général.

Art. 2. — A chaque section, correspondra un diplôme spécial de fin d'études.

Un élève pourra suivre les cours des trois sections, ou de deux d'entre elles, ou d'une seule. Cependant, les élèves des sections B et C devront se faire inscrire à la section A s'ils ne savent pas assez de français pour suivre immédiatement les cours faits dans cette langue.

La durée des cours est fixée à deux ans.

Art. 3. — Les élèves seront reçus à l'école après un examen devant un jury composé des professeurs de l'École et présidé par le Directeur de l'enseignement. Cet examen portera principalement sur la langue française ; des connaissances préliminaires dans cette langue seront exigées.

Art. 4. — Le régime de l'école est l'externat. Une allocation de 10 francs par mois sera attribuée aux quarante élèves les plus méritants, s'ils signent un engagement dont les conditions seront fixées par le règlement intérieur de l'école.

Les élèves, payés ou non, pourront toujours être renvoyés à n'importe quelle époque de l'année pour inconduite, indiscipline ou paresse.

Art. 5. — Le conseil d'administration de l'école sera ainsi composé : chef du service de l'enseignement, président, chef du bureau des affaires indigènes et un professeur.

Art. 6. — Les employés de l'administration et les instituteurs publics que l'État pourra placer dans différents centres seront choisis de préférence parmi les diplômés de l'école Le-Myre-de-Vilers.

Art. 7. — Le chef d'état-major faisant fonctions de secrétaire général en territoire militaire, le procureur général et le chef du service de l'enseignement sont chargés de l'exécution du présent arrêté.

Tananarive, le 2 janvier 1897.

Le Général commandant le corps d'occupation
et Résident général de France à Madagascar,

Signé : GALLIENI.

Vu :

Le Directeur des finances
et du contrôle,
Signé : HOMBERG.

Arrêté n° 1296

modifiant et remplaçant l'arrêté n° 224 du 17 décembre 1896, portant création d'une école professionnelle d'apprentissage pour les indigènes à Tananarive.

Le Général commmmandant en chef du corps d'occupation et Gouverneur général de Madagascar et dépendances,

Vu les décrets des 11 décembre 1895 et 30 juillet 1897 ;

Vu l'arrêté n° 224 du 17 décembre 1896, portant création d'une école professionnelle d'apprentissage pour les indigènes à Tananarive ;

Considérant que, en raison des résultats satisfaisants obtenus à l'école professionnelle au cours de l'année 1897, il est nécessaire de compléter l'organisation de cet établissement ;

Sur la proposition de M. l'architecte, chef du service des bâtiments civils, directeur de l'école professionnelle,

Arrête :

Article 1er. — L'arrêté n° 224 du 17 décembre 1896, portant création d'une école professionnelle d'apprentissage pour les indigènes à Tananarive, est modifié et remplacé par les dispositions ci-après.

Art. 2. — L'école professionnelle est placée sous la direction de M. l'architecte, chef du service des bâtiments civils, et administrée par les professeurs réunis en conseil, sous la présidence du directeur de l'école. Le conseil d'administration se réunira régulièrement, chaque mois, et extraordinairement, sur convocation motivée du directeur.

Art. 3. — Le directeur, les professeurs et les chefs d'atelier sont nommés par arrêté du Gouverneur général.

Art. 4. — Les élèves se recrutent parmi les jeunes Malgaches qui en font la demande au directeur de l'école, dans les conditions indiquées à l'article 5 du présent arrêté.

Art. 5. — Tout Malgache, ayant satisfait aux obligations des règlements scolaires d'enseignement primaire, peut être admis à l'école après un examen dont le jury sera composé du directeur de l'école, président, et de deux professeurs désignés par le directeur ; ce jury tiendra une session annuelle dans le cours du mois de décembre.

Art. 6. — Tout élève admis sera porté sur le contrôle de l'école, sous un matricule qu'il gardera pendant son séjour, et pourvu d'un livret et d'une carte d'identité.

Art. 7. — Le régime de l'école est l'externat. La durée de l'enseignement est de deux ans, à dater du 1er janvier de chaque année ; il est donné, théoriquement dans des conférences, pratiquement dans des ateliers, conformément au programme approuvé par le Gouverneur général.

Art. 8. — Les élèves admis portent le titre d'apprentis. Ils sont assujettis à l'assiduité aux cours et travaux pratiques, sauf dans le cas de maladie constatée par l'attestation du médecin.

Art. 9. — Après six mois de présence, les apprentis subiront un examen de capacité devant le conseil d'administration. Ceux qui auront satisfait à cet examen recevront une allocation journalière, variant de 0 fr. 10 à 0 fr. 25, suivant le classement obtenu par eux, sans que le nombre des élèves salariés puisse dépasser le tiers de la totalité des élèves de première année ; à la fin de chaque trimestre, la liste de classement sera établie suivant les notes obtenues dans les interrogations et les travaux pratiques ; des augmentations ou des diminutions de salaire seront fixées d'après cette liste, jusqu'à concurrence de la moitié, puis des trois quarts des élèves de première année.

Art. 10. — Un examen aura lieu, chaque année, à la fin du mois de décembre. Les élèves de première année, dont la moyenne sera égale ou supérieure à la note assez bien, seront admis à faire une seconde année; les autres seront renvoyés.

Les élèves de seconde année, qui subiront, avec succès, les épreuves de l'examen de sortie, recevront un brevet de maître ouvrier qui leur sera délivré par le gouverneur général.

Art. 11. — Les élèves de seconde année toucheront tous un salaire quotidien, variant de 0 fr. 25 à 0 fr. 60, suivant leur rang de classement, qui sera établi, tous les mois, d'après les notes d'interrogations et de travaux pratiques. Toutefois dans le cours de la deuxième année, tout élève, qui, par sa conduite ou sa paresse, sera signalé au directeur de l'école, pourra être renvoyé, sans avoir droit même à un certificat.

Art. 12. — Tout élève renvoyé, soit pour infraction au réglement intérieur de l'école, soit pour insuffisance de travail, sera passible des peines suivantes : son nom sera affiché à l'école même et publié dans le *Journal officiel*; il sera privé des mesures de faveur accordées par le Gouverneur général aux élèves de l'école et signalé aux différentes administrations de l'État, où il ne pourra être employé. L'exclusion sera prononcée, après avis des professeurs, sur la proposition du directeur de l'école, par le Gouverneur général.

Art. 13. — La langue française seule devra être en usage dans les ateliers.

Art. 14. — Les objets fabriqués par les élèves, et susceptibles de cession, seront fournis moyennant un prix établi d'après les éléments ci-après :

1° Achat de matériaux;

2° Main-d'œuvre, comptée à raison de 0 fr. 60 par ouvrier et par jour.

Cessions, confections, réparations de matériel.

Art. 15. — Les demandes de cessions, confections ou réparations de matériel (M. n° 1), sont adressées à l'ordonnateur secondaire, qui les transmet pour exécution au directeur de l'école professionnelle; celui-ci les inscrit par ordre de date sur un registre spécial (M. n° 2).

Art. 16. — La livraison sera accompagnée d'un état de cession (n° 3), certifié par le directeur de l'école et établi en trois expéditions, la première destinée au cessionnaire, la deuxième au secrétaire général, qui en poursuit le remboursement; la troisième est conservée comme pièce justificative.

Recettes.

Art. 17. — Toutes les sommes, dues au budget local comme prix de cessions effectuées par l'école professionnelle, seront versées au Trésor, au titre de la section II, § 5 : Produits divers; produits de l'école professionnelle de Tananarive.

Dépenses.

Art. 18. — Toutes les dépenses de l'école sont mandatées, au nom du véritable créancier, par les soins de l'ordonnateur secondaire et dans la limite des crédits inscrits au budget.

Pour faciliter le payement des mêmes fournitures achetées au marché à des indigènes qui ne délivrent pas de factures, il pourra être créé une caisse de fonds d'avance, dont l'encaisse sera fixée par décision ultérieure.

Art. 19. — L'ordonnateur secondaire et l'architecte, chef du service des bâtiments civils, sont chargés, chacun en ce qui le concerne, de l'exécution du présent arrêté.

Fait à Tananarive, le 30 décembre 1897,
Signé : GALLIENI.

Vu :

Le Directeur des finances et du contrôle,

    Signé : CRAYSSAC.

Pour ampliation,
Le chef du bureau des affaires civiles.

MADAGASCAR ET DÉPENDANCES

Exercice 189

Modèle n° 1

Imputation de la dépense

SERVICE D........................

ARRÊTÉ N° ....

Chapitre .... du Budget

Du ....

Chapitre ....

Mois de ....

DEMANDE A L'ÉCOLE PROFESSIONNELLE
DE TANANARIVE

Article ....

N° d'ordre du sommaire des demandes

A céder,
A confectionner
Ou à réparer.

N° de l'ordre de travail

N° .... d'ordre du livre-journal
du dépositoire comptable.

N° d'ordre d'exécution

N° D'ORDRE DES ARTICLES	ESPÈCE DES UNITÉS	DÉSIGNATION ESPÈCE, POIDS, MESURES ET DIMENSIONS DES MATIÈRES ET DES OBJETS	QUANTITÉ A CÉDER OU A RÉPARER PAR UNITÉ SIMPLE	CESSIONS OU RÉPARATIONS				OBSERVATIONS LE DÉCOMPTE DES MATIÈRES ET OBJETS CÉDÉS OU RÉPARÉS NE SERA ÉTABLI QU'AU MOMENT DE LA DÉLIVRANCE
				QUANTITÉ PAR UNITÉ SIMPLE	PRIX OFFICIELS	VALEURS PAR UNITÉ		
						SIMPLE	COLLECTIVE	

Demande à confectionner d. . . . . article.　　A . . . . le . . . . 189 .

Vu par le secrétaire général, ordonnateur secondaire,　　*Le demandeur,*

Bon à confectionner : *Le directeur de l'école professionnelle,*

Le maître de l'atelier de . . . . certifie avoir délivré les quantités portées dans la septième colonne formant . . . .
article , dont la valeur s'élève à la somme ci-dessus indiquée (. . . . . articles ayant été annulés).

A . . . . le . . . . 189 .

REGISTRE

destiné à l'enregistrement des demandes de cession, ou à confectionner, réparer ou modifier.

Le présent registre, contenant. . . . . feuillets, a été coté et paraphé par premier et dernier, par nous. . . . .
. . . . pour servir à compter du. . . . . à l'inscription des demandes à titre de cession, à confectionner,
à réparer et à modifier.

A. . . . . le. . . . . 189 .

N° D'ORDRE DES DEMANDES	DATES	ESPÈCE DES UNITÉS	DÉTAIL DES OBJETS DEMANDÉS OU DÉPOSÉS	QUANTITÉS	SUITE DONNÉE	DATE DES LIVRAISONS	OBSERVATIONS

Exercice de 189 .

Modèle n° 3

ÉCOLE PROFESSIONNELLE
DE TANANARIVE

N° D'ORDRE

au livre comptable........

Cession de Matériel

ARRÊTÉ N° ....

en date du ....

Mois de ....

État des cessions faites par l'école professionnelle de Tananarive à ....

NUMÉRO DES ARTICLES AU LIVRE-JOURNAL	DÉTAIL DES OBJETS CÉDÉS, CONFECTIONNÉS OU RÉPARÉS	ESPÈCE DES UNITÉS	QUANTITÉS CÉDÉES CONFECTIONNÉES OU RÉPARÉES	PRIX PARTIEL	PRIX TOTAL	TOTAL PAR ARTICLE	OBSERVATIONS

Arrêté le présent état à la somme de. . . . .

Fait à Tananarive, le. . . . . 189 .

Vu et vérifié :

Le directeur de l'école professionnelle,

Le comptable,

Vu et reconnu exact.[1] :

Le commissaire,

Vu :

Le secrétaire général, ordonnateur secondaire,

1. Si la cession a été faite à un service public, compléter par la déclaration de prise en charge ci-après :
Je, soussigné, déclare avoir reçu et pris en charge les matières et les objets mentionnés dans le tableau ci-dessus et les avoir inscrits au n°... de l'inventaire.

Arrêté 243
réglementant le service topographique.

Le Général commandant en chef le corps d'occupation et Résident général de France à Madagascar,

Vu le décret du 11 décembre 1895;

Vu l'arrêté du 5 octobre 1896, supprimant la direction de l'agriculture,

Arrête :

Article 1er. — Le Service topographique est chargé :

1° De l'établissement des plans nécessaires à l'immatriculation des propriétés, en exécution des prescriptions de l'arrêté du 10 septembre 1896 sur la propriété foncière;

2° De la reconnaissance du levé des plans et du lotissement de terres domaniales;

3° Du service de la colonisation, en ce qui concerne tous les renseignements à fournir aux colons et leur installation sur les terres du domaine.

Dispositions générales.

Art. 2. — Le personnel du Service topographique se compose :

1° D'un chef de service;

2° D'agents du service actif qui sont dans l'ordre hiérarchique : le vérificateur, les géomètres principaux, les géomètres ordinaires, les élèves géomètres;

3° D'agents du service administratif (chef de bureau et commis dessinateurs et interprètes).

Art. 3. — Les agents du Service topographique sont répartis suivant les besoins du service entre les diverses résidences et les territoires militaires de Madagascar. Lorsque l'importance des travaux nécessite la présence d'au moins trois géomètres dans une circonscription, l'un des agents sera un géomètre principal.

Art. 4. — Les agents des services actif et administratif sont nommés par arrêtés du Résident général, rendus sur la proposition du chef de service. Les agents du service actif et les élèves acceptés n'entreront qu'après avoir prêté serment devant un tribunal français.

Art. 5. — Les géomètres sont pris parmi les élèves géomètres.

Art. 6. — Les candidats à l'emploi de géomètre et d'élève géomètre subissent des examens, dont le programme est arrêté par le Résident général, sur la proposition du chef de service.

Art. 7. — A titre transitoire et pour assurer l'organisation du personnel, il peut être nommé directement aux divers emplois des candidats ayant fait preuve de connaissances techniques suffisantes.

Art. 8. — Le vérificateur et les géomètres principaux, le chef de bureau, les commis et les employés de bureau et les élèves géomètres reçoivent les émoluments fixés par arrêté du Résident général. Le tarif des rétributions à allouer aux géomètres ordinaires est fixé, ainsi qu'il suit, pour les travaux qu'ils font, soit pour les divers services de la colonie, soit pour les particuliers :

1° Pour les reconnaissances de terres domaniales, les bornages et les levés de propriétés urbaines : 7 fr. 50, par vacation de quatre heures, temps de voyage compris, avec un maximum de 2 vacations par jour.

2° Pour les levés des propriétés rurales :

A — 5 francs, par vacation de quatre heures (avec un maximum de deux vacations par jour) pour le temps passé, soit en voyages, soit sur le terrain, soit au bureau pour le rapport du plan.

B — Une somme proportionnelle à l'importance des travaux livrés et calculée d'après le tarif ci-dessus :

De 0 à 50 hectares, une somme fixe de 15 francs ;

De 50 à 100 hectares, 0 fr. 50 par hectare ;

De 100 à 500 hectares, 50 francs, plus 0 fr. 375 par hectare en plus des 100 premiers ;

De 500 à 1 000 hectares, 200 francs, plus 0 fr. 25 par hectare en plus des 500 premiers ;

Au-dessus de 1 000 hectares, 325 francs, plus 0 fr. 15 par hectare en plus des 1 000 premiers.

Les enclaves sont comptées au tarif du plan exécuté.

Les frais de transport des géomètres, de leurs instruments et vivres, sont à la charge de qui les emploie. Les géomètres n'ont droit à aucune indemnité de déplacement, sauf dans les cas de changement de résidence par ordre. Ils payent leurs aides et porte-chaînes ; les instruments leur sont fournis par le Service topographique, à titre remboursable.

Les géomètres reçoivent de l'État, à titre de traitement minimum garanti, une allocation mensuelle de 300 francs. En fin de trimestre, les travaux sont réglés et le supplément, excédant l'avance de 900 francs faite par l'État, leur est alloué, s'il y a lieu.

Aucun travail ne sera payé aux agents avant d'avoir été vérifié et accepté : le décompte des frais d'établissement de plans et travaux divers produits par le géomètre devra également avoir été reconnu sincère et véritable. Si les dépenses ont été exagérées, le décompte sera taxé par le chef du service, et, si les décomptes présentés ont été majorés à dessein et qu'il y ait eu mauvaise foi de la part de l'agent, celui-ci sera passible des peines disciplinaires prévues à l'article 12.

Art. 9. — Il sera établi par le chef de service des règlements techniques et des instructions concernant le service des agents, dont les attributions générales sont définies à l'article premier.

Art. 10. — Les géomètres ordinaires et principaux et le vérificateur sont pécuniairement responsables de l'exactitude des plans qu'ils ont produits ou reçus, ainsi que des frais de toute nature qui seraient la conséquence de la mauvaise exécution d'un travail quelconque.

Art. 11. — La révocation des agents du Service topographique pourra être prononcée, en tout temps, dans la même forme que leur nomination, pour insubordination, négligences graves dans l'exercice de leurs fonctions, manquement à leurs devoirs, ou pour cause d'inconduite habituelle.

Art. 12. — Seront également révoqués les géomètres qui recevraient directement des particuliers des payements en argent, des services en nature ou toute autre indemnité en raison des travaux effectués en vue de l'immatriculation des propriétés.

Le vérificateur et les géomètres principaux qui auraient toléré des faits de cette nature, sans les porter à la connaissance du chef de service, seraient également passibles de la révocation.

Obligations des agents.

Art. 13. — Le chef du Service topographique dirige et assure les services administratif et technique du Service topographique ; il veille à la bonne et soigneuse exécution des travaux d'arpentage, ainsi qu'à leur avancement régulier et s'assure que tous les agents des services administratif et actif remplissent d'une manière convenable leurs obligations.

Art. 14. — Le chef de bureau est chargé, sous les ordres directs du chef du Service topographique, de la distribution, de la surveillance et de la vérification des travaux exécutés dans les bureaux, de la correspondance, de la comptabilité, ainsi que de la conservation et du classement des archives.

Art. 15. — Des commis et employés, attachés aux bureaux du chef de service, sont chargés de l'exécution des travaux suivants :

Réduction et copie des plans,

Correspondance,

Comptabilité et travaux d'ordre,

Classement des archives.

Art. 19. — Le vérificateur et les géomètres principaux, chefs de circonscription, sont chargés, chacun dans leur circonscription :

1° De répartir les travaux entre les agents placés sous leurs ordres, d'en surveiller l'exécution et d'en faire la vérification ;

2° De veiller à l'application des règlements techniques, ainsi qu'à celle des instructions d'ordre administratif ;

3° D'exécuter eux-mêmes les opérations qui leur seront désignées par le chef du service.

Art. 17. — En cas d'absence ou d'empêchement momentané du chef du Service topographique, le chef du bureau conserve ses attributions définies à l'article 14 et prend provisoirement la direction du service. Dans les autres cas, le Résident général désignera un chef de service intérimaire.

Art. 18. — Les géomètres sont chargés d'exécuter les travaux de reconnaissances domaniales et de lever des plans des propriétés qui leur sont désignées par leurs chefs. Ils sont, d'une manière générale, tenus de se conformer aux ordres qui leur sont donnés pour le service dont ils sont chargés et dont les attributions ont été définies à l'article premier.

Art. 19. — Ils doivent se conformer ponctuellement, sous le rapport technique, aux ordres qui leur seront donnés par le chef de la circonscription.

Ils sont tenus d'exécuter personnellement tous les travaux qui leur sont confiés.

Art. 20. — Si les géomètres négligent ou refusent d'exécuter en temps utile les ordres qu'ils auront reçus, les travaux qui leur sont confiés peuvent leur être retirés par décision du chef du service topographique sans qu'ils puissent prétendre au payement des travaux incomplets déjà effectués. Des peines disciplinaires peuvent également leur être appliquées.

Art. 21. — Les géomètres sont tenus de recevoir et d'instruire les élèves qui seraient envoyés auprès d'eux par le chef du service.

Les chefs de circonscription doivent s'assurer que les agents prennent les mesures nécessaires pour exercer convenablement leurs élèves à toutes les opérations d'arpentage et les initier à tous les détails de leurs travaux.

La rétribution entière des travaux auxquels auraient participé les élèves reste acquise aux géomètres.

Art. 22. — Il est interdit aux géomètres de s'absenter du lieu de leur résidence, sans une autorisation du chef de service.

Art. 23. — Il est interdit aux géomètres d'exécuter aucun travail étranger à leur service.

Art. 24. — Les géomètres ne peuvent délivrer aucune copie ou aucun extrait des travaux qu'ils ont exécutés ou des documents qui leur ont été adressés.

Il leur est formellement interdit de donner communication des pièces qui leur sont confiées.

Matériel et instruments.

Art. 25. — Le papier nécessaire à l'établissement des croquis et des plans, ainsi que tous les imprimés pour l'inscription des observations faites sur le terrain et pour l'exécution des calculs, sont fournis par l'administration aux géomètres.

Art. 26. — Les géomètres doivent avoir à leur disposition et entretenir en bon état, sans indemnité particulière, tous les instruments nécessaires à leurs travaux.

Lorsqu'ils ne sont pas munis de ces instruments, le chef de service peut en mettre à leur disposition. Ces instruments sont alors payés par les géomètres, au moyen d'une retenue de 15 pour 100 sur le montant des rétributions qui leur sont acquises, jusqu'à concurrence du remboursement total de leur valeur.

Les instruments restent la propriété de l'État, et ils ne peuvent être vendus, ni mis en gage par les géomètres, tant que le montant de la valeur n'a pas été intégralement remboursé.

En recevant les instruments, les géomètres doivent déclarer par écrit :

1° Qu'ils demandent à acheter ces instruments au moyen d'une retenue de 15 pour 100 sur le montant des rétributions qui leur sont accordées;

2° Que, dans le cas où ils quitteraient leurs fonctions pour une cause quelconque, avant que le prix des instruments ne soit entièrement remboursé, ils s'obligent à verser immédiatement les instruments au chef du service qui pourra les faire mettre en vente à leurs risques et périls et appliquer le produit de la vente à la partie du prix des instruments non encore remboursée.

3° Qu'ils restent responsables, sur l'intégralité des indemnités qui leur sont acquises et ne leur sont pas encore payées, de la part de l'avance qui pourrait ne pas être couverte par le montant des retenues effectuées et le produit de la vente des instruments.

Art. 27. — Le chef de service et les chefs de circonscription tiennent la main à l'exécution des prescriptions du présent alinéa de l'article 26 et vérifient eux-mêmes, dans chacune de leurs tournées, l'exactitude des instruments employés par les géomètres.

Respect des propriétés.

Art. 28. — Lors de l'exécution des travaux d'arpentage, les géomètres ainsi que leurs aides (porte-mires ou porte-chaînes) doivent avoir soin de ménager autant que possible les plantations et les récoltes.

Les géomètres restent responsables de tous les dégâts commis par eux ou par leurs aides.

Dispositions d'ordre.

Art. 29. — Les chefs de circonscription et les géomètres tiennent pour la correspondance du service un registre de correspondance dans lequel sont enregistrés, par ordre de date, toutes les lettres qu'ils reçoivent ainsi que toutes les lettres et les rapports qu'ils envoient.

D'un autre côté, ces agents inscrivent dans un livre-journal toutes les opérations qu'ils exécutent.

Art. 50. — A la fin de chaque mois les géomètres envoient au chef du service une copie de leur livre-journal et un état de la situation de leurs travaux.

Art. 51. — Les arrêtés du 12 mai 1896, concernant le service topographique de Madagascar, sont rapportés.

Art. 52. — Le chef du Service topographique est chargé de l'exécution du présent arrêté.

Fait à Tananarive, le 22 décembre 1896.

Signé : GALLIENI.

Vu :
*Le Directeur des finances
et du contrôle,*
Signé : HOMBERG.

Arrêté 283

Le Général commandant le corps d'occupation et Résident général de France à Madagascar,

Vu le décret du 11 décembre 1895 ;

Vu l'arrêté du 22 décembre 1896 organisant le Service topographique à Madagascar,

Arrête :

Article 1er. — Tout candidat à un emploi dans le Service topographique de Madagascar doit adresser au chef de ce service une demande accompagnée des pièces suivantes :

1° Certificat délivré par un docteur en médecine, attestant que le candidat est sain, robuste et capable de faire un bon service actif comme géomètre;

2° L'acte de naissance : les candidats doivent être âgés de moins de trente ans. S'ils sont géomètres de profession, la limite d'âge peut être reculée à quarante ans;

3° Extrait du casier judiciaire;

4° Certificat de bonne vie et mœurs ; certificat émanant des administrations ou des particuliers qui auront employé le candidat;

5° Livret militaire;

6° Diplômes et titres universitaires, s'il y a lieu.

Élèves.

Art. 2. — Les divers examens sont passés devant une commission nommée par le Résident général : ils comprennent des épreuves écrites et des interrogations.

L'examen d'admission comme élève porte sur les matières suivantes :

1° *Langue française.* — Les candidats feront une dictée destinée à donner un spécimen de leur écriture et à constater qu'ils connaissent l'orthographe.

2° *Arithmétique.* — Opérations sur les nombres entiers. Règles pratiques de divisibilité par 2, 3, 5, 9. Fractions ordinaires. Nombres décimaux. Nombres premiers. Système métrique. Règle de trois, d'intérêt simple, d'escompte.

Cet examen est un examen pratique : la théorie est exclue.

3° *Géométrie.* — Les trois premiers livres de géométrie plane.

4° *Arpentage.* — Notions générales. Chaîne. Équerre. Pantomètre. Boussole d'arpenteur.

Les candidats ayant un diplôme de bachelier ou le brevet supérieur sont dispensés de cet examen.

Art. 3. — Après six mois d'études, les élèves passent un second examen, permettant de constater leurs progrès depuis leur entrée au Service topographique et d'apprécier s'ils ont les aptitudes nécessaires pour devenir de bons opérateurs.

Ces examens de semestre portent sur les matières suivantes :

1° *Arithmétique.* — Comme à l'article 2, plus : Rapports et proportions.

2° *Géométrie.* — Comme à l'article 2, plus : Problèmes et exercices.

3° *Algèbre élémentaire.* — Emploi des lettres, calcul algébrique. Réduction, addition, soustraction, multiplication, et division des polynômes.

4° *Arpentage.* — Comme à l'article 2, plus : Lecture des cartes. Échelles. Leur construction. Description des accidents du sol. Signes conventionnels. Mouvements élémentaires du sol. Notions théoriques sur leur représentation, en courbes et en hachures.

Étude du terrain sur la carte. Distance de deux points à vol d'oiseau sur le terrain.

Curvimètre. Profils naturels surhaussés, surbaissés.

Emploi de la carte sur le terrain. S'orienter.

Copie des cartes : procédé du quadrillage.

5° Levé et rapport d'un plan très simple, par les procédés usuels de l'arpentage ordinaire ; le rapport du plan servira d'épreuve de dessin. Les élèves qui n'auront pas obtenu à cet examen la moyenne de notes minima fixée par la commission cesseront de faire partie du Service topographique.

Géomètres ordinaires.

Art. 4. — Une année après leur entrée au Service topographique, les élèves doivent subir l'examen de géométrie ordinaire ; il porte sur les matières suivantes :

1° *Arithmétique.*— Comme à l'article 3, plus : l'extraction des racines carrées (*pratique*).

2° *Algèbre.* — Comme à l'article 3, plus fractions algébriques, équations du 1" degré à une ou plusieurs inconnues. Diverses méthodes de résolution. Mise en équation ; problèmes. Logarithmes ; usage des tables.

3° *Géométrie.* — Comme à l'article 3, plus : le livre IV de géométrie plane.

4° *Trigonométrie.* — Définition des lignes trigonométriques. Formules relatives aux triangles rectangles. Usage des tables trigonométriques. Résolution d'un triangle rectangle.

5° *Topographie.* — Comme à l'article 3, plus : levé de planimétrie, levé au mètre, cheminement, intersection, recoupement. Mesure des longueurs. Chaîne. Cultellation. Pas étalonnés. Stadia.

Mesures des angles. Planchette. Alidade. Problème de la planchette.

Problème de la carte.

Déclinatoire. Boussole. Rapporteur.

Canevas de planimétrie, méthode des polygones. Polygones principaux, secondaires, traverses, erreur de fermeture.

Détails de planimétrie. Abscisses et ordonnées. Rayonnement, alignements.

Cahier de croquis.

Nivellement direct ou continu, indirect ou topographique.

Niveau d'eau. Mire à coulisse. Niveau de maçon, niveau à bulle d'air.

Alidades nivelatrice et auto-réductrice.

Vernier. Méthodes de levé. Reconnaissance du terrain.

Canevas de nivellement.

Détails de nivellement. Silhouette. Passage et tracé des courbes.

Mise au net d'un levé.

Itinéraires et reconnaissances. Boussoles Peigné, Delcroix, Hossard.

Règle topographique du capitaine Delcroix.

Emploi de la triangulation graphique pour raccorder les levés partiels.

Mesure de la base.

Mesure des angles de la triangulation avec l'alidade à lunette, à la boussole.

Forme des triangles. Nivellement de la triangulation.

Eclimètre. Calcul des cotes.

Raccord des levés partiels.

Règlement technique sur la levée des plans au Service topographique de Madagascar.

6° *Plan d'épreuve* à la planchette avec alidade à lunette et stadia.

Levé d'au moins 300 hectares avec triangulation graphique.

Rapport du plan servant d'épreuve de dessin.

7° *Les lois et arrêtés* concernant le régime foncier à Madagascar.

L'immatriculation. Opérations et procédure d'immatriculation. Concessions.

Règlement administratif du Service topographique et du Service des domaines.

Devoirs et services des agents du Service topographique.

8° *Géographie et productions* de Madagascar.

Les élèves reçus à cet examen sont déclarés admissibles et pourvus d'un emploi de géomètre ordinaire, par ordre de classement, et au fur et à mesure des besoins du service.

Les élèves qui auront échoué seront licenciés ; ils pourront, toutefois, se présenter de nouveau aux examens à une session suivante, mais ils ne recevront jusque-là aucun traitement.

Géomètres principaux.

Art. 5. — Les géomètres ordinaires devront, pour être déclarés admissibles à l'emploi de géomètre principal, subir l'examen suivant :

1° *Algèbre.* — Comme à l'article 4, plus : Équations du 2° degré à une inconnue. Progressions arithmétiques. Progressions géométriques. Logarithmes vulgaires. Usage des tables. Calcul logarithmique.

2° *Trigonométrie.* — Comme à l'article 4, plus : Principales relations entre les éléments d'un triangle. Résolution d'un triangle obliquangle; application numérique. Calcul.

3° *Topographie.* — Instruments de géodésie : théodolite, cercle répétiteur. Levés au tachéomètre.

Triangulation calculée. Rapport par coordonnées trigonométriques et polygonométriques.

Théorie et pratique du règlement spécial du Service topographique pour les levés au tachéomètre.

4° *Levé et rapport*, en suivant ce règlement, d'un plan d'au moins 300 hectares.

Dispositions spéciales.

Art. 6. — Tout élève pourra demander, après six mois de service, à passer l'examen de géomètre ordinaire, au lieu de l'examen prescrit à l'article 3.

De même, tout géomètre ordinaire pourra, après six mois de service dans cet emploi, demander à passer les examens de géomètre principal. Les agents qui auront été admis seront inscrits de suite au tableau de classement par ordre de mérite et nommés au fur et à mesure des besoins du service. Les géomètres, pourvus du brevet de géomètre principal, passeront dans l'ordre hiérarchique avant les agents qui n'auront que le brevet de géomètre ordinaire.

Art. 7. — Les ingénieurs civils, les géomètres de profession et les anciens élèves des écoles du gouvernement où la topographie est enseignée, pourront être dispensés des examens théoriques.

Ils devront, dans ce cas, faire un stage minimum de trois mois comme élèves et pourront être nommés géomètres ordinaires, après avoir fait le plan d'épreuve prescrit à l'article 4 et acquis les connaissances stipulées par le même article aux n°ˢ 7 et 8.

Art. 8. — Le présent arrêté est applicable exclusivement au personnel français du Service topographique.

Tananarive, le 4 janvier 1897.

Le Général commandant le corps d'occupation
et Résident général de France à Madagascar,

Signé : GALLIENI.

Arrêté 289

Le Général commandant le corps d'occupation et Résident général de France à Madagascar,

Vu le décret du 11 décembre 1895 ;

Vu l'arrêté du 10 septembre 1895 sur la propriété foncière, notamment dans ses articles 24 et 29;

Vu l'article du 22 décembre 1896 sur l'organisation du Service topographique,

Arrête :

Article 1er. — Toute personne requérant l'immatriculation d'un immeuble, ou adressant une demande de concession, de location ou de reconnaissance de terres domaniales, devra en même temps que sa demande déposer au Service topographique, à titre de provision, une somme équivalente aux frais présumés des opérations.

Lorsque les travaux seront terminés, un décompte des frais, calculé d'après le tarif ci-dessous, sera adressé aux intéressés par le chef du Service topographique.

Si la provision versée a été trop forte, la différence sera restituée ; dans le cas contraire, la somme fixée dans le décompte devra être parfaite au moyen d'un versement complémentaire.

Art. 2. — Pour les reconnaissances de terres domaniales, les bornages et les levés des propriétés urbaines, il sera perçu :

a) — 7 fr. 50 par vacation de quatre heures, temps de voyages compris, avec un maximum de 2 vacations par jour;

b) — Un droit fixe de 10 fr. 25 par feuille de plan pour les levés d'immatriculation.

Pour les levés des propriétés rurales, il sera perçu :

a) — 5 francs par vacation de quatre heures, avec un maximum de 2 vacations par jour pour le temps passé, soit sur le terrain, soit en voyage, soit au bureau pour le rapport du plan;

b) — Une somme proportionnelle à l'importance des travaux livrés et calculée d'après le tarif ci-dessous :

De 0 à 30 hectares une somme fixe de 15 francs;

De 30 à 100 hectares une somme fixe de 50 centimes par hectare;

De 100 à 500 hectares une somme fixe de 50 francs, plus 37 centimes 1/2 par hectare en plus des 100 premiers;

De 500 à 1 000 hectares une somme fixe de 200 francs, plus 25 centimes par hectare en plus des 500 premiers;

Au-dessus de 1 000 hectares une somme fixe de 325 francs, plus 15 centimes par hectare en plus des 1 000 premiers.

Les enclaves sont comptées en plus, au tarif du plan exécuté.

c) — Un droit fixe de 10 fr. 25 par feuille de plan pour les levés d'immatriculation.

Art. 3. — Les moyens de transport nécessaires au géomètre doivent être fournis et payés directement par ceux qui l'emploient, sans que l'agent du Service topographique ait jamais à intervenir dans ces règlements.

Lorsque les transports seront faits par des bourjanes, les géomètres auront droit au nombre de porteurs indiqué dans le tableau ci-dessous, conformément à l'arrêté du 20 avril 1896 :

DISTANCES	FILANJANA	BAGAGES	INSTRUMENTS
A 2 kilomètres	4	»	2
De 2 à 5 kilomètres	4	»	2
Au delà de 5 kilomètres	6	2	2

Lorsqu'il s'agira d'une course à plus de 15 kilomètres, le nombre des bourjanes de filanjana devra être de 8. Pendant la durée de ses travaux sur le terrain, le géomètre aura droit à 4 bourjanes pour son transport, plus aux porteurs pour ses instruments.

Art. 4. — Les porte-chaînes, porte-mires et aides interprètes sont fournis et payés par le géomètre, sans que les requérants de l'immatriculation aient à y participer en aucune circonstance.

Art. 5. — Les géomètres qui demanderaient aux particuliers des payements en argent des services en nature ou toute autre indemnité en raison des travaux effectués en vue de l'immatriculation des propriétés seraient révoqués.

Les particuliers qui auraient fait aux agents du service topographique, à l'occasion de leur service, des offres d'argent ou des dons en nature, seraient déférés aux tribunaux.

Tananarive, le 9 janvier 1897.

Le Général commandant le corps d'occupation
et Résident général de France à Madagascar,
Signé : GALLIENI.

Vu :

Le Directeur des finances
et du contrôle,

Signé : HOMBERG.

Arrêté 1225

Le Général, commandant en chef du corps d'occupation et Gouverneur général de Madagascar et dépendances,

Vu les décrets des 11 décembre 1895 et 30 juillet 1897 ;

Vu l'arrêté n° 229 du 29 décembre 1896, créant une école de géomètres indigènes ;

Considérant que l'organisation de l'école Le-Myre-de-Vilers et des écoles normales provinciales permettra désormais aux indigènes d'acquérir toutes les connaissances techniques nécessaires pour entrer dans le personnel indigène du Service topographique ;

Attendu qu'il est nécessaire de fixer la composition, les conditions d'avancement et la solde du personnel indigène du Service topographique ;

Sur la proposition de M. le chef du Service topographique,

Arrête :

Article 1er. — L'arrêté n° 229 du 20 décembre 1896, créant une école de géomètres indigènes, est abrogé.

Art. 2. — Le personnel indigène du Service topographique de Madagascar se recrute par voie d'examens.

Art. 3. — Ces examens auront lieu chaque année, pendant le mois de décembre, à une date fixée par le Gouverneur général au moins un mois à l'avance.

Ils comprendront des épreuves écrites et orales portant sur les matières suivantes. Épreuves écrites : 1° *composition française;* 2° *arithmétique* (les quatre règles, les règles de trois et d'intérêt et le système métrique); 3° *géométrie* (les quatre premiers livres, solution des problèmes de géométrie plane, dessin linéaire, lettres, traits, teintes plates). Épreuves orales : la connaissance de la langue française est indispensable et les candidats devront pouvoir parler couramment le français et répondre aux questions qui leur seront posées. *Arithmétique,* même programme qu'à l'examen écrit. *Géométrie,* même programme qu'à l'écrit. *Arpentage,* notions générales, arpentage et levé de plans.

Art. 4. — Les candidats devront être âgés de vingt-cinq ans au plus et offrir toutes garanties de moralité et de bonne conduite.

Ils devront, huit jours avant l'ouverture des examens, adresser au chef du Service topographique les pièces suivantes :

1° Une demande d'admission dans le Service topographique ;

2° Un certificat du chef de l'établissement dans lequel le candidat a terminé ses

III. — 23

études, faisant connaître l'appréciation des professeurs sur ses capacités, ses aptitudes et sa conduite;

5° Un certificat de visite, délivré par un docteur français, attestant qu'il est robuste et peut faire un bon service actif.

Art. 5. — Les candidats qui auront subi avec succès les examens d'entrée seront nommés élèves géomètres stagiaires à la date du 1er janvier et recevront une allocation mensuelle de 30 francs. Ils feront un stage d'une année au service central à Tananarive et seront ensuite répartis suivant les besoins du service dans les différents territoires. Les élèves géomètres seront, autant que possible, renvoyés, après l'année de stage, dans les provinces où ils auront leur domicile.

Art. 6. — Les élèves-géomètres devront signer un engagement de servir au Service topographique pendant trois ans au moins, l'année de stage comprise.

Ils ne pourront donc donner leur démission avant l'expiration de ces trois années, à moins de verser à l'État à titre d'indemnité les sommes fixées ainsi qu'il suit :

300 francs, si l'élève quitte le service pendant la première année;

200 francs, pendant la deuxième;

100 francs, pendant la troisième.

Les élèves, qui auraient motivé leur exclusion du Service topographique par mesure disciplinaire, seront tenus de rembourser toutes les mensualités qu'ils auront reçues depuis leur admission dans le service.

Art. 7. — A la fin de cette année de stage, les élèves géomètres subiront un nouvel examen sur les matières ayant fait l'objet des épreuves d'admission.

Ils devront, en outre, posséder une connaissance complète du dessin topographique et pouvoir exécuter sur le terrain toutes les opérations d'arpentage usuel.

Les élèves, qui auront subi ces examens avec succès, seront nommés élèves-géomètres de 2ᵉ classe et recevront 40 francs d'appointements mensuels. Ils auront droit à 50 centimes par jour d'indemnité de déplacement, lorsqu'ils devront s'éloigner à plus de 4 kilomètres du bureau du Service topographique auquel ils auront été affectés.

Art. 8. — Après deux ans au moins passés dans cet emploi, les élèves-géomètres de 2ᵉ classe, qui auront fait preuve de connaissances techniques suffisantes, pourront être nommés élèves-géomètres de 1ʳᵉ classe, aux appointements mensuels de 60 francs. Ils recevront 0 fr. 75 par jour d'indemnité de déplacement.

Après deux années passées dans cet emploi, les élèves-géomètres de 1ʳᵉ classe pourront être nommés géomètres de 2ᵉ classe aux appointements mensuels de 90 francs. Ils recevront alors 1 franc par jour d'indemnité de déplacement.

Art. 9. — Les agents indigènes, actuellement employés au Service topographique, pourront être admis dans le cadre régulier du personnel indigène et nommés élèves de 2ᵉ ou de 1ʳᵉ classe, ou géomètres de 2ᵉ ou de 1ʳᵉ classe, suivant leur degré d'instruction technique et les services rendus jusqu'à ce jour.

Les géomètres de 2ᵉ classe pourront, après deux années de grade, être nommés géomètres de 1ʳᵉ classe, aux appointements mensuels de 140 francs, et recevront 1 fr. 50 par jour d'indemnité de déplacement.

Des augmentations successives de traitement annuel, pour services exceptionnels et ancienneté de services, s'élevant chacune à 240 francs au maximum, pourront dans la suite être accordées aux géomètres indigènes de 1ʳᵉ classe. Ces augmentations ne pourront être accordées que tous les deux ans.

Art. 10. — Les instruments et fournitures nécessaires à l'exécution des travaux seront mis gratuitement par le Service topographique à la disposition du personnel indigène, l'entretien et la conservation en bon état de ces instruments incombant entièrement aux *ayants charge*.

Art. 11. — M. le chef du Service topographique est chargé de l'exécution du présent arrêté, qui recevra son application du jour de son insertion au *Journal officiel* de la colonie.

Fait à Tananarive, le 16 décembre 1897.

Signé : GALLIENI.

Vu :

Le Directeur des finances et du contrôle,

Signé : CRAYSSAC.

Arrêté 922

réglementant la main-d'œuvre dans la province de Majunga.

Le Général commandant le corps d'occupation et Résident général de France à Madagascar,

Vu le décret du 11 décembre 1895 ;

Vu l'article 12 de l'arrêté n° 250 du 27 décembre 1896 ;

Vu l'avis conforme de la chambre consultative française de Majunga ;

Vu le décret du 6 mars 1877 sur les attributions législatives des gouverneurs ;

Sur la proposition du résident de Majunga ;

Sous réserve de l'approbation ministérielle,

Arrête :

Article 1er. — Tout individu engagé par un patron devra être muni d'un livret individuel.

Ces livrets seront délivrés par les soins des gouverneurs, moyennant le prix de 1 franc.

Art. 2. — Les administrateurs ou les particuliers, au service desquels seront les travailleurs porteurs de ce livret, devront à la fin de chaque mois, sur la page réservée à cet effet, certifier qu'à cette date le titulaire est toujours à leur service et apposer leur signature. Sur cette page, le salaire mensuel de l'employé, approuvé par l'émargement de celui-ci, sera porté en toutes lettres, ainsi que les sommes pouvant être dues par l'employé à l'employeur, et réciproquement.

Le livret est la propriété de l'employé qui devra le présenter à toute réquisition. Ce livret, au verso de la première page, spécifiera également le mode d'engagement, la durée du contrat et le prix fixé ; le recto de la dernière page sera réservé aux renseignements sur l'ouvrier.

Dans le cas où l'ouvrier serait autorisé à s'absenter, mention en sera faite sur le livret par l'employeur qui indiquera également la date et la durée de l'absence.

En cas de rupture ou de fin de contrat, mention en sera faite sur cette page. En cas de perte, le titulaire devra en faire immédiatement la déclaration aux gouverneurs qui, eux-mêmes, préviendront l'autorité de laquelle ils ont reçu les livrets et en délivreront un duplicata contre le payement d'une somme de 5 francs.

Art. 3. — Tout individu, porteur du livret individuel qui spécifie ses engagements, devra le présenter à toutes réquisitions des autorités compétentes ou un titre justifiant sa qualité de fonctionnaire.

Ces contrats devront prévoir :

1° La durée de l'engagement ;

2° Le salaire mensuel ;

3° Le mode et le délai de payement.

Art. 4. — Tous les contractants, quel que soit le contrat, seront soumis aux obligations suivantes :

1° Les employés logés seront installés dans des cases conformes aux cases en usage dans le pays ;

2° Le travail aura lieu tous les jours, à l'exception des dimanches et des jours de fête de coutume, sauf clauses spéciales du contrat ;

3° Lorsqu'un patron ne remplira pas les conditions édictées aux deux paragraphes ci-dessus, le contrat sera annulé de plein droit, à la demande de l'employé ;

4° Tout employé ou ouvrier, s'absentant sans motif valable de un à cinq jours, perdra le salaire du nombre de jours double de la durée de l'absence. Tout individu s'absentant pendant plus de cinq jours sera passible d'un emprisonnement de un à cinq jours et d'une amende de 1 à 15 francs, ou de l'une de ces deux peines seulement, sans préjudice, s'il y a lieu, de l'application des lois sur le vagabondage.

Les amendes et condamnations aux frais et dépens ainsi prononcées seront, en cas de non-payement, converties en journées de travail pour le compte de la colonie ou des communes, à raison de 1 franc par jour.

5° En cas de résiliation ou de renouvellement du contrat, l'accord devra se faire entre les deux parties avant l'époque du départ ou du renouvellement du contrat, quinze jours pour les contrats inférieurs à un an, un mois pour les contrats d'un an et trois mois pour les contrats de un à cinq ans.

Art. 5. — Les engagés, non munis d'un livret individuel parfaitement en règle et à jour, seront punis d'une peine de un à quinze jours de prison et d'une amende de 1 à 50 francs, ou de l'une de ces deux peines seulement, sans préjudice de l'application des lois concernant le vagabondage.

A l'expiration de leur peine, ils seront classés d'office dans une catégorie de travailleurs, pourvus d'un livret mentionnant la peine subie et employés sur les chantiers de l'État pendant un temps dont la durée sera triple de cette peine.

Art. 6. — Nul ne pourra, pour se dispenser des obligations ci-dessus, arguer d'une infirmité, à moins que cette infirmité ne le rende tout à fait impropre à tout travail.

Art. 7. — La femme employée pourra recevoir un livret, si elle en fait la demande.

Dans le cas où, après conventions, la femme, pour cause de maternité, ne pourrait plus tenir ses engagements, le contrat sera rompu, sans qu'il y ait lieu à indemnité.

Art. 8. — Le bénéfice des circonstances atténuantes pourra être accordé à toutes les infractions prévues au présent arrêté.

Art. 9. — M. le procureur général, le secrétaire général et le résident de Majunga sont chargés, chacun en ce qui le concerne, de l'exécution du présent arrêté.

Fait à Tananarive, le 25 août 1897.

Signé : GALLIENI.

Par le Résident général,
*Le Procureur général, chef
du service judiciaire,*
Signé : DUBREUIL.

Arrêté 923

fixant la main-d'œuvre des indigènes dans la province de Farafangana.

Le Général commandant le corps d'occupation et Résident général de France à Madagascar,

Vu le décret du 11 décembre 1895 ;

Vu la circulaire n° 91 du 3 novembre 1896 ;

Vu le décret du 6 mars 1877 sur les attributions législatives des gouverneurs ;

Sur la proposition de M. le résident de Farafangana ;

Sous réserve de l'approbation ministérielle,

Arrête :

Article 1er. — Tout individu valide de seize à soixante ans, du sexe masculin, est obligé de justifier de ses moyens d'existence et de démontrer qu'il appartient à l'une des deux catégories ci-dessous :

Première catégorie.

1° Les patentés comprenant . . . . { Débitants et commerçants.

2° Producteurs . . . . {

Alimentation. . . . { Cultivateurs ou producteurs de la terre.

Vêtements. . . . . { Industriels et fabricants de produits.

Habitation . . . . . { Chefs de chantiers, exploitation, bois, fer, bambou, charbon, cire, gomme, etc.

Deuxième catégorie.

Tous les serviteurs à gages, fonctionnaires indigènes, porteurs, cuisiniers, etc.

Art. 2. — Chacun des individus de l'une ou de l'autre catégorie devra être porteur d'une feuille individuelle, indiquant sa profession ou son emploi, en même temps que son nom, son âge et ses origines.

La carte est rigoureusement personnelle et ne peut être ni cédée ni prêtée ; elle est délivrée par l'autorité provinciale contre le payement de 40 centimes et en présence de deux témoins affirmant la sincérité de la déclaration du réclamant. La carte est valable pour un an.

Conditions de travail.

Art. 3. — Les contrats de travail peuvent être de deux sortes :

1° D'un an au moins ;

2° D'un an ou plus, avec maximum de cinq années, renouvelables au gré des deux parties.

Ces contrats doivent prévoir :

1° La durée de l'engagement ;

2° Le salaire mensuel ;

3° Le mode et le délai de payement.

Obligations réciproques.

Art. 4. — 1° Si le logement est fourni par l'employeur, il devra être salubre et dans de bonnes conditions hygiéniques.

2° Les médicaments seront fournis à l'employé dans les exploitations comptant au moins 25 ouvriers.

3° Si le patron ne remplit pas ses engagements, le contrat sera annulé de plein droit, à la demande de l'employé.

4° Toute absence, sans motif valable de l'employé, pendant une durée de un à cinq jours, entraînera la perte des salaires pour une durée double de celle de l'absence. Toute absence dépassant cinq jours sera passible d'un emprisonnement, variant de un à cinq jours, et d'une amende de 1 à 15 francs, ou de l'une de ces deux peines seulement, sans préjudice, s'il y a lieu, des lois sur le vagabondage.

Les amendes et condamnations aux frais et dépens ainsi prononcées seront, en cas de non-payement, converties en journées de travail pour le compte de la colonie ou des communes à raison de 1 franc par jour.

Art. 5. — La résiliation ou le renouvellement des contrats pourront se faire d'un commun accord dans les conditions de délai suivantes :

Quinze jours avant l'expiration pour les contrats inférieurs à un an, un mois pour les contrats d'un an et trois mois pour les contrats de un à cinq ans. Tout employé ou ouvrier travaillant au mois, sans contrat, devra prévenir son employeur six jours au moins avant la fin du mois, à peine de 5 francs de dommages-intérêts.

Le maître sera tenu aux mêmes obligations.

Art. 6. — Nul ne pourra se soustraire aux obligations contractées que pour cause d'infirmité le rendant absolument incapable de travailler.

Art. 7. — Les personnes, non munies de la carte personnelle, seront punies d'une amende de 1 à 15 francs et d'un emprisonnement d'une durée de un à cinq jours ou de l'une de ces deux peines seulement, sans préjudice, s'il y a lieu, de l'application des lois sur le vagabondage.

Travail des femmes.

Art. 8. — Les femmes peuvent être utilisées aux conditions imposées par le présent arrêté; le travail n'est pas obligatoire pour elles. — L'interruption pour cause de maternité est de plein droit, sans aucun titre d'indemnité.

Art. 9. — Les chefs de tribu sont astreints à tenir une liste des porteurs de carte d'identité.

Art. 10. — MM. le procureur général, le secrétaire général et le résident de Fara-fangana sont chargés, chacun en ce qui le concerne, de l'exécution du présent arrêté.

Fait à Tananarive, le 25 août 1897.

Signé : Gallieni.

Par le Résident général,
Le Procureur général,
chef du service judiciaire,
  Signé : Dubreuil.

Arrêté 949

Le Général commandant le corps d'occupation et Résident général de France à Madagascar,

Vu le décret du 11 décembre 1895;

Vu les arrêtés n°ˢ 69, du 21 octobre 1896, et 321, du 19 janvier 1897, sur les prestations;

Vu les arrêtés 250, du 27 décembre 1896; 467, du 8 mars; 529, du 24 mars; 597, du 14 avril; 660, du 5 mai, et 800, du 16 juillet 1897, réglementant le travail des indigènes dans plusieurs provinces de Madagascar;

Vu l'arrêté n° 84 du 5 novembre 1896, imposant le permis de séjour aux étrangers d'origine asiatique ou africaine résidant dans la colonie de Madagascar et dépendances;

Vu les vœux exprimés par certaines chambres consultatives françaises de la colonie;

Considérant qu'il importe de faciliter aux colons, fonctionnaires, négociants et établissements publics français le recrutement de la main-d'œuvre;

Le conseil d'administration entendu,

  Arrête :

Article 1ᵉʳ. — Les indigènes et les étrangers d'origine asiatique ou africaine, au service soit de colons, fonctionnaires ou négociants français, soit des administrations ou établissements publics français à Madagascar ou dans les dépendances et, par exception, au service de l'hôpital malgache de Tananarive, sont :

Les premiers, exemptés des prestations fixées par l'article 1er de l'arrêté 69 du 21 octobre 1896 ;

Les seconds, exemptés du payement du droit fixe de séjour établi par l'article 3, § 1er, de l'arrêté 84 du 3 novembre 1896.

Art. 2. — Cette exemption n'est accordée qu'aux indigènes et aux étrangers d'origine asiatique pouvant justifier d'un contrat d'engagement d'une année au moins.

Art. 3. — Dans chaque commune, résidence ou cercle, il sera établi au commencement de chaque année, par les soins de l'administrateur, du résident ou du commandant de cercle, et seulement sur la présentation soit des contrats d'engagement, soit, pour les indigènes et dans les provinces où la main-d'œuvre est réglementée, du livret individuel faisant mention dudit contrat, un contrôle nominatif :

1° Des colons, fonctionnaires, négociants, administrations ou établissements publics français, employant à leur service un ou plusieurs indigènes ou étrangers d'origine asiatique ou africaine ;

2° Des indigènes ou étrangers de cette catégorie employés par chacun de ces colons, négociants, administrations ou établissements publics.

Art. 4. — Les indigènes et les étrangers d'origine asiatique ou africaine, qui rompront leur contrat d'engagement avant l'expiration du premier semestre de l'année, devront en faire la déclaration à l'administrateur, au résident ou au commandant du cercle et acquitter les prestations ou droits dont ils auraient été exemptés.

Art. 5. — Toute omission ou inexactitude dans la déclaration prescrite par l'article précédent sera punie d'une amende de 50 francs, sauf le bénéfice des circonstances atténuantes.

Art. 6. — Les étrangers d'origine asiatique ou africaine, exemptés par le présent arrêté du droit fixe de séjour, devront néanmoins se conformer aux prescriptions de l'article 1er de l'arrêté 84 du 3 novembre 1896 pour obtenir la délivrance du permis de séjour.

Art. 7. — Le présent arrêté sera applicable à compter du 1er janvier 1898. Toutefois, les indigènes et les étrangers d'origine asiatique ou africaine, remplissant les conditions déterminées par les articles 1 et 2 ci-dessus, et qui, à la date de sa promulgation, n'auront pas encore acquitté les prestations ou le droit fixe de séjour, bénéficieront de l'exemption de ces droits.

Tananarive, le 31 août 1897.

Signé : GALLIENI.

Vu :

*Le Directeur des finances
et du contrôle,*

Signé : HOMBERG.

Arrêté 852

Le Général commandant le corps d'occupation et Résident général de France à Madagascar,

Vu le décret du 8 mars 1877 ;

Vu le décret du 11 décembre 1895 ;

Vu l'arrêté du 11 octobre 1896, réglementant la délivrance des passe-ports ;

Vu les arrêtés nos 250, 467, 529, 595, 597 et 660 réglementant le travail des indigènes dans diverses provinces de Madagascar ;

Considérant que de nombreux délits ont été relevés contre les commandeurs de bourjanes, au préjudice des commerçants;

Considérant qu'il importe de réglementer l'exercice de la profession de commandeur de bourjanes, de manière à restreindre le nombre des délits, à assurer leur répression efficace et à sauvegarder ainsi dans la mesure du possible les intérêts des commerçants;

Vu le rapport de M. le procureur de la République p. i. et l'avis de M. le président de la chambre consultative de Tananarive;

Sur la proposition du chef d'état-major, faisant fonctions de secrétaire général en territoire militaire;

Le Conseil d'administration entendu;

Sous réserve de l'approbation de M. le ministre des colonies,

Arrête :

Article 1er. — Tout individu se livrant à la profession de commandeur de bourjanes devra être muni d'une autorisation spéciale, en outre du livret individuel prescrit par les arrêtés réglementant le travail des indigènes.

Art. 2. — Cette autorisation conforme au modèle ci-joint, portant une photographie semblable à celle du livret, sera délivrée : à Tananarive, par le maire; dans les cercles et les résidences, par les commandants de cercle et les résidents, moyennant versement de la somme de 2 francs et sur la production des pièces suivantes qui seront conservées dans les archives de la mairie, du cercle ou de la résidence :

1° Un certificat de moralité, établi et signé par le mpiadidy ou le sous-gouverneur, suivant les cas, et contresigné par deux habitants notables du village du postulant;

2° Une déclaration établie et signée par le postulant, certifiée par le mpiadidy ou le sous-gouverneur, suivant les cas, et par deux habitants notables du village, constatant qu'il est personnellement propriétaire d'un immeuble d'une valeur estimative d'au moins 500 francs, toutes charges déduites, et que cet immeuble est donné en garantie en cas de condamnation pécuniaire pour délits ou quasi-délits commis dans l'exercice de sa profession au préjudice de ses employeurs.

Si le postulant est illettré, il en sera fait mention dans la déclaration, qui sera, dans ce cas, établie par le mpiadidy ou le sous-gouverneur.

Si le postulant ne possède pas d'immeuble d'une valeur estimative d'au moins 500 francs, il devra produire une déclaration établie, signée et certifiée dans les mêmes conditions que ci-dessus par une tierce personne, propriétaire d'un immeuble de la valeur susindiquée, se portant caution pour lui en cas de condamnation pécuniaire dont il ne pourrait pas se libérer lui-même.

Art. 3. — Les commandeurs de bourjanes seront responsables vis-à-vis de leurs employeurs, à défaut de convention spéciale, conformément aux principes généraux du droit français et à ceux des articles 1383 et suivants du Code civil.

Art. 4. — A partir du 1er octobre 1897, nul ne pourra exercer la profession de commandeur de bourjanes, s'il ne justifie d'une autorisation personnelle délivrée comme il est dit ci-dessus.

Faute par lui de fournir cette justification, le contrevenant sera puni d'une peine de 100 francs d'amende et de quinze jours d'emprisonnement, sauf le bénéfice des circonstances atténuantes.

Art. 5. — Tout commandeur de bourjanes devra, lorsqu'il voudra effectuer des transports de marchandises dans l'intérieur de l'île, se munir d'un passeport qui lui sera délivré dans les formes et sous les sanctions prévues par l'arrêté du 11 octobre 1896. Ce passeport fera mention de l'autorisation qui lui aura été accordée et indiquera la date de cette autorisation.

Les fraudes relatives à ces passeports seront punies des peines portées à l'article 222 du Code malgache et, s'il y avait lieu, des peines portées aux articles 153 et suivants du Code pénal français, sauf le bénéfice des circonstances atténuantes.

Art. 6. — MM. le chef d'état-major faisant fonctions de secrétaire général en territoire militaire, le secrétaire général en territoire civil, le procureur général, les résidents, administrateurs et commandants de cercle, sont chargés, chacun en ce qui le concerne, de l'exécution du présent arrêté.

Fait à Tananarive, le 3 août 1897.

Signé : GALLIENI.

Par le Résident général,
Le Procureur général,
Signé : DUBREUIL.

MADAGASCAR ET DÉPENDANCES

Recto.

Ville
Province } *de* [1]
Cercle

Photographie.

AUTORISATION

DE

COMMANDEUR

1. Rayer les désignations non utilisées.

Verso.

Le nommé

demeurant à

ayant satisfait aux conditions fixées par l'arrêté nº 852, du 3 août 1897, est autorisé à exercer la profession de commandeur de bourjanes.

A   , le   189 .

Le [1]

1. Maire, Résident ou Commandant de cercle.

Arrêté 1073

complétant l'arrêté 852, du 3 août 1897, réglementant l'exercice de la profession de commandeur de bourjanes.

Le Général commandant en chef du corps d'occupation et Gouverneur général de Madagascar et dépendances,

Vu l'arrêté 852, du 3 août 1897, réglementant l'exercice de la profession de commandeur de bourjanes ;

Vu le vœu émis par la chambre consultative française de Tananarive,

Arrête :

Article unique. — Sont dispensés de justifier de l'autorisation spéciale et du cautionnement prévus par l'arrêté 852, du 3 août 1897, les indigènes exerçant la profession de commandeur de bourjanes pour le service exclusif d'une même personne, à la condition qu'ils soient munis d'un certificat de louage de service établi par l'employeur.

Fait à Tananarive, le 25 octobre 1897.

Signé : GALLIENI.

Arrêté 250

réglementant le travail des indigènes.

Le Général commandant le corps d'occupation et Résident général de France à Madagascar,

Vu la circulaire 91 du 3 novembre 1896, constituant une commission chargée d'élaborer un projet de règlementation du travail des indigènes en Imerina ;
Vu le rapport établi à la suite des travaux de cette commission ;
Sur la proposition du chef d'état-major faisant fonctions de secrétaire général en territoire militaire,

Arrête :

Article 1er. — Tout individu valide de seize à soixante ans, du sexe masculin, devra justifier de ses moyens d'existence, en prouvant qu'il fait partie d'une des deux catégories indiquées ci-dessous.

1re *Catégorie.* — Les commerçants, qui se divisent en deux classes :

1° Les patentés, comprenant. . . . . . { les débitants et commerçants, quels qu'ils soient.

2° Les producteurs. . {

Alimentation. . { cultivateurs ou éleveurs, en un mot tous les producteurs qui font commerce de leur culture ou industrie.

Vêtements. . . { tous les fabricants de produits textiles.

Habitation. . . { chefs d'exploitation ou de chantiers des produits de la forêt : bois, fer, charbon, bambou, lianes, cire, miel, gomme, etc.

2e *Catégorie.* — Tous les individus non compris dans la 1re catégorie et notamment les domestiques, les cuisiniers, jardiniers, porteurs, plantons, ouvriers, et, en général, tous les fonctionnaires, ainsi que les employés des diverses administrations ou des particuliers.

Toutes les personnes de la 1re catégorie devront être munies de la carte d'identité ou de la patente.

Toutes celles appartenant à la 2e catégorie, du livret individuel.

Art. 2. — La carte d'identité, conforme au modèle, sera délivrée par les soins des mpiadidy ou des gouverneurs madinika.

Le prix est fixé à 0 fr. 40.

Les mpiadidy et gouverneurs madinika prendront livraison contre un reçu, à Tananarive, à la mairie et, dans les campagnes, près des commandants de cercle ou exceptionnellement près des sous-gouverneurs, des séries de cartes numérotées.

Ils devront tous les mois verser aux autorités ci-dessus le montant de leurs recettes, établi d'après un registre où seront portés, en regard du numéro, les noms du détenteur, et présenter, d'autre part, les cartes non délivrées.

Ces cartes sont rigoureusement personnelles et ne peuvent être prêtées. Tout abus, de la part de l'autorité chargée de la délivrance, entraînerait sa révocation, plus un emprisonnement de trois mois à un an, ou une amende de 100 à 200 francs; pour le détenteur, il entraînerait un emprisonnement de un à trois mois ou une amende de 20 à 50 francs.

Les cartes délivrées devront être reversées chaque année, dans le courant de décembre, entre les mains des mpiadidy ou gouverneurs madinika, qui, contre l'ancienne carte, en délivreront une nouvelle au prix de 0 fr. 40, valable pour l'année suivante.

En cas de perte d'une carte, le titulaire devra en faire immédiatement la déclaration au mpiadidy ou au gouverneur madinika qui, eux-mêmes, préviendront l'autorité de laquelle ils ont reçu les cartes et en délivreront un duplicata contre le payement d'une somme de 10 francs.

Le livret individuel, conforme au modèle ci-annexé, sera délivré dans les mêmes conditions que la carte d'identité. Le prix en est fixé à 1 franc.

Les administrations ou les particuliers, au service desquels seront les travailleurs porteurs de livret, devront, à la fin de chaque mois, sur la page réservée à cet effet, certifier qu'à cette date le titulaire est toujours à leur service, et apposer leur signature sur cette page; le salaire mensuel de l'employé, approuvé par l'émargement de celui-ci, sera porté en toutes lettres, ainsi que les sommes pouvant être dues par l'employé à l'employeur, ou réciproquement.

Le livret est la propriété de l'employé qui devra le présenter à toute réquisition. Ce livret, au verso de la première page, spécifiera également le mode d'engagement, la durée du contrat et le prix fixé; le recto de la dernière page sera réservé aux renseignements sur l'ouvrier.

Dans le cas où l'ouvrier serait autorisé à s'absenter, mention en sera faite sur le livret par l'employeur qui indiquera également la date et la durée de l'absence.

En cas de rupture ou de fin de contrat, mention en sera faite sur cette page. En cas de perte, les mêmes dispositions que pour la carte d'identité s'appliquent au livret.

Art. 3. — Les cartes d'identité et les livrets individuels devront, autant que possible, porter, collées sur la case réservée à cet effet, les photographies des détenteurs.

Dans ce but, des photographes, recrutés par les soins de l'administration centrale indigène, parcourront la province et se tiendront, sous le contrôle et avec l'appui des mpiadidy et gouverneurs madinika, à la disposition des indigènes.

Le prix de chaque photographie sera payé par le détenteur; ce prix ne devra pas dépasser 0 fr. 30.

Art. 4. — *Conditions de travail.* — Tout commerçant, porteur d'une patente à jour, devra justifier, au moment de la réquisition des autorités compétentes, qu'il exerce son commerce, soit à Tananarive, soit dans un des centres de l'Imerina ou du Betsileo. Cette vérification pourra se faire par un dépôt de marchandises et par la production de pièces de comptabilité.

Tout porteur d'une carte d'identité devra justifier au moment de la réquisition des autorités compétentes qu'il exerce son métier, soit à Tananarive, soit sur tout autre point des territoires où la présente loi sera en vigueur; cette vérification pourra se faire par l'indication de ses ateliers ou de ses terres d'exploitation, champs de culture, etc., et par la présentation des pièces comptables établissant qu'il vend aux commerçants.

Tout individu, porteur du livret individuel qui spécifie ses engagements, devra fournir, à toutes réquisitions des autorités compétentes, son contrat d'engagement ou un titre justifiant sa qualité de fonctionnaire.

Ces contrats peuvent être de deux sortes :

1° D'un an au moins;

2° D'un an ou plus, avec maximum de cinq années, renouvelable au gré des deux parties.

Ces contrats doivent prévoir :

1° La durée de l'engagement;

2° Le salaire mensuel;

3° Le mode et le délai de payement.

Art. 5. — Obligations réciproques de l'employeur et de l'employé.

Tous les contractants, quel que soit le contrat. seront soumis aux obligations suivantes :

1° Au cas où l'employeur fournirait le logement, celui-ci devra se trouver dans des conditions de salubrité et d'hygiène telles que la santé de l'employé ne puisse en souffrir;

2° Les médicaments devront être fournis par l'employeur à l'employé, dans les exploitations employant un minimum de 24 ouvriers.

3° Un maximum de dix heures de travail par jour, avec repos le dimanche et jours fériés, sauf clauses spéciales du contrat;

4° Lorsqu'un patron ne remplira pas les obligations édictées aux trois paragraphes ci-dessus, le contrat sera annulé de plein droit à la demande de l'employé;

5° Tout employé ou ouvrier, s'absentant sans motif valable de un à cinq jours, perdra le salaire du nombre de jours double à la durée de l'absence. Tout individu s'absentant pendant plus de cinq jours sera déféré aux tribunaux compétents;

6° En cas de résiliation ou de renouvellement du contrat, l'accord devra se faire entre les deux parties avant l'époque du départ ou du renouvellement du contrat, quinze jours pour les contrats d'un an, et trois mois pour les contrats de un à cinq ans.

Art. 6. — Nul ne pourra, pour se dispenser des obligations ci-dessus, arguer d'une infirmité, à moins que cette infirmité ne le rende tout à fait impropre à tout travail.

Art. 7. — Les personnes non munies d'une patente, d'une carte d'identité ou d'un livret individuel parfaitement en règle et à jour, seront considérées comme vagabonds ne pouvant justifier de leurs moyens d'existence. Elles seront passibles d'une peine de trois à six mois de prison; à l'expiration de leur peine, elles seront classées d'office dans une catégorie de travailleurs, pourvues d'un livret mentionnant la peine subie et employées sur les chantiers de l'État pendant un temps dont la durée sera triple de cette peine.

Art. 8. — *Travail des femmes.* — Le présent règlement ne rend le travail obligatoire que pour les individus du sexe masculin; mais il laisse toute latitude aux employeurs et aux chefs d'administration d'utiliser les femmes dans tous les travaux qu'ils croiront pouvoir leur confier : dans ce cas, ils devront se conformer, pour la rédaction des contrats, aux obligations imposées à l'article : « Contrat » du présent règlement.

La femme employée dans ces conditions pourra recevoir un livret, si elle en fait la demande. Dans le cas où, après conventions, la femme, pour cause de maternité, ne pourrait plus tenir ses engagements, le contrat sera rompu sans qu'il y ait lieu à indemnité.

Art. 9. — Liste à tenir par les chefs indigènes pour les levées et la désignation des professions.

Les listes établies par les mpiadidy et les gouverneurs des villages, et servant de rôle pour les prestations, devront être tenues à jour à l'aide des livrets, cartes d'identité et patentes versés au fur et à mesure de leur renouvellement.

Ces listes serviront pour les appels extraordinaires chaque fois que le gouvernement aura besoin de mobiliser un grand nombre de travailleurs sur un point donné, et pour des travaux urgents et d'intérêt général.

Ces mesures exceptionnelles ne seront décidées que par les résidents et les commandants de cercle, de province, qui devront toujours en rendre compte au Résident général.

Les mpiadidy et les gouverneurs de villages resteront détenteurs des listes et rece-vront, pour les levées de travailleurs, des ordres de leurs gouverneurs ou sous-gouverneurs.

Par suite, les mpiadidy seront responsables pour les levées extraordinaires dans les mêmes conditions que celles prévues pour les levées ordinaires à l'article 12 de la loi sur les prestations.

Art. 10. — Les nouvelles listes, prévues à l'article 9, avec groupement par profes-sions, remplacent les anciennes listes de corporations qui n'ont plus de raison d'être.

Art. 11. — Le bénéfice des circonstances atténuantes pourra être accordé à tous les délits énumérés dans la présente loi.

Art. 12. — Le présent arrêté est applicable en Imerina à compter du 1ᵉʳ janvier.
MM. les résidents, chefs de province, en dehors d'Imerina, prendront, chacun dans sa circonscription administrative, des mesures analogues à celles spécifiées dans le présent arrêté, en le modifiant suivant les coutumes et les circonstances locales.

Ces mesures feront l'objet d'arrêtés qui seront pris par le Résident général sur la proposition des résidents chefs de province.

Fait à Tananarive, le 27 décembre 1896.

Signé : GALLIENI.

Arrêté 384

Le Général commandant le corps d'occupation et Résident général de France à Madagascar,

Considérant qu'il est indispensable de pouvoir renseigner les colons sur toutes les questions intéressant l'agriculture et qu'il importe de faciliter autant que possible la réussite des entreprises agricoles à Madagascar ;
Sur la proposition de M. l'inspecteur, chef du service de l'agriculture,

Arrête :

Article 1ᵉʳ. —Un jardin d'essai est créé à Tananarive au lieu dit « Nahanisana ».

Art. 2. — Cette création a pour but :
1° De renseigner les colons européens et les indigènes sur toutes les questions agricoles, horticoles, séricicoles, etc.;
2° De rechercher les améliorations à apporter aux systèmes de culture suivis jusqu'à ce jour à Madagascar ;
3° De tenter la culture de toutes les plantes, indigènes ou non, dont les produits peuvent donner lieu à un commerce quelconque ;
4° D'apprendre à connaître les ressources végétales et agricoles de la colonie, de centraliser tous les renseignements agronomiques recueillis sur Madagascar et de se tenir au courant de tous les progrès agricoles ;
5° De chercher à introduire toutes les plantes pouvant intéresser le colon ou l'indi-gène à un titre quelconque (plantes médicinales, potagères, ornementales, etc.) ;
6° De chercher à améliorer les variétés chevalines, bovines, ovines, caprines, etc., existant déjà dans l'île ;
7° D'introduire, si besoin est, de nouvelles variétés d'animaux domestiques pour arriver à ce but ;
8° D'améliorer les méthodes d'élevage actuellement suivies ;
9° De fournir aux colons européens et aux indigènes, soit à titre gratuit, soit à un prix aussi minime que possible, les plants, boutures, graines, greffons, etc., dont ils peuvent avoir besoin ;

10° De former de bons surveillants indigènes pour les grandes exploitations, de dresser des jardiniers et des ouvriers de ferme.

Art. 3. — Un jardin botanique, des pépinières, un jardin potager et une salle de collections seront adjoints au jardin d'essai.

Art. 4. — Le jardin d'essai sera placé sous la direction de l'inspecteur chef du service de l'agriculture et comprendra en outre comme personnel :
1° Un jardinier en chef;
2° Des agents de culture placés sous les ordres du jardinier chef;
3° Des surveillants, des élèves jardiniers et des manœuvriers indigènes.

Art. 5. — Des dispositions spéciales détermineront ultérieurement dans quelles conditions les colons et les indigènes pourront se procurer des plants, des graines, des boutures, des greffons, etc., au jardin d'essai de Tananarive.

Art. 6. — Le chef d'état-major faisant fonctions de secrétaire général en territoire militaire et l'inspecteur chef du service de l'agriculture sont chargés d'assurer l'exécution du présent arrêté.

Tananarive, le 12 février 1897.
Signé : GALLIENI.

Par le Résident général,
Le Chef d'état-major faisant fonctions de
secrétaire général en territoire militaire.
Signé : GÉRARD.

Arrêté 1360

Le Général commandant en chef du corps d'occupation et Gouverneur général de Madagascar et dépendances,

Vu les décrets des 11 décembre 1895, et 30 juillet 1897 ;
Vu le décret du 15 mai 1874 ;
Vu le décret du 8 janvier 1897 ;
Considérant que le taux de l'escompte est très peu élevé ;
Sur la proposition du trésorier-payeur de Madagascar et dépendances ;
Après avis de M. le directeur des finances et du contrôle,

Arrête :

Article 1. — La taxe de demi pour cent sur les traites du Trésor est supprimée.

Art. 2. — Le présent arrêté aura son effet à compter du 15 janvier 1898.

Art. 3. — Le trésorier-payeur est chargé de l'exécution du présent arrêté.

Fait à Tananarive, le 17 janvier 1898.
Signé : GALLIENI.

Vu :
Le Directeur des finances et du contrôle,
Signé : CRAYSSAC.

Pour ampliation,
Le Chef du bureau des affaires civiles.

Arrêté 1458

supprimant la taxe de 0 fr. 40, perçue pour transmission des télégrammes par voie postale.

Le Général commandant en chef du corps d'occupation et Gouverneur général de Madagascar et dépendances,

Vu les décrets des 11 décembre 1895 et 30 juillet 1897;

Vu l'arrêté du 11 octobre 1896, portant réorganisation du service postal et télégraphique à Madagascar;

Vu la dépêche ministérielle C 1069 du 24 novembre 1897;

Vu l'article 61 § 3 du règlement inetrnational des postes et télégraphes;

Attendu que la taxe de 0 fr. 40, établie par le règlement local du 15 septembre 1887, est une entrave au développement de la colonisation;

Sur la proposition de M. l'inspecteur, chef du Service des postes et télégraphes,

Arrête :

Article 1er. — Les télégrammes de toute nature, devant être transmis à destination, par voie postale, dans l'intérieur de Madagascar, seront remis à la poste par le bureau télégraphique d'arrivée, sans frais pour l'expéditeur ni pour le destinataire, sauf lorsque la formalité de la recommandation sera requise.

Art. 2. — La taxe de 0 fr. 40, perçue jusqu'à ce jour, est, par suite, supprimée,

Art. 3. — M. l'inspecteur, chef du Service des postes et télégraphes, est chargé de l'exécution du présent arrêté.

Fait à Tananarive, le 9 février 1898.

Signé : GALLIENI.

Vu :

Le Directeur des finances et du contrôle,

Signé : CRATSSAC.

Arrêté 1459

portant réduction de la taxe terminale appliquée aux télégrammes venant de l'extérieur.

Le Général commandant en chef du corps d'occupation et Gouverneur général de Madagascar et dépendances,

Vu les décrets des 11 décembre 1895 et 30 juillet 1897;

Vu l'arrêté du 11 octobre 1896, portant réorganisation du service postal et télégraphique à Madagascar;

Vu l'arrêté 951 du 1er septembre 1897, portant réduction des tarifs télégraphiques;

Vu la dépêche ministérielle C 1069 du 24 novembre 1897;

Considérant que l'élévation des tarifs télégraphiques actuels est une entrave au développement du commerce et de la colonisation;

Attendu que la réduction de la taxe terminale, appliquée aux télégrammes venant de l'extérieur, ne saurait en rien diminuer les ressources budgétaires, le nombre des correspondances télégraphiques devant naturellement augmenter;

Sur la proposition de M. l'inspecteur chef du Service des postes et télégraphes,

Arrête :

Article 1er. — Les télégrammes transmis à Madagascar par la poste, comme ceux qui parviennent électriquement à Majunga, seront l'objet d'une taxe terminale, fixée ainsi qu'il suit :

1° Télégrammes de 1 à 10 mots : 1 fr.

2° Télégrammes au-dessus de 10 mots : 0 fr. 10 par mot.

Art. 2. — Toutes les dispositions contraires à l'article ci-dessus sont abrogées.

Art. 3. — M. l'inspecteur, chef du Service des postes et télégraphes, est chargé de l'exécution du présent arrêté.

Fait à Tananarive, le 9 février 1898.

Signé : Gallieni.

Vu :

Le Directeur des finances et du contrôle,

Signé : Crayssac.

Arrêté 1546

portant modification au tableau annexé à l'arrêté 264 réglementant le service des colis postaux.

Le Général commandant en chef du corps d'occupation et Gouverneur général de Madagascar et dépendances ;

Vu les décrets des 11 décembre 1895 et 30 juillet 1897 ;

Vu l'arrêté du 11 octobre 1896, portant réorganisation du service postal et télégraphique à Madagascar ;

Vu l'arrêté n° 264 du 29 décembre 1891, réglementant le service des colis postaux ;

Attendu que la taxe spéciale, dite taxe intérieure, à laquelle sont soumis les colis postaux de ou pour les bureaux de Madagascar, ne peut être appliquée à ceux dont le transport est effectué par mer ;

Considérant qu'il y a lieu de réduire les tarifs en cours sur la ligne Tamatave, Mananjary, Fort-Dauphin, comme aussi sur l'embranchement Mananjary-Fianarantsoa ;

Sur la proposition de M. le chef du Service des postes et télégraphes p. i.,

Arrête :

Article 1er. — Le tableau de la taxe intérieure, annexé à l'arrêté n° 264, est modifié comme suit :

De Tamatave à Mananjary et Fort-Dauphin. — 1 franc par colis.

De Mananjary à Fianarantsoa et Ambositra. — 0 fr. 75 par kilo ou fraction de kilo, cette taxe s'ajoutant à celle de 1 franc fixée ci-dessus.

Art. 2. — Le chef du Service des postes et télégraphes est chargé de l'exécution du présent arrêté, qui aura son effet à dater du 10 mars 1898.

Tananarive, le 8 mars 1898.

Signé : Gallieni.

Vu :

Le Directeur des finances et du contrôle,

Signé : Crayssac.

Arrêté 1655

**portant modification à l'article 2 de l'arrêté n° 757, du 28 juin 1897,
créant un service de mandats postaux et télégraphiques intérieurs.**

Le Général commandant en chef du corps d'occupation et Gouverneur général de Madagascar et dépendances,

Vu les décrets des 11 décembre 1895 et 30 juillet 1897;

Vu l'arrêté n° 757 du 28 juin 1897, créant un service de mandats postaux et télégraphiques intérieurs;

Attendu que le droit perçu sur l'émission des mandats postaux est de 2 0/0 dans l'intérieur de la colonie, alors qu'il n'est que de 1 0/0 sur les mandats extérieurs;

Considérant que cette différence constitue une anomalie difficile à justifier;

Considérant, en outre, qu'il y a lieu de présumer que la réduction du droit précité ne diminuera pas les ressources budgétaires, le nombre des mandats postaux et télégraphiques devant naturellement augmenter;

Sur la proposition de M. le chef du Service des postes et télégraphes,

Arrête :

Article 1er. — L'article 2 de l'arrêté n° 7 précité est modifié comme suit :

« Le droit établi est de 1 0/0, tant pour les mandats postaux que pour les mandats télégraphiques.

« En aucun cas, ce droit ne peut être inférieur à 25 centimes. »

Les mandats télégraphiques supportent, en outre, « une taxe de transmission calculée d'après le nombre de mots compris dans le texte du mandat, à raison de 10 centimes par mot ».

Art. 2. — M. le chef du Service des postes et télégraphes est chargé de l'exécution du présent arrêté, qui entrera en vigueur à dater du 1er mai 1898,

Tananarive le 9 avril 1898.

Signé : GALLIENI.

Vu :

Le Directeur des finances et du contrôle.

Signé : CRAYSSAC.

Arrêté 1678

**rapportant l'arrêté n° 1204, et portant modification à l'article 3 de
l'arrêté 757 du 28 juin 1897.**

Le Général, commandant en chef du corps d'occupation et Gouverneur général de Madagascar et dépendances,

Vu les décrets des 11 décembre 1895 et 30 juillet 1897;

Vu l'arrêté du 11 octobre 1896, réorganisant le service postal et télégraphique à Madagascar;

Vu l'arrêté n° 757 du 28 juin 1897, créant un service des mandats postaux et télégraphiques intérieurs;

Vu l'arrêté n° 1204 du 7 décembre 1897, portant modification à l'article 3 de l'arrêté précédent;

Vu les dépêches ministérielles n°s C 916 et C 839 du 19 octobre 1897 et 24 février 1898, relatives à la délivrance des articles d'argent par les bureaux de poste de Madagascar;

Vu le décret du 26 juin 1878, concernant le service de mandats postaux aux colonies, articles 1 et 3;

Sur la proposition de M. le trésorier-payeur et l'avis conforme de M. le chef du Service des postes et télégraphes,

Arrête :

Article 1ᵉʳ. — L'arrêté n° 1204 est rapporté.

Art. 2 et 3 de l'arrêté n° 757 du 28 juin 1897 est modifié comme suit :
Les mandats postaux intérieurs pourront, sans taxes supplémentaires, être transformés en mandats pour la France, l'Algérie et les colonies, délivrés par le Service du trésor, conformément aux décrets des 28 juin 1897 et 8 janvier 1898, sauf le cas où il y aurait lieu de percevoir une taxe représentative de change.

Art. 5. — MM. le trésorier-payeur et le chef du Service des postes et télégraphes, sont chargés, chacun en ce qui le concerne, de l'exécution du présent arrêté.

Tananarive le 15 avril 1898.

Signé : GALLIENI.

Vu .

Le Directeur des finances
et du contrôle,

Signé : CRAYSSAC.

Arrêté 992

Le Général commandant en chef du corps d'occupation et Gouverneur général de Madagascar et dépendances,

Vu les décrets du 11 décembre 1895 et 30 juillet 1897 ;
Vu la loi du 6 août 1896, déclarant colonie française Madagascar et ses dépendances ;
Vu le tarif des droits de sortie, annexé à l'arrêté du 51 mai 1895 du Commandant en chef du corps expéditionnaire ;
Vu l'arrêté n° 776 du 12 juillet 1897 ;
Vu les instructions ministérielles du 2 mai 1897 ;
Le Conseil d'administration entendu ;
Sous réserve de l'approbation ministérielle,

Arrête :

Article 1ᵉʳ. — Les produits naturels et fabriqués, originaires de Madagascar et de ses dépendances ;
Les produits de toute provenance et de toute origine, importés dans la colonie, ayant subi une main-d'œuvre ;
Les produits de toute provenance et de toute origine, importés dans la colonie, ayant des caractères communs avec les produits indigènes, seront soumis, à la sortie de la colonie, quelle que soit leur destination, à un droit dont la quotité est fixée par le tableau annexé au présent arrêté.

Art. 2. — Les déclarations, la liquidation, le recouvrement des droits et le contentieux seront régis par les lois, décrets, ordonnances et règlements des douanes françaises.
Le Service des douanes est chargé du recouvrement de ces droits.

Art. 3. — Le présent arrêté sera applicable huit jours après l'arrivée du *Journal officiel* de la colonie dans chacun des postes d'exportation définitive.

Fait à Fianarantsoa, le 19 septembre 1897.

Signé : GALLIENI.

Vu :

Le Directeur des finances
et du conrôle,

Signé : HOMBERG.

TARIF DES DROITS DE SORTIE

DÉSIGNATION DES PRODUITS	UNITÉ	QUOTITÉ	DÉSIGNATION DES PRODUITS	UNITÉ	QUOTITÉ
I. Animaux vivants.			Manioc frais	100 kilog.	» 50
Bœufs, vaches, taureaux, veaux.	Tête	7 fr. 50	— en poudre	—	Exempt.
Moutons et chèvres.	—	1 »	Pommes de terre.	—	3 »
Porcs.	—	3 »	Patates	—	» 50
Dindes, oies, canards Manille.	La douzaine	» 30	Jus de limon.	L'hectolitre	5 »
Canards.	—	» 10	Café	100 kilog.	8 »
Pintades	—	» 10	Cacao.	—	6 »
Oiseaux aquatiques.	—	» 10	Girofle	—	5 »
			Vanille	—	25 »
II. Produits et dépouilles d'animaux.			Tabac en feuilles.	—	5 »
Conserves de viandes.	100 kilog. B	5 »	— en poudre	—	7 »
Peaux brutes fraîches ou sèches. { Grandes . . .	100 peaux	50 »	Gomme copal.	—	12 »
Peaux brutes fraîches ou sèches. { Petites	—	15 »	Caoutchouc.	—	25 »
Viandes en saumure	100 kilog.	5 »	Gingembre.	—	5 »
Saindoux.	—	12 »	Safran.	—	100 »
Graisse de bœuf.	—	6 »	Bois d'ébénisterie.	—	1 50
Os.	—	» 50	— de charpente.	—	1 20
Cire	—	20 »	— communs	—	1 »
Écaille de tortue.	—	500 »	Rafia	—	2 50
Poisson sec salé	—	5 50	Oscille.	—	1 »
Trépang	—	15 »			
			IV. Produits fabriqués.		
III. Matières végétales.			Nattes fines	La pièce	1 50
			Nattes petites ordinaires	100 pièces	2 50
Maïs	100 kilog.	» 50	Rabannes ordinaires.	—	5 »
Riz en grains	—	2 »	— fines	—	10 »
Riz en paille	—	1 »	Sacs vides.	100 sacs	6 »
Gros pois du Cap.	—	1 50	Chapeaux de paille	100 pièces	2 50
Haricots.	—	1 50	Pots en terre	100 kilog.	5 »
Lentilles	—	5 »	Sel.	—	Exempt.

Les produits non dénommés dans le présent tableau seront, jusqu'à nouvel ordre, frappés à la sortie d'un droit de 10 p. 100 *ad valorem*.

Le Résident général pourra, si les circonstances l'exigent, modifier par arrêté, et sans avis préalable, mais avec un délai d'application de quinze jours au minimum, le droit de sortie sur le riz en grains et le riz en paille.

Arrêté 915

Le Général- commandant le- corps - d'occupation et Résident- général de France à Madagascar,

Vu le décret du 11 décembre 1895 ;
Vu le décret du 28 juillet 1897 ;
Vu l'arrêté n° 878 du 11 août 1897 ;
Sur la proposition de M. l'inspecteur, chef du Service des douanes ;
Après avis de M. le directeur des finances et du contrôle,

Arrête :

Article 1er. — Aucune marchandise française ou étrangère ne pourra être importée directement de l'extérieur que par les ports ci-après, où il existe un receveur des douanes françaises : Diego-Suarez, Vohémar, Sainte-Marie de Madagascar, Tamatave, Vatomandry, Mananjary, Fort-Dauphin, Nosy-Vé, Majunga, Nossi-Bé.

Mais, après avoir acquitté dans ces ports les droits de douanes et de consommation dont elles seraient passibles, les marchandises pourront être dirigées, sous passavant, sur les ports où il existe un chef de poste des douanes françaises.

Art. 2. — M. l'inspecteur chef du Service des douanes est chargé de l'exécution du présent arrêté.

Fait à Tananarive, le 24 août 1897.
Signé : GALLIENI.

Arrêté 1695

Le Général commandant en chef du corps d'occupation et Gouverneur général de Madagascar et dépendances,

Vu les décrets des 11 décembre 1895 et 30 juillet 1897 ;
Vu la loi du 16 avril 1897 et le décret du 28 juillet 1897 sur le régime douanier de Madagascar ;
Vu le décret du 7 mars 1897 sur les taxes de consommation à percevoir dans la colonie ;
Vu l'intérêt du commerce à pouvoir différer le payement des droits d'importation à l'égard de marchandises qui ne doivent pas être immédiatement livrées à la consommation ;
Vu l'absence d'entrepôt réel légalement constitué ;
Vu le vœu émis par la chambre consultative de Tamatave et la chambre de commerce de Saint-Denis (Réunion) ;
Sur la proposition de M. l'inspecteur chef du Service des douanes ;
Le Conseil d'administration entendu,

Arrête :

Article 1er. — La douane de Tamatave est autorisée à recevoir, en suspension des droits, dans la limite des magasins dont elle dispose ;
1° Les marchandises d'importation passibles de droits de douane, 2° les rhums de la Réunion.

Art. 2. — Les lois et règlements des douanes françaises sont applicables aux marchandises ainsi entreposées, ainsi qu'au recouvrement des droits de magasinage y afférents.

Art. 3. — Le délai d'entrepôt ne devra pas excéder six mois.

Art. 4. — Les magasins en question ne pourront recevoir les marchandises d'encombrement et celles réputées dangereuses, telles que les bois de construction, les vins en fûts, les alcools proprement dits, les pétroles, les allumettes, etc.

Art. 5. — Les marchandises entreposées payeront, par jour et par colis, les droits de magasinage ci-après :

2 centimes, pour les petits colis dont le volume ne dépasse pas 50 décimètres cubes.

4 centimes, pour les colis n'excédant pas un demi-mètre cube.

5 centimes, par demi-mètre cube et fraction pour les autres gros colis.

Art. 6. — Toutes les manipulations que nécessiteront les colis, telles que mise en place, classement, etc., seront faites par l'entrepositaire et à ses frais, sous la surveillance des agents de la douane.

Art. 7. — La douane ne pourra être rendue responsable, à aucun titre, des risques que subiraient les marchandises, quelles que soient la nature et la cause de ces risques, détérioration, vol, incendie, déchets, etc.

Art. 8. — M. l'inspecteur, chef du Service des douanes, est chargé de l'exécution du présent arrêté.

Tananarive le 19 avril 1898.

Signé : GALLIENI.

Vu :

Le Directeur des finances
et du contrôle, —
Signé : CRAYSSAC.

Arrêté 1181

Le Général commandant en chef du corps d'occupation et Gouverneur général de Madagascar et dépendances,

Vu les décrets des 11 décembre 1895 et 30 juillet 1897 ;

Vu l'arrêté n° 992 du 19 septembre 1897 ;

Considérant l'intérêt qui s'attache pour le développement de la colonisation à encourager l'industrie de la fabrication de conserves de viandes dans la colonie ;

Considérant l'utilité pour les administrations de la marine et de la guerre de pouvoir assurer leurs approvisionnements sans avoir recours à l'étranger ;

Après avis de M. le directeur des finances et du contrôle,

Arrête :

Article 1er. — Les produits provenant du traitement industriel du bétail, destinés aux approvisionnements des administrations de la guerre et de la marine françaises, sont exonérés, dans les conditions déterminées ci-après, du payement des droits de sortie prévus par l'arrêté 992 du 19 septembre 1897.

Art. 2. — Les droits de sortie seront acquittés sur tous les produits exportés : le remboursement en sera effectué au fabricant, sur le vu d'un certificat délivré par l'administration de la guerre et de la marine, contenant : 1° l'indication des quantités admises en recette ; 2° l'attestation que ces quantités sont livrées en vertu des contrats survenus postérieurement à la date du présent arrêté, ou, si les marchés ont été passés antérieurement audit arrêté, que la Compagnie a consenti un rabais de 5 pour 100 sur sa fourniture.

Fait à Tananarive, le 1er décembre 1897.

Signé : GALLIENI.

Vu :

Le Directeur des finances et du contrôle,
Signé : CRAYSSAC.

Pour ampliation :
Le Chef du bureau des affaires civiles.

Arrêté 1396

Le Général commandant en chef du corps d'occupation et Gouverneur général de Madagascar et dépendances,

Vu les décrets des 11 décembre 1895 et 30 juillet 1897 ;
Vu le décret du 7 mars 1897 et l'arrêté 544 du 29 du même mois, portant fixation du tarif des taxes de consommation à percevoir dans la colonie ;
Vu la proposition du directeur des finances et du contrôle ;
Le Conseil d'administration entendu,

Arrête :

Article 1er. — Le droit de consommation ne sera pas perçu sur les matières et denrées importées, où sortant d'entrepôt, pour être, en vertu d'un contrat, livrées à l'administration des services militaires.

Art. 2. — Il sera fait au moment de l'importation, ou de la sortie d'entrepôt, une déclaration signée de l'intéressé et certifiée par le directeur des services administratifs ou son représentant autorisé, affirmant que ces matières et denrées sont livrées à l'État.

Art. 3. — Dès que les services administratifs auront effectué leurs opérations de recette, le directeur, ou son représentant autorisé, attestera sur l'acquit-à-caution, délivré par la douane préalablement à l'enlèvement des marchandises, les quantités prises en recette. Il enverra ledit acquit à la douane d'émission qui poursuivra immédiatement le recouvrement de la taxe afférente aux qualités qui n'auraient pas été admises en recette. Ce recouvrement effectué, la douane avisera le directeur des services administratifs, ou son représentant autorisé, qui donnera, mais seulement alors, mainlevée des quantités rebutées.

Art. 4. — Les fournisseurs titulaires de marchés passés avec l'État, soit en France, soit à Madagascar, ne jouiront pas de l'exemption, s'il existe dans leur contrat une clause indiquant que les droits sont à leur charge.

Art. 5. — Le chef du Service des douanes est chargé de l'exécution du présent arrêté.

Fait à Tananarive, le 23 janvier 1898.

Signé : GALLIENI.

Vu :
Le Directeur des finances et du contrôle,
Signé : CRAYSSAC.

Pour ampliation,
Le Chef du bureau des affaires civiles.

Arrêté 1700

Le Général commandant en chef du corps d'occupation et Gouverneur général de Madagascar et dépendances,

Vu les décrets des 11 décembre 1895 et 30 juillet 1897 ;
Vu la loi du 6 août 1896, déclarant colonie française Madagascar et ses dépendances ;
Vu le tarif des droits de sortie annexé à l'arrêté n° 992 du 19 septembre 1897 ;

Considérant qu'il y a intérêt à favoriser l'exportation des rhums et alcools fabriqués dans la colonie ;
Le Conseil d'administration entendu :
Sous réserve de l'approbation ministérielle,

Arrête :

Article 1er. — Par dérogation au tarif annexé à l'arrêté n° 992 du 19 septembre 1897, les rhums et alcools fabriqués dans la colonie seront, à l'avenir, exempts de droits de sortie.

Art. 2. — M. le chef du Service des douanes est chargé de l'exécution du présent arrêté.

Tananarive le 19 avril 1898.

Signé : Gallieni.

Vu :

*Le Directeur des finances
et du contrôle.*

Signé — Crayssac.

Arrêté 1571

autorisant le cumul de la vente au détail des boissons alcooliques avec tout autre genre de commerce.

Le Général commandant en chef du corps d'occupation et Gouverneur général de Madagascar et dépendances,

Vu les décrets des 11 décembre 1895 et 30 juillet 1897 ;

Vu le décret du 28 janvier 1896, rattachant les établissements de Diego-Suarez, Nossi-Bé, et Sainte-Marie à l'administration de Madagascar ;

Vu l'arrêté résidentiel du 5 mai 1896 ;

Vu la loi du 6 août 1896, déclarant colonie française Madagascar et les îles qui en dépendent ;

Vu l'arrêté n° 83 du 3 novembre 1896, réglementant la contribution des patentes ;

Vu l'arrêté local du 25 décembre 1897, n° 1269 ;

Considérant qu'il y a lieu de modifier, dans l'intérêt du commerce, les dispositions de ce dernier texte qui interdisent le cumul, dans un même local, de la vente au détail des boissons alcooliques avec tout autre genre de commerce,

Arrête :

Article 1er. — L'article 4 de l'arrêté n° 1269 du 25 décembre 1897 est modifié ainsi qu'il suit :
Le cumul de la vente au détail des boissons alcooliques avec tout autre genre de commerce est autorisé, à la condition pour le débitant de payer, en outre du droit de licence et de la patente afférente à son débit, le montant intégral de la patente relative à ce second commerce.

Art. 2. — Le procureur général, chef du service judiciaire, les commandants de territoire, de cercle et de secteur, les administrateurs et ceux qui en font fonctions sont chargés, chacun en ce qui le concerne, de l'exécution du présent arrêté.

Tananarive, le 12 mars 1898.

Signé : Gallieni.

Vu :

*Le Directeur des finances
et du contrôle,*

Signé : Crayssac.

Décret

sur le tarif des taxes de consommation.

Le Président de la République française,

Vu l'article 18 du sénatus-consulte du 3 mai 1854;

Vu le décret du 11 décembre 1895, fixant les pouvoirs du Résident de France à Madagascar;

Vu la loi du 6 août 1896, déclarant colonie française l'île de Madagascar et ses dépendances;

Le Conseil d'administration entendu, et après avis du Résident général de Madagascar;

Sur le rapport du Ministre des Colonies,

Décrète :

Article 1er. — Les produits de toute origine et de toute provenance portés au tableau ci-annexé (p. 577), consommés dans la colonie de Madagascar et ses dépendances, qu'ils y aient été importés, récoltés ou fabriqués, seront soumis à une taxe de consommation, dont la quotité est fixée par le même tableau.

Art. 2. — Cette taxe est indépendante du droit de douane, dont sont frappés ces produits à leur entrée dans la colonie.

La liquidation de cette taxe sera effectuée par le Service des douanes et par tous autres agents que le Résident général croira devoir désigner, selon les formes prescrites par les règlements suivis en matière de douane à l'importation.

Une remise de 2 pour 100, sur le produit des liquidations émises, sera accordé, à titre d'allocation, aux employés de ce service.

La répartition de cette remise sera établie par un arrêté du Résident général, en Conseil d'administration.

Art. 3. — Les boissons, alcools, tissus et produits divers, dénommés au tableau ci-annexé, ne pourront être importés directement que par les ports où il existe un receveur des douanes françaises.

Art. 4. — Les contraventions relevées pour fausses déclarations dans la valeur, la quantité ou la qualité, et, généralement, toutes fraudes en matière de taxes de consommation seront constatées et poursuivies, conformément à la législation douanière.

Art. 5. — En cas de contestations, entre le Service de la douane et les intéressés, sur la qualité et l'espèce des boissons et alcools, ces boissons et alcools seront soumis à l'analyse des pharmaciens militaires, dont la décision servira de base à la liquidation des droits.

A défaut de pharmaciens militaires, les analyses pourront être confiées à des pharmaciens civils, agréés par l'administration locale, qui enverra les échantillons des produits faisant l'objet de contestation, au pharmacien militaire ou civil le plus voisin.

Art. 6. — Les frais d'analyse seront à la charge de la douane, lorsque les attestations du déclarant auront été reconnues exactes, et à la charge du déclarant, en cas contraire.

Art. 7. — Le présent décret sera applicable aux produits importés à Madagascar et dans ses dépendances, dix jours après l'arrivée dans chaque localité du *Journal officiel* de la colonie, portant promulgation dudit acte.

Art. 8. — Sont exemptés de tous droits, quelle que soit leur provenance :

Les objets d'habillements contenus dans les bagages des voyageurs, alors même que les voyageurs n'en sont pas accompagnés, mais à la double condition que ces objets portent des traces d'usage et que leur quantité soit en rapport avec la position sociale du propriétaire;

Les vivres, matières et objets appartenant à l'État.

Tarif des taxes de consommation à Madagascar et dans ses dépendances.

MARCHANDISES TAXÉES		QUOTITÉ DE LA TAXE	TAXE
Vins ordinaires titrant 12 degrés et au-dessous.	En fûts.	L'hectolitre.	5 fr.
	En bouteilles	La bouteille	» 05
Vins ordinaires titrant plus de 12 degrés et vins de liqueurs.	En fûts.	L'hectolitre.	15 »
	En bouteilles.	La bouteille	» 15
Vins de Champagne et vins mousseux		—	» 50
Cidres et poirés.		La demi-bouteille.	» 25
		La bouteille	» 10
Bières.	En fûts.	L'hectolitre.	5 »
	En bouteilles.	La bouteille	» 10
Liqueurs.	En fûts.	L'hectolitre	50 »
	En bouteilles	La bouteille	» 50
Rhums, eaux-de-vie, absinthe ; autres boissons alcooliques et alcools de toute sorte, y compris les vins mouillés, les vins de raisins secs et tous autres vins non naturels		L'hectolitre d'alcool pur	120 »
Opium.		Le kilogramme.	10 »
Poudre à feu.		—	1 »
Pétards et artifices		—	1 »
Tabacs.	En feuilles ou en côtes.	Le kilogramme net	1 »
	Cigares et cigarettes	—	5 »
	Autres.	—	2 »
Tissus de toute sorte		Valeur.	5 p. %
Huile de pétrole, schiste et autres huiles minérales propres à l'éclairage		Le kilogramme net	» 10
Allumettes.		—	5 »
Cartes à jouer		Le jeu.	» 20

Art. 9. — Sont abrogées toutes dispositions contraires au présent décret.

Art. 10. — Le Ministre des Colonies est chargé de l'exécution du présent décret, qui sera inséré au *Journal officiel* de la République française, au *Bulletin des lois* et au *Bulletin officiel des colonies*.

Fait à Paris, le 7 mars 1897.

Signé : FÉLIX FAURE.

Par le Président de la République,
Le Ministre des Colonies,
Signé : ANDRÉ LEBON.

Décret

Le Président de la République française,

Vu l'article 18 du sénatus-consulte du 5 mai 1854 ;

Vu le décret du 11 décembre 1895, fixant les pouvoirs du Résident général de France à Madagascar, modifié par le décret du 30 juillet 1897, instituant un Gouverneur général de la colonie de Madagascar et dépendances ;

Vu le décret du 6 août 1896, déclarant colonie française l'île de Magadascar et ses dépendances ;

Vu le décret du 7 mars 1897, relatif aux droits de consommation à percevoir à Madagascar et ses dépendances ;

Le Conseil d'administration entendu, et après avis du Gouverneur général de Madagascar et dépendances ;

Sur le rapport du Ministre des Colonies,

Décrète :

Article 1er. — Le tableau annexé au décret du 7 mars 1897, relatif aux droits de consommation à percevoir à Madagascar et dans ses dépendances, est modifié comme suit :

Tarif des taxes de consommation dans Madagascar et ses dépendances.

MARCHANDISES TAXÉES	QUOTITÉ DE LA TAXE	TAXE
Vins ordinaires titrant 14° ou au-dessous. { En fûts	L'hectolitre.	5 fr.
{ En bouteilles. . .	La bouteille.	» 15
Vins ordinaires titrant plus de 14° et vins { En fûts	L'hectolitre.	15 »
de liqueurs . . . . { En bouteilles. . .	La bouteille.	» 15

Art. 2. — Sont abrogées les dispositions contraires au présent décret.

Art. 3. — Le Ministre des Colonies est chargé de l'exécution du présent décret, qui sera inséré au *Journal officiel* de la République française, au *Bulletin officiel* de la colonie et au *Bulletin des lois*.

Fait à Paris, le 7 février 1898.

Signé : FÉLIX FAURE.

Par le Président de la République,
Le Ministre des Colonies,
Signé : ANDRÉ LEBON.

Décret

**portant fixation des exceptions au tarif général des douanes,
en ce qui concerne les produits étrangers importés à Madagascar.**

Le Président de la République française,
Sur le rapport du Ministre des Colonies;

Vu les lois du 11 janvier 1892, relative à l'établissement du tarif général des douanes, et du 16 avril 1897, concernant son application à Madagascar;
Vu l'avis émis par le Conseil d'administration de Madagascar, dans ses séances des 29 mars et 8 avril 1897;
Vu l'avis du Ministre du Commerce, de l'Industrie, des Postes et Télégraphes;
Le Conseil d'État entendu,

Décrète :

Article 1er. — Les exceptions au tarif général des douanes, en ce qui concerne les produits étrangers importés à Madagascar sont fixées conformément au tableau annexé du présent décret.
Art. 2. — Les taxes indiquées au susdit tableau forment une tarification unique, qui se substitue aux droits du tarif général et du tarif minimum.
Art. 3. — Les surtaxes d'entrepôt, établies par l'article 2 de la loi du 11 janvier 1892 et les tableaux C et D annexés à la loi sus-visée, ne sont pas perçues dans la colonie de Madagascar.
Art. 4. — Le Ministre des Colonies est chargé de l'exécution du présent décret, qui sera inséré au *Journal officiel* de la République française, au *Bulletin des lois* et au *Bulletin officiel des colonies*.

Fait à Paris, le 28 juillet 1897.
Signé : FÉLIX-FAURE.

Par le Président de la République,
Le Ministre des Colonies,
Signé : ANDRÉ LEBON.

Tableau annexé au décret du 28 juillet 1897 fixant les exceptions au tarif général des douanes, en ce qui concerne les produits étrangers importés à Madagascar.

DÉNOMINATION DES PRODUITS	UNITÉS SUR LESQUELLES PORTENT LES DROITS	DROITS
II. Produits et dépouilles d'animaux.		
Lait concentré pur	Les 100 kilog.	5 fr.
— additionné de sucre	—	34 80
III. Pêches.		
Poissons secs, salés ou fumés, autres que les morues, stockfish, harengs, maquereaux, sardines, anchois	—	50 p. 100 des droits du tarif minimum.
VII. Fruits et graines.		
Graines à ensemencer.		Exemptés.
VIII. Denrées coloniales de consommation.		
Poivre	—	104 »
Piment	—	104 »
Thé	—	104 »
XV. Bois.		
Bois communs. { Bois bruts, équarris ou sciés	—	Exemptés.
Bois en éclisse	—	1 50
Merrains.	—	» 75
XVI. Marbres, pierres, terres, combustibles, minéraux, etc.		
Soufre trituré	—	2 25
Houille.	—	Exempte.
Huiles de pétrole, de schiste et autres huiles minérales propres à l'éclairage. { Brutes	—	5 »
{ Raffinées et essences.	—	5 »
Huiles lourdes et résidus de pétrole et d'autres huiles minérales .	—	5 »
XXVI. Fils polis, ficelles, cordages en chanvre, lin, jute, phormium, etc.		
Cordages ou fils retors à double torsion et câblés, polis ou non, goudronnés ou non, ayant plus de 10 millimètres de diamètre. { Écrus	—	20 »
{ Blanchis ou teints.	—	26 »

DÉNOMINATION DES PRODUITS	UNITÉS SUR LESQUELLES PORTENT LES DROITS	DROITS
XXXII. Tissus de coton et coutils.		
Tissus de coton pur unis, croisés, et coutils écrus[1] présentant en chaîne et en trame dans un carré de 5 millimètres de côté :		
Ceux pesant :		
13 kilogrammes et plus les 100 mètres carrés. (27 fils et moins. . .	les 100 kilog.	62 fr.
(28 fils et plus. . . .	—	97 . »
11 kilogrammes inclusivement à (27 fils et moins. . .	—	70 . »
13 — exclusivement. (28 fils et plus. . . .	—	108 »
9 — inclusivement à (27 fils et moins. . .	—	90 »
11 — exclusivement. (28 fils et plus. . . .	—	140 »
7 — inclusivement à (27 fils et moins. . .	—	107 »
9 — exclusivement. (28 fils et plus. . . .	—	175 »
5 — inclusivement à (27 fils et moins. . .	—	129 »
7 — exclusivement. (28 fils et plus . . .	—	212 »
3 — inclusivement à (27 fils et moins. . .	—	230 »
5 — exclusivement. (28 fils et plus. . . .	—	399 »
Moins de 3 kilogrammes les 100 mètres carrés.	—	620 »
Blanchis . . (Droit du tissu écru, augmenté de la surtaxe de blanchiment inscrite au tarif minimum de la métropole.		
Teints . . . (Droit du tissu écru, augmenté de la surtaxe de teinture inscrite au tarif minimum de la métropole.		
Imprimés. . (Droit du tissu écru, augmenté de la surtaxe d'impression inscrite au tarif minimum de la métropole.		
XLVII. Meubles.		
Meubles en bois courbé. (Vernis.	—	18 »
) Non vernis.	—	12 »
Sièges sans sculptures, ni marqueteries, ni ornements de cuivre, ni dorures, ni laques, en bois commun	—	9 »
Meubles autres que sièges massifs en bois commun	—	5 »
XLVIII. Ouvrages en bois.		
Futailles vides, cerclées en bois ou cerclées en fer	—	2 »
Pièces de charpente. (Bois dur	—	2 50
(Bois tendre.	—	2 »
Bois rabotés, rainés et (ou) bouvetés, planches, frises ou lames de parquet rabotées, rainées et (ou) bouvetées. (Chêne ou bois dur. .	—	5 »
(Sapin ou bois tendre.	—	5 50
Portes, fenêtres, lambris et pièces de menui- serie assemblées ou non. (En bois dur . . .	—	20 »
(En bois tendre. .	—	12 50
XLIX. Instruments de musique.		
Accordéons	La pièce	1 »

1. Dans le compte des fils de chaîne et de trame les fractions sont négligées.

DÉNOMINATION DES PRODUITS		UNITÉS SUR LESQUELLES PORTENT LES DROITS	DROITS
L. Ouvrages en matières diverses.			
Voitures de commerce et d'agriculture.	Suspendues	Les 100 kilog.	12 fr.
	Non suspendues	—	6 »
Wagons de terrassement.		—	5 »
Allumettes			Exemptes.

Vu pour être annexé au décret du 28 juillet 1897.

Le Ministre des Colonies,
Signé : André Lebon.

APPENDICE

Arrêté

Le Général commandant [en chef du corps d'occupation et Gouverneur général de Madagascar et dépendances :

Vu les décrets des 11 décembre 1895 et 30 juillet 1897 ;

Vu l'arrêté du 19 septembre 1897, fixant le tarif des droits de sortie à percevoir sur les produits naturels et fabriqués, originaires de Madagascar et de ses dépendances ;

Considérant que le droit de sortie sur les bœufs a été réduit, par l'arrêté précité, de 15 francs à 7 fr. 50 par tête, dans la pensée que les richesses bovines de la colonie étaient suffisantes pour alimenter un important commerce d'exportation, tout en satisfaisant aux besoins locaux, sans qu'il en résultât une augmentation des prix de vente, que les faits ont démenti ces prévisions et que le recensement des bœufs de la colonie a donné un chiffre de beaucoup inférieur à celui qui avait été présumé ;

Considérant que la diminution du nombre des troupeaux s'est nettement manifestée, dans toutes les provinces, par une majoration croissante des prix de vente, qui, préjudiciable aux intérêts de l'agriculture, constitue, en outre, une entrave à l'établissement des colons, pour qui les dépenses d'alimentation tendraient à devenir de jour en jour plus onéreuses ;

Considérant qu'il importe de conserver dans la colonie les éléments nécessaires à la reconstitution des troupeaux et au développement de l'élevage, pour pouvoir subvenir aux besoins de la consommation locale, assurer la mise en culture des terres et ne pas compromettre le succès des entreprises locales, ayant pour objet l'amélioration de la race bovine indigène en même temps que le traitement industriel du bétail ;

Considérant que les chefs de province et les chambres consultatives ont, à l'unanimité, exprimé l'avis, basé sur les motifs qui précèdent, de porter à un taux élevé le droit de sortie sur les bœufs, que plusieurs vœux tendant à la prohibition absolue de l'exportation du bétail ont même été émis ;

Considérant, cependant, qu'il y a intérêt à ne pas arrêter les courants commerciaux auxquels donne lieu l'exportation du bétail et que les mesures conservatoires à prendre doivent avoir pour but de reconstituer les éléments susceptibles de leur procurer, dans un avenir prochain, une activité plus grande,

Arrête :

Article 1er. — Le droit de sortie sur les animaux de l'espèce bovine est porté de 7 fr. 50 à 15 francs par tête.

Art. 2. — M. le chef du Service des douanes est chargé de l'exécution du présent arrêté qui aura son effet à compter du jour de l'arrivée du *Journal officiel* dans chacun des ports d'exportation.

Fait à Tamatave, le 15 septembre 1898.

Le Général commandant en chef du corps d'occupation et Gouverneur général de Madagascar et dépendances,

Signé : GALLIENI.

Vu :

Le Directeur des finances |et du contrôle,

Signé : CRAYSSAC.

Décret

établissant un entrepôt de douane à Tamatave.

(27 juillet 1898)

Le Président de la République française,·
Sur le rapport du Ministre des Colonies,

Vu l'article 18 du sénatus-consulte du 3 mai 1854;

Vu le décret du 11 décembre 1895, fixant les pouvoirs du Résident général de France à Madagascar, modifié par le décret du 30 juillet 1897, instituant un Gouverneur général de Madagascar et dépendances;

Vu la loi du 16 août 1896, déclarant colonie française l'île de Madagascar et ses dépendances;

Vu la loi du 16 avril 1897 et le décret du 28 juillet 1897, sur le régime douanier de Madagascar;

Vu le décret du 7 mars 1897, sur les taxes de consommation à percevoir dans la colonie;

Vu les avis émis par le Gouverneur général de Madagascar et dépendances et par le Conseil d'administration de la colonie dans sa séance du 14 avril 1898;

Vu l'arrêté pris provisoirement par le Gouverneur général de Madagascar, à la date du 19 avril 1898, autorisant la douane de Tamatave à recevoir dans ses magasins certaines marchandises en suspension de droits,

Décrète :

Article 1er. — La douane de Tamatave est autorisée à recevoir, en suspension des droits, dans la limite des magasins dont elle dispose : 1° les marchandises passibles de droits de douane ; 2° les rhums de la Réunion passibles de la taxe de consommation.

Art. 2. — Les marchandises ainsi entreposées sont soumises aux tarifs en vigueur; les lois et règlements des douanes françaises sont applicables au recouvrement des droits de magasinage afférents à ces marchandises.

Art. 3. — Le délai d'entrepôt ne devra pas excéder six mois.

Art. 4. — Les magasins en question ne pourront recevoir les marchandises d'encombrement et celles réputées dangereuses, telles que les bois de construction, les vins en fûts, les alcools proprement dits, les pétroles, les allumettes, etc.

Art. 5. — Les marchandises entreposées payeront, par jour et par colis, les droits de magasinage ci-après :

2 centimes pour les petits colis dont le volume ne dépasse pas 50 décimètres cubes;

4 centimes pour les colis n'excédant pas un demi-mètre cube;

5 centimes par demi-mètre cube et fractions pour les autres gros colis.

Art. 6. — Toutes les manipulations que nécessiteront les colis, telles que mise en place et classement, etc., seront faites par l'entrepositaire et à ses frais, sous la surveillance des agents de la douane.

Art. 7. — La douane ne pourra être rendue responsable, à aucun titre, des risques que subiraient les marchandises, quelles que soient la nature et la cause de ces risques : détérioration, vol, incendie, déchet, etc.

Art. 8. — Le Ministre des Colonies est chargé de l'exécution du présent décret, qui sera publié aux *Journaux officiels* de la République française et de la colonie de Madagascar, ainsi qu'au *Bulletin officiel des colonies.*

Fait au Havre, le 27 juillet 1898.
Signé : FÉLIX FAURE.

Par le Président de la République :
Le Ministre des Colonies,
Signé : G. Trouillot.

Arrêté

promulguant les lois des 4, 5 et 9 avril 1898, portant certaines modifications au tarif général des douanes.

Le Général commandant en chef du corps d'occupation et Gouverneur général de Madagascar et dépendances,

Vu les décrets des 11 décembre 1895 et 30 juillet 1897 ;
Vu les articles 2 du décret du 28 décembre 1895 et 38 du décret du 9 juin 1896 ;
Vu la loi du 16 avril 1897, portant application du tarif général des douanes à la colonie de Madagascar et dépendances ;
Vu la circulaire ministérielle du 29 septembre 1897 ;
Vu les lois des 4, 5 et 9 avril 1898,

Arrête :

Article 1er. — Sont promulguées à Madagascar et dans les îles qui en dépendent, pour y être exécutées selon leur forme et teneur :

1° La loi du 4 avril 1898, modifiant le n° 258 du tarif général des douanes et établissant un droit sur l'acide borique ;

2° La loi du 5 avril 1898, modifiant les articles 12, 13, 16, paragraphe 2, et 17 *bis* et 30, paragraphe 2, du tableau A du tarif général des douanes, concernant les porcs, cochons de lait, viandes fraîches et viandes salées de porc, charcuterie et saindoux ;

3° La loi du 9 avril 1898, modifiant le n° 86 du tableau A du tarif général des douanes (fruits confits ou conservés) ;

4° La loi du 9 avril 1898, modifiant le taux des droits de douane visés au tableau A (2° section), articles 31 et 37, et portant sur la margarine et le beurre ;

5° La loi du 9 avril 1898, modifiant le taux des droits de douane concernant les chevaux entiers ou hongres, les juments et les poulains, les mules et les mulets.

Art. 2. — Un numéro du *Journal officiel* de la colonie de Madagascar, portant la date du 9 juillet 1898, et contenant le texte desdites lois, dûment collationné, sera déposé aux greffes des tribunaux de Madagascar et dépendances, pour y être tenu à la disposition des justiciables.

III. — 25

Art. 5. — M. le procureur général, chef du service judiciaire, est chargé de l'exécution du présent arrêté.

Fait à Majunga, le 2 juillet 1898.

Signé : GALLIENI.

Par le Gouverneur général :

Le Procureur général p. i.,

Signé : DUCHESNE.

Loi

modifiant le n° 238 du tarif général des douanes et établissant un droit sur l'acide borique.

Le Sénat et la Chambre des députés ont adopté,
Le Président de la République promulgue, la loi dont la teneur suit :

Article unique. — Le tableau A du tarif général des douanes est modifié ainsi qu'il suit :

DÉSIGNATION	TARIF	
	GÉNÉRAL	MINIMUM
	100 kilog.	100 kilog.
Acide borique naturel de Toscane contenant 15 pour 100 d'impuretés et au-dessus	Exempt	Exempt
Acide borique autre	18 francs	12 francs

La présente loi, délibérée et adoptée par le Sénat et par la Chambre des députés, sera exécutée comme loi de l'État.

Fait à Paris, le 4 avril 1898.

Signé : FÉLIX FAURE.

Par le Président de la République,

Le Ministre du Commerce, de l'Industrie, des Postes et Télégraphes,

Signé : HENRY BOUCHER.

Le Ministre des Finances,

Signé : GEORGES COCHERY.

Loi

modifiant les articles 12, 13, 16, paragraphe 2, et 17 *bis* et 30, paragraphe 2, du tableau A du tarif général des douanes, concernant les porcs, cochons de lait, viandes fraîches et viandes salées de porc, charcuterie et saindoux.

Le Sénat et la Chambre des députés ont adopté,
Le Président de la République promulgue, la loi dont la teneur suit :
Article 1er. — Le tableau A, annexé à la loi du 11 janvier 1892, est modifié ainsi qu'il suit :

DÉSIGNATION	DROITS (DÉCIMES COMPRIS)	
	TARIF GÉNÉRAL	TARIF MINIMUM
N° 12. — Porcs.	12 fr. par 100 kil. (poids vif)	»
N° 13. — Porcelets du poids de 25 kilog. et au-dessous.	3 fr. par tête.	»
N° 16. — § 2. — Viande fraîche de porc. . .	18 fr. par 100 kil.	»
N° 17 *bis*. — Charcuterie fabriquée	100 fr. par 100 kil.	50 fr. par 100 kil.
N° 30. — § 2. — Saindoux (*a*).	40 fr. par 100 kil.	25 fr. par 100 kil.

(*a*) Les saindoux destinés à l'industrie seront admis en franchise, à condition qu'ils soient mélangés d'autres graisses et, de plus, dénaturés sous la surveillance du service des douanes.

Art. 2. — Les porcs, les porcelets, les viandes de porc fraîches, la charcuterie fabriquée et les saindoux importés par mer de l'étranger en Algérie y acquittent les droits du tarif métropolitain. Le même tarif s'applique aux viandes salées de porc importées dans les mêmes conditions, déduction faite de la taxe de consommation afférente au sel employé à leur préparation.

Art. 3. — Les porcs, les viandes de porc, la charcuterie fabriquée et les saindoux originaires de la Corse sont ajoutés à la nomenclature des produits de cette île admissibles en franchise sur le continent français, sous l'accomplissement des formalités prescrites par la loi du 6 mai 1841.

Les porcs et les porcelets, les viandes de porc, la charcuterie fabriquée et les saindoux importés de l'étranger en Corse y sont soumis à l'intégralité des droits d'entrée exigibles sur le continent français.

Art. 4. — Le gouvernement est autorisé à concéder par décret, à titre provisoire, le bénéfice des taxes inscrites au tarif minimum pour la charcuterie fabriquée (n° 17 *bis*) et le saindoux (n° 30, § 2) aux pays dont les produits ne jouissent pas, à l'entrée en France, du traitement de la nation la plus favorisée.

La présente loi, délibérée et adoptée par le Sénat et par la Chambre des députés, sera exécutée comme loi de l'État.

Fait à Paris, le 5 avril 1898.

Signé : FÉLIX FAURE.

Par le Président de la République,

Le Ministre du Commerce, de l'Industrie, des Postes et Télégraphes,

Signé : HENRY BOUCHER.

Le Président du Conseil, Ministre de l'Agriculture,

Signé : JULES MÉLINE.

Le Ministre des Finances,

Signé : GEORGES COCHERY.

Loi

modifiant le n° 86 du tableau A du tarif général des douanes (fruits confits ou conservés).

Le Sénat et la Chambre des députés ont adopté,
Le Président de la République promulgue, la loi dont la teneur suit :

Article unique. — Le numéro 86 de la loi du 11 janvier 1892, portant établissement du tarif général des douanes, est modifié de la manière suivante :

NUMÉROS	MATIÈRES VÉGÉTALES (suite)	UNITÉS SUR LESQUELLES PORTENT LES DROITS	DROITS (DÉCIMES ET 4 % COMPRIS)			
			PRODUITS D'ORIGINE EUROPÉENNE		PRODUITS D'ORIGINE EXTRA-EUROPÉENNE	
			IMPORTÉS DIRECTEMENT DU PAYS DE PRODUCTION	IMPORTÉS D'AILLEURS QUE DU PAYS DE PRODUCTION	IMPORTÉS DIRECTEMENT D'UN PAYS HORS D'EUROPE	IMPORTÉS DES ENTREPÔTS D'EUROPE
			Francs.	Francs.	Francs.	Francs.
86	Fruits de table (suite) conservés ou confits — à l'eau-de-vie	100 kil. N.	100 » (a)	100 » (a)	100 » (a)	103 60 (a)
	au sucre ou au miel . .	»	Régime des fruits confits au sucre ou des confitures au sucre ou au miel, suivant leur état.			
	conserves d'ananas d'origine étrangère . . .	100 kil.	50 »	50 »	50 »	55 60
	autres	100 kil. B.	10 » (b)	10 » (b)	10 » (b)	15 60 (b)

(a) Non compris la taxe intérieure de consommation.
(b) Non compris la taxe intérieure pour les fruits confits au vinaigre.

La présente loi, délibérée et adoptée par le Sénat et par la Chambre des députés, sera exécutée comme loi de l'État.

Fait à Paris, le 9 avril 1898.
Signé : FÉLIX FAURE.

Par le Président de la République,
*Le Ministre du Commerce, de l'Industrie,
des Postes et Télégraphes,*
Signé : HENRY BOUCHER.

*Le Président du Conseil,
Ministre de l'Agriculture,*
Signé : JULES MÉLINE.

Le Ministre des Finances,
Signé : GEORGES COCHERY.

Loi

**modifiant le taux des droits de douane visés au tableau A (2° section),
articles 31 et 37, et portant sur la margarine et le beurre.**

Le Sénat et la Chambre des députés ont adopté,
Le Président de la République promulgue, la loi dont la teneur suit :

Article unique. — Les tarifs de douane visés au tableau A (2° section), numéros 31
et 37, sont modifiés ainsi qu'il suit :

N° 31. — Margarine, oléo-margarine, graisse alimentaire et substances similaires :
35 francs au tarif maximum;
25 francs au tarif minimum.

N° 57. — Beurre :
50 francs au tarif général;
20 francs au tarif minimum.

La présente loi, délibérée et adoptée par le Sénat et par la Chambre des députés
sera exécutée comme loi de l'État.

Fait à Paris, le 9 avril 1898.

Signé : FÉLIX FAURE.

Par le Président de la République :

*Le Ministre du Commerce, de l'Industrie,
des Postes et Télégraphes,*
Signé : HENRY BOUCHER.

*Le Président du Conseil,
Ministre de l'Agriculture,*
Signé : JULES MÉLINE.

Le Ministre des Finances,
Signé : GEORGES COCHERY.

Loi

**modifiant le taux des droits de douane concernant les chevaux entiers ou hongres,
les juments et les poulains, les mules et les mulets.**

Le Sénat et la Chambre des députés ont adopté,
Le Président de la République promulgue, la loi dont la teneur suit :

Article unique. — Les tarifs de douane, visés aux numéros 1 et 2 du tableau A de la
loi du 11 janvier 1892, sont modifiés ainsi qu'il suit :

DÉSIGNATION	TARIF	
	GÉNÉRAL	MINIMUM
	Par tête.	Par tête.
1. — Chevaux. Entiers ou hongres et juments de cinq ans et au-dessus.	200 fr.	150 fr.
Entiers ou hongres et juments au-dessous de cinq ans	150 »	100 »
Poulains.	75 »	50 »
2. — Mulets et mules	50 »	30 »

La présente loi, délibérée et adoptée par le Sénat et par la Chambre des députés, sera exécutée comme loi de l'Etat.

Fait à Paris, le 9 avril 1898.

Signé : FÉLIX FAURE.

Par le Président de la République,

Le Ministre du Commerce, de l'Industrie, des Postes et Télégraphes,

Signé : HENRY BOUCHER.

Le Président du Conseil, Ministre de l'Agriculture,

Signé : JULES MELINE.

Le Ministre des Finances,

Signé : GEORGES COCHERY.

Arrêté 1855

promulguant à Madagascar et ses dépendances le décret du 31 mai 1898, portant modification au tableau annexé au décret du 28 juillet 1897.

Le Général commandant en chef du corps d'occupation et Gouverneur général de Madagascar et dépendances,

Vu les décrets des 11 décembre 1895 et 30 juillet 1897 ;

Vu les articles 2 du décret du 28 décembre 1895 et 58 du décret du 9 juin 1896 ;

Vu le cablogramme ministériel du 1er juin courant,

Arrête :

Article 1er. — Est promulgué dans la colonie de Madagascar et dépendances, pour y être exécuté selon sa forme et teneur, le décret du 31 mai 1898, portant modification au tableau annexé au décret du 28 juillet 1897, fixant les exceptions au tarif général des douanes en ce qui concerne les produits étrangers importés à Madagascar.

Art. 2. — Un numéro du *Journal officiel* de la colonie de Madagascar, portant la date du 4 juin 1898, et contenant le texte dudit décret, dûment collationné, sera déposé aux greffes des tribunaux de Madagascar et dépendances, pour y être tenu à la disposition des justiciables.

Art. 3. — M. le procureur général est chargé de l'exécution du présent arrêté.

Fait à Tananarive, le 2 juin 1898.

Signé : GALLIENI.

Par le Gouverneur général :

Le Procureur général :

Signé : A. DUCHESNE.

Décret

portant modification au tableau annexé au décret du 28 juillet 1897.

Le Président de la République française,

Sur le rapport du Ministre des Colonies,

Vu le décret du 11 décembre 1895, fixant les pouvoirs du Résident général de France à Madagascar, modifié par le décret du 30 juillet 1897, instituant un Gouverneur général de Madagascar et dépendances ;

Vu la loi du 6 août 1896, déclarant colonie française l'île de Madagascar et ses dépendances ;

Vu la loi du 16 avril 1897, rendant applicable à Madagascar et dépendances la loi du 11 janvier 1892, relative à l'établissement du tarif général des douanes ;

Vu le décret du 28 juillet 1897, portant fixation des exceptions au tarif général des douanes en ce qui concerne les produits étrangers importés à Madagascar ;

Vu les avis émis par le Gouverneur général de Madagascar et dépendances et par le conseil d'administration de la colonie, dans sa séance du 31 janvier 1898 ;

Vu l'avis du Ministre du Commerce, de l'Industrie et des Postes et Télégraphes ;

Le Conseil d'État entendu,

Décrète :

Article 1er. — Le tableau annexé au décret du 28 juillet 1897, portant fixation des exceptions au tarif général des douanes, en ce qui concerne les produits étrangers importés à Madagascar, est modifié comme suit :

DÉNOMINATION DES PRODUITS	UNITÉS SUR LESQUELLES PORTENT LES DROITS		DROITS	
I. — Animaux vivants.				
Bétail destiné à la reproduction	»	»	Exempt	
XXV. — Tissus.				
Sacs de jute neufs et vieux	»	»	Exempts	
XXXII. — Tissus de cotons et coutils.				
Ceux pesant :				
13 kilog. et plus, les 100 mètres carrés.	35 fils et moins	100 kil.	77	francs
	36 fils et plus	100 »	118	»
11 kilog. inclusivement . . .	35 fils et moins	100 »	87	»
à 13 kilog. exclusivement .	36 fils et plus	100 »	131	»
9 kilog. inclusivement . . .	35 fils et moins	100 »	111	»
à 11 kilog. exclusivement .	36 fils et plus	100 »	172	»
7 kilog. inclusivement . . .	35 fils et moins	100 »	131	»
à 9 kilog. exclusivement. .	36 fils et plus	100 »	250	»
5 kilog. inclusivement . . .	35 fils et moins	100 »	139	»
à 7 kilog. exclusivement. .	36 fils et plus	100 »	300	»
3 kilog. inclusivement . . .	35 fils et moins	100 »	287	»
à 5 kilog. exclusivement. .	36 fils et plus	100 »	550	»
Moins de 5 kilog., les 100 mètres carrés.	»	100 »	620	»

(Colonne de gauche du tableau : Tissus de coton pur, unis, croisés et unis ; Écrus présentant en chaîne et en trame (dans le compte des fils de chaîne et de trame, les fractions sont négligées) dans un carré de 5 millimètres de côté.)

Art. 2. — Sont abrogées les dispositions contraires au présent décret.

Art. 5. — Le Ministre des Colonies est chargé de l'exécution du présent décret, qu sera publié au *Journal officiel* de la République française et inséré au *Bulletin officiel des colonies* et au *Journal officiel* de Madagascar.

Fait à Paris, le 31 mai 1898.

Signé : FÉLIX FAURE.

Par le Président de la République,

Le Ministre des Colonies,

Signé : André Lebon.

Arrêté 1815

interdisant l'importation des animaux vivants de provenance asiatique ou africaine.

Le Général commandant en chef du corps d'occupation et Gouverneur général de Madagascar et dépendances,

Vu les décrets des 11 décembre 1895 et 30 juillet 1897;

Vu la loi du 3 mars 1822, sur la police sanitaire;

Vu le décret du 31 mars 1897, portant règlement de police sanitaire dans les colonies et pays de protectorat;

Vu la dépêche ministérielle du 7 mars 1898, faisant connaître les mesures qui ont été prises pour éviter l'invasion, en France, de la peste épizootique qui sévit en Asie et en Afrique et prescrivant l'extension de ces mesures à toutes les colonies,

Arrête :

Article 1er. — L'importation et le transit de tous les animaux vivants des espèces bovine, ovine et caprine et autres ruminants, arrivant de l'Asie ou de l'Afrique, à l'exception de l'Algérie, la Tunisie et les colonies françaises, sont interdits dans toute l'étendue de la colonie de Madagascar et de ses dépendances. La même prohibition s'étend aux peaux, viandes fraîches et débris frais provenant de ces animaux.

Art. 2. — Les contrevenants seront poursuivis conformément aux dispositions de la loi du 3 mars 1822 et du décret du 31 mars 1897.

Art. 3. — MM. le procureur général, chef du service judiciaire; le directeur du Service de santé et les administrateurs et commandants de cercle des régions côtières sont chargés, chacun en ce qui le concerne, de l'exécution du présent arrêté.

Fait à Tananarive, le 24 mai 1898.

Signé : GALLIENI.

Vu :

Le Procureur général,

Signé : A. DUCHESSE.

Arrêté

Le Général commandant en chef du corps d'occupation et Gouverneur général de Madagascar et dépendances,

Vu les décrets des 11 décembre 1895 et 30 juillet 1897;

Vu l'arrêté en date du 31 mai 1895 du Général commandant en chef le corps expéditionnaire de Madagascar;

Considérant qu'en vue d'encourager le commerce de la colonie il y a lieu de réduire au strict minimum les frais résultant pour le public des opérations de douane;

Sur la proposition de l'inspecteur principal, chef du Service des douanes,

Arrête :

Article 1er. — Lorsque, sur demandes, la douane autorisera des opérations les dimanches et jours fériés, ou les jours ordinaires en dehors des heures réglementaires, les demandeurs auront à verser, dans les vingt-quatre heures, à la caisse de

la douane pour les agents supplémentaires dont la présence aura été exigée par ces
opérations, une indemnité calculée par heure et par agent, d'après le tarif ci-après :

De 5 heures du matin à 11 heures du matin. . . . .   2 francs.
De 11   —   à 3   —   du soir.   4   —
De 3 heures du soir   à 6   —   du soir.   2   —
De 6   —   à minuit. 3   —
De minuit   à 5 heures du matin 4   —

Art. 2. — Les heures réglementaires sont de sept heures à dix heures et demie du
matin et de deux heures à cinq heures du soir pour l'ouverture des bureaux et magasins de douanes et de six heures du matin à six heures du soir pour les débar-
quements et embarquements régulièrement autorisés.

Art. 3. — Sont abrogées toutes dispositions contraires au présent arrêté.

Art. 4. — L'inspecteur principal, chef du Service des douanes, est chargé de l'exécution du présent arrêté.

Morondava, le 22 juillet 1898.

Signé : GALLIENI.

Vu :

Le directeur des finances et du contrôle.

Arrêté

sur la navigation au cabotage et au bornage à Madagascar.

Le Général commandant en chef du corps d'occupation et Gouverneur général de
Madagascar et dépendances,

Vu les décrets des 11 décembre 1895 et 30 juillet 1897 ;

Vu les résultats de l'enquête faite dans les divers ports de la colonie au sujet de
l'application à Madagascar de la législation en vigueur dans la métropole et dans
l'ensemble de nos colonies, en matière de navigation au bornage et au cabotage ;

Considérant que les chambres consultatives de commerce de la colonie, ainsi que
les armateurs et capitaines de navires français, ont émis des vœux tendant à exclure
les bâtiments étrangers de la navigation au bornage et au cabotage dans les parages
de Madagascar et à réserver les avantages de cette navigation aux seuls navires
battant pavillon français ;

Vu la circulaire du ministre de la marine du 25 novembre 1885 relative à la délivrance de permis de navigation aux navires non français ;

Vu les arrêtés locaux n° 909 du 22 août 1897 et n° 940 du 28 août de la même
année ;

Vu les décrets des 26 février 1862 et 22 octobre 1863 et la décision présidentielle
du 26 avril 1879 ;

Sur la proposition du commissaire-adjoint, chef des services administratifs, sous
réserve de l'approbation des Ministres de la Marine et des Colonies,

Arrête :

Article 1er. — A partir du 1er janvier 1899, la navigation au bornage et au cabotage dans les parages de la colonie de Madagascar et dépendances sera exclusivement réservée aux navires battant pavillon français.

Art. 2. — Les propriétaires et armateurs, qui voudront bénéficier pour leurs bâtiments des avantages de la francisation régulière, devront se conformer aux dispositions de l'arrêté local n° 940 du 28 août 1898.

Certains navires pourront, en outre, être autorisés à porter le pavillon français sans avoir obtenu une francisation régulière, en remplissant les conditions prescrites par la circulaire ministérielle du 25 novembre 1895, savoir : appartenir pour moitié au moins à des Français et être commandés par un capitaine ou patron, citoyen ou sujet français.

Art. 3. — Ces derniers navires devront, pour être autorisés à se livrer à la navigation au cabotage ou au bornage, être munis d'un permis de navigation spécial et d'un rôle d'équipage qui leur seront délivrés par l'autorité maritime du port d'immatriculation.

Art. 4. — Ne pourront être armés au bornage que les navires ne jaugeant pas plus de 25 tonneaux. La navigation au bornage est celle qui se fait d'un point à un autre de la colonie ou entre la colonie et une de ses dépendances située à vue d'œil du rivage. La navigation au petit cabotage comprend les côtes de l'île et ses dépendances ainsi que les voyages entre ces côtes et les îles voisines soumises à la domination française (Mayotte, les Comores, la Réunion, etc.). Enfin, la navigation au grand cabotage s'exerce sur les côtes et les îles situées dans les mers qui s'étendent du cap de Bonne-Espérance, jusque et y compris les îles de la Sonde.

Art. 5. — Les conditions exigées pour être autorisé à commander soit au bornage, soit au grand ou au petit cabotage, seront celles qui ont été fixées pour toutes les colonies par les décrets des 26 février 1862 et 22 octobre 1863 et la décision présidentielle du 26 avril 1879.

Art. 6. — Le commissaire-adjoint, chef des services administratifs, est chargé de l'exécution du présent arrêté.

Fait à Tamatave, le 14 septembre 1898.

Le Général commandant en chef du corps d'occupation
et Gouverneur général
de Madagascar et dépendances,

Signé : GALLIENI.

Arrêté

autorisant les maîtres au cabotage de France à subir, dans la colonie, l'examen de maître au grand cabotage de la mer des Indes.

Le Général commandant en chef du corps d'occupation et Gouverneur général de Madagascar et dépendances,

Vu les décrets des 11 décembre 1895 et 30 juillet 1897 ;

Vu la requête présentée par les sieurs Paulet, Parent, Paul et Félix, porteurs du brevet de maître au grand cabotage pour la mer des Indes et tendant à exclure du commandement des navires naviguant sur cette mer les marins munis du brevet de maître au cabotage délivré en France ;

Vu les considérations exposées par les armateurs de la colonie, liés par des engagements contractés vis-à-vis des capitaines actuels de leurs navires, pourvus du brevet de la métropole ;

Vu le décret du 26 février 1862, réglant les conditions de la navigation au cabotage dans les colonies, notamment l'article 27 dudit décret ainsi conçu : « Les dispositions du présent décret pourront être successivement appliquées par arrêtés des gouverneurs à chacune des autres colonies françaises non dénommées ci-dessus, etc. » ;

Sur la proposition du commissaire-adjoint, directeur des services administratifs,

Arrête :

Article 1er. — A partir du 1er octobre 1898, les maîtres au cabotage reçus en France, et désirant exercer le commandement d'un navire armé au grand cabotage dans la colonie, devront posséder le brevet de maître au grand cabotage de la mer des Indes, dans les conditions déterminées par l'article 18 du décret du 26 février 1862.

Art. 2. — Les candidats à ce brevet devront subir un examen portant sur les connaissances indiquées au § 5 de l'article 12 du décret précité.

Art. 3. — Sur la demande des intéressés, adressée au commissaire de l'inscription maritime des ports de Tamatave, Majunga ou Diego-Suarez, et lorsque les circonstances le permettront, il sera procédé à cet examen par une commission composée d'un officier de la marine nationale et de deux capitaines au long cours.

En l'absence d'un officier de la marine militaire, la commission sera composée de trois capitaines au long cours. Elle sera présidée par l'officier de vaisseau, ou, à son défaut, par le plus ancien des capitaines au long cours.

Art. 4. — Les candidats, qui auront été déclarés admissibles, à la suite de l'examen, recevront le brevet de maître au grand cabotage de la mer des Indes.

Art. 5. — A titre transitoire, les maîtres au cabotage, reçus en France et exerçant actuellement le commandement d'un navire armé dans la colonie, auront un délai d'un an, à compter du 1er octobre 1898, pour obtenir le brevet de maître au grand cabotage dans la mer des Indes, dans les conditions indiquées aux articles 1, 2, 3 et 4 ci-dessus.

Passé ce délai, les marins, qui ne se seront pas conformés aux dispositions du présent arrêté, ne seront plus admis à commander des navires de la colonie.

Art. 6. — Le commissaire-adjoint, directeur des services administratifs, est chargé de l'exécution du présent arrêté.

Fait à Tamatave, le 29 septembre 1898.

Signé : GALLIENI.

Arrêté

Le Général commandant en chef du corps d'occupation et Gouverneur général de Madagascar et dépendances,

Vu les décrets des 11 décembre 1895 et 30 juillet 1897 ;
Vu l'arrêté 1161 du 23 novembre 1897 ;
Vu les instructions contenues dans la dépêche ministérielle du 18 mars 1898,

Arrête :

Article unique. — L'article 1er de l'arrêté 1161, du 23 novembre 1897, est modifié ainsi qu'il suit :

« Art. 1er. — Les droits sanitaires, définis par les articles 94 à 100 du décret du « 4 janvier 1896, sont applicables à la colonie de Madagascar et dépendances.

« Toutefois, le § A de l'article 44 du dit décret est remplacé par les dispositions « suivantes :

« A. — Droit de reconnaissance à l'arrivée : 0 fr. 05 pour tous navires, à l'exception « des bâtiments français faisant le cabotage sur les côtes de la colonie et entre les « ports de la colonie et ceux des îles de la Réunion et des Comores, qui sont exempts.

Fait à bord du *La Pérouse*, le 10 juillet 1898.

Signé : GALLIENI.

Vu :

Le Directeur des finances et du contrôle.

Circulaire

à MM. les administrateurs et commandants de cercle, chefs de province,

au sujet de l'application de l'arrêté 762, du 5 juillet 1897, réglementant le droit d'exploitation des produits forestiers.

Messieurs,

Certains chefs de province, interprétant d'une façon trop rigoureuse les dispositions de l'arrêté 762 du 5 juillet 1897, relatif à l'exploitation des produits forestiers, empêchent les indigènes de retirer du taillis les bois qui sont indispensables à leurs besoins journaliers, soit pour la consommation, soit pour les réparations à effectuer à leurs habitations.

Je n'ai jamais eu l'intention d'édicter une semblable prohibition. En effet, aux termes de l'article 10 de l'arrêté précité, les villages peuvent obtenir des permis d'exploiter certaines parties de la forêt où les habitants ont l'habitude de couper le bois nécessaire à leurs usages courants. Il ne peut évidemment être ici question d'accorder à la collectivité des permis établis dans la forme prescrite pour les exploitations régulières et entraînant les mêmes obligations. Afin d'éviter, à l'avenir, toute difficulté à ce sujet, vous voudrez bien déterminer les massifs boisés laissés, ainsi, à la disposition des particuliers pour leurs besoins journaliers. Cette détermination faite, les chefs de province prendront une décision générale mentionnant, pour chacun des centres soumis à leur autorité, la nature et l'étendue de la portion de forêt affectée à l'usage des habitants. Cette décision devra être soumise à mon approbation, après avis du service compétent.

Vous ne devrez d'ailleurs procéder à cette détermination des cantonnements que progressivement, en commençant par les massifs qui avoisinent immédiatement les chefs-lieux de province, de secteur ou de poste, de façon que vous puissiez vous rendre compte facilement des résultats obtenus pour la protection.

Ces portions de forêts, bornées d'une façon apparente, et placées sous la surveillance et la responsabilité des chefs de village, devront naturellement être choisies parmi celles qui sont le plus rapprochées des agglomérations. Les habitants seront libres, sans avoir à recourir à une autorisation spéciale, de s'y approvisionner de bois de chauffage. Mais la coupe ne devra porter que sur des arbres morts sur pied, ou, à leur défaut, sur des arbres dépérissants. Lorsque les particuliers voudront s'approvisionner de bois de construction, ils auront à vous demander une autorisation spéciale. Cette autorisation, établie dans la forme du modèle annexé à la présente circulaire, mentionnera exactement la nature et la quantité de bois dont la coupe aura été accordée dans telle portion de la forêt désignée à cet effet, ainsi que la redevance qu'il vous aura paru utile d'imposer au permissionnaire et dont vous voudrez bien me rendre compte.

Il est bien entendu que ces dispositions concernent aussi bien les indigènes que les Européens.

Il m'a été également rapporté, d'autre part, que des personnes, désireuses de se livrer à l'exploitation des forêts, resteraient indécises en présence de la clause insérée à l'article 11 de l'arrêté 762, qui fait réserve de tous les arbres n'ayant pas plus d'un mètre de tour, mesure prise à un mètre au-dessus du sol. Or, certaines essences atteignent rarement cette dimension et il semblerait qu'un obstacle absolu fût, ainsi, mis à leur exploitation.

Je tiens à vous faire remarquer, à ce sujet, que ce même article 11 prévoit le cas où des stipulations contraires à la règle générale pourraient être insérées au permis définitif. Il appartient seulement aux demandeurs de faire connaître sur quelles essences leurs exploitations doivent porter.

L'administration s'empressera alors d'introduire dans le permis d'exploiter les dispositions de nature à favoriser les intérêts des exploitants, tout en sauvegardant l'avenir des massifs forestiers.

Mais en attendant que ces colons, titulaires de permis leur réservant le droit exclusif d'exploiter telle ou telle partie de forêt, puissent pourvoir à la consommation locale et alimenter le commerce d'exportation, il serait regrettable de laisser inutilisées nos richesses naturelles et, à ce point de vue, j'estime que, tout en empêchant les abus qui, sur certains points, ont déjà amené la ruine des forêts, il est opportun non seulement d'autoriser les indigènes à récolter les produits forestiers, mais encore de les encourager à se livrer à cette récolte.

Je vous laisse toute la latitude sur le choix des moyens à employer pour assurer, à cet égard, la reprise des transactions qui, depuis quelque temps, ont subi un arrêt des plus fâcheux, alors que les produits des forêts doivent constituer un important article d'exportation. Il vous appartiendra notamment de déterminer, en vous inspirant des instructions techniques que vous avez déjà reçues, les époques auxquelles devra se faire de préférence la récolte des produits forestiers et de donner aux indigènes des indications sur les procédés à employer pour sauvegarder l'avenir de la forêt.

Vous n'hésiterez pas d'ailleurs, en cas de récolte abusive, à mettre en cause la responsabilité des chefs de village.

Je vous prie de m'accuser réception de la présente circulaire et de me rendre compte des mesures que vous aurez prises en vue de son application.

Fait à bord du *La Pérouse*, le 10 juillet 1898.

Signé : GALLIENI.

VOCABULAIRE

FRANCO-MALGACHE

VOCABULAIRE

<table>
<tr><td>FRANÇAIS.</td><td>TRADUCTION.</td><td>PRONONCIATION [1].</td></tr>
</table>

FRANÇAIS.	TRADUCTION.	PRONONCIATION [1].
La Numération.	**Ny fanisāna.**	**Ni fanisāna.**
Un.	isa (na) iray.	īssa (na) iraī,
deux.	roa.	rōūa,
trois	telo	tēlou,
quatre	efatra	ēfatra,
cinq	dimy.	dīmi,
six.	enina.	ĕnine,
sept	fito.	fītou,
huit	valo	vālou,
neuf.	sivy	sīvi,
dix.	folo	fōulou,
onze	iraika amby ny folo	iraīk āmbini fōulou,
douze	roa amby ny folo.	rōūa āmbini fōulou,
treize	telo amby ny folo	tēlou āmbini fōulou,
quatorze	efatra amby ny folo	ēfatra āmbini fōulou,
quinze	dimy amby ny folo.	dīmi āmbini fōulou,
seize.	enina amby ny folo	ĕnine āmbini fōulou,
dix-sept.	fito amby ny folo	fītou āmbini fōulou,
dix-huit.	valo amby ny folo	vālou āmbini fōulou,
dix-neuf	sivy amby ny folo	sīvi āmbini fōulou,
vingt.	roapolo.	rouapōulou,
vingt et un	iraika amby roapolo	iraīk āmbirouapōulou,
vingt-six	enina amby roapolo.	ĕnine āmbirouapōulou,
trente	telopolo.	tēloupōulou,
quarante	efapolo.	ēfapōulou,
cinquante.	dimam-polo	dīmampōulou,
soixante.	enim-polo.	ĕnimpōulou,
soixante-dix.	fitopolo	fītoupōulou,
quatre-vingts.	valopolo.	vāloupōulou,
quatre-vingt-dix	sivifolo	sīvifōulou,
cent	zato	zātou,

1. En malgache chaque mot a son accent tonique, et la voyelle sur laquelle il tombe doit être prononcée plus fortement que les autres. Nous la marquons dans cette colonne par le signe - placé au-dessus des voyelles longues. Cette prononciation accentuée, qui est essentiellement dans le génie de la langue malgache, a la plus grande importance, car un même mot, comme *tanana*, par exemple, a une signification toute différente suivant que la tonique est le premier ou le second *a* (*tānane* signifie main, et *tanāne* signifie village).

FRANÇAIS.	TRADUCTION.	PRONONCIATION.
cent trois	telo amby zato.	tĕlou ămbi zătou,
cent quatorze	efatra amby ny folo amby zato.	ĕfatra ămbini foŭlou ămbi zătou,
cent cinquante-sept	fito amby dimam polo amby zato.	fītou ămbi dīmam poŭlou ămbi zătou,
deux cents	roan-jato	rouandzătou.
mille	arivo.	arīvou,
mille deux cents	roan-jato sy arivo	rouandzătou si arīvou,
dix mille	iray alina.	iraī ălina,
cent mille	iray hetsy.	iraī ĕtsi,
un million	iray tapitrisa.	iraī tăpitrīssa.

L'espèce humaine. — Ny olombelona. — Ni ouloumbĕlouna.

L'homme (il n'y a en malgache ni genre ni nombre)	ny lehilahy (vitsy)	lĕilăha,
les hommes	ny lehilahy (maro)	lĕilăha,
la femme	ny vehivavy	vĕhvăvi,
l'enfant	ny zaza	zăza,
le garçon	ny zazalahy	zăzalăha,
la fille	ny zazavavy	zăzavăvi.
le petit garçon	ny zazalahy kely	zăzalăha kĕli,
la petite fille	ny zazavavy kely	zăzavăvi kĕli,
la jeune fille	ny tovovavy	toŭvouvăvi.

La famille. — Ny fianakaviana. — Ni fiănakavīana.

Le père	ny ray	raī,
la mère	ny reny	rĕni,
le fils	ny zanakalahy	zănakalăha,
le frère	ny rahalahy	răhalăha,
la sœur	ny anabavy	ănabăvi,
le grand-père	ny raibe	raībĕ,
la grand'mère	ny renibe	rĕnibĕ,
l'oncle	ny anadahin-dreny; rahalahin-dray	ănadăhindrĕni; răhalăhandraī,
la tante	rahavavin-dreny; anabavin-dray	răhavăvindrĕni; ănabăvindraī,
le cousin	zanak'olo-mirahalahy (lahy)	zănakoŭlou-mirăhalăha,
la cousine	zanak'olo-mirahalahy (vavy)	zănakoŭlou-mirăhalăha,
les parents	ny ray amandreny (ny Havana)	ni raī ămandrĕni (ni hăvana).

La maison, la case. — Ny trano. — Ni tranou.

Le toit	ny tafon-trano.	tăfoun-trănou,
le mur	ny rindrina	rīndrina,
la porte	ny varavaram-be.	văravăram-bĕ.
la fenêtre	ny varavaran-kely	văravăran-kĕli,
l'entrée	ny varahady.	vărahădi,
la chambre	ny efitra	ĕfitre,
la clé	ny fanalahidy	fanălahīdi,
la chaise	ny seza.	sĕza.
le lit	ny farafara-fandriana	fărafăra-fandrīana,
la table	ny latabatra.	latăbatre,
la natte	ny tsihy	tsīhi,
à qui appartient cette maison?	iza no tompon'ity trano ity?	iza nou toŭmpou'itī trănou itī?
où est le propriétaire?	aiza ny tompony?	aiza ni toŭmpouni,
allez le chercher	andeha tadiavo izy	andĕha tadiăvou izi,
dis-lui de venir	asaovy mankaty izy	asŏvi mankatī izi,
dis-lui de me la prêter pour y passer la journée.	asaovy ampindraminy ahy hitoerako antoandro,	asŏvi ampīndrămini ăhi hitouĕrakou ăntouăndrou,
dis-lui de me la prêter pour y passer la nuit.	asaovy ampindraminy ahy hitoerako amy ni alina,	asŏvi ampīndrămini ăhi hitouĕrakou ămini ălina,

FRANÇAIS.	TRADUCTION.	PRONONCIATION.
dis-lui de me la prêter pour y prendre mon repas,	asaovy ampindraminy ahy hisa-kafoako,	asõvi ampīndrāmini āhi hitouõrakou hissakafõuakou,
combien veut-il que je lui paie pour cela?	ohatrinona no tiany haloako amin' ity,	õuhatrīnouna nou tiĕni halõuakou āmin'itī,
c'est trop cher, je ne lui donnerai que vingt sous,	lafo loatra, tsy hanome azy afatsy voamena aho,	lāfou lõuatre, tsi hanoumē āzi āfatsī võuamĕne āhou,
ouvre-moi la porte..	vohay ny varavarana	vouhaī ny vāravārana,
il faut faire balayer l'intérieur.	tokony hampamafana ny ati-trano,	tõukouni āmpamafāna ni āti-trānou,
il faut y étendre des nattes. .	tokony ho velarana tsihy . . .	tõukouni hou velārna tsīhi,
où est la maison des voyageurs?	aiza ny tranom-bahiny?. . . .	aīza ni trānoumbahīni,
y a-t-il une autre case où je puisse mettre mes bagages?	tsy misy trano hafa hametrahako ny entako-va?	tsi mīssi trānou hāfa hametrāhakou ni ēntakou vā?

La ville.	Ny tanana.	Ni tanāna.
Le village.	ny vohitra.	ni võuhitra,
où est le village?	aiza ny vohitra?.	aīza ni võuhitra?
le village est-il loin?	lavitra va ny vohitra?	lăvitra vā ni võuhitra?
comment s'appelle ce village? .	inona no anaran'io vohitra io? .	īnouna nou anārani iõu võuhitra iõu?
le village comprend-il beaucoup de cases?	misy trano maro va ny vohitra?	mīssi trānou mărou vā ni võuhitra?
les cases sont-elles propres? . .	madio va ny trano?.	madīou vā ni trānou?
comment s'appelle le chef du village?	iza no anaran'ny lehiben'ny vohitra?.	īza nõu anārani ni lēhibĕn-ni võuhitra?
va le chercher !	andeha alao izy!.	āndēha alaõ izī!
il faut me donner une case pour passer la nuit,	omeo trano aho handriako amy ny alina.	oumĕou trānou āhou handriākou āmi ni ālina,
trouve-t-on dans le village de la viande, des fruits, du riz, du poisson, des œufs?	misy hena va ato antanana? misy voankazo, vary, hazan-drano, atody?	mīssi hēna vā ātou ātanāna? mīssi võkāzou, vări, hāzandrānou, atõudi?
y a-t-il de l'eau potable? . . .	misy rano azo sotroina va? . .	mīssi rānou āzou soutrõuina vā?
y a-t-il du bois?	misy kitay hazo va?	mīssi kitaī bāzou vā?
combien d'habitants compte le village?.	misy firy mponina ao antanana?	mīssi fīri mpõunina aõu atanāna?
le marché[1]	ny tsena[1].	ni tsĕna[1],
où est le marché?	aiza ny tsena?.	aīza ni tsĕna?
quel jour a-t-il lieu?	andro inona noho tsena. . . .	āndrou īnouna nõuhou tsĕna?
est-ce un grand marché? . . .	tsena lehibe va?.	tsĕna lēhibē vā?
y trouve-t-on des œufs?. . . .	misy atody va ao?	mīssi atõudi vā ñou?
va acheter des légumes. . . .	andeha mividia anana.	andēha mividīa ānana,
des pommes de terre.	ovimbazaha	õuvimbazăha,
des tomates.	voatabiha	võtabīa,
des aubergines.	baranjely	bărandzĕli,
des petits pois.	pitipoa	pītipois,
des haricots.	tsaramaso	tsăramăssou,
de l'oseille	kamasina	kamāssine,
du cresson.	anandrano.	ānandrānou,
du manioc.	mangahazo.	māngahăzou,
du maïs.	katsaka	kătsake,
des patates.	vomanga.	voumānga,

1. A Madagascar, les marchés sont toujours désignés par le nom du jour où ils se tiennent. Ainsi, quand il y a sur une carte *alatsinainy*, cela veut dire que tous les lundis il se tient un marché en cet endroit. On dit de même *talata* si le marché a lieu le mardi, *alarobia* s'il a lieu le mercredi, *alakamisy* si c'est le jeudi, *zouma* pour le vendredi et *sabotsy* pour le samedi. Il n'y a plus de marchés le dimanche (*alahady*). Tous ces mots viennent de l'arabe Al-ahadu, Al-itzuani, El-t'late, Al-arbaatu, qui veulent dire premier, deuxième, troisième, quatrième (jour), etc.

FRANÇAIS.	TRADUCTION.	PRONONCIATION.
des radis	rady	radi,
des pois du Cap	kalamaka	kălamăka,
des lentilles	amberivatry	ambêrvătri,
des fèves	tsaramaso	tsăramăssou,
des concombres	voantango	vŏŭatăngou,
des piments	sakay	sakaī,
un peu	kely	kĕli,
beaucoup	betsaka (be)	bĕtsaka (bĕ),
quelques-uns	tsirairay (vitsivitsy)	tsiraīraī (vĭtsivītsi).
pas trop cher	tsy lafo loatra	tsi lăfou lôtra,
c'est cher	lafo	lăfou,
c'est trop cher	lafo loatra	lăfou lôtra,
il ne faut pas payer plus de... dix sous,	tsy tokony handoa mihoatra noho ny lasiroa,	tsi tŏŭkouni handŏŭa mihouătra nŏŭhou ni lăssirŏŭa,
tâche de les avoir à bon compte.	ataovy izay hahazoana azy mora.	atôvi izaī hahazŏŭana azī mŏŭra,
il faut marchander	miadia varotra	miadĭa văroutre,
prends aussi	maka koa	makă kŏŭa,
des fruits	voan-kazo	vôkăzou,
des bananes	akondro	akŏŭndrou,
des mangues	manga	măngue,
des goyaves	goary	gonăvi,
des pêches	peso	pĕssou,
des oranges	laoranjy	lârăndzi,
des citrons	voasary	vŏŭassări,
des pommes	poma	pômmo,
des figues	aviavy	ăviăvi,
des prunes	pesombazaha	pĕssoumbazăha,
des ananas	mananasy	mănanăssi,
des grenades	ampongabendanitra	apŏŭngabĕndănitra,
du raisin	voaloboka	vŏŭalŏŭbonke,
des arachides	voanjo	vouăndzou,
des avocats	avoka	ăvokă,
prends aussi de la viande	maka koa hena	makă kŏŭa hĕna,
du bœuf	omby	ŏŭmbi
du filet	ili-kena	ĭlikĕna,
du veau	zanakomby	zănakŏŭmbi,
du mouton	ondry	ŏŭndri,
un bon gigot	fe-n'ondry tsara	fênŏŭndri tsăra,
du porc	hena kisoa	hĕnakissŏŭa,
des côtelettes	tehezan-kena	tehĕzankĕna,
un poulet	vantotr-akoho	văntŏŭtrakŏŭhou,
un dindon	vorontsiloza	vŏŭrountsilŏŭza,
une oie	vorom-be	vŏŭroumbĕ,
un canard	vorombazaha	vŏŭroumbazăha,
une pintade	akanga	akănga,
il faut que la viande soit tendre.	tokony ho malemy ny hena	tŏŭkouni hou malĕmi ni hĕna,
y a-t-il des pigeons?	moa misy voromailala?	mŏŭa mĭssi vŏŭroumaĭlăla?
du sel	sira	sĭra,
du poivre	dipoavatra	dĭponăvatre,
la moutarde	ny mostaritra	ni moutăritre,
du café	kafe	kafĕ,
du thé	dite	ditĕ,
du sucre	siramamy	sĭramămi,
du vin	divay	divaī,
du pain	mofo	mŏŭfou,
de l'huile	diloilo	dĭlouĭlou,
du vinaigre	vinaingitra	vĭnaĭnguttre,
de la graine	menaka	mĕnaka,
du beurre	dibera	dibĕra,
du fromage	fromazy	frômazı,
des bougies	labozy	labouzī,

FRANÇAIS.	TRADUCTION.	PRONONCIATION.
des allumettes	afokasoka	ăfoukăssouka,
du bois	kitay hazo	kĭtaĭ hăzou,
du charbon	arina	ărine,
une soubique [1]	sobiky	soubĭki,
une jarre	sinibe	sinibĕ,
un plat en terre	vilia tany	vilĭa tăni,
achète du rhum	mividiana toaka	mividiăna tôake.

Le repas.   Ny fihinanana hariva.   Ni fĭhinănana harĭva.

Le déjeuner	ny sakafo maraina	ni sakăfou măraĭna,
le dîner	ny sakafo antoandro	ni sakăfou ăntouăndrou,
j'ai faim	noana aho	nôana ăhou,
j'ai soif	mangetahela aho	manguĕtahĕta ăhou,
je veux manger	te-hihinana aho	tĕhihinane ăhou,
je veux boire	te-hisotro aho	tĕhissoŭtrou ăhou,
prépare le repas	amboary ny sakafo	ămbouări ni sakăfou,
as-tu tout ce qu'il faut pour cela?	efa azonao ve ny zavatra rehetra momba izany?	ĕfa ăzounaô vĕ ni zăvatra rehĕtra moŭmba izăni?
dépêche-toi de faire à manger.	ataovy haingana ny sakafo.	atôvi haĭngana ni sakăfou,
fais-moi cuire deux œufs sur le plat	anendaso atody roa aho	anendăssou atoŭdi roŭa ăhou,
un bifteck	bifiteka	biftĕck,
des pommes frites	ovimbazaha endasina	oŭvimbazăha endăssina,
un poulet rôti	vantotr' akoho endasina	văntoutrakoŭhou endăssina,
fais-moi du potage au pain, au riz ou aux légumes,	anaovy lasopy amy ny mofo, amy ny vary, na amy ny anana aho,	anôvi lassoŭpe ămi ni moŭfou, ămi ni vări, nă ămi ni ănana ăhou,
fais-moi de la salade	anaovy salady aho	ănôvi salăde ăhou,
fais-moi cuire des œufs à la coque,	andrahoy atody amin' akorany aho,	andrahoŭi atoŭdi ămi ni akoŭrani ăhou,
des œufs durs	atody mafy	atoŭdi măfi,
fais une fricassée de poulet	andrahoy akoho voatetika aho	andrahoŭi akoŭhou vôtĕtika ahou,
fais-moi un plat de légumes	anaovy anana iray vilia	anôvi ănana iraĭ vilĭa ăhou,
apporte-moi du pain	itondray mofo aho	itoundraĭ moŭfou ăhou,
donne-moi du vin	omeo divay aho	oumĕou divaĭ ăhou,
va chercher de l'eau	andeha maka rano	andĕha măka rănou,
apporte de la lumière	itondray jiro	itoundraĭ dzĭrou,
le café est-il chaud?	mafana va ny kafe?	mafăna vă ni kăfĕ,
donne-moi une assiette	omeo vilia iray aho	oumĕou vilĭa iraĭ ăhou,
une cuiller	sotro	soŭtrou,
une fourchette	forosety	foursĕtte,
un couteau	antsy	ăntsi,
un verre	vera	vĕrre,
enlève ce plat	esory io vilia io	essoŭri ioŭ vilĭa ioŭ,
donne-moi une assiette propre.	omeo vilia iray madio aho.	oumĕou vilĭa iraĭ madĭou ăhou,
enlève tout le couvert	esory daholo ny eo ambony latabatra,	essoŭri dahoŭlou ni ĕou amboŭni latăbatre,
dépêche-toi de tout nettoyer et de tout remettre dans les soubiques,	diovy haingana ireo rehetra ireo ary dia ataovy ao anaty sobiky,	dioŭvi haĭngana irĕou rehĕtra irĕou ări dĭa atôvi ăou anăti soubĭki,
nous allons partir	handeha isika	handĕha issĭke,
appelle le boto [2]	antsoy ny boto	ăntsoŭi ni boŭtou,
appelle le cuisinier	antsoy ny mpahandro	ăntsoŭi ni mpahăndrou,
éteins le feu	vonoy ny afo	vounoŭi ni ăfou,
allume le feu	velomy ny afo	veloŭmi ni ăfou.

1. Panier malgache fait avec du jonc.
2. Prononcez *boute*. C'est le nom que l'on donne en général à tous les domestiques.

FRANÇAIS.	TRADUCTION.	PRONONCIATION.
Le coucher.	**Ny fandriana.**	**Nī fandrīana.**
Je coucherai dans cette case. .	ato amin' ity trano ity aho no handry,	ātou āmi ni itī trānou itī āhou noū hāndri,
fais-la bien nettoyer	ataovy dioviny tsara	atôvi diōuvini tsāra,
tu dresseras mon lit là	eto amboarina ny fandriako . .	ētou ambōuarina ni fandrīakou,
n'oublie pas de mettre la moustiquaire,	aza manadino ny hamelatra ny elom-pandriana,	āza manadīnou ni hamēlatra ni ēloum-pandrīana,
y a-t-il des moustiques ? . . .	moa misy moka?.	mōua missi mōūka,
mets le lit comme ceci	ataovy toy izao no famelatra ny fandriana,	atôvi tōūi izô noū famēlatra ni fandrīana,
la bougie	ny labozy.	ni labouzī,
mets une bougie dans le photophore.	asio labozy	assīou labouzī,
la lanterne	ny fanala	ni fanāle,
la lampe	ny fanaovan-jiro	ni fanôvandzīrou,
prépare la lanterne.	amboary ny fanala	ambouāri ni fanāle,
mets de l'eau dans la cuvette.	asio rano ny fanasan-tava . . .	assīou rānou ni fanassāntāva,
prépare les serviettes.	ataovy eo koa ny lamba famaohan-tānana,	atôvi ô kōūa ni lāmba famôhatāva,
et le savon	ny savony.	ni savōuni,
le cirage	ny sirajy	ni cirāze,
cire mes souliers.	borosio ny kiraroko.	boursīou ni kirāroukou,
brosse mes vêtements. . . .	borosio ny akanjoko	boursīou ni akāndzoukou,
le casque	ny joboko.	ni dzōūboukou,¹
blanchis mon casque	fotsio ny joboko	foutsīou ni dzōūboukou,
lave la couverture	sasao ny bodofotsy	sassaōū ni bōūdoufōūtsi,
range mes bagages ici. . . .	eto alahatra ny entako	ētou alāhatra ni ētakou,
se coucher	mandry.	māndri,
dormir	matory.	matōūri,
avoir sommeil	te-hatory	tēhatōūri,
j'ai sommeil.	te-hatory aho	tēhatōūri āhou,
je suis fatigué.	sasatra-aho	sāssatra āhou,
je suis malade.	marary aho	marāri āhou,
je suis guéri.	sitrana aho	sītrana āhou,
le filanzane	ny filanjana	ni filandzāne,
les porteurs de filanzane . . .	ny mpilanja.	ni mpilāndza,
va me chercher quatre porteurs de filanzane,	andeha itadiavo mpilanja efadahy aho,	andēha itadiāvou mpilāndza ēfadāhy āhou,
où sont les porteurs?.	aiza ny mpilanja	aīza ni mpilāndza,
appelle-les	antsoy izy.	antsōūi īzi,
dis-leur de se dépêcher. . . .	asaovy avy haingana izy. . . .	assôvi āvi haingana īzi,
marchez.	mandehana	mandehāna,
arrêtez	mijanona	midzanōūna,
déposez le filanzane pour descendre,	apetraho ny filanjana hidinana .	apetrāhou ni filandzāne hidinane,
attendez un peu.	andraso kely.	andrāssou kēli,
marchez à côté de l'autre filanzane,	avi etsy ankilan' ny filanjana anankiray milahatra,	āvi ētsi ankilani ni filandzāne anākiraī milāhatra,
à l'ouest ¹.	andrefana.	andrēfane,
à l'est	atsinanana.	ātsinānane,
au nord.	avaratra.	avāratre,
au sud	atsimo	atsīmou,
rejoignez l'autre filanzane. . .	tratraro iry filanjana iry. . .	tratrārou iri filandzāne iri,
attendez l'autre filanzane . . .	andraso ity filanjana ity. . . .	andrāssou itī filandzāne itī,
laissez passer ce filanzane . . .	avelao andeha ity filanjana ity.	avelô andēha itī filandzane itī,
doucement	moramora.	mōūramōūre,

1. Les Malgaches ne disent jamais à droite, à gauche; ils se servent toujours des points cardinaux.

FRANÇAIS.	TRADUCTION.	PRONONCIATION.
vite	haingana	haïngana.
plus vite	haingankaingana kokoa	haïngankaïngana koukoũa,
le plus vite possible	haingana dia haingana	haïngana dïa haïngana,
ne me secouez pas	aza hetsiketschina ahou	ãza hẽtsiketschina ãhou,
rangez-vous de côté	mihataha	mihatũha,
passez de ce côté de la route.	ity ila lalana ity aleha	itï lãlana itï alẽha,
passez au milieu de la route. .	ny afovoan dalana aleha	ni ãfouvoũani ni lãlana alẽha,
nous partirons demain matin à cinq heures,	handeha izahay (isika) rahampitso maraima amy ny dimy famantaranandro,	hãndẽha izahaï (issïke) rahãpïtsou maraïna ãmi ni dïmi famantãranãndrou,
nous allons à Beforona	ho any Beforona izahay (isika).	hoũ ãni Bẽfoũrouna issïke (izahaï),
nous repartirons dans deux heures,	handeha indray izahay (isika) amy ny roa,	handẽha indraï issïke (izahaï) ãmi ni roũa,
ne vous éloignez pas	aza mandeha lavitra hianareo.	ãza mãndẽha lãvitra hiãnarô,
restez ici	mijanona eto	midzãnoũna ẽtou,
suivez-moi.	araho aho.	arãhou ãhou,
allez manger	andeha mihinana.	andẽha mihĩnana,
mais faites vite.	nefa ataovy haingana	nẽfa atõvi haïngana,
revenez dans une heure	miverena raha afaka adiny iray.	miverẽna rãha ãfaka ãdine iraï,
combien demandez-vous pour me conduire à...?	hoatrinona no homeko anao hitondra ahy any...?	hôtrĩnouna noũ houmẽkou anô, hitoũndra ãhi ãni?
il n'y a qu'une heure de chemin.	lalana adiny iray.	lãlana ãdine iraï,
c'est trop cher.	lafo loatra.	lãfou lôtra,
je vous donne une piastre. . .	ity vola ariary omeko anao . .	itï voũla ãriãri houmẽkou anô,
nous passerons par Beforona. .	hahazo any Beforona izahay . .	hahãzou ãni Bẽfoũrouue zahaï,
le chemin est-il bon?.	moa tsara ny lalana?	moũa tsãra ni lãlana?
combien faut-il de temps pour aller à...?	ora firy (hafiriana) dia tonga any...?	oũra fïri (hafïriana) dïa toũnga, ãni...?
mettez le filanzane à l'abri là.	ataovy amy ny tsy azon' ny orana ny filanjana,	atõvi ãmi ni tsi ãzoune ni oũrane ni filandzãne,
sors le filanzane	avoahy ny filanjana.	avouõhi ni filandzãne,
je vous donnerai un « cadeau », si vous marchez bien,	homeko kado hianareo raha mahery mandeha,	houmẽkou cadeau (kadou) hiãnarô rãha mahẽre mandẽha,
si je suis content de vous. . .	raha mahafaly	rãha mãhõfãli,
attendez-moi là	andraso eo aho.	andrãssou ẽou ãhou,
mets cela sur le filanzane . . .	ataovy eo ambony filanjana aty.	atõvi ẽou amboũni filandzãne itï,
attache cela au filanzane. . .	afatory amy ny filanjana aty. .	afatoũri ni filandzãne,
prépare le filanzane.	amboary ny filanjana	ambouãri ni filandzãne.
il manque deux porteurs . .	mpilanja roa no tsy ampy . . .	mpilãndza roũa noũ tsi ãmpi,
où sont-ils?.	aiza izy ireo?	aïza izï irẽou,
cherche-m'en d'autres.	andeha itadiavo hafa aho . . .	andẽha itadiãvou hãfa ãhou,
le village est-il loin?	moa lavitra ny vohitra ao? . .	moũa lãvitre ni voũhitre ãou?
prenez ce chemin	ity lalana ity aleha.	itï lãlana itï alẽha,
est-il plus long?	moa lavidavitra kokoa iny?. .	moũa lãdidãvitre koukoũa ĩni?
est-il plus court?.	moa akaikikaiky kokoa iny? . .	moũa akẽkikẽki koukoũa ĩni?
est-il meilleur?	moa tsara kokoa iny?.	moũa tsãra koukoũa ĩni?
est-il plus mauvais?	moa ratsy kokoa iny?	moũa rãtsi koukoũa ĩni?
où va ce chemin?	mankaiza moa ity lalana ity? .	mãkaïza moũa itï lãlana itï?
c'est bien le chemin de Tananarive,	ity no lalana mankany Antananarivo,	itï nou lãlana mãkãni Antanãnarĩve,
où est le chemin de Tananarive?	aiza ny lalana mankany Antananarivo?.	aïza ni lãlana mãkũni Antanãnarĩve?
la rivière	ny renirano	ni rẽnirãnou,
quelle est cette rivière?.	inona anaran' ity renirano ity?	inoune nou anãrane itï rẽnirãnou itï?
est-ce que c'est la rivière qui passe à Andévorante?	moa ity renirano ity iloy mahazo any Andevoranto?	moũa itï rẽnirãnou itï ilaï mahãzou ãni Andẽvourãnte?
est-elle profonde?	moa lalina ity renirano ity?. .	moũa lãlina itï rẽnirãnou itï?
y-a-t-il des crocodiles?	moa misy mamba?	moũa missi mãmba?
y a-t-il un pont?.	moa misy telezana?	moũa missi telẽzane?
la passe-t-on à gué?	moa robohana?	moũa rouboũhane?

FRANÇAIS.	TRADUCTION.	PRONONCIATION.
la pirogue	ny lakana?	ni lākana,
y a-t-il des pirogues?	moa misy lakana?	mōua mīssi lākana?
il faut attendre les pirogues	tokony hiandry ni lakana	tōukouni hiāndri ni lākana,
appelle les piroguiers	antsoy ny mpivoy lakana	antsōui ni mpivōui lākana,
dis-leur de se dépêcher	asaovy avy haingana izy	assôvi āvy haīngana īzi,
combien coûte le passage?	hoatrinona ny saran-dakana?	hôtrīnoune ni sārandākana?
mets tout dans les pirogues	ataovy ao anaty lakana daholo ireo zavatra ireo,	atôvi āou anāti lākana dahōulou irēou zāvatra irēou,
fais en sorte de ne rien mouiller,	ataovy izay tsy hisy hahalena an' ireo.	atôvi izaī tsi hīssi hahalēna irēou,
attends les bagages	andraso ny entana	andrāssou nī ētane,
partons de suite	andeha izao ankehitriny izao.	andēha izō ākehitrīni izô,
le crocodile	ny mamba.	ni māmba,
n'est-ce pas un crocodile?	moa tsy mamba ve io?	mōua tsi māmba vē īou?
où est mon fusil?	aiza ny basiko?	aīza ni bāssikou?
je vais le tirer	bo tifiriko io mamba io	hōutifīrikou īou māmba īou,
est-il touché?	moa voa ve?	mōua vōua vē?
ramez plus vite	voizo haingankaingana kokoa.	vouhīzou haīngana koukōua,
ne faites pas tant de bruit	aza mitabataba mafy hoatra (toy) izany	āza mitābatāba māfi hōuatre (tōui) izāni,
taisez-vous!	mangina!	manguina!
sommes-nous arrivés?	moa tafatody isika	mōua tāfatōudi issīke,
débarquez tout	esory daholo ny ao anaty lakana.	essōuri dahōulou ni āou anāti lākana,
nous repartons de suite	handeha hiainga izao ankehitriny izao isika,	handēha hiaīnga izô ākehitrīni izô issīke,
les bagages	ny entana.	ni ētane,
le commandeur	ny kamadaoro.	ni kāmadôrou,
appelle le commandeur	antsoy ny kamadaoro.	antsōui ni kāmadōurou,
les porteurs de bagages	ny mpitondra entana	ni mpitōundra ētane,
il me faut dix porteurs de bagages.	mila mpitondra entana folo aho.	mila mpitōundra ētane fōulou āhou,
combien demandent-ils chacun pour aller à Tamatave?	hoatrinona isan-dahy no ilainy mba ho any Toamasina,	hôtrīnoune īssandāhi nou ilaīui mbā hou āni Tōamāsine,
les charges ne sont pas trop lourdes	tsy mavesatra loatra ny entana.	tsi mavēssatra lôtra ni ētane,
ce n'est pas lourd	tsy mavesatra	tsi mavēssatra,
j'ai deux cantines	vata fitondran-kanina roa no ahy.	vāta fitoundrān-kānina rōua nōu āhi,
une malle	vata iray	vāta iraī,
mon lit	farafara.	fārafāra,
deux bonbonnes	damizāna roa	dāmezānne rōua,
trois caisses	kesika telo	kēssike tēlou.
deux paniers	sobiky roa.	soubīki rōua,
ces paquets	ireo entana ireo	irēou ētane irēou,
il faut bien attacher le tout	tokony fehezina tsara ireo entana rehetra ireo.	tōukouni fehēzina tsāra irēou ētane rehētra irēou,
enveloppe mes caisses dans cette toile	rakofy ity lamba ity ny kesiko.	rakōufi itī lāmba itī ni kēssikou,
prends garde de briser les bouteilles,	tandremo sao vaky ny lavohangy,	tandrēmou saōu vāki ni tāvouāngui,
il faut que tous les porteurs soient ici demain matin à cinq heures, sans faute,	hianareo mpilanja tsy maintsy tonga eto rahampitso maraina amy ny dimy famantaranandro,	hiānarô mpilāndza tsi maīntsi, tōunga ētou rahampītsou maraīna, āmi ni dīmi famantāranāndrou,
dis-leur de venir ce soir à quatre heures,	asaovy avy izy anio hariva amy ny efatra,	asôvi āvi īzi anīou harīva āmi ni ēfatre,
je leur paierai leur vatsy	haloako ny vatsiny	halōuakou ni vātsini,
combien veulent-ils de vatsy?	hoatrinona no vatsy ilainy.	hôtrīnoune nōu vātsi ilaīni,
je leur donnerai une demi-piastre.	homeko loso ireo.	houmēkou lōussou īrēou,
fais l'appel	vakio ny anarana.	vakīou ni anārana,

FRANÇAIS.	TRADUCTION.	PRONONCIATION.
préviens-les bien.	ilazao tsara izy ireo.	ilazô tsâra izi irêou,
ce porteur est trop faible. . . .	osa loatra ity mpilanja ity. . .	ôussa lôuatre itî mpilândza itî,
trop petit.	kely loatra.	kĕli lôuatre,
il faut le changer.	tokony ho soloana izy.	tôukouni hou soulôuanc îzi,
dis-leur de préparer leurs charges de suite,	asaovy amboariny haingana ny entany,	assôvi ambouârini haîngana ni ĕntani,
allons, en route.	andeha, miainga	andĕha, micngă,
veille bien à ce qu'aucun d'eux ne reste en arrière,	tandremo tsara mba tsy hisy hiaoriana iray akory izy,	tandrĕmou tsâra mbă tsi hîssi hiaouriana iraî akôuri îzi,
je ne donnerai aucun cadeau à ceux qui resteront en arrière,	tsy homeko kado kely akory izay miaoriana,	tsî houmĕkou kadôu kĕli akôuri izaî miaouriana,
qu'ils marchent bien s'ils veulent être payés à l'arrivée à Tananarive,	asaovy mandeha tsara izy raha te-handray karama rehefa tonga auy Antananarivo,	assôvi mandĕha tsâra izi râha tĕ-handraî karâme rĕhefa tôunga âni Antananarîve,
veille bien à ce qu'ils prennent soin des bagages, qu'ils ne brisent pas les dames-jeannes,	tandremo tsara ny hikarakarany ny entana, ny tsy hamakiany ny damizana,	tandrĕmou tsâra ni hikârakarâni ni ĕntane, ni tsi hamakîani ni damezanes,
fais mettre les bagages à l'abri,	asaovy alaony amy ny fialofana ny entana,	assôvi atôni âmi ni fialôufane ni ĕtane,
veille à ce qu'ils ne soient pas mouillés,	tandremo mba tsy ho lena ireo,	tandrĕmou mbă tsi hou lĕna irĕou,
place mes cantines ici.	apetraho eto ny vatako	apĕtrahou ĕtou ni vătakou,
défais les cordes.	vohao ny kofehy.	vohaô ni koufĕhi,
range les bambous dans ce coin.	alaharo eto amy ny rindrina ny volotsangana,	alahărou ĕtou âmi ni rîndrine ni vôuloutsângana,
sortez les bagages.	avoahy ny entana.	avouăhi ni ĕntane,
partez.	mandehana.	mandehăna,
nous allons à Moramanga. . . .	ho any Moramanga isika. . . .	hôu âni Môuramănga issîke,
nous déjeunerons à Moramanga.	hisakafo any Moramanga isika. .	hissakăfou âni Môuramănga issîke,
nous coucherons à Beforona . .	handry any Beforona isika. . .	băndri âni Bĕfôuroune issîke,
le jour.	ny andro.	ni ăndrou,
la nuit.	ny alina.	ni ăline,
le matin.	ny maraina.	ni maraîna,
le soir.	ny hariva	ni harîva,
midi	mitataovovonana	mitatô vouvôunanc,
l'après-midi	mitsidika andro	mitsîdike ăndrou,
l'heure	ny ora.	ni ôura,
la minute.	ny minitra.	ni minîtra,
l'année	ny taona.	ni tôna,
la saison sèche.	ny lohataona (main-tany). . . .	ni lôuhatôna (maîn-tăni),
la saison des pluies.	ny fahavaratra.	ni făhavăratre,
la semaine.	ny herinandro	ni hĕrinăndrou,
le mois.	ny volana.	ni vôulane,
le temps.	ny andro	ni ăndrou,
aujourd'hui.	anio, andro any	aniôu, ăndrouâni,
demain.	rahampitso.	răhampîtsou,
demain matin.	rahampitso maraina.	rahampîtsou maraîna.
demain soir	rahampitso hariva.	rahampîtsou harîva,
après-demain.	rahafakampitso.	rahăfakampîtsou,
hier.	omaly.	oumăli,
avant-hier.	afakomaly.	ăfakoumăli,
dans deux jours.	raha afaka indroa andro. . . .	răha ăfake indrôua ăndrou.
la semaine prochaine	amy ny herinandro ho avy. . .	ămi ni hĕrinăndrou hôu âvi.
le mois dernier.	tamy ny volana lasa teo. . . .	tămi ni vôulane lăssa tĕou.
le printemps.	ny lohataona.	ni lôuhatôna,
l'été	ny fahavaratra.	ni făhavăratra,
l'automne.	ny fararano	ni fărarănou,
l'hiver.	ny ririnina.	ni rirînina,
le soleil.	ny masoandro	ni măssouăndrou
la lune.	ny volana.	nî vôulane,
les étoiles.	ny kintana.	nî kîntane,

FRANÇAIS.	TRADUCTION.	PRONONCIATION.
le ciel	ny lanitra.	nĭ lānitre,
le nuage	ny rahona.	ni rāhoune,
le temps est couvert	manjombona ny andro	mandzoūmbouna ni āndrou,
il va pleuvoir	ho avy ny orana	hoū āvi ni oūrane,
la pluie	ny orana	ni oūrane,
pleuvra-t-il	ho avy va ny orana?	hoū āvi vā ni oūrane?
il fait chaud	mafana ny andro	mafāna ni āndrou,
il fait froid	mangatsiaka ny andro	mangatsiaka ni āndrou,
ce brouillard est froid	mangatsiaka io zavona io	mangatsiaka ĭou zāvoune ĭou,
le vent	ny rivotra	ni rĭvoutre,
l'orage	ny ranonoram-baratra	ni rānounoūrambāratre,
y aura-t-il de l'orage?	hisy ranonoram-baratra va?	hĭssi rānounoūrambāratre vā?
le tonnerre	ny kotrobaratra	ni koūtroubāratre,
est-ce le tonnerre?	kotrobaratra va izany?	koūtroubāratre vā ni izāni?
ne pleuvra-t-il pas cet après-midi?	tsy ho avy va ny orana amy ny mitatao vovonana?	tsĭ hoū āvi vā ni oūrane ām ini mitatô vouvoūnane?
à quelle heure?	amy ny firy izao?	āmi ni fĭri izô?
je crains que nous soyons mouillés,	matahotra aho fandrao lena isika	matāhoutra āhou fandrô lēna issĭke,
il faut arriver avant la pluie.	tokony ho tonga alohan' ny orana,	toūkouni hou toūnga aloūbani ni oūrane,
aurons-nous beau temps demain?	ho tsara va ny andro rahampitso?	hoū tsāra vā ni āndrou rahampītsou?
le soleil est très chaud	mafana dia mafana ny hain-andro	mafāna dĭa mafāna ni haĭnāndrou,
donne-moi mon ombrelle	aiza (omeo ahy) ny eloko	aĭza (oumēou āhi) ni ēloukou,
donne-moi mon manteau	aiza (omeo ahy) ny kapaotiko	aĭza ny kapôtikou,
prends mon casque	raiso ny satroko jobo	raĭsso ni sātroukou dzoūbou,
donne-moi ma calotte	omeo ahy ny satroboriko	oumēou āhi ni sātrouboūrikou,
reste à côté de moi, toujours	mipetraha eo akaikiko mandrakariva,	mipetrāha ô akēkiko māndrakarĭva,
donne-moi mon parapluie	omeo ahy ny eloko.	oumēou āhi ni ēloukou,
tiens	tano.	tānou,
prends-le	raiso	raĭssou,
le terrain	ny tany.	ni tāni,
la terre	ny tany.	ni tāni,
la mer	ny ranomasina.	ni rānoumāssine,
le sol inculte	ny handrin-tany	ni hāndrintāni,
la pierre	ny vato.	ni vātou,
le sable	ny fasika	ni fāssike,
le gravier	ny fasika vaventy (karaobato madinika),	ni fāssike vavēnti (karôbātou madĭnika),
le rocher	ny vatolampy	ni vātoulāmpi,
la montagne	ny tendrombohitra	ni tēndroumboūhitre,
la colline	ny havoana	ni havoūane,
le col	ny hadilanana	ni hadilānana,
le sommet	ny tendro.	ni tēndrou,
la vallée	ny lohasaha	ni loūhassāha,
le champ	ny saha.	ni saha,
le mamelon	ny bongontany.	ni boūngountāni,
la carrière	ny fihadiam-bato	ni fihadĭambātou,
le lac	ny fariby	ni farĭhi,
la rizière	ny tanimbary	ni tānimbāri,
le marais	ny honahona.	ni hoūnahoūne,
la digue	ny fefiloha.	ni fēfiloūha,
le fossé	ny hady.	ni hādi,
le trou	ny lavaka.	ni lāvake,
la haie	ny fefy.	ni fēfi,
la clôture	ny tamboho	ni tamboūhou,
la forêt	ny ala.	ni āla,
les arbres	ny hazomaniry.	ni hāzou manĭri,

FRANÇAIS.	TRADUCTION.	PRONONCIATION.
la broussaille	ny hazo kely madinika	ni hāzou kĕli madĭnika,
le bosquet	ny ala kely	ni āla kĕli,
les branches	ny rantsan-kazo	ni răntsankāzou,
les feuilles	ny ravinkazo	ni rāvinkāzou,
les fleurs	ny voninkazo	nī vōūninkāzo,
l'ombre	ny aloka	ni ālouka,
coupe-moi un bâton	anapaho tchina aho	anapāhou tĕhine āhou,
donne-moi ce fruit, cette fleur	omeo ahy io voankazo io, io voninkazo io.	oumĕou āhi iou vôankāzou iou iou vōūninkāzou iou.

Les animaux.	**Ny biby.**	**Ni bĭbi.**
Le bœuf	ny omby	ni ōūmbi,
la vache	ny reniomby	ni rēniōūmbi,
le veau	ny zanakomby	ni zānakōūmbi,
le mouton	ny ondrilahy	ni ōūndrilāhi,
la chèvre	ny osivavy	ni ōūssivāvi,
le porc	ny kisoa	ni kissōūa,
le sanglier	ny lambo	ni lāmbou,
le cheval	ny soavaly	ni sōūavāli,
la jument	ny soavalivavy	nī sōūavālivāvi,
l'âne	ny ampondra	ni ampōūndra,
le mulet	ny mole	ni moulĕ,
le chien	ny alika	ni alĭka,
la chienne	ny alikavavy	ni alĭkavāvi,
le chat	ny saka	ni sāke,
la chatte	ny sakavavy	ni sakvāvi,
le chat sauvage	ny kary	ni kāri,
le rat	ny voalavo	ni vôlāvou,
la souris	ny totozy	ni toutōūzi,
le moustique	ny moka	ni mōūke,
y a-t-il des rats?	misy voalavo va?	mĭssi vôlāvou vā?
y a-t-il des moustiques?	misy moka va?	mĭssi mōūke vā?
la puce	ny parasy	ni parāssi,
il y a trop de puces	be parasy loatra	bĕ parāssi lôtre,
l'araignée	ny hala	ni hāle,
le ver-à-soie	ny soherina	ni souhĕrine,
la chrysalide	ny bibin-dandy	ni bĭbindāndi,
le cocon	ny landy	ni lāndi,
le lapin	ny bitro	ni bĭtrou,
l'oiseau	ny vorona	ni vōūroune,
la caille	ny papelika	ni papēlike,
la perdrix	ny tsipoy	ni tsipōūi,
la sarcelle	ny tsiriry	ni tsirīri,
les oiseaux d'eau	ny voronandrano	ni vōūrounandrānou,
la pintade	ny akanga	ni akānga,
la tourterelle	ny domohina	ni doumōūhine,
le milan	ny papango	ni papāngou,
le faucon	ny voromahery	ni vōūroumahēri,
la chouette	ny tararaka	ni tarāraka,
le hibou	dy vorondolo	ni vōūroundōūlou,
l'aigle pêcheur	ny ankoay	ni ankouaī,
le héron	ny vano	ni vānou,
l'aigrette	ny vorompotsy	ni vōūroumpōūtsi,
le perroquet	ny boloky	ni boulōūki,
l'épervier	ny firasy	ni firāsi,
la crécerelle	ny hitsikitsika	ni hĭtsikĭtsike,
le poisson	ny trondro	ni trōūndrou,
l'écrevisse	ny orana	nī ōūrane.
la tortue	ny fano	ni fānou,
la crevette	ny patsa	ni pātsa,

FRANÇAIS.	TRADUCTION.	PRONONCIATION.
le crabe	ny foza	ni fōuza,
l'huître	ny akorandriaka	ni akōurandrīaka,
l'anguille	ny amalona	ni amālouna,
le serpent	ny bibilava	ni bībilāva,
le scorpion	ny maingoka	ni maīngouka,
le cent pieds	ni trambo	ni trāmbou,
la mouche	ny lalitra	ni lālitra,
la guêpe	ny takola-panenitra	ni takōulapanēnitra,
l'abeille	ny renin-tantely	ni rēnitantēli,
le papillon	ny lolo	ni lōulou.

Les parties du corps. — Ny momba ny tena. — Ni mōumba ni tēna.

Le corps	ny vatana	ni vātana,
les cheveux	ny volo	ni vōulou,
la barbe	ny volon-tsaoka	ni vōuloutsôka,
la moustache	ny volom-bava	ni vōuloumbāva,
la tête	ny loha	ni lōuha,
le visage	ny tarehy	ni tarēhi,
les yeux	ny maso	ni māssou,
les oreilles	ny sofina	ni sōufina,
j'ai mal à la tête	marary an-doha aho	marāri andōuha āhou,
le nez	ny orona	ni ōurouna,
la bouche	ny vava	ni vāva,
les dents	ny nify	ni nifī,
la langue	ny lela	ni lēla,
les lèvres	ny molotra	ni mōuloutra,
le menton	ny saoka	ni sôka,
le front	ny handrina	ni hāndrina,
les sourcils	ny manjamaso	ni māndzamāssou,
les joues	ny takolaka	ni takōulaka,
le cou	ny vozona	ni vōuzouna,
la nuque	ny hatoka	ni hātouka,
l'épaule	ny soroka	ni sōurouka,
le bras	ny sandry	ni sāndri,
le coude	ny kiho	ni kīhou,
le poing	ny totohondry	ni tōutouhōundri,
la main	ny tanana	ni tānane,
le doigt	ny rantsan-tanana	ni rāntsantānane,
l'ongle	ny hoho	ni hōuhou,
la poitrine	ny tratra	ni trātra,
l'estomac	ny vavafo	ni vāvafōu,
le poumon	ny havokavoka	ni hāvoukāvouka,
le ventre	ny kibo	ni kibou,
le dos	ny lamosina	ni lamōussina,
les reins	ny valahana	ni valāhana,
le bas des reins	ny vaniana	ni vanīana,
la cuisse	ny fe	ni fē,
la jambe	ny ranjo	ni rāndzou,
le genou	ny lohalika	ni louhālika,
le mollet	ny kibon-dranjo	ni kibounidrāndzou,
le pied	ny tongotra	ni tōungoutra,
le talon	ny ombalahin-tongotra	ni ōumbalāhitoungōutra.

Le vêtement. — Ny fitafiana. — Ni fitafīana.

Le chapeau	ny satroka	ni sātrouka,
le casque	ny jobo	ni dzōubou,
le képi	ny kasikety	ni kāssikēte,
le manteau	ny kapaoty	ni kapôte,
le bouton	ny bokotra	ni bōukoutra,

FRANÇAIS.	TRADUCTION.	PRONONCIATION.
le veston	ny palitao	ni pălitô,
le gilet	ny salotra	ni săloutra,
la culotte	ny kalisaonina halohalika	ni kălissônine hălouhălika,
le pantalon	ny pataloha	ni pătalōuha,
la cravate	ny fehy tenda	ni fēhitēnda,
la chemise	ny lobaka	ni lōubaka,
le caleçon	ny kalisaonina	ni kălissônine,
la ceinture	ny fehy kibo	ni fēhikïbou,
les bas, les chaussettes	ny ba	ni bă,
la guêtre	ny gety	ni guēte,
la jambière	ny gety manara-dranjo	ni guēte manăradrăndjou,
les souliers	ny kiraro	ni kirărou,
les lacets	ny kofehy	ni koufēhi,
les bottes	ny baoty	ni bôtte,
les bottines	ny baotina	ni bôttine,
la robe	ny akanjom-behivavy	ni akăndzoumbēhivăvi,
la jupe	ny zipo tapaka	ni zïpou tăpaka,
le jupon	ny zipo tapaka fanao anatiny	ni zïpou tăpaka fanô anătini,
le tablier	ny aron'akanjo anoloana	ni ărounakăndzou ănoulōuana,
le capuchon	ny sarondoha amy ny kapaoty	ni săroundōuha ămi ni kapôte,
les bijoux	ny firavaka	ni firăvaka,
la bague	ny peratra	ni pēratra,
la montre	ny famantaranandro kely	ni famantăranăndrou kēli,
l'horloge	ny famantaranandro lehibe	ni famantăranăndrou lēhibē.

Principaux adjectifs.	Adjectifs fanao matetika.	Adjectifs fanô matētika.
Beau	tsara tarehy	tsăra tarēhi,
joli	mahafinaritra	măhafinăritra,
laid	ratsy tarehy	rătsi tarēhi,
affreux	mahatsiravina	măhatsirăvina,
grand	lehibe	lēhibē,
long	lava	lăva,
épais	matevina	matēvina,
gros	vaventy	vavēnti,
large	malalaka	malălaka,
mince	manify	manifi,
court	fohy	fōuhi,
petit	kely	kēli,
étroit	ety	ēti,
bon	tsara	tsăra,
mauvais	ratsy	rătsi,
médiocre	antonony	antōunouni,
doux	mamy	mămi,
plus doux	mamimamy kokoa	mămimămi koukōua,
très doux	mamy mihitsy	mămi mihïtsi,
amer	mangidy	manguïdi,
aigre	marikivy	marikïvi,
acide	mahadilo	mahadïlou,
âpre	maisatra	maïssatra,
comestible	azo hanina	ăzou hănina,
vénéneux	zavamaniry misy poizina	zăvamanïri mïssi pouïzine,
venimeux	biby misy poizina	bïbi mïssi pouïzine,
lourd	mavesatra	mavēssatra,
léger	maivana	maïvana,
lent	miadana	miădana,
rapide	haingana	haïngana,
calme	tony	tōuni,
agité	mihetsiketsika	mihētsikētsika,
violent	mafy	măfi,
furieux	tezitra	tēzitra,

FRANÇAIS.	TRADUCTION.	PRONONCIATION.
tranquille	miadana	miădana,
paisible	bonaika	bounaïka,
belliqueux	mpiady	mpiădi,
solide	mafy (mateza)	măfi (matēza),
fort	matanjaka	matăndzaka,
dur	mafy	măfi,
faible	osa	ōussa,
mou	malemy (mohaka)	malēmi (mōuhaka),
tendre	malemy	malēmi,
mûr	masaka	măssaka,
obéissant	manaiky	manēki,
désobéissant	tsy manaiky	tsi manēki,
propre	madio	madĭou,
malpropre	misotisoty	missōutissōuti,
droit	mahitsy	mahĭtsi,
courbe	vokoka	vōukouka,
flexible	milefitra (mora malefaka)	milēfitra (mōura malēfaka),
sévère	sarotsarotiny	săroutsarōutini,
juste	marina	mărina,
injuste	tsy marina	tsi mărina,
curieux	liana te-hihaino	liana tēhihaïnou,
entêté	be ditra	bē dĭtra,
bienveillant	mampiseho fitiavana	mampissēbou fitiăvana,
riche	manankarena	manănkarēna,
pauvre	mahantra	mahăntra,
liquide	matsora (mitsonika)	matsōura (mitsōunika),
humide	mando (lonaka)	măndou (lōunaka),
malsain	farofy	farōufi,
insalubre	tsy mahasalama	tsi măhassalăma,
sec	maina	maïna,
sobre	mahalala fetra	măhalăla fētra,
intempérant	tsy mahalala fetra	tsi măhalăla fētra,
fidèle	mahatoky	măhatōuki,
infidèle	tsy mahatoky	tsi măhatōuki,
haut	avo	ăvou,
bas	iva	ĭva,
profond	lalina	lălina,
creux	poak-aty	pōuak ăti,
plein	feno	fēnou,
puissant	manankery	mănakēri,
impuissant	tsy manankery	tsi mănakēri,
docile	mora manaiky	mōura manēki,
indocile	tsy mety manaiky	tsi mēti manēki,
misérable	fadiranovana	fadĭranōuvana,
malheureux	azon-doza	ăzoundōuza,
malade	marary	marări,
opportun	tsara sy mety	tsăra si mēti,
inopportun	tsy mety (tsy tsara)	tsi mēti, tsi tsăra,
importun	mahadikydiky	măhadĭkidĭki,
fâcheux	mampalahelo	mampălahēlou,
prudent	malina	mălina,
imprudent	tsy malina	tsi mălina,
savant	mahay	mahaĭ,
ignorant	tsy mahalala	tsi măhalăla,
habile	mailaka	maïlaka,
adroit	kinga	kĭnga,
maladroit	donendrina	dounēndrina,
intelligent	be saina	be saïna,
inintelligent	kely saina	kēli saïna,
menteur	mpandainga	mpandaïnga,
vrai	marina	mărina,

FRANÇAIS.	TRADUCTION.	PRONONCIATION.
faux	diso	dīssou,
absurde	diso	dīssou,
ridicule	mampihomehy	māpihomēhi,
insensé	tsy manan-tsaina	tsi mānatsaina,
fou	adala	adāla,
bruyant	maharenina	maharēnina,
silencieux	ngina (tony)	nguīna (tōūni)
triste	manjonitra	māndzōūnitra,
peiné	malahelo	mālahēlou,
pénible	manahirana	manahīrana,
frais	mangatsiatsiaka	maugatsīatsīaka,
froid	mangatsiaka	mangatsīaka,
tiède	matimaty	mātimāti,
brûlant	mahamay	mahamaī,
honnête	mendrika (mahate-hanaja)	mēndrika (māhatēhanādza),
malhonnête	tsy mendrika	tsi mēndrika,
voleur	fangalarina	fangalārina,
fourbe	mpihatsaravelatsihy	mpīhatsāravēlatsīhi,
cruel	lozabe (masiaka)	lōūzabē (massīaka),
pillard	mpandroba (jirika)	mpandrōūba (dzīrika),
haineux	manao halavolo	manó hālavōūlou,
vindicatif	ratsy fo	rātsi fōū,
dissimulé	manao an-kifonofono	manô ākifōūnoufōūnou,
ivrogne	mpimamo	mpimāmou,
débauché	mpiletra	mpilētra,
médisant	mpifosa	mpifōūssa,
calomnieux	mpanendrikendrika	mpanēndrikēndrika,
ennuyeux	manahirana	manahīrana,
fatigant	mahasasatra	māhassāssatra,
actif	mavitrika	mavītrika,
inactif	tsy mavitrika	tsi mavītrika,
oisif	midonana-poana	midounānapôna,
paresseux	kamo	kāmou,
convenable	antonona	atōūnouna,
inconvenant	tsy antonona	tsi atōūnouna,
aimable	mahate-ho tia	māhatēhōūtīa,
agréable	mahafaly	māhafāli,
désagréable	tsy mahafinaritra	tsi māhafināritra,
méchant	lozabe (ratsifanahy)	lōūzabē (rātsifanāhi),
nuisible	mahafaty antoka (mahasimba)	mahafātiāntouka, mahassīmba,
inoffensif	morabe	mōūrabē,
laborieux	tia ny miasa	tīa ni miāssa,
industrieux	havanambanana	havānambānana,
mobile	azo hetsehina	āzou hetsēhina,
immobile	tsy azo hetsehina	tsi azou hetsēhina,
précieux	saro-bidy	sāroubīdi,
estimable	mendrika (hatao ho zavatra)	mēndrika (hatô hou zāvatra),
cher, coûteux	lafo, sarotra	lāfou, sāroutra,
bon marché	mora vidy	mōūra vīdi,
durable	maharitra	mahāritra,
effrayant	mampivadi-po	māpivādipōū,
terrible	mahatahotra	māhatāhoutra,
brave	mahery fo	mahēri fōū,
lâche	migoragora	migōūragōūra,
craintif	saro-tahotra	sāroutāhoutra,
peureux	matahotra (osa)	matāhoutra (ōūssa),
timide	saro-kenatra	sāroukēnatra,
modeste	maotona	môtouna,
simple	tsotra	tsōūtra,
compliqué	misafotofoto	missafōūtoufōūtou,
embrouillé	voasaritaka	vouasarītaka,

FRANÇAIS.	TRADUCTION.	PRONONCIATION.
limpide	madio, mangarangarana	madiou, mangārangārana,
trouble	mitsikebona (maloto)	mitsikêbouna (maloūtou),
clair	mazava	mazāva,
opaque	tsy tanteraky ny hazavana	tsi tātēraki ni hazavāna,
transparent	tanteraky ny hazavana	tātēraki ni hazavāna,
respectueux	mahay manaja	mahaī manādza,
irrespectueux	tsy mahay manaja	tsi mahaī manādza,
obscur	manjombona, maizina	mandzoūmbouna, maīzina,
sombre	maizimaizina, manaloka	maizimaīzina, manālouka,
de bonne qualité	tsara karazana	tsāra karāzana,
de mauvaise qualité	ratsy karazana	rātsi karāzana,
rond	boribory	boūriboūri
pointu	marani-doha	marāni-doūha,
plat	fisaka	fīssaka,
carré	mitovy lafy efatra	mitoūvi lāfi ēfatra,
sphérique	kivorivory	kivoūrivoūri,
anguleux	maro zoro	mārou zoūrou,
lisse	malambolambo	malāmboulāmbou,
rugueux	maraorao	marôrô,
élastique	mievotra	miēvoutra,
brillant	mamirapiratra	mamīrapīratra,
terne	vasoka	vāssouka,
couvert	voarakotra, voatototra	vouarākoutra, vouatoūtoutra,
nu	mitanjaka	mitāndjaka,
découvert	afa-tsarona	āfa-tsārouna,
ordinaire	andavan'andro	andāvanāndrou,
extraordinaire	tsy ara-dalana, tsy fanao	tsi āra-dālana, tsi fanô,
habituel	mahazatra, fanao	māhazātra, fanô,
journalier	isan'andro	īssanāndrou,
hebdomadaire	isan-kerinandro	īssankērināndrou,
mensuel	atao isam-bolana	atô īssamboūlana,
annuel	atao isan-taona	atô īssantôna,
généreux	mamindra fo	mamīndra foū,
avare	mahihitra	mahīhitra,
impoli	tsy mahay manaja	tsi mahaī manādza,
grossier	bakatraka	bakātraka,
irrité	vinitra	vīnitra,
querelleur	mpila akisa	mpīla akīssa,
brutal	saro-po	sāroupoū,
insolent	miavonavona	miāvounāvouna,
malveillant	sompatra	soūmpatra,
bienveillant	mampiseho fitiavana	māmpissēhou fitiāvana,
traître	sakaiza manody	sakaīza manoūdi,
content	faly	fāli,
mécontent	tsy faly	tsi fāli,
je suis content de toi	faly aminao aho	fāli āminô āhou.
je suis mécontent de toi	tsy faly aminao aho	tsi fāli āminô āhou,
mort	maty	māti,
vivant	velona	vēlouna,
plein	feno	fēnou,
vide	foana	fôna,
exact	tsy diso fotoana	tsi dīssou foutôna,
égal	mitovy	mitoūvi,
semblable	sahala	sahāla,
différent	samihafa	sāmihāfa,
vieux	antitra	āntitra,
jeune	tanora	tanoūra,
catholique	katolika	katôlike,
protestant	protestantra	protestante,
anglican	angilikany	anglicane,
luthérien	loterianina	loutérieue,

FRANÇAIS.	TRADUCTION.	PRONONCIATION.
quaker	mpangovitra (sakaiza)	mpangoūvitra,
Anglais	Englisy	Englīssi,
Français	Frantsay	Frantsāī,
Malgache	Malagasy	Malagāssi,
Réunionais	mponina avy any Borboana	mpoūnina āvi āni Bourbôna.

Verbes.

Aimer	tia	tīa,
chérir	mankamamy	mankamāmi,
détester	mankahala	mankahāla,
voir	mahita	mahīta,
entendre	mandré	mandrē,
écouter	mihaino	mihaīnou,
avoir	manana	mānana,
être	misy	mīssi,
pouvoir	mahefa, mahavita	mahēfa, mahavīta.
attendre	miandry	miāndri,
partir	lasa, mandeha	lāssa, mandēha,
venir	tonga, avy	toūnga, āvi,
revenir	tonga indray	toūnga indraī,
aller	mandeha, miainga	mandēha, miaīnga.
prendre	maka	māka,
recevoir	mandray	mandraī,
vouloir	tia, mankasitraka	tīa, mākassītraka,
dire	milaza	milāza,
parler	miteny	mitēni,
se taire	mangina	manguīna,
saisir	misambotra	missāmboutra,
lâcher	mandefa	mandēfa,
accepter	manaiky	manēki,
refuser	mandā	mandā,
frapper	mikapoka	mikāpouka,
obéir	manaiky	manēki,
boire	misotro	missoūtrou,
manger	mihinana	mihīnana,
dormir	matory	matoūri,
marcher	mamindra, mandeha	mamīndra, mandēha,
courir	mihazakazaka	mihāzakāzaka,
s'asseoir	mipetraka	mipētraka,
se reposer	miala sasatra	miāla sāssatra,
se coucher	mandry, matory	māndri, matoūri,
s'étendre	miampatra	miāmpatra,
se lever	miarina, mifoha	miārina, mifoūha,
tomber	potraka	poūtraka,
se relever	miarina indray	miārina indraī,
acheter	mividy	mivīdi,
vendre	mivarotra	mivāroutra,
marchander	miady varotra	miādi vāroutra,
louer	manofa	manoūfa,
payer	mandoa	mandoūa,
mentir	mandainga	mandaīnga,
dire vrai	milaza ny marina	milāza ni mārina,
être malade	marary	marāri,
guérir	sitrana	sītrana,
être bien portant	salama tsy marofy	salāma tsi maroūfi,
avoir soif	mangetaheta	manguētahēta,
avoir faim	noana	nôna,
être fatigué	sasatra	sāssatra,
avoir froid	mangatsiaka	mangatsīaka,
avoir chaud	mafana	mafāna,

FRANÇAIS.	TRADUCTION.	PRONONCIATION.
avoir sommeil	te-hatory	tē-hatōuri,
ennuyer	mahasosotra	māhassōussoutra,
exciter	mamporisika	māpourīssika,
calmer	mampitony	māpitōuni,
attaquer	mamely, mananika	mamēli, manānika,
allumer	mampirehitra	māpirēhitra,
éteindre	mamono	mamōunou,
faire cuire	mahandro	mahāndrou,
faire chauffer	mamāna	mamāna,
faire frire	mampanendy	māpanēndi,
aller chercher	mandeha mitady	mandēha mitādi,
travailler	miasa	miāssa,
être oisif	midonana-poana	midounānapōuana.
étudier	mianatra	miānatra,
lire	mamaky	mamāki,
apprendre	mianatra	miānatra,
écrire	manoratra	manōuratra,
apprendre à lire, à écrire	mianatra hamaky, mianatra ha-noratra,	miānatra hamāki miānatra ha-nōuratra.
compter	manisa	manīssa,
envoyer	maniraka	manīraka,
pleuvoir	manorana, avy orana	manōurana, āvi ōurana,
il pleut	avy ny orana	āvi 'ni ōurana,
il pleuvra	ho avy ny orana	hōu āvi ni ōurana.
falloir	tsy maitsy (tokony)	tsi maītsi (tōukouni),
il faut	tokony	tōukouni,
il faudra	tsy maitsy hò	tsi maītsi hōu,
demander	manontany (mangataka)	manountāni (mangātaka),
demande (impératif)	anontanio (angatabo)	anountanīou (angatāhou).
s'habiller	miakanjo	miakāndzou,
se déshabiller	miala akanjo	miāla akāndzou;
pleurer	mitomany	mitoumāni,
rire	mihomehy	mihoumēhi.
être gai	falifaly	fālifāli,
être triste	malahelohelo	mālahēlouhēlou
être en colère	tezitra	tēzitra,
fumer	mifoka	mifōuka,
chiquer	mihinam-paraky	mihīnamparāki,
nager	milomano	miloumānou,
ramer	mivoy	mivōuhi,
pêcher	manjono	mandzōunou,
avaler	mitelina	mitēlina,
interdire	mandrara	mandrāra,
défendre	mandrara (misakana)	mandrāra (missākana),
c'est défendu	rarana	rarāna,
permettre	manome lālana (mamela)	manoumē lālana (mamēla),
brutaliser	manao an-kasarotam-po	manô akassarōutampōu,
tuer	mamono	mamōunou,
voler	(1) mangalatra, (2) manidina	(1) mangālatra, (2) manīdina,
piller	mamabo, mandroba	mamābou, mandrōuba,
monter	miakatra	miākatra,
descendre	midina	mīdina,
s'arrêter	mijanona	midzānouna,
arrêter	manpijanona	mampidzānouna,
monter à cheval	mitaingin-tsoavaly	mitaīngintsōuavāli,
tomber de cheval	miala amy ny soavaly	miāla āmi ni sōuavāli,
aller en filanzane	lanjaina	landzaïna,
vivre	velona	vēlouna.
mourir	maty	māti,
s'amuser	milaolao	milaōulaōu,
s'enivrer	mamo (leon-toaka)	māmou (lēountōuaka).

FRANÇAIS.	TRADUCTION.	PRONONCIATION.
entourer	manisy manodidina.	manīssi manoudīdina,
cerner	manodidina (manarona)	manoudīdina (manārouna),
fuir	mandositra	mandoūssitra,
s'échapper	milefa	milĕfa,
rejoindre	manakambana	manakămbana,
soigner	mitsabo.	mitsăbou,
prendre soin de	mitaiza (mitsabo).	mitaīza (mitsăbou),
guérir	manasitrana	manassītrana,
veiller à	mikajy (mitandrina)	mikădzi (mităndrina),
faire attention.	mitandrina	mităndrina,
tâcher de	mikely aina mba	mikĕli aīna mba....,
s'efforcer	mikely aina	mikĕli aīna,
lutter.	mitolona	mitoūlouna,
combattre.	miady	miădi,
défaire l'ennemi	mandresy ny fahavalo.	mandrĕssi ni făhavălou,
faire	manao	mănŏ,
arranger	mandamina	mandămina,
attacher, lier	mamatotra, manakambana.	mamătoutra, manakămbana,
réparer	manamboatra	manambŏuătra,
préparer	manomana (mamboatra).	manoūmana (mambŏuatra),
coudre	manjaitra	mandzaītra,
raccommoder.	manamboatra akanjo	manambŏuatra akăndzou,
couper	mandidy	mandīdi,
fendre	mandriatra.	mandriatra,
renverser.	mamadika akanjo.	mamădika akăndzou,
jeter	manipy.	manīpi,
lancer	mitoraka (manipy)	mitoūraka (manīpi),
traduire (une langue).	mandika fiteny iray.	mandīka fitĕni iraī,
garder	mitana	mităna,
regarder.	mijery	midzĕri,
changer.	manova.	manŏūva,
échanger	manakalo	manakălou,
laver.	manasa	manăssa,
nettoyer	manadio	mănadīou,
balayer	mamafa.	mamăfa,
visiter	mamangy	mamăngui,
fouiller	mihady.	mibădi,
brosser	manaborosy	manabourŏūssi,
ouvrir	mamoha	mamŏūha,
fermer	mandrindrina	mandrīndrina,
voyager.	mivahiny	mivalĭni,
séjourner	monina, mipetraka	moūnina, mipĕtraka,
forcer, contraindre	manapitsoka, manory.	manapītsouka, manĕri,
éveiller.	mamoha	mamŏūha,
sentir.	(1) mandre, (2) mahatsiaro	(1) mandrĕ, (2) măhatsiarou,
sentir bon.	mandre tsara	mandrĕ tsăra,
sentir mauvais.	mandre ratsy	mandrĕ rătsi,
arracher	manongotra.	manŏūngoutra,
cacher	mandevina (manafina).	mandĕvina (manăfina),
détruire	mandrava.	mandrăva,
jouer de la musique	mitendry (mitsoka) mozika.	mitĕndri (mitsoūka) mouzīka,
jouer.	mitendry, mitsoka	mitĕndri, mitsoūka,
chanter	mihira	mihīra,
danser	mandihy	mandīhi,
tromper.	mamitaka	mamītaka,
se tromper	diso hevitra	dīssou hĕvitra,
gouverner.	mandidy, manapaka.	mandīdi, manăpaka,
régner	manjaka	mandzăka,
commander	mifehy	mifĕhi,
obéir.	manaiky	manĕki,
désobéir.	tsy manaiky.	tsy manĕki,

FRANÇAIS.	TRADUCTION.	PRONONCIATION.
faire l'exercice	manao fampiasana	manō fampiāssana,
jurer, prêter serment	miozona, mianiana	miōuzouna, mianïana,
poursuivre	manenjika	manĕndzika,
fuir	mandositra	mandōussitra,
mettre en fuite	mampandositra	mampandōussitra,
coûter	vidiny	vidini,
valoir	vidy	vĭdi,
teindre	manasoka amy ny loko	manassōuka āmi ni lōukou,
commencer	manomboka	manōūmbouka,
finir	mamita	mamīta,
achever	manapitra	manăpitra,
remplir	mameno	mamĕnou,
vider	manafoana	manafōuana,
savoir	mahalala	măhalăla,
comprendre	mahofantatra	măhafăntatra,
égaler	mampitovy	mampitōūvi,
comparer	mampitaha	mampităha,
rendre compte	manambara (manazava)	manambāra (manazāva),
connaître	mahalala (mahazo hevitra)	măhalăla (mahāzou hĕvitra),
reconnaître	mahatsiaro (mahafantatra)	măhatsiărou (măhafăntatra),
plier	mamalona	mamălouna,
déplier	mamelatra	mamĕlatra,
mouiller	mandena (manakotsa)	mandĕna (manakōŭtsa),
sécher	manamaina	manamaīna,
faire sécher	mampahamaina	mămpahamaïna,
traverser une rivière	mita rano	mīta rānou,
sauter	mitsambikina	mitsambīkina,
descendre	midina	mīdina,
monter	mananika	manănika,
souffler	mitsoka (mifofotra)	mitsōūka (mifōŭfoutra),
arroser	manondraka (mandena)	manōūndraka (mandĕna),
cultiver	miasa	miăssa,
piocher	mitrandraka	mitrăndraka,
labourer	mihevo	mihĕvou,
ensemencer	mamafy	mamăfi,
faire la récolte	mijinja	midzīndza,
tailler	mikapa	mikăpa,
ramasser	manangona	manăngouna,
cueillir	mioty	miōūti,
recueillir	mioty indray	miōūti indraï,
oublier	manadino	manadīnou,
se souvenir	mahatadidy	măhatadīdi,
inventer	mamorona	mamōūrouna,
nommer	manendry	manĕndri,
désigner	manondro	manōūndrou,
indiquer	manoro	manōūrou,
faire prisonnier	manao antranomaizina	manō antrānoumaïzina,
délivrer	manafaka (manala)	manăfaka (manăla),
incendier	mandoro trano	mandōūrou trānou,
prendre d'assaut	mananika	manănika,
massacrer	mamono olona	mamōūnou ōŭlouna,
dévorer	mandrapaka	mandrăpaka,
se rassasier	mahavoky	măhavōūki,
se désaltérer	mahafaka hetaheta	măhăfaka hĕtahĕta,
abreuver	mampisotro	mămpissōūtrou,
faire paître	miandry ondry na omby	miăndri ōūndri nā ōūmbi,
conduire	mitarika	mitărika,
charger (une arme à feu)	mamahana basy	mamăhana băssi,
tirer —	manapoaka basy	manapōŭaka băssi,
bâtir	manorina	manōūrina,
construire	manangana	manăngana,

FRANÇAIS.	TRADUCTION.	PRONONCIATION.
détruire	mandrava	mandrāva,
entreprendre	mikasa (manomboka)	mikāssa (manoūmbouka),
voyager	mivahiny	mivahīni,
diriger	mitari-dálana	milāridālana,
verser	mandrotsaka (manidina)	mandroūtsaka (manīdina),
ramasser	manangona	manāngouna,
débarrasser	misava	missāva,
embarrasser	manahirana	manahīrana,
naître	teraka	tēraka,
accoucher	miteraka	mitēraka,
abaisser	manetry	manētri,
élever	manandratra	manāndratra,
encourager	mamporisika	mampourissika,
récompenser	mamaly soa	mamāli soūa,
donner un cadeau	manome kado	manoumē kadoū,
punir	mankafay	mankafaï,
devoir (à quelqu'un)	mandoa antoka	mandoūa āntouka,
respirer	maka aina	māka aīna,
suffoquer	manempotra	manēmpoutra,
traire	mitery	mitēri,
prêter	mampisambotra	māmpissāmboutra,
emporter	mitondra	mitoūndra,
apporter	manatitra	manātitra,
rapporter	mitondra miverina	mitoūndra mivērina,
veiller	miari tory	miāritoūri,
surveiller	manao andry maso	manō āndri māssou,
surprendre	mahazo ambody omby	mahāzou amboūdi oūmbi,
tisser	manenona	manēnouna,
tracer	manoritra	manoūritra,
puiser de l'eau	mantsaka	mantsāka,
sonner	maneno	manēnou,
résonner	manako	manākou,
rayer	mitsipika	mitsīpika,
rouler	manakodia	manakoudia,
enrouler	mangorona	mangoūrouna,
dérouler	mamelatra	mamēlatra,
serrer	mangeja	manguēdza,
remuer	manetsika	manētsika,
rester immobile	tsy mihetsika	tsi mihētsika,
avancer	mandroso	mandroūssou,
reculer	mampihemotra	māmpihēmoutra,
retarder	mampitaredretra	māmpitarēdrētra,
peler	mikiky volo	mikīki voūlou,
éplucher	milango	milāngou,
se noyer	mamono tena any anaty rano	mamoūnou tēna āni anāti rānou
sauver	mamonjy	mamoūndzi,
mourir	maty	māti,
mordre	manaikitra	manēkitra,
montrer	mampiseho	māmpissēhou,
mesurer	mandrefy	mandrēfi,
évaluer	manombana	manoūmbana,
injurier	manevateva	manēvatēva,
organiser	mandamina	mandāmina,
administrer	mifehy	mifēhi,
se révolter	mikomy	mikoūmi,
se soumettre	manaiky (mibaboka)	manēki (mibābouka),
se rendre	mandeha (miverina)	mandēha (mivērina),
armer	manome fiadiana	manoumē fiadīana,
désarmer	manesotra fiadiana	manēssoutra fiadīan
diviser	mizara	mizāra,
partager	milantana	milātana,

FRANÇAIS.	TRADUCTION.	PRONONCIATION.
ruiner	mandevona	mandēvouna,
réunir	mampikambana.	mampikāmbana,
réussir	mahomby.	mahōumbi,
échouer.	mifefika.	mifēfika,
tordre	manolana	manōulana,
plaire.	mahafaly	māhafāli,
placer.	mametraka	mamētraka,
tresser	mandrandrana	mandrāndrana,
natter	mandrary.	mandrāri,
piler, moudre	mitoto	mitōutou,
griller	mitono	mitōunou,
changer.	manova.	manōuva,
manquer	tsy ampy	tsi āmpi,
étendre.	mamelatra.	mamēlatra,
appuyer.	manohana.	manōuhana,
harnacher.	mametraka ny fomban-tsoavaly.	mamētraka ny fōumba-tsōuavāli.
broyer	manamontsana.	manamōutsana,
seller.	manisy lasely	manīssi lasēlle,
desseller	manala lasely	manāla lasēlle,
sangler	mamehy lasely.	mamēhi lasēlle,
dessangler.	mamaha lasely.	mamāha lasēlle,
tourner.	manodina	manōudina,
s'égarer.	diso lalana.	dīssou lālana,
jouer aux cartes	miloka karatra.	milōuka kāratra,
se cacher	miery.	miēri,
envelopper	mamono (manarona)	mamōunou (manārouna),
croître	mitombo	mitōumbou,
décroître	hetry (tsy mitombo).	hētri, tsi mitōumbou,
arrêter	mampijanona.	māmpidzānouna,
cracher	mandrora (mandrehoka).	mandrōura (mandrēhouka),
transpirer.	tsemboka	tsēmbouka,
avoir la fièvre	manavy.	manāvi,
avoir mal à la tête.	marary an-doha	marāri andōuha,
être enrhumé	mikohaka	mikōuhaka,
s'enrhumer	azon'ny kohaka.	āzouni ni kōuhaka,
boiter.	mandringa.	mandrīnga,
tousser	mikohaka	mikōuhaka,
être malade.	marary	marāri,
être infirme.	farofy.	farōufi,
souffrir	mijaly	midzāli.

Substantifs.

Le nom.	ny anarana	Ni anārana,
la chose.	ny zavatra.	ni zāvatra,
le mot	ny teny.	ni tēni,
le fait	ny natao	ni nataōu
l'action	ny asa	ni āssa,
la vie.	ny fiainana	ni fiaīnana,
la mort.	ny fahafatesana	ni fahafatēssana,
le pays	ny tany.	ni tāni,
la France	Frantsa.	Frāntsa,
Madagascar	Madagasikara.	Madagaskāra,
la nation	ny firenena	ni firenēna,
le peuple	ny olona	ni ōulouna,
le général.	ny jeneraly	ni dzēnērāli,
l'officier.	ny manamboninahitra.	ni mānambōunināhitra,
le soldat	ny miaramila	ni miāramīla,
le milicien	ny milisy.	ni milīce,
le chef	ny lehibe	ni lēhibē,
la reine.	ny mpanjakavavy.	ni mpandzākavāvi,

FRANÇAIS.	TRADUCTION.	PRONONCIATION.
l'évêque	ny eveka	ni évêque,
le prêtre	ny pretra (mompera)	ni prêtra (mompĕra),
le missionnaire	ny misionary	ni missionãri,
le pasteur	ny pasitora (mpiandry ondry)	ni passitõra (mpiãndri õundri),
le révérend	ny reveranda (mendrika ho ha-jaina),	ni rĕvĕrãnda (mĕnedrika hoũ hadzaïna),
la sœur (religieuse)	ny masera	ni massĕra,
l'église	ny egilizy (trano fiangonana)	ni ĕglisc (trãnou fiangõunana),
la messe	ny lamesa	ni la mĕsse,
le temple	ny tempoly	ni tempõuli,
le prêche	ny tory teny	ni tõuritĕni,
l'école	ny trano fianarana	ni trãnou fianãrana,
la place	ny fitocrana	ni fitouĕrana,
la rue	ny lalana	ni lãlana,
le fossé d'enceinte	ny hadivory	ni hãdivõury,
la palissade d'enceinte	ny rova hazo	ni rõuva hãzou,
l'hôpital	ny trano fitsaboana	ni trãnou fitsabõuana,
le magasin	ny magazay	ni magazaï,
la caserne	ny trano fitocran'ny miaramila	ni trãnou fitouĕrane ni miãramĭla,
le palais	ny lapa	ni lãpa,
l'imprimerie	ny trano fanaovani-pirinty	ni trãnou fanôvani pirĭnti,
le tribunal	ny trano fitsarana	ni trãnou fitsarãna,
la cour	ny tokotany	ni tõukoutãni,
le jardin	ny tanimboly (zaridaina)	ni tãnimbõuli (zaridaïne),
le café	ny kafé	ni kafĕ,
l'hôtel	ny hotely	ni hôtĕli,
la poste	ny postra	ni põstra,
la douane	ny ladoany (fadin-tseranana)	ni ladouãne (fãdintserãnana),
l'appartement	ny efitrano	ni ĕfitrãnou,
le port	ny fitodian-tsambo	ni fitoudĭantsãmbou,
l'île	ny nosy	ni nõussi,
le quai	ny fefiloha vato	ni fĕfilõuha vãtou,
le phare	ny tilik-ambo misy fanala ma-noro lalana ny sambo,	ni tĭlikãmbou mĭssi fanãla ma-nõũrou lãlana ni sãmbou,
le trésor	ny rakitra fitocrambola	ni rãkitra fitouĕrambõula,
la banque	ny trano fampanjanahambola	ni trãnou fampandzanãnambõula,
la rade	ny fitodian-tsambo	ni fitoudĭantsãmbou,
la baie	ny lovoka, ny hoala	ni lõũvouka, ni houãla,
le cap	ny tanjona	ni tãndzouna,
la plage	ny moron-tsiraka	ni mõũrountsĭraka,
le paquebot	ny sambo setroka	ni sãmbou sĕtrouka.
la pirogue, la barque	ny lakana, ny lakan-drafitra	ni lãkana, ni lãkandrãfĭtra,
le marin	ny tantsambo	ni tãntsãmbou,
le douanier	ny ladoany	ni ladouãne,
le gendarme	ny zandary	ni zandãri,
l'agent de police	ny iraky ny polisy mitsiritsirika	ni ĭraki ni poulice mitsĭritsirĭka,
le maire	ny mera lehiben' ny tanana	ni maire lĕhibĕni m tanãna,
l'administrateur	ny manampahefana amy ny fari-tany iray,	ni manampahĕfana ãmi ni fãri-tãni iraĭ,
la milice	ny milisy	ni milice,
le fort	ny manda	ni mãnda,
le poste	ny tranon' ny mpiambina	ni trãnouni mpiãmbina,
le bateau de guerre	ny sambo mpiady	ni sãmbou mpiãdi,
le fusil	ny basy	ni bãssi,
le canon	ny tafondro	ni tafõũndrou,
le revolver	ny basy poleta	ni bãssi poulĕta,
le sabre	ny sabatra	ni sãbatra,
le couteau	ny antsy	ni ãntsi,
le poignard	ny lefompohy	ni lĕfoumpõũhi.
la sagaie	ny lefona	ni lĕfouna,

FRANÇAIS.	TRADUCTION.	PRONONCIATION.
la hache	ny famaky	ni famāki,
l'angade	ny angady	ni angādi,
la cartouche	ny faham-basy	ni fāhambāssi,
la balle	ny bala	ni bāla,
le plomb	ny firaka	ni fīraka,
la cartouchière	ny fitoeran' ny faham-basy	ni fitouĕrani ni fāhambāssi,
le sac	ny lasaka (kitapo)	ni lassāka (kitāpou),
la caisse	ny kesika	ni kĕssika,
la cantine	ny kantinina	ni kantīnina,
la malle	ny vata	ni vāta,
les armes	ny fiadiana	ni fiadīana,
la canne	ny tchina	ni tēhina,
la poudre	ny vanja	ni vāndza,
le coup de fusil	ny poa-basy	ni pōūabāssi,
le coup de canon	ny poa-tafondro	ni pōūatafōūndrou,
le crayon	ny pensily	ni pentsīli,
le papier	ny taratasy	ni tāratāssi,
la plume	ny penina	ni pēnina,
le porte-plume	ny tahom-penina	ni tāhoumpēnina,
l'encre	ny ranomainty	ni rānoumaīnti,
la règle	ny fitsipika	ni fitsīpika,
le livre	ny boky	ni bōūki,
le dictionnaire	ny diksionary	ni dīkissionāri,
l'encrier	ny fitoeran-dranomainty	ni fitouĕrandrānoumaīnti,
le cahier	ny boky fanoratana	ni bōūki fanourātana,
l'image	ny sary	ni sāri,
le tableau	ny sary lehibe	ni sāri lēhibĕ,
la carte géographique	ny sarin-tany	ni sārītāni,
le registre	ny rejisitra	ni redzīstra,
le guide	ny mpitari-dalana	ni mpitāridālana,
l'interprète	ny mpandika teny	ni mpandīkatēni,
le marchand	ny mpivarotra	ni mpivāroutra,
le propriétaire	ny tompon-javatra	ni tōūmpoundzāvatra,
le locataire	ny mpanofa	ni mpanōūfa,
le jardinier	ny mpiasa amy ny zaridaina	ni mpiāssa āmi ni zaridaīne,
le blanchisseur	ny mpanasa lamba	ni mpanāssa lāmba,
l'instituteur	ny mpampianatra	ni mpampiānatra,
l'ouvrier	ny mpiasa	ni mpiāssa,
le forgeron	ny mpanefy	ni mpanĕfi,
le tisserand	ny mpanenona	ni mpanēnouna,
le prospecteur	ny mpamoaka taratasy filazana ny hatao,	ni mpamôka tāratāssi filazāna ni hatô,
le commerçant	ny mpivarotra am-bongadiny	ni mpivāroutra ambounngādini,
le commerce	ny varotra	ni vāroutra,
l'ouvrage	ny asa	ni āssa,
le travail	ny taozavatra	ni tôzāvatra,
la vente	ny lavanty	ni lavĕnte,
le télégraphe	ny telegrafy	ni télégrāphe,
le drapeau	ny sainam-panjakana	ni saīnampandzakāna,
la lanterne	ny fanala	ni fanāle,
la lampe	ny fanaovanjiro	ni fanōvandzīrou,
le pétrole	ny soli-tany	ni sōūlitāni,
la mèche	ny lahinjiro	ni lāhindzīrou,
le lit	ny farafara, ny fandriana	ni fārafāra, ni fandrīana,
le matelas	ny kidoro	ni kīdōūrou,
les draps	ny darä	ni dvä,
les couvertures	ny lamba firakofana	ni lāmba firakōūfana,
l'oreiller	ny ondana	ni ōūndana,
le traversin	ny ondana	ni ōūndana,
le mouchoir	ny mosara	ni moussāra,
le tricot	ny akanjo bā	ni akāndzou bā,

FRANÇAIS.	TRADUCTION.	PRONONCIATION.
les chaussettes	ny ba fohy	ni bă fōūhi,
le bouton (de vêtement)	ny bokotra amy ny fitafiana	ni bōūkoutra ămi ni fitafīana,
l'uniforme	ny akanjo fanamiana	ni akăndzou fanamīana,
la poche	ny paosy	ni pôche,
la manche	ny tanan-akanjo	ni tănanakăndzou,
le galon	ny galona	ni galōūna,
l'ordre (injonction)	ny didy	ni dīdi,
la salle	ny efitrano	ni efitrănou,
la prison	ny fonja	ni fōūndza,
le prisonnier	ny ao amy ny fonja	ni aōū ămi ni fōūndza,
le feu	ny afo	ni ăfou,
l'incendie	ny hain-trano	ni haïntrănou,
le tremblement de terre	ny horohoron-tany	ni hōūrouhōūrountăni,
l'inondation	ny fahatondrahan'ny rano	ni făhatoundrăhani rănou,
le tonnerre	ny varatra	ni văratra,
l'éclair	ny tselatro	ni tsēlatra,
la foudre	ny varatra	ni văratra,
l'herbe	ny ahitra	ni ahītra,
le fourrage	ny vilona maina	ni vīlouna maïna,
la nourriture	ny hanina	ni hănina,
la farine de froment	ny lafarina atao amy ny varim-bazaha,	ni lafarīne atŏ ămi ni vărimba-zăha,
la farine de manioc	ny lafarina mangahazo	ni lafarīne mängahăzou,
le poisson séché	hazandrano maina	ni hăzandrănou maïna,
les conserves (alimentaires)	ny hanina amy ny vifotsy	ni hănina ămi ni vīfōūtsi,
le maïs	ny katsaka	ni kătsaka,
la viande	ny hena	ni hēna,
la graisse	ny voan-javatra	ni vōūandzăvatra,
le lard	ny tavin-kisoa	ni tăvinkissōūa,
le filet	ny taretra	ni tarētra,
les rognons	ny voan-kena	ni vōūankēna,
les tripes	ny tsinaim-biby	ni tsinaïmbībi,
les côtelettes	ny tehezam-biby (kisoa na omby)	ni tehēzambībi (kissōūa na ōūm-bi),
le bouilli	ny hena alain-dro	ni hēna alaïndrōū,
l'entrecôte	ny tehezan-kena (ny nofony)	ni tehēzankēna (ni nōūfouni),
la langue	ny lela	ni lēla,
le rôti	ny tonon-kena	ni tōūnounkēna,
la sauce	lasaosy	ni lassŏssi (la sauce),
la salade	ny salady	ni salăde,
l'omelette	lamolety	ni lamoulêtte,
le lait	ny ronono	ni rounōūnou,
le beurre	ny ronono mandry	ni rounōūnou măndri,
le rideau	ny lambambaravarana	ni lămbambăravărana,
le tapis	ny karipeta	ni kăripēta,
l'armoire	ny lalomoara	ni laloumouăra,
le buffet	ny lalomoara fampirinana	ni laloumouăra fămpirīnana,
l'entrée	ny fidirana	ni fidīrana,
la sortie	ny fivoahana	ni fivouăhana,
l'impôt	ny hetra aloa	ni hētra alōūa,
la prestation	ny fanaovana taozavam-panja-kana	ni fanŏvana tŏzăvapandzakăna,
la corvée	ny fanompoana	ni fanoumpōūana,
l'or	ny volamena	ni vōūlamēna,
l'argent	ny volafotsy	ni vōūlafōūtsi,
le fer	ny vy	ni vī,
le cuivre	ny varahina	ni varăhina,
le plomb	ny firaka	ni fīraka,
le charbon	ny arin-tany	ni ărintăni,
les pierres précieuses	ny vato sarobidy	ni vătou săroubīdi,
le minerai	ny metaly tsy voaempo	ni metăli tsi vouaēmpou,

FRANÇAIS.	TRADUCTION.	PRONONCIATION.
la forge	trano fanefena	trânou fanefêna,
le fourneau	ny lafaoro	ni lafôrou,
le soufflet	ny tafoforana	ni tâfoufoûrana,
l'enclume	ny riandriana	ni riandrïâna,
le marteau	ny marotô	ni maroutoû,
le clou	ny fantsika	ni fântsika,
la tenaille	ny tandra	ni tândra,
la vis	ny saikiro	ni saïkiroû,
le piton	ny saikiro mihoron-doha	ni saïkiroû mihoûroundoûha,
le crochet	ny faraingo	ni faraingou,
la barre (de fer)	ny anja-by	ni ândzabî,
le rabot	ny raboa	ni rabôua,
la scie	ny tsofa	ni tsoûfa,
le compas	ny kompä	ni compäs,
l'équerre	ny laikera	ni laikêra,
le fil à plomb	ny pilao fandaujana	ni pilô fandandzäna,
le triangle	ny zavatra telo zoro	ni zâvatra têlou zoûrou,
le rectangle	ny misy zoro sokera	ni mîssi zoûrou soukêra,
le carré	ny mitovy lafy efatra	ni mitoûvi lâfi efatra,
l'angle	ny zavatra manana zoro	ni zâvatra mânana zoûrou,
la base	ny vodiny, fanambaniny	ni voûdini, fanambânini,
le côté	ny lafiny	ni lâfini,
le milieu	ny afovoany	ni afouvoûani,
l'endroit	ny fitoerana	ni fitouêrana,
le puits	ny fantsakana	ni fantsakäna,
la source	ny loharano	ni loûharânou,
le torrent	ny ranondriaka	ni rânoundrïaka,
la forge	ny fanefena (fiasana)	ni fanefêna (fiassâna),
le menuisier	ny mpanao rafitra madinika	ni mpanô räfitra madînika,
le peintre	ny mpanoso-doko	ni mpanoûssoudoûkou,
le maçon	ny tambato	ni tambätou,
le charpentier	ny mpandrafitra	ni mpandräfitra,
le serrurier	ny mpanao hidim-baravarana	ni mpanô hïdimbäravärana,
la serrure	ny hidim-baravarana	ni hïdimbäravärana,
le potier	ny mpanefy vilany	ni mpanêfi vilâni,
le pot	ny tavoara	ni tavouâra,
la poterie	ny lovia tany	ni louvïa täni,
le fer-blanc	ny vy fotsy	ni vïfoûtsi,
le zinc	ny fanitso	ni fanîtsou,
l'étain	ny firapotsy	ni fïrapoûtsi,
le verre (matière)	ny gilasy, fisotroana	ni glässe fissoutroûana
le verre de lampe	ny giloby amy ny fanaovan-jiro	ni glôbe ämi ni fanôvandzïrou,
la tasse	ny kopy	ni koûpe,
le vase	ny kapoaka	ni kapôka,
la casserole	ny kaseroly	ni kasserôle,
la poêle	ny fanendasana	ni fanendässana,
le gril	ny fitonoan-kena	ni fitounoûankêna,
la marmite	ny vilany	ni vilâni,
le plat	ny lovia	ni louvïa,
la serviette	ny famaohan-tanana (sariveta)	ni famaoûhantânana (särivêta),
la nappe	ny lamban-databatra	lämbandatäbatre,
le tablier	ny aron'akanjo anoloana	ni ärounakändzou ônouloûana,
la cendre	ny lavenona	ni lavênouna,
la carafe	ny karafa	ni caräfe,
le filtre	ny fanatantavanana	ni fanatantavänana,
le seau	ny barika kely	ni barïka kêli,
le baquet	ny gamela	ni gamêla,
les pincettes	ny tandra kely	ni tândra kêli,
le fauteuil	ny seza be	ni sêza bê,
les volets	ny varavarankely hazo	ni väravarankêli hâzou
l'éventail	ny fikopaka	ni fikoûpaka,

FRANÇAIS.	TRADUCTION.	PRONONCIATION.
la dentelle	ny dantely.	ni dantēli,
la soie	ny lasoa (landy)	ni lasoie (lāndi),
la laine	ny volon'ondry.	ni vōulounōundri,
la cotonnade.	ny soga.	ni sōūga,
la cire	ny savoka.	ni sävouka,
le miel	ny tantely.	ni tantēli,
l'histoire	ny tantara.	ni tantāra,
la géographie	ny fianarana momba ny toetry ny tany,	ni fianāranc mōūmba ni tōūetri ni tāni,
la grammaire	ny gramera	ni gramēra,
l'écriture	ny sora-tānana.	ni sōūratānana,
la conversation.	ny resaka.	ni rēssaka,
la parole	ny teny.	ni tēni,
le coton.	ny landihazo.	ni lāndihāzou,
le fil	ny kofehy (taretra).	ni koufēhi (tarētra),
l'aiguille	ny fanjaitra	ni fandzaïtra,
le dé à coudre.	ny fanoschana, entina manjaitra.	ni fanoussēhana, ēntina mandzaïtra,
les cartes à jouer	ny karatra filokana	ni kāratra filoukāna,
la monnaie (l'argent coupé)	ny vakivakim-bola	ni väkivakim-bōūla,
le sou	ny varifitoventy	ni vārifītouvēnti,
le centime	ny ampahadimin'ny varifitoventy.	ni ampāhadīmini vārifītouvēnti,
le franc.	ny iraimbilanja.	ni iraïmbilāndza,
la pièce de cinq francs	ny ariary na farantsa.	ni arīari na farāntsa,
l'intention.	ny hevitra	ni hēvitra,
le désir.	ny faniriana.	ni fanirīana,
la volonté.	ny sitra-po	ni sītrapōū,
l'intelligence.	ny saina	ni saïna,
le courage.	ny herim-po.	ni hērimpōū,
la lâcheté.	ny hahosana.	ni hahōūssana,
la mémoire	ny hevitra (saina)	ni bēvitra (saïna),
l'âme.	ny fanahy.	ni fanāhi,
le corps.	ny vatana.	ni vātana,
les facultés intellectuelles	ny zavatra momba ny saina	ni zāvatra mōūmba ni saïna,
les sens.	ny fandrenesana	ni fandrēnessana,
la vue	ny fahitana	ni fahitāna,
le goût.	ny fanandramana.	ni fanandrāmana,
l'odorat.	ny fanamboloana.	ni fanamboulōūana,
l'ouïe.	ny fandrenesana (antsofina)	ni fandrēnessana (antsōūfina),
le toucher.	ny fitsapana	ni fitsapāna,
l'accord.	ny fifanarahana	ni fifānarāhana,
le désaccord.	ny tsy fifanarahana.	ni tsi fifānarāhana,
la querelle	ny fifandirana	ni fifandīrana,
l'union	ny fikambanana	ni fikambānana,
la désunion	ny tsy fikambanana.	ni tsi fikambānana,
la maladie	ny aretina.	ni arētina,
la blessure	ny ratra	ni rātra,
le remède.	ny fanafody	ni fanafōūdi,
la guérison	ny fahasitranana	ni fahassitrānana,
le malaise.	ny harisarisa.	ni hārīssarīssa,
le repos.	ny fialantsasatra	ni fiālantsāssatra,
la force.	ny hery.	ni hēri,
la faiblesse	ny hahosana.	ni hahōūssana,
l'attente	ny fiandrasana	ni fiandrāssana,
le départ	ny fialana.	ni fialāna,
l'arrivée.	ny fahatongavana.	ni fahatoungāvana,
la tente.	ny lay	ni laï,
dresser une tente	manangana lay.	manāngana laï,
le piquet	ny tsimatry ny lay.	ni tsimatri ni laï,
la corde.	ny tady.	ni tādi,
le paquet.	ny anentan-javatra	ni anēntandzāvatra,

FRANÇAIS.	TRADUCTION.	PRONONCIATION.
le crochet	ny farangon-javatra	ni farāngoundjāvatra,
l'anneau	ny masom-by	ni māssoumbī,
la planche	ny bazo fisaka	ni hāzou fīssaka,
le plancher	ny rihana	ni rīhana,
le madrier	ny hazo matevina	ni hāzou matēvina,
la bonté	ny hatsaram-po	ni hatsarām-pōū,
la douceur	ny halemem-panahy	ni halemēmpanāhi,
la patience	ny faharetana	ni faharētana,
l'impatience	ny tsy faharetana	ni tsi faharētana,
la résistance	ny fikirizana	ni fikirīzana,
la modestie	ny fahamaotonana	ni fahamaoutōūnane,
la fermeté	ny hamafiana	ni hamafīana,
l'opiniâtreté	ny ditra	ni dītra,
la résolution	ny fandevonana	ni fandevōūnana,
l'indécision	ny fisalasalana	ni fissālassalāna,
la joie	ny hafaliana	ni hafalīana,
le bonheur	ny fahasambarana	ni fahassambārana,
la tristesse	ny alahelo	ni ālahēlou,
la satisfaction	ny fahafaham-po	ni fahafāhampōū,
le mécontentement	ny hasosorana	ni hassoussōūrana,
la colère	ny hatezerana	ni hatezērana,
le deuil	ny fisaonana	ni fissônana,
l'événement	ny zavatra miseho	ni zāvatra missēhou,
l'affaire	ny raharaha	ni rāharāha,
l'incident	ny zavatra sendrasendra	ni zāvatra sēndrassēndra,
l'accident	ny loza	ni lōūza,
la guerre	ny ady	ni ādi,
le combat	ny ady	ni ādi,
la bataille	ny ady	ni ādi,
l'attaque	ny fananihana	ni fananīhana,
la défense	ny fandrarana	ni fandrarāna,
le meurtre	ny famonoana olona	ni famounōūana ōūlouna,
la prise d'une ville	ny fakana vohitra iray	ni fakāna vōūhitra iraī,
la capture	ny fisamborana	ni fissambōūrana,
la vente	ny lavanty	ni lavēnte,
l'achat	ny fividianana	ni fividiānana,
la fuite	ny fandosirana	ni fandoussīrana,
le succès	ny fanambinana (fahombiasana).	ni fanambīnana (fahoumbiāssana),
l'insuccès	ny tsy fanambinana	ni tsi fanambīnana,
le fossé	ny hady	ni hādi,
le pont	ny tetezana	ni tetēzana,
le ruisseau	ny lakan-drano	ni lākan-drānou.
l'herbe	ny ahitra	ni āhitra,
la voile	ny lain-tsambo	ni laīntsāmbou,
l'étoffe	ny lamba	ni lāmba,
le drap	ny dara	ni darā,
le cuir	ny hoditra	ni hōūditra,
la laine	ny volonondry	ni vōūlounōūndri,
le coton	ny landihazo	ni lāndihāzou,
la rabane	ny sadiadiaka (jiafotsy)	ni sadiadīaka (dziafōūtsi),
le linge	ny lamba fitafiana	ni lāmba fitafīana,
le ruban	ny riba	ni ribān,
le cordon	ny tady (kofehy)	ni tādi (koufēhi),
le berger	ny mpiandry ondry	ni mpiāndri ōūndri,
le troupeau	ny andiam-biby	ni andiambībi,
le journal	ny gazety	ni gazētte,
la page	ny pejy	ni pēdzi,
le gâteau	ny mofo mamy	ni mōūfou māmi,
la chandelle	ny fanaovan-jiro	ni fanōvandzīrou,
le suif	ny jabora	ni dzabōūra,

FRANÇAIS.	TRADUCTION.	PRONONCIATION.
la cendre	ny lavenona.	ni lavĕnouna,
la colle.	ny dity (gilio).	ni dīti (guilīou),
la boîte.	ny vata kely.	ni vāta kĕli,
le pinceau.	ny borosin-doko	ni bourōussindŏukou,
le balai.	ny kofafa.	ni koufāfa,
la plume (d'oiseau).	ny volomborona	ni vŏuloumbōurouna,
le bureau.	ny birao.	ni birô,
le salon.	ny efi-trano	ni ĕfitrānou,
la salle à manger.	ny efi-trano fihinanana	ni ĕfitrānou fihinānana,
la chambre à coucher.	ny efi-trano fandriana.	ni ĕfitrānou fandrīana,
le grenier.	ny lava-bary.	ni lāvabāri,
les latrines	ny lava-tay (fivoahana)	ni lāvataī (fivouāhana),
la boulangerie.	ny fanaova-mofo	ni fanaōuvamōufou,
le boulanger.	ny mpanao mofo.	ni mpanaōu mōufou,
l'épicerie	ny zava-manitra fanao amy ny nahandro,	ni zăva-mānitra fanaōu ămi ni nahāndrou,
l'épicier.	ny mpivarotra épicier.	ni mpivăroutra épicier,
la charcuterie	ny fivarotana hena-kisoa.	ni fivarōutana hĕnakissŏua,
le charcutier.	ny mpivarotra hena-kisoa	ni mpivăroutra hĕnakissŏua,
le tailleur.	ny mpandidy akanjo	ni mpandīdi akăndzou,
le débitant	ny mpanatsin-jara	ni mpanătsindzāra,
le boucher.	ny mpivaro-kena.	ni mpivăroukĕna,
la boucherie.	ny famonoana biby.	ni famounōuana bībi,
le vannier.	ny mpanao sahafa	ni mpanô sahāfa,
la vitre.	ny tranom-pitaratra.	ni trānoumpitāratra,
le vitrier	ny mpametaka fitaratra	ni mpamĕtaka fitāratra,
le sorcier	ny mpamosavy.	ni mpamoussāvi,
le marin	ny tan-tsambo mahay.	ni tāntsămbou mahaī,
le planton.	ny mpiandry varavarana.	ni mpiăndri vāravārana,
le médecin	ny dokotera.	ni dōucteur,
l'ingénieur	ny tompo marika amy ny la-lambe,	ni tōumpou mārika ămi ni lā-lambĕ,
le colon.	ny mponina amy ny zana-tany .	ni mpōunina ămi ni zăna-tāni,
la fête	ny fety.	ni fête,
le mariage	ny mariazy (fanambadiana).	ni mariāze (fanambadīana),
la naissance	ny fahaterahana	ni fahaterāhana,
la cloche	ny lakolosy	ni lakoulōusse,
le son	ny feo	ni fĕou,
le signal	ny famantarana	ni famantārana,
l'instant.	ny tapak-andro.	ni tăpakāndrou,
la protection.	ny fiarovana.	ni fiarōuvana,
la garde.	ny fiambenana.	ni fiambĕnana,
l'escorte (action)	ny mpanaraka	ni mpanāraka,
la demande	ny fangatahana.	ni fangatāhana,
le refus.	ny fandavana	ni fandāvana,
la prière	ny fangatahana.	ni fangatāhana,
l'invitation	ny fanasana.	ni fanassāna,
le banc.	ny dabilio.	ni dābliōu,
le chapitre	ny toko.	ni tōukou;
la partie	ny fizarana	ni fizarāna,
la totalité.	ny tontaly (an-kapo-beny)	ni tountāli (ankāpoubĕni),
le monde	ny tontolo (rehetra)	ni tountōulou (rehĕtra),
le cyclone.	ny tafio-drivotra	ni tafīoudrīroutra,
la trombe.	ny rambon-danitra	ni rămboundānitra,
la troupe	ny andiany iray tarika	ni andīani iraī tārika,
la tour	ny fitodiana.	ni fitoudīana,
la vérandah	ny lavarangana.	ni lavarāngana,
le four.	ny lafaoro.	ni lafōure,
la brique	ny biriky.	ni brīque,
la tuile	ny tanimanga	ni tānimāngue,
la briqueterie	ny trano fanaovana tanimanga .	ni trānou fanaouvane tānimāngue,

FRANÇAIS.	TRADUCTION.	PRONONCIATION.
la chaux	ny sokay	ni soukaï,
la pile d'un pont	ny tongo-tetezana	ni toūngou-tetēzana,
le tas	ny zavatra mifanongou	ni zāvatra mifanoungoūa,
le bloc	ny vongam-by	ni voūngam-bī,
le musulman	ny sīlamo	ni sīlāmou,
le Français	ny Farantsay	ni Farantsaī,
l'Anglais	ny Englisy	ni Englīsse,
l'Allemand	ny Jerimanina	ni Dzĕrimāna,
le Norvégien	ny Norejiana	ni Noredziāna,
l'Arabe	ny Arabo	ni Arābou,
l'Indien	ny Indiana	ni Indiāna,
le Comorien	ny Komoriana	ni Comoriāna,
le Sakalave	ny Sakalava	ni Sākalāve,
l'étranger	ny vahiny	ni vahīni,
le blanc	ny fotsy	ni foūtsi,
le maître	ny tompo	ni toūmpou,
le noble	ny andriana	ni andrīana,
le bourgeois	ny ambanivohi-dahy	ni ambānivoūhidāhi,
l'homme libre	ny hova	ni hoūva,
l'esclave	ny andevo	ni andĕvou,
le seigneur	ny tompomenakely	ni toūmpoumĕnakĕli,
le prince	ny zanak'andriana	ni zānakandrīana,
le roi	ny mpanjakalahy	ni mpandzākalāhi,
la reine	ny mpanjakavavy	ni mpandzākavāvi,
le gouvernement	ny fanjakana	ni fandzakāna,
l'administration	ny fitondram-panjakana	ni fitoundrāmpandjakāna,
le journal officiel	ny gazetim-panjakana	ni gazēttempandzakāna,
le fonctionnaire	ny mpanao raharaham-panjakana	ni mpanāou rāharāhampandzakāna,
le chef de village	ny lehiben' ny vohitra	ni lēhibēni voūhitra,
le graveur	ny mpisokitra	ni mpissoūkitra,
le dessinateur	ny mpanao sary	ni mpanaoū sāri,
la gravure	ny fisokirana	ni fissoukīrana,
le dessin	ny sary	ni sāri,
l'animal	ny biby	ni bībi,
la tempête	ny tafio-drivotra	ni tafīoudrīvoutra,
le naufrage	ny faharendrehana	ni fāharendrēhana,
l'écueil	ny haram-bato	ni hārambātou,
l'échelle	ny tohatra	ni toūhatra,
le diable	ny demony	ni demoūni,
le coffre	ny vata	ni vāta,
le tabac	ny paraky	ni parāki,
le son (bruit)	ny feo	ni fĕou,
le filet (pêche)	ny harato	ni harātou,
le reste	ny sisa	ni sīssa,
la rampe	ny aro-fanina	ni āroufānina,
l'escalier	ny tohatra	ni toūhatra,
le vœu	ny voady	ni vouādi,
le poteau	ny tsato-kazo	ni tsātoukāzou,
l'écriteau	ny taratasy filazana apetaka	ni tāratāssi filazāna apētaka,
l'affiche	ny peta-taratasy	ni pĕtatāratāssi,
le plateau de la balance	ny lela-mizana	ni lēlamizāna,
la quinine	ny kininina	ni kinīnina,
le bouchon	ny bosoa	ni boussoūa,
le tire-bouchon	ny fanalana bosoa	ni fanalāna boussoūa,
la boussole	ny famantarana avaratra	ni famantārana avāratra,
la jumelle	ny masolavitra	ni māssoulāvitra,
la courroie	ny anja-koditra	ni ānjakoūditra,
l'étui	ny fitoeran-javatra	ni fitouĕran-dzāvatra,
la gourde	ny voatavo fasiandrano	ni vouatāvou fasīandrānou,
l'éperon	ny zepirona	ni zeprōna,

FRANÇAIS.	TRADUCTION.	PRONONCIATION.
l'étrier	ny fitoeran-tongotra	ni fitoučrantoũngoutra,
la bride	ny lamboridy	ni lambourĭde,
la sangle	ny etra (fehikibo)	ni čtra (fĕhikĭbou),
le brancard	ny fiara	ni fiãra,
la voiture	ny kalesy	ni kalčssi,
le mètre	ny mamaky tratra	ni mamãkitrãtra,
la mesure	ny fandrefesana	ni fandrefĕssana,
la longueur	ny halavany	ni halãvani,
la largeur	ny habeny	ni hábĕni,
la grosseur	ny hateviny (halchibiazana)	ni hatĕvini (halčhibiãzana),
l'épaisseur	ny hateviny	ni hatĕvini,
le volume	ny halchibe	ni halčhibĕ,
le poids	ny lanjany	ni lãndzani,
la taille	ny hahavony (ny fijoro)	ni hahãvouni (ni fidzoũrou),
la hauteur	ny hahavo	ni hahãvou,
le prix	ny vidiny	ni vĭdini,
la valeur	ny tombany (vidy)	ni toũmbani (vĭdi),
la côte	ny kisolosolo	ni kissoũloussoũlou,
l'enterrement	ny fandevenana	ni fandevĕnana,
la mine	ny tany fihadiana metaly	ni tãni fihadĭana metãli,
l'achat	ny zavatra voa-vidy	ni zãvatra vouavĭdi,
la dépense	ny lany	ni lãni,
le paiement	ny fandoavana	ni fandouãvana,
la paire	ny iray amin'olona	ni iraĭ ãminoũlouna,
la paille	ny mololo	ni moulõulou,
le foin	ny vilo-maina	ni vĭloumaĭna,
la paix	ny fiadanana	ni fiadãnana,
l'horreur	ny tahotra	ni tãhoutra,
le tanneur	ny mpandona hoditra	ni mpandoũna boũditra,
le timpre-poste	ny sary fametaka amy ny taratasy	ni sãri famčtaka ãmi ni tãratũssi,
la lettre (correspondance)	ny taratasy ampitondraina	ni tãratũssi ampitoundraĭna,
l'enveloppe	ny valopy	ni valõpe,
le reçu	ny rosia	ni rossĭa,
la châsse	ny vata fitoeran'ny tao lany ny olomasina	ni vãta fitoučrani tõ lani ni oũloumãssina,
le gibier	ny biby fihaza	ni bĭbi fihãza,
la bête féroce	ny biby masiaka	ni bĭbi massĭaka,
le champignon	ny holatra	ni hoũlatra,
le fond	ny fanambaniny	ni fanambãnini,
la surface	ny tavan-javatra	ni tãvandzãvatra,
la charge du porteur	ny entan'ny borozany	ni ĕntani boũrouzãne,
le trou	ny lavaka	ni lãvaka,
le creux	ny holoka aty	ni hoũlouka atĭ,
la plaine	ny tany lemaka	ni tãni lĕmaka,
le pic	ny tendrombohitra avo	ni tĕndroumboũhitra ãvou,
la boule	ny baolina	ni bõlina,
le ravin	ny hady nohazan'ny riaka	ni bãdi noubãzani rĭaka.
le torrent	ny ranon-driaka	ni rãnoundrĭaka,
le torrent est à sec	ny ranondriaka maina	ni rãnoundrĭaka maĭna,
le lit de la rivière	ny mason'ny renirano	ni mãssou ni rĕnirãnou,
le courant	ny rano mandeha	ni rãnou mandõha,
la rive droite	ny morondrano havanana	ni moũroundrãnou havãnana,
la rive gauche	ny morondrano havia	ni moũroundrãnou havĭa,
en amont	ny any ambony (any era)	ni ãni amboũni (ãni erã),
en aval	ny any ambany (any ava)	ni ãni ambãni (ãni avã),
le gué	ny fitana (firobohana)	ni fitãna (firouboũhana).
le passage d'un cours d'eau	ny fitana ny ranomandeha iray	ni fitãna ni rãnou mandĕha iraĭ,
le niveau	ny fandanjana	ni fandãndzana,
le niveau de l'eau	ny fandanjana rano	ni fandãndzana rãnou,
l'horizon	ny fara vodi-lanitra	ni fãravoũdilãnitra,
le feu de brousse	ny afo eny antampon-tanety	ni ãfou ĕni autãmpountanĕti,

FRANÇAIS.	TRADUCTION.	PRONONCIATION.
le cimetière	ny fasana	ni fāssana,
la pierre levée	ny tsangam-bato	ni tsāngambātou,
le tombeau	ny fasana	ni fāssana,
la circoncision	ny famorana	ni famourāna,
le cercueil	ny trano vorona	ni trānouvōurouna,
la cérémonie	ny fomba fanajana	ni fōumba fanadzāna,
le refuge	ny fialofana	ni fialōufana,
la grotte	ni lava-bato	ni lāvabātou,
les rapides	ny rano maria	ni rānou marīa,
la cascade	ny riana	ni rīana,
le barrage	ny toho-drano	ni tōuhoudrānou,
le versant	ny kisolosolo	ni kissōuloussōulou,
le précipice	ny hantsana	ni hāntsana,
l'affluent	ny sampan-drano	ni sāmpandrānou,
l'affluent de droite	ny sampan-drano havanana	ni sāmpandrānou havānana,
l'affluent de gauche	ny sampan-drano havia	ni sāmpandrānou havīa,
le confluent	ny fihaonan-drano	ni fihaōunandrānou,
la droite	ny havanana	ni havānana,
la gauche	ny havia	ni havīa,
le nord	ny avaratra	ni avāratra,
le sud	ny atsimo	ni atsīmo,
l'est	ny antsinanana	ni atsinānana,
l'ouest	ny andrefana	ni andrēfana,
le nord-est	ny avaratra antsinanana	ni avāratra atsinānana,
le sud-est	ny atsimo antsinanana	ni atsīmo atsinānana,
le nord-ouest	ny avaratra andrefana	ni avāratra andrēfana,
le sud-ouest	ny atsimo andrefana	ni atsīmo andrēfana,
la mousson	ny rivotra miova any amy ny ranomasina indiana,	ni rīvoutra miōuva āni āmi ni rānoumāssina indiāne,
les vents alizés	ny rivotra avy avaratra	ni rīvoutra āvi avāratra,
la mousse	ny volom-bato na hazo	ni vōuloumbātou na hāzou,
l'idole	ny sampy	ni sāmpi,
la chaîne	ny rojo vy	ni rōudzou vī,
la tourbe	ny fompotra	ni fōumpoutra,
le salpêtre	ny siran-tany	ni sīran-tāni,
le lépreux	ny boka	ni bōuka,
la lèpre	ny habokana	ni hāboukāna,
le chant	ny hira	ni hīra,
le musicien	ny mozika	ni mouzīque,
le danseur	ny mpandihy	ni mpandīhi,
le chanteur	ny mpihira	ni mpibīra,
le caoutchouc	ny matezaroritina	ni matēzarourītina,
la gomme à effacer	ny famonoan-tsoratra	ni famounōuantsōuratra,
le bal	ny dihy	ni dīhi,
l'envoyé	ny iraka	ni īraka,
le ministre	ny ministra (mpanao raharaham-panjakana),	ni minīsstra (mpanō rāharāham-pandzakāna,
la sentinelle	ny fanilo	ni fanīlou,
la balance	ny mizana	ni mizāna,
la concession	ny fanekena	ni fanekēna,
la ration	ny anjara hanina isan'andro	ni andzāra hānina īssanāndrou,
le massif montagneux	ny tany be tendrombohitra	ni tāni bē tēndroumbōuhitra,
la clairière	ny tsy misy hazo ao anaty ala	ni tsi mīssi bāzou ō anāti āla,
le soufre	ny solifara	ni sōlifāre,
la royauté	ny fiandrianana	ni fiandriānana,
la famille royale	ny fianakavian'ny mpanjaka	ni fiānakavīany mpandzāka,
l'aimant	ny andriamby	ni andrīambī,
l'aiguille aimantée	ny fanjaitra misy andriamby	ni fandjaītra mīssi andrīambī,
le mortier (pour piler le riz)	ny laona	ni lōna,
le pilon	ny fanoto	ni fanōutou,
le riz non décortiqué	ny akotry	ni akōutri,

FRANÇAIS.	TRADUCTION.	PRONONCIATION.
la fin	ny fiafarana	ni fiafarāna,
le commencement	ny fiantombohana	ni fiantoumbōūhana,
la liberté	ny fahafahana	ni fahafāhana,
la mise en liberté	ny fanafahana	ni fanafāhana,
le désert	ny efitra	ni ēfitra,
la chaîne de montagnes	ny tendrombohitra tomandavana	ni tendroumbōūhitra tōūmandāvana,
la tribu	ny foko	ni fōūkou,
la race	ny karazana	ni karāzana,
le pays	ny tany	ni tāni,
la région	ny fari-tany	ni fāritāni,
la ligne de faîte	ny tampon-tendrombohitra	ni tāmpountēndroumbōūhitra,
la presqu'île	ny saiky nosy	ni saīki nōūssi,
l'embuscade	ny fierena	ni fierēna,
le guet-apens	ny fanaovana otrika	ni fanaōūvana ōūtrika,
le combat singulier	ny ady samy irery	ni ādi sāmi irēri,
le hameau	ny vohitra	ni vōūhitra,
la léproserie	ny trano fitsaboana ny boka	ni trānou fitsabōūana ny bōūka
le frère de sang	ny fati-dra	ni fātidrā,
le parc à bestiaux	ny fahitra	ny fāhitra,
la lagune	ny hotsaka (honahona)	ni hōūtsaka (hōūnahōūna),
le pangalane	ny any ampangalana	ni āni ampangalāna,
le gîte (endroit où l'on couche)	ny trano fandriana	ni trānou fandriāna,
la chute	ny hapotrahana	ni hapoutrāhana,
tombé	potraka	pōūtraka,
le sort	ny fivoahana	ni fivouāhana,
tirer au sort	miloka	milōūka,
le hasard	ny sendrasendra	ni sēndrassēndra,
la cause	ny antony	ni āntouni,
l'effet	ny vokatra	ni vōūkatra,
la conséquence	ny zavatra avy	ni zāvatra āvi,
la vengeance	ny famalian-dratsy	ni famalīan-drātsi,
le jugement	ny fitsarana	ni fitsarāna,
la justice	ny fahefana hitsara	ni fahefāna hitsāra,
la sentence	ny setensa (didy)	ni setēnsa (dĭdi).
la loi	ny lalana	ni lalāna,
le code	ny bokin'ny lalana	ni bōūkini lalāna.
le règlement	ny fandaminana	ni fandamīnana,
le mort	ny maty	ni māti,
le secrétaire	ny mpanoratra	ni mpanōūratra,
la réparation	ny fisarahana	ni fissarāhana,
les lunettes	ny solo-maso	ni sōūloumāssou,
le transport	ny famindrana entana	ni famindrāna ēntana,
l'intérêt (d'une somme)	ny zana-bola	ni zānabōūla,
le taux	ny tombany	ni tōūmbani,
le prêt	ny fampindramana	ni fampindrāmana,
l'emprunt	ny findramana	ni findrāmana,
emprunter de l'argent	mampisambo-bola	mampisāmbou-bōūla,
le service (que l'on rend)	ny fanompoana	ni fanoumpōūana,
le remerciement	ny fisaorana	ni fissaōūrana,
remercier quelqu'un	misaotra olona	missōūtra ōūlouna,
la diminution	ny fihenana	ni fihenāna,
la réduction	ny fanakelezana	ni fanakelēzana,
l'augmentation	ny fitomboana	ni fitoumbōūana,
l'importance	ny halehiben'ny raharaha iray	ni halēhibēni rāharāha iraī.
l'effectif (de l'armée)	ny tena isan'ny miaramila	ni tēna īssani miāramīla,
la collection	ny famorian-javatra isan-karazany,	ni famourīan-dzāvatra īssankarāzany,
la quantité	ny habetsahana	ni habetsāhana,
l'indépendance	ny fahaleovan-tena	ni fahaleōūvantēna,
la famine	ny mosary	ni moussāri,

FRANÇAIS.	TRADUCTION.	PRONONCIATION.
la disette	ny tsy fahampiana	ni tsi fāhampīana,
la préférence	ny fifidianana	ni fifidiānana,
la haine	ny fonkabalana	ni fankahalāna,
la colère	ny hatezerana	ni hatezĕrana,
l'exécution (à mort)	ny famonoana ho faty	ni famounōūana hou fāti,
la peine des fers	ny figadrana	ni figadrāna,
l'emprisonnement	ny fanaovana antrano maizina	ni fanōvana antrānou maīzina,
le poison	ny poizina	ni pouīzina,
l'empoisonnement	ny fanomezana poizina	ni fanoumĕzana pouīzina,
le châtiment	ny famaizana	ni famaīzana,
infliger un châtiment à quelqu'un	manome famaizana olona	manoumĕ famaīzana ōūlouna,
l'abondance	ny fahafenoana (fahatondrahana)	ni fahafenōūana (fahatoundrāhana),
l'excès	ny fihoarana amy ny mety	ni fihouārana āmi ni mĕti,
l'accès (d'une maison)	ny fanatonana ny trano	ni fanatōūnana ni trānou,
l'aventure	ny zavatra sendrasendra	ni zāvatra sĕndrasĕndra,
l'aventurier	ny mpanao mosalahy	ni mpanō mōūssalāhi,
le brigand	ny jiolahy	ni dzioulāhi,
l'assassin	ny mpamono olona	ni mpamōūnou ōūlouna,
l'enceinte	ny faritra manodidina	ni fāritra manoudīdina,
l'intérieur	ny anatiny	ni anātini,
l'extérieur	ny ivelany	ni ivĕlani,
les sujets (d'un roi)	ny vahoaka	ni vahōūaka,
le fer (d'un cheval)	ny kitrovin-tsoavaly	ni kītrouvīn-tsōūavāli,
ferrer un cheval	manisy kitrovy amy ny soavaly	manīssi kītrouvī āmi ni sōūavāli,
le cheval est déferré	afaka ny kitrovy amy ny soavaly	āfaka ni kītrouvī āmi ni sōūavāli,
le coup de pied de cheval	ny dakan-tsoavaly	ni dākantsōūavāli,
la longe	ny famatoran-tsoavaly	ni famatōūrantsōūavāli,
le licol	ny fatoram-biby	ni fatōūram-bībi,
la bride	ny lamboridy	ni lambourīde,
brider un cheval	manisy lamboridy amy ny soavaly,	manīssi lambourīde āmi ni sōūavāli,
le trot	ny fitsaikona	ni fitsaīkouna,
le galop	ny firiotra	ni firīoutra,
le pas	ny dian-tongotra	ni dīantōūngoutra,
la course	ny hazakazaka	ni hāzakāzaka,
le trajet	ny lalana	ni lālana,
l'espace	ny halalaka	ni halālaka,
la période	ny fitsingerenana	ni fitsingerĕnana,
le pisé	ny tany totoina	ni tāni toutōūina,
le mortier	ny rihitra	ni rīhitra,
la plante	ny zava-maniry	ni zāvamanīri,
la racine	ny fakan-kazo	ni fākan-kāzou,
la branche	ny rantsan-kazo	ni rāntsan-kāzou,
l'affluence	ny habetsahana	ni habetsāhana,
le présent	ny ankehitriny	ni ankehitrīni,
le passé	ny lasa	ni lāssa,
l'avenir	ny ho avy	ni hou āvi,
la question	ny fanoutaniana	ni fanountanīana,
la réponse	ny valy	ni vāli,
l'amende	ny sazy	ni sāzi,
infliger une amende	manasazy olona	manassāzi ōūlouna,
la plantation	ny fambolena	ni famboulĕna,
la graine	ny voanjavatra	ni vōūandzāvatra,
la couleur	ny volon-javatra	ni vōūloundzāvatra,
blanc	fotsy	fōūtsi,
noir	mainty	maīnti,
gris	giry	grī,
brun	manja	māndza,
rouge	mena	mĕna,
bleu	manga	māngua,

FRANÇAIS.	TRADUCTION.	PRONONCIATION.
vert	maitso	maïtsou,
jaune.	vony	vŏūni,
orange	volon-daoranjy.	vŏūloundŏūrandje,
violet.	volomparasy.	vŏūloumparāssi,
rose	vonindraozy	vŏūnindraŏūzi,
marron.	mavo.	mǎvou,
foncé.	manga antitra	mǎngue ǎntitra,
clair	mazava	mazǎva,
roux	menapina	mēnapīna,
viens ici	avia aty.	avīa atī,
va-t-en	mandehana any	mandehǎna āni,
fais vite.	ataovy haingana	atŏvi haīngana,
cours.	mihazakazaha	mihāzakazāha,
je veux... faire cela	tiako ny... hanao izany	tīakou ni hanŏ izāni,
il faut... —	tokony... hatao izany.	tŏūkouni hatŏ izāni,
va chercher	akao	akaŏ,
apporte-moi	ento ety amiko	ēntou etī āmikou,
donne-moi.	omeo aho.	oumĕou ǎhou,
prends cela	alao izany.	alaŏū izāni,
réponds-moi donc.	valio ary aho	valīou āri āhou,
parle plus lentement	ataovy miadana kokoa ny teninao.	atŏvi miādana koukŏūa ni teninŏ
qu'est-ce que c'est?.	inona izany?	īnouna izāni?
qu'y a-t-il?	misy inona?.	mīssi īnouna?
d'où viens-tu?.	avy aiza hianao?	āvi aīza hīanŏ?
où vas-tu?.	ho aiza hianao?	hŏū aīza hīanŏ?
qui es-tu?	iza hianao?.	īza hīanŏ?
comment t'appelles-tu?	iza no anaranao?.	īza nou anaranŏ?
que fais-tu?.	inona no ataonao?	īnouna nou atŏnŏ?
va acheter... un poulet	mandehana mividy... akoho	mandehǎna mivīdi... akŏūhou,
écarte-toi (pour me laisser passer)	mihataha handehananko.	mihatāha handehānankou,
gare !.	mitanila.	mitanīla,
regarde.	jereo.	dzerĕou,
écoute	henoy	henŏūi,
de quel village es-tu?.	avy any aninona hianao?	āvi āni anīnouna hiannŏ?
veux-tu venir?.	moa tianao ny ho tonga?	mŏūa tīanŏ ni hou tŏūnga?
que veux-tu?	inona no tianao?.	īnouna nou tianŏ?
je ne comprends pas	tsy fantatro	tsi fǎntatrou,
je ne sais pas parler malgache.	tsy mahay teny gasy aho	tsi mahaī tēni gāssi āhou,
veux-tu me vendre cela?	tianao ny hivarotra ity amiko va?	tianŏ ni hivǎroutra ītī āmikou vǎ?
combien vends-tu cela?.	hoatrinona no ivarotanao ity?.	hŏūatrīnouna nou ivaroutanŏ itī?
donne-moi de la monnaie.	omeo vola aho.	oumĕou vŏūla āhou,
je ne veux pas.	tsy tia aho	tsi tīa āhou,
oui.	eny	ēni,
non	tsia.	tsīa,
si	eny	ēni,
attends moi	andraso aho.	andrǎssou āhou,
attends un peu.	andraso kely.	andrǎssou kĕli,
que dis-tu?	inona angeha no lazainao?	īnouna angēha nŏū lazaīnŏ?
ouvre la porte.	vohay ny varavarana	vouhaī ni vǎravǎrana,
ferme la porte.	arindrino ny varavarana.	arindrīnou ni vǎravǎrana,
quelle heure est-il?.	amin'ny firy ny famantaranandro?	āmi ni fīri ni famantāranǎndrou?
où sommes-nous?.	tonga aiza isika izao?	tŏūngua aīza issīka izŏ?
quel est ce village?.	aninona no anarany iroa vohitra iroa?	anīnouna nou anǎrani irŏūa vŏūhitra irŏūa?
où est ta maison?	aiza ny tranonao?	aīza ni tranounŏ?
va me chercher de l'eau	mba itadiavo rano kely aho	mba itadiǎvou rǎnou kĕli āhou,
fais-moi à manger	anaovy sakafo aho	anŏvi sakǎfou āhou,
va me chercher de la monnaie.	izahao vakivakim-bola aho.	izahŏ vǎkivǎkim-bŏūla āhou,
porte cette lettre à....	atero ary amin-dR... ity taratasy ity,	atĕrou arī āmin-dR... itī tǎratāssi itī,

FRANÇAIS.	TRADUCTION.	PRONONCIATION.
va dire à Z... de venir	ilazao R... hotonga aty	ilazō R... hou tōunga atī,
ramasse-moi... cela	angony... ireto.	angōuni irētou,
prends mes affaires (vêtements et autres).	mandehana alao ny entako.	mandehāna alō ny ēntakou,
dans combien de temps arriverons-nous?	hafiriana dia tonga isika?	hafiriana dia tōunga issika?
combien faut-il d'heures de filanzane?	tokony hisy ora firy raha lánjaina?	tōukouni hissi ōura firi rāha landzaīna?
va manger, mais reviens de suite.	mandehana mihinana, dia miverena haingana,	mandehāna mihināna, dia miverēna haīngana,
comprends-tu?	azonao va?	āzounō vā?
merci.	misaotra.	missaōutra,
je n'ai pas besoin de toi.	tsy misy ilako anao.	tsi missi ilakou anaōu,
de suite	haingana	haīngana,
tout à l'heure	rehefa kelikely.	rehēfa kēlikēli,
pas encore.	tsy ambola.	tsi ambōula,
bientôt	vetivety.	vētivēti,
aussitôt.	miaraka amin'izay	miārakāminizaī,
davantage.	kokoa.	koukōua,
encore	indray	indraī,
assez	ampy.	āmpi.
trop	loatra.	lōuatra,
beaucoup	betsaka.	bētsaka,
pas assez	tsy ampy.	tsi āmpi,
peu	kely	kēli,
un peu.	kely foana.	kēli fōuana,
moins	kelikely kokoa.	kēlikēli koukōua,
plus	kokoa.	koukōua,
très	loatra.	lōuatra,
ensemble	miaraka.	miāraka,
l'un après l'autre	mifandimby.	mifandīmbi,
tous	rehetra.	rehētra,
devant	anatrehana	ānatrēhana,
derrière	ivoho.	ivōuhou,
à côté	anila.	anīla,
toujours.	mandrakariva	māndrakarīva,
jamais	na oviana na oviana.	na ouviana na ouviana,
quelquefois	indraindray	indraīndraī,
plusieurs fois	imbetsaka.	imbētsaka,
allons, as-tu fini?	andeha ary, efa vitanao?	andēha āri, ēfa vitanō?
es-tu prêt?	efa vonona va hianao?	ēfa vōunouna vā hianō?
les bourjanes sont-ils prêts?	moa efa vonona va ny borozany?	mōua ēfa vōunouna vā ni bōurzanes?
les bagages sont-ils prêts?	efa voafehy va ny entana?	ēfa vouafēhi vā ni ēntana?
près	akaiky	akaīki,
loin	lavitra.	lāvitra,
ici.	eto.	ētou,
là	ery.	erī,
de ce côté.	amin'iry.	āmi ni irī,
de l'autre côté.	ery ankoatra ery.	erī ankōuatra erī,
par ici	amin'ity.	āmi ni itī,
là-bas.	amin'iry.	āmi ni irī (ou bien erī),
arrête-toi	mijanona hianao	midzanōuna hianaōu,
le plus vite possible	faingana mihitsy	faīngana mihītsi,
combien cela coute-t-il?	hoatrinona no vidiny ity?	hōuatrinouna nōu vidini itī?
rends-moi la monnaie.	avereno ny vola.	averēnou ni vōula,
reviens vite.	miverena faingana	miverēna faīngana,
qu'est-ce que c'est que ce bruit?	inona izany tabataba izany?	īnouna izāni tābataba zūn.
pleuvra-t-il?	ho avy va ny orana?	hōu āvi vā ni ōurana?
fera-t-il chaud?	hafana va ny andro?	hafāna vā ni āndrou?
fera-t-il froid?	hangatsiaka va ny andro?	hangatsiaka vā ni āndrou

FRANÇAIS.	TRADUCTION.	PRONONCIATION.
trouverons-nous à manger à...?	hisakafo ary amin-dR... va isika?	hissakāfou. arī āmindR... vā issīka?
trouverons-nous de l'eau... à...?	hahita rano ary amin-dR... va isika?	hahīta rānou arī āmindR... vā issīka?
Pourrons-nous passer la rivière?	hahazo hita ity renirano va isika?	hahāzou hīta itī rēnirānou vā issīka?
y-a-t-il un chemin pour aller à...?	misy lalana mankary amin-dR... va?	mīssi lālana mankarī āmindR... vā?
où est le chemin qui conduit à.	za ny lalana mankany amin-R..?.	aīza ni lālana mankāni āmindR...?
conduis-moi à... Moramanga?..	ariho amin-dR... any Moramanga aho,	tarīhou āmindR... āni Mōuramānga āhou.
combien te dois-je?.	hoatrinona ny volanao aty amiko?	hōuatrīnouna ni voulanaōu aty āmikou?
cherche-moi un homme pour porter cette lettre à Ampasinpotsy,	itadiavo olona hitondra ity taratasy ity ho any Ampasipotsy.	itadiāvou ōulouna hitōundra itī tāratāssi itī hou āni Ampāssi-pōutsi,
ne fais pas de bruit	aza mitabataba.	āza mitābatāba,
ne bouge pas	aza mihetsika	āza mihētsika,
lave-moi ce linge.	sasao ny lamba.	sassaōu ni lāmba,
va chercher du bois, de l'eau.	mandehana mitady kitay hazo sy rano,	mandehāna mitādi kitaīhāzou si rānou,
fais-moi un abri.	anaovy fialofana aho	anaōuvi fialōufana āhou,
cette eau n'est pas propre.	tsy madio ity rano ity.	tsi madīou itī rānou itī.
apporte-m'en d'autre	itondray hafa	itoundraī hāfa,
ne t'en va pas.	aza mandeha.	āza mandēha,
voilà pour t'acheter de quoi manger.	indro hividianana hanina.	īndrou hividiānana hānina,
dis aux autres bourjanes de venir.	ilazao ny borozany hoavy aty.	ilazaōu ni bōurzanes hōu āvi atī,
marche le plus vite possible.	mandehana faingana mihitsy hianao,	mandehāna faīngana mihītsi hianō,
passe par ce chemin	ity lalana ity aleha.	itī lālana itī alēha,
reviens vite.	miverena faingana	miverēna faīngana,
où sont mes bagages?.	aiza ny entako rebetra?.	aīza ni ēntakou rebētra?
les bagages sont-ils arrivés?.	efa tonga va ny entana?.	ēfa tōunga vā ni ēntana?
il faudra venir sans faute.	tsy maintsy tonga mihitsy.	tsi maīntsi tōunga mihītsi,
prends les bagages demain à la pointe du jour,	maka ny entana rahampitso maraina koa,	makā ni ēntana rahampītsou, maraīna kōua,
arrêtons-nous là	mijanona eto isika	midzanōuna ētou issīka,
arrêtons-nous un instant.	mijanona kely eto isika.	midzanōuna kēli ētou issīka,
suivez-moi avec le filanzane.	araho filanjana aho	arāhou filandzāna āhou,
comment s'appelle cette montagne?	inona no anaran'ity tendromhohitra ity?	īnouna nou anāranitī tēndroumbōuhitra itī?
comment s'appelle cette rivière?	inona no anaran'ity renirano ity?	īnouna nou anāranitī rēnirānou itī?
comment s'appelle cet arbre?	inona no anaran'ity hazo ity?.	īnouna nou anāranitī hāzou itī?
comment s'appelle cette plante?	inona no anaran'ity zavamaniry ity?	īnouna nou anāranitī zāvamanīri itī?
comment s'appelle ce fruit?.	inona no anaran'ity voankazo ity?	īnouna nou anāranitī vōuankāzou itī?
qu'est-ce que c'est que cela?.	inona izany?	īnouna izāni?
cela va bien.	tsara izany	tsāra izāni,
fais sécher mes vêtements.	anamaino ny fitafiako	anamaīnou ni fitafiakou,
tu m'éveilleras demain matin à cinq heures,	mifohaza rahampitso aminy dimy.	mifouhāza rahampītsou āmini dīmi,
qu'ils ne fassent pas de bruit, je vais dormir,	aoka tsy hitabataba izy, fa hatory aho,	aōuka tsi hitābatāba īzi, fa hatōuri āhou.

Signification de quelques expressions particulières
ou très fréquemment employées par les indigènes.

kabary	discours, assemblée publique,
ratsy fanahy	mauvais esprit (mal intentionné),
taratasy	papier,
tsara bé	ça va bien,
Vazaha	Européen, étranger,
fady	interdit, taboué,
fahavalo	ennemi,
tontakely	brigand,
tsimandoa	courrier, émissaire,
ramatoa	madame,
maromita	domestique,
fandroana	bain,
Ambaniandro	les habitants de l'Imerina,
andriana	noble,
zanakandriana	prince,
hova	homme libre,
betsabetsa	boisson des Betsimisarakas,
toaka	rhum,
sampy	idole,
mpisikidy	devin,
Andriamanitra	Dieu,
Zanahary	Créateur,
lamba	lambe,
akanjo	vêtement des femmes.

Titres des autorités
fonctionnaires, employés indigènes, divisions administratives, etc.

fanjakana	gouvernement,
manjaka	régner,
menakely	serf, s'applique aussi à la terre appartenant à un seigneur féodal (terre menakely),
menabé	serf royal (terre menabé : du domaine royal),
fari-tany	circonscription,
gouverneur madinika	chef de village,
m'piadidy	chef de quartier,
m'pitandrina	pasteur,
masoivoho	inspecteur,
tompomenakely	seigneur d'un fief,
tomponarivo	chef de mille,
tompodimanjato	chef de cinq cents,
tomponjato	chef de cent,
fiangonana	temple,
fokon-olona	les habitants de la commune.

REMARQUE. — 1° Il n'existe pas de mot malgache terminé par une consonne ;

2° Presque tous les noms malgaches ont une signification. Les noms de personne (chez les Hovas) commencent presque tous par les syllabes *ra*, particule honorifique, ou *raini* (le père de), ou *reni* (la mère de) ou *andria* (le seigneur).

         Ex. : Rabary, Rainibary, Renibary,

             Rakoto, Rainikoto, Renikoto, Andriankoto, qui sont tous les mêmes noms.

Les noms de lieux tirent généralement leur origine d'une particularité géographique, de leur situation topographique, d'un souvenir historique, etc. Beaucoup de localités ont le même nom ; le nom de *Ranomafana* (eau chaude), par exemple, se retrouve dans toutes les localités près desquelles il existe des sources thermales.

Résumé des règles de prononciation.

Toutes les lettres de l'alphabet malgache se prononcent comme en français, sauf *o* qui se prononce comme l'u italien *ou* ; l'*e* est toujours fermé.

Le *g* est toujours dur :

Ex. : gaga, prononcez guagua,
ngita   —   nguita,

L's est aussi toujours dur :

Ex. : sasasasa, prononcez sassassassa.

Il n'y a pas de diphtongues, puisque toutes les lettres se prononcent ; cependant *ai*, dans quelques mots revient à *e* (fanaikena ou fanekena) et *ao* revient presque à notre ō long.

Ex. : haolo, prononcez hōlou.

Dr, *tr*, se prononcent en faisant frôler l'extrémité de la langue contre le palais, ce qui produit un petit sifflement.

Ex. : Ambohidrātrimo.

L'accent tonique, dans les mots malgaches, tombe sur l'avant-dernière syllabe : madīo, malōto.

Quand les mots finissent en *na*, *tra*, *ka*, l'accent tonique tombe le plus souvent sur l'antépénultième syllabe : mānana, zāvatra, zānaka

38706. — Imprimerie LAHURE, 9, rue de Fleurus, à Paris.

[illegible]

[illegible] [illegible] [illegible]

[illegible]

[illegible]

[illegible] [illegible]

[illegible]

[illegible]